2021年 全国监理工程师（交通运输工程专业）
职业资格考试应试辅导

建设工程目标控制

（适用于公路工程方向）

魏道升　丁静声　主　编
李松青　张宝玉　魏　恺　副主编

人民交通出版社股份有限公司
北　京

内 容 提 要

本书依托全国监理工程师(交通运输工程专业)职业资格考试《建设工程目标控制》科目考试大纲,系统总结了各部分考试内容的重点知识,给出了典型例题和详细解析。同时书中各节均配有自测模拟题,并给出了参考答案和解析,可供考生考前练习。

本书配有电子题库等数字资源,读者可刮开封面增值贴,扫描二维码,关注"注考大师"微信公众号兑换使用。

本书可供参加2021年全国监理工程师(交通运输工程专业)职业资格考试公路工程方向的考生复习备考和考前培训使用。

图书在版编目(CIP)数据

2021年全国监理工程师(交通运输工程专业)职业资格考试应试辅导.建设工程目标控制 / 魏道升,丁静声主编. — 北京:人民交通出版社股份有限公司,2021.3
ISBN 978-7-114-17112-3

Ⅰ.①2… Ⅱ.①魏…②丁… Ⅲ.①交通工程—交通监理—资格考试—自学参考资料②道路工程—目标管理—资格考试—自学参考资料 Ⅳ.①U491.1②U415.12

中国版本图书馆CIP数据核字(2021)第037447号

2021 Nian Quanguo Jianli Gongchengshi (Jiaotong Yunshu Gongcheng Zhuanye) Zhiye Zige Kaoshi Yingshi Fudao Jianshe Gongcheng Mubiao Kongzhi

书　　名:	2021年全国监理工程师(交通运输工程专业)职业资格考试应试辅导　建设工程目标控制
著 作 者:	魏道升　丁静声
责任编辑:	李　梦
责任校对:	席少楠　卢　弦
责任印制:	张　凯
出版发行:	人民交通出版社股份有限公司
地　　址:	(100011)北京市朝阳区安定门外外馆斜街3号
网　　址:	http://www.ccpcl.com.cn
销售电话:	(010)59757973
总 经 销:	人民交通出版社股份有限公司发行部
经　　销:	各地新华书店
印　　刷:	北京市密东印刷有限公司
开　　本:	787×1092　1/16
印　　张:	39.5
字　　数:	1001千
版　　次:	2021年3月　第1版
印　　次:	2021年3月　第1次印刷
书　　号:	ISBN 978-7-114-17112-3
定　　价:	128.00元

(有印刷、装订质量问题的图书由本公司负责调换)

前 言

2020年2月,住房和城乡建设部、交通运输部、水利部、人力资源和社会保障部联合印发《监理工程师职业资格制度规定》和《监理工程师职业资格考试实施办法》,并规定国家设置监理工程师准入类职业资格,纳入国家职业资格目录。作为交通运输工程专业监理从业人员,要按照交通运输部编制的《建设工程目标控制》科目考试大纲的要求进行考试。

本书编者结合多年从事公路工程监理工程师培训和职业资格考试辅导的经验,按照交通运输工程专业《建设工程目标控制》科目考试大纲的内容和排列顺序,精心编写了本书,以便考生考前复习和做题练习。本书各章节均配有重点知识讲解,详细剖析各考点核心知识和考试特点;同时配有典型例题和详细解析,以帮助考生快速巩固重点知识,掌握考题特点和做题技巧。本书各节还配有自测模拟题,并给出了参考答案和解析,可供考生考前练习。本书配有电子题库等数字资源,读者可刮开封面增值贴,扫描二维码,关注"注考大师"微信公众号兑换使用。

本书第一章由重庆长安汽车股份有限公司魏恺编写,第二章由重庆交通大学丁静声、李松青、张宝玉编写,第三、五、六章由重庆交通大学魏道升编写,第四章由魏道升、重庆两新实业发展有限公司邓春春和重庆轨道交通(集团)有限公司胡佳编写,全书由魏道升和丁静声统稿。

限于编写时间和编者水平,书中难免存在疏漏和不妥之处,敬请读者批评指正。

编 者
2021年1月

目 录

备考指南 ··· 1
  第一节　全真模拟试题 ·· 1
  第二节　复习方法和考试攻略 ·· 14
    一、复习方法 ·· 14
    二、考试攻略 ·· 15

第一章　公路工程目标控制概述 ··· 19
  第一节　工程项目的特点 ·· 19
    一、项目的概念和特点 ·· 19
    二、工程建设项目的概念及其特点 ··· 19
    三、公路工程建设项目划分 ·· 20
  第二节　工程项目管理目标体系、基本原理和管理模式 ································· 22
    一、工程项目管理的目标体系 ··· 22
    二、工程项目管理的基本原理 ··· 23
    三、工程项目管理的管理模式 ··· 24
  第三节　工程项目的建设程序 ·· 29
    一、建设程序的概念 ··· 29
    二、公路工程基本建设程序 ·· 29
    三、设计阶段 ·· 30
    四、项目后评价(后评估) ·· 31
  第四节　工程目标控制的内涵、任务、目标、相互关系及相关制度 ················· 34
    一、工程目标控制的内涵和任务 ·· 34
    二、目标控制常见的几种控制类型和方法 ·· 34
    三、公路工程施工监理的目标 ··· 36
    四、工程项目质量、进度和费用三大目标间的关系 ····································· 36
    五、公路工程建设项目相关制度 ·· 36

第二章　公路工程质量目标控制 ·· 42
  第一节　质量控制的基础知识 ·· 42
    一、全面质量管理(TQM) ·· 42
    二、国际标准化组织(ISO)质量管理体系的建立和运行 ······························ 44
    三、工程质量责任体系和参建各方质量责任和义务 ····································· 47
    四、单位、分部、分项工程划分 ·· 51
    五、工程质量缺陷及处理,质量事故等级划分及处理 ··································· 53

  六、工程质量统计分析方法 ·· 57
  七、工程质量主要试验检测方法 ··· 60
  八、工程质量检验评定 ··· 63
  九、工程竣(交)工验收办法及其实施细则应用 ······················· 67
  十、品质工程建设 ··· 74
 第二节　质量监理工作 ·· 78
  一、质量监理的目标 ·· 78
  二、质量监理的依据、特点和任务 ······································ 78
  三、施工各阶段质量监理的主要内容、程序和方法 ···················· 80
  四、路基工程质量监理 ·· 85
  五、路面工程质量监理 ··· 116
  六、桥梁、涵洞工程质量监理 ·· 140
  七、隧道工程质量监理 ··· 189
  八、交通安全设施质量监理 ·· 205
  九、环境保护工程质量监理 ·· 214
  十、工程常见质量通病与防治 ·· 220

第三章　公路工程进度目标控制 ·· 243
 第一节　公路工程进度控制基础知识 ······································ 243
  一、施工组织管理 ··· 243
  二、施工过程的组织原则、流水施工的组织原理及参数计算 ·········· 248
  三、工程施工计划管理的特点、作用及工作程序 ····················· 259
  四、双代号、单代号、时间坐标网络图的绘制规则和绘制方法 ········ 262
  五、网络计划时间参数的计算 ·· 271
  六、关键线路和关键工作确定 ·· 286
  七、工程网络计划优化 ··· 297
 第二节　进度监理工作 ·· 304
  一、进度监理的概念、依据、作用、任务、控制目标、基本方法、控制程序和控制措施 ··· 304
  二、进度计划的编制原则、依据、内容及编制要求 ···················· 315
  三、施工组织设计中总体进度计划的编制、审批、检查、调整与控制 ··· 321
  四、进度计划的审查步骤和审查内容 ·································· 327
  五、工程施工中进度检查方法 ·· 330
  六、进度偏差与调整以及工程延期事件处理程序、原则和方法 ········ 344

第四章　公路工程费用目标控制 ·· 357
 第一节　费用控制的基础知识 ··· 357
  一、资金的时间价值 ··· 357
  二、经济分析的基本方法 ·· 371
  三、不确定性分析 ··· 392
  四、价值工程 ·· 400
  五、公路工程总投资构成与计算 ······································· 414
  六、公路工程建设项目投资估算 ······································· 417

七、公路工程建设项目概算预算 ·········· 419
八、竣工决算 ·········· 434
九、投融资模式 ·········· 439
十、工程量清单与招标限价、投标报价 ·········· 442

第二节 费用监理工作 ·········· 456
一、费用控制的依据、目标、任务及措施 ·········· 456
二、费用监理的作用、原则与方法 ·········· 460
三、监理工程师在费用支付中的职责和权限 ·········· 462
四、工程计量的依据、程序、内容、时间、方式与计量规则 ·········· 465
五、费用支付的基本原则、支付程序、支付报表 ·········· 475
六、费用支付的清单支付项目和合同支付项目 ·········· 481
七、安全、环保措施费及标准化建设费用控制及支付审核 ·········· 495

第五章 公路工程安全生产管理目标控制 ·········· 501

第一节 安全生产管理的基础知识 ·········· 501
一、我国公路工程安全监理的相关法律法规和方针政策 ·········· 501
二、建设单位、勘察设计单位、施工单位、监理单位的安全责任 ·········· 505
三、监理单位应建立的安全管理制度 ·········· 514
四、施工单位应建立的安全生产管理体系和相关管理制度的监理审查要点 ·········· 515
五、工程安全隐患及处理 ·········· 520
六、双重预防性工作机制建设有关内容 ·········· 523
七、工程安全事故等级标准、处理的依据和程序 ·········· 536

第二节 安全监理工作 ·········· 539
一、安全监理的依据和目标 ·········· 539
二、安全技术交底、安全教育培训 ·········· 541
三、生产安全事故应急救援预案体系的构成及合同段各类应急预案审查、演练
　　效果评估 ·········· 544
四、建设项目施工安全风险总体风险评估报告、合同段施工安全专项风险评估
　　报告审查 ·········· 548
五、公路桥梁和隧道工程施工安全风险评估报告审查 ·········· 551
六、高速公路路堑高边坡工程施工安全风险评估报告审查 ·········· 555
七、危险性较大的分部分项工程划分及专项施工方案的内容与审查 ·········· 558
八、施工准备阶段对施工安全生产条件审查的程序、方法和内容 ·········· 563
九、施工阶段日常安全监理的工作程序、方法和内容 ·········· 566
十、交(竣)工验收和缺陷责任期阶段安全监理 ·········· 568
十一、监理工程师施工过程巡视检查的重点 ·········· 571
十二、"平安工地"建设监理内容 ·········· 576

第六章 公路工程环境保护目标控制 ·········· 584

第一节 环境保护监理的基础知识 ·········· 584
一、我国公路工程环境保护管理的相关法律法规和方针政策 ·········· 584
二、公路施工期对环境的影响因素 ·········· 587

三、环境影响评价和水土保持报告书有关内容·················589
四、实施绿色公路建设的主要内容·················592
第二节 环境保护监理工作·················595
一、工程环境保护监理的目标·················595
二、公路施工环境保护监理的概念、依据、任务、范围、内容和程序·················597
三、路基、路面、桥梁、隧道、交安工程施工的环境保护监理·················603
四、施工环境保护监理的工作制度、监理措施·················609
五、绿化工程、声屏障、环境保护、水土保持工程监理·················612

备考指南

第一节　全真模拟试题

为了帮助考生快速熟悉《建设工程目标控制》科目的考试特点和考试难度,编者按照考试真题的形式精心编写了一套全真模拟试题,请考生利用3小时完成以下试题。

(一)单项选择题(每题1分,共80分。每题的备选项中,只有1个最符合题意,错选或不选均不得分)

1. 建立、健全质量体系的首要条件是(　　)。
   A. 全员参与　　　B. 教育培训　　　C. 领导决策　　　D. 组织协调
2. 监理单位与施工单位串通,谋取非法利益,给建设单位造成损失的,应当承担(　　)。
   A. 违约责任　　　B. 连带责任　　　C. 质量责任　　　D. 监理责任
3. 施工单位应对分项工程、分部工程和单位工程进行质量(　　)。
   A. 验收　　　　　B. 移交　　　　　C. 自评　　　　　D. 鉴定
4. 涵洞、砌筑防护工程为路基工程的分部工程,其划分依据是(　　)。
   A. 延米　　　　　B. 路段　　　　　C. 工艺　　　　　D. 数量
5. 质量评定时,台背填土应纳入(　　)分部工程进行评定。
   A. 基础及下部构造　　　　　　　B. 桥梁防护工程
   C. 上部构造现场浇筑　　　　　　D. 桥梁引道工程
6. 关于质量缺陷的修补与加固,下列说法错误的是(　　)。
   A. 应先由承包人提出修补方案及方法,经监理工程师批准后方可进行
   B. 应通过设计单位提出处理方案及方法,由承包人进行修补
   C. 修补措施及方法要保证质量控制指标和验收标准
   D. 能满足设计和使用要求时,可不进行加固或变更处理
7. 某高速公路发生工程质量事故,造成某长隧道结构坍塌,该事故的等级是(　　)。
   A. 一般质量事故　　　　　　　　B. 较大质量事故
   C. 重大质量事故　　　　　　　　D. 特别重大质量事故
8. 寻找影响质量主次因素的统计方法为(　　)。
   A. 控制图法　　　B. 直方图法　　　C. 排列图法　　　D. 相关图法
9. 在进行土基现场加州承载比(CBR)测试时,当贯入量为5.0mm时的 CBR 大于2.5mm时的 CBR 时,应(　　)。
   A. 取贯入量为5.0mm时的 CBR
   B. 取贯入量为2.5mm时的 CBR
   C. 取贯入量为5.0mm与2.5mm时的 CBR 的平均值

D. 重新试验

10. 在进行沥青混合料马歇尔稳定度试验时,稳定度的单位为( )。
    A. MPa B. 0.001mm C. kN D. 无单位

11. 采用抽芯法取得压实沥青混合料试件,当吸水率大于2%时,应使用( )。
    A. 表干法 B. 水中重法 C. 蜡封法 D. 体积法

12. 在水泥净浆加水搅拌后,可能发生异常凝结现象,下列说法不正确的是( )。
    A. 这种早期凝结主要分为假凝和瞬凝
    B. 假凝的原因是水泥浆表面与空气接触后,只在试模表面处的水泥凝结,造成凝结的假象
    C. 瞬凝的原因是CaO含量过高,而水泥中为掺入石膏或掺入的石膏中SO_3过低引起的
    D. 瞬凝的主要特征是当水泥加入水中时,大量放热,很快失去流动性

13. 在检查项目验收过程中,一般项目的合格率应不低于( )。
    A. 80% B. 85% C. 90% D. 95%

14. 沥青混凝土面层的质量检验实测项目中,不属于关键项目的是( )。
    A. 矿料级配 B. 弯沉值 C. 沥青含量 D. 压实度

15. 质量监理的主要任务不包括( )。
    A. 做好中间质量验收工作
    B. 确认施工单位资质
    C. 审查确认施工分包单位
    D. 优化工程变更方案

16. 对从基准点引出的工程控制桩的重点桩位应复测不少于( )。
    A. 20% B. 30% C. 40% D. 50%

17. 山坡陡峭的路堑不宜采用( )。
    A. 柱板式锚杆挡土墙
    B. 加筋土挡土墙
    C. 重力式挡土墙
    D. 壁板式锚杆挡土墙

18. 袋装砂井处理软基的工艺流程中,"沉入砂袋"的前一道工序是( )。
    A. 打入套管
    B. 机具定位
    C. 埋砂袋头
    D. 摊铺下层砂垫层

19. 热拌沥青碎石配合比设计采用( )设计。
    A. 正交试验
    B. 针入度试验
    C. 马歇尔试验
    D. 洛杉矶磨耗试验

20. 关于透层施工,下列说法错误的是( )。
    A. 气温低于10℃或大风、即将降雨时不得喷洒透层油
    B. 透层油洒布后应自由流淌,应渗入基层一定深度,在表面形成油膜
    C. 应按设计喷油量一次均匀洒布,当有漏洒时,应人工补洒
    D. 在摊铺沥青时,应将局部尚有多余的未渗入基层的沥青清除

21. 钻孔灌注桩均匀性检测不宜采用( )。
    A. 钻芯取样法
    B. 超声波法
    C. 机械阻抗法
    D. 回弹仪法

22. 在流沙严重时,一般不能采用的基坑排水方法是( )。
    A. 井点排水法
    B. 集水坑排水法

C.沉井法 D.帷幕法

23.下列关于明挖扩大基础基坑开挖的说法,错误的是( )。
   A.基坑顶缘四周适当距离处应设置截水沟
   B.开挖机械距离基坑边缘应大于0.5m
   C.基坑开挖经过不同土层时,边坡坡度可分层而异,视情况留平台
   D.基坑自开挖起,应尽量连续施工直至基础完成

24.梁式桥的净跨径是( )。
   A.设计洪水位上相邻两个桥墩(或桥台)之间的净距
   B.桥跨结构相邻两个支座中心之间的距离
   C.相邻两个桥墩(或桥台)最低点之间的水平距离
   D.桥跨结构一跨之间的梁长

25.隧道施工独头掘进长度超过150m时,必须采用( )。
   A.风管通风　　B.巷道通风　　C.自然通风　　D.机械通风

26.隧道爆破掘进的炮眼有:①掏槽眼;②辅助眼;③周边眼。预裂爆破正确的起爆顺序是( )。
   A.①②③　　B.③②①　　C.③①②　　D.①③②

27.下列关于标线施工技术要求的说法,错误的是( )。
   A.标线工程正式开工前,应进行标线车自动行驶试验
   B.在正式画标线前,应保证路面表面清洁干燥
   C.应根据设计图纸行放样
   D.通过画线机的行驶速度控制好标线厚度

28.交通安全设施中的视线诱导设施主要包括线性诱导标、轮廓标和( )等。
   A.指示标志　　B.限速标志　　C.禁令标志　　D.分合流标志

29.表土全部铺设面积应具有均匀间隔的沟槽,其方向宜( )。
   A.垂直于天然水流　　　　B.平行于天然水流
   C.与天然水流成一定角度　　D.与天然水流成45°

30.承包人应在绿化区表土铺设前至少( )通知监理人。
   A.5天　　B.7天　　C.10天　　D.14天

31.水泥混凝土路面中,对于严重断裂、裂缝处有严重剥落,面板被分割成3块以上且裂块已开始活动的断板,最合适的处理方法是( )。
   A.扩缝灌注法　　　　B.裂缝灌浆封闭
   C.整块板更换　　　　D.压注灌浆法

32.钢筋混凝土结构构造裂缝形成的原因不包括( )。
   A.集料含泥量过大
   B.混凝土搅拌及运输时间长
   C.采用了水灰比大的混凝土
   D.采取了推迟水化热峰值出现的措施

33.组成"水泥混凝土路面面层"这个操作过程的工序是( )。
   A.拌和混凝土　　　　B.运输混凝土
   C.摊铺振捣抹平　　　D.切缝养护

34. 某施工工地,土石方总工作量为10000m³,每个机械台班的计划工作量为500m³,其中有4台相同型号机械进行施工,该土石方施工的流水节拍为( )天。
   A.2   B.3   C.4   D.5

35. 某段公路由土方、路基、路面三道工序,各组织一个施工队,分四段组织流水施工。设各个工序在每段施工的持续时间相同,分别为土方20天、路基15天、路面25天。则路基、路面分别在第一段开始施工的时间是第( )天末后。
   A.15,35   B.20,35   C.25,40   D.35,50

36. 编制施工计划的基础是( )。
   A. 概算定额   B. 预算定额
   C. 施工定额   D. 工程量清单

37. 某双代号网络计划如图所示,下列说法正确的是( )。

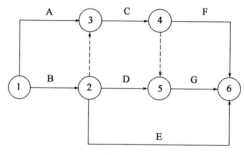

题37图

   A. 工作C、D应同时完成
   B. 工作B的紧后工作只有工作C、D
   C. 工作C、D完成后即可进行G
   D. 工作D完成后即可进行工作F

38. 在计算双代号网络图时间参数时,工作的最早开始时间应是其所有紧前工作( )。
   A. 最早完成时间的最小值   B. 最早完成时间的最大值
   C. 最迟完成时间的最小值   D. 最迟完成时间的最大值

39. 网络计划中,工作的总时差等于( )。
   A. 该工作的最迟完成时间与其最早完成时间之差
   B. 该工作的紧后工作的最迟开始时间与本工作最迟完成时间之差
   C. 该工作的紧后工作的最早开始时间与本工作最迟完成时间之差
   D. 该工作的最迟开始时间与其最早开始时间之差

40. 在网络计划中,关键工作是指( )。
   A. 总时差最小的工作
   B. 自由时差最小的工作
   C. 时标网络计划中无波形线的工作
   D. 持续时间最长的工作

41. 网络计划工期优化的目标是( )。
   A. 确定最低成本工期
   B. 确定最短工期

C. 确定满足目标工期的计划方案

D. 缩短关键线路

42. 进度监理应在保证工程质量和安全的基础上,以( )主线进行。
    A. 编制进度计划　　　　　　　　　B. 监督施工单位进度计划控制
    C. 执行进度计划　　　　　　　　　D. 审批施工单位进度计划

43. 不是工程总体进度计划中应绘制的形式是( )。
    A. 横道图　　　　　　　　　　　　B. 网络图
    C. 资金流量 S 曲线　　　　　　　　D. 斜率图

44. 作为进度监理依据的是( )。
    A. 总体进度计划　　　　　　　　　B. 年度进度计划
    C. 月进度计划　　　　　　　　　　D. 合同进度计划

45. 审查步骤中,阅读文件,列出问题,进行调查了解的下一步是( )。
    A. 是否符合施工合同工期管理约定
    B. 提出问题与承包人进行讨论或澄清
    C. 对有问题的部分进行分析,向承包人提出修改意见
    D. 审查批准承包人修改后的进度计划

46. 按割线法计算,某工作的误期值 = 工作延误值 – 工作总时差 = 8 天,说明( )。
    A. 工程工期提前 8 天　　　　　　　B. 工程工期提前至少 8 天
    C. 工程工期拖延 8 天　　　　　　　D. 工程工期拖延至少 8 天

47. 检查网络计划时,发现某工作尚需作业 a 天,到该工作计划最迟完成时刻尚剩 b 天,原有总时差为 c 天,则该工作尚有总时差为( )天。
    A. $c - a$　　　　B. $c - b$　　　　C. $a - b$　　　　D. $b - a$

48. 下表是工程进度表的一部分,检查日期为第一年 9 月末,有关论述正确的是( )。

题 48 表

名称	时间(月)																		
	1	2	3	4	5	6	7	8	9	10	11	12	1	2	3	4	5	6	7
土方填筑				60	68	72	76	80	85										
				75	80	85	88	90	93	96	98					100			

A. 图没有约定实际量和计划量的位置无法进行进度偏差的比较
B. 土方填筑应该连续施工不能中断,该计划安排不合理
C. 到检查日期末土方填筑,进度拖后
D. 到检查日期末土方填筑,进度超前

49. 当名义年利率一定时,下列表述中正确的是( )。
    A. 计息期数越多,有效年利率越高
    B. 计息期数越多,有效年利率越低
    C. 有效年利率的数值与计息期数成正比
    D. 有效年利率的数值与计息期数成反比

50. 若 A、B 两个具有常规现金流量的方案互斥,其净现值 $NPV(i)_A > NPV(i)_B$,

则( )。

A. $IRR_A > IRR_B$　　　　　　　　　　B. $IRR_A = IRR_B$
C. $IRR_A < IRR_B$　　　　　　　　　　D. IRR_A 与 IRR_B 的关系不确定

51. 现有四个施工方案可供选择，其功能评分和寿命周期成本相关数据见下表，则根据价值工程原理应选择的最佳方案是( )。

题51表

方案	甲	乙	丙	丁
功能评分	9	8	7	6
寿命周期成本(万元)	100	80	90	70

A. 甲　　　　　　B. 乙　　　　　　C. 丙　　　　　　D. 丁

52. 可行性研究报告投资估算是编制( )限制条件。

A. 项目建议书投资估算
B. 一阶段施工图预算
C. 施工图预算
D. 施工预算

53. 某公司购买一批材料，已知材料未含税原价2500元/t，现购买5t，装卸费800元，其他杂费500元，运输费2000元，包装回收价值为200元，采购及保管费率2%，则该批材料的预算价格是( )元。

A. 15906　　　　B. 15916　　　　C. 16322.5　　　　D. 17773.5

54. 公路工程竣工决算是发生在( )。

A. 交工验收前
B. 交工验收后
C. 交工验收后且竣工验收前
D. 竣工验收后

55. 某高速公路项目一个合同段设计图中，有一段与铁路交叉的下穿顶进桥工程。作为招标人，将此进桥工程作为( )工程对其最为便利。

A. 暂列金额
B. 暂估价
C. 独立合同段
D. 计日工

56. 工程费用监理的目的就是通过对工程费用的( )，使其能够最优地实现合同费用控制目标。

A. 认真核算　　　B. 签证确认　　　C. 动态管理　　　D. 及时支付

57. 根据《公路工程标准施工招标文件(2018年版)》规定，监理人应在收到承包人提交的工程量报表后的7天内进行复核，监理人未在约定时间内复核的，承包人提交的工程量报表中的工程量视为承包人实际完成的工程量，据此计算工程价款。该规定体现了费用监理的( )原则。

A. 依法办事　　　B. 恪守合同　　　C. 公正公平　　　D. 准确及时

58. 工程计量时，应以( )为准。

A. 图纸给定的数量
B. 工程量清单数量
C. 实际完成的数量
D. 实际完成并经监理签认的数量

59. 承包人在预应力混凝土浇筑时需扣除混凝土体积的是( )。

A. 直径为180mm的两个孔洞
B. 直径为199mm的一个孔洞
C. 钢筋的体积
D. 锚固件钢材体积

60. 下列说法正确的是( )。

A. 费用支付是需要进行工程计量的最关键手段
B. 费用支付是需要进行工程计量的最关键方法
C. 费用支付是需要进行工程计量的最关键原因
D. 费用支付是需要进行工程计量的最关键途径

61. 某工程于2013年签订合同,2014年相对于2013年的材料综合物价指数为110%,2015年相对于2014年的材料综合物价指数为132%。计算2015年1000万元材料费的实际结算价为( )万元。
A. 1100 B. 1320 C. 1420 D. 1452

62. 根据《公路工程标准施工招标文件(2018年版)》规定,下列不属于工程变更范围的是( )。
A. 更改工程有关的高程、位置、尺寸
B. 业主要求追加的额外工作
C. 改变合同中某一项工作的质量
D. 改变工程施工的时间和顺序

63. 下列索赔事件中,承包人可以索赔利润的是( )。
A. 不利的物质条件   B. 图纸提交不及时
C. 材料价格上涨   D. 执行监理人指示

64. 在施工中如果遇到文物,承包人因停工损失或保护文物的费用提出索赔。这种索赔应归类于( )。
A. 不利的外界障碍   B. 业主违约责任
C. 不利的自然条件   D. 业主风险

65. 承包人在隧道独头挖掘150m后无通风掘进,承包人拒不执行暂时停工令时,监理单位应( )。
A. 责令立即整改   B. 报告建设单位
C. 报告建设主管部门   D. 报告有关主管部门

66. 根据《公路水运工程安全生产监督管理办法》规定,专职安全员的配置类型是按照( )进行设置。
A. 签约合同金额   B. 年合同金额
C. 专业要求   D. 建设单位要求

67. 根据《公路水路行业安全生产事故隐患治理暂行办法》规定,造成的重特大事故且整改难度较大的隐患是( )隐患。
A. 特大 B. 重大 C. 较大 D. 一般

68. 某项目工地死亡2人,重伤49人,属于( )安全事故。
A. 特别重大 B. 重大 C. 较大 D. 一般

69. 下列合同中不作为安全监理依据的工程有关合同是( )。
A. 施工承包合同   B. 承包人的材料采购合同
C. 监理委托合同   D. 甲供材的材料采购合同

70. 安全技术交底实行分级交底制度,纵向延伸到最底层是( )。
A. 施工单位的项目部   B. 施工队
C. 施工班组   D. 施工班组的作业人员

71. 按照《公路工程施工监理规范》(JTG G10—2016)规定,审查应急预案是(   )的职责。
   A. 总监理工程师　　　　　　　　　B. 驻地监理工程师
   C. 安全监理工程师　　　　　　　　D. 专业监理工程师

72. 监理机构在审查施工组织设计的同时,应审查(   )。
   A. 安全技术措施　　　　　　　　　B. 专项施工方案
   C. 安全隐患治理报告　　　　　　　D. 安全风险评估报告

73. 对需经专家论证的论述错误的是(   )。
   A. 实行施工总承包的,由施工总承包单位组织召开专家论证会
   B. 专家论证前专项施工方案应当通过施工单位审核和总监理工程师审查
   C. 专家论证会应对专项施工方案提出通过、修改后通过或者不通过的一致意见
   D. 经专家论证结论为需修改后通过的,施工单位根据论证报告修改完善后应重新组织专家论证

74. 在日常巡视检查时,如发现情况严重的安全事故隐患,应立即(   )要求施工单位整改。
   A. 召开监理工地例会　　　　　　　B. 开具整改指令单
   C. 召开监理专题会议　　　　　　　D. 报告有关主管部门

75. 路面施工时,灰土拌和是对(   )环境影响的主要因素。
   A. 生态　　　B. 声　　　C. 水　　　D. 大气

76. 可能造成重大环境影响的,应当编制(   ),对产生环境影响进行全面评价。
   A. 环境影响报告表　　　　　　　　B. 环境影响登记表
   C. 环境影响报告书　　　　　　　　D. 环境保护措施和建议

77. 公路工程环保监理最重要的依据是(   )。
   A. 环境行动计划　　　　　　　　　B. 环境保护监理工作报告
   C. 环保实施方案　　　　　　　　　D. 环境影响报告书批复

78. 从环保角度考虑,路基填筑时,只有分层控制填料压实度,才能保证(   )。
   A. 达到设计压实度指标　　　　　　B. 控制水土流失量
   C. 路基不变形　　　　　　　　　　D. 达到路基设计标准

79. 不是施工环境保护监理工作制度的是(   )。
   A. 报告制度　　　　　　　　　　　B. 监理工地例会制度
   C. 工作记录制度　　　　　　　　　D. 文件审核审批制度

80. 通过开挖边坡,修筑阶梯或平台,达到相对截短坡长,改变坡形、坡度、坡比,降低荷载重心,维持边坡稳定目的的工程护坡措施是(   )。
   A. 削坡措施　　　　　　　　　　　B. 工程护坡措施
   C. 开级措施　　　　　　　　　　　D. 综合护坡措施

(二)多项选择题(每题2分,共80分。每题的备选项中,有2个或2个以上符合题意,至少有1个错项。错选,本题不得分;少选,所选的每个选项得0.5分)

1. 关于监理单位的质量责任,下列说法正确的有(   )。
   A. 应当按合同约定设立现场监理机构

B. 应当按规定程序和标准进行工程质量检查、检测和验收
C. 应当对试验检测数据和报告的真实性、客观性、准确性负责
D. 对发现的质量问题在允许范围内可适当降低工程质量标准
E. 公路工程交工验收前,应当对工程质量进行检查验证

2. 发生不属于项目监理机构处理的质量事故时,下列做法正确的有(   )。
   A. 监理工程师应立即向承包人发出工程暂时停工指令
   B. 监理工程师应尽快提出质量事故报告并按规定上报有关部门
   C. 监理工程师应积极配合质量事故调查组进行质量事故调查
   D. 监理工程师指示承包人按照批准的工程质量事故处理方案对事故进行处理
   E. 监理工程师对承包人实施质量事故处理方案,或对加固、返工、重建的工程进行监理

3. 属于质量事故书面报告内容的有(   )。
   A. 工程项目投资总额
   B. 事故发生的时间、地点
   C. 直接经济损失初步估计
   D. 事故发生原因的初步判断
   E. 事故报告单位

4. 质量控制中比较常用而有效的统计方法有(   )。
   A. 控制图法   B. 直方图法
   C. 相关图法   D. 树状图法
   E. 排列图法

5. 在工程质量控制中,直方图可用于(   )。
   A. 判断质量分布状况   B. 分析质量变异状况
   C. 估算生产过程的不合格品率 D. 分析生产过程是否稳定
   E. 评价过程控制能力

6. 沥青的三大指标是指(   )。
   A. 针入度   B. 延度   C. 稳定度   D. 硬度
   E. 软化点

7. 钢筋进场后,应首先检查(   )。
   A. 出厂质量证明书   B. 试验报告单
   C. 发票   D. 运货单
   E. 出厂合格证

8. 质量保证资料应包括(   )。
   A. 材料配合比、拌和加工控制检验和试验数据
   B. 所用原材料、半成品和成品质量检验结果
   C. 返工、加固、补强或调测后重新检验的资料
   D. 地基处理、隐蔽工程施工记录和桥梁、隧道施工监控资料
   E. 施工过程中遇到的非正常情况记录及其对工程质量影响分析评价资料

9. 施工阶段监理工程师巡视的主要内容包括(   )。
   A. 施工现场管理人员特别是质量、安全管理人员是否到位,特种作业人员是否持证上岗

B.使用的原材料或混合料、构配件和主要施工机械设备是否与批准的一致
C.技术标准、设计文件、批准的施工组织设计和方案是否满足合同要求
D.质量、安全、环保和施工标准化等措施是否落实
E.施工自检和工序交接是否符合规定

10.拟作为路堤填料的材料应取样试验,土的试验项目有( )。
   A.液限　　　　　B.塑限　　　　　C.CBR值　　　　　D.弯沉
   E.天然含水率

11.粉煤灰路堤的组成包括( )。
   A.路堤主体部分　　　　　　　B.封顶层
   C.透水层　　　　　　　　　　D.隔离层
   E.排水系统

12.水泥稳定材料生产配合比设计的内容有( )。
   A.确定料仓供料比例
   B.确定结合料类型及掺配比例
   C.确定结合料剂量的标定曲线
   D.确定水泥稳定材料的容许延迟时间
   E.确定混合料的最佳含水率、最大干密度

13.水泥稳定碎石基层施工,确定每日施工作业段长度时考虑的因素有( )。
   A.施工季节和气候条件
   B.减小施工接缝的数量
   C.水泥的终凝时间和延迟时间
   D.施工人员数量及操作熟练程度
   E.施工机械和运输车辆的生产效率和数量

14.承台混凝土浇筑直接倾卸高度超过2m时,应通过( )等设施下落。
   A.串筒　　　　　B.滑槽　　　　　C.溜槽　　　　　D.振动溜管
   E.宽口料斗

15.钻孔灌注桩钻孔前埋设的护筒作用包括( )。
   A.稳定孔壁　　　　　　　　　B.隔离地表水
   C.固定桩孔位置　　　　　　　D.保护孔内混凝土
   E.钻头导向作用

16.仰拱施工前,对超挖回填要求正确的有( )。
   A.超挖在允许范围内时,可采用片石混凝土混凝土或洞渣材料进行回填
   B.超挖在允许范围内时,应采用与衬砌相同强度等级的混凝土进行浇筑
   C.超挖大于规定时,应按设计要求回填,可采用洞渣材料回填
   D.超挖大于规定时,应按设计要求回填,不得采用洞渣材料回填
   E.严禁片石侵入仰拱断面

17.采用台阶法进行隧道开挖时,上台阶每循环开挖支护进尺符合要求的有( )。
   A.Ⅱ级围岩不应大于2榀钢架间距
   B.Ⅲ级围岩不应大于2榀钢架间距
   C.Ⅳ级围岩不应大于2榀钢架间距

D. Ⅴ级围岩不应大于1榀钢架间距

E. Ⅵ级围岩不应大于1榀钢架间距

18. 导致路基行车带压实不足,甚至局部出现"弹簧"现象的主要原因有(　　)。

　　A. 压路机质量偏小

　　B. 填料含水率过大

　　C. 透水性差的土壤包裹于透水性好的土壤

　　D. 填土松铺厚度过大

　　E. 压路机碾压速度过慢

19. 可能造成水泥稳定碎石基层产生裂缝的原因有(　　)。

　　A. 在保证强度的情况下,尽量降低水泥稳定碎石混合料的水泥用量

　　B. 碾压时混合料含水率偏大,不均匀

　　C. 混合料碾压成型后及时洒水养护

　　D. 增加碎石级配中细粉料的含量

　　E. 混合料碾压成型后马上铺筑封层

20. 在组织流水施工,划分施工段应满足的基本要求包括(　　)。

　　A. 应保证拟建工程结构整体的完整性

　　B. 流水施工段的大小应保证施工有足够的作业空间

　　C. 施工段的数量应与施工过程的数量相等

　　D. 各流水施工段上的工程量应相等

　　E. 流水段的多少应与主导施工过程相协调

21. 某双代号网络图如下图所示(图中粗实线为关键工作),若计划工期等于计算工期,则自由时差一定等于总时差且不为零的工作有(　　)。

题21图

　　A. ①→②　　　　B. ③→⑤　　　　C. ②→⑦　　　　D. ④→⑤

　　E. ⑥→⑧

22. 在工程网络计划中,关键线路是指(　　)的线路。

　　A. 双代号网络计划中没有虚箭线

　　B. 时标网络计划中没有波形线

　　C. 单代号网络计划中相邻两项工作之间间隔均为零

　　D. 双代号网络计划中由关键节点组成

　　E. 线路上总持续时间最长

23. 网络计划资源优化的目标有(　　)。

　　A. 资源有限,使工期最短　　　　　　B. 资源有限,使质量最好

C.工期最短资源,使用最少　　　　　　D.工期规定,使资源均衡
E.工期固定,使费用最少

24.关于进度监理的论述正确的有(　　)。
A.进度管理曲线指出了施工管理过程中的偏差,它呈S形曲线
B.工程进度曲线不仅可以反映工程进展的总体情况,还能反映各工作的进展情况
C.监理人在进行进度控制(监理)时,要明确进度计划不变是相对的,变是绝对的
D.在施工过程中,监理工程师有权检查进度计划的执行情况,但无权指令修改计划
E.进度管理曲线指出了施工进度允许偏差范围和所应满足的进度曲线变动区域

25.审查施工进度计划应包括的内容有(　　)。
A.是否符合施工合同工期管理约定
B.阶段性施工进度计划是否满足年度进度目标控制要求
C.主要工程项目是否有遗漏
D.劳动力、材料、机械设备等是否满足进度需要
E.是否适合建设单位提供的资金、施工场地等条件

26.下列压缩关键工作措施中,属于技术措施的有(　　)。
A.增加关键工作的资源投入
B.采用更先进的施工方法,以缩短施工过程的时间
C.改进施工工艺,缩短工艺要求的间歇时间
D.采用先进的施工机械
E.对所采取的技术措施给予相应经济补偿

27.根据下面现金流量图,时值W计算正确的有(　　)。

题27图

A. $W_1 = A(P/A,i,5)(P/F,i,3)$　　　　B. $W_1 = A(P/A,i,6)(P/F,i,2)$
C. $W_1 = A(F/A,i,6)(P/F,i,8)$　　　　D. $W_{13} = A(P/A,i,6)(F/P,i,10)$
E. $W_{13} = A(F/A,i,6)(F/P,i,4)$

28.若基准收益率等于方案的内部收益率,则有(　　)。
A.方案的净现值 $NPV>0$
B.方案的净现值 $NPV=0$
C.方案的净现值 $NPV<0$
D.动态投资回收期等于方案的寿命周期
E.动态投资回收期大于方案的寿命周期(即计算期)

29.建筑安装工程费中不属于措施费的有(　　)。
A.企业管理费　　　　　　　　　　　B.工程监理费
C.建设单位管理费　　　　　　　　　D.勘察设计费
E.专项费用

30.工程计量的依据包括(　　)。

A. 工程量清单及说明
B. 合同图纸
C. 工程变更令及修订的工程量清单
D. 合同条件
E. 工程分项开工申请批复单

31. 工程计量的方法有( )。
   A. 工程量清单计算法　　　　B. 图纸计算法
   C. 估算法　　　　　　　　　D. 实地量测计算法
   E. 现场记录法

32. 采用价格指数法进行价格调整时,其进度款不包括( )。
   A. 预付款的扣回　　　　　　B. 预付款的支付
   C. 工程变更费用　　　　　　D. 质保金扣留
   E. 其他金额

33. 承包人在完成较小附加工程后申请计日工支付时,应提供( )。
   A. 用工清单　　　　　　　　B. 材料清单
   C. 设备清单　　　　　　　　D. 费用计算单
   E. 工程量清单

34. 监理注册执业人员未执行法律、法规和工程建设强制性标准的( )。
   A. 责令限期改正
   B. 责令停止执业3个月以上1年以下
   C. 情节严重的,吊销执业资格证书,5年内不予注册
   D. 造成重大安全事故的,终身不予注册
   E. 构成犯罪的,依照刑法有关规定追究刑事责任

35. 无伤亡的一般事故,可以由( )进行调查。
   A. 地市级安全监管部门　　　B. 地市级政府
   C. 县级安全监管部门　　　　D. 事故单位
   E. 县级政府

36. 施工单位新进人员和作业人员进入新的施工现场应进行( )安全教育。
   A. 公司级　　B. 工厂级　　C. 项目级　　D. 车间级
   E. 班组级

37. 合同段应急预案有( )。
   A. 综合应急预案　　　　　　B. 特别应急预案
   C. 专项应急预案　　　　　　D. 现场处置方案
   E. 应急处置方案

38. 根据《公路工程施工安全技术规范》(JTG F90—2015)的规定,危险性较大、应当编制专项施工方案的工程包括( )。
   A. 爆破工程　　　　　　　　B. 涵洞基础
   C. 高瓦斯隧道　　　　　　　D. 水下焊接
   E. 滑坡和高边坡处理

39. 水土保持方案报告书的内容有( )。

A. 建设项目概况　　　　　　　　B. 建设项目周围环境概况
C. 方案实施保证措施　　　　　　D. 项目建设过程水土流失预测
E. 建设项目对环境影响的经济损益分析

40. 沥青拌和场运行潜在的环境影响为(　　)等。
A. 噪声　　　　　　　　　　　　B. 烘干筒热辐射
C. 漏油　　　　　　　　　　　　D. 沥青挥发、泄漏有害气体
E. 粉尘的排出

全真模拟试题参考答案

(一)单项选择题(共80题)

1. C	2. B	3. C	4. B	5. A	6. B	7. B	8. C	9. D	10. C
11. C	12. B	13. A	14. B	15. D	16. B	17. B	18. A	19. C	20. B
21. D	22. B	23. B	24. A	25. D	26. C	27. A	28. D	29. A	30. B
31. C	32. D	33. D	34. D	35. D	36. C	37. C	38. B	39. A	40. A
41. C	42. D	43. D	44. D	45. B	46. D	47. D	48. C	49. A	50. A
51. B	52. B	53. B	54. C	55. B	56. C	57. D	58. D	59. B	60. C
61. D	62. B	63. B	64. D	65. D	66. D	67. B	68. B	69. B	70. D
71. C	72. D	73. D	74. C	75. D	76. C	77. D	78. B	79. B	80. C

(二)多项选择题(共40题)

1. ABDE	2. ACDE	3. BCDE	4. ABCE	5. AC	6. ABE	7. ABE
8. ABDE	9. ABDE	10. ABCE	11. ABDE	12. ACDE	13. ABDE	14. ABCD
15. ABCE	16. BDE	17. CDE	18. ABCD	19. BDE	20. ABE	21. DE
22. BCE	23. AD	24. CE	25. ACDE	26. BCD	27. BCDE	28. BD
29. AE	30. ABCD	31. BDE	32. ABD	33. ABCD	34. BCDE	35. DE
36. ACE	37. CD	38. ACDE	39. ABCD	40. ABDE		

第二节　复习方法和考试攻略

一、复习方法

(1)根据模拟试题参考答案自己进行估分。
(2)根据自己存在的问题,按本书知识点进行记忆和做题,多做练习题增强记忆。
(3)建议:越是简单、短小的内容,越要记牢。
(4)应对考试的学习方法:考试就是考记忆,对于成年人可采用"联想记忆法",尽量与自己熟悉的内容关联。结合自己的特点和擅长方面,将知识点记忆分为三个层次,即牢记、一般记忆、有点印象。

二、考试攻略

(一)记忆的重点

一般情况下,考生记忆力有限,要掌握重点(有所得),也要舍弃次要(有所弃);建议重点掌握下列内容:

(1)考试涉及公路质量与技术的内容多,重要性高,可以选择材料和材质检验、施工工艺、质量检验与评定、质量通病的防治这几方面记忆。

(2)进度控制中流水施工、网络计划、进度计划检查和延期处理等,重在理解,不需死记硬背;而进度计划的内容、编制、审批要求等需记牢。

(3)费用控制中基础知识的资金等值计算一定要理解,虽然分值不多,但是直接影响经济评价和有些经济案例的理解与掌握。费用监理工作的计量支付、工程变更、价格调整、索赔是重点要掌握的内容。

(4)安全监理中相关法律法规,监理单位的安全责任,专项施工方案审批和专家论证要求,风险评估管控以及隐患排查治理等。

(5)环保监理中公路施工期对环境的影响因素,环境影响评价和水土保持报告有关内容,路基、路面、桥涵、隧道工程的环保监理等。

(二)考试的一些技巧

所有的试题应全部完成,如果不会也不要空白,可以在排除法的基础上猜测,可根据下列技巧进行。

1. 单项选择题的技巧

单项选择题只能选择一个最合适的选项;其他选项对于该题目(题干)的内容来说,不一定是错误项,一般称之为干扰项,会有一定的干扰度,在选择有困难时,考生可以采用一些技巧。

(1)归类法

四个选项中有三个选项都属于同一类,而另一个不是该类时,此时往往该选项是正确项。例如,例1是2004年公路工程监理工程师执业资格考试《合同管理》第4题。

例1 工程一切险中的意外事故,包括火灾和(　　)或飞机坠毁。
A.地震　　　　B.雷击　　　　C.地崩　　　　D.飞行物体坠落

解析:本题答案是D。因为地震、雷击、地崩3项都属于自然界的灾害,唯独飞行物体坠落不属于自然界。因此,如果考生在未看到或未记忆住教材的内容时,可根据技巧进行猜测。实际上,该题目的题干中"或飞机坠毁"如去掉,对读者的干扰度会更大。

例2 在下列选项中,不属于要式合同的是(　　)。
A.建设工程设计合同　　　　B.企业与银行之间的借款合同
C.法人之间签订的保证合同　　　　D.自然人之间签订的借款合同

解析:本题答案是D。因为选项ABC这三个选项中的合同当事人都应是法人,唯独选项D是自然人。

例3 下列基坑围护结构中,采用钢支撑时可以不设置围檩的是(　　)。

A. 钢板桩　　　　　　　　　　　　B. 钻孔灌注桩
　　C. 地下连续墙　　　　　　　　　　D. SMW桩

解析：本题答案是C。即使不清楚围檩的概念，就凭"三桩一墙"也能猜出。围檩就是冠梁，围护采用桩结构时需要冠梁以便支撑；而地下连续墙不需围檩（冠梁），任意位置都可以支撑。

例4 插设塑料排水板可采用的设备是（　　）。
　　A. 潜孔钻机　　　　　　　　　　　B. 动力螺旋钻机
　　C. 喷粉桩机　　　　　　　　　　　D. 袋装砂井打设机

解析：本题答案是D。三转一打即选项ABC三种施工工艺要旋转，选项D的工艺是击打。

例5 下列关于高性能混凝土使用的减水剂性能的要求，错误的是（　　）。
　　A. 减水率低　　　　　　　　　　　B. 能明显改善混凝土耐久性能
　　C. 坍落度损失小　　　　　　　　　D. 与水泥的相容性好

解析：本题答案是A。三好一坏，即选项BCD对混凝土强度都是有利的，而选项A减水率低对强度是不利的。

例6 环境绿化上，按园林景观进行绿化的是（　　）。
　　A. 高速公路分车绿带　　　　　　　B. 边坡防护绿带
　　C. 服务区、收费站的绿化　　　　　D. 简单立体交叉绿化

解析：本题答案是C。三动一静，即对行车者来说，选项ABD三个绿化，汽车行进时人的视觉受到一定影响对绿化要求不太高；而选项C服务区、收费站的绿化，此时汽车停止，人的视觉正常状态下对绿化要求高于行车道周边的绿化。

对于如何分析出三个为同类而另一个不是该类，可以在做练习是注意归纳总结和有意识地进行猜测训练。当然这种技巧只能提高一些命中概率，但是常常有例外情况。只有在掌握了基础和专业知识的前提下，才能使用一些技巧。下面的例7是施工单位ABC三类人员安全考题，请考生先自己作答，该题答案和解析放在第18页最后，通过这道题考生可以检验是否掌握了这种技巧。

例7 安全业绩中的主动测量是指（　　）。
　　A. 检查事故多少　　　　　　　　　B. 检查遵守法律法规的程度
　　C. 检查职业病发病情况　　　　　　D. 检查不完善的安全情况

（2）排除法
可以将选项中的错误项尽量排除。当排除三个时，无法排除的项往往就是正确项。

例8 支撑施工时不符合施工质量规定或要求的是（　　）。
　　A. 沟槽开始支撑的开挖深度不得超过3.0m
　　B. 撑板安装应与沟槽槽壁紧贴，有空隙时应填实
　　C. 支撑后沟槽中心线每侧的净宽应不小于施工设计的规定
　　D. 支撑不得妨碍下管和稳管

解析：本题答案是A。因为选项BCD从专业知识角度，比较容易判断出是正确表示，符合施工要求；而选项A中3.0m不容易记住是否正确。通过排除就能选出选项A说法不符合要求。

例9 下列关于斜拉桥受力特点的说法，错误的是（　　）。
　　A. 主梁为多点弹性支撑

B. 主梁高跨比小,自重轻

C. 斜拉索相当于减小了偏心距的体外索

D. 斜拉索的水平分力相当于梁体混凝土的预压力

解析:本题答案是 C。选项 ABD 三项从专业知识角度,比较容易判断出是正确表示;而选项 C 中"减小了偏心距的体外索"有难度,也记不住减少还是增加。通过排除就能判断选项 C 说法错了。

(3)按照原理猜

例 10 连续梁桥可以实现较大跨径是由于其利用负弯距来减少( )弯距,跨内的内力分配更合理。

A. 固定端　　　B. 自由端　　　C. 铰接点　　　D. 跨中

解析:本题答案是 D。根据专业知识,通过解图分析,连续梁中间支座处形成负弯矩,"抬高"了弯矩图,自然是减小了两个支座间的跨中弯矩,很容易就能作出正确判断。

题 10 解图

例 11 透层和封层一般按基层顶面面积计算,黏层按需要铺洒黏层油的两面层的( )。

A. 下层的顶面　　　　　　B. 下层的底面

C. 上层的底面　　　　　　D. 上层的顶面

解析:本题答案是 C。计量规则规定,透层和黏层按"m^2"计量,依据图纸所示沥青品种、规格、喷油量,按照洒布面积计量。参考解图就能容易作出正确判断。

题 11 解图

2. 多项选择题

(1)有把握才选,少选也得分,每选对一个 0.5 分。如果已经选对 3 个时一定要谨慎。

例 12 网络计划的工期优化过程中,压缩关键工作的持续时间应优先选择( )。

A. 有充足备用资源　　　　B. 对质量影响较大

C. 所需增加费用最少　　　D. 持续时间最长

E. 紧后工作最少

解析:本题答案是 AC。选项 D 干扰度大,没把握情况下不选就逃过一劫。"持续时间相对长"优先选择是在同等条件下的,是有前提的。

(2)多项选择题的选项要注意"选大不选小"的规则。

例 13 对路面的基本要求有( )。

A. 强度和刚度　　　　　　B. 稳定性

C. 平整度　　　　　　　　D. 抗滑性

E. 表面性能

解析:本题答案是 ABE,而选项 C 平整度和选项 D 抗滑性都属于选项 E 表面性能,所以只

17

能选 E 而不能选 C 和 D。

例 14 公路工程施工期间(　　)均接受质量监督部门的管理和监督检查。[2007 年公路工程监理工程师考试真题]

  A. 供货商   B. 监理单位   C. 建设单位   D. 承包商

  E. 施工人员

解析：本题答案是 ABCD。而选项 E"施工人员"属于选项 D"承包商"，所以只能选 D 而不能选 E。同时选项 ABCD 都是单位，而选项 E"施工人员"是人员，从归类角度也不该选 E。

例 15 进度监理的基本方法有(　　)。[2003 年和 2004 年公路工程监理工程师考试真题]

  A. 横道图法   B. S 曲线法

  C. 斜条图法   D. 网络计划图法

  E. 计划评审法

解析：本题答案是 ABCD。选项 D 网络计划图法已经包含了选项 E 的计划评审法，只选大不选小。

例 7 解析：本题答案是 B。三个检查坏的，一个检查好的，即选项 ACD 都是检查结果是坏的，而选项 B 是检查好的结果。如果读者这道题做对了，说明基本掌握了这个技巧。

第一章 公路工程目标控制概述

第一节 工程项目的特点

重点知识

一、项目的概念和特点

1. 项目的概念

项目是指在一定的约束条件下具有专门组织和特定目标的一次性任务。

2. 项目的特点（共6点，按4点记忆）

(1)目标性：由产出目标(即成果性目标)和工作本身目标(即约束性目标，如安全、质量、费用、进度等)组成。目标性是项目最重要的特点，也最需要引起项目管理者注意。

(2)制约性：项目的制约性是决定一个项目成功与失败的关键特性。

(3)一次性(包含单件性以及独特性和不确定性)：项目作为一次性任务，其成果具有明显的单件性。项目的独特性是指项目所生成的产品或服务，与其他产品或服务相比所具有的特殊性。项目的不确定性主要是由项目的独特性造成的。首先，项目一般需要创新，而创新包括各种不确定性；其次，项目的非重复性也是造成项目不确定性的原因；另外，项目的环境多数是开放的，而且相对变动较大，这也是造成项目不确定性的主要原因之一。项目成果的单件性和实施过程的一次性，都会给项目管理带来较大的风险。

(4)时限性(生命周期)：项目成果的单件性和实施过程的一次性决定了每个项目都具有自己的生命周期。

3. 项目管理

项目管理是指在一定的约束条件下，为达到项目的目标对项目所实施的计划、组织、协调和控制的过程。项目管理的4特征：目标明确、项目经理负责制、授权保证系统、具有全面项目管理职能。具体详细内容参见《公路监理培训教材》(第三版)(以下简称《监理教材》)、《监理概论》，2020年版公路工程监理工程师考试用书《公路工程目标与质量控制》(以下简称《目标与质量控制》)没有大纲的该章内容。

二、工程建设项目的概念及其特点

1. 工程建设项目的概念

工程建设项目是最为常见也是最为典型的项目类型，是项目管理的重点。工程建设项目是指按照一个总体设计进行施工，由一个或几个相互有内在联系的单项工程组成，经济上实行统一核算、行政上实行统一管理的建设实体(即**工程建设的计量单位**)。

一个建设项目是指一项固定资产投资项目,可能是新建或改、扩建的基本建设项目,也可能是为了节约资金、提高质量的技术改造项目。建设项目的实现是指投入一定量的资金,经过决策、实施等一系列程序,在一定的约束条件下**形成固定资产的一次性过程**。

工程建设项目**也称为工程项目**。一个工程项目可以是**一个单项工程**,也可以是一个系统的群体工程。

2. 工程建设项目的条件或特点

工程项目的必备条件(6点,分4个记忆点):

(1)工程要有明确的建设目的和投资的理由,即成果性目标。

(2)工程要有明确的建设任务量:要有确定的建设范围、具体内容及质量目标;投资条件要明确,即总投资量及其资金来源明确(费用目标);进度目标要明确。共三大约束性目标。

(3)工程各组成部分之间要有明确的组织关系,应是一个系统。

(4)项目实施的一次性。

三、公路工程建设项目划分

1. 公路工程建设项目划分

建设项目由一个或多个单项工程组成;一个单项工程由一个或多个单位工程组成;一个单位工程由一个或多个分部工程组成;一个分部工程由一个或多个分项工程组成。

(1)建设项目:符合国家总体规划,独立发挥生产功能,有项目建议书和可行性研究。

(2)单项工程:具有独立设计文件,建成竣工后能独立发挥生产能力和效益,一般是指一个合同段。

(3)单位工程:在合同段中,具有独立施工条件和结构功能的工程;它也有独立设计文件,但建成竣工后不能独立发挥生产能力和效益。

(4)分部工程:单位工程中,按路段长度(一般3km)、结构部位、施工特点划分的工程。

(5)分项工程:分部工程中,按施工工序、工艺或材料等划分的工程;与定额和工程量清单的子目相似。

2. 单项工程与单位工程的异同点

(1)相同:具有独立设计文件,独立组织施工。

(2)不同点:单项工程建成竣工后能独立发挥生产能力和效益,而单位工程却不能。

例 题

例1 项目作为一次性任务,其成果具有明显的( )。
　　A.约束性　　　　B.时限性　　　　C.单件性　　　　D.独特性

例2 项目的特点中最重要和最需要项目管理者注意的是( )。
　　A.目标性　　　　B.时限性　　　　C.一次性　　　　D.独特性

例3 项目产出目标有( )目标。
　　A.安全性　　　　B.质量　　　　　C.费用　　　　　D.功能
　　E.使用寿命

例4 项目管理的基本职能有（　　）。
   A. 计划　　　　B. 组织　　　　C. 分配　　　　D. 协调
   E. 控制

例题解析

例1 一次性包含单件性、独特性和不确定性。故选 C。

例2 项目的目标性是最重要和最需要项目管理者注意的特点。故选 A。

例3 项目产出目标（成果性目标）有功能、特性、使用寿命、安全性等指标，项目工作本身目标（即约束性目标）是过程目标（安全、质量、费用、进度目标等）。故选 ADE。

例4 对于项目管理的定义，管理职能即计划、指挥（领导）、组织、协调和控制。故选 ABDE。

自测模拟题

（一）单项选择题

1. 决定一个项目成功与失败的关键特性是（　　）。
   A. 一次性　　　B. 目标性　　　C. 制约性　　　D. 独特性
2. 项目的不确定性主要是由项目的（　　）造成的。
   A. 一次性　　　B. 制约性　　　C. 目标性　　　D. 独特性
3. 单位工程是具有单独设计、独立施工条件和（　　）的工程。
   A. 施工特点　　B. 结构部位　　C. 路段长度　　D. 结构功能
4. 单项工程与单位工程的最主要不同点是（　　）。
   A. 路段长度的不同
   B. 建成后是否能独立发挥生产能力和效益
   C. 结构部位的不同
   D. 是否具有独立设计文件
5. 项目成果的单件性和实施过程的一次性，也是项目形成（　　）的原因或因素。
   A. 系统性　　　B. 制约性　　　C. 不确定性　　D. 目标性
6. 最为常见也是最为典型的项目类型是（　　）。
   A. 公路工程项目　　　　　　　B. 工程改造项目
   C. 工程建设项目　　　　　　　D. 工程扩建项目
7. 公路工程项目一般工期长，这更能反映工程项目的（　　）特点。
   A. 系统性　　　B. 制约性　　　C. 不确定性　　D. 独特性
8. 公路工程项目包括路基、路面、桥涵、隧道等。各类工程的施工内容差异很大，这决定了公路工程项目管理的（　　）和管理的综合性。
   A. 投资大特性　　　　　　　　B. 技术复杂特性
   C. 线性工程特性　　　　　　　D. 工期较长特性

（二）多项选择题

1. 公路工程中的单项工程可进一步划分为（　　）。
   A. 单体工程　　B. 群体工程　　C. 单位工程　　D. 分部工程

21

E. 分项工程
2. 公路工程项目的主要特点有( )。
   A. 公路工程项目属于线性工程　　　B. 公路工程的结构物较为简单
   C. 公路工程项目构成复杂　　　　　D. 公路工程项目建设投资巨大
   E. 公路工程施工过程多、工作面有限、工期长
3. 分部工程一般是按单位工程中( )划分的。
   A. 结构部位　　B. 所用材料　　C. 路段长度　　D. 施工特点
   E. 施工工艺
4. 公路工程建设项目可依次划分为( )。
   A. 单项工程　　B. 单位工程　　C. 分部工程　　D. 分项工程
   E. 分层工程
5. 项目管理和工程建设项目管理共同具有的特点有( )。
   A. 目标明确　　　　　　　　　　　B. 进度优化
   C. 项目经理负责制　　　　　　　　D. 信息化管理
   E. 质量保证

参考答案及解析

(一) 单项选择题

1. C　2. D　3. D　4. B　5. C　6. C　7. C　8. B

2. **解析**：一次性是其次原因，不能选。

(二) 多项选择题

1. CDE　2. ACDE　3. ACD　4. ABCD　5. AC

5. **解析**：项目管理的4特征中目标明确、项目经理负责制与工程项目管理特点相同。

第二节　工程项目管理目标体系、基本原理和管理模式

重点知识

一、工程项目管理的目标体系

工程项目管理是运用系统的理论和方法,对工程项目进行的计划、组织、指挥、协调和控制等专业化活动,简称为项目管理。工程项目管理的5特征:目标明确、系统管理、项目经理负责制和权责统一原则、应用现代化的管理方法和技术手段、在管理过程中实施动态控制。

1. 工程项目管理目标体系由成果性目标和约束性目标构成的目标系统

(1) 成果性目标(也称为项目目标、产品目标、产出物目标)

成果性目标被分解为项目具体的功能性要求,是主导目标,成果性目标是项目的来源,也是项目的最终目标,由一系列功能、特性、使用寿命、安全性等技术指标来定义。

(2)约束性目标(也称为管理目标、过程目标)

约束性目标就是限制性条件,是项目实施过程中管理的主要目标。工程项目管理的目标即要在一定的时间、费用的限制条件下完成满足一定质量要求的工程产品。构成工程项目管理的三大绩效目标可以归结为进度、质量、费用。此外,安全和环境保护也被纳入工程项目管理目标体系,构成一个多目标系统。实施工程项目管理应对这个有机的多目标系统进行整体的控制,寻求目标系统的整体最优化。

2. 工程项目管理目标体系的特点

(1)多元性:至少由项目的投资(费用)、进度、质量(技术性能)三个最主要的基本目标构成的一个目标系统。三大目标对所有参与方都适用。安全目标主要对施工单位,其次监理单位。目标与任务在概念上还是有区别的。

(2)相关性:各基本目标之间并非彼此独立,而是相互联系、相互制约、既对立又统一的一个有机整体。

(3)优先级:一个项目目标又分为多个小目标,目标在不同阶段和不同对象受制约的重要性不一样,即优先级不一样。成功的项目管理者,会采取适当措施进行权衡,尽量满足所有约束条件的同时,要优先满足某个最为重要或最苛刻的约束条件。

(4)均衡性:工程项目管理目标体系是一个稳定的、均衡的目标体系。工程项目管理的过程即是从系统的角度对项目基本目标之间的冲突进行调解的过程。

(5)层次性:项目各参与方管理的任务不同。项目建设单位(业主)为主导,项目其他参与单位根据业主的要求,组织好项目管理团队,建立科学、规范的管理规章制度,有计划、协调实现各项管理目标。

(6)动态性:工程项目管理目标是一个完整的目标体系,并随着外部环境的不断变化或不可预见事件的发生进行不断调整、优化、完善。

二、工程项目管理的基本原理

工程项目管理的基本原理主要是系统管理和过程管理,过程管理即约束性目标控制在本章第三节阐述。

1. 工程项目的系统管理原理

系统是由若干个相互作用和相互依赖的要素组合而成,且有特定功能的整体。任何一个项目都是一个系统,具有鲜明的系统特征,它是由技术、物质、组织、行为和信息等要素组成的复杂系统。

2. 系统的目标与系统的组织的关系

系统的目标决定了系统的组织,组织是目标实现的决定性因素,这是组织论的一个重要结论。如果将一个工程项目的项目管理视为一个系统,其目标决定了项目管理的组织,而项目管理的组织是项目管理的目标能否实现的决定性因素,由此可见项目管理的组织的重要性。组织作为生产力的第四要素与其他三要素(人、劳动对象、劳动工具)有其不可替代的特点。

3. 组织论和组织工具

组织论是一门学科,它主要研究系统的组织结构模式、组织分工和工作流程组织,它是与项目管理学相关的一门非常重要的基础学科。组织论的基本内容如图1-2-1所示。

图 1-2-1　组织论的基本内容

（1）组织结构模式

组织结构模式主要有直线式、职能式、直线职能式、矩阵式。

（2）组织工具

组织工具有组织结构图、任务分工表、管理职能分工表、工作流程图、项目结构图。

（3）组织构成因素

①组织构成的四大因素：管理层次、管理跨度、管理部门、管理职能。

②四大因素之间的关系：管理层次与管理跨度的反比关系；管理层次分为决策层、协调层、执行层、操作层，四个层次为宝塔关系。

（4）组织设计原则

①目的性原则；②管理跨度和分层统一原则（有效管理跨度原则）；③集权与分权相结合原则；④"责、权、力、效、利"相匹配的原则；⑤统一指挥原则；⑥适应性原则。

三、工程项目管理的管理模式

工程项目管理的管理模式就是项目承发包模式，承发包模式不同，合同结构不同，监理模式也相应不同。工程项目管理的管理模式常用的主要有以下几种：

（1）平行承发包模式（设计和施工分离的平行承发包）也称为传统的项目管理模式（DBB模式），即设计—招标—施工（Design-Bid-Build）模式。

（2）设计或施工总承包模式（设计和施工分别总承包，不是设计施工总承包）。

（3）工程项目总承包，可以进一步分为设计—施工（DB）总承包和设计—采购—施工（EPC）总承包（交钥匙工程）。该模式合同关系简单、协调工作量较小；对进度控制和投资控制有利。

（4）工程项目**总承包管理**模式。亦称"工程托管"。工程项目总承包管理单位在从业主处承揽了工程项目的设计和施工任务之后，经过业主的同意，再把承揽的全部设计和施工任务转让（注：此处即发包含义，《监理概论》用"转包"易给人造成误解，因为转包是违法行为）给其他单位。

项目总承包管理与项目总承包的不同之处在于：前者不直接进行设计与施工，没有自己的设计和施工力量，而是将承接的设计与施工任务全部分包出去，专门致力于工程项目管理；后者有自己的设计、施工力量，直接进行设计、施工、材料和设备的采购等工作。

(5)建设管理(Construction Management,以下简称 CM)模式又称为阶段发包模式,即边设计边施工模式。其最大的优点就是"进度快"。

(6)合伙(Partnering)模式:它一般要求业主与参建各方在相互信任、资源共享的基础上达成一种短期或长期的协议,合伙协议并不仅仅是业主与施工单位双方之间的协议,而需要建设工程参与各方共同签署,包括业主、总包商、分包商、设计单位、咨询单位、主要的材料设备供应单位等。

例 题

例1 工程项目管理目标体系由项目的( )构成。
A. 成果性目标和约束性目标 B. 功能性目标和假设性目标
C. 利益性目标和预定型目标 D. 客观性目标和期望值目标

例2 在生产力的几个要素中,具有不可替代性特点的要素是( )。
A. 劳动者 B. 组织 C. 劳动对象 D. 劳动工具

例3 命令源最多的组织结构是( )。
A. 直线式 B. 职能式 C. 矩阵式 D. 直线职能式

例4 工程项目施工管理中,不是建设单位约束性目标的是( )。
A. 安全目标 B. 进度目标 C. 质量目标 D. 费用目标

例5 工程项目施工过程中,对于施工单位,在约束性目标中最重要的目标是( )。
A. 安全目标 B. 进度目标 C. 质量目标 D. 费用目标

例6 直线式项目监理组织形式具有( )特点。
A. 不能发挥职能部门的专家作用
B. 命令单一,责任分明
C. 决策迅速,提高办事效率
D. 有利于减少决策失误
E. 有利于减少横向部门之间相互扯皮,互相推诿的现象

例7 如图所示的项目监理组织有( )特点。

例7图

A. 集中领导，权力集中，完全统一
B. 多头领导易造成职责不清
C. 目标控制分工明确
D. 发挥职能机构的专业管理作用
E. 有利于管理人员业务能力的培养

例题解析

例1 工程项目管理目标体系由成果性目标和约束性目标构成的目标系统。故选A项。

例2 组织作为生产力的第四要素与其他三要素(人、劳动对象、劳动工具)有其不可替代的特点。故选B项。

例3 直线式和直线职能式命令源都是一个，矩阵式命令源为两个，职能式命令源为多个。故选B项。

例4 工程项目管理约束性目标是安全、质量、进度、费用。在施工现场主要是监理代表对建设单位对施工管理。所以作为建设单位，可以不将安全作为约束目标，但是施工单位应将安全放在首位。故选A项。

例5 项目约束性目标是过程目标(安全、质量、费用、进度目标等)，对于施工单位来说在施工过程中最重要的是安全目标。故选A。

例6 直线式的特点有，权力集中、只有一个命令源、决策迅速、指挥灵便、专业分工差、横向联系困难；适用于技术简单、专业分工不细的中小型项目，大型项目因指令路径过长不适合。故选ABCE。直线式专业能力不强，不利于减少决策失误，不能选选项D。

例7 该题有一定难度，首先要先根据组织结构图判断属于职能式组织结构模式。职能式的特点有，传统组织结构模式、发挥各职能部门的专长、有利于生产专业化和人才培养；多个命令源政出多门、责任不清、互相矛盾、协调困难；适用于工作内容多、技术专业化强、管理分工细的企业组织。故选BCDE。

自测模拟题

(一) 单项选择题

1. 不是反映成果性目标的指标是(　　)。
   A. 功能　　　B. 使用寿命　　　C. 费用低　　　D. 安全性
2. 管理跨度与管理层次的关系是(　　)。
   A. 成正比关系　　　　　　　B. 成反比关系
   C. 数目相等关系　　　　　　D. 没有关系
3. 监理组织结构的四个层次中，人数最少的是(　　)。
   A. 协调层　　　B. 决策层　　　C. 操作层　　　D. 执行层
4. 在监理组织结构的各个层次中，人数最多的是(　　)。
   A. 协调层　　　B. 决策层　　　C. 操作层　　　D. 执行层
5. 总监理工程师为调动下属的工作积极性，把其权力全部授予其下属，此行为违背了组织设计的(　　)原则。

A. 目的性 B. 集权与分权相结合
C. 统一指挥 D. "责、权、力、效、利"相匹配

6. ( )是一种强调专业分工的大跨度组织结构模式。
A. 直线制 B. 矩阵制 C. 职能制 D. 直线职能制

7. 职能部门与指挥部门易产生矛盾的监理组织形式是( )组织。
A. 直线制 B. 职能制 C. 矩阵制 D. 直线职能制

8. 管理跨度是指( )。
A. 一个管理者直接的上级领导的人数
B. 一个上级职位指挥和协调下级职位的数目
C. 组织形式
D. 组织要素

9. 在工程项目承发包的组织模式中,组织协调工作量最大的是( )。
A. 平行承发包模式
B. 设计或施工总承包模式
C. 工程项目总承包模式
D. 工程项目总承包管理模式

10. 对工程质量控制最有利的工程承发包模式是( )。
A. 项目总承包 B. 独立承包
C. 设计和施工分别总承包 D. 平行承发包

11. 采用( )模式,在征得业主同意的前提下,承包单位可以把承揽的全部设计和施工任务转让给其他单位。
A. 平行承发包 B. 设计或施工总承包
C. 工程项目总承包 D. 工程项目总承包管理

12. 在下列建设工程组织管理模式中,不能独立存在的是( )。
A. 总分包模式 B. 项目总承包模式
C. 阶段发包 CM 模式 D. Partnering 模式

(二) 多项选择题

1. 工程项目管理的直接绩效目标主要有( )。
A. 效益目标 B. 费用目标 C. 进度目标 D. 质量目标
E. 环境目标

2. 一个系统的组织结构包括( )。
A. 组织结构模式 B. 物质流程组织
C. 信息流程组织 D. 任务分工
E. 管理职能分工

3. 组织结构的基本模式有( )。
A. 直线式 B. 职能式 C. 直线职能式 D. 矩阵式
E. 职能矩阵式

4. 矩阵式监理组织形式的主要优点是( )。
A. 权力集中,隶属关系明确 B. 命令统一,决策迅速

C. 发挥职能机构的专业管理作用　　　D. 机动性大,适应性好

5. 直线式组织结构的优点有( )等。
   A. 结构简单　　　　　　　　　　B. 专业化分工强
   C. 职责明确　　　　　　　　　　D. 横向联系方便
   E. 权力集中

6. 组织设计的原则包括( )。
   A. 目的性原则　　　　　　　　　B. 有效管理跨度原则
   C. 精简原则　　　　　　　　　　D. 集权与分权相结合原则
   E. "责、权、力、效、利"相匹配原则

7. 组织构成一般是上小下大的形式,由( )等因素组成。
   A. 管理层次　　　B. 管理跨度　　C. 管理制度　　D. 管理部门
   E. 管理职能

8. 符合统一指挥原则的组织结构模式有( )。
   A. 直线式　　　　B. 职能式　　　C. 混合式　　　D. 矩阵式
   E. 直线职能式

9. 平行承发包模式的优缺点有( )。
   A. 有利于缩短工期　　　　　　　B. 有利于质量控制
   C. 投资控制难度大　　　　　　　D. 有利于组织管理
   E. 总报价较高

10. 工程项目平行承发包模式的优点是( )。
    A. 有利于缩短工期　　　　　　　B. 有利于减少合同数量
    C. 有利于质量控制　　　　　　　D. 有利于选择承建单位
    E. 有利于投资控制

11. 工程项目总承包模式的缺点有( )。
    A. 招标发包工作难度大　　　　　B. 投资控制难度大
    C. 质量控制难度大　　　　　　　D. 对进度控制不力
    E. 业主选择承包商范围小

12. 属于项目总承包模式优点的有( )。
    A. 合同关系简单　　　　　　　　B. 招标发包工作难度小
    C. 协调工作量小　　　　　　　　D. 质量控制难度小
    E. 对投资控制有利

13. 属于平行承发包模式优点的是( )。
    A. 合同管理简单　　　　　　　　B. 有利于缩短工期
    C. 协调工作量小　　　　　　　　D. 有利于质量控制
    E. 有利于繁荣建设市场

参考答案

(一)单项选择题

1. C　　2. B　　3. B　　4. C　　5. B　　6. C　　7. B　　8. B　　9. A　　10. D

11. D 12. D

(二) 多项选择题

1. BCD 2. ADE 3. ABCD 4. ABCD 5. ACE 6. ABDE 7. ABDE
8. AE 9. ABC 10. ACD 11. ACE 12. ACE 13. BDE

第三节 工程项目的建设程序

重点知识

一、建设程序的概念

建设程序也称为基本建设程序,是指建设项目从设想、选择、评估、决策、设计、施工到竣工验收、投入使用的整个建设过程中,各项工作必须遵循的先后次序的法则。

二、公路工程基本建设程序

《公路建设监督管理办法》(交通部令,2006年第6号)第9条、第10条分别对政府、企业投资公路建设项目的实施规定了公路建设具体程序,政府投资公路建设项目程序的主要内容如下:

(1)根据规划,编制项目建议书。

(2)根据批准的项目建议书,进行工程可行性研究,编制可行性研究报告。

(3)根据批准的可行性研究报告,编制初步设计文件。

(4)根据批准的初步设计文件,编制施工图设计文件。

(5)根据批准的施工图设计文件,组织项目招标。

(6)根据国家有关规定,进行征地拆迁等施工前准备工作,并向交通主管部门申报施工许可。

(7)根据批准的项目施工许可,组织项目实施。(编著注:交通部相关文件中的项目实施指施工,住建部相关文件中的项目实施指项目设计加施工,所以对科目一和科目二中概念要正确理解)

(8)项目完工后,编制竣工图表、工程决算和竣工财务决算,办理项目交、竣工验收和财产移交手续。

(9)竣工验收合格后,组织项目后评价。

企业投资公路建设项目的实施程序将上述内容的前三点改为:根据规划,编制工程可行性研究报告;组织投资人招标工作,依法确定投资人;投资人编制项目申请报告,按规定报项目审批部门核准;根据核准的项目申请报告,编制初步设计文件,其中涉及公共利益、公众安全、工程建设强制性标准的内容应当按项目隶属关系报交通主管部门审查。

政府投资的公路建设程序细化内容如图1-3-1所示。

住建部往往将工程建设程序简化为三阶段,即决策阶段、实施(设计和施工)阶段、使用阶段,主要是决策阶段和实施阶段。建设监理工作内容还涉及设计阶段,而公路施工监理不涉及设计阶段。

图 1-3-1 公路建设程序图

三、设计阶段

公路工程基本建设项目一般采用两阶段设计,即初步设计和施工图设计。对于技术简单、方案明确的小型建设项目,可采用一阶段设计,即一阶段施工图设计;技术复杂、基础资料缺乏和不足的建设项目或建设项目中的特大桥、长隧道、大型地质灾害治理等,必要时采用三阶段设计,即初步设计、技术设计和施工图设计。

高速公路、一级公路必须采用两阶段设计。

初步设计是设计工作的第一阶段,初步拟订施工方案及工期安排,编制预算。如果总概算超过工程可行性研究报告确定的总投资估算10%以上或其他主要指标需要变更时,要重新报批工程可行性研究报告。初步设计文件应按规定报交通主管部门审批,初步设计文件批准后,即可要求列入年度基本建设计划,并开始进行下阶段设计。

技术设计应根据批准的初步设计和补充初测(或定测)资料,对重大、复杂的技术问题通过科学试验、专题研究,加深勘探调查及分析比较,解决初步设计中遗留的问题,落实技术方案,计算工程数量,提出修正的施工方案,编制修正概算。技术设计文件也应按规定报主管部门审批后,开始进行下阶段设计。

施工图设计应根据批准的初步设计(或技术设计)和定测资料,进一步对审定的修建原则、设计方案、技术措施加以具体和深化,最终确定工程数量,提出文字说明和适应施工需要的图表资料及施工组织计划,编制施工图预算。施工图设计文件在交付施工前,须经项目法人或由项目法人委托有相应工程咨询或者设计资质的单位审查,并由项目法人按照项目管理隶属关系将施工图设计文件报交通主管部门审批。

四、项目后评价(后评估)

建设项目后评价是工程项目竣工验收(一般两年)后,再对项目全过程进行系统评价的一种技术经济活动。通过建设项目后评价达到肯定成绩、总结经验、研究问题、吸取教训、提出建议、改进工作、不断提高项目决策水平和投资效果等目的。

项目后评价的主要内容如下。

(1)影响评价:项目投产后对各方面的影响进行评价。

(2)经济效益评价:对项目投资、国民经济效益、财务效益、技术进步和规模效益、可行性研究深度等进行评价。

(3)过程评价:对项目的立项、设计施工、建设管理、竣工投产、生产运营等全过程进行评价。

(4)持续运营评价:对项目持续运营的预期效果评价。

项目后评价一般按三个层次组织实施,即项目法人的自我评价、项目行业的评价、计划部门(或主要投资方)的评价。

例 题

例1 公路工程建设项目程序中施工许可申报是(　　)。
①施工单位;②建设单位;③交通建设主管部门;④项目所在地质量监督部门
　　A.①向②　　　B.②向③　　　C.①向③　　　D.②向④

例2 公路工程监理是(　　)阶段的监理。
　　A.项目可行性　　B.项目设计　　C.项目施工　　D.项目后评价

例3 公路工程项目法人的成立是在(　　)批准后。
　　A.项目建议书　　　　　　　B.预可行性研究报告
　　C.可行性研究报告　　　　　D.设计任务书

例4 不论一阶段设计还是二阶段设计甚至三阶段设计,必须进行的设计是(　　)。
　　A.初步设计　　　　　　　　B.技术设计
　　C.施工图设计　　　　　　　D.施工组织规划设计

例5 项目后评价一般按一定层次组织实施,具体有(　　)。
　　A.项目效益的评价　　　　　B.项目法人的自我评价
　　C.项目行业的评价　　　　　D.计划部门的评价
　　E.主要投资方的评价

例 题 解 析

例1 施工许可申报是建设单位的职责,不是施工单位的职责;申报的对象是具体建设主管部门。故选B。建设单位要向质量监督部门申报质量监督,但不是施工许可。

例2 公路工程项目监理称为施工监理,所以只在施工阶段不同于建设监理。故选C。

例3 工程项目可行性研究报告批准后,应正式成立项目法人,并按项目法人责任制实行项目管理。故选C。

例4 三阶段是初步设计、技术设计、施工图设计。二阶段少技术设计。当一阶段设计时,只进行施工图设计。故选 C。

例5 项目后评价一般按三个层次组织实施,即项目法人的自我评价、项目行业的评价、计划部门(或主要投资方)的评价。故选 BCDE。选项 A,项目效益的评价是项目后评价的内容。

自测模拟题

(一)单项选择题

1. 项目法人筹备组的成立是在(　　)批准后。
   A. 项目建议书　　　　　　　　B. 预可行性研究报告
   C. 可行性研究报告　　　　　　D. 设计任务书
2. 公路工程项目进入设计阶段的标志是(　　)的批准。
   A. 项目建议书　　　　　　　　B. 预可行性研究报告
   C. 可行性研究报告　　　　　　D. 设计任务书
3. 企业投资项目采用(　　)。
   A. 审批制　　　B. 核准制　　　C. 备案制　　　D. 注册制
4. 建设项目开工准备阶段,作为建设拨款的依据是(　　)。
   A. 投资估算　　　　　　　　　B. 总概算
   C. 施工图预算　　　　　　　　D. 年度基本建设计划
5. 对技术进步和可行性研究深度进行评价是(　　)。
   A. 影响评价　　　　　　　　　B. 持续运营评价
   C. 经济效益评价　　　　　　　D. 过程评价
6. 项目投产后对公路周围环境情况进行评价是(　　)。
   A. 影响评价　　　　　　　　　B. 持续运营评价
   C. 经济效益评价　　　　　　　D. 过程评价
7. 对项目的立项、设计施工、建设管理、竣工投产、生产运营等情况进行评价是(　　)。
   A. 影响评价　　　　　　　　　B. 持续运营评价
   C. 经济效益评价　　　　　　　D. 过程评价
8. 初步设计提出的总概算超过工程可行性研究报告确定的总投资估算(　　)以上或其他主要指标需要变更时,要重新报批工程可行性研究报告。
   A. 5%　　　B. 10%　　　C. 15%　　　D. 20%
9. 技术设计阶段编制的造价文件是(　　)。
   A. 概算　　　B. 修正概算　　　C. 施工图预算　　　D. 施工预算
10. 施工图设计阶段编制的施工组织设计文件是(　　)。
    A. 施工方案　　　　　　　　　B. 修正施工方
    C. 施工组织计划　　　　　　　D. 施工总体计划

(二)多项选择题

1. 不论二阶段设计还是三阶段设计,必须进行的设计是(　　)。

A. 初步设计　　　B. 技术设计　　　C. 招标图设计　　　D. 施工图设计
E. 施工组织规划设计
2. 需经交通主管审批的设计文件有(　　)。
A. 初步设计文件　　　　　　　　B. 技术设计文件
C. 概念设计文件　　　　　　　　D. 施工图设计文件
E. 施工组织设计文件
3. 项目后评价的主要内容包括(　　)。
A. 影响评价　　　　　　　　　　B. 行业评价
C. 经济效益评价　　　　　　　　D. 过程评价
E. 持续运营评价
4. 设计阶段由设计单位编制的施工组织设计文件有(　　)。
A. 施工方案　　　　　　　　　　B. 修正施工方
C. 施工组织计划　　　　　　　　D. 标前施工组织设计
E. 实施性施工组织设计
5. 下列属于初步设计内容的有(　　)。
A. 环境保护　　　　　　　　　　B. 设计标准和任务依据
C. 筑路材料　　　　　　　　　　D. 施工准备工作的意见
E. 施工方案即施工组织规划设计
6. 下列属于可行性研究报告的内容有(　　)。
A. 建设项目的依据和现实背景
B. 筑路材料来源及运输条件
C. 评价建设项目对环境的影响
D. 建设项目所在地区的经济特征
E. 预测交通量、运输量的发展水平

参考答案及解析

(一)单项选择题

1. A　　2. C　　3. B　　4. D　　5. C　　6. A　　7. D　　8. B　　9. B　　10. C

2. **解析：** 公路工程项目将工可报告的批准替代了设计任务书；竣工验收是指交工验收；项目实施阶段仅是指施工阶段。所以不能选 D 项。

(二)多项选择题

1. AD　　2. ABD　　3. ACDE　　4. ABC　　5. BCE　　6. BCD

5. **解析：** 根据《公路工程基本建设项目设计文件编制办法》(2007 年版)第 3.2 条规定，初步设计文件包括 12 篇，选项 A 是总体设计说明书的内容，选项 D 是施工图设计中施工组织计划的内容。

6. **解析：** 项目可行性研究报告的主要内容包括：①建设项目的依据、历史背景；②建设地区综合运输现状和建设项目在交通运输网中的地位和作用，原有公路的技术状况及适应程度；③论述建设项目所在地区的经济特征，研究建设项目与经济发展的内在联系，预测交通量、运输量的发展水平;④建设项目的地理位置、地形、地质、地震、气候、水文等自然特征;⑤筑路材料来源及运输条件;⑥论证不同建设方案的路线起讫点和主要控制点、建设规模、标准,提出推荐性意见;⑦评价建设项目对环境的影响;⑧测算主要工程数量、征地拆迁数量,估算投资,提出资金筹措方案,提出勘察、设计、施工计划安排;⑨确定运输成本及相关经济参数,进行国民经济评价、敏感性分析、财务分析;⑩提出存在的问题及建议。

第四节 工程目标控制的内涵、任务、目标、相互关系及相关制度

一、工程目标控制的内涵和任务

1. 工程目标控制的概念或内涵

工程监理的中心工作是进行项目目标控制。要实现工程项目的各项目标,就必须对工程项目实施有效控制。目标控制就是按照计划目标和组织系统,对系统各个部分进行跟踪检查,以保证协调实现总体目标。项目目标控制是一项系统工程。

2. 目标控制的任务

目标控制的主要任务,是把计划执行情况与计划目标进行比较,找出差异,对比较结果进行分析,排除和预防产生差异的原因,使总体目标得以实现。控制的流程如图1-4-1所示。

图 1-4-1 控制流程图

项目的目标控制是一个有限的循环过程,它可以划分为投入、转换、反馈、对比、纠正五个基本环节,且每个环节不能缺失和出现问题。为了进行有效的目标控制,必须做好两项前提工作:一是目标规划和计划,二是目标控制的组织。

二、目标控制常见的几种控制类型和方法

由于控制的方式和方法不同,控制可分为多种类型。

1. 按照控制措施作用于控制对象的时间分类

①事前控制;②事中控制;③事后控制。

2. 按照纠正措施或控制信息的来源分类

①前馈控制(开环控制);②反馈控制(闭环控制)。

3.按照控制措施制订的出发点分类

①主动控制:先分析,然后防偏差(事前,事先,前馈)。②被动控制:先出现偏差,再分析原因,然后纠偏(事中和事后,反馈)。

4.动态控制

主动控制与被动控制合称为动态控制。被动控制与主动控制的关系如图1-4-2所示。

图1-4-2 被动控制与主动控制的关系示意图

5.动态控制的基本步骤和要点

目标的动态控制是监理工程师对工程项目目标控制的基本方法,是一个有限的循环过程,应贯穿于工程项目实施阶段的全过程。

(1)动态控制的核心和步骤

动态控制的核心是纠偏。动态控制的过程可分为三个基本步骤:确定目标→检查成效→纠正偏差。具体细化为大三步和小三步,应注意区别。

①项目实施前,确定目标值(一般是计划值)。

②检查成效(项目实施过程中小三步如图1-4-3所示):a.收集实际值;b.计划值与实际值比较;c.分析偏差大小。如有偏差很小在允许的范围,例如工作的延误小于其总时差,可以不需纠偏;超出允许范围但是还可控制,例如延误超过总时差不多,则分析原因后,转到步骤③采取一定的措施进行纠正,纠正的是实际值(例如承包人自己原因在后续工作中适当加快)。

③纠正偏差。但是如果偏差大到简单纠偏无法达到目标值,则需调整计划,转到步骤①确定新目标值(编制新的后续工程计划,此时纠正的是计划值)。

图1-4-3 动态控制原理图

(2)动态控制八要点

动态控制应在监理计划指导下进行,其要点如下:

①控制是一定的主体为实现一定的目标而采取的一种行为。要实现最优化控制,必须首先满足两个条件:一是要有一个合格的主体;二是要有明确的系统目标。

②控制是按事先拟定的计划目标值进行的。偏差的范围决定采取控制纠正偏差措施。

③控制的方法是检查、分析、监督、引导和纠正。

④控制是针对被控系统而言的,既要对被控系统进行全过程控制,又要对其所有要素进行全面控制。

⑤控制是动态的。

⑥提倡主动控制为主,辅之以被动控制的方法。

⑦对工程项目的控制应强调目的性、及时性、有效性。

⑧控制是一个大系统,控制系统包括组织、程序、手段、措施、目标和信息六个分系统,其中信息分系统贯穿于项目实施的全过程。

三、公路工程施工监理的目标

公路工程施工监理的目标:以合同为依据,采取技术、经济、组织、合同等措施,对施工安全、工程质量、进度、费用和施工环境保护实施进行有效的监理,从而确保工程项目总体目标最合理实现,使之达到合同文件规定的要求。

对一个工程项目而言,最重要的目标值是安全、质量、进度和费用。

四、工程项目质量、进度和费用三大目标间的关系

1. 正确处理好三大目标关系的要点

作用与反作用,对立与统一。作用或对立(即矛盾)是质量高、费用高、工期相对长;反作用或统一是质量完成得好,减少了返工,节省了费用和时间。

2. 三大目标之间的重要性顺序(重点是优先保证的目标安全、功能、质量)

一般情况下,三大目标(质量、进度、费用)之间是同等重要的,但在不同时期重要程度不同,工程施工监理优先保证的目标是与质量相关的安全可靠、使用功能、质量合格。

五、公路工程建设项目相关制度

公路建设项目应当实行项目法人责任制度、招标投标制度、工程监理制度和合同管理制度。这些制度相互关联、相互支持,共同构成了公路工程建设项目管理制度体系,其中以项目法人责任制为核心,招标投标制和工程监理制为服务体系,合同管理制为手段。

1. 项目法人责任制

(1)实行项目法人责任制的目的,是要使各类投资主体形成自我发展、自主决策、自担风险和讲求效益的建设和运营机制,使各类投资主体成为从项目建设到生产经营均独立享有民事权利和独立承担民事义务的法人。

(2)项目法人的主要职责是,对项目的策划、资金筹措、建设实施、生产经营、债务偿还及资产的保值增值,实行全过程负责。项目法人是工程建设投资行为的主体,要承担投资风险,并对投资效果全面负责,必然要委托高智能的监理单位为其提供技术咨询和管理服务。

(3)实行项目法人责任制是推行工程建设管理体制改革的关键,是全面实行工程招标投标制和工程监理制的必要条件。在质量保证体系中项目法人处于主体地位,政府监督处于龙头主导地位。

2. 招标投标制

招标投标制是市场经济体制下买卖双方的一种主要的竞争性交易方式。推行招标投标制,目的是在建设领域引进竞争机制,形成公开、公正、公平的市场交易方式,择优选择承包单

位,促使设计、施工、材料设备生产供应等企业不断提高技术和管理水平。

3．工程监理制

工程监理制作为一种科学的管理制度,它是以专门从事工程建设管理服务的工程监理单位,受项目法人的委托,对工程建设实施的管理。工程监理处于工程管理体制中的核心地位。在质量保证体系中,施工企业占有特别重要的地位。

实行工程监理制,可培养专业化、高水平的建设项目管理队伍,提高工程建设管理水平;强调建设市场各主体之间的合同关系及监督、制约与协调的机能,提高工程建设项目管理的科学性与公正性。

4．合同管理制

为了使勘察、设计、施工、监理和材料设备供应单位切实履行各自的责任和义务,在工程建设中必须实行合同管理制。合同是约束和规范合同双方行为的重要依据和手段。

例　题

例1 (　　)就是预先分析目标偏离的可能性,并拟订和采取各项预防性措施,以使计划目标得以实现。

　　A. 全面控制　　　B. 主动控制　　　C. 被动控制　　　D. 反馈控制

例2 每一个控制过程都是经过投入、转换、(　　)、对比、纠正等基本步骤。

　　A. 检查　　　　B. 分析　　　　C. 反馈　　　　D. 决策

例3 动态控制的基本步骤是(　　)。

　　A. 检查成效→纠正偏差

　　B. 确定目标→检查成效→纠正偏差

　　C. 检查成效→分析原因→纠正偏差

　　D. 确定目标→检查成效→分析原因→纠正偏差

例4 当提高工程项目的功能和使用要求时,通常会引起(　　)。

　　A. 投资增加、工期延长　　　　B. 投资增加、工期缩短

　　C. 投资减少、工期延长　　　　D. 投资减少、工期缩短

例5 在工程项目建设中,始终处于主要负责者地位的是(　　)。

　　A. 项目法人　　　　　　　　B. 监理单位

　　C. 承包人　　　　　　　　　D. 政府建设主管部门

例6 在工程项目建设中,处于工程管理体制中的核心地位的是(　　)。

　　A. 项目法人　　　　　　　　B. 监理单位

　　C. 承包人　　　　　　　　　D. 政府建设主管部门

例7 在工程项目建设监理的目标中,(　　)必须优先予以保证。

　　A. 安全可靠性　　　　　　　B. 投资费用

　　C. 使用功能　　　　　　　　D. 施工质量

　　E. 工程进度

例8 监理目标控制的前提工作是(　　)。

　　A. 目标规划和计划　　　　　B. 落实好控制机构、人员和职能

　　C. 与被监理单位的充分协商　D. 与业主合作监理

E.落实全部项目建设资金

例题解析

例1 该题是公路工程监理工程师考试2004年和2005年真题。预先分析目标偏离的可能性,并拟订和采取各项预防性措施是主动控制的特点。故选B项。被动控制的特点是出现偏差后纠偏。选项D是属于被动控制。

例2 该题是公路工程监理工程师考试2004年真题。项目的目标控制是一个有限的循环过程,它可以划分为投入、转换、反馈、对比、纠正等基本步骤。故选C项。该题来自住建部的监理考试题,当年公路监理培训教材第二版《监理概论》没有这个内容,第三版才增加这个内容。所以考生要注意某些考题会超出公路监理教材培训的。

例3 该题是公路监理工程师资格考试2006年真题。按照监理教材《监理概论》答案是B项。选项D虽然更全面,不过分析原因含在纠正偏差中。故选B项。

例4 该题是公路工程监理工程师考试2006年真题。"通常"就是指作用或对立的关系,题干要求是"提高工程项目的功能和使用要求"就是提高质量的意思,所以不能选C、D项。故选A项。

例5 该题是公路工程监理工程师考试2004年真题。考点是四项制度中项目法人制。项目法人在质量保证体系中处于主体地位;四项制度中,以项目法人责任制为核心。故选A项。

例6 该题考点是四项制度中工程监理制。工程监理处于工程管理体制中的核心地位。故选B项。

例7 该题是公路工程监理工程师考试2004年和2005年真题。考点是控制目标中的顺序。一般情况下三大目标(质量、进度、费用)之间是同等重要的,但在不同时期重要程度不同,工程施工监理优先保证的目标是与质量相关的安全可靠、使用功能、质量合格。故选ACD项。

例8 该题是公路工程监理工程师考试2005年真题。考点是目标动态控制要点的第一点。控制是一定的主体为实现一定的目标而采取的一种行为。要实现最优化控制,必须首先满足两个条件:一是要有一个合格的主体;二是要有明确的系统目标。故选AB项。

自测模拟题

(一)单项选择题

1.按照控制信息的来源,可将控制分为(　　)。
　　A.事前控制和事后控制　　　　　　B.前馈控制和反馈控制
　　C.开环控制和闭环控制　　　　　　D.主动控制和被动控制
2.预先分析、估计工程项目可能发生的偏离,采取预防措施进行控制,称为(　　)。
　　A.反馈控制　　　B.主动控制　　　C.被动控制　　　D.动态控制
3.当发现目标产生了偏离,分析原因,采取措施,称为(　　)。
　　A.被动控制　　　B.主动控制　　　C.前馈控制　　　D.静态控制
4.在计划的实际执行中发现目标产生偏离,分析原因,采取措施进行控制,称为(　　)。

A.前馈控制　　　B.事前控制　　　C.被动控制　　　D.主动控制
5.在下列工作中,属于目标控制中的被动控制工作的是(　　)。
　　A.制订备用方案　　　　　　　B.从工程实施中发现问题
　　C.采取预防措施　　　　　　　D.目标控制风险分析
6.工程质量是施工出来的,而不是检验出来的,因此质量管理的重点要贯彻(　　)的原则。
　　A.动态控制　　　B.工序控制　　　C.被动控制　　　D.预防为主
7.目标的动态控制是一个有限的循环过程,应贯穿于工程项目实施阶段的全过程,动态控制应该提倡(　　)。
　　A.负反馈控制　　B.反馈控制　　　C.被动控制　　　D.主动控制
8.监理工程师对工程施工过程的管理应强调(　　)。
　　A.大量抽查数据　　　　　　　B.主动控制及事前控制
　　C.事后的质量检查与评定　　　D.多下监理指令
9.当检查过程发现偏差超过允许范围,决定采取纠偏措施时,首选的措施是(　　)。
　　A.组织措施　　　　　　　　　B.技术措施
　　C.经济措施　　　　　　　　　D.合同措施
10.工程项目质量、进度、费用三大目标在实施过程中(　　)。
　　A.质量目标最重要,一切应围绕质量目标开展工作
　　B.进度目标最重要,一切应围绕进度目标开展工作
　　C.费用目标最重要,一切应围绕费用目标开展工作
　　D.三者既对立又统一,力争最优化
11.公路工程监理的主要内容"五监控二管理"是指(　　)。
　　A.质量监理、进度监理、费用监理、安全监理、环保监理、合同管理、工程管理
　　B.质量监理、进度监理、费用监理、安全监理、环保监理、材料管理、设备管理
　　C.质量监理、进度监理、费用监理、安全监理、环保监理、信息管理、工程管理
　　D.质量监理、进度监理、费用监理、安全监理、环保监理、合同管理、信息管理
12.有关目标控制论述正确的是(　　)。
　　A.主动控制,是监理工程师对监理过程中出现的偏差,主动提出纠偏措施,从而正确实现目标
　　B.前馈控制与反馈控制的区别,在于信息提供时间的先后
　　C.在实施控制的过程中,一旦发现实际情况与计划目标之间存在偏差,则应立即采取措施纠正偏差
　　D.目标的动态控制是一个有限的循环过程,应贯穿于工程项目实施阶段的全过程
13.在项目目标动态控制的工作程序中,第一步工作内容是(　　)。
　　A.项目决策策划　　　　　　　B.制订纠偏措施
　　C.目标分解　　　　　　　　　D.收集实际数据
14.在项目目标动态控制的实施控制过程中,第一步工作内容是(　　)。
　　A.项目决策策划　　　　　　　B.制订纠偏措施
　　C.目标分解　　　　　　　　　D.收集实际数据
15.工程项目目标动态控制的核心是(　　)。

A. 合理确定计划值　　　　　　　　　B. 认真收集实际值
C. 适当调整工程项目目标　　　　　　D. 比较分析然后采取纠偏措施

(二) 多项选择题

1. 在下列工作中,属于目标控制中的主动控制工作的有(　　)。
   A. 制订备用方案　　　　　　　　　B. 从工程实施中发现问题
   C. 采取预防措施　　　　　　　　　D. 目标控制风险分析
   E. 采取纠偏措施

2. 主动控制措施包括(　　)。
   A. 下达停工整改令　　　　　　　　B. 制订目标控制的有关计划
   C. 制订防止目标偏离的备用方案　　D. 建立目标控制组织
   E. 目标控制风险分析

3. 被动控制是一种(　　)控制,即若发现目标偏离后,分析原因,采取纠错措施。
   A. 事后　　　　　　　　　　　　　B. 前馈
   C. 开环　　　　　　　　　　　　　D. 面对过去已发生事件
   E. 事前

4. 动态控制的基本步骤包括(　　)。
   A. 策略分析　　B. 确定目标　　C. 规划对策　　D. 检查成效
   E. 纠正偏差

5. 工程项目的动态控制包含有(　　)。
   A. 事前控制　　B. 主动控制　　C. 事后控制　　D. 被动控制
   E. 全面控制

6. 要实现最优化控制,必须首先满足的条件有(　　)。
   A. 合格的主体　　　　　　　　　　B. 明确的系统目标
   C. 先进的技术设备　　　　　　　　D. 严格的组织纪律
   E. 提倡主动控制

7. 工程项目目标控制的方式有(　　)。
   A. 搜集信息　　B. 被动控制　　C. 前馈控制　　D. 反馈控制
   E. 主动控制

8. 工程项目施工过程中监理的任务有(　　)。
   A. 控制工程费用　　　　　　　　　B. 控制工程工期
   C. 控制工程质量　　　　　　　　　D. 施工安全监理
   E. 环境保护监理

9. 有关工程监理三大目标的叙述,正确的有(　　)。
   A. 质量控制最重要　　　　　　　　B. 费用控制最重要
   C. 进度控制最重要　　　　　　　　D. 通常是一样重要
   E. 在不同时期其重要性不同

10. 工程项目质量、进度、费用之间的关系是(　　)。
    A. 相互依存　　B. 相互独立　　C. 相互制约　　D. 相互对立
    E. 相互影响

11. 对一个工程项目而言,最重要的是( )目标值的确定,只有确定了其目标值,监理单位才能采取各种有效措施和手段,对工程项目进行有效的监督管理。
   A. 安全　　　　　B. 质量　　　　　C. 费用　　　　　D. 工期
   E. 环保

12. 下列有关目标控制的论述正确的有( )。
   A. 目标控制是控制论与工程项目管理相结合的产物,具有很强的实用性
   B. 被动控制就是目标发生了偏离,分析原因,采取纠偏的措施
   C. 只有确定了安全、质量、进度和费用的目标值,监理单位才能对工程项目进行有效监督管理
   D. 在质量目标控制体系中项目法人处于主体地位,政府监督处于龙头主导地位
   E. 只要确定了明确及合理的系统控制目标,就能够实现最优化的控制

参考答案及解析

(一) 单项选择题

1. B　　2. B　　3. A　　4. C　　5. B　　6. D　　7. D　　8. B　　9. A　　10. D
11. D　　12. D　　13. C　　14. D　　15. D

12. **解析**:选项 C 错在偏差很小,例如延误小于总时差就不需纠偏。

14. **解析**:与第 13 题的不同是在项目实施过程中,即在施工过程计划已经编制完成了,所以要注意时间段。

(二) 多项选择题

1. ACD　　2. BCDE　　3. AD　　4. BDE　　5. ABCD　　6. AB　　7. BCDE
8. ACDE　　9. DE　　10. ACE　　11. ABC　　12. ABCD

11. **解析**:进度包括工期,除了时间指标还有工程量或工作量等。

第二章 公路工程质量目标控制

质量是指一组固有特性满足要求的程度。"固有特性"包括了明示的和隐含的特性,明示的特性一般以书面阐明或明确向顾客指出,隐含的特性是指惯例或一般做法。"满足要求"是指满足顾客和相关方的要求,包括法律法规及标准规范的要求。

公路工程质量简称工程质量,是指公路工程满足相关标准规范和合同约定要求的程度,包括其在安全、使用功能及其在耐久、节能与环境保护等方面所有明示和隐含的固有特性。

第一节 质量控制的基础知识

一、全面质量管理(TQM)

重点知识

质量管理的发展大致经历了三个阶段,即检验质量控制阶段、统计质量控制阶段和全面质量管理阶段。

全面质量管理(Total Quality Management,TQM)是一个组织以质量为中心,以全员参与为基础,目的在于通过让顾客满意和本组织所有成员及社会受益而达到长期成功的管理途径。

全面质量管理是为了能够在最经济的水平上,并考虑到充分满足顾客要求的条件下进行生产和提供服务,把企业各部门的研制质量、维持质量和提高质量的活动构成为一体的一种有效的体系。

全面质量管理是针对不同企业的生产条件、工作环境及工作状态等多方面因素的变化,把组织管理、数理统计方法以及现代科学技术、社会心理学、行为科学等综合运用于质量管理,建立适用和完善的质量工作体系,对每一个生产环节加以管理,做到全面运行和控制。

全面质量管理通过改善和提高工作质量来保证产品质量;通过对产品形成和使用全过程管理,全面保证产品质量;通过形成生产(服务)企业全员、全企业、全过程的质量工作系统,建立质量体系,以保证产品质量始终满足用户需要,使企业用最少的投入获得最佳的效益。

全面质量管理常用的工作流程为"PDCA循环"。"PDCA循环"流程的基本内容是在做某事前先制订计划然后按照计划去执行,并在执行过程中进行检查和调整,在计划执行完成时进行总结处理。P阶段是计划阶段:发现适应用户的要求,并以取得最经济的效果为目标,通过调查、设计、试制、制订技术经济指标、质量目标、管理项目以及达到这些目标的具体措施和方法。D阶段是执行阶段:按照所制订的计划和措施去付诸实施。C阶段是检查阶段:对照计划,检查执行的情况和效果,及时发现计划实施过程中的经验和问题。A阶段是总结处理阶段:根据检查的结果采取措施、巩固成绩、吸取教训,不断改进工作。

例 题

例1 全面质量管理常用的工作流程为(　　)。
A. ACDP 循环　　　　　　　　　B. PDCA 循环
C. PADC 循环　　　　　　　　　D. DCAP 循环

例2 全面质量管理的基本要求有(　　)。
A. 全过程的质量管理　　　　　　B. 全员的质量管理
C. 全企业的质量管理　　　　　　D. 全新的质量管理
E. 多方法的质量管理

例 题 解 析

例1 全面质量管理常用的工作流程为 PDCA 循环。故选 B。
例2 全面质量管理的基本要求为"三全一多样",即全员的质量管理、全过程的质量管理、全企业的质量管理和多方法的质量管理。故选 ABCE。

自 测 模 拟 题

(一)单项选择题

1. 质量检验的实质是(　　)。
   A. 事前预防　　B. 事中检查　　C. 事后把关　　D. 全面控制
2. 不属于产品质量特性的是(　　)。
   A. 性能　　　　B. 寿命　　　　C. 生态性　　　D. 安全性
3. 影响工程质量的主要因素不包括(　　)。
   A. 工序检查　　B. 机械设备　　C. 工程材料　　D. 环境条件

(二)多项选择题

1. 全面质量管理的"四一切"是指(　　)。
   A. 一切为用户着想
   B. 一切以预防为主
   C. 一切以数据说话
   D. 一切按照 PDCA 循环进行
   E. 一切以安全性为主
2. 一般在实践过程中把全面质量管理概括为"三全管理","三全管理"指的是(　　)。
   A. 全过程管理　　　　　　　　　B. 全员管理
   C. 全组织管理　　　　　　　　　D. 全局管理
   E. 全方位管理
3. 工程项目质量的内涵包括(　　)。
   A. 工程项目的实体质量　　　　　B. 工作质量
   C. 功能和使用价值质量　　　　　D. 服务质量
   E. 单位工程质量

4. 施工人员素质是影响工程质量的主要因素之一,除此之外还有( )。
   A. 工程材料　　　　B. 机械设备　　　　C. 企业业绩　　　　D. 环境条件
   E. 工艺方法
5. 公路工程质量的特点包括( )。
   A. 影响因素多　　　　　　　　　　B. 质量波动性大
   C. 容易产生第一次判断错误　　　　D. 竣工验收的局限性
   E. 不会出现系统因素变异

参考答案

(一)单项选择题

1. C　　2. C　　3. A

(二)多项选择题

1. ABCD　　2. ABD　　3. ABCD　　4. ABDE　　5. ABD

二、国际标准化组织(ISO)质量管理体系的建立和运行

重点知识

(一)ISO 质量管理原则

1. 以顾客为中心

与所确定的顾客要求保持一致。了解顾客现有的和潜在的需求和期望。测定顾客的满意度并以此作为行动的准则。

2. 领导作用

领导者确立组织统一的宗旨及方向,建立以质量为中心的企业环境。明确组织的前景,指明方向,价值共享。设定具有挑战性的目标并加以实现。对员工进行训练、提供帮助并给予授权。

3. 全员参与

应当创造并保持使员工能充分参与实现组织目标的内部环境。

4. 过程方法

各级人员是组织之本,只有各级人员的充分参与,才能充分发挥各级人员才干,为组织带来收益。

5. 管理的系统方法

将质量管理体系作为系统加以识别、理解和管理,有助于组织提供实现目标的有效性和效率。

6. 持续改进

通过管理评审、内/外部审核以及纠正/预防措施,持续改进质量体系的有效性。持续改进

总体业绩应当是组织的一个永恒目标。

7. 基于事实的决策方法

把决策和行动建立在对数据和信息分析的基础之上,以期最大限度地提高生产率,降低消耗。通过采用适当的管理工具和技术,努力降低成本,改善业绩和扩大市场份额。

8. 互利的供方关系

组织与供方建立战略伙伴关系,确保其满足在早期参与确立合作开发以及改进产品、过程和体系的要求。相互信任、相互尊重,共同承诺让顾客满意并持续改进。

(二)质量体系的建立和完善

按照国际质量体系 ISO 9000 和《质量管理体系基础与术语》(GB/T 19000—2016)建立一个新的质量体系,或更新、完善现行的质量体系,一般都经历以下步骤:

1. 企业领导决策

建立质量体系是涉及企业内部很多部门的一项全面性工作,如果没有企业主要领导亲自领导、亲自实践和统筹安排,是很难搞好这项工作的。因此,领导真心实意地要求建立质量体系,是建立、健全质量体系的首要条件。

2. 编制工作计划

工作计划包括培训教育、体系分析、职能分配、配备仪器仪表设备等内容。

3. 分层次教育培训

组织学习 ISO 9000 和《质量管理体系基础与术语》(GB/T 19000—2016)系列标准,结合本企业的特点,了解建立质量体系的目的和作用,详细研究与本职工作有直接联系的要素,提出控制要素的办法。

4. 分析企业特点

结合施工企业的特点和具体情况,确定采用哪些要素和采用程度。要素要对控制过程实体质量起主要作用,能保证过程的适用性、符合性。

5. 落实各项要素

企业在选好合适的质量体系要素后,要展开二级要素,制订实施二级要素所必需的质量活动计划,并把各项质量活动落实到具体部门或个人。

6. 编制质量体系文件

质量体系文件按其作用可分为法规性文件和见证性文件两类。质量体系法规性文件是供方向需方证实质量体系适用性的证据;质量体系的见证性文件记载了各质量要素的实施情况和工程实体质量的状态,是质量体系运行的见证。

(三)质量体系的运行

质量体系的有效运行是依靠体系的组织机构进行组织协调、实施质量监督、开展质量信息管理、进行质量体系审核和评审实现的。

1. 组织协调

质量体系运行是借助于质量体系组织结构的组织和协调来进行运行的。组织和协调工作是维护质量体系运行的动力。质量体系的运行涉及企业众多部门的活动,必须在目标、分工、时间和联系方面协调一致,责任范围不能出现空档,保持体系的有序性,需要通过组织和协调工作来实现。

2. 质量监督

质量体系在运行过程中,各项活动及其结果不可避免地会发生偏离标准的可能。为此,必须实施质量监督。质量监督有企业内部监督和外部监督两种,需方或第三方对企业进行的监督是外部质量监督。

3. 质量信息管理

质量信息系统是质量体系的神经系统,是保证质量体系正常运行的重要系统。在质量体系的运行中,通过质量信息反馈系统对异常信息的反馈和处理,进行动态控制,从而使各项质量活动和工程实体质量保持受控状态。

4. 质量体系审核与评审

开展质量体系审核和评审是保持质量体系持续有效运行的主要手段。

例 题

例1 建立、健全质量体系的首要条件是( )。
A. 全员参与　　B. 教育培训　　C. 领导决策　　D. 组织协调

例2 ISO 9000—2000族标注质量管理原则包括( )。
A. 以顾客为关注焦点　　　　B. 领导作用、全员参与
C. 过程方法、管理的系统方法　　D. 持续改进
E. PDCA循环

例题解析

例1 领导真心实意地要求建立质量体系,是建立、健全质量体系的首要条件。故选 C。

例2 ISO 9000—2000族标注包括八大质量管理原则,包括以顾客为关注焦点、领导作用、全员参与、过程方法、管理的系统方法、持续改进、基于事实的决策方法、互利的供方关系。故选 ABCD。

自测模拟题

(一)单项选择题

1. 工作维护质量体系运行的动力是( )。
A. 组织协调　　B. 质量监督　　C. 培训教育　　D. 领导决策

2. 由组织的最高管理者正式发布的该组织总的质量宗旨和方向称为( )。
A. 质量目标　　B. 质量方针　　C. 质量监督　　D. 质量方案

3. 质量管理体系文件要求为规范全体员工的( )提出一致性标准。
A. 质量作业　　B. 质量目标　　C. 质量监督　　D. 质量行为

(二)多项选择题

1.质量管理体系离不开理解组织环境过程,而这个理解过程不仅要考虑内部因素,也要考虑外部因素,下列选项中属于其外部因素的有(　　)。
   A.法律　　　　　B.技术　　　　　C.文化　　　　　D.竞争
   E.绩效
2.工程监理单位的质量管理文件构成有(　　)。
   A.质量手册　　　B.程序文件　　　C.指令文件　　　D.作业文件
   E.检测文件
3.关于质量管理体系的审核,下列说法正确的有(　　)。
   A.为获得质量管理体系的审核证据并对其进行客观的评价
   B.确定满足审核准则所进行的、独立的并形成文件的过程
   C.内部审核由监理单位审核人员进行审核
   D.外部审核由建设单位或第三方审核员进行审核
   E.外部审核的范围一般比内部审核的范围大

参 考 答 案

(一)单项选择题

1. A　　2. B　　3. D

(二)多项选择题

1. ABCD　　2. ABD　　3. ABCD

三、工程质量责任体系和参建各方质量责任和义务

重 点 知 识

(一)工程质量责任体系

(1)县级以上地方人民政府交通主管部门及其所属的质量监督机构应当加强对公路建设从业单位贯彻落实公路工程有关质量管理的法律、法规、规章、强制性技术标准以及履行合同情况的监督检查,对工程质量负监督责任。

(2)公路建设从业单位在公路建设活动中必须遵守国家有关法律、法规和规章,严格执行公路工程强制性技术标准、各类技术规范及规程,全面履行工程合同义务,依法对公路工程质量负责。

(3)公路建设从业人员依法对所从事的公路工程质量工作负责。公路建设从业单位应当分解落实工程建设各岗位、各环节质量责任,明确质量责任人。公路建设从业人员的质量责任在本单位质量责任范围内按以下原则划分:从业单位的法定代表人和主管负责人,对本单位所承担公路工程的质量工作负领导责任;从业单位的技术负责人,对本单位所承担公路工程的质量工作负工程技术方面责任;从业单位的工程项目负责人,对工程项目现场的质量工作负直接领导责任;具体工作人员为直接责任人。

(4)从事公路工程建设活动的专业技术人员,应当按照有关公路工程建设的法律、法规、规章的规定取得相应资格证书,并在资格证书许可的范围内从事公路工程建设活动。项目法人的从业人员必须满足《公路建设项目法人资格标准》规定的条件,其他从业单位的从业人员必须满足有关规定和招标文件、合同文件的要求。公路建设从业单位应当加强从业人员的培训,特别是对一线和现场人员的培训。从业人员应先培训,经考核合格后再上岗。

(5)公路建设从业单位和从业人员按照各自职责,对所承担的公路工程项目在设计使用年限内承担质量责任。公路建设项目实行工程质量责任登记制度。

(6)县级以上地方人民政府交通主管部门及其所属的质量监督机构应加大对公路建设从业单位质量责任落实情况的监督检查,发现问题及时纠正,对重大问题要依据工程质量责任登记表追究相关责任人的责任;项目法人应加强建设项目的履约检查,对违约单位依合同和工程质量责任登记表严肃处理;其他从业单位也要加强自查自纠工作,严格落实企业员工所承担的质量责任,对不履行责任的,追究相关人员责任。

(7)县级以上地方人民政府交通主管部门应当建立健全工程质量考核奖惩制度,激励公路建设从业单位建立职责明确、责任到人、运行有效的工程质量责任制。项目法人可在招标文件中设定工程质量考核奖惩条款。从业单位落实工程质量责任制情况应作为公路建设市场诚信评价体系的重要组成部分。

(二)参建各单位的质量责任和义务

从业单位应当建立健全工程质量保证体系,制定质量管理制度,强化工程质量管理措施,完善工程质量目标保障机制。公路工程施行质量责任终身制。建设、勘察、设计、施工、监理等单位应当书面明确相应的项目负责人和质量负责人。从业单位的相关人员按照国家法律法规和有关规定在工程合理使用年限内承担相应的质量责任。

1. 建设单位

(1)建设单位对工程质量负管理责任,应当科学组织管理,落实国家法律、法规、工程建设强制性标准的规定,严格执行国家有关工程建设管理程序,建立健全项目管理责任机制,完善工程项目管理制度,严格落实质量责任制。

(2)建设单位应当与勘察、设计、施工、监理等单位在合同中明确工程质量目标、质量管理责任和要求,加强对涉及质量的关键人员、施工设备等方面的合同履约管理,组织开展质量检查,督促有关单位及时整改质量问题。

2. 勘察、设计单位

(1)勘察、设计单位对勘察、设计质量负责,应当按照有关规定、强制性标准进行勘察、设计,保证勘察、设计工作深度和质量。勘察单位提供的勘察成果文件应当满足工程设计的需要。设计单位应当根据勘察成果文件进行工程设计。

(2)设计单位应当按照相关规定,做好设计交底、设计变更和后续服务工作,保障设计意图在施工中得以贯彻落实,及时处理施工中与设计相关的质量技术问题。

(3)公路工程交工验收前,设计单位应当对工程建设内容是否满足设计要求、是否达到使用功能等方面进行综合检查和分析评价,向建设单位出具工程设计符合性评价意见。

3. 施工单位

(1)施工单位对工程施工质量负责,应当按合同约定设立现场质量管理机构、配备工程技术人员和质量管理人员,落实工程施工质量责任制。

(2)施工单位应当严格按照工程设计图纸、施工技术标准和合同约定施工,对原材料、混合料、构配件、工程实体、机电设备等进行检验;按规定施行班组自检、工序交接检、专职质检员检验的质量控制程序;对分项工程、分部工程和单位工程进行质量自评。检验或者自评不合格的,不得进入下道工序或者投入使用。

(3)施工单位应当加强施工过程质量控制,并形成完整、可追溯的施工质量管理资料,主体工程的隐蔽部位施工还应当保留影像资料。对施工中出现的质量问题或者验收不合格的工程,应当负责返工处理;对在保修范围和保修期限内发生质量问题的工程,应当履行保修义务。

4. 监理单位

(1)监理单位对施工质量负监理责任,应当按合同约定设立现场监理机构,按规定程序和标准进行工程质量检查、检测和验收,对发现的质量问题及时督促整改,不得降低工程质量标准。

(2)公路工程交工验收前,监理单位应当根据有关标准和规范要求对工程质量进行检查验证,编制工程质量评定或者评估报告,并提交建设单位。

5. 材料和设备的供应单位

材料和设备的供应单位应当按照有关规定和合同约定对其产品或者服务质量负责。

例 题

例1 下列质量事故中,属于建设单位责任的是( )。
A. 商品混凝土未经检验造成的质量事故
B. 总包和分包职责不明造成的质量事故
C. 使用了禁止使用的材料造成的质量事故
D. 地下管线资料不全造成的质量事故

例2 监理单位与施工单位串通,谋取非法利益,给建设单位造成损失的,应当承担( )。
A. 违约责任
B. 连带责任
C. 质量责任
D. 监理责任

例3 建设单位应承担的质量责任包括( )。
A. 不得将应由一个承包单位完成的建设工程项目肢解发包
B. 不得因赶工而任意压缩合理工期
C. 不得对专用设备指定供应商
D. 不得暗示参建方违反工程建设强制性标准
E. 不得采购未经鉴定的建筑材料

例4 设计单位在设计文件中选用的建筑材料、建筑构配件和设备,应当注明( )等技术指标。
A. 规格
B. 能耗
C. 型号
D. 重量
E. 性能

例 题 解 析

例1 根据《建设工程质量管理条例》第二章第九条,建设单位必须向有关的勘察、设计、施工、工程监理等单位提供与建设工程有关的原始资料。原始资料必须真实、准确、齐全。故选 D。

例 2 监理单位与施工单位串通,谋取非法利益,给建设单位造成损失的,应当承担连带赔偿责任。故选 B。

例 3 根据《建设工程质量管理条例》第二章和第三章。选项 C 为设计单位的责任,选项 E 为施工单位的责任。故选 ABD。

例 4 根据《建设工程质量管理条例》第三章第二十二条。设计单位在设计文件中选用的建筑材料、建筑构配件和设备,应当注明规格、型号、性能等技术指标,其质量要求必须符合国家规定的标准。故选 ACE。

自 测 模 拟 题

(一) 单项选择题

1. 公路工程施行质量责任(　　)。
   A. 监督制　　　　B. 负责制　　　　C. 问责制　　　　D. 终身制
2. 建设单位对工程质量负(　　)责任。
   A. 施工　　　　B. 管理　　　　C. 监理　　　　D. 设计
3. 施工单位应对分项工程、分部工程和单位工程进行质量(　　)。
   A. 验收　　　　B. 移交　　　　C. 自评　　　　D. 鉴定

(二) 多项选择题

1. 建设、勘察、设计、施工、监理等单位应当书面明确(　　)。
   A. 环保负责人
   B. 项目负责人
   C. 安全负责人
   D. 变更负责人
   E. 质量负责人
2. 关于施工单位的质量责任,下列说法正确的有(　　)。
   A. 应当按合同约定设立现场质量管理机构
   B. 应当配备工程技术人员和质量管理人员
   C. 应当对分项工程、分部工程和单位工程进行质量自评
   D. 对施工中出现的质量问题或者验收不合格的工程,应当负责返工处理
   E. 对在保修范围和保修期限内发生质量问题的工程,无须履行保修义务
3. 关于监理单位的质量责任,下列说法正确的有(　　)。
   A. 应当按合同约定设立现场监理机构
   B. 应当按规定程序和标准进行工程质量检查、检测和验收
   C. 应当对试验检测数据和报告的真实性、客观性、准确性负责
   D. 对发现的质量问题在允许范围内,可适当降低工程质量标准
   E. 公路工程交工验收前,应当对工程质量进行检查验证
4. 公路工程质量保证体系包括(　　)。
   A. 政府监督　　　　B. 法人管理　　　　C. 社会监理　　　　D. 企业自检
   E. 企业自律

参考答案

(一)单项选择题

1. D   2. B   3. C

(二)多项选择题

1. BE   2. ABCD   3. ABDE   4. ABCD

四、单位、分部、分项工程划分

重点知识

单位工程是指在合同段中,具有独立施工条件和结构功能的工程;分部工程是指在单位工程中,按路段长度、结构部位及施工特点等划分的工程;分项工程是指在分部工程中,根据施工工序、工艺或材料等划分的工程。

(一)一般建设项目

一般建设项目的单位工程划分为路基工程(每10km或每标段)、路面工程(每10km或每标段)、桥梁工程(每座或每合同段)、隧道工程(每座或每合同段)、绿化工程(每合同段)、声屏障工程(每合同段)、交通安全设施(每20km或每标段)、交通机电工程和附属设施。每个单位工程具体划分的分部工程和分项工程可参考《公路工程质量检验评定标准 第一册 土建工程》(JTG F80/1—2017)附录中的表A-1。

(二)特大斜拉桥、特大悬索桥

特大斜拉桥、特大悬索桥的单位工程划分为塔及辅助墩、过渡墩(每个)、锚碇(每个)、上部钢结构制作与防护、上部结构浇筑与安装和桥面系、附属工程及桥梁总体。每个单位工程具体划分的分部工程和分项工程可参考《公路工程质量检验评定标准 第一册 土建工程》(JTG F80/1—2017)附录中的表A-2。

例 题

例1 在合同段中,具有独立施工条件和结构功能的工程称为(   )。

A.分项工程   B.分部工程   C.单位工程   D.单项工程

例2 不属于路基工程的分部工程是(   )。

A.防护支挡工程   B.涵洞
C.路基土石方工程   D.垫层

例3 涵洞、砌筑防护工程为路基工程的分部工程,其划分依据是(   )。

A.延米   B.路段   C.工艺   D.数量

例4 路面工程的分项工程包括(   )。

A.面层   B.路肩   C.边沟   D.基层
E.垫层

例5 交通安全设施的分部工程包括( )。
  A. 护栏
  B. 避险车道
  C. 绿化工程
  D. 里程碑和百米桩
  E. 声屏障

例题解析

例1 根据《公路工程质量检验评定标准 第一册 土建工程》(JTG F80/1—2017)第3.1.1条,在合同段中,具有独立施工条件和结构功能的工程单位称为单位工程。故选C。

例2 根据《公路工程质量检验评定标准 第一册 土建工程》(JTG F80/1—2017)附录A,选项D属于路面工程的分项工程。故选D。

例3 根据《公路工程质量检验评定标准 第一册 土建工程》(JTG F80/1—2017)附录A,涵洞、砌筑防护工程按1~3km路段划分分部工程。故选B。

例4 根据《公路工程质量检验评定标准 第一册 土建工程》(JTG F80/1—2017)附录A,选项C为排水工程的分项工程。故选ABDE。

例5 根据《公路工程质量检验评定标准 第一册 土建工程》(JTG F80/1—2017)附录A,选项C和选项E属于单位工程。故选ABD。

自测模拟题

(一)单项选择题

1. 在单位工程中,按照路段长度、结构部位及施工特点等划分的工程为( )。
  A. 单位工程　　B. 单项工程　　C. 分项工程　　D. 分部工程
2. 在分部工程中,根据施工工序、工艺或材料等划分的工程为( )。
  A. 单位工程　　B. 单项工程　　C. 分项工程　　D. 分部工程
3. 排水工程为路基工程的分部工程,其划分依据是( )。
  A. 工序　　B. 材料　　C. 路段　　D. 数量
4. 质量评定时,台背填土应纳入( )分部工程进行评定。
  A. 基础及下部构造
  B. 桥梁防护工程
  C. 上部构造现场浇筑
  D. 桥梁引道工程

(二)多项选择题

1. 分项工程是指在分部工程中,根据( )等划分的工程。
  A. 施工工序　　B. 工程材料　　C. 施工条件　　D. 路段长度
  E. 施工工艺
2. 分部工程是指在单位工程中,按( )等划分的工程。
  A. 结构部位　　B. 工程材料　　C. 施工特点　　D. 路段长度
  E. 施工工艺
3. 属于单位工程的包括( )。
  A. 5km路基工程
  B. 3km路基土石方工程
  C. 3km路面工程
  D. 10km路面工程

E.1 座简支梁桥
4.属于路基工程的分部工程包括( )。
A.1km 排水工程　　　　　　B.1 座小桥
C.15m 人行天桥　　　　　　D.1 座涵洞
E.1 处大型挡土墙

参 考 答 案

(一)单项选择题

1.D　　2.C　　3.C　　4.A

(二)多项选择题

1.ABE　　2.ACD　　3.DE　　4.ABE

五、工程质量缺陷及处理,质量事故等级划分及处理

重 点 知 识

(一)工程质量缺陷及处理

缺陷是指建设工程质量不符合工程建设强制性标准、设计文件以及承包合同条件约定的标准。工程质量缺陷是指工程建设中经常发生的或普遍存在的一些工程质量问题,工程质量问题不同于质量事故,但是质量事故开始时往往表现为一般质量缺陷而易被忽视。

1.质量缺陷的处理原则

对质量缺陷的处理必须坚持以下原则:

(1)监理工程师具有质量否决权。

(2)质量缺陷处理须事先进行调查,分清责任,以明确处理费用的归属。

(3)施工中,前道工序有缺陷,在未经监理工程师认可之前不准进行下一道工序。

(4)承包人必须执行监理工程师对质量缺陷的处理意见。

(5)承包人对质量缺陷的处理方案和措施必须经过监理工程师批准方可实施。

(6)承包人对质量缺陷的处理完成后必须接受监理工程师的检查、验收。

2.质量缺陷的现场处理

在各项工程的施工过程中或完工以后,现场监理人员如发现工程项目存在技术规范所不容许的,可由项目监理机构处理的质量缺陷时,应根据质量缺陷的性质和严重程度,按如下方式处理:

(1)当因施工而引起的质量缺陷处于萌芽状态时,监理工程师应及时制止,并要求承包人立即更换不合格的材料、设备,或撤换不称职的施工人员,或要求立即改变不正确的施工方法及操作工艺。

(2)当因施工而引起的质量缺陷已出现时,监理工程师应立即向承包人发出"监理通知",要求其对质量问题进行补救处理,并采取足以保证施工质量的有效措施后,填报"监理通知回复单"报监理单位。

(3)当质量缺陷发生在某道工序或分项工程完工以后,而且质量缺陷的存在将对下道工序或分项工程质量产生影响时,监理工程师应在对质量缺陷产生的原因及责任做出判断并确定了补救方案后,再进行质量缺陷的处理或下道工序或分项工程的施工。

(4)在交工使用后的缺陷责任期内发现施工质量缺陷时,监理工程师应及时指令承包人进行修补、加固或返工处理。

3. 质量缺陷的修补与加固

(1)对因施工原因而产生的质量缺陷的修补与加固,应先由承包人提出修补方案及方法,经监理工程师批准后方可进行。

(2)对因设计原因而产生的质量缺陷,应通过业主提出处理方案及方法,由承包人进行修补。

(3)修补措施及方法要保证质量控制指标和验收标准,并应是技术规范允许的或是行业公认的良好工程技术。

(4)如果已完工程的缺陷,并不构成对工程安全的危害,并且能满足设计和使用要求时,经征得业主同意,可不进行加固或变更处理。如工程缺陷属于承包人的责任,应通过业主与承包人的协商,降低对此项工程的支付费用。

(二)质量事故等级划分及处理

1. 工程质量事故的含义

根据《交通运输部办公厅关于印发〈公路水运建设工程质量事故等级划分和报告制度〉的通知》(交办安监〔2016〕146号)的规定,所谓公路工程质量事故,是指公路建设工程项目在缺陷责任期结束前,由于施工或勘察设计等原因使工程不满足技术标准及设计要求,并造成结构损毁或一定直接经济损失的事故。

2. 公路工程质量事故的分类及其分级标准

根据直接经济损失或工程结构损毁情况(自然灾害所致除外),公路建设工程质量事故分为特别重大质量事故、重大质量事故、较大质量事故和一般质量事故四个等级;直接经济损失在一般质量事故以下的为质量问题。

(1)特别重大质量事故,是指造成直接经济损失1亿元以上的事故。

(2)重大质量事故,是指造成直接经济损失5000万元以上1亿元以下,或者特大桥主体结构垮塌、特长隧道结构坍塌。

(3)较大质量事故,是指造成直接经济损失1000万元以上5000万元以下,或者高速公路项目中桥或大桥主体结构垮塌、中隧道或长隧道结构坍塌、路基(行车道宽度)整体滑移。

(4)一般质量事故,是指造成直接经济损失100万元以上1000万元以下,或者除高速公路以外的公路项目中桥或大桥主体结构垮塌、中隧道或长隧道结构坍塌。

本条所称的"以上"包括本数,"以下"不包括本数。

3. 质量事故处理原则

(1)工程质量监督管理实行统一领导、分级负责的原则。

交通运输部负责全国公路工程质量监督管理工作。县级以上地方人民政府交通运输主管部门按照规定的职责负责本行政区域内的公路工程质量监督管理工作。

(2)质量事故发生后,应坚持"四不放过"的原则。

质量事故发生后,应坚持"四不放过"的原则,即事故原因不清不放过、事故责任者和群众没有受到教育不放过、没有防范措施不放过、相关责任人没有受到处理不放过。

(3)质量事故实行举报制度和报告制度。

①任何单位和个人均可向交通运输主管部门或其工程质量监督机构投诉、举报公路建设工程质量事故和问题。

②工程质量事故发生后,事故发生单位和相关单位应按照应急预案规定及时响应,采取有效措施防止事故扩大。同时,应妥善保护事故现场及相关证据,任何单位和个人不得破坏事故现场。因抢救人员、防止事故扩大及疏导交通等原因需要移动事故现场物件的,应做出标识,保留影像资料。

③工程项目交工验收前,施工单位为工程质量事故报告的责任单位;自通过交工验收至缺陷责任期结束,由负责项目交工验收管理的交通运输主管部门明确项目建设单位或管养单位作为工程质量事故报告的责任单位。

④一般及以上工程质量事故均应报告。事故报告责任单位应在应急预案或有关制度中明确事故报告责任人。事故报告应及时、准确,任何单位和个人不得迟报、漏报、谎报或瞒报。

事故发生后,现场有关人员应立即向事故报告责任单位负责人报告。事故报告责任单位应在接报2h内,核实、汇总并向负责项目监管的交通运输主管部门及其工程质量监督机构报告。接收事故报告的单位和人员及其联系电话应在应急预案或有关制度中予以明确。

重大及以上质量事故,省级交通运输主管部门应在接报2h内进一步核实,并按工程质量事故快报统一报交通运输部应急办,转报工程质量监督管理部门;出现新的经济损失、工程损毁扩大等情况的应及时续报。省级交通运输主管部门应在事故情况稳定后的10日内汇总、核查事故数据,形成质量事故情况报告,报交通运输部工程质量监督管理部门。

对特别重大质量事故,交通运输部将按《交通运输部突发事件应急工作暂行规范》,由交通运输部应急办会同部工程质量监督管理部门及时向国务院应急办报告。

⑤质量事故书面报告一般应包括:工程项目名称,事故发生的时间、地点及建设、设计、监理等单位名称;事故发生的简要经过、造成工程损失状况、伤亡人数和直接经济损失的初步估计;事故发生原因的初步判断;事故发生后采取的措施及事故控制情况;事故报告单位。

4.质量事故处理程序

施工过程中,当发生不属于项目监理机构处理的质量事故时,可按以下程序处理:

(1)监理工程师应立即向承包人发出工程暂时停工指令,要求停止质量事故部位和与其有关联部位及下道工序的施工,并要求采取必要的措施,保护事故现场,抢救人员和财产,防止事故扩大,做好相应记录。

(2)监理工程师要求承包人尽快提出质量事故报告并按规定上报有关部门。

(3)监理工程师应积极配合质量事故调查组进行质量事故调查,客观提供相应证据。

(4)监理工程师接到质量事故调查组提出的质量事故技术处理意见后,审核签认有关单位提出的质量事故技术处理方案。

(5)监理工程师指示承包人按照批准的工程质量事故处理方案对事故进行处理。

(6)监理工程师对承包人实施质量事故处理方案或对加固、返工、重建的工程进行监理,并进行检查验收。经检验合格后,监理工程师发出复工指令。

例 题

例1 某高速公路施工质量事故,直接经济损失达到5000万元,则此事故等级为( )。
A. 一般质量事故　　　　　　　　B. 较大质量事故
C. 重大质量事故　　　　　　　　D. 特别重大质量事故

例2 质量缺陷的处理时,监理工程师具有( )。
A. 质量监督权　　　　　　　　　B. 质量否决权
C. 质量处理权　　　　　　　　　D. 质量评定权

例3 根据直接经济损失或工程结构损毁情况(自然灾害所致除外),公路建设工程质量事故分为( )。
A. 较小质量事故　　　　　　　　B. 一般质量事故
C. 较大质量事故　　　　　　　　D. 重大质量事故
E. 特别重大质量事故

例4 发生不属于项目监理机构处理的质量事故时,下列做法正确的有( )。
A. 监理工程师应立即向承包人发出工程暂时停工指令
B. 监理工程师应尽快提出质量事故报告并按规定上报有关部门
C. 监理工程师应积极配合质量事故调查组进行质量事故调查
D. 监理工程师指示承包人按照批准的工程质量事故处理方案对事故进行处理
E. 监理工程师对承包人实施质量事故处理方案或对加固、返工、重建的工程进行监理

例题解析

例1 根据《交通运输部办公厅关于印发公路水运建设工程质量事故等级划分和报告制度的通知》(交办安监[2016]146号),重大质量事故,是指造成直接经济损失5000万元以上1亿元以下,或者特大桥主体结构垮塌、特长隧道结构坍塌。故选C。

例2 监理工程师具有质量否决权。故选B。

例3 根据《交通运输部办公厅关于印发〈公路水运建设工程质量事故等级划分和报告制度〉的通知》(交办安监[2016]146号),根据直接经济损失或工程结构损毁情况(自然灾害所致除外),公路建设工程质量事故分为特别重大质量事故、重大质量事故、较大质量事故和一般质量事故四个等级。故选BCDE。

例4 选项B错误,监理工程师要求承包人尽快提出质量事故报告并按规定上报有关部门。故选ACDE。

自测模拟题

(一)单项选择题

1. 某高速公路发生工程质量事故,造成某长隧道结构坍塌,该事故的等级是( )。
A. 一般质量事故　　　　　　　　B. 较大质量事故
C. 重大质量事故　　　　　　　　D. 特别重大质量事故

2. 承包人对质量缺陷的处理方案和措施必须经过( )批准方可实施。

A. 项目总经理　　　　　　　　　　　　B. 项目总工程师
C. 监理工程师　　　　　　　　　　　　D. 总监理工程师

3. 关于质量缺陷的修补与加固,下列说法错误的是(　　)。
   A. 应先由承包人提出修补方案及方法,经监理工程师批准后方可进行
   B. 应通过设计单位提出处理方案及方法,由承包人进行修补
   C. 修补措施及方法要保证质量控制指标和验收标准
   D. 能满足设计和使用要求时,可不进行加固或变更处理

4. 事故发生后,现场有关人员应(　　)向事故报告责任单位负责人报告。
   A. 立即　　　　　B. 2小时内　　　　　C. 2天内　　　　　D. 10天内

(二) 多项选择题

1. 关于因施工原因而产生的质量缺陷的修补与加固,下列说法正确的有(　　)。
   A. 由建设单位提出修补方案及方法
   B. 由施工单位提出修补方案及方法
   C. 由设计单位提出修补方案及方法
   D. 经监理工程师批准后方可进行
   E. 经项目总工程师批准后方可进行

2. 质量事故发生后,应坚持"四不放过"的原则,即(　　)。
   A. 事故原因不清不放过
   B. 事故责任者和群众没有受到教育不放过
   C. 没有及时修补与加固不放过
   D. 没有防范措施不放过
   E. 相关责任人没有受到处理不放过

3. 属于质量事故书面报告内容的有(　　)。
   A. 工程项目投资总额　　　　　　　　B. 事故发生的时间、地点
   C. 直接经济损失初步估计　　　　　　D. 事故发生原因的初步判断
   E. 事故报告单位

参考答案

(一) 单项选择题

1. B　　2. C　　3. B　　4. A

(二) 多项选择题

1. BD　　2. ABDE　　3. BCDE

六、工程质量统计分析方法

重点知识

工程质量控制与评价是以数理统计方法作为基本手段。所谓数理统计方法,就是运用统

计性规律,收集、整理、分析、利用数据,并以这些数据作为判断、决策和解决质量问题的依据。

质量控制中比较常用而有效的统计方法有直方图法、控制图法、相关图法等。

(一)频数直方图法

频数直方图即质量分布图,简称直方图,是把收集到的质量数据,按顺序分成若干间隔相等的组,以组距为横坐标,以落入各组的数据频数为纵坐标,按比例构成的若干矩形条排列的图。直方图是适用于对大量计量值数据进行整理加工,找出其统计规律,即分析数据分布的形态,以便对其总体分布特征进行推断的方法。

频数是指在重复试验中,随机事件出现的次数。频数的统计方法有两种:一是以单个数值进行统计,即某个数据重复出现的次数就是它的频数;二是按区间数值进行统计,即是在已收集的数据中按照一定划分范围把整个数值分成若干区间,按每个区间内数值重复出现的次数作为这个区间的频数。在质量控制中,一般多采用第二种方法,也就是按区间进行频数统计。

通过直方图形状,可以观察与判断产品质量特性分布状况(质量是否稳定,质量分布状态是否正常),判断生产过程是否正常,判断工序是否稳定,找出产生异常的原因,以决定是否采取相应处理措施;计算工序能力,估算生产过程不合格品率。

(二)控制图法

控制图法又称为管理图,是典型的动态质量管理方法,目前已成为质量控制常用的统计分析工具。动态质量管理是过程控制的重要手段,旨在对生产过程进行实时监控,科学区分出生产过程中产品质量的随机波动与异常波动,从而对生产过程的异常趋势及时提出预警,以便生产管理人员及时采取措施,消除异常,提高或恢复施工过程的质量稳定性,从而达到提高和控制质量的目的。

根据质量数据种类,控制图分为两大类:计量值控制图和计数值控制图。常用的是单值移动—极差控制图与平均值—极差控制图。

与直方图相比,控制图最大的特点是引入了时间序列或样本序列,通过观察样本点相关统计值是否在控制限内以判断过程是否受控,通过观察样本点排列是否随机从而及时发现异常。换句话说,控制图比直方图在质量预防和过程控制能力方面大幅度改进。

(三)相关图法

相关图又称为散布图,就是将两个非确定性关系变量的数据对应列出,标记在坐标图上,从点的散布情况来分析研究两种数据之间关系的图。在质量控制中借助相关图进行相关分析,可研究质量结果和原因之间的关系,进一步弄清楚影响质量特性的主要因素。

相关图可以用来分析两个因素之间的相关关系和分析影响质量特性的主要因素。根据相关图,可进行回归分析(仅讨论一元线性回归),确定两因素之间的定量表达式——回归方程,并根据相关系数 r 判断线性相关性。

例 题

例1 用来显示两种质量数据之间关系图形的工程质量统计分析方法称为( )。
A.控制图法　　　　　　　　　　　　B.统计调查分析法

　　　　C.相关图法　　　　　　　　　　　　D.因果分析图法
例2　把收集到的质量数据,按顺序分成若干间隔相等的组,以组距为横坐标,以落入各组的数据频数为纵坐标,按比例构成的若干矩形条排列的图称为(　　)。
　　　A.控制图　　　B.直方图　　　C.相关图　　　D.排列图
例3　质量控制中比较常用而有效的统计方法有(　　)。
　　　A.控制图法　　B.直方图法　　C.相关图法　　D.树状图法
　　　E.排列图法
例4　在工程质量控制中,直方图可用于(　　)。
　　　A.判断质量分布状况
　　　B.分析质量变异状况
　　　C.估算生产过程的不合格品率
　　　D.分析生产过程是否稳定
　　　E.评价过程控制能力

例题解析

例1　相关图又称为散布图,就是将两个非确定性关系变量的数据对应列出,标记在坐标图上,从点的散布情况来分析研究两种数据之间关系的图。故选C。

例2　频数直方图即质量分布图,简称直方图,是把收集到的质量数据,按顺序分成若干间隔相等的组,以组距为横坐标,以落入各组的数据频数为纵坐标,按比例构成的若干矩形条排列的图。故选B。

例3　质量控制中比较常用而有效的统计方法有直方图法、排列图法、因果分析图法、控制图法、分层法、相关图法和统计调查分析法等。故选ABCE。

例4　通过直方图形状,可以观察与判断产品质量特性分布状况;计算工序能力,估算生产过程不合格品率。故选AC。

自测模拟题

(一)单项选择题

1.中间高,两侧低,左右接近对称的直方图为(　　)。
　　A.双峰型　　　B.绝壁型　　　C.正常型　　　D.折齿型
2.通过对一个变量的观察控制,去估计控制另一个变量的数值,以达到保证产品质量目的的统计分析方法称为(　　)。
　　A.控制图法　　B.直方图法　　C.排列图法　　D.相关图法
3.寻找影响质量主次因素的统计方法为(　　)。
　　A.控制图法　　B.直方图法　　C.排列图法　　D.相关图法
4.相关图中散布点形成由左向右向下的一条直线带构成变量关系类型为(　　)。
　　A.不相关　　　B.正相关　　　C.弱相关　　　D.负相关

(二)多项选择题

1.关于控制图法,下列说法正确的有(　　)。

A. 是典型的动态质量管理方法
B. 可判明生产过程是否处于稳定状态
C. 旨在对生产过程进行实时监控
D. 引入了时间序列或样本序列
E. 判断产品质量特性分布状况

2. 工程质量控制中,采用控制图法的目的有(   )。
A. 找出薄弱环节　　　　　　B. 进行过程控制
C. 评价过程能力　　　　　　D. 进行过程分析
E. 掌握质量分布规律

3. 相关图中两个变量关系的类型包括(   )。
A. 不相关　　　　　　　　　B. 弱正相关
C. 非线性相关　　　　　　　D. 弱负相关
E. 线性相关

参考答案

(一)单项选择题

1. C　　2. D　　3. C　　4. D

(二)多项选择题

1. ABCD　　2. BD　　3. ABCD

七、工程质量主要试验检测方法

重点知识

(一)土工试验检测

击实试验、液塑限试验、含水率试验、颗粒分析试验、CBR 试验等。

(二)各种原材料、半成品、成品试验检测

1. 水泥
细度试验、标准稠度用水量试验、凝结时间试验、安定性试验、胶砂强度试验等。
2. 沥青
针入度、延度、软化点、含蜡量、沥青与粗集料的黏附性试验等。
3. 粗集料
筛分分析、针片状颗粒含量、含泥量、泥块含量、压碎值、重度、表观密度等试验。
4. 细集料
筛分分析、含泥量、泥块含量、压碎值、重度、表观密度、亚甲蓝等试验。

5. 钢筋

拉力试验(屈服点或屈服强度、抗拉强度、伸长率)、冷弯试验、反复弯曲试验等。

6. 沥青混合料

密度、马歇尔稳定度、弯曲、劈裂、车辙、渗水、冻融劈裂试验等。

7. 水泥混凝土

稠度试验、抗压强度试验、抗弯拉强度试验、劈裂抗拉强度试验等。

(三)路基路面现场测试

压实度、平整度、承载能力、水泥混凝土强度、抗滑性能、渗水试验等。

(四)混凝土结构实体检测

混凝土强度及内部缺陷检测、受力钢筋的保护层厚度检测、现浇混凝土板厚度检测等。

(五)地基工程施工试验与检测

地基土承载力试验、桩基承载力试验等。

例 题

例1 采用挖坑灌砂测试压实度时,试洞的深度应( )测试层厚度。
    A. 大于　　　　　B. 等于　　　　　C. 小于　　　　　D. 不等于

例2 进行土基现场加州承载比(CBR)测试时,当贯入量为5.0mm时的CBR大于2.5mm时的CBR时,应( )。
    A. 取贯入量为5.0mm时的CBR
    B. 取贯入量为2.5mm时的CBR
    C. 取贯入量为5.0mm与2.5mm时的CBR的平均值
    D. 重新试验

例3 在沥青混合料马歇尔稳定度试验时,稳定度的单位为( )。
    A. MPa　　　　　B. 0.001mm　　　　　C. kN　　　　　D. 无单位

例4 桥涵施工阶段检验性的试桩试验内容包括( )。
    A. 工艺试验　　　　　　　　　　B. 静压、静拔和静推试验
    C. 预压试验　　　　　　　　　　D. 平衡试验
    E. 动力试验

例5 沥青的三大指标是指( )。
    A. 针入度　　　　　B. 延度　　　　　C. 稳定度　　　　　D. 硬度
    E. 软化点

例 题 解 析

例1 根据《公路路基路面现场测试规程》(JTG 3450—2019),试洞的深度应等于测试层厚度。故选 B。

例2 根据《公路路基路面现场测试规程》(JTG 3450—2019),当贯入量为5.0mm时的 CBR 大于2.5mm时的 CBR 时,应重新试验。故选D。

例3 根据《公路工程沥青及沥青混合料试验规程》(JTG E20—2011),稳定度的单位为kN。故选C。

例4 根据《公路桥涵施工技术规范》(JTG/T 3650—2020)附录L,桥涵施工阶段检验性的试桩试验内容包括工艺试验、动力试验及静压、静拔和静推试验。故选ABE。

例5 沥青的三大指标是指针入度、延度和软化点。故选ABE。

自测模拟题

(一)单项选择题

1. 采用抽芯法取得压实沥青混合料试件,当吸水率大于2%时,应使用(　　)。
   A. 表干法　　　　　　　　　　B. 水中重法
   C. 蜡封法　　　　　　　　　　D. 体积法

2. 钢筋连接开始前及施工过程中,应对每批进场钢筋进行接头工艺检验,工艺检验每种规格钢筋的接头试件不应少于(　　)根。
   A. 1　　　　　B. 2　　　　　C. 3　　　　　D. 6

3. 在水泥净浆加水搅拌后,可能发生异常凝结现象,下述表达不正确的是(　　)。
   A. 这种早期凝结主要分为假凝和瞬凝
   B. 假凝的原因是水泥浆表面与空气接触后,只在试模表面处的水泥凝结,造成凝结的假象
   C. 瞬凝的原因是CaO含量过高,而水泥中为掺入石膏或掺入的石膏中SO_3过低引起的
   D. 瞬凝的主要特征是当水泥加入水中时,大量放热,很快失去流动性

4. 为了确定路基填土的最大干密度和最佳含水率,应做(　　)试验。
   A. 液、塑限　　　　　　　　　B. 回弹模量
   C. 重型击实　　　　　　　　　D. 颗粒分析

5. 水泥混凝土路面的材料强度指标是以28d龄期的(　　)强度试验结果为依据。
   A. 抗压　　　　B. 抗折　　　　C. 抗剪　　　　D. 抗拉

6. 硅酸盐水泥最适用于(　　)工程。
   A. 大体积混凝土　　　　　　　B. 干燥环境中的混凝土
   C. 耐热混凝土　　　　　　　　D. 水泥混凝土路面

7. 车辙试验主要是用来评价沥青混合料的(　　)。
   A. 高温稳定性　　　　　　　　B. 低温抗裂性
   C. 耐久性　　　　　　　　　　D. 抗滑性

(二)多项选择题

1. 混凝土中掺入减水剂后的效果是(　　)。
   A. 保持水泥和水的用量不变,提高混凝土的强度
   B. 保持坍落度不变,降低单位用水量
   C. 保持混凝土的强度不变,节约水泥用量

D. 保持养护条件不变,加速硬化

E. 保持水灰比不变,节省水泥用量

2. 钢筋进场后,应首先检查( )。

A. 出厂质量证明书 B. 试验报告单
C. 发票 D. 运货单
E. 出厂合格证

3. 钢筋原材的试验指标包括( )。

A. 弯曲荷载 B. 伸长率 C. 极限荷载 D. 弯心率
E. 断裂荷载

4. 砾类土适合的压实度检测方法为( )。

A. 灌砂法 B. 灌水法 C. 环刀法 D. 蜡封法
E. 核子密度仪

5. 路基填方土一般进行( )等试验。

A. 液塑限、塑性指数 B. 含水率
C. 击实 D. CBR
E. 烧失量

6. 砂中云母含量过大,会影响混凝土拌合物和硬化混凝土的( )性质。

A. 拌合物和易性 B. 保水性
C. 抗冻性 D. 抗渗性
E. 渗透性

7. 水泥混凝土试配强度计算涉及( )。

A. 混凝土设计强度等级 B. 水泥强度等级
C. 施工水平 D. 强度保证率
E. 混凝土强度

参考答案

(一)单项选择题

1. C 2. C 3. B 4. C 5. B 6. C 7. A

(二)多项选择题

1. BC 2. ABE 3. BC 4. AB 5. ABCD 6. ABCD 7. ACD

八、工程质量检验评定

重点知识

公路工程质量检验评定应按分项工程、分部工程、单位工程逐级进行。分项工程完工后,应根据《公路工程质量检验评定标准 第一册 土建工程》(JTG F80/1—2017)进行检验,对工程质量进行评定。隐蔽工程在隐蔽前应检查合格;分部工程、单位工程完工后,应汇总评定所属分项工程、分部工程质量资料,检查外观质量,对工程质量进行评定。

(一)工程质量检验

(1)分项工程应按基本要求、实测项目、外观质量和质量保证资料等检验项目分别检查。

(2)分项工程质量应在所使用的原材料、半成品、成品及施工控制要点等符合基本要求的规定,无外观质量限制缺陷且质量保证资料真实齐全时,方可进行检验评定。

(3)基本要求检查应符合:

①分项工程应对所列基本要求逐项检查,经检查不符合规定时,不得进行工程质量的检验评定。

②分项工程所用的各种原材料的品种、规格、质量及混合料配合比和半成品、成品应符合有关技术标准规定,并满足设计要求。

(4)实测项目检验应符合:

①对检查项目按规定的检查方法和频率进行随机抽样检验并计算合格率。

②以路段长度规定的检查频率为双车道路段的最低检查频率,对多车道应按车道数与双车道之比相应增加检查数量。

③应按式(2-1-1)计算检查项目合格率:

$$检查项目合格率(\%) = \frac{合格的点(组)数}{该检查项目的全部检查点(组)数} \times 100\% \qquad (2-1-1)$$

(5)检查项目合格判定应符合:

①关键项目的合格率应不低于95%(机电工程为100%),否则该检查项目为不合格。

②一般项目的合格率应不低于80%,否则该检查项目为不合格。

③有规定极值的检查项目,任一单个检测值不应突破规定极值;否则该检查项目为不合格。

(6)外观质量应进行全面检查,并满足规定要求;否则该检验项目为不合格。

(7)工程应有真实、准确、齐全、完整的施工原始记录、试验检测数据、质量检验结果等质量保证资料。质量保证资料应包括下列内容:

①所用原材料、半成品和成品质量检验结果;

②材料配合比、拌和加工控制检验和试验数据;

③地基处理、隐蔽工程施工记录和桥梁、隧道施工监控资料;

④质量控制指标的试验记录和质量检验汇总图表;

⑤施工过程中遇到的非正常情况记录及其对工程质量影响的分析评价资料;

⑥施工过程中如发生质量事故,经处理补救后达到设计要求的认可证明文件等。

(8)检验项目评为不合格的,应进行整修或返工处理,直至合格。

(二)工程质量评定

(1)工程质量等级分为合格与不合格。

(2)分项工程质量评定合格应符合:

①检验记录应完整;

②实测项目应合格;

③外观质量应满足要求。

(3)分部工程质量评定合格应符合:

①评定资料应完整;
②所含分项工程及实测项目应合格;
③外观质量应满足要求。

(4)单位工程质量评定合格应符合:
①评定资料应完整;
②所含分部工程应合格;
③外观质量应满足要求。

(5)评定为不合格的分项工程、分部工程,经返工、加固、补强或调测,满足设计要求后,可重新进行检验评定。

(6)所含单位工程合格,该合同段评定为合格;所含合同段合格,该建设项目评定为合格。

例 题

例1 在检查项目验收过程中,一般项目的合格率应不低于( )。
  A.80%   B.85%   C.90%   D.95%

例2 实测项目检验时,对检查项目按规定的检查方法和频率进行随机抽样检验并计算( )。
  A.重复率   B.合格率   C.不合格率   D.优良率

例3 在工程质量评定中,工程质量等级分为( )。
  A.优秀   B.良好   C.中等   D.合格
  E.不合格

例4 水泥稳定料粒基层质量检验的实测项目中,属于关键项目的有( )。
  A.厚度   B.压实度   C.横坡   D.平整度
  E.强度

例5 分部工程质量评定合格应符合的规定包括( )。
  A.检验记录应完整   B.评定资料应完整
  C.实测项目应合格   D.外观质量应满足要求
  E.所含分项工程合格

例题解析

例1 根据《公路工程质量检验评定标准 第一册 土建工程》(JTG F80/1—2017)第3.2.5条,一般检查项目的合格率不得低于80%,否则该检查项目为不合格。故选A。

例2 根据《公路工程质量检验评定标准 第一册 土建工程》(JTG F80/1—2017)第3.2.4条,对检查项目按规定的检查方法和频率进行随机抽样检验并计算合格率。故选B。

例3 根据《公路工程质量检验评定标准 第一册 土建工程》(JTG F80/1—2017)第3.3.1条,工程质量等级应分为合格与不合格。故选DE。

例4 根据《公路工程质量检验评定标准 第一册 土建工程》(JTG F80/1—2017)第7.7.2条,检查项目压实度、厚度和强度相应的项次有标识"△",为关键项目。故选ABE。

例5 根据《公路工程质量检验评定标准 第一册 土建工程》(JTG F80/1—2017)第3.3.3条,选项A为分项工程质量评定合格的规定。故选BCDE。

自测模拟题

(一) 单项选择题

1. 根据《公路工程质量检验评定标准 第一册 土建工程》(JTG F80/1—2017),不属于填石路基实测项目的是( )。
   A. 横坡　　　　B. 弯沉　　　　C. 强度　　　　D. 宽度

2. 分项工程质量评定合格应符合的规定不包括( )。
   A. 检验记录应完整　　　　　　B. 评定资料应完整
   C. 实测项目应合格　　　　　　D. 外观质量应满足要求

3. 下列关于工程质量等级的说法正确的是( )。
   A. 工程质量等级分为优、良、差三个等级
   B. 评定为不合格的分项工程、分部工程,经返工、加固、补强或调测,满足设计要求后,可重新进行检验评定
   C. 所含单位工程合格,该建设项目评定为合格
   D. 所含合同段合格,该建设项目评定不一定为合格

4. 不属于石灰稳定碎石基层质量检查项目的是( )。
   A. 横坡度　　　B. 厚度　　　C. 渗水系数　　　D. 强度

5. 沥青混凝土面层的质量检验实测项目中,不属于关键项目的是( )。
   A. 矿料级配　　B. 弯沉值　　C. 沥青含量　　D. 压实度

6. 关于公路工程质量检验评定的说法,错误的是( )。
   A. 分项工程完工后,对工程质量进行评定
   B. 工程质量等级分为合格与不合格两个等级
   C. 工程监理单位应按规定要求对工程质量进行独立抽检
   D. 建设单位应对公路工程质量进行最终检测评定

(二) 多项选择题

1. 工程质量检验时,分项工程的检验项目包括( )。
   A. 基本要求　　　　　　B. 原材料的品种
   C. 实测项目　　　　　　D. 质量保证资料
   E. 外观质量

2. 单位工程质量评定合格应符合的规定包括( )。
   A. 所含分项工程应合格　　　　B. 检验记录应完整
   C. 所含分部工程应合格　　　　D. 评定资料应完整
   E. 外观质量应满足要求

3. 质量保证资料应包括( )。
   A. 材料配合比、拌和加工控制检验和试验数据
   B. 所用原材料、半成品和成品质量检验结果
   C. 返工、加固、补强或调测后重新检验的资料
   D. 地基处理、隐蔽工程施工记录和桥梁、隧道施工监控资料
   E. 施工过程中遇到的非正常情况记录及其对工程质量影响的分析评价资料

4. 关于检查项目合格判定,下列说法正确的有(　　)。
　A. 关键项目的合格率应不低于100%,否则该检查项目为不合格
　B. 关键项目的合格率应不低于95%,否则该检查项目为不合格
　C. 一般项目的合格率应不低于90%,否则该检查项目为不合格
　D. 一般项目的合格率应不低于80%,否则该检查项目为不合格
　E. 有规定极值的检查项目,任一单个检测值不应突破规定极值,否则该检查项目为不合格

5. 关于工程质量检验,下列说法正确的有(　　)。
　A. 应对所列基本要求逐项检查,经检查不符合规定时,不得进行工程质量的检验评定
　B. 对检查项目按规定的检查方法和频率进行随机抽样检验并计算代表值
　C. 有规定极值的检查项目,任一单个检测值不应突破规定极值;否则该检查项目为不合格
　D. 外观应该全面进行检查,并且满足规范要求;否则为不合格
　E. 检验项目评为不合格的,应进行整修或返工处理直至合格

参 考 答 案

(一)单项选择题
1. C　　2. B　　3. B　　4. C　　5. B　　6. D

(二)多项选择题
1. ACDE　　2. CDE　　3. ABDE　　4. BDE　　5. ACDE

九、工程竣(交)工验收办法及其实施细则应用

重 点 知 识

公路工程验收分为交工验收和竣工验收两个阶段。交工验收阶段,其主要工作:检查施工合同的执行情况,评价工程质量,对各参建单位工作进行初步评价。竣工验收阶段,其主要工作:对工程质量、参建单位和建设项目进行综合评价,并对工程建设项目作出整体性综合评价。

(一)交工验收

(1)工程交工验收工作一般按合同段进行,并应具备以下条件:
①合同约定的各项内容已全部完成,各方就合同变更的内容达成书面一致意见。
②施工单位按《公路工程质量检验评定标准》及相关规定对工程质量自检合格。
③监理单位对工程质量评定合格。
④质量监督机构按《公路工程质量鉴定办法》对工程质量进行检测,并出具检测意见。检测意见中需整改的问题已经处理完毕。
⑤竣工文件按公路工程档案管理的有关要求,完成"公路工程项目文件归档范围"内容的收集、整理及归档工作。
⑥施工单位、监理单位完成本合同段的工作总结报告。

（2）交工验收程序：

①施工单位完成合同约定的全部工程内容，且经施工自检和监理检验评定均合格后，提出合同段交工验收申请报监理单位审查。交工验收申请应附自检评定资料和施工总结报告。

②监理单位根据工程实际情况、抽检资料以及对合同段工程质量评定结果，对施工单位交工验收申请及其所附资料进行审查并签署意见。监理单位审查同意后，应同时向项目法人提交独立抽检资料、质量评定资料和监理工作报告。

③项目法人对施工单位的交工验收申请、监理单位的质量评定资料进行核查，必要时可委托有相应资质的检测机构进行重点抽查检测，认为合同段满足交工验收条件时应及时组织交工验收。

④对若干合同段完工时间相近的，项目法人可合并组织交工验收。对分段通车的项目，项目法人可按合同约定分段组织交工验收。

⑤通过交工验收的合同段，项目法人应及时颁发"公路工程交工验收证书"。

⑥各合同段全部验收合格后，项目法人应及时完成"公路工程交工验收报告"。

（3）交工验收的主要工作内容：

①检查合同执行情况。

②检查施工自检报告、施工总结报告及施工资料。

③检查监理单位独立抽检资料、监理工作报告及质量评定资料。

④检查工程实体，审查有关资料，包括主要产品的质量抽（检）测报告。

⑤核查工程完工数量是否与批准的设计文件相符，是否与工程计量数量一致。

⑥对合同是否全面执行、工程质量是否合格做出结论。

⑦按合同段分别对设计、监理、施工等单位进行初步评价。

（4）各合同段的设计、施工、监理等单位参加交工验收工作，由项目法人负责组织。路基工程作为单独合同段进行交工验收时，应邀请路面施工单位参加。拟交付使用的工程，应邀请运营、养护管理等相关单位参加。交通运输主管部门、公路管理机构、质量监督机构视情况参加交工验收。

（5）交工验收质量评定。

根据《交通运输部办公厅关于公路工程验收执行新版公路工程质量检验评定标准有关事宜的通知》（交办公路〔2018〕136号）规定，执行《公路工程质量检验评定标准 第一册 土建工程》（JTG F80/1—2017）的工程项目，在各分项工程评定合格后，按照以下方法进行工程交工验收质量评定。

①分部工程。

采用以检查项目合格率为基础、加权平均计算的评分法，满分为100分，存在外观缺陷或资料不全等问题时应予以扣分。

$$分部工程实测得分 = \frac{\Sigma(检查项目合格率 \times 检查项目权值)}{\Sigma 检查项权值} \times 100\%$$

检查项目为分部工程中所有分项工程的实测项，其中关键检查项目权值为2，一般检查项目权值为1。

$$分部工程评分 = 分部工程实测得分 - 外观缺陷扣分 - 资料扣分$$

外观缺陷扣分：工程外观质量应符合新标准要求，外观质量存在问题时应予以扣分，外观检查内容及扣分标准参照《公路工程竣（交）工验收办法实施细则》（交公路发〔2010〕65号）所附

《公路工程质量鉴定办法》执行,累计扣分不超过 15 分。

资料扣分:按照《公路工程质量检验评定标准 第一册 土建工程》(JTG F80/1—2017)第 3.2.7 条规定,对质量保证资料进行检查,资料不符合真实、准确、齐全、完整的要求时应予以扣分,每项内容对应扣分不超过 3 分,累计扣分不超过 10 分。施工资料和图表残缺,缺乏最基本的数据,或有伪造涂改的,不予检验和评定,应进行整改。

②单位工程。

单位工程评分由相应分部工程评分和分部工程权值加权平均计算,各分部工程权值见《交通运输部办公厅关于公路工程验收执行新版公路工程质量检验评定标准有关事宜的通知》(交办公路〔2018〕136 号)附件 2 和附件 3。

$$单位工程评分 = \frac{\sum(分部工程评分 \times 分部工程权值)}{\sum 分部工程权值}$$

③合同段。

公路工程交工验收时,由项目法人组织监理单位对各合同段的工程质量进行评定。合同段评分由单位工程评分和投资额加权平均计算。

$$合同段评分 = \frac{\sum(单位工程评分 \times 单位工程权值)}{\sum 单位工程权值}$$

④工程项目。

工程各合同段交工验收结束后,项目法人对整个工程项目进行质量评定,由合同段评分和合同段投资额加权平均计算。

$$建设项目工程评分 = \frac{\sum(合同段评分 \times 合同段投资额)}{\sum 合同段投资额}$$

单位工程、合同段投资额原则上使用结算价,当结算价暂时无法确定时,可使用招标合同价,但各合同段均应统一。

(6)交工验收工程质量等级评定分为合格和不合格,工程质量评分值大于或等于 75 分的为合格,小于 75 分的为不合格。

(7)交工验收不合格的工程应返工整改,直至合格。

交工验收提出的工程质量缺陷等遗留问题,由项目法人责成施工单位限期完成整改。

(8)对通过交工验收的工程,应及时安排养护管理。

(二)竣工验收

(1)按照公路工程管理权限,各级交通运输主管部门应于年初制订年度竣工验收计划,并按计划组织竣工验收工作。列入竣工验收计划的项目,项目法人应提前完成竣工验收前的准备工作。

(2)公路工程竣工验收应具备以下条件:

①通车试运营两年以上。

②交工验收提出的工程质量缺陷等遗留问题已全部处理完毕,并经项目法人验收合格。

③工程决算编制完成,竣工决算已经审计,并经交通运输主管部门或其授权单位认定。

④竣工文件已完成"公路工程项目文件归档范围"的全部内容。

⑤档案、环保等单项验收合格,土地使用手续已办理。
⑥各参建单位完成工作总结报告。
⑦质量监督机构对工程质量检测鉴定合格,并形成工程质量鉴定报告。

(3)竣工验收准备工作程序:

①公路工程符合竣工验收条件后,项目法人应按照公路工程管理权限及时向相关交通运输主管部门提出验收申请,其主要内容包括:

 a.交工验收报告;
 b.项目执行报告、设计工作报告、施工总结报告和监理工作报告;
 c.项目基本建设程序的有关批复文件;
 d.档案、环保等单项验收意见;
 e.土地使用证或建设用地批复文件;
 f.竣工决算的核备意见、审计报告及认定意见。

②相关交通运输主管部门对验收申请进行审查,必要时可组织现场核查。审查同意后报负责竣工验收的交通运输主管部门。

③以上文件齐全且符合条件的项目,由负责竣工验收的交通运输主管部门通知所属的质量监督机构开展质量鉴定工作。

④质量监督机构按要求完成质量鉴定工作,出具工程质量鉴定报告,并审核交工验收对设计单位、施工单位、监理单位初步评价结果,报送交通运输主管部门。

⑤工程质量鉴定等级为合格及以上的项目,负责竣工验收的交通运输主管部门及时组织竣工验收。

(4)竣工验收主要工作内容:

①成立竣工验收委员会。

②听取公路工程项目执行报告、设计工作报告、施工总结报告、监理工作报告及接管养护单位项目使用情况报告。

③听取公路工程质量监督报告及工程质量鉴定报告。

④竣工验收委员会成立专业检查组检查工程实体质量,审阅有关资料,形成书面检查意见。

⑤对项目法人建设管理工作进行综合评价。审定交工验收对设计单位、施工单位、监理单位的初步评价。

⑥对工程质量进行评分,确定工程质量等级,并综合评价建设项目。

⑦形成并通过《公路工程竣工验收鉴定书》。

⑧负责竣工验收的交通运输主管部门印发《公路工程竣工验收鉴定书》。

⑨质量监督机构依据竣工验收结论,对各参建单位签发"公路工程参建单位工作综合评价等级证书"。

(5)竣工验收委员会由交通运输主管部门、公路管理机构、质量监督机构、造价管理机构等单位代表组成。国防公路应邀请军队代表参加。大中型项目及技术复杂工程,应邀请有关专家参加。

项目法人、设计、施工、监理、接管养护等单位代表参加竣工验收工作,但不作为竣工验收委员会成员。

(6)参加竣工验收工作各方的主要职责是:

竣工验收委员会负责对工程实体质量及建设情况进行全面检查。对工程质量进行评分，对各参建单位及建设项目进行综合评价，确定工程质量和建设项目等级，形成工程竣工验收鉴定书。

项目法人负责提交项目执行报告及验收工作所需资料，协助竣工验收委员会开展工作。

设计单位负责提交设计工作报告，配合竣工验收检查工作。

施工单位负责提交施工总结报告，提供各种资料，配合竣工验收检查工作。

监理单位负责提交监理工作报告，提供工程监理资料，配合竣工验收检查工作。

接管养护单位负责提交项目使用情况报告，配合竣工验收检查工作。

公路建设项目设计、施工、监理、接管养护等有多家单位的，项目法人应组织汇总设计工作报告、施工总结报告、监理工作报告、项目使用情况报告。竣工验收时选派代表向竣工验收委员会汇报。

(7)竣工验收工程质量评分采取加权平均法计算，其中交工验收工程质量得分权值为0.2，质量监督机构工程质量鉴定得分权值为0.6，竣工验收委员会对工程质量的评分权值为0.2。

对于交工验收和竣工验收合并进行的小型项目，质量监督机构工程质量鉴定得分权值为0.6，监理单位对工程质量评定得分权值为0.1，竣工验收委员会对工程质量的评分权值为0.3。

工程质量评分大于或等于90分为优良，小于90分且大于或等于75分为合格，小于75分为不合格。

(8)对建设项目出现以下特别严重问题的合同段，整改合格后，合同段工程质量不得评为优良，质量鉴定得分按照整改前的鉴定得分，超出75分的按75分，不足75分的按原得分；建设项目竣工验收工程质量等级和综合评定等级直接确定为合格。

①路基工程的大段落路基沉陷、大面积高边坡失稳。

②路面工程车辙深度大于10mm的路段累计长度超过该合同段车道总长度的5%。

③特大桥梁主要受力结构需要或进行过加固、补强。

④隧道工程渗漏水经处治效果不明显，衬砌出现影响结构安全裂缝，衬砌厚度合格率小于90%或有小于设计厚度1/2的部位，空洞累计长度超过隧道长度的3%或单个空洞面积大于$3m^2$。

⑤重大质量事故或严重质量缺陷，造成历史性缺陷的工程。

(9)对建设项目出现以下严重问题的合同段，整改合格后，合同段工程质量不得评为优良，质量鉴定得分按75分计算；并视对建设项目的影响，由竣工验收委员会决定建设项目工程质量是否评为优良。

①路基工程的重要支挡工程严重变形。

②路面工程出现修补、唧浆、推移、网裂等病害路段累计长度超过路线的3%或累计面积大于总面积的1.5%；竣工验收复测路面弯沉合格率小于90%。

③大桥、中桥主要受力结构需要或进行过加固、补强。

(10)竣工验收委员会对项目法人及设计单位、施工单位、监理单位工作进行综合评价。评定得分大于或等于90分且工程质量等级优良的为好，小于90分且大于或等于75分为中，小于75分为差。

(11)竣工验收建设项目综合评分采取加权平均法计算，其中竣工验收工程质量得分权值为0.7,参建单位工作评价得分权值为0.3(项目法人占0.15,设计单位、施工单位、监理单位各占0.05)。

评定得分大于或等于90分且工程质量等级优良的为优良,小于90分且大于或等于75分为合格,小于75分为不合格。

(12)发生过重大及以上生产安全事故的建设项目综合评定等级不得评为优良。

(13)根据《国务院关于促进节约用地的通知》(国发〔2008〕3号)要求,竣工验收时需要核验建设项目依法用地和履行土地出让合同、划拨等情况。

例 题

例1 公路工程交工验收工作,由( )负责组织。
  A.施工单位   B.设计单位   C.项目法人   D.监理单位

例2 交工验收工程质量等级评定为合格是工程质量评分值大于或等于( )。
  A.60分   B.75分   C.80分   D.95分

例3 根据《公路工程竣(交)工验收办法实施细则》,交工验收阶段主要工作有( )。
  A.检查施工合同的执行情况
  B.评价工程质量
  C.对各参建单位工作进行初步评价
  D.对工程质量、参建单位和建设项目进行综合评价
  E.对工程建设项目作出整体性综合评价

例4 公路工程进行竣工验收应具备的条件有( )。
  A.交工验收提出的工程质量缺陷等遗留问题已全部处理完毕,并经项目总工程师验收合格
  B.工程决算编制完成,竣工决算已经审计,并经交通主管部门或其授权单位认定
  C.档案、环保等单项验收合格,土地使用手续已办理
  D.质量监督机构对工程质量检测鉴定合格,并形成工程质量鉴定报告
  E.通车试运营3年以上

例题解析

例1 根据《公路工程竣(交)工验收办法实施细则》(交公路发〔2010〕65号)第七条,各合同段的设计、施工、监理等单位参加交工验收工作,由项目法人负责组织。故选C。

例2 根据《公路工程竣(交)工验收办法实施细则》(交公路发〔2010〕65号)第九条,交工验收工程质量等级评定分为合格和不合格,工程质量评分值大于或等于75分的为合格,小于75分的为不合格。故选B。

例3 根据《公路工程竣(交)工验收办法实施细则》(交公路发〔2010〕65号)第二条,选项D和选项E为竣工验收阶段的工作。故选ABC。

例4 根据《公路工程竣(交)工验收办法实施细则》(交公路发〔2010〕65号)第十三条,选项A错误,交工验收提出的工程质量缺陷等遗留问题已全部处理完毕,并经项目法人验收合格;选项E错误,通车试运营2年以上。故选BCD。

自测模拟题

(一)单项选择题

1.施工单位完成合同约定的全部工程内容,且经施工自检和监理检验评定均合格后,提出合同段交工验收申请报(　　)审查。
   A.设计单位　　　B.建设单位　　　C.项目法人　　　D.监理单位

2.公路工程竣工验收时,通车试运营(　　)。
   A.1年以上　　　B.2年以上　　　C.3年以上　　　D.4年以上

3.竣工验收工程质量评分计算采取(　　)。
   A.数理统计法　　　　　　B.中位数法
   C.加权平均法　　　　　　D.合格率法

4.路基工程的重要支挡工程严重变形,整改后该合同段不得评为(　　)。
   A.优良　　　B.中等　　　C.合格　　　D.不合格

5.属于公路工程交工验收工作内容的是(　　)。
   A.对工程质量进行评分
   B.听取公路工程质量监督报告
   C.检查监理工作报告及质量评定资料
   D.听取施工总结报告

6.关于公路工程交工验收施工合同段工程质量等级评定的说法,正确的是(　　)。
   A.工程质量评分值大于或等于90分为优质工程
   B.工程质量评分值大于或等于85分为优良工程
   C.工程质量评分值大于或等于80分为中等工程
   D.工程质量评分值大于或等于75分为合格工程

7.下列工作中,属于竣工验收内容的是(　　)。
   A.检测施工合同的执行情况
   B.评价工程质量是否符合技术标准和设计要求
   C.评价工程质量是否满足通车要求
   D.对工程质量、参建单位和建设项目进行综合评价

8.根据《公路工程竣(交)工验收办法实施细则》,不能作为竣工验收委员会成员的是(　　)。
   A.交通运输主管部门代表　　　B.质量监督机构代表
   C.造价管理机构代表　　　　　D.设计代表

(二)多项选择题

1.竣工验收委员会由(　　)等单位代表组成。
   A.公路管理机构　　　　　B.造价管理机构
   C.质量监督机构　　　　　D.招标代理机构
   E.交通运输主管部门

2.整改合格后,建设项目工程质量不得评为优良的有(　　)。
   A.路基工程的大段落路基沉陷、大面积高边坡失稳

B. 路基工程的重要支挡工程严重变形
C. 路面工程车辙深度大于 10mm 的路段累计长度超过该合同段车道总长度的 5%
D. 特大桥梁主要受力结构需要或进行过加固、补强
E. 隧道工程渗漏水经处治效果不明显,衬砌出现影响结构安全裂缝

3. 公路工程交工验收工作一般按合同段进行,应具备的条件包括(　　)。
  A. 合同约定的各项内容已全部完成,各方就合同变更的内容达成书面一致意见
  B. 质量监督机构的检测意见中需整改的问题已经处理完毕
  C. 设计单位对工程质量评定合格
  D. 监理单位对工程质量评定合格
  E. 施工单位对工程质量自检合格

4. 关于公路工程竣(交)工验收的说法,正确的是(　　)。
  A. 竣工验收委员会由交通运输主管部门、项目法人、质量监督机构等单位代表组成
  B. 通车试运营 2 年以上方可进行竣工验收
  C. 竣工验收质量等级评定分为合格和不合格
  D. 通过交工验收的合同段,项目法人应及时颁发"公路工程交工验收证书"
  E. 批准的项目建议书是竣工验收的重要依据

5. 根据《公路工程竣(交)工验收办法实施细则》,公路工程交工验收应具备的条件有(　　)。
  A. 通车试运营 2 年以上
  B. 施工单位按《公路工程质量检验评定标准　第一册　土建工程》(JTG F80/1—2017)及相关规定对工程质量自检合格
  C. 监理单位对工程质量评定合格
  D. 质量监督机构按《公路工程质量鉴定办法》对工程质量进行检测,并出具检测意见,检测意见中需整改的问题已经处理完毕
  E. 档案、环保等单项验收合格,土地使用手续已办理

参考答案

(一)单项选择题

1. D　　2. B　　3. C　　4. A　　5. C　　6. D　　7. D　　8. D

(二)多项选择题

1. ABCE　　2. ACDE　　3. ABDE　　4. BDE　　5. BCD

十、品质工程建设

重点知识

品质工程是践行现代工程管理发展的新要求,追求工程内在质量和外在品位的有机统一,以优质耐久、安全舒适、经济环保、社会认可为建设目标的公路工程建设成果。品质工程具体内涵是建设理念体现以人为本、本质安全、全寿命周期管理、价值工程等;管理举措体现精益建

造导向,突出责任落实和诚信塑造,深化人本化、专业化、标准化、信息化和精细化;技术进步展现科技创新与突破,先进技术理论和方法得以推广运用,包括先进适用的新技术、新工艺、新材料、新装备和新标准的探索与完善;质量管理以保障工程耐久性为基础,体现建设与运营维护相协调、工程与自然人文相和谐,工程实体质量、功能质量、外观质量和服务质量均衡发展;安全管理以追求工程本质安全和风险可控为目标,促进工程结构安全、施工安全和使用安全协调发展;工程建设坚持可持续发展,体现在生态环保、资源节约和节能减排等方面取得明显成效。

(一)品质工程评价要求和规定

(1)公路品质工程评价是对工程建设过程及成果进行的综合评价。评价为公路品质工程的项目,应当满足优质耐久、安全舒适、经济环保、社会认可的建设目标,工程管理或技术达到行业同时期同类工程的领先水平,示范引导作用显著。

(2)公路品质工程评价标准分为示范创建项目品质工程评价标准、交竣工品质工程示范项目评价标准、农村公路(三、四级)品质工程示范项目评价标准三类,均由基本要求、评价指标、加分指标、总体评价等四部分构成。

(3)基本要求为控制指标。其中有一项不满足要求的,工程项目不具备申报资格。

(4)评价指标满分均为1000分。申报部级品质工程项目的,高速公路评价指标分数不得低于800分,其他工程评价指标分数不得低于700分。

(5)示范创建项目和农村公路项目(三、四级)加分指标满分为200分,交竣工项目加分指标满分为300分。

(6)总体评价是对项目在打造品质工程中的特色做法、主要经验、实施效果、示范作用等方面的概括性评价,不设分值。

(7)项目总得分为评价指标得分和加分指标得分之和。

(二)品质工程评价范围与内容

列入国家和地方交通基本建设计划的在建和已交工或竣工验收的公路工程项目,均可参加品质工程评价,不局限于工程建设规模和等级。

品质工程评价分为示范创建项目品质工程评价、交(竣)工品质工程示范项目评价、农村公路(三、四级)品质工程示范项目评价,评价对象为工程项目整体。

1. 示范创建项目品质工程评价

示范创建项目品质工程评价是以在建的二级及以上公路工程项目(含独立桥梁和独立隧道)。评价以设计和施工阶段为主,主要对工程建设过程中落实打造品质工程主要措施及阶段性成果的综合评价。评价应在项目主体工程完成建安费的50%后且交工验收前进行。

2. 交(竣)工品质工程示范项目评价

交(竣)工品质工程示范项目评价是指对工程管理或技术达到行业同时期同类工程的领先水平、示范引导作用显著的项目进行评价,以已交工验收的二级及以上公路工程项目(含独立桥梁和独立隧道)为评价对象。评价包括设计阶段、施工阶段和运营阶段,主要对工程建设成果"优质耐久、安全舒适、经济环保、社会认可"等方面的综合评价。公路工程评价应在工程项目完成交工验收满2年且不超过5年进行,同时项目还应经过试运营且通过国家规定的专项验收;公路工程评价工作结合工程竣工验收质量鉴定工作一并进行。

3.农村公路(三、四级)品质工程示范项目评价

农村公路(三、四级)品质工程示范项目评价是以已竣工验收的三、四级农村公路项目为评价对象,主要对工程建设成果"实、安、绿、美"等方面的综合评价。评价应在工程项目竣工验收后且不超过2年进行。

(三)品质工程评价标准的内容

示范创建项目品质工程、交竣工品质工程示范项目、农村公路(三、四级)品质工程示范项目三类评价标准中的基本要求、评价指标、加分指标、总体评价四部分的评价内容详见《交通运输部办公厅关于印发〈公路水运品质工程评价标准〉(试行)的通知》(交办安监〔2017〕199号)(以下简称《公路水运品质工程评价标准》)。

例 题

例1 品质工程评价对象为( )。
A.单位工程　　　B.项目整体　　　C.单项工程　　　D.合同段

例2 示范创建项目品质工程评价应在项目主体工程( )进行。
A.完成建安费的90%后且交工验收前
B.完成建安费的90%后且竣工验收前
C.完成建安费的50%后且交工验收前
D.完成建安费的50%后且竣工验收前

例3 公路品质工程评价项目有( )。
A.示范创建项目
B.交竣工品质工程示范项目
C.高等级公路品质工程示范项目
D.农村公路(二级)品质工程示范项目
E.农村公路(三、四级)品质工程示范项目

例题解析

例1 品质工程评价分为示范创建项目品质工程评价、交竣工品质工程示范项目评价、农村公路(三、四级)品质工程示范项目评价,评价对象为工程项目整体。故选B。

例2 根据《公路水运品质工程评价标准(试行)》,示范创建项目品质工程评价应在项目主体工程完成建安费的50%后且交工验收前进行。故选C。

例3 根据《公路水运品质工程评价标准(试行)》,公路水运品质工程评价标准分为示范创建项目品质工程评价标准、交竣工品质工程示范项目评价标准、农村公路(三、四级)品质工程示范项目评价标准三类。故选ABE。

自测模拟题

(一)单项选择题

1.农村公路(三、四级)品质工程要求工程已通过竣工验收,其中工程质量等级应

为( )。

  A. 优良   B. 中等   C. 及格   D. 达标

2. 农村公路(三、四级)品质工程评价应在工程项目竣工验收后且不超过( )进行。

  A.1 年   B.2 年   C.3 年   D.4 年

3. 公路交竣工品质工程示范项目的评价对象是( )。

  A. 在建的项目   B. 已交工验收的项目

  C. 已建的项目   D. 已竣工验收的项目

(二)多项选择题

1. 公路品质工程评价由( )构成。

  A. 基本要求   B. 评价指标   C. 专项评价   D. 加分指标

  E. 总体评价

2. 示范创建项目品质工程的基本要求包括( )。

  A. 已完工程质量全部优良

  B. 工程未存在严重质量缺陷或重大安全隐患

  C. 项目没有因党风廉政违法违纪案件被追究刑事责任情形的

  D. 工程建设期间未发生重大环境污染或生态破坏等在社会上造成严重影响事件的

  E. 项目参建单位没有因在本项目发生转包和违法分包等违法违规行为被通报或行政处罚的

3. 交竣工品质工程的基本要求包括( )。

  A. 公路工程已通过交工验收满 2 年且经过试运营,同时已通过国家规定的专项验收

  B. 公路工程交工质量评定为合格,且交工验收遗留问题已全部整改完成

  C. 项目未有因党风廉政违法违纪案件被追究刑事责任情形的

  D. 项目建设及运营期未发生重大环境污染或生态破坏等在社会上造成严重影响事件的

  E. 项目参建单位没有因在本项目发生转包和违法分包等违法违规行为被通报或行政处罚的

4. 不能参加示范创建项目品质工程评选的情况有( )。

  A. 施工期间发生过质量事故

  B. 施工期间有过质量安全隐患

  C. 因转包或违法分包被行政处罚

  D. 因挂靠资质被交通部门通报批评

  E. 曾因村民干扰造成的停工

参考答案

(一)单项选择题

1. A   2. B   3. B

(二)多项选择题

1. ABDE   2. BCDE   3. ABCD   4. ACD

第二节 质量监理工作

一、质量监理的目标

工程质量监理的目标是按照合同要求对施工全过程进行质量检查、监督与控制,防止各种不利因素对质量影响,使工程各部分高质量在预定的工期内、在批准的投资条件下,达到合同、图纸、有关技术规范和强制性条文及质量标准的要求,确保工程能够安全、可靠、高效运营。

二、质量监理的依据、特点和任务

重点知识

(一)依据

监理机构应依据以下法律、法规、文件展开工作:
(1)国家和地方法律、法规;
(2)国家和行业、地方有关标准、规范、规程;
(3)监理合同;
(4)施工合同;
(5)工程前期有关文件;
(6)工程设计文件和图纸;
(7)工程实施过程中有关的函件。

(二)特点

(1)监理工程师对工程质量的监理权受法律保护。在承包人和业主签订的承包合同中详细、明确规定监理工程师在质量控制中的作用和权利。

(2)工程质量监理是监理工程师对一项工程实行全过程、全方位和全天候的全面质量监督和管理,这样能使工程的所有部分的质量得到有效、全面的控制。

(3)工程质量监理强调事先监理和主动监理。监理的重点放在施工前的准备阶段和施工阶段,即对原材料、施工机械和施工技术方案的检验和审查,以及施工过程中各环节的质量监理,以便及早发现问题,防患于未然。

(4)质量监理与工程的支付挂钩,质量好坏直接影响承包人的经济效益。按合同条件规定,未经监理工程师验收并签字认可的工程项目,一律不支付费用。

(三)任务

质量监理的主要任务是通过对施工投入、施工和安装过程、产出品进行全过程控制,以及对参加施工的单位和人员的资源、材料和设备、施工机械和机具、施工方案和方法、施工环境实施全面控制,以期按标准达到预定的施工质量目标。

为完成施工阶段质量监理任务,监理工程师应当做好以下工作:协助业主做好施工现场准备工作,为施工单位提交质量合格的施工现场;确认施工单位资质;审查确认施工分包单位;做好材料和设备检查工作,确认其质量;检查施工机械和机具,保证施工质量;审查施工组织设计;检查并协助搞好各项生产环境、劳动环境、管理环境条件;进行施工工艺过程质量控制工作;检查工序质量,严格工序交接检查制度;做好各项隐蔽工程的检查工作;做好工程变更方案的比选,保证工程质量;进行质量监督,行使质量监督权;认真做好质量签证工作;行使质量否决权,协助做好付款控制;组织质量协调会;做好中间质量验收工作;做好竣工验收工作;审核竣工图等。

例 题

例1 公路工程质量监理强调事先监理和( )。
A. 被动监理　　B. 协同监理　　C. 主动监理　　D. 热情监理

例2 监理工程师对工程质量的监理权受( )保护。
A. 合同　　B. 法律　　C. 业主　　D. 法规

例3 公路工程施工质量监理的依据包括( )。
A. 技术标准　　B. 监理合同　　C. 施工合同　　D. 设计指标
E. 设计文件

例 题 解 析

例1 工程质量监理强调事先监理和主动监理。监理的重点放在施工前的准备阶段和施工阶段,即对原材料、施工机械和施工技术方案的检验和审查,以及施工过程中各环节的质量监理,以便及早发现问题,防患于未然。故选 C。

例2 监理工程师对工程质量的监理权受法律保护。在承包人和业主签订的承包合同中详细、明确规定监理工程师在质量控制中的作用和权利。故选 B。

例3 公路工程施工质量监理的主要依据应包括有关法律法规、技术标准、监理合同、施工合同、工程设计文件等。故选 ABCE。

自 测 模 拟 题

(一)单项选择题

1. 下列属于公路工程施工质量监理依据的是( )。
   A. 设计指标　　B. 施工工艺　　C. 技术标准　　D. 监理方案
2. 全面质量监督和管理不包括( )。
   A. 全过程　　B. 全方位　　C. 全天候　　D. 全周期
3. 按合同条件规定,未经监理工程师验收并签字认可的工程项目,不得( )。
   A. 试验检测　　　　　　　　B. 支付费用
   C. 签订合同　　　　　　　　D. 转序施工

(二)多项选择题

1. 评价项目施工质量的尺度包括( )。
   A. 评定标准　　B. 合同文件　　C. 设计文件　　D. 试验数据

E. 验收资料
2. 公路工程质量监理强调( )。
   A. 事先监理　　B. 事中监理　　C. 主动监理　　D. 被动监理
   E. 全面监理
3. 质量监理的主要任务包括( )。
   A. 做好中间质量验收工作　　　　B. 确认施工单位资质
   C. 审查确认施工分包单位　　　　D. 做好质量签证工作
   E. 独立完成工程变更方案

参考答案

(一) 单项选择题

1. C　　2. D　　3. B

(二) 多项选择题

1. ABC　　2. AC　　3. ABC

三、施工各阶段质量监理的主要内容、程序和方法

重点知识

(一) 质量监理的主要方法

监理工程师和监理人员在进行质量监理时,采用的监理方法主要有旁站、巡视、测量、试验与抽检、指令文件、随机抽查、检查核实、隐蔽工程检验、计量与支付控制等。

1. 旁站

旁站是指监理人员对旁站项目的施工过程进行的现场监督活动。监理人员应对试验工程、重要隐蔽工程和完工后无法检测其质量或返工会造成较大损失的工程进行旁站。

旁站监理人员应重点对旁站项目的工艺过程进行监督,并对巡视中规定的内容进行检查,对发现的问题应责令立即改正;当可能危及工程质量、安全或环境时,应予制止并及时向驻地监理工程师或总监理工程师报告。

2. 巡视

巡视是指监理工程师对施工现场进行的定期或不定期的巡回检查活动。监理工程师应采取以巡视为主的方式进行施工现场监理,按计划定期或不定期巡视施工现场,对施工的主要工程每天不少于1次,并填写巡视记录。

3. 测量

监理工程师应审查施工单位提交的施工测量放线数据和成果,对从基准点引出的工程控制桩的重点桩位应复测不少于30%,经复测不符合规定时应要求其重新测设。

4. 试验与抽检

抽检是指监理机构按规定的项目和频率对工程材料或实体质量进行的平行或随机检验活

动。监理机构应审查施工单位报审的原材料和混合料试验资料,对主要原材料独立取样进行平行试验,对主要混合料的配合比和路基填料的击实试验结果进行验证,审验合格、经批复后方可在工程上使用。

5. 指令文件

指令文件是指监理工程师对承包人发出指示和要求的书面文件,用以向承包人提出或指出施工中存在的问题,提请承包人注意,以达到控制质量目的;或要求和指示承包人应做什么或如何做等。它是监理人员对工程施工过程实施质量监理不可缺少的手段。

6. 随机抽查

抽查是指工程项目的监理机构为了支付已完工程的费用,对工程质量进行复核的一种方式。通常情况下,驻地监理工程师为保证重点工程和关键工程的质量,根据对各种报表、申请等分析结果,决定抽查密度。这种随机的抽查形式,也是工程施工质量得以保证的措施之一。

7. 检查核实

监理工程师在工程项目施工的全过程中,需要经常对承包人的施工准备情况、所报送的各类报表、试验结果和质量数据进行检查核算或现场核实,并根据检查核实的结果要求承包人完善准备工作,进行重新计算或者试验,甚至返工处理。

8. 隐蔽工程检验

监理工程师应对施工单位报验的隐蔽工程进行检查验收,留存影像资料,未经验收或验收不合格的不得进行下一道工序施工。

9. 计量与支付控制

所谓计量与支付控制是指在向承包人支付各项工程款时,必须由监理工程师该工程进行计量并签发支付证书后,业主才能向承包人支付工程款,否则不能支付。计量与支付的先决条件是已完分项、分部工程质量经过施工单位自检和监理验收,确认工程质量合格,且质量保证资料、评定资料齐全有效,同时符合安全和环保监理的规定。监理工程师有了这个权力,就能运用经济的手段对工程质量进行监理。

(二)质量监理的主要内容及程序

施工阶段是工程主体的实施阶段。承包人按规范规定的施工方法和监理工程师批准的施工方案及进度计划实施工程,以达到设计文件的要求。在这一阶段中,监理工程师质量监理的主要工作内容及程序,如图 2-2-1 所示。由图可知,施工阶段质量监理工作主要分为五个阶段,在施工过程中,质量监理一般应按程序框图进行。

1. 审查或审批分项(或分部)工程开工前的各项准备工作

分项(或分部)工程开工前,监理工程师必须进行六项工作,即审查工程分包、审批施工测量放线、审批工程原材料与混合料、审查施工组织及人员配备、审查施工机械设备、审查施工方案及主要工艺。

2. 审批分项(或分部)工程的开工申请

监理机构应对施工单位提交的分部工程及主要分项工程开工申请进行审查,并在规定期限内批复。审查应包括下列基本内容:

图 2-2-1 施工阶段质量监理的内容程序框图

(1)施工方案及主要施工工艺控制要点等是否符合有关技术标准。

(2)技术、质量和安全管理人员及主要操作人员等的配备是否满足施工合同要求和施工需要。

3.对分项工程施工过程实施质量监理

施工阶段的质量监理主要是以分项工程的施工全过程为单位进行的,其工作内容主要包括:

(1)验收构配件或设备。对施工单位外部采购和委托制作的主要工程构配件或设备,监理工程师应核查产品合格证明文件和施工单位自检报告,进场后对关键项目进行抽检,验收合格后方可使用。对在施工现场不具备检测条件的,监理工程师应按合同约定到厂监督检验。

(2)巡视检查工序施工。巡视应包括下列主要内容:

①施工现场管理人员特别是质量、安全管理人员是否到位,特种作业人员是否持证上岗。

②使用的原材料或混合料、构配件和主要施工机械设备是否与批准的一致。

③是否按技术标准、工程设计文件、批准的施工组织设计和方案施工。

④质量、安全、环保和施工标准化等措施是否落实,施工自检和工序交接是否符合规定。

(3)旁站和隐蔽工程验收。监理机构应安排监理人员对《公路工程施工监理规范》(JTG G10—2016)附录A所列旁站项目的施工过程进行旁站,对主要工程的关键项目进行检测见证,并填写旁站记录,签认检测见证结果。

(4)抽检。监理机构应在施工单位自检合格的基础上按下列规定进行抽检,并填写抽检记录:

①对钢筋、水泥、沥青、石灰和碎石等原材料及水泥混凝土、沥青混合料和无机结合料稳定材料等混合料,抽检频率按批次应不低于规定施工检验频率的10%。

②对分项工程中的关键项目和结构主要尺寸,抽检频率应不低于规定施工检验频率的20%。

③当监理工程师对工程材料或实体质量有疑问时,应进行抽检。

(5)质量缺陷和质量问题处理。监理机构在监理过程中发现施工不符合法律法规、技术标准及施工合同约定的,应要求施工单位改正,并应符合下列规定:

①质量不合格的材料、构配件不得在工程上使用。

②对工程质量缺陷,监理机构应签发监理指令单,要求施工单位整改。
③对质量不合格的工程,监理机构应签发监理指令单,要求施工单位返工处理。
④对可能危及结构安全或存在重大隐患的质量问题,应签发停工令并向建设单位报告。
⑤当发生质量事故时,监理机构应依法按有关规定报告和处理。
⑥监理机构应建立质量问题处理台账。

4. 分项工程中间交工验收

驻地办在收到分项工程交工或中间交工验收申请后,应对施工单位的检验评定资料进行检查,组织施工单位在监理抽检、检测见证和隐蔽工程验收基础上进行质量评定,对评定合格的签发《分项工程(中间)交工证书》。同一个分项工程中间验收不宜超过2次。

5. 质量评定

驻地办应及时对已完分部工程进行质量检验评定,总监办应及时组织对单位工程和合同段进行质量评定。

例 题

例1 监理机构按规定的项目和频率对工程材料或实体质量进行的平行或随机检验活动称为( )。
  A. 抽检　　　　B. 抽查　　　　C. 抽测　　　　D. 抽验

例2 对从基准点引出的工程控制桩的重点桩位应复测不少于( )。
  A. 20%　　　　B. 30%　　　　C. 40%　　　　D. 50%

例3 驻地办应及时对已完( )进行质量检验评定。
  A. 分项工程　　B. 分部工程　　C. 单位工程　　D. 单项工程

例4 监理机构应对施工单位提交的分部工程及主要分项工程开工申请进行审查,审查的基本内容包括( )。
  A. 质量、安全管理人员是否到位,特种作业人员是否持证上岗
  B. 施工方案及主要施工工艺控制要点等是否符合有关技术标准
  C. 使用的原材料或混合料、构配件和主要施工机械设备是否与批准的一致
  D. 技术、质量和安全管理人员及主要操作人员等的配备是否满足施工需要
  E. 技术、质量和安全管理人员及主要操作人员等的配备是否满足施工合同要求

例5 施工阶段监理工程师巡视的主要内容包括( )。
  A. 施工现场管理人员特别是质量、安全管理人员是否到位,特种作业人员是否持证上岗
  B. 使用的原材料或混合料、构配件和主要施工机械设备是否与批准的一致
  C. 技术标准、设计文件、批准的施工组织设计和方案是否满足合同要求
  D. 质量、安全、环保和施工标准化等措施是否落实
  E. 施工自检和工序交接是否符合规定

例6 关于抽检,下列说法符合规范规定的有( )。
  A. 对钢筋、水泥、沥青、石灰和碎石等原材料,抽检频率按批次应不低于规定施工检验频率的10%
  B. 对水泥混凝土、沥青混合料和无机结合料稳定材料等混合料,抽检频率按批次

应不低于规定施工检验频率的15%

C. 对分项工程中的关键项目和结构主要尺寸,抽检频率应不低于规定施工检验频率的20%

D. 监理机构应在施工单位自检合格的基础上按下列规定进行抽检

E. 当监理工程师对工程材料或实体质量有疑问时,应进行抽检

例题解析

例1 根据《公路工程施工监理规范》(JTG G10—2016)第2.0.11条,抽检是指监理机构按规定的项目和频率对工程材料或实体质量进行的平行或随机检验活动。故选A。

例2 根据《公路工程施工监理规范》(JTG G10—2016)第5.2.1条,监理工程师应审查施工单位提交的施工测量放线数据和成果,对从基准点引出的工程控制桩的重点桩位应复测不少于30%,经复测不符合规定时应要求其重新测设。故选B。

例3 根据《公路工程施工监理规范》(JTG G10—2016)第5.2.7条,驻地办应及时对已完分部工程进行质量检验评定,总监办应及时组织对单位工程和合同段进行质量评定。故选B。

例4 根据《公路工程施工监理规范》(JTG G10—2016)第5.1.1条,审查应包括下列基本内容:①施工方案及主要施工工艺控制要点等是否符合有关技术标准;②技术、质量和安全管理人员及主要操作人员等的配备是否满足施工合同要求和施工需要。故选BDE。

例5 根据《公路工程施工监理规范》(JTG G10—2016)第5.1.3条,选项C错误,应为是否按技术标准、工程设计文件、批准的施工组织设计和方案施工。故选ABDE。

例6 根据《公路工程施工监理规范》(JTG G10—2016)第5.2.3条,选项B错误,对钢筋、水泥、沥青、石灰和碎石等原材料及水泥混凝土、沥青混合料和无机结合料稳定材料等混合料,抽检频率按批次应不低于规定施工检验频率的10%。故选ACDE。

自测模拟题

(一)单项选择题

1. 指监理工程师对施工现场进行的定期或不定期的巡回检查活动称为( )。
   A. 旁站　　　　B. 巡检　　　　C. 巡视　　　　D. 抽检

2. 监理机构应审查施工单位报审的原材料和混合料试验资料,对主要原材料独立取样进行( )。
   A. 平行试验　　B. 见证试验　　C. 重复试验　　D. 核对试验

3. 对分项工程中的关键项目和结构主要尺寸,抽检频率应不低于规定施工检验频率的( )。
   A. 10%　　　　B. 20%　　　　C. 30%　　　　D. 40%

4. 同一个分项工程中间验收不宜超过( )。
   A. 1次　　　　B. 2次　　　　C. 3次　　　　D. 4次

5. 监理工程师应采取以( )为主的方式进行施工现场监理。
   A. 旁站　　　　B. 抽检　　　　C. 抽查　　　　D. 巡视

(二)多项选择题

1.工程质量监理的主要方法有( )。
A.旁站　　　　B.试验　　　　C.验收　　　　D.评定
E.测量

2.驻地办在收到分项工程交工或中间交工验收申请后,下列做法正确的有( )。
A.应及时对分项工程进行质量评定
B.应对施工单位的检验评定资料进行检查
C.组织施工单位在监理抽检、检测见证和隐蔽工程验收基础上进行质量评定
D.对评定合格的签发《分项工程(中间)交工证书》
E.对评定合格的签发《分部工程(中间)交工证书》

3.监理工程师质量监理时,计量与支付的先决条件包括( )。
A.已完分项、分部工程质量经过施工单位自检
B.已完分项、分部工程质量经过监理单位评定
C.监理验收并确认工程质量合格
D.质量保证资料、评定资料齐全有效
E.符合安全和环保监理的规定

4.根据《公路工程施工监理规范》(JTG G10—2016)规定,下列说法正确的有( )。
A.质量不合格的材料、构配件不得在工程上使用
B.对工程质量缺陷,监理机构应签发监理指令单,要求施工单位整改
C.对质量不合格的工程,监理机构应签发监理指令单,要求施工单位返工处理
D.对可能危及结构安全或存在重大隐患的质量问题,要求施工单位返工处理
E.当发生质量事故时,监理机构应依法按有关规定报告和处理

5.预应力筋加工和张拉时,监理工程师旁站项目有( )。
A.试验工程　　B.首次浇筑　　C.首次张拉　　D.首次封锚
E.首次压浆

参 考 答 案

(一)单项选择题

1. C　　2. A　　3. B　　4. B　　5. D

(二)多项选择题

1. ABE　　2. BCD　　3. ACDE　　4. ABCE　　5. ACE

四、路基工程质量监理

重 点 知 识

(一)路基施工技术准备

1.路基施工准备的一般规定
(1)路基施工前,应熟悉设计文件、领会设计意图。

(2)应进行施工调查及现场核对,根据设计要求、合同条件及现场情况等编制施工组织设计。

(3)路基开工前应建立健全质量、环境、职业健康安全管理体系,并对各类施工人员进行岗位培训和技术、安全交底。

(4)临时工程应满足正常施工需要,保证路基施工影响范围内原有道路、结构物的使用功能,保护农田水利设施等。临时工程宜与永久工程相结合。

(5)对拟采用的新技术、新工艺、新材料、新设备的工程项目,应提前做好试验研究和论证工作。

2. 试验

(1)路基施工前,应建立具备相应试验检测能力的工地试验室。

(2)路基填前碾压前,应对路基基底原状土进行取样试验。每千米应至少取两个点,并应根据土质变化增加取样点数。

(3)应及时对拟作为路堤填料的材料进行取样试验。土的试验项目应包括天然含水率、液限、塑限、颗粒分析、击实、CBR 等,必要时还应做相对密度、有机质含量、易溶盐含量、冻胀和膨胀量等试验。对特殊土(如黄土、软土、盐渍土、红黏土、高液限黏土和膨胀土等),还要进行相关试验,以确定其性质及处置方案。

(4)使用特殊材料作为填料时,应按相关标准进行相应试验检验,经批准后方可使用。

3. 试验路段

试验路段应选择地质条件、路基断面形式等具有代表性的地段,长度宜不小于200m。下列情况应进行试验路段施工:

(1)二级及二级以上公路路堤。

(2)填石路堤、土石路堤。

(3)特殊填料路堤。

(4)特殊路基。

(5)拟采用新技术、新工艺、新材料新设备的路基。

路堤试验路段施工总结宜包括下列内容:

(1)填料试验、检测报告等。

(2)压实工艺主要参数:机械组合、压实机械规格、松铺厚度、碾压遍数、碾压速度、最佳含水率及碾压时含水率范围等。

(3)过程工艺控制方法。

(4)质量控制标准。

(5)施工组织方案及工艺的优化。

(6)原始记录、过程记录。

(7)对施工图的修改建议等。

(8)安全保障措施。

(9)环保措施。

(二)原地基处理要求

路基范围内的原地基应在路基施工前按下列要求进行处理:

(1)地基表层碾压处理压实度控制标准:二级及二级以上公路一般土质应不小于90%;

三、四级公路应不小于85%。低路堤应对地基表层土进行超挖、分层回填压实,其处理深度应不小于路床厚度。

(2)原地面坑、洞、穴等,应在清除沉积物后,用合格填料分层回填、分层压实,压实度应符合规定。对可能存在空洞隐患的,应结合具体情况采取相应的处置措施。

(3)泉眼或露头地下水,应按设计要求采取有效导排措施,将地下水引离后方可填筑路堤。

(4)地基为耕地、松散土质、水稻田、湖塘、软土、过湿土等时,应按设计要求进行处理,局部软弹的部分应采取有效的处理措施。

(5)陡坡地段、填挖结合部、土石混合地段、高填方地段地基等应按设计要求进行处理。

(6)地下水位较高时,应按设计要求进行处理。

(7)特殊地段路基应先核对地质勘察资料,确定设计资料与实际的符合性、处理方法的适用性,必要时重新补充勘察工程地质、水文地质资料,根据结果重新确定处理方案。

(三)挖方路基施工

1. 土质路堑施工技术

(1)横向挖掘法。

土质路堑横向挖掘可采用人工作业,也可机械作业,具体方法如下。

①单层横向全宽挖掘法:从开挖路堑的一端或两端按断面全宽一次性挖到设计高程,逐渐向纵深挖掘,挖出的土方一般都是向两侧运送。该方法适用于挖掘浅且短的路堑。

②多层横向全宽挖掘法:从开挖路堑的一端或两端按断面分层挖到设计高程,适用于挖掘深且短的路堑。

(2)纵向挖掘法。

土质路堑纵向挖掘多采用机械作业,具体方法如下。

①分层纵挖法:沿路堑全宽,以深度不大的纵向分层进行挖掘,适用于较长的路堑开挖。

②通道纵挖法:先沿路堑纵向挖掘一通道,然后将通道向两侧拓宽以扩大工作面,并利用该通道作为运土路线及场内排水的出路。该层通道拓宽至路堑边坡后,再挖下层通道,如此向纵深开挖至路基高程,该方法适用于较长、较深、两端地面纵坡较小的路堑开挖。

③分段纵挖法:沿路堑纵向选择一个或几个适宜处,将较薄一侧堑壁横向挖穿,使路堑分成两段或数段,各段再纵向开挖。该方法适用于过长、弃土运距过远、一侧堑壁较薄的傍山路堑开挖。

(3)混合式挖掘法。

多层横向全宽挖掘法和通道纵挖法混合使用。先沿路线纵向挖通道,然后沿横向坡面挖掘,以增加开挖面。该方法适用于路线纵向长度和挖深都很大的路堑开挖。

(4)土方开挖规定为:

①开挖应自上而下逐级进行,严禁掏底开挖。

②开挖至边坡线前,应预留一定宽度,预留的宽度应保证刷坡过程中设计边坡线外的土层不受到扰动。

③拟作为路基填料的土方,应分类开挖、分类使用。非适用材料作为弃方时,应按规定进行处理。

④开挖至零填、路堑路床部分后,应及时进行路床施工;如不能及时进行,宜在设计路床顶高程以上预留至少300mm厚的保护层。

⑤应采取临时排水措施,确保施工作业面不积水。

⑥挖方路基施工遇到地下水时,应采取排导措施,将水引入路基排水系统,不得随意堵塞泉眼。路床土含水率高或为含水层时,应采取设置渗沟、换填、改良土质等处理措施;路床填料除应符合相关规定外,还应具有良好的透水性能。

2. 石质路堑施工技术

(1)钻爆开挖:是当前广泛采用的开挖施工方法,有薄层开挖、分层开挖(梯段开挖)、全断面一次开挖和特高梯段开挖等方式。

(2)直接应用机械开挖:使用带有松土器的重型推土机破碎岩石,一次破碎深度0.6~1.0m。该方法适用于施工场地开阔、大方量的软岩石方工程。优点是没有钻爆工序作业,不需要风、水、电辅助设施,简化场地布置,加快施工进度,提高生产能力;缺点是不适于破碎坚硬岩石。

(3)静态破碎法:将膨胀剂放入炮孔内,利用产生的膨胀力,缓慢地作用于孔壁,经过数小时至24小时达到300~500MPa的压力,使介质裂开。该方法适用于在设备附近、高压线下以及开挖与浇筑过渡段等特定条件下的开挖。优点是安全可靠,没有爆破产生的公害;缺点是破碎效率低,开裂时间长。

(4)石方开挖施工规定为:

①应根据岩石的类别、风化程度、岩层产状、岩体断裂构造、施工环境等因素确定开挖方案。

②应逐级开挖,逐级按设计要求进行防护。

③施工过程中,每挖深3~5m应进行边坡边线和坡率的复测。

④爆破作业应符合现行《爆破安全规程》(GB 6722)的有关规定。

⑤严禁采用硐室爆破,靠近边坡部位的硬质岩应采用光面爆破或预裂爆破。

⑥爆破法开挖石方,应先查明空中缆线、地下管线的位置,开挖边界线外可能受爆破影响的建筑物结构类型、居民居住情况等,对不能满足安全距离的石方宜采用化学静态爆破或机械开挖。

⑦边坡应逐级进行整修,同时清除危石及松动石块。

(5)石质路床清理规定为:

①欠挖部分应予凿除,超挖部分应采用强度高的砂砾、碎石进行找平处理,不得采用细粒土找平。

②路床底面有地下水时,可设置渗沟进行排导,渗沟应采用硬质碎石回填。

③路床的边沟应与路床同步施工。

(6)深挖路堑施工规定为:

①应根据地形特征设置边坡观测点,施工过程中应对深挖路堑的稳定性进行监测。

②施工过程中应核查地质情况,如与设计不符应及时反馈处理。

③每挖深3~5m应复测一次边坡。

(7)常用爆破方法。

①光面爆破:在开挖限界的周边,适当排列一定间隔的炮孔,在有侧向临空面的情况下,用控制抵抗线和药量的方法进行爆破,使之形成一个光滑平整的边坡。

②预裂爆破:在开挖限界处按适当间隔排列炮孔,在没有侧向临空面和最小抵抗线的情况下,用控制药量的方法,预先炸出一条裂缝,使拟爆体与山体分开,作为隔振减振带,起保护开

挖限界以外山体或建筑物和减弱地震对其破坏的作用。

③微差爆破:两相邻药包或前后排药包以若干毫秒的时间间隔(一般为15~75ms)依次起爆,称为微差爆破,亦称毫秒爆破。

④定向爆破:利用爆破能将大量土石方按照指定的方向,搬移到一定的位置并堆积成路堤的一种爆破施工方法,称为定向爆破。

(四)填方路基施工

1. 路基填料一般规定

(1)宜选用级配好的砾类土、砂类土等粗粒土作为填料。

(2)含草皮、生活垃圾、树根、腐殖质的土严禁作为填料。

(3)泥炭土、淤泥、冻土、强膨胀土、有机质土及易溶盐超过允许含量的土等,不得直接用于填筑路基;确需使用时,应采取技术措施进行处理,经检验满足要求后方可使用。

(4)粉质土不宜直接用于填筑二级及二级以上公路的路床,不得直接用于填筑冰冻地区的路床及浸水部分的路堤。

(5)路基填料最小承载比和最大粒径应符合表2-2-1的规定。

路基填料最小承载比和最大粒径要求　　　　表2-2-1

填料应用部位(路面底面以下深度)(m)				填料最小承载比CBR(%)			填料最大粒径(mm)
				高速公路、一级公路	二级公路	三、四级公路	
填方路基	上路床		0~0.30	8	6	5	100
	下路床	轻、中及重交通	0.30~0.80	5	4	3	100
		特重、极重交通	0.30~1.20				
	上路堤	轻、中及重交通	0.8~1.5	4	3	3	150
		特重、极重交通	1.2~1.9				
	下路堤	轻、中及重交通	>1.5	3	2	2	150
		特重、极重交通	>1.9				
零填及挖方路基	上路床		0~0.30	8	6	5	100
	下路床	轻、中及重交通	0.30~0.80	5	4	3	100
		特重、极重交通	0.30~1.20				

注:1.表列承载比是根据路基不同填筑部位压实标准的要求,按《公路土工试验规程》(JTG 3430—2020)试验方法规定浸水96h确定的CBR。
　　2.三、四级公路铺筑沥青混凝土和水泥混凝土路面时,应采用二级公路的规定。
　　3.表中上、下路堤填料最大粒径150mm的规定不适用于填石路堤和土石路堤。

2. 路床施工技术

(1)零填、挖方路段的路床施工技术

①路床范围原状土符合要求的,可直接进行成形施工。

②路床范围为过湿土时应进行换填处理,设计有规定时按设计厚度换填,设计未规定时按以下要求换填:高速公路、一级公路换填厚度宜为0.8~1.2m,若过湿土的总厚度小于1.5m,则宜全部换填;二级公路的换填厚度宜为0.5~0.8m。

③高速公路、一级公路路床范围为崩解性岩石或强风化软岩时应进行换填处理,设计有规

定时按设计厚度换填,设计未规定时换填厚度宜为 0.3～0.5m。

④路床填筑,每层最大压实厚度宜不大于300mm,顶面最后一层压实厚度应不小于100mm。

(2)路床填料规定

①路床填料应符合表2-2-1的规定。

②高速公路、一级公路路床填料宜采用砂砾、碎石等水稳性好的粗粒料,也可采用级配好的碎石土、砾石土等;粗粒料缺乏时,可采用无机结合料改良细粒土。

3. 路堤施工技术

(1)填土路堤施工技术

①施工方法。

填土路堤施工工序主要包括施工放样、清除表土、填前处理、分层填筑、整平、碾压、整修等。土质路堤填筑常用推土机、铲运机、平地机、压路机、挖掘机、装载机等机械按以下几种方式作业。

水平分层填筑:填筑时按照横断面全宽分成水平层次,逐层向上填筑,是路基填筑的常用方式。

纵向分层填筑:依路线纵坡方向分层,逐层向上填筑。常用于地面纵坡大于12%、用推土机从路堑取料、填筑距离较短的路堤。缺点是不易碾压密实。

横向填筑:从路基一端或两端按横断面全高逐步推进填筑。由于填土过厚,不易压实,仅用于无法自下而上填筑的深谷、陡坡、断岩、泥沼等机械无法进场的路堤。

联合填筑:路堤下层用横向填筑而上层用水平分层填筑。适用于因地形限制或填筑堤身较高,不宜采用水平分层填筑或横向填筑法进行填筑的情况。单机或多机作业均可,一般沿线路分段进行,每段距离以20～40m为宜,多在地势平坦,或两侧有可利用的山地土场的场合采用。

②土质路堤压实度应符合表2-2-2的规定。

土质路基压实度标准　　　　表2-2-2

填筑部位(路面底面以下深度)(m)			压实度(%)		
			高速、一级公路	二级公路	三、四级公路
填方路基	上路床	0～0.30	≥96	≥95	≥94
	下路床 轻、中及重交通	0.30～0.80	≥96	≥95	≥94
	下路床 特重、极重交通	0.30～1.20			—
	上路堤 轻、中及重交通	0.8～1.5	≥94	≥94	≥93
	上路堤 特重、极重交通	1.2～1.9			
	下路堤 轻、中及重交通	>1.5	≥93	≥92	≥90
	下路堤 特重、极重交通	>1.9			
零填及挖方路基	上路床	0～0.30	≥96	≥95	≥94
	下路床 轻、中及重交通	0.30～0.80	≥96	≥95	—
	下路床 特重、极重交通	0.30～1.20			

注:1.表列压实度以《公路土工试验规程》(JTG 3430—2020)重型击实试验法为准。

2.三、四级公路铺筑水泥混凝土路面或沥青混凝土路面时,其压实度应采用二级公路的规定值。

3.路堤采用特殊填料或处于特殊气候地区时,压实度标准在保证路基强度要求的前提下根据试验路段和当地工程经验确定。

4.特殊干旱地区的压实度标准可降低2～3个百分点。

③土质路堤施工规定。

a.性质不同的填料,应水平分层、分段填筑,分层压实。同一层路基应采用同一种填料,不得混合填筑。每种填料的填筑层压实后的连续厚度宜不小于500mm。路基上部宜采用水稳性好或冻胀敏感性小的填料。有地下水的路段或浸水路堤,应填筑水稳性好的填料。

b.在透水性差的压实层上填筑透水性好的填料前,应在其表面设2%~4%的双向横坡,并采取相应的防水措施。不得在透水性好的填料所填筑的路堤边坡上覆盖透水性差的填料。

c.每种填料的松铺厚度应通过试验确定。

d.每一填筑层压实后的宽度不得小于设计宽度。

e.路堤填筑时,应从最低处起分层填筑,逐层压实。

f.填方分几个作业段施工时,接头部位如不能交替填筑,先填路段应按1:2~1:1坡度分层留台阶;如能交替填筑,应分层相互交替搭接,搭接长度应不小于2m。

g.填土路堤施工过程质量控制:施工过程中,每一压实层均应进行压实度检测,检测频率为每1000m²不少于2点。压实度检测可采用灌砂法、环刀法等方法,检测应符合《公路路基路面现场测试规程》(JTG 3450—2019)的有关规定。施工过程中,每填筑2m宜检测路线中线和宽度。

(2)填石路堤施工技术

①填筑方法。

a.竖向填筑法(倾填法):以路基一端按横断面的部分或全部高度自上往下倾卸石料,逐步推进填筑。主要用于二级及二级以下,且铺设低级路面的公路,也可用在陡峻山坡施工特别困难或大量以爆破方式挖开填筑的路段;以及无法自下而上分层填筑的陡坡、断岩、泥沼地区和水中作业的填石路堤。该方法施工路基压实、稳定问题较多。

b.分层压实法(碾压法):自下而上水平分层,逐层填筑,逐层压实,是普遍采用并能保证填石路堤质量的方法。高速公路、一级公路和铺设高级路面的其他等级公路的填石路堤采用此方法。

c.冲击压实法:利用冲击压实机的冲击碾周期性、大振幅、低频率地对路基填料进行冲击,压密填方。它既具有分层法连续性的优点,又有强力夯实法压实厚度深的优点;缺点是在周围有建筑物时,使用受到限制。

d.强力夯实法:用起重机吊起夯锤从高处自由落下,利用强大的动力冲击,迫使岩土颗粒位移,提高填筑层的密实度和地基强度。该方法机械设备简单,击实效果显著,施工中不需铺撒细粒料,施工速度快,有效解决了大块石填筑地基厚层施工的夯实难题。对强夯施工后的表层松动层,采用振动碾压法进行压实。

②填石路堤施工要求。

a.填石路堤应分层填筑压实。在陡峻山坡地段施工特别困难时,三级及三级以下砂石路面公路的下路堤可采用倾填的方式填筑。

b.岩性相差较大的填料应分层或分段填筑,软质石料与硬质石料不得混合使用。

c.填石路堤顶面与细粒土填土层之间应填筑过渡层或铺设无纺土工布隔离层。

d.压实机械宜选用自重不小于18t的振动压路机。

e.填石路堤采用强夯、冲击压路机进行补压时,应避免对附近构造物造成影响。

f.中硬、硬质石料填筑路堤时,应进行边坡码砌。码砌防护的石料强度、尺寸应满足设计要求。边坡码砌与路基填筑应基本同步进行。

g. 采用易风化岩石或软质岩石石料填筑时,应按设计要求采取边坡封闭和底部设置排水垫层、顶部设置防渗层等措施。

h. 填石路堤施工过程质量控制:施工过程中每一压实层,应采用试验路段确定的工艺流程、工艺参数控制,压实质量可采用沉降差指标进行检测。施工过程中,每填高3m宜检测路基中线和宽度。

i. 不同强度的石料,应分别采用不同的填筑层厚和压实控制标准。填石路堤的压实质量标准采用孔隙率作为控制指标,并符合表2-2-3的要求。孔隙率的检测应采用水袋法进行。

填石路堤压实质量标准   表2-2-3

分 区	路床顶面以下深度（m）	硬质石料孔隙率（%）	中硬石料孔隙率（%）	软质石料孔隙率（%）
上路堤	0.80~1.50	≤23	≤22	≤20
下路堤	>1.50	≤25	≤24	≤22

③填石路堤填料要求。

a. 硬质岩石、中硬岩石可用于路堤和路床填筑;软质岩石可用于路堤填筑,不得用于路床填筑;膨胀岩石、易溶性岩石和盐化岩石不得用于路基填筑。

b. 路基的浸水部位,应采用稳定性好、不易膨胀崩解的石料填筑。

c. 路堤填料粒径应不大于500mm,并宜不超过层厚的2/3。路床底面以下400mm范围内,填料最大粒径不得大于150mm,其中小于5mm的细料含量应不小于30%。

(3)土石路堤施工技术

①填筑方法。

土石路堤不得采用倾填方法,只能采用分层填筑,分层压实。宜用推土机铺填,松铺厚度控制在40cm以内,接近路堤设计高程时,需改用土方填筑。

②土石路堤施工要求。

a. 压实机械宜选用自重不小于18t的振动压路机。

b. 应分层填筑压实,不得倾填。

c. 应使大粒径石料均匀分散在填料中,石料间孔隙应填充小粒径石料和土。

d. 土石混合料来自不同料场,其岩性或土石比例相差大时,宜分层或分段填筑。

e. 填料由土石混合材料换为其他填料时,土石混合材料最后一层的压实厚度应小于300mm,该层填料最大粒径宜小于150mm,压实后表面应无孔洞。

f. 中硬、硬质石料填筑土石路堤时,宜进行边坡码砌,码砌与路堤填筑宜同步进行,软质石料土石路堤的边坡按土质路堤边坡处理。

g. 采用强夯、冲击压路机进行补压时,应避免对附近构造物造成影响。

h. 土石路堤施工过程质量控制:中硬及硬质岩石的土石路堤填筑施工过程中每一压实层,应采用试验路段确定的工艺流程、工艺参数,压实质量可采用沉降差指标进行检测。软质石料的土石路堤填筑质量标准应符合规范规定。施工过程中,每填筑3m高宜检测路线中线和宽度。

③土石路堤填料要求。

a. 膨胀岩石、易溶性岩石等不宜直接用于路基填筑,崩解性岩石和盐化岩石等不得用于路基填筑。

b.天然土石混合填料中,中硬、硬质石料的最大粒径不得大于压实层厚的2/3;石料为强风化石料或软质石料时,其 CBR 值应符合规范的规定,石料最大粒径不得大于压实层厚。

(4)高路堤施工技术

路基填土边坡高度大于20m的路堤称为高路堤。高路堤填料宜优先采用强度高、水稳性好的材料,或采用轻质材料。受水淹、水浸的部分,应采用水稳性和透水性均好的材料。

高路堤施工要求:

①高路堤段应优先安排施工,宜预留1个雨季或6个月以上的沉降期。

②高路堤宜采用强度高、水稳性好的材料。路堤浸水部分应采用水稳性和透水性好的材料。

③高路堤施工中应按设计要求预留高度与宽度,并进行动态监控。

④高路堤宜每填筑2m冲击补压一次,或每填筑4~6m强夯补压一次。

⑤高路堤填筑过程中应进行沉降和稳定性观测。

⑥在不良地质路段的高路堤填筑,应控制填筑速率,并进行地表水平位移监测,必要时应进行地下土体分层水平位移监测。

(5)台背与墙背填筑施工技术

①台背与墙背填筑施工要求。

a.二级及二级以上公路应按设计做好过渡段,过渡段路堤压实度应不小于96%;二级以下公路的路堤与回填的联结部,应预留台阶。

b.台背和锥坡的回填宜同步进行。

c.台背与墙背1.0m范围内回填宜采用小型夯实机具压实。

d.分层压实厚度宜不大于150mm,填料粒径宜小于100mm,涵洞两侧回填填料粒径宜小于50mm,压实度应不小于96%。

e.部位狭窄时,可采用低强度等级混凝土、浆砌片石等材料回填。

f.涵洞两侧应对称分层回填压实。

g.回填部分的路床宜与路堤路床同步填筑。

h.台背与墙背回填,应在结构物强度达到设计强度的75%以上时进行。

②台背与墙背填筑填料要求。

填料宜采用透水性材料、轻质材料、无机结合料稳定材料等,崩解性岩石、膨胀土不得用于台背与墙背填筑。

(五)路基季节性施工

1.路基雨期施工技术

(1)雨期填筑路堤

①填料应选用透水性好的碎石土、卵石土、砂砾、石方碎渣和砂类土等。利用挖方土作填料,含水率符合要求时,应随挖随填,及时压实。含水率过高、难以晾晒的土不得用作雨期施工填料。

②每一填筑层表面应做成2%~4%双向路拱横坡以利于排水,低洼地带或高出设计洪水位0.5m以下部位应选用透水性好、饱水强度高的填料分层填筑,并及时施作护坡、坡脚等防护工程。

③雨期填筑路堤需借土时,取土坑的设置应满足路基稳定的要求。

④路堤应分层填筑,并及时碾压。

(2)雨期开挖路堑

①挖方边坡不宜一次挖到设计坡面,应预留一定厚度的覆盖层,待雨期过后再修整到设计坡面。

②雨期开挖路堑,当挖至路床顶面以上300~500mm时应停止开挖,并在两侧挖好临时排水沟,待雨期过后再施工。

③雨期开挖岩石路基,炮眼宜水平设置。

2.路基冬期施工技术

在季节性冻土地区,昼夜平均温度在-3℃以下且连续10d以上,或者昼夜平均温度虽然在-3℃以上但冻土没有完全融化时,均应按冬期施工办理。

(1)冬期填筑路堤

①路堤填料应选用未冻结的砂类土、碎石、卵石土、石渣等透水性好的材料,不得用含水率高的黏质土。

②填筑路堤应按横断面全宽平填,每层松铺厚度应比正常施工减少20%~30%,且松铺厚度不得超过300mm。当天填土应当天完成碾压。

③中途停止填筑时,应整平填层和边坡并进行覆盖防冻,恢复施工时应将表层冰雪清除,并补充压实。

④当填筑高程距路床底面1m时,碾压密实后应停止填筑,在顶面覆盖防冻保温层,待冬期过后整理复压,再分层填至设计高程。

⑤冬期过后应对填方路是进行补充压实,压实度应符合规范的规定。

(2)冬期施工开挖路堑表层冻土的方法

①爆破冻土法:当冰冻深度达1m以上时可用此方法炸开冻土层。炮眼深度取冻土深度的0.75~0.9倍,炮眼间距取冰冻深度的1~1.3倍,并按梅花形交错布置。

②机械破冻法:1m以下的冻土层可选用专用破冻机械,如冻土犁、冻土锯和冻土铲等,予以破碎清除。

③人工破冻法:当冰冻层较薄,破冻面积不大,可用日光暴晒法、火烧法、热水开冻法、水针开冻法、蒸汽放热解冻法和电热法等方法胀开或融化冰冻层,并辅以人工撬挖。

(3)冬期开挖路堑

①挖方边坡不得一次挖到设计线,应预留一定厚度的覆盖层,待到正常施工季节后再修整到设计坡面。

②路基挖至路床顶面以上1m时,完成临时排水沟后,应停止开挖,待冬期过后再施工。

(六)特殊路基施工技术

特殊路基是指位于特殊土(岩)地段、不良地质地段,或受水、气候等自然因素影响强烈,需要进行特殊设计的路基。特殊路基包括:滑坡地段路基、崩塌地段路基、岩堆地段路基、泥石流地段路基、岩溶地区路基、软土地区路基、红黏土与高液限土地区路基、膨胀土地区路基、黄土地区路基、盐渍土地区路基、多年冻土地区路基、风沙地区路基、雪害地段路基、涎流冰地段路基、采空区路基、滨海路基、水库地区路基、季节性冰冻地区路基。

1.软土地区路基施工

(1)软土的工程特性

软土是指天然含水率高、天然孔隙比大、抗剪强度低、压缩性高的细粒土,包括淤泥、淤泥质土、泥炭、泥炭质土等。淤泥是在静水和缓慢流水环境中沉积、天然孔隙比大于或等于1.5、含有机质的细粒土。淤泥质土是在静水和缓慢流水环境中沉积、天然孔隙比大于或等于1.0且小于1.5、含有机质的细粒土。泥炭是指喜水植物枯萎后,在缺氧条件下经缓慢分解而形成的泥沼覆盖层;常为内陆湖沼沉积,有机质含量大于或等于60%,大部分尚未完全分解,呈纤维状,孔隙比一般大于10。泥炭质土是指有机质含量大于或等于10%且小于60%,大部分完全分解,有臭味,呈黑泥状的细粒土和腐殖质土。大部分软土天然含水率30%~70%,孔隙比1.0~1.9,渗透系数为$1\times10^{-8}\sim1\times10^{-7}$cm/s,其压缩系数$a_{0.1\sim0.2}$一般为0.7~1.5MPa^{-1},抗剪强度低(快剪黏聚力在10kPa左右,快剪内摩擦角0~5°),具有触变性,流变性显著。

(2)软土地基处理施工技术

①垫层和浅层处理。

垫层和浅层处理适用于表层软土厚度小于3m的浅层软弱地基处理。垫层类型按材料可分为碎石垫层、砂砾垫层、石屑垫层、矿渣垫层、粉煤灰垫层及灰土垫层等。浅层处理可采用换填垫层、抛石挤淤、稳定剂处理等方法,处理深度不宜大于3m。

②竖向排水体。

竖向排水体适用于深度大于3m的软土地基处理。用于对淤泥质土和淤泥地基进行处理时,宜与加载预压或真空预压方案联合使用。采用竖向排水体处理软土地基时,应保证有足够的预压期。

竖向排水体可采用袋装砂井和塑料排水板。竖向排水体可按正方形或等边三角形布置。

袋装砂井和塑料排水板可采用沉管式打桩机施工,塑料排水板也可用插板机施工。袋装砂井宜采用圆形套管,套管内径宜略大于砂井直径;塑料排水板宜采用矩形套管,也可采用圆形套管。宜配置能够检测排水体施工深度的设备。

③真空预压。

真空预压法适用于对软土性质很差、土源紧缺、工期紧的软土地基进行处理。

真空预压的抽真空设备宜采用射流真空泵。真空泵空抽时必须达到95kPa以上的真空吸力;真空泵的数量应根据加固面积确定,每个加固场地至少应设两台真空泵。

真空管路应由主管和滤水管组成,滤水管应设在排水砂垫层中,其上应有0.1~0.2m厚的砂覆盖层。滤水管布置宜形成回路,水平向分布的滤管可采用条状、梳齿状、羽毛状及目字状等形式。滤水管可采用带孔钢管或塑料管,外包尼龙纱、土工织物或棕皮等滤水材料。真空管路的连接应密封,管路中应设置止回阀和闸阀。

密封膜应采用抗老化性能好、韧性好、抗穿刺能力强的不透气材料,可采用聚氯乙烯薄膜。密封膜的厚度宜为0.12~0.14mm,根据其厚度的不同,可铺设2~3层。密封膜连接宜采用热合黏结缝平搭接,搭接宽度应大于15mm。密封膜的周边应埋入密封沟内。密封沟的宽度宜为0.6~0.8m,深度宜为1.2~1.5m。

预压过程中,应进行膜下真空度、孔隙水压力、表面沉降、深层沉降及水平位移等预压参数的监测。膜下真空度每隔4h测一次,表面沉降每2d测一次。停泵卸荷后24h,应测量地表回弹值。

真空预压施工应按排水系统施工、抽真空系统施工、密封系统施工及抽气的步骤进行。

④粒料桩。

粒料桩可采用振冲置换法或振动沉管法成桩。振冲置换法适用于处理十字板抗剪强度不小于15kPa的软土地基;振动沉管法适用于处理十字板抗剪强度不小于20kPa的软土地基。

⑤加固土桩。

加固土桩适用于处理十字板抗剪强度不小于10kPa、有机质含量不大于10%的软土地基。加固土桩包括粉喷桩与浆喷桩。

粉喷桩与浆喷桩的施工机械必须安装喷粉(浆)量自动记录装置,并应对该装置定期标定。应定期检查钻头磨损情况,当直径磨损量大于10mm时,必须更换钻头。

施工前应进行成桩工艺和成桩强度试验。当成桩质量不满足设计要求时,应在调整设计与施工有关参数后,重新进行试验或改变设计。

⑥水泥粉煤灰碎石桩。

水泥粉煤灰碎石桩(CFG桩)适用于处理十字板抗剪强度不小于20kPa的软土地基。

CFG桩宜采用振动沉管灌注法成桩,施工设备宜采用振动沉管打桩机。施工前应进行成桩工艺和成桩强度试验。当成桩质量不满足设计要求时,应在调整设计与施工有关参数后,重新进行试验或改变设计。

⑦刚性桩。

刚性桩适用于处理深厚软土地基上荷载较大、变形要求较严格的高路堤段、桥头或通道与路堤衔接段。刚性桩可按正方形或等边三角形布置。刚性桩桩顶应设桩帽,形状可采用圆柱体、台体或倒锥台体。桩帽直径或边长宜为1.0~1.5m,厚度宜为0.3~0.4m,宜采用C30水泥混凝土现场浇筑而成。

⑧爆炸挤淤。

爆炸挤淤是将炸药放在软土或泥沼中爆炸,利用爆炸时的张力作用,把淤泥或泥沼扬弃,然后回填强度较高的渗水性土壤,如砂砾、碎石等。爆炸挤淤法适用于处理海湾滩涂等淤泥和淤泥质土地基,处理厚度不宜大于15m。

⑨路堤地基隔离墙。

路堤地基隔离墙适用于相邻两路堤之间,或已建成路堤与拓宽路堤之间出现相互干扰,对地基渗流、变形、稳定等产生不利影响情况下的隔离。

隔离墙按其作用与功能可分为防渗型隔离墙和支挡型隔离墙。相邻路堤,当待建的路堤采用降水预压、真空预压、强化固结等地基处理方法,或采用深井降水等工程措施时,宜设置防渗型隔离墙;其他情况下为避免新老路基相互干扰宜设置支挡型隔离墙。

⑩强夯和强夯置换。

强夯法适用于处理碎石土、低饱和度的粉土与黏土、杂填土和软土等地基。

强夯置换法适用于处理高饱和度的粉土与软塑、流塑的软黏土地基,处理深度不宜大于7m。

强夯法处理范围应超出路堤坡脚,每边超出坡脚的宽度不宜小于3m。强夯置换法处理范围应为坡脚外增加一排置换桩。强夯置换桩宜采用等边三角形或正方形布置,对独立基础或条形基础应根据基础形状与宽度布置。

采用强夯法处理软土地基时,应在地基中设置竖向排水体。对于地下水位较高的地基,强夯前应采取降水措施,将地下水位降至加固层深度以下。强夯置换桩顶应铺设一层厚度不小于0.5m的粒料垫层,垫层材料可与桩体材料相同,粒径不宜大于100mm。

强夯置换的桩体材料宜采用级配良好的块石、碎石、矿渣等坚硬粗颗粒材料,粒径大于300mm的颗粒含量不宜超过30%。桩体材料的最大粒径不宜大于夯锤底面直径的0.2倍,含泥量不宜超过10%。

起吊夯锤用的机械设备宜选用履带式起重机。夯锤重量大、落距大时，可在吊臂两侧辅以门架，以提高起重能力，并防止落锤时机架倾覆。履带式起重机脱钩装置应有足够的强度，使用灵活，脱钩快速、安全。

夯锤可采用钢筋混凝土锤或铸钢锤，夯锤上宜设置2~4个上下贯通的透气孔。强夯加固黏性土地基时，宜采用较大底面积的锤。强夯置换宜采用细长的铸钢锤。在强夯能级不变的条件下，宜采用重锤、低落距。

强夯和强夯置换施工前应在代表性路段选取试夯区进行试夯，每个试夯区场地面积不应小于500m²。试夯应确定单击夯击能、夯击次数、夯击遍数、间歇时间等参数。

(3)软土地区路堤施工要求

①软土地区路堤施工应尽早安排，施工计划中应考虑地基所需固结时间。

②填筑过程中，应严格控制填筑速率，并应进行动态观测。

③施工期间，路堤中心线地面沉降速率24h应不大于10~15mm，坡脚水平位移速率24h应不大于5mm。应结合沉降和位移观测结果综合分析地基稳定性。填筑速率应以水平位移控制为主，超过标准应立即停止填筑。

④桥台、涵洞、通道以及加固工程应在预压沉降完成后再进行施工。

⑤应按设计要求的预压荷载、预压时间进行预压。堆载预压的填料宜采用上路床填料，并分层填筑压实。

⑥在软土地基上直接填筑路堤，应符合下列规定：

a.水面以下部分应选择透水性好的填料，水面以上可用一般土或轻质材料填筑。

b.填筑路基的土宜从取土场取用。在两侧取土时，取土坑距路堤坡脚的距离应满足路堤稳定的要求。

c.反压护道宜与路堤同时填筑。分开填筑时，应在路堤达到临界高度前完成反压护道施工。

2.膨胀土地区路基施工

(1)膨胀土的工程特性及主要特征

含亲水性矿物并具有明显的吸水膨胀与失水收缩特性的高塑性黏土称为膨胀土。膨胀土黏性成分含量很高，其中0.002mm的胶体颗粒一般超过20%，黏粒成分主要由亲水矿物组成。土的液限$W_L>40\%$，塑性指数$I_p>17$(多数在22~35之间)，自由膨胀率一般超过40%。按工程性质分为强膨胀土、中等膨胀土、弱膨胀土三类。

(2)膨胀土地区路基的施工技术要点

①膨胀土的填筑。

a.物理改良的膨胀土路基填筑工艺应符合下列规定：

a)位于斜坡路段的膨胀土路基应从最低处开始逐层填筑。当沟底有涵洞等结构物时，应在结构物两侧对称进行填筑。

b)碾压时填料的含水率应符合试验段确定的范围，稠度宜控制在1.0~1.3之间。

c)每层厚度不得大于300mm。

d)采取包边处理时，应先填筑非膨胀性包边土或石灰处置后的膨胀土，然后再填筑膨胀土，两者交替进行。包边土的宽度宜不小于2m，以一个压路机宽度为宜。

e)路床采用粗粒料填筑时，应在膨胀土顶面设置3%~4%的横坡，并采取防水隔离措施。

b.掺灰处理膨胀土时,若土的天然含水率偏高,宜采用生石灰粉处置,掺石灰宜分两次进行。拌和深度应达到该层底部,拌和后的土块粒径应小于37.5mm。

c.路基完成后,应做封层,其厚度应不小于200mm。横坡应不小于2%。

d.物理处置的膨胀土填筑时的压实度标准应根据试验路段与各地的工程经验确定,且压实度应满足不低于重型压实标准的90%。化学处置后填筑的中等膨胀土、弱膨胀土路基的压实度应符合规范的规定。

e.填筑膨胀土路堤时,应及时对路堤边坡及顶面进行防护。

②膨胀土地区路堑开挖。

a.边坡施工过程中,必要时可采取临时防水封闭措施保持土体原状含水率。

b.边坡不得一次挖到设计线,应预留厚度300~500mm,待路堑完成后,再分段削去边坡预留部分,并立即进行加固和封闭处理。

③膨胀土路堑边坡防护。

a.路堑边坡防护施工应根据施工能力,分段组织实施。

b.采用非膨胀土覆盖置换或设置柔性防护结构进行防护时,边坡覆盖置换厚度应不小于2.5m并满足机械压实施工的要求,压实度应不小于90%。覆盖置换层与下伏膨胀土层之间,应设置排水垫层与渗沟。

c.采用植物防护时,不应采用阔叶树种。

d.圬工防护时,墙背应设置缓冲层,厚度应不大于0.5m。支挡结构基础应大于气候影响深度,反滤层厚度应不小于0.5m。

e.路堑边坡防护的防渗层、排水垫层、渗沟、反滤层、圬工结构等不同类型的结构施工工艺应符合规范规定。

④零填和挖方路段路床。

a.高速公路、一级公路零填和挖方路段路床0.8~1.2m范围的膨胀土应进行换填处理,对强膨胀土路堑,路床换填深度宜加深到1.2~1.5m。在1.5m范围内可见基岩时,应清除至基岩。

b.二级公路、三级公路的零填和挖方路段路床0.3m范围的膨胀土应进行换填处理。换填材料为透水性材料时,底部应设置防渗层。二级公路强膨胀土路堑的路床换填深度宜加深至0.5m。

c.路堑超挖后应及时进行换填,不得长时间暴露。

3.湿陷性黄土地区路基施工

(1)湿陷性黄土的工程特性

在自重或一定压力下受水浸湿后,土体结构迅速破坏,并产生显著下沉现象的黄土称为湿陷性黄土。其一般呈黄色或黄褐色,粉土含量常占60%以上,含有大量的碳酸盐、硫酸盐等可溶盐类,天然孔隙比在1左右,肉眼可见大孔隙。在自重压力或自重压力与附加压力共同作用下,受水浸湿后土的结构迅速破坏而发生显著下沉。由于湿陷性黄土具有湿陷性和易溶蚀、易冲刷、各向异性等工程特性,导致黄土地区的路基易产生多种问题及病害。

(2)湿陷性黄土地基的处理措施

湿陷性黄土地基处理前,应完成截水及临时排水设施,并应完成路堤基底的坑洞和陷穴的回填。低洼积水地段或灌溉区的路堤两侧坡脚外5~10m范围内,应采用素土或石灰土填平并压实,并应高出原地表200mm以上,路基两侧不得积水。

除采用防止地表水下渗的措施外,可根据湿陷性黄土工程特性和工程要求,因地制宜采取换填法、冲击碾压法、强夯法、挤密桩法、桩基础法等措施对地基进行处理。地基处理方法均应进行试验段施工。基底处理场地附近有结构物时,场地边缘与结构物的最小水平安全距离应满足规定要求。冲击碾压或强夯处理段,地基土的压实度、压缩系数和湿陷系数应在施工结束7d后进行检测,强度检验应在15d后进行。

(3)湿陷性黄土路基施工

①湿陷性黄土路堤填筑。

a.黄土填料应符合规范的规定。当 CBR 值不满足要求时,可掺石灰进行改良。

b.黄土不得用于路基的浸水部位,老黄土不宜用作路床填料。

c.填挖结合处应清除表层土和松散土层,顶部宜开挖成高度不大于2m、宽度不小于2m的多层台阶,并应对台阶进行压实处理。

d.黄土碾压时的含水率宜控制在最佳含水率±2%范围内。

e.路床区换填非黄土填料时,应按《公路路基施工技术规范》(JTG/T 3610—2019)中"4.2 路床"的要求执行。

f.雨水导致的边坡冲沟应挖台阶夯实处理。

g.高路堤应采用冲击碾压或强夯方式进行补充压实。

②湿陷性黄土路堑施工。

a.施工前应对路堑顶两侧有危害的黄土陷穴进行处理,堑顶的裂缝和积水洼地应填平夯实,地表平坦或自然坡倾向路基时应在堑顶设置防渗截水沟或拦水埂。

b.接近路床高程时宜顺坡开挖。路床需要处理时,应在处理后进行成形层施工。

c.施工中应记录坡面的地层产状及地下水出露情况,存在不利于边坡稳定的状况或发现边坡有变形加剧迹象时,应及时反馈处理。

d.路基边沟宜在基底处理后、路床成形层施工前完成。

4.滑坡地段路基施工

(1)削坡减载施工应符合下列规定:

①应自上而下逐级开挖,严禁采用爆破法施工。

②开挖坡面不得超挖,开挖面上有裂缝时应灌浆封闭或开挖夯填。

③支挡及排水工程在边坡上分级实施时,宜开挖一级、实施一级。

(2)填筑反压施工应符合下列规定:

①反压措施应在滑坡体前缘抗滑段实施。

②反压填料不得堵塞地下水出口,地下排水设施应在填筑反压前完成。反压填料宜予以压实。

③应采取措施使受影响的天然河沟保持排水顺畅。

(3)抗滑支挡工程施工应符合下列规定:

①抗滑支挡工程施工应符合《公路路基施工技术规范》(JTG/T 3610—2019)中第6章"路基防护与支挡工程"的有关规定。

②应在滑坡体处于相对稳定的状态下施工,滑坡体具有滑动迹象或已经发生滑动时,应采取反压填筑等措施。

③抗滑桩与挡土墙共同支挡时,应先施作抗滑桩。挡土墙后有支撑渗沟及其他排水工程时应先施工。

④抗滑桩、锚索施工应从两端向滑坡主轴方向逐步推进。

⑤采取微型钢管桩、山体注浆等加固措施或注浆作为其他处置方案的配套措施时,应采用相应的成孔设备和注浆方式。

⑥各种支挡结构的基底应置于滑动面以下,并应嵌入稳定地层。

(七)防护工程施工

1. 水泥混凝土骨架防护施工

(1)骨架施工前应修整坡面,填补超挖形成的或原生的坑洞和空腔。

(2)混凝土浇筑应从护脚开始,由下而上进行浇筑。浇筑过程中采用插入式振捣器振捣。

(3)骨架宜完全嵌入坡面内,保证骨架紧贴坡面,防止产生变形或破坏。

(4)混凝土浇筑完成后应及时养护,养护时间宜不少于14d。

2. 坡面喷射混凝土防护施工

(1)混凝土强度应满足设计要求。

(2)作业前应进行试喷,选择合适的水灰比和喷射压力。

(3)混凝土喷射厚度应符合设计规定,且临时支护厚度宜不小于60mm,永久支护厚度宜不小于80mm。永久支护面钢筋的喷射混凝土保护层厚度应不小于50mm。

(4)混凝土喷射每一层应自下而上进行。当混凝土厚度大于100mm时,宜分两次喷射。在第二次喷射混凝土作业前,应清除结合面上的浮浆和松散碎屑。

(5)面层表面应抹平、压实修整。

(6)喷射混凝土面层应在长度方向上每30m设伸缩缝,缝宽10~20mm。

(7)喷射混凝土初凝后,应立即开始养护,养护期宜不少于7d。

(8)喷射混凝土表面质量应密实、平整,无裂缝、脱落、漏喷、漏筋、空鼓和渗漏水等。

3. 浆砌片石护坡施工

(1)宜在路堤沉降稳定后施工,砌筑前应整平坡面,按设计完成垫层施工。受冻胀影响的土质边坡,护坡底面的碎石或砂砾垫层厚度应不小于100mm。

(2)片石砌体应分层砌筑,2~3层组成的工作面宜找平。

(3)所有石块均应坐于新拌砂浆之上。

(4)每10~15m应设置一道伸缩缝,缝宽宜为20~30mm。基底地质有变化处,应设沉降缝。伸缩缝与沉降缝可合并设置。

(5)砂浆初凝后,应立即进行养护。砂浆终凝前,砌体应覆盖。

(6)泄水孔的位置和反滤层的设置应满足设计要求。如设计无要求,应符合下列规定:

①泄水孔宜为50mm×100mm、100mm×100mm、150mm×200mm的矩形或直径为50~100mm的圆形。

②泄水孔间距宜为2~3m,干旱地区可适当加大,渗水量大时应适当加密。上下排泄水孔应交错布置,左右排泄水孔应避开伸缩缝与沉降缝,与相邻伸缩缝间距宜不小于500mm。

③泄水孔应向外倾斜,最下一排泄水孔出口应高出地面或边沟、排水沟及积水地区的常水位0.3m。

④最下面一排泄水孔进水口周围500mm×500mm范围内应设置具有反滤功能的粗粒料,反滤层底部应设置厚度不小于300mm的黏土隔水层。

4.浆砌片石护面墙施工

(1)修筑护面墙前,应清除边坡风化层至新鲜岩面。对风化迅速的岩层,清挖到新鲜岩面后应立即修筑护面墙。

(2)基础施工前应核实地基承载能力和埋深。地基承载能力不足时,应采取加固措施。冰冻地区应埋置在冰冻深度以下至少250mm。

(3)护面墙背面应与路基坡面密贴,边坡局部凹陷处应挖成台阶,然后用与墙身相同的圬工砌补,不得回填土石或干砌片石。坡顶护面墙与坡面之间应按设计要求做好防渗处理。

(4)应按设计要求做好伸缩缝。当护面墙基础修筑在不同岩层上时,应在变化处设置沉降缝。

(5)泄水孔的位置和反滤层的设置应满足设计要求。

(6)护面墙防滑坎应与墙身同步施工。

(八)支挡工程施工

1.重力式挡土墙工程施工技术

(1)基坑开挖。

①基坑开挖宜分段跳槽进行,分段位置宜结合伸缩缝、沉降缝等设置确定。

②设计挡土墙基底为倾斜面时,应严格控制基底高程,不得超挖填补。

③土质或易风化软质岩石雨季开挖基坑时,应在基坑挖好后及时封闭坑底。

(2)开挖完成后应及时进行检验,检验合格后应及时进行下道工序施工。

(3)基础施工。

①施工前应检查基础底面,清除基底表面风化、松软的土石和杂物。

②硬质岩石上的浆砌片石基础宜满坑砌筑。浆砌片石底面应卧浆铺砌,立缝要填浆补实,不得有空隙和立缝贯通现象。

③台阶式基础宜与墙体连续砌筑,基底及墙趾台阶转折处不得砌成垂直通缝,砌体与台阶壁间的缝隙砂浆应饱满。

④基础应在基础砂浆强度达到设计强度的75%后及时分层回填夯实。回填应在表面留3%的向外斜坡。

(4)墙身施工。

①砌石墙身应分层错缝砌筑,咬缝应不小于砌块长度的1/4,且不得出现贯通竖缝。

②片石、砌块应大面朝下砌筑,砌块不应直接接触,间距宜不小于20mm。

③混凝土墙身应水平分层浇筑,分层振捣,分层厚度应不超过300mm。

④混凝土浇筑应连续进行。如间断,间断时间应小于前层混凝土的初凝时间;否则按施工缝处理。

⑤浇筑过程中应有专人检查模板及支撑工作情况,发现问题及时处理。

⑥挡土墙端部伸入路堤或嵌入挖方部分应与墙体同时砌筑。挡土墙顶应找平抹面或勾缝,其与边坡间的空隙应采用黏土或其他材料夯填封闭。

⑦墙身施工完毕后应及时养护。

(5)伸缩缝与沉降缝内两侧壁应竖直、平齐,无搭叠。缝中防水材料应按设计要求施工。

(6)挡土墙与桥台、隧道洞门连接处应协调施工,必要时可设置临时支撑,确保与墙相接的填方或山体的稳定。

（7）挡土墙混凝土或砂浆强度达到设计强度的75%时,应及时进行墙背回填。距墙背0.5~1.0m内,不得使用重型振动压路机碾压。

（8）墙背填料。

①宜采用砂性土、卵石土、砾石土或块石土等透水性好、抗剪强度高的材料。

②采用黏质土作为填料时,应在墙背设置厚度不小于300mm的砂砾或其他透水性材料排水层。排水层顶部应采用黏质土层封闭,土层厚度宜不小于500mm。

③填料中不得含有机物、冰块、草皮、树根及生活垃圾。不得使用腐殖土、盐渍土、淤泥、白垩土、硅藻土、生活垃圾及有机物等作为墙背填料。

2. 加筋土挡土墙工程施工技术

加筋土挡土墙通过在土中加入拉筋,利用拉筋与土之间的摩擦作用,改善土体的变形条件和提高土体的工程特性,从而达到稳定土体的目的。加筋土挡土墙由填料、在填料中布置的拉筋以及墙面板三部分组成,一般应用于地形较为平坦且宽敞的填方路段上。在挖方路段或地形陡峭的山坡,由于不利于布置拉筋,一般不宜使用。

加筋土是柔性结构物,能够适应地基轻微的变形。加筋土挡土墙的拉筋应按设计采用抗拉强度高、延伸率和蠕变小、抗老化、耐腐蚀和化学稳定性好的材料,表面应有足够的粗糙度。钢拉筋应按设计进行防腐处理。

加筋土挡土墙施工简便、快速,并且节省劳动力和缩短工期,一般包括下列工序：基槽（坑）开挖、地基处理、排水设施、基础浇（砌）筑、构件预制与安装、筋带铺设、填料填筑与压实、墙顶封闭等,其中现场墙面板拼装、筋带铺设、填料填筑与压实等工序是交叉进行的。

加筋土挡土墙墙身施工应符合下列规定：

（1）墙背拉筋锚固段填料宜采用具有一定级配、透水性好的砂类土或碎砾石土,土中的粗颗粒不应含有在压实过程中可能破坏拉筋的带尖锐棱角的颗粒。

（2）拉筋应按设计位置水平铺设在已经整平、压实的土层上,单根拉筋应垂直于面板,多根拉筋应按设计扇形铺设。聚丙烯土工带拉筋安装应平顺,不得打折、扭曲,不得与硬质、棱角填料直接接触,其他要求应符合《公路土工合成材料应用技术规范》（JTG/T D32—2012）的相关规定。

（3）墙面板安设应根据高度和填料情况设置适当的仰斜,斜度宜为1:0.05~1:0.02。安设好的面板不得外倾。

（4）拉筋与面板之间的连接应牢固,连接部位强度应不低于拉筋强度。拉筋贯通整个路基时,宜采用单根拉筋拉住两侧面板。

（5）填料摊铺、碾压应从拉筋中部开始平行于墙面进行,不得平行于拉筋方向碾压。应先向拉筋尾部逐步摊铺、压实,然后再向墙面方向进行。

（6）路基施工分层厚度及每层碾压遍数,应根据拉筋间距、碾压机具和密实度要求,通过试验确定,不得使用羊足碾碾压。靠近墙面板1m范围内,应使用小型机具夯实或人工夯实,不得使用重型压实机械压实。严禁车辆在未经压实的填料上行驶。

（7）施工过程中应加强对墙身变形的观测,发现异常变化应及时处理。

3. 锚杆挡土墙工程施工技术

锚杆挡土墙施工工序主要有基坑开挖、基础浇（砌）筑、锚杆制作、钻孔、锚杆安放与注浆锚固、肋柱和挡土板预制、肋柱安装、挡土板安装、墙后填料填筑与压实等。

(1)施工时应针对地层和岩石特点,采用与其相适配并能斜孔钻进的钻机,并根据岩质选择钻头。

(2)锚孔直径应满足设计要求,钻孔时宜保持孔壁粗糙。

(3)挡土板和锚杆的施工应逐层由下向上同步进行,挡土板之间的安装缝应均匀,缝宽宜小于10mm。同一肋柱上两相邻跨的挡土板搭接处净间距宜不小于30mm,并应按施工缝处理。

(4)挡土板安装时应防止与肋柱相撞,避免损坏角隅或开裂。

(5)挡土板后的防排水设施及反滤层应与挡土板安装同步进行。

4. 抗滑桩

(1)抗滑桩施工前应采取卸载、反压、排水等措施,使滑坡体保持基本稳定。严禁在滑坡急剧变形阶段进行抗滑桩施工。施工期间应根据实际地质情况考虑开挖时的预加固措施。应整平孔口地面,并设置地表截、排水及防渗设施。应设置滑坡变形、移动监测点,并进行连续观测。雨季施工时,应在孔口搭设雨棚,做好锁口,孔口地面上应加筑适当高度的围埝。

(2)开挖及支护应符合下列规定:

①相邻桩不得同时开挖。开挖桩群应从两端沿滑坡主轴间隔开挖,桩身强度达到设计强度的75%后方可开挖邻桩。

②开挖应分节进行。分节不宜过长,每节宜为0.5~1.0m。不得在土石层变化处和滑动面处分节。

③应开挖一节,支护一节。灌注前应清除孔壁上的松动石块、浮土。围岩松软、破碎、有水时,护壁宜设泄水孔。

④开挖应在上一节护壁混凝土终凝后进行,护壁混凝土模板支撑应在混凝土强度达到能保持护壁结构不变形后方可拆除。

⑤在围岩松软、破碎和有滑动面的节段,应在护壁内顺滑动方向设置临时横撑加强支护,并观察其受力情况,及时进行加固。

⑥开挖时应采取照明、排水等措施,保证施工安全。

⑦挖除的渣土弃渣不得堆放在滑坡范围内。

(3)桩基开挖过程中,应随时核对滑动面情况,及时进行岩性资料编录。当实际情况与设计不符时,应及时反馈处理。

(4)桩身混凝土施工应符合下列规定:

①灌注前,应检查断面净空,清洗混凝土护壁。

②钢筋笼搭接接头不得设在土石分界和滑动面处。钢筋保护层厚度应满足设计要求。

③灌注应连续进行,不得中断。

(5)桩间支挡结构及与桩相邻的挡土、排水设施等应与抗滑桩正确连接,配套完成。

(6)桩板式抗滑挡土墙施工应符合下列规定:

①挡土板应在桩身混凝土达到设计强度后安装。挡土板安装时,应边安装边回填,并做好挡土板后排水设施。

②桩间采用土钉墙或锚喷支护时,桩间土体应分层开挖、分层加固。

③应严格控制墙背填土的压实度,压实时应保护好锚索。

(7)施工过程中应对地下水位、滑坡体位移和变形进行监测。

(九)公路工程施工综合排水

1.路基地下水排水设置与施工要求

当路基范围内出露地下水或地下水位较高,影响路基、路面强度或边坡稳定时,应设置暗沟(管)、渗沟、渗井等地下排水设施。

(1)暗沟、暗管

①设置。

路基基底范围有泉水外涌时,宜设置暗沟(管)将水引排至路堤坡脚外或路堑边沟内。

②施工要求。

a.沟底应埋入不透水层内,沟壁最低一排渗水孔应高出沟底200mm以上。进口应采取截水措施。

b.暗沟、暗管设在路基侧面时,宜沿路线方向布置。

c.暗沟、暗管设在低洼地带或天然沟谷时,宜沿沟谷走向布置。

d.寒冷地区的暗沟应做好防冻保温处理,出水口坡度宜不小于5%。

e.暗沟采用混凝土或浆砌片石砌筑时,在沟壁与含水层接触面应设置一排或多排向沟中倾斜的渗水孔,沟壁外侧应填筑粗粒透水性材料或土工合成材料形成反滤层。沿沟槽底每隔10~15m或在软、硬岩层分界处应设置沉降缝和伸缩缝。

f.暗沟顶面应设置混凝土盖板或石料盖板,板顶上填土厚度应不小于500mm。

g.暗管宜使用钢筋混凝土圆管、聚氯乙烯管(PVC管)、钢波纹管等材料,在管壁与含水层接触面应设置渗水孔,沟壁外侧应填筑粗粒透水性材料或设置土工合成材料形成反滤层。

h.暗沟、暗管及检查井应采用透水性材料分层回填,层厚宜不大于150mm,材料粒径宜不大于50mm。

(2)渗沟

①设置。

有地下水出露的挖方路基、斜坡路堤、路基填挖交替地段,当地下水埋藏浅或无固定含水层时,为降低地下水位或拦截地下水,可在地面以下设置渗沟。渗沟有填石渗沟、管式渗沟、洞式渗沟、边坡渗沟和支撑渗沟等。

填石渗沟通常为矩形或梯形,在渗沟的底部和中间用较大碎石或卵石(粒径3~5cm)填筑,在碎石或卵石的两侧和上部,按一定比例分层(层厚约15cm),填较细颗粒的粒料(中砂、粗砂、砾石),做成反滤层,逐层的粒径比例,由下至上大致按4:1递减。砂石料颗粒小于0.15mm的含量不应大于5%。用土工合成材料包裹有孔的硬塑管时,管四周填以大于塑管孔径的等粒径碎石、砾石,组成渗沟。顶部施作封闭层,用双层反铺草皮或其他材料(如土工合成的防渗材料)铺成,并在其上夯填厚度不小于0.5m的黏土防水层。

管式渗沟适用于地下水引水较长、流量较大的地区。当管式渗沟长度100~300m时,其末端宜设横向泄水管分段排除地下水。

洞式渗沟适用于地下水流量较大的地段,洞壁宜采用浆砌片石砌筑,洞顶应用盖板覆盖,盖板之间应留有空隙,使地下水流入洞内、洞式渗沟的高度要求同管式渗沟。

边坡渗沟用于疏干潮湿边坡和引排边坡上局部出露的上层滞水或泉水,并起支撑边坡作用。边波渗沟适用于坡度不陡于1:1的土质路堑边坡,也常用于加固潮湿的容易发生表上坍塌的土质路堤边坡。

支撑渗沟是指路堑边坡有滑动可能时,在坡脚砌筑一个渗沟,此渗沟起排水和支撑坡体的作用。

②施工要求。

a. 渗沟应设置排水层、反滤层和封闭层。

b. 渗水材料应采用洁净的砂砾、粗砂、碎石、片石,其中粒径小于2mm 的颗粒含量不得大于5%。渗沟沟壁反滤层应采用透水土工织物或中粗砂,渗水管可选用带孔的高压聚乙烯管(HPPE管)、聚氯乙烯管(PVC 管)、聚乙烯管(PE 管)、软式透水管、无砂混凝土管等。

c. 渗沟宜从下游向上游分段开挖,开挖作业面应根据土质选用合理的支撑形式,并应边挖边支撑,渗水材料应及时回填。

d. 渗水材料的顶面不得低于原地下水位。当用于排除层间水时,渗沟底部应埋置在最下面的不透水层。在冰冻地区,渗沟埋置深度不得小于当地最小冻结深度,渗沟出口应进行防冻处理。

e. 渗沟基底应埋入不透水层内不小于0.5m,沟壁的一侧应设反滤层汇集水流,另一侧用黏土夯实或用浆砌片石拦截水流。渗沟沟底不能埋入不透水层时,两侧沟壁均应设置反滤层。

f. 粒料反滤层应分层填筑。坑壁土质为黏质土、粉砂、细砂,采用无砂混凝土板作反滤层时,在无砂混凝土板的外侧,应加设100～150mm 厚的中粗砂或渗水土工织物。

g. 渗沟顶部封闭层宜采用干砌片石水泥砂浆勾缝或浆砌片石等,寒冷地区应设保温层,并加大出水口附近纵坡。保温层可采用炉渣、砂砾、碎石或草皮等。

h. 路基基底的填石渗沟,应采用水稳性好的石料,其饱水抗压强度应不小于30MPa,粒径应为100～300mm。

i. 管式渗沟宜间隔一定距离设置疏通井和横向泄水管,分段排除地下水。渗水孔应在管壁上交错布置,间距宜不大于200mm。

j. 洞式渗沟顶部应设置封闭层,厚度应不小于500mm。

k. 边坡渗沟的基底应设置在潮湿土层以下的干燥地层内,阶梯式泄水坡坡度宜为2%～4%,基底应铺砌防渗层,沟壁应设反滤层,其余部分用透水性材料填充。

l. 支撑渗沟的基底理入滑动面以下宜不小于500mm,排水坡度宜为2%～4%。当滑动面缓时,可做成台阶式支撑渗沟,台阶宽度宜不小于2m。渗沟侧壁及顶面宜设反滤层。出水口宜设置端墙。端墙内的出水口底高程,应高于地表排水沟常水位200mm 以上,寒冷地区宜不小于500mm。承接渗沟排水的排水沟应进行加固。

(3)渗井

①设置。

当地下水埋藏深或为固定含水层时,可采用渗水隧洞、渗井。渗井宜用于地下含水层较多,但路基水量不大,且渗沟难以布置的地段,将地面水或地下水经渗井通过下透水层中的钻孔流入下层透水层中排除。

②施工要求。

a. 渗井应边开挖边支撑,并应采取照明、通风、排水措施。

b. 填充料应在开挖完成后及时回填。不同区域的填充料应采用单一粒径分层填筑,小于粒径2mm 的颗粒含量不得大于5%。透水层范围宜填碎石或卵石,不透水范围宜填粗砂或砾石。井壁与填充料之间应设反滤层,填充料与反滤层应分层同步施工。

c. 渗井顶部四周应采用黏土填筑围护,并应加盖封闭。

2. 路基地面水排水设置与施工要求

路基地面排水可采用边沟、截水沟、排水沟、急流槽、跌水、蒸发池等设施。其作用是将可能停滞在路基范围内的地面水迅速排除,防止路基范围内的地面水流入路基内。

(1) 边沟

①设置。

挖方地段和填土高度小于边沟深度的填方地段均应设置边沟。路堤靠山一侧的坡脚应设置不渗水的边沟。为了防止边沟漫溢或冲刷,在平原区和重丘山岭区,边沟应分段设置出水口,多雨地区梯形边沟每段长度不宜超过 300m,三角形边沟不宜超过 200m。

②施工要求。

平曲线处边沟施工时,沟底纵坡应与曲线前后沟底纵坡平顺衔接,不允许曲线内侧有积水或外溢现象发生。曲线外侧边沟应适当加深,其增加值等于超高值。

边沟的加固:土质地段当沟底纵坡大于 3% 时应采取加固措施;采用干砌片石对边沟进行铺砌时,应选用有平整面的片石,各砌缝要用小石子嵌紧;采用浆砌片石铺砌时,砌缝砂浆应饱满,沟身不漏水;若沟底采用抹面时,抹面应平整压光。

(2) 截水沟

①设置。

截水沟的位置。在无弃土堆的情况下,截水沟的边缘距开挖方路基坡顶的距离视土质而定,以不影响边坡稳定为原则。如是一般土质至少应离开 5m,对黄土地区不应小于 10m 并应进行防渗加固。截水沟挖出的土,可在路堑与截水沟之间修成土台并夯实,台顶应筑成 2% 倾向截水沟的横坡。

路基上方有弃土堆时,截水沟应距离弃土堆脚 1~5m,弃土堆坡脚距离路基挖方坡顶不应小于 10m,弃土堆顶部应设 2% 倾向截水沟的横坡。

山坡上路堤的截水沟距离路堤坡脚至少 2.0m,并用挖截水沟的土填在路堤与截水沟之间,修筑向沟倾斜坡度为 2% 的护坡道或土台,使路堤内侧地面水流入截水沟排出。

②施工要求。

截水沟长度超过 500m 时应选择适当的地点设出水口,将水引至山坡侧的自然沟中或桥涵进水口,截水沟必须有牢靠的出水口,必要时须设置排水沟、跌水或急流槽。截水沟的出水口必须与其他排水设施平顺衔接。

截水沟应先行施工,与其他排水设施衔接时应平顺,纵坡宜不小于 0.3%。不良地质路段、土质松软路段、透水性大或岩石裂隙多的路段的截水沟沟底、沟壁、出水口应进行防渗及加固处理。

(3) 排水沟

①排水沟线形应平顺,转弯处宜为弧线形。

②排水沟的出水口应设置跌水或急流槽,水流应引出路基或引入排水系统。

(4) 急流槽

①基础应嵌入稳固的基面内,底面应按设计要求砌筑抗滑平台或凸榫。对超挖、局部坑洞,应采用相同材料与急流槽同时施工。

②浆砌片石砌体应砂浆饱满,砌缝应不大于 40mm,槽底表面应粗糙。

③急流槽应分节砌筑,分节长度宜为 5~10m,接头处应采用防水材料填缝。混凝土预制块急流槽,分节长度宜为 2.5~5.0m,接头应采用榫接。

④急流槽进水口的喇叭形水簸箕应与排水设施衔接平顺,汇集路面水流的水簸箕底口不得高于接口的路肩表面。

(5)跌水
①跌水槽施工应符合急流槽的有关规定。
②无消力池的跌水,其台阶高度应小于600mm,每个台阶高度与长度之比应与原地面坡度相协调。
③消力池的基底应采取防渗措施。

(6)蒸发池
①蒸发池与路基之间的距离应满足路基稳定要求。
②底面与侧面应采取防渗措施。
③池底宜设0.5%的横坡,入口处应与排水沟平顺连接。
④蒸发池应远离村镇等人口密集区,四周应采用隔离栅进行围护,高度应不低于1.8m,并设置警示牌。

(十)公路工程施工测量技术

1. 平面控制测量
(1)平面控制测量应采用卫星定位测量、导线测量、三角测量或三边测量方法进行。
(2)导线复测规定:
①导线测量精度应符合规范的规定。
②原有导线点不能满足施工需要时,应增设满足相应精度要求的附合导线点。
③同一建设项目内相邻施工段的导线应闭合,并满足同等级精度要求。
④可能受施工影响的导线点,施工前应加固或改移,并应保持其精度。
⑤导线桩点应进行不定期检查和定期复测,复测周期应不超过6个月。

2. 高程控制测量
(1)高程测量应采用水准测量或三角高程测量的方法。
(2)水准点复测与加密规定:
①水准点精度应符合规范的规定。
②同一建设项目应采用同一高程系统,并应与相邻项目高程系统相衔接。
③沿路线每500m宜有一个水准点,高速公路、一级公路宜加密,每200m有一个水准点。在结构物附近、高填深挖路段、工程量集中及地形复杂路段,宜增设水准点。临时水准点应符合相应等级的精度要求,并与相邻水准点闭合。
④对可能受施工影响的水准点,施工前应加固或改移,并应保持其精度。
⑤水准点应进行不定期检查和定期复测,复测周期应不超过6个月。

3. 公路工程施工测量方法
(1)中线放样
路基开工前,应进行全段中线放样并固定路线主要控制桩,如交点、转点、圆曲线和缓和曲线的起讫点等。测量放样方法有切线支距法、偏角法、坐标法、GPS-RTK技术放样。
(2)路基放样
施工前应对原地面进行复测,核对或补充横断面。施工前应设置标识桩,将路基用地界、路堤坡脚、路堑坡顶、取土坑、护坡道、弃土堆等的具体位置标识清楚。深挖高填路段,每挖填一个边坡平台或者3~5m,应复测中线和横断面。路基横断面边桩放样方法包括图解法、计算法、渐近法、坐标法。

例 题

例1 路基填方材料最小强度控制指标是( )。
A. 回弹模量　　　B. 压实度　　　C. CBR值　　　D. 塑性指数

例2 一般土质路基中,低路堤应对地基表层土( )、分层回填压实,其处理深度不应小于路床深度。
A. 超挖
B. 振动压实
C. 掺粉煤灰拌和
D. 整平

例3 单层横向全宽挖掘法适用于挖掘( )的土质路堑。
A. 浅且短
B. 深且短
C. 长且一侧堑壁较薄
D. 深且长

例4 填石路基采用强力夯实法施工时,填补夯坑的填料应选用( )。
A. 碎石土
B. 砂性土
C. 软质石料
D. 与路基同类型石质填料

例5 填石路堤压实质量标准的控制指标宜采用( )。
A. 孔隙率　　　B. 压实度　　　C. 沉降差　　　D. 密度

例6 袋装砂井处理软基的工艺流程中,"沉入砂袋"的前一道工序是( )。
A. 打入套管
B. 机具定位
C. 埋砂袋头
D. 摊铺下层砂垫层

例7 砂井套管法施工工艺中,拔管的紧前工序是( )。
A. 加料压实　　　B. 桩管沉入　　　C. 插入套管　　　D. 机具移位

例8 具有膨胀性质的滑坡体,不宜采用的滑坡防治工程措施是( )。
A. 反压土方
B. 减重
C. 修建抗滑挡土墙
D. 设树枝状排水沟

例9 山区公路中,雨期路基施工地段不宜选择( )。
A. 砂类土地段
B. 路堑的弃方地段
C. 碎砾石地段
D. 重黏土地段

例10 骨架植物防护类型不包括( )。
A. 浆砌片石骨架植草
B. 水泥混凝土空心块护坡
C. 窗孔式护面墙
D. 锚杆混凝土框架植草

例11 山坡陡峭的路堑不宜采用( )。
A. 柱板式锚杆挡土墙
B. 加筋土挡土墙
C. 重力式挡土墙
D. 壁板式锚杆挡土墙

例12 GPS-RTK技术用于道路中线施工放样时,应先计算出线路上里程桩的( )。
A. 方位角　　　B. 坐标　　　C. 距离　　　D. 象限角

例13 拟作为路堤填料的材料应取样试验,土的试验项目有( )。

A. 液限   B. 塑限   C. CBR 值   D. 弯沉
E. 天然含水率

例 14 粉煤灰路堤的组成包括( )。
A. 路堤主体部分   B. 封顶层
C. 透水层   D. 隔离层
E. 排水系统

例 15 路基施工中,深孔爆破的判断依据有( )。
A. 炮孔成水平或略有倾斜   B. 孔径大于 75mm
C. 深度在 5m 以上   D. 采用延长药包
E. 采用一次烘膛

例 16 关于路基冬期施工的说法,正确的有( )。
A. 冬期填筑的路堤,每层每侧应超填并压实
B. 挖填方交界处,填土低于 1m 的路堤都不应在冬期填筑
C. 当路堤填至路床底面时,应碾压密实后停止填筑
D. 当天填的土必须当天完成碾压
E. 挖方边坡不应一次挖到设计线

例 17 排除滑坡地段地表水的方法有( )。
A. 设置环形截水沟   B. 设置支撑渗沟
C. 设置平孔   D. 设置树枝状排水沟
E. 平整夯实滑坡体表面的土层,形成排水顺坡

例题解析

例 1 根据《公路路基施工技术规范》(JTG/T 3610—2019)规定,路基的填料强度要求是按 CBR 值确定。回弹模量作为土基抗压强度的指标;压实度是反映土基压实程度的一个指标;塑性指数是流限和塑限间的质量含水率差值,是表征细粒土物理性能一个重要特征,它也是表征材料接触状态的指标,选项 A、B、D 错误。故正确选项是 C。

例 2 本题的关键词是"低路堤",路基范围内的原地基应在路基施工前进行处理,低路堤应对地基表层土进行超挖、分层回填压实,其处理深度应不小于路床厚度。地基表层碾压处理压实度控制标准为:二级及二级以上公路一般土质应不小于 90%;三、四级公路应不小于 85%。故正确选项是 A。

例 3 土质路堑横向挖掘可采用人工作业,也可机械作业,横向挖掘法分为两种:①单层横向全宽挖掘法:从开挖路堑的一端或两端按断面全宽一次性挖到设计高程,逐渐向纵深挖掘,挖出的土方一般都是向两侧运送。该方法适用于挖掘浅且短的路堑。②多层横向全宽挖掘法:从开挖路堑的一端或两端按断面分层挖到设计高程,适用于挖掘深且短的路堑。故正确选项是 A。

例 4 填石路堤每一分层连续挤密式夯击,夯后形成夯坑,夯坑以同类型石质填料填补。采用碎石土、砂性土、软质石料填补夯坑,由于土石性质与原填料不一样,路基宜形成不均匀沉降。选项 A、B、C 错误。本题的正确项只能是 D。

例 5 填石路堤的压实质量标准宜采用孔隙率作为控制指标。施工压实质量可采用孔隙

率与压实沉降差或施工参数(压实功率、碾压速度、压实遍数、铺筑层厚等)联合控制。压实度是土方路堤的压实质量标准。密度是物质每单位体积内的质量,每种材料的密度不一样,不能反映压实质量。选项B、C、D错误。本题的正确项只能是A。

例6 袋装砂井按整平原地面→摊铺下层砂垫层→机具定位→打入套管→沉入砂袋→拔出套管→机具移位→埋砂袋头→摊铺上层砂垫层的施工工艺流程进行,故正确选项为A。

例7 砂井套管法施工工艺为整平原地面→机具定位→桩管沉入→加料压实→拔管,故正确选项为A。

例8 牵引式滑坡、具有膨胀性质的滑坡不宜用滑坡减重法,故正确选项为B。

例9 雨期路基施工地段一般应选择丘陵和山岭地区的砂类土、碎砾石和岩石地段和路堑的弃方地段。重黏土、膨胀土及盐渍土地段不宜在雨期施工;平原地区排水困难,不宜安排雨期施工。故本题的正确选项是D。

例10 坡面防护,主要是保护路基边坡表面,免受雨水冲刷,减缓温差及温度变化的影响,防止和延缓软弱岩土表面的风化、碎裂、剥蚀演变进程,从而保护路基边坡的整体稳定性,在一定程度上还可美化路容,协调自然环境。主要包括:①植物防护:种草、铺草皮、植树。②骨架植物防护:浆砌片石(或混凝土)骨架植草、水泥混凝土空心块护坡、锚杆混凝土框架植草。③圬工防护:喷浆、喷射混凝土、干砌片石护坡、浆砌片(卵)石护坡、浆砌片石护面墙、锚杆钢丝网喷浆或喷射混凝土护坡、封面、捶面。故正确选项是C。

例11 柱板式锚杆挡土墙、重力式挡土墙、壁板式锚杆挡土墙均可用于路堑。加筋土挡土墙一般应用于地形较为平坦且宽敞的填方路段上,在挖方路段或地形陡峭的山坡,由于不利于布置拉筋,一般不宜使用。故正确选项为B。

例12 全球定位系统(GPS)载波相位差分技术又称为RTK技术,是将两个测站的载波相位进行实时处理,及时解算出观测点的三维坐标或地方平面直角坐标,并达到厘米级的精度。观测时基准站通过数据链实时将其载波相位观测量及基准站坐标信息一同转送给流动站。流动站接受GPS卫星的载波相位和来自基准站的载波相位,并组成相位差分观测值进行实时处理,解算出厘米级的定位结果。GPS-RTK技术用于道路中线的施工放样,将有别于全站仪或其他传统的放样方法,这种方法简单实用,它不受地形条的限制,高精度、快速测设出道路中线上各里程桩位置。GPS-RTK技术具有多种放样功能。在进行道路中线施工放样之前,首先要计算出线路上里程桩的坐标,然后才能用GPS-RTK的放样功能解算放样点的平面位置。所以,本题的正确选项是B。

例13 土的试验项目包括天然含水率、液限、塑限、标准击实试验、*CBR*试验等,必要时应做颗粒分析、密度、有机质含量、易溶盐含量、冻胀和膨胀量等试验。弯沉一般是指路基或路面表面在规定标准车的荷载作用下轮隙位置产生的总垂直变形值(总弯沉)或垂直回弹变形值(回弹弯沉),单位为0.01mm,反映路基刚度的指标,选项D错误。故本题正确选项是ABCE。

例14 粉煤灰路堤一般由路堤主体部分、护坡和封顶层以及隔离层、排水系统等组成。粉煤灰应包在里面,防止水浸入使粉煤灰流失,选项C错误。故本题正确选项是ABDE。

例15 深孔爆破是孔径大于75mm、深度在5m以上,采用延长药包的一种爆破方法。判断深孔爆破依据必须是上述三个条件,分别对应本题BCD选项。故本题正确选项是BCD。

例16 路基冬期施工时,当路堤高距路床底面1m时,应碾压密实后停止填筑,选项C错误。其余选项符合《公路路基施工技术规范》(JTG/T 3610—2019)要求,故本题正确选项是ABDE。

例17 滑坡排水措施包括：①环形截水沟；②树枝状排水沟；③平整夯实滑坡体表面的土层；④排除地下水：包括支撑渗沟、边坡渗沟、暗沟、平孔等。本题要求排除滑坡地段地表水，设置支撑渗沟、平孔属于排除地下水措施，选项B、C错误。故本题的正确选项是ADE。

自 测 模 拟 题

(一)单项选择题

1. 应进行试验路段施工的情况不包括( )。
   A. 二级公路填土路堤　　　　　　B. 三级公路填石路堤
   C. 四级公路黄土路堑　　　　　　D. 四级公路土石路堤

2. 路基填前碾压前，应对路基基底原状土进行取样试验，每公里应至少取( )个点。
   A. 1　　　　B. 2　　　　C. 2　　　　D. 4

3. 低路堤应对地基表层土进行超挖、分层回填压实，其处理深度应不小于( )。
   A. 路床厚度　　　　　　　　　　B. 路面厚度
   C. 垫层厚度　　　　　　　　　　D. 路基最小填土高度

4. 不宜直接用于路堤填筑的填料是( )。
   A. 强风化石料　　　　　　　　　B. 崩解性岩石
   C. 盐化岩石　　　　　　　　　　D. 易溶性岩石

5. 用于公路路基的填料要求强度较高，其中确定其强度要求的指标是( )。
   A. 密度　　　B. 回弹模量　　　C. 弯沉　　　D. CBR 值

6. 严禁作为填料的土石材料是( )。
   A. 泥炭　　　B. 强膨胀土　　　C. 冻土　　　D. 腐殖质的土

7. 关于填土路堤施工顺序正确的是( )。
   A. 取土→运输→平地机整平→推土机初平→压路机碾压
   B. 取土→运输→推土机初平→平地机整平→压路机碾压
   C. 取土→运输→压路机碾压→平地机整平→推土机初平
   D. 取土→运输→平地机整平→压路机碾压→推土机初平

8. 在地形艰险及爆破量较小地段(如打水沟、挖基坑等)，应优先选择以下爆破方式的是( )。
   A. 钢钎炮　　　B. 深孔爆破　　　C. 药壶炮　　　D. 猫洞炮

9. 炮洞直径为0.2~0.5m，洞穴成水平或略有倾斜，深度小于5m，集中用药于炮洞中进行爆炸的方法称为( )。
   A. 钢钎炮　　　B. 猫洞炮　　　C. 药壶炮　　　D. 深孔爆破

10. 当采用预裂爆破时，炮眼的布置方式为( )。
    A. 梅花形　　　B. 方格形　　　C. 一字形　　　D. 丁字形

11. 在下列施工区域，应该按照冬期施工要求进行路基施工的是( )。
    A. 在季节性冻土地区，昼夜平均温度在0℃以下，且连续10d以上
    B. 在季节性冻土地区，昼夜平均温度在-3℃以下，且连续7d以上
    C. 在季节性冻土地区，昼夜平均温度在0℃以下，且连续7d以上
    D. 在季节性冻土地区，昼夜平均温度在-3℃以下，且连续10d以上

12. 冬期开挖路堑的开挖顺序应该是( )。
   A. 从中往外开挖　　　　　　　　B. 从下向上开挖
   C. 从上向下开挖　　　　　　　　D. 上下同时开挖

13. 关于雨期路基施工的说法,错误的是( )。
   A. 每一填筑层表面应做成2%~4%单向路拱横坡
   B. 高出设计洪水位0.5m以下部位应选用透水性好、饱水强度高的填料分层填筑
   C. 开挖路堑,当挖至路床顶面以上300~500mm时应停止开挖
   D. 雨期开挖岩石路基,炮眼宜水平设置

14. 根据《公路路基施工技术规范》(JTG/T 3610—2019)规定,洞式渗沟顶部必须设置( )。
   A. 反滤层　　　B. 封闭层　　　C. 透水层　　　D. 保温层

15. 关于软土的特点,错误的是( )。
   A. 孔隙比大　　　　　　　　　B. 抗剪强度低
   C. 透水性强　　　　　　　　　D. 压缩性高

16. 为排除滑体坡面上的径流,应设置( )。
   A. 环形截水沟　　　　　　　　B. 树枝状排水沟
   C. 支撑渗沟　　　　　　　　　D. 渗井

17. 属于骨架植物防护的是( )。
   A. 水泥混凝土空心块护坡　　　　B. 挂网喷护
   C. "喷混植生"　　　　　　　　D. 护面墙

18. 用护面墙防护的挖方边坡在符合极限稳定边坡要求的同时,边坡不宜陡于( )。
   A. 1:0.2　　　B. 1:0.5　　　C. 1:0.75　　　D. 1:1

19. 对锚杆挡土墙的特点描述错误的是( )。
   A. 属于柔性结构物
   B. 施工工艺要求较高,要有钻孔、灌浆等配套的专用机械设备
   C. 节省工程投资
   D. 有利于挡土墙的机械化、装配化施工,提高劳动生产率

20. 相邻抗滑桩不得同时开挖。开挖桩群应从两端沿滑坡主轴间隔开挖,桩身强度达到设计强度的( )后方可开挖邻桩。
   A. 70%　　　B. 75%　　　C. 80%　　　D. 85%

21. 利用经纬仪和钢尺,以曲线起点或终点为直角坐标原点,计算出欲放点x,y坐标,进行放样的方法称为( )。
   A. 切线支距法　　B. 偏角法　　C. 坐标法　　D. 切基线法

22. 坐标法放样目前主要采用的仪器是( )。
   A. 经纬仪　　　　　　　　　　B. 红外线测距仪
   C. 全站仪　　　　　　　　　　D. 水准仪

23. 施工测量工作时必须遵守( )的原则。
   A. 由局部到整体,先控制后碎部
   B. 由整体到局部,先控制后碎部
   C. 由整体到局部,先碎部后控制

D. 由局部到整体,先碎部后控制

24. 高速公路、一级公路中线放样主要依据的设计表格是( )。
   A. 路基设计表   B. 水准点表
   C. 交点固定表   D. 逐桩坐标表

25. 导线桩点应进行不定期检查和定期复测,复测周期应不超过( )。
   A. 3个月   B. 6个月   C. 9个月   D. 12个月

26. 路床填筑,每层的最大压实厚度宜不大于300mm,顶面最后一层压实厚度应不小于( )。
   A. 100mm   B. 150mm   C. 180mm   D. 200mm

27. 压实作业应遵循的原则是( )。
   A. 先轻后重、先边后中、先慢后快   B. 先重后轻、先边后中、先慢后快
   C. 先轻后重、先中后边、先慢后快   D. 先轻后重、先边后中、先快后慢

28. 为了确定路基填土的最大干密度和最优含水率,应做( )试验。
   A. 液、塑限   B. 重型击实   C. 回弹模量   D. 颗粒分析

29. 为使路基压实取得最佳压实效果,较经济而有效的方法是( )。
   A. 增大压实功率   B. 增大土的含水率
   C. 改善土质   D. 使土处于最佳含水率

30. 填方分几个作业段施工时,如能交替填筑,应分层相互交替搭接,搭接长度应不小于( )。
   A. 1m   B. 2m   C. 2.5m   D. 3m

(二) 多项选择题

1. 填石路堤填料要求的指标有( )。
   A. 填料不均匀系数   B. 填料粒径
   C. 塑性指数   D. 液限
   E. 含水率

2. 高速公路、一级公路路床填料宜采用( )。
   A. 砂砾   B. 碎石
   C. 粉质土   D. 级配好的碎石土、砾石土
   E. 黄土

3. 石方填筑路堤工艺流程有( )。
   A. 洒水晾晒   B. 振动碾压   C. 路基成型   D. 摊铺平整
   E. 路基整修

4. 不得直接用于填筑路基,确需使用时,应采取技术措施进行处理,经检验满足要求后方可使用的土有( )。
   A. 泥炭土   B. 冻土
   C. 强膨胀土   D. 有机质土
   E. 含草皮的土

5. 边沟施工应符合的规定有( )。
   A. 路堤靠山一侧的坡脚应设置不渗水的边沟

B.挖方地段和填土高度小于边沟深度的填方地段均应设置边沟

C.平曲线处边沟施工时,沟底纵坡应与曲线前后沟底纵坡平顺衔接,允许曲线内侧有积水,但不允许外溢现象发生

D.曲线外侧边沟应适当加深,其增加值等于超高值

E.土质地段的边沟纵坡大于3%时应采取加固措施

6. 关于急流槽施工要求的说法,正确的有(　　)。

A.对超挖、局部坑洞,应采用相同材料与急流槽同时施工

B.浆砌片石砌体应砂浆饱满,砌缝应不大于40mm,槽底表面应粗糙

C.混凝土预制块急流槽,分节长度宜为2.5~5.0m,接头应采用榫接

D.基础应嵌入稳固的基面内,底面应按设计要求砌筑抗滑平台或凸榫

E.汇集路面水流的水簸箕底口不得低于接口的路肩表面

7. 截水沟施工应符合的规定有(　　)。

A.截水沟应先行施工,与其他排水设施衔接时应平顺,纵坡宜不大于3%

B.截水沟挖出的土,可在路堑与截水沟之间修成土台并夯实,台顶应筑成2%倾向截水沟的横坡

C.路基上方有弃土堆时,截水沟应距离弃土堆脚1~5m

D.山坡上路堤的截水沟距离路堤坡脚至少2.0m

E.截水沟长度超过500m时应选择适当的地点设出水口,将水引至山坡侧的自然沟中或桥涵进水口

8. 关于土方路堤填筑要求正确的有(　　)。

A.性质不同的填料,应水平分层、分段填筑,分层压实

B.同一水平层路基的全宽应采用同一种填料,不得混合填筑

C.每种填料的填筑层压实后的连续厚度不宜小于500cm

D.对潮湿或冻融敏感性小的填料应填筑在路基下层

E.每一填筑层压实后的宽度应等于设计宽度

9. 填石路基填筑方法有(　　)。

A.倾填法　　　　　　　　B.分层压实法

C.冲击压实法　　　　　　D.浆砌法

E.强力夯实法

10. 控制填石路基施工压实质量的施工参数有(　　)。

A.压实功率　　B.碾压速度　　C.压实遍数　　D.压实度

E.铺筑层厚

11. 路堑爆破施工中,钢钎炮特征有(　　)。

A.炮眼直径大于7cm　　　　B.深度小于5m

C.炮眼直径小于7cm　　　　D.深度大于5m

E.用钢钎装药

12. 关于雨期填筑路堤的说法,正确的有(　　)。

A.路堤应分层填筑

B.路堤填筑的每一层表面应设2%~4%的排水横坡

C.在已填路堤路肩处,应开挖纵向排水沟

D.雨期填筑路堤旁不得设置取土坑

E.当天填筑的土层应当天或雨前完成压实

13.雨期填筑路堤时,应选用的填料有( )。
   A.卵石土 B.黏性土 C.砂类土 D.膨胀土
   E.盐渍土

14.冬期施工开挖路堑表层冻土可采用的方法有( )。
   A.爆破法 B.冻土锯 C.日光暴晒 D.热水开冻
   E.深孔破冻法

15.路基工程的地下排水设施主要有( )。
   A.排水沟 B.倒虹吸 C.暗沟 D.渗沟
   E.淌沟

16.当地下水位较高,潜水层埋藏不深,为了截流地下水及降低地下水位,可采用的排水设施有( )。
   A.渗沟 B.渗井 C.排水沟 D.检查井
   E.截水墙

17.关于软基处理中竖向排水体的说法,正确的有( )。
   A.竖向排水体可采用袋装砂井和塑料排水板
   B.袋装砂井宜采用矩形套管
   C.竖向排水体可按正方形或等边三角形布置
   D.袋装砂井和塑料排水板可采用沉管式打桩机施工
   E.塑料排水板宜采用矩形套管,也可采用圆形套管

18.关于滑坡排水的说法,正确的有( )。
   A.必须在滑动面以内修筑1~2条环形截水沟
   B.应平整夯实滑坡体表面的土层
   C.地下水可采用暗沟排出或对地下水进行封闭
   D.坡面上有裂缝时应直接用黏质土回填夯实
   E.树枝状排水沟的主要作用是排除滑体坡面上的径流

19.滑坡防治的工程措施类别主要有( )。
   A.排水 B.力学平衡
   C.改变滑带土 D.降温
   E.换填

20.沿河河堤河岸冲刷防护中的直接防护包括( )。
   A.顺坝 B.植物 C.砌石 D.石笼
   E.挡土墙

21.在路基边坡修筑挡土墙的目的是( )。
   A.加固边坡 B.支挡边坡 C.替换边坡 D.防护边坡
   E.挡地下水

22.重力式挡土墙的组成有( )。
   A.墙身 B.基础 C.面板 D.排水设施
   E.沉降、伸缩缝

23. 中线放样采用坐标法时,需要的仪器和资料有( )。
    A. 水准仪　　　　　　　　　　　B. 全站仪
    C. 导线点　　　　　　　　　　　D. 逐桩坐标表
    E. 控制测量成果表
24. 某山区高速公路,中线放样的方法有( )。
    A. GPS-RTK 法　　　　　　　　B. 坐标法
    C. 渐近法　　　　　　　　　　　D. 偏角法
    E. 支距法
25. 在公路施工中,GPS 可用于( )。
    A. 隧道控制测量　　　　　　　　B. 特大桥控制测量
    C. 公路中线放样　　　　　　　　D. 公路边桩放样
    E. 水准点基平测量

参考答案

(一)单项选择题

1. A	2. B	3. A	4. D	5. D	6. D	7. B	8. A	9. B	10. C
11. D	12. C	13. A	14. B	15. C	16. B	17. A	18. B	19. A	20. B
21. A	22. C	23. B	24. D	25. B	26. A	27. A	28. B	29. D	30. B

(二)多项选择题

1. AB	2. ABD	3. BCDE	4. ABCD	5. ABDE	6. ABCD	7. BCDE
8. AB	9. ABCE	10. ABCE	11. BC	12. ABE	13. AC	14. ABCD
15. ACD	16. AB	17. ACDE	18. BE	19. ABC	20. BCDE	21. ABD
22. ABDE	23. BCDE	24. AB	25. ABCD			

五、路面工程质量监理

重 点 知 识

(一)路面工程概述

1. 路面分类

从路面结构的力学特性的相似性出发,可以将路面结构划分为沥青混凝土路面、复合式路面和水泥混凝土路面(也称刚性路面)三类。根据基层材料类型及组合的不同,又将沥青混凝土路面划分为柔性基层沥青路面、半刚性基层沥青路面、组合式基层沥青路面、刚性基层沥青路面。

(1)沥青结合料类基层、粒料类基层(也称柔性基层)沥青路面

柔性基层沥青路面的总体结构刚度较小,在车辆荷载作用之下产生的表面变形较半刚性基层沥青路面大。虽然路面结构某层的抗拉强度较低,但通过合理的结构组合和厚度设计,可以保证路面结构整体具有很强的抵抗荷载作用的能力。同时通过各结构层将车辆荷载传递给

路基,可使路基承受的压应力控制在一定的范围内。路基路面结构主要靠抗压强度和抗剪强度承受车辆荷载的作用。柔性基层沥青路面主要包括各种未经处理的粒料基层和各类沥青层组成的路面结构。

(2)无机结合料类基层(也称半刚性基层)沥青路面

用水泥、石灰等无机结合料处治的土或碎(砾)石及含有水硬性结合料的工业废渣修筑的基层,在前期具有柔性基层的力学性质,而后期的强度和刚度均有较大幅度的增长,但是最终的强度和刚度仍小于水泥混凝土。由于这种材料的刚度处于柔性基层与刚性基层之间,因此把这种基层和铺筑在它上面的沥青面层统称为半刚性基层沥青路面。

(3)组合式基层沥青路面

沥青路面的基层含有无机结合料稳定材料、水泥混凝土材料等刚度较大或相对较大的材料,但是在沥青层与刚度相对较大的材料之间夹有柔性材料,如沥青混凝土层+级配碎石+无机结合料稳定材料层的路面结构、沥青混凝土层+级配碎石+普通水泥混凝土材料层的路面结构、沥青混凝土层+级配碎石+碾压式水泥混凝土材料层的路面结构等。

(4)水泥混凝土基层(也称刚性基层)沥青路面

复合式路面是用水泥混凝土[包括普通混凝土(JPCP)、钢筋混凝土(JRCP)、连续配筋混凝土(CRCP)、钢纤维混凝土、预应力混凝土、装配式混凝土、碾压混凝土]做基层,沥青混凝土做面层的路面结构。水泥混凝土具有强度高、稳定性好等优点,沥青混凝土具有行车舒适、噪声小等优点,这种复合式路面可以避免各自的缺点,具有良好的使用性能和耐久性。普通混凝土(JPCP)、钢筋混凝土(JRCP)基层沥青路面,由于接缝处的反射裂缝,对使用性能有一定的影响;连续配筋混凝土(CRCP)基层沥青路面由于连续的配筋,将水泥混凝土的裂缝宽度约束在一定的范围内(一般要求小于1mm),故其良好的使用性能和耐久性,但必须采取措施保证沥青层与沥青层、沥青层与水泥混凝土层之间有良好的黏结状态。

(5)水泥混凝土路面

水泥混凝土路面主要指用水泥混凝土[包括普通混凝土(JPCP)、钢筋混凝土(JRCP)、连续配筋混凝土(CRCP)、钢纤维混凝土、预应力混凝土、装配式混凝土、碾压混凝土]做面层的路面结构。水泥混凝土的强度高,与其他筑路材料相比,抗弯拉强度高,并且有较高的弹性模量,故呈现出较大的刚性。在车辆荷载作用下,水泥混凝土结构层处于板体工作状态,竖向弯沉较小,路面结构主要靠水泥混凝土板的抗弯拉强度承受车辆荷载,通过板体的扩散分布作用,传递给基础的单位压力较柔性路面小得多。

2.路面结构分层及层位功能

(1)面层

面层应具备较高的结构强度以抵抗垂直应力作用;较高的抗变形能力以抵抗剪切作用;较好的水稳定性以抵抗水损害和很好的温度稳定性以抵抗车辙;其表面还应有良好的抗滑性和平整度。

修筑面层所用的材料主要有:水泥混凝土、沥青混凝土、沥青碎(砾)石混合料、砂砾或碎石掺土或不掺土的混合料以及块料等。

(2)基层

基层是指直接位于沥青路面面层下的主要承重层,或直接位于水泥混凝土面板下的结构层。底基层是指在沥青路面基层下铺筑的次要承重层或在水泥混凝土路面基层下铺筑的辅助层。

基层应具有一定的强度和刚度,并具有良好的抵抗疲劳破坏的能力。基层结构应具有足够的水稳定性。基层表面虽不直接供车辆行驶,但仍然要求有较好的平整度。

修筑基层的材料主要有各种结合料(如石灰、水泥或沥青等)稳定土或稳定碎(砾)石、贫水泥混凝土、各种工业废渣(如煤渣、粉煤灰、矿渣、石灰渣等)和土、砂、石所组成的混合料等,天然砂砾、各种碎石或砾石、片石、块石或圆石可以作为底基层材料,提高基层的整体抗冰冻、抗水侵害和承载能力。

(3)功能层

功能层介于路基与基层之间,它的主要功能是改善路基的湿度和温度状况。

修筑功能层的材料,强度要求不一定高,但水稳定性和隔温性能要好。常用的功能层材料:一类是由松散粒料(如粗砂、砂砾、碎石等)组成的透水性材料层或防冻层;另一类是用水泥或石灰稳定土等修筑的稳定类材料层,还有封层、黏层、透层及应力吸收层。

3.路面面层类型及适用范围

通常按路面面层的使用品质、材料组成类型以及结构强度和稳定性,将路面分为沥青混凝土路面、水泥混凝土路面、沥青贯入路面、沥青碎石路面、沥青表面处治路面和砂石路面,如表2-2-4所示。

路面面层类型及适用范围　　　　　表2-2-4

面层类型	适用范围
沥青混凝土路面	高速公路、一级公路、二级公路、三级公路、四级公路
水泥混凝土路面	高速公路、一级公路、二级公路、三级公路、四级公路
沥青贯入、沥青碎石、沥青表面处治路面	三级公路、四级公路
砂石路面	四级公路

(1)沥青混凝土和水泥混凝土路面

沥青混凝土和水泥混凝土路面的特点是路面平整度好,强度高,稳定性好,使用寿命长,能保证高速行车,能适应繁重的交通量。该类路面养护费用少,运输成本低,但初期建设投入大,需要用质量高的材料来修筑。

(2)沥青贯入、沥青碎石、沥青表面处治路面

沥青贯入、沥青碎石、沥青表面处治路面与高级路面相比,强度和刚度较差,使用寿命较短,所适应的交通量较小,其初期建设投资虽较沥青混凝土和水泥混凝土路面小,但需要定期养护,养护费用和运输成本均较高。

(3)砂石路面

砂石路面的强度和刚度低,使用期限短,易扬尘,仅适应较小的交通量。砂石路面的初期建设投资虽然较低,但养护工作量大,需要经常维修才能延长使用年限,运输成本高。

4.路面基层类型及适用范围

(1)粒料分类及适用范围

①分类。

a.嵌锁型:包括泥结碎石、泥灰结碎石、填隙碎石等。

b.级配型:包括级配碎石、级配砾石、符合级配的天然砂砾、部分砾石经轧制掺配而成的级配砾、碎石等。

②适用范围。

a. 级配碎石可适用于各级公路的基层和底基层。级配碎石可用做较薄沥青面层与半刚性基层之间的中间层。

b. 级配砾石、级配碎砾石以及符合级配、塑性指数等技术要求的天然砂砾,可适用于轻交通的二级和二级以下公路的基层以及各级公路的底基层。

c. 填隙碎石可用于各等级公路的底基层和二级以下公路的基层。

(2)沥青稳定类基层分类及适用范围

①分类。

沥青稳定基层(底基层)又称柔性基层(底基层)。包括热拌沥青碎石、贯入式沥青碎石、乳化沥青碎石混合料基层(底基层)等。

②适用范围。

a. 热拌沥青碎石宜用于中等交通及其以上的公路基层、底基层。

b. 贯入式沥青碎石宜用于中、重交通的公路基层或底基层。

c. 热拌沥青碎石、贯入式沥青碎石可用于改建工程的调平层。

(3)无机结合料稳定类(也称半刚性类型)基层分类及适用范围

①分类。

半刚性基层、底基层应具有足够的强度和稳定性、较小的收缩(温缩及干缩)变形和较强的抗冲刷能力,在中冰冻、重冰冻区应检验半刚性基层、底基层的抗冰冻性。

a. 水泥稳定土:包括水泥稳定级配碎石、未筛分碎石、砂砾、碎石土、砂砾土、煤矸石、各种粒状矿渣等。

b. 石灰稳定土:包括石灰稳定级配碎石、未筛分碎石、砂砾、碎石土、砂砾土、煤矸石、各种粒状矿渣等。

c. 石灰工业废渣稳定土:可分为石灰粉煤灰类与石灰其他废渣类两大类。除粉煤灰外,可利用的工业废渣包括煤渣、高炉矿渣、钢渣(已经过崩解达到稳定)及其他冶金矿渣、煤矸石等。

②适用范围。

a. 水泥稳定集料类、石灰粉煤灰稳定集料类材料适用于各级公路的基层、底基层。冰冻地区、多雨潮湿地区,石灰粉煤灰稳定集料类材料宜用于高速公路、一级公路的下基层或底基层。石灰稳定类材料宜用于各级公路底基层以及三级、四级公路的基层。

b. 高速公路、一级公路的基层或上基层宜选用骨架密实型混合料。二级及二级以下公路的基层和各级公路底基层可采用悬浮密实型骨架混合料。均匀密实型混合料适用于高速公路、一级公路的底基层,二级及二级以下公路的基层。骨架空隙型混合料具有较高的空隙率,适用于需要考虑路面内部排水要求的基层。

5. 沥青路面透层、黏层、封层适用条件

(1)透层适用条件

沥青路面各类基层都必须喷洒透层油,沥青层必须在透层油完全渗透入基层后方可铺筑。基层上设置下封层时,透层油不宜省略。

(2)黏层适用条件

符合下列情况,必须喷洒黏层沥青:

①双层式或三层式热拌热铺沥青混合料路面的沥青层之间。

②水泥混凝土路面、沥青稳定碎石基层或旧沥青路面层上加铺沥青层。

③路缘石、雨水进水口、检查井等构造物与新铺沥青混合料接触的侧面。

(3)封层适用条件

各种封层适用于加铺薄层罩面、磨耗层、水泥混凝土路面上的应力缓冲层、各种防水和密水层、预防性养护罩面层。

上封层根据情况可选择乳化沥青稀浆封层、微表处、改性沥青集料封层、薄层磨耗层或其他适宜的材料。上封层的类型根据使用目的、路面的破损程度选用。

①裂缝较细、较密的可采用涂洒类密封剂、软化再生剂等涂刷罩面。

②对二级及二级以下公路的旧沥青路面可以采用普通的乳化沥青稀浆封层,也可在喷洒道路石油沥青后撒布石屑(砂)后碾压作封层。

③对高速公路、一级公路有轻微损坏的宜铺筑微表处。

④对用于改善抗滑性能的上封层可采用稀浆封层、微表处或改性沥青集料封层。

6.路面设计原理

(1)沥青路面

我国沥青路面结构设计选用沥青混合料层层底拉应变、无机结合料稳定层层底拉应力、沥青混合料层永久变形量以及路基顶面竖向压应变作为结构设计的重要控制指标,选择轴重为100kN的单轴—双轮组作为设计轴载,路面结构力学指标计算采用双圆均布垂直荷载作用下的弹性层状连续体系理论。

(2)水泥路面

水泥混凝土路面结构设计应以面层板在设计基准期内,在行车荷载和温度梯度综合作用下,不产生疲劳断裂作为设计标准;并以最重轴载和最大温度梯度综合作用下,不产生极限断裂作为验算标准。按疲劳断裂设计标准进行结构分析时,以100kN单轴—双轮组荷载作为设计轴载,对极重交通荷载等级的水泥混凝土路面,选用货车中占主要份额特重车型的轴载作为设计轴载。水泥混凝土路面结构分析采用弹性地基板理论。

(二)路面基层、底基层

1.原材料要求

(1)水泥及添加剂。所用水泥初凝时间应大于3h,终凝时间应大于6h且小于10h。在水泥稳定材料中掺加缓凝剂或早强剂时,应对混合料进行试验验证。

(2)石灰。高速公路和一级公路的基层,宜采用磨细消石灰。二级以下公路使用等外石灰时,有效氧化钙含量应在20%以上,且混合料强度应满足要求。

(3)粉煤灰等工业废渣。干排或湿排的硅铝粉煤灰和高钙粉煤灰等均可用作基层或底基层的结合料。煤矸石、煤渣、高炉矿渣、钢渣及其他冶金矿渣等工业废渣可用于修筑基层或底基层,使用前应崩解稳定,且宜通过不同龄期条件下的强度和模量试验以及温度收缩和干湿收缩试验等评价混合料性能。水泥稳定煤矸石不宜用于高速公路和一级公路。

(4)水。拌和使用的非饮用水应进行水质检验。养护用水可不检验不溶物含量。

(5)粗集料。应选择适当的碎石加工工艺,用于破碎的原石粒径应为破碎后碎石公称最大粒径的3倍以上。高速公路基层用碎石,应采用反击破碎的加工工艺。级配碎石或砾石类材料中宜掺加石屑、粗砂等材料。

(6)细集料。细集料应洁净、干燥、无风化、无杂质,并有适当的颗粒级配。级配碎石或砾石细集料的塑性指数应不大于12。不满足要求时,可加石灰、无塑性的砂或石屑掺配处理。

2. 混合料组成设计

(1)无机结合料稳定材料组成设计应包括原材料检验、混合料的目标配合比设计、混合料的生产配合比设计和施工参数确定四部分。

(2)原材料检验应包括结合料、被稳定材料及其他相关材料的试验。

(3)目标配合比设计应包括下列技术内容:

①选择级配范围。

②确定结合料类型及掺配比例。

③验证混合料相关的设计及施工技术指标。

(4)生产配合比设计应包括下列技术内容:

①确定料仓供料比例。

②确定水泥稳定材料的容许延迟时间。

③确定结合料剂量的标定曲线。

④确定混合料的最佳含水率、最大干密度。

(5)施工参数确定应包括下列技术内容:

①确定施工中结合料的剂量。

②确定施工合理含水率及最大干密度。

③验证混合料强度技术指标。

3. 原材料及混合料的试验项目

(1)基层和底基层用土试验项目有:含水率、液限、塑限、颗粒分析、有机质和硫酸盐含量。

(2)基层和底基层用碎石、砾石试验项目有:含水率、级配、液限、塑限、毛体积相对密度、吸水率、压碎值、粉尘含量、针片状颗粒含量、软石含量。

(3)基层和底基层用细集料试验项目有:含水率、级配、液限、塑限、毛体积相对密度、吸水率、有机质和硫酸盐含量。

(4)基层和底基层用水泥试验项目有:水泥强度等级和初、终凝时间。

(5)基层和底基层用粉煤灰试验项目有:含水率、烧失量、细度、二氧化硅等氧化物含量。

(6)基层和底基层用石灰试验项目有:含水率、有效钙、镁含量、残渣含量。

(7)基层和底基层混合料试验项目有重型击实试验、承载比(CBR)、抗压强度、延迟时间、绘制 EDTA 标准曲线。

4. 试验路段

(1)基层和底基层正式施工前,均应铺筑试验段。试验段应设置在生产路段上,长度宜为 200~300m。

(2)试验段铺筑阶段应对下列关键工序、工艺进行评价:

①拌和设备各档材料的进料比例、速度及精度。

②结合料的进料比例和精度。

③含水率的控制精度。

④松铺系数合理值。

⑤拌和、运输、摊铺和碾压机械的协调和配合。

⑥压实机械的选择和组合,压实的顺序、速度和遍数。

⑦对人工拌和工艺,应确定合适的拌和设备、方法、深度和遍数。

⑧对人工摊铺碾压工艺,应确定适宜的整平和整形机具和方法。

(3)试验段施工后,应及时总结,总结报告应包括下列内容：

①试验段检测报告。

②试验段总体效果评价。

③施工关键参数的推荐值,包括配合比、含水率、松铺系数、碾压工艺等。

④确定每一作业段的合适长度。

5. 施工工艺与质量控制要点

(1)粒料类基层

①填隙碎石可采用干法或湿法施工。干旱缺水地区宜采用干法施工。单层填隙碎石的压实厚度宜为公称最大粒径的1.5~2.0倍。填隙碎石施工时,应符合下列规定：

a. 填隙料应干燥。

b. 宜采用振动压路机碾压,碾压后,表面集料间的空隙应填满,但表面应看得见集料。填隙碎石层上为薄沥青面层时,宜使集料的棱角外露3~5mm。

c. 碾压后基层的固体体积率宜不小于85%,底基层的固体体积率宜不小于83%。

d. 填隙碎石基层未洒透层沥青或未铺封层时,不得开放交通。

②应根据各路段基层或底基层的宽度、厚度及松铺系数,计算各段需要的集料数量,并应根据运料车辆的车厢体积,计算每车料的堆放距离。填隙料的用量宜为集料质量的30%~40%。

③用平地机或其他合适的机具将集料均匀地摊铺在预定的范围内,表面应平整,并有规定的路拱。应同时摊铺路肩用料。

④填隙碎石的干法施工应符合下列规定：

a. 初压宜用两轮压路机碾压3~4遍,使集料稳定就位,初压结束时,表面应平整,并具有规定的路拱和纵坡。

b. 应采用振动压路机慢速碾压,将全部填隙料振入集料间的空隙中。无振动压路机时,可采用重型振动板。路面两侧宜多压2~3遍。

c. 填隙碎石表面空隙全部填满后,宜再用重型压路机碾压1~2遍。在碾压过程中,不应有任何蠕动现象。在碾压之前,宜在表面洒少量水,洒水量宜不少于$3kg/m^2$。

⑤填隙碎石的湿法施工应按下列要求操作：

a. 宜用重型压路机跟在洒水车后碾压。应将湿填隙料及时扫入出现的空隙中；必要时,宜再添加新的填隙料。

b. 应洒水碾压至填隙料和水形成粉浆,粉浆应填塞全部空隙,并在压路机轮前形成微波纹状。

c. 碾压完成的路段应让水分蒸发一段时间,结构层变干后,应将表面多余的细料以及细料覆盖层扫除干净。

(2)沥青结合料稳定类基层

①热拌沥青碎石基层施工。

a. 沥青混合料必须在沥青拌合场拌制,可采用间歇式拌和机或连续式拌和机拌制。

b. 热拌沥青混合料应采用较大吨位的自卸汽车运输,车厢应清扫干净。为防止沥青与车厢板黏结,车厢侧板和底板可涂一薄层油水(柴油与水的比例可为1:3)混合料,但不得有余液积聚在车厢底部。

c. 热拌沥青混合料应采用机械摊铺。机械摊铺的混合料,不应用人工反复修整。

d. 沥青混合料的压实应按初压、复压、终压(包括成型)三个阶段进行。压路机应以慢而均匀的速度碾压,压路机的碾压速度应符合规定。

② 贯入式沥青碎石基层施工。

a. 主层集料碾压完毕后,应立即浇洒第一层沥青。当采用乳化沥青贯入时,为防止乳液下漏过多,可在主层集料碾压稳定后,先撒布一部分上一层嵌缝料,再浇洒主层沥青。

b. 主层沥青浇洒后,应立即均匀撒布第一层嵌缝料,嵌缝料撒布后应立即扫匀,不足处应找补。当使用乳化沥青时,石料撒布必须在乳液破乳前完成。

c. 嵌缝料扫匀后应立即用 8~12t 钢筒式压路机进行碾压,轮迹重叠 1/2 左右,宜碾压 4~6 遍,直至稳定为止。

d. 浇洒第二层沥青,撒布第二层嵌缝料,然后碾压,再浇洒第三层沥青。

e. 撒布封层料。施工要求应与撒布嵌缝相同。

f. 最后碾压,宜采用 6~8t 压路机碾压 2~4 遍。

③ 乳化沥青碎石基层施工。

a. 乳化沥青碎石混合料宜采用拌和机拌和。在条件限制时也可在现场用人工拌制。

b. 拌制的混合料宜用沥青摊铺机摊铺。当用人工摊铺时,应防止混合料离析。乳化沥青碎石混合料的松铺系数可根据规范规定通过试验确定。

c. 混合料摊铺后,应采用 6t 左右的轻型压路机初压,宜碾压 1~2 遍,使混合料初步稳定,再用轮胎压路机或轻型筒式压路机碾压 1~2 遍。

d. 当乳化沥青开始破乳,混合料由褐色转变成黑色时,用 12~15t 轮胎压路机或 10~12t 钢筒式压路机复压。复压 2~3 遍后,立即停止,待晾晒一段时间,水分蒸发后,再补充复压至密实为止。

(3)无机结合料稳定类基层

① 混合料的拌和能力与混合料摊铺能力应相匹配。

② 高速公路基层的混合料拌和时,宜采用两次拌和的生产工艺,也可采用间歇式拌和生产工艺,拌和时间应不少于 15s。

③ 在拌和过程中,应实时监测各个料仓的生产计量,对高速公路和一级公路,应每 10min 打印各档料仓的使用量。某档材料的实际掺加量与设计要求值相差超过 10% 时,应立即停机检查原因,正常后方可继续生产。料仓包括结合料的料仓和加水仓。

④ 应根据工程量的大小和运距的长短,配备足够数量的混合料运输车。混合料运输车装好料后,应用篷布将厢体覆盖严密,直到摊铺机前准备卸料时方可打开。

⑤ 对高速公路和一级公路,水泥稳定材料从装车到运输至现场,时间宜不超过 1h,超过 2h 时应作为废料处置。

⑥ 应采用摊铺功率不低于 120kW 的沥青混凝土摊铺机或稳定材料摊铺机摊铺混合料。

⑦ 采用两台摊铺机并排摊铺时,两台摊铺机的型号及磨损程度宜相同。在施工期间,两台摊铺机的前后间距宜不大于 10m,且两个施工段面纵向应有 300~400mm 的重叠。

⑧ 水泥稳定材料结构层施工时,应在混合料处于或略大于最佳含水率的状态下碾压。气候炎热干燥时,碾压时的含水率可比最佳含水率增加 0.5%~1.5%。

⑨ 石灰稳定材料和石灰粉煤灰稳定材料碾压时应处于最佳含水率或略大于最佳含水率状态,含水率宜增大 1%~2%。

⑩在碾压过程中出现软弹现象时,应及时将该路段混合料挖出,重新换填新料碾压。

⑪碾压过程中,压路机严禁随意停放,应停放在已碾压完成的路段。

⑫混合料摊铺时,应保持连续。对水泥稳定材料,因故中断时间大于2h时,应设置横向接缝,并应符合下列规定:

a.人工将末端含水率合适的混合料整齐,紧靠混合料末端放两根方木,方木的高度应与混合料的压实厚度相同,整平紧靠方木的混合料。

b.方木的另一侧用砾石或碎石回填约3m长,其高度应高出方木2~3cm,并碾压密实。

c.在重新开始摊铺混合料之前,应将砾石或碎石和方木除去,并将下承层顶面清扫干净。

d.摊铺机应返回到已压实层的末端,重新开始摊铺混合料。

e.摊铺中断大于2h且未按上述方法处理横向接缝时,应将摊铺机附近及其下面未经压实的混合料铲除,并将已碾压密实且高程和平整度符合要求的末端挖成与路中心线垂直并垂直向下的断面,再摊铺新的混合料。

⑬摊铺时宜避免纵向接缝,分两幅摊铺时,纵向接缝处应加强碾压。存在纵向接缝时,纵缝应垂直相接,严禁斜接,并应符合下列规定:

a.在前一幅摊铺时,宜在靠中央的一侧用方木或钢模板做支撑,方木或钢模板的高度应与稳定材料层的压实厚度相同。

b.应在摊铺另一幅之前拆除支撑。

⑭无机结合料稳定材料的养护期宜不少于7d,养护期宜延长至上层结构开始施工的前2d。

⑮养护可采取洒水养护、薄膜覆盖养护、土工布覆盖养护、铺设湿砂养护、草帘覆盖养护、洒铺乳化沥青养护等方式,宜结合工程实际情况选择适宜的方式。

⑯养护期间应封闭交通,除洒水车和小型通勤车辆外严禁其他车辆通行。

⑰无法安排施工便道而需要车辆通行时,应符合下列规定:

a.合理安排施工工序,保障7~15d的养护期。

b.宜在硬路肩或临时停车带的位置划出专门车道,专人指挥车辆通行。

c.无机结合料稳定材料应适当提高早期强度。

d.限定载重车辆的轴载,应不大于13t。

(三)沥青路面

1. 沥青路面分类

(1)按技术品质和使用情况分为:沥青混凝土路面、沥青碎石路面、沥青贯入式路面、沥青表面处治路面。

(2)按组成结构分:密实—悬浮结构、骨架—空隙结构、密实—骨架结构。

(3)按矿料级配分:密级配沥青混凝土混合料、半开级配沥青混合料、开级配沥青混合料、间断级配沥青混合料。

(4)按矿料粒径分:砂粒式沥青混合料、细粒式沥青混合料、中粒式沥青混合料、粗粒式沥青混合料、特粗式沥青混合料。

(5)按施工温度分:热拌热铺沥青混合料、常温沥青混合料。

2. 沥青路面用料要求

(1)沥青路面使用的各种材料运至现场后必须取样进行质量检验,经评定合格后方可使用,不得以供应商提供的检测报告或商检报告代替现场检测。

(2)道路石油沥青各个沥青等级的适用范围应符合表 2-2-5 的规定。

道路石油沥青的适用范围　　　　　表 2-2-5

沥青等级	适 用 范 围
A 级沥青	各个等级的公路,适用于任何场合和层次
B 级沥青	(1)高速公路、一级公路沥青下面层及以下层次,二级及二级以下公路的各个层次; (2)用作改性沥青、乳化沥青、改性乳化沥青、稀释沥青的基质沥青
C 级沥青	三级及三级以下公路的各个层次

(3)沥青路面采用的沥青标号,宜按照公路等级、气候条件、交通条件、路面类型及在结构层中的层位及受力特点、施工方法等,结合当地的使用经验,经技术论证后确定。

对高速公路、一级公路,夏季温度高、高温持续时间长、重载交通、山区及丘陵区上坡路段、服务区、停车场等行车速度慢的路段,尤其是汽车荷载剪应力大的层次,宜采用稠度大、黏度大的沥青,也可提高高温气候分区的温度水平选用沥青等级;对冬季寒冷的地区或交通量小的公路、旅游公路宜选用稠度小、低温延度大的沥青;对温度日温差、年温差大的地区宜注意选用针入度指数大的沥青。当高温要求与低温要求发生矛盾时应优先考虑满足高温性能的要求。

(4)乳化沥青类型根据集料品种及使用条件选择。阳离子乳化沥青可适用于各种集料品种,阴离子乳化沥青适用于碱性石料。乳化沥青的破乳速度、黏度宜根据用途与施工方法选择。

(5)乳化沥青宜存放在立式罐中,并保持适当搅拌。储存期以不离析、不冻结、不破乳为度。

(6)制造改性沥青的基质沥青应与改性剂有良好的配伍性。用作改性剂的 SBR 胶乳中的固体物含量宜少于 45%,使用中严禁长时间暴晒或遭冰冻。

(7)改性沥青宜在固定式工厂或在现场设厂集中制作,也可在拌和厂现场边制造边使用,改性沥青的加工温度不宜超过 180℃。胶乳类改性剂和制成颗粒的改性剂可直接投入拌合缸中生产改性沥青混合料。

(8)沥青面层使用的粗集料包括碎石、破碎砾石、筛选砾石、钢渣、矿渣等,但高速公路和一级公路不得使用筛选砾石和矿渣。

(9)沥青面层的细集料可采用天然砂、机制砂、石屑。热拌密级配沥青混合料中天然砂的用量通常不宜超过集料总量的 20%,SMA 和 OGFC 混合料不宜使用天然砂。

(10)采石场在生产石屑的过程中应具备抽吸设备,高速公路和一级公路的沥青混合料,宜将 S14 与 S16 组合使用,S15 可在沥青稳定碎石基层或其他等级公路中使用。

(11)沥青混合料的矿粉必须采用石灰岩或岩浆岩中的强基性岩石等憎水性石料经磨细得到的矿粉,原石料中的泥土杂质应除净。

(12)粉煤灰作为填料使用时,用量不得超过填料总量的 50%,粉煤灰的烧失量应小于 12%,与矿粉混合后的塑性指数应小于 4%,其余质量要求与矿粉相同。高速公路、一级公路的沥青面层不宜采用粉煤灰做填料。

(13)在沥青混合料中掺加的纤维稳定剂宜选用木质素纤维、矿物纤维等。矿物纤维宜采用玄武岩等矿石制造,易影响环境及造成人体伤害的石棉纤维不宜直接使用。

3. 配合比设计

(1)热拌沥青混合料配合比设计采用沥青混合料马歇尔试验方法,包括目标配合比设计、生产配合比设计和生产配合比验证等三个阶段,通过配合比设计决定沥青混合料的材料品种、矿料级配及沥青用量。

(2)采用48h浸水马歇尔试验,残留稳定度为:普通沥青混合料≥80%,改性沥青混合料≥85%。

(3)高温稳定性检验。采用车辙试验。动稳定度:普通沥青混合料>1200次/mm,改性沥青混合料>3500次/mm,改性沥青SMA混合料>4000次/mm。

(4)渗水性能检验。密级配沥青混凝土渗水系数不应大于120mL/min。

(5)为了确保料堆集料送料的准确,对沥青拌和楼冷料仓的送料速度与电机转速的关系应进行标定,并根据形成的关系曲线,选定相应的电机转速进行送料。

(6)施工单位完成生产配合比报告及试验路段铺筑方案后,应在规定期限内向监理工程师及项目建设单位提出正式报告,并经监理工程师及建设单位中心试验室复核,取得正式批复后,方可进行试验路段的铺筑。

4. 铺筑试验路段

(1)试验路段的长度应不小于200m,宜选在直线路段上铺筑。

(2)试验路未达到预期目的时,应查明原因后重新铺筑试验段;试验段的质量未达到相关技术标准要求时,应由施工单位自费予以铲除。

(3)试验段总结报告应报监理工程师审批,审批后可作为大面积施工的指导方案。应具备完整的技术资料,经建设单位批准且由总监理工程师签发开工令后,可进行正式施工。

5. 热拌沥青混凝土路面施工工艺与质量控制要点

热拌沥青混凝土路面施工工艺流程如图2-2-2所示。

图2-2-2 热拌沥青混凝土路面施工工艺流程图

(1)施工准备

①选购经调查试验合格的材料进行备料,矿料应分类堆放,矿粉必须是石灰岩磨细而成且不得受潮,必要时做好矿料堆放场地的硬化处理和场地四周排水及搭设矿粉库房或储存罐。

②做好配合比设计报送监理工程师审批,对各种原材料进行符合性检验。

③在验收合格的基层上恢复中线(底面层施工时),在边线外侧0.3~0.5m处每隔5~10m钉边桩进行水平测量,拉好基准线,画好边线。

④对下承层进行清扫,底面层施工前两天在基层上洒透层油。在中底面层上喷洒黏层油。

⑤试验段开工前28d安装好试验仪器和设备,配备好的试验人员报请监理工程师审核。各层开工前14d在监理工程师批准的现场备齐全部机械设备进行试验段铺筑,以确定松铺系数、施工工艺、机械配备、人员组织、压实遍数,并检查压实度、沥青含量、矿料级配、沥青混合料马歇尔各项技术指标等。

(2)沥青混合料的拌和

①各种集料分类堆放,每个料源均进行试验,按要求的配合比进行配料。

②设置间歇式具有密封性能及除尘设备,并有检测拌和温度装置的沥青混凝土拌和站。

③拌和站设试验室,对沥青混凝土的原材料和沥青混合料进行及时检测。

④沥青的加热温度控制在规范规定的范围之内,即150~170℃。集料的加热温度控制在160~180℃;混合料的出厂温度控制在140~165℃。当混合料出厂温度过高时应废弃。混合料运至施工现场的温度控制在120~150℃。

⑤出厂的混合料须均匀一致,无白花料,无粗细料离析和结块现象,不符合要求时应废弃。

(3)混合料的运输

①根据拌和站的产量、运距合理安排运输车辆。

②运输车的车厢内保持干净,涂防黏薄膜剂。运输车配备覆盖棚布以防雨和热量损失。

③已离析、硬化在运输车箱内的混合料,低于规定铺筑温度或被雨淋的混合料应予以废弃。

(4)混合料的摊铺

①根据路面宽度选用1~2台具有自动调节摊铺厚度及找平装置、可加热的振动熨平板,并且运行良好的高密度沥青混凝土摊铺机进行摊铺。

②底、中、面层采用走线法施工,表面层采用平衡梁法施工。

③摊铺机均匀行驶,行走速度和拌和站产量相匹配,以确保所摊铺路面的均匀不间断摊铺。在摊铺过程中不准随意变换速度,尽量避免中途停顿。

④沥青混凝土的摊铺温度根据气温变化进行调节。一般正常施工控制在不低于110~130℃,不超过165℃,在摊铺过程中随时检查并做好记录。

⑤开铺前将摊铺机的熨平板进行加热至不低于65℃。

⑥采用双机或三机梯进式施工时,相邻两机的间距控制在10~20m。两幅应有5~10cm宽度的重叠。

⑦在摊铺过程中,随时检查摊铺质量,出现离析、边角缺料等现象时人工及时补撒料,换补料。

⑧在摊铺过程中随时检查高程及摊铺厚度,并及时通知操作手。

⑨摊铺机无法作业的地方,在监理工程师同意后采取人工摊铺施工。

(5)混合料的压实

①压路机采用2~3台双轮双振压路机及2~3台重量不小于16t胶轮压路机。

②初压:采用双轮双振压路机静压1~2遍,正常施工情况下,温度应不低于110℃并紧跟摊铺机进行;复压:采用胶轮压路机和双轮双振压路机振压等综合碾压4~6遍,碾压温度多控

制在80~100℃;终压:采用双轮双振压路机静压1~2遍,碾压温度应不低于65℃。边角部分压路机碾压不到的位置,使用小型振动压路机碾压。

③碾压顺纵向由低边向高边按规定要求的碾压速度均匀进行。相邻碾压重叠宽度大于30cm。

④采用雾状喷水法,以保证沥青混合料碾压过程中不粘轮。

⑤不在新铺筑的路面上进行停机、加水、加油活动,以防各种油料、杂质污染路面。压路机不准停留在已完成但温度尚未冷却至自然气温以下的路面上。

⑥碾压进行中压路机不得中途停留、转向或制动,压路机每次由两端折回的位置呈阶梯形随摊铺机向前推进,使折回处不在同一横断面上,振动压路机在已成型的路面上行驶时应关闭振动。

(6)接缝处理

①梯队作业采用热接缝,施工时将已铺混合料部分留下20~30cm宽暂不碾压,作为后摊铺部分的高程基准面,后摊铺部分完成立即骑缝碾压,以消除缝迹。

②半幅施工不能采用热接缝时,采用人工顺直刨缝或切缝。铺另半幅前必须将边缘清扫干净,并涂洒少量黏层沥青。摊铺时应重叠在已铺层上5~10cm,摊铺后将混合料人工清走。碾压时先在已压实路面行走,碾压新铺层10~15cm,然后压实新铺部分,再伸过已压实路面10~15cm,充分将接缝压实紧密。

③横接缝的处理方法:首先用3m直尺检查端部平整度。不符合要求时,垂直于路中线切齐清除。清理干净后在端部涂黏层沥青接着摊铺。摊铺时调整好预留高度,接缝处摊铺层施工结束后再用3m直尺检查平整度。横向接缝的碾压先用双轮双振压路机进行横压,碾压时压路机位于已压实的混合料层上伸入新铺层的宽为15cm,然后每压一遍向新铺混合料方向移动15~20cm,直至全部在新铺层上为止,再改为纵向碾压。

④纵向冷接缝上、下层的缝错开15cm以上,横向接缝错开1m以上。

6. 透层、黏层、封层施工工艺与质量控制要点

(1)透层

①根据基层类型选择渗透性好的液体沥青、乳化沥青、煤沥青作透层油,喷洒后通过钻孔或挖掘确认透层油渗透入基层的深度宜不小于5mm(无机结合料稳定集料基层)~10mm(无结合料基层),并能与基层联结成为一体。

②用于半刚性基层的透层油宜在基层碾压成型后表面稍变干燥,但尚未硬化的情况下喷洒。

③在无结合料粒料基层上洒布透层油时,宜在铺筑沥青层前1~2d洒布。

④透层油宜采用沥青洒布车一次喷洒均匀,使用的喷嘴宜根据透层油的种类和黏度选择并保证均匀喷洒,沥青洒布车喷洒不均匀时宜改用手工沥青洒布机喷洒。

⑤透层油洒布后应不致流淌,应渗入基层一定深度,不得在表面形成油膜。

⑥气温低于10℃或大风、即将降雨时不得喷洒透层油。

⑦对无机结合料稳定的半刚性基层喷洒透层油后,如果不能及时铺筑面层,并还需开放交通时,应铺撒适量的石屑或粗砂,此时宜将透层油增加10%的用量。用6~8t钢筒式压路机稳压一遍,并控制车速。在摊铺上层时发现局部沥青剥落,应修补,还需清扫浮动石屑或砂。

(2)黏层

①喷洒表面应清扫干净,并表面干燥。用水洗刷后需待表面干燥后喷洒。

②气温低于10℃时不得喷洒黏层油,寒冷季节施工不得不喷洒时可以分成两次喷洒。路面潮湿时不得喷洒黏层油。

③黏层油宜采用沥青洒布车喷洒,并选择适宜的喷嘴,洒布速度和喷洒量保持稳定。当采用机动或手摇的手工沥青洒布机喷洒时,必须由熟练的技术工人操作,均匀洒布。

④喷洒的黏层油必须成均匀雾状,在路面全宽度内均匀分布成一薄层,不得有洒花漏空或成条状,也不得有堆积。喷洒不足的要补洒,喷洒过量处应予刮除。

⑤黏层油宜在当天洒布,待乳化沥青破乳、水分蒸发完成,或稀释沥青中的稀释剂基本挥发完成后,紧跟着铺筑沥青层,确保黏层不受污染。

⑥喷洒黏层油后,严禁运料车外的其他车辆和行人通过。

（3）封层

①使用层铺法沥青表面处治铺筑封层时,施工方法按层铺法表面处治工艺施工。其材料用量要求应符合有关规定。

②封层宜选择在干燥和较热的季节施工,并在最高温度低于15℃到来以前半个月及雨季前结束。

③稀浆封层必须使用专用的摊铺机进行摊铺。

④稀浆封层两幅纵缝搭接的宽度不宜超过80mm,横向接缝宜做成对接缝。分两层摊铺时,第一层摊铺后至少应开放交通24h后方可进行第二层摊铺。

⑤稀浆封层施工时应在干燥情况下进行。

⑥稀浆封层铺筑后,必须待乳液破乳、水分蒸发、干燥成形后方可开放交通。

⑦稀浆封层施工气温不得低于10℃,严禁在雨天施工,摊铺后尚未成形混合料遇雨时应予铲除。

(四)水泥混凝土路面

1．水泥混凝土路面的分类与特点

水泥混凝土路面,包括普通混凝土(素混凝土)、钢筋混凝土、连续配筋混凝土、预应力混凝土、装配式混凝土、钢纤维混凝土和混凝土小块铺砌等面层板和基(垫)层所组成的路面。目前采用最广泛的是就地浇筑的普通混凝土路面,简称混凝土路面。

所谓普通混凝土路面,是指除接缝区和局部范围(边缘和角隅)外不配置钢筋的混凝土路面。

相对于沥青混凝土路面而言,水泥混凝土路面的优点有:使用寿命长;强度高;稳定性好;耐久性好;养护费用少、经济效益高;有利于夜间行车;有利带动当地建材业的发展。

相对于沥青混凝土路面而言,水泥混凝土路面的缺点有:对水泥和水的需要量大;有接缝;开放交通较迟;修复困难。

2．水泥混凝土路面用料要求

（1）极重、特重、重交通荷载等级公路面层水泥混凝土应采用旋窑生产的道路硅酸盐水泥、硅酸盐水泥、普通硅酸盐水泥,中、轻交通荷载等级公路面层水泥混凝土可采用矿渣硅酸盐水泥。高温期施工宜采用普通型水泥,低温期宜采用早强型水泥。

（2）采用滑模摊铺机铺筑时,宜选用散装水泥。高温期施工时,散装水泥的入罐最高温度不宜高于60℃;低温期施工时,水泥进入搅拌缸前的温度不宜低于10℃。

(3)使用道路硅酸盐水泥或硅酸盐水泥时,可在混凝土中掺入适量粉煤灰;使用其他水泥时,不应掺入粉煤灰。

(4)面层水泥混凝土可单独或复配掺用符合规定的粉状低钙粉煤灰、矿渣粉或硅灰等掺合料,不得掺用结块或潮湿的粉煤灰、矿渣粉或硅灰。

(5)粗集料与再生粗集料应根据混凝土配合比的公称最大粒径分为2~4个单粒级的集料并掺配使用。

(6)细集料应使用天然砂或机制砂,不宜使用再生细集料。面层用天然砂细度模数宜在2.0~3.7之间。机制砂宜采用碎石作为原料,并用专用设备生产,机制砂细度模数宜在2.3~3.1之间。

(7)饮用水可直接作为混凝土拌和养护用水。非饮用水应进行水质检验。

(8)外加剂产品应使用工程实际采用的水泥、集料和拌和用水进行试配,检验其性能,确定合理掺配。

(9)路面所用钢筋不得有裂纹、断伤、刻痕、表面油污和锈蚀。

(10)钢纤维抗拉强度等级不应低于600级。钢纤维应进行有效的防锈蚀处理。

(11)高速公路、一级公路胀缝板宜采用塑胶、橡胶(泡沫)板或沥青纤维板;其他等级公路也可采用浸油木板。

(12)硅酮类、聚氨酯类常温施工式填缝料可用于各等级公路水泥混凝土面层;橡胶沥青、改性沥青类填缝料可用于二级及二级以下公路,不宜用于高速公路和一级公路;道路石油沥青类填缝料可用于三、四级公路,不宜用于二级公路,不得用于高速公路和一级公路。

3. 配合比设计

(1)公路面层水泥混凝土的配合比设计应满足其弯拉强度、工作性、耐久性要求,兼顾经济性。

(2)各级公路面层水泥混凝土配合比设计宜采用正交试验法;二级及二级以下公路可采用经验公式法。

(3)混凝土配合比设计应包括目标配合比设计和施工配合比设计两个阶段。目标配合比设计应确定混凝土的水泥用量、集料用量、水灰(胶)比、外加剂掺量,纤维混凝土还应确定纤维掺量。施工配合比设计应通过拌和楼试拌确定拌和参数。经批准的配合比在施工过程中不得擅自调整。

4. 试验路段铺筑

(1)二级及二级以上公路水泥混凝土面层施工前,应制订试验路段的施工方案和质量检测计划,并应铺筑试验路段。其他等级公路施工前宜铺筑试验路段。试验路段长度不应短于100m,高速公路、一级公路宜在主线路面以外进行试铺。

(2)试验路段铺筑应达到下述目的:

①确定拌和楼的拌和参数、实际生产能力和配料精度。

②检验混凝土的施工性能、技术参数和实测强度。

③检验铺筑机械、工艺参数及与拌和能力匹配情况。

④检验施工组织方式、质量控制水平和人员配备。

(3)试验路段铺筑时,应确定下列内容:

①主要铺筑设备的工艺性能、质量指标和生产能力满足要求;辅助设备的配备合理、适用;模板架设固定方式或基准线设置方式能够保证高程和厚度控制要求。

②实测试验路段的松铺系数、摊铺速度、振捣时间与频率、滚压遍数、碾压遍数、压实度、拉杆与传力杆置入精度、抗滑构造深度、摩擦系数、接缝顺直度等。

③验证施工各工艺环节操作要领,确定各关键岗位的作业指导书。

④检验施工组织形式和人员编制。

⑤通信联络、生产调度指挥及应急管理系统满足施工组织要求。

5. 施工工艺与质量控制要点

(1)混凝土拌和

①水泥混凝土拌和应采用间歇强制式拌和楼(机),或配料计量精度满足要求的连续式拌和楼(机),不宜使用自落式滚筒搅拌机。高速公路、一级及二级公路水泥混凝上面层施工时,应采用配备计算机自动控制的强制式拌和楼(机)。

②每台拌和楼在投入生产前,必须进行标定和试拌。在标定有效期满或拌和楼(机)搬迁安装后,应重新标定。施工中应每15d校验一次拌和楼(机)计量精度。

③采用计算机自动控制的拌和楼(机)时,应采用自动配料方式控制生产,并按要求打印对应路面摊铺桩号的混凝土配料统计数据及偏差。

④搅拌时间应根据拌合物的黏聚性、匀质性及搅拌机类型。

⑤可溶解的外加剂应充分溶解、搅拌均匀后加入搅拌锅,并扣除溶液中的加水量。有沉淀的外加剂溶液,应每天清除一次稀释池中的沉淀物。

⑥混凝土中掺有引气剂时,拌和楼(机)一次搅拌量不应大于其额定搅拌量的90%。

(2)混凝土运输

①可选配车况优良、载质量2~20t的自卸车,自卸车后挡板应关闭紧密,运输时不漏浆撒料,车厢板应平整光滑。桥面铺装或远距离运输时,宜选配混凝土罐车。运输车数量不应少于3辆,高速公路、一级公路不应少于5辆。

②混凝土的运输应保证到现场的拌合物具有适宜摊铺的工作性。不掺加缓凝剂的混凝土拌合物从搅拌机出料到运抵现场的允许最长时间应符合规定。不满足时,可采用通过试验调整缓凝剂的剂量等措施,保证到达现场的拌合物工作性满足要求。

③运送混凝土的车辆装料前,应清洁车厢或车罐,洒水润壁,排干积水。混凝土运输过程中应防止漏浆、漏料和污染,防止拌合物离析。车辆行驶和卸料过程中,当碰撞了模板或基准线时,应重新测量纠偏。

(3)滑模摊铺机施工

①滑模摊铺工艺宜用于高速、一级、二级公路普通水泥混凝土面层、配筋混凝土面层、纤维混凝土面层、钢筋混凝土桥面、隧道混凝土面层、混凝土路缘石、路肩石及护栏等的滑模施工。

②上坡纵坡大于5%、下坡纵坡大于6%、平面半径小于50m或超高横坡超过7%的路段,不宜采用滑模摊铺机进行摊铺。

③高速公路、一级公路宜选配能一次摊铺不少于2个车道宽度的滑模摊铺机。二级公路路面的最小摊铺宽度不得小于单个车道设计宽度。硬路肩宜选配可连体摊铺路缘石的中、小型多功能滑模摊铺机。

④摊铺前应检查并调试施工设备。滑模摊铺机首次作业前,应挂线对铺筑位置、几何参数和机架水平度进行设置、调整和校准,满足要求后方可用于摊铺作业。

⑤滑模摊铺机前布料,应采用机械完成,布料高度应均匀一致,不得采用翻斗车直接卸料方式。

⑥滑模摊铺机起步时,应先开启振捣棒,在2~3min内调整振捣到适宜振捣频率,使进入挤压底板前缘拌合物振捣密实,无大气泡冒出破灭,方可开动滑模机平稳推进摊铺。当天摊铺施工结束,摊铺机脱离拌合物后,应立即关闭振捣棒组。

⑦滑模摊铺应缓慢、匀速、连续不间断地作业。滑模摊铺速度应根据板厚、混凝土工作性、布料能力、振捣排气效果等确定,可在0.75~2.5m/min之间选择,宜采用1m/min。

⑧滑模摊铺水泥混凝土面层时,严禁快速推进、随意停机与间歇摊铺。

⑨滑模摊铺振捣频率应根据板厚、摊铺速度和混凝土工作性确定,以保证拌合物不发生过振、欠振或漏振。振捣频率可在100~183Hz之间调整,宜为150Hz。

⑩可根据拌合物稠度大小,采取调整摊铺的振捣频率或速度等措施,保证摊铺质量稳定,当拌合物稠度发生变化时,宜先采取调振捣频率,后采取改变摊铺速度的措施。

⑪抗滑纹理做毕,应立即开始保湿养护。养护龄期不应少于5d,且混凝土强度满足要求后,方可连接摊铺相邻车道面板。履带在新铺面层上行走时,钢履带底部应铺橡胶垫或使用有橡胶垫履带的摊铺机。纵缝横向连接高差不应大于2mm。

⑫摊铺中应经常检查振捣棒的工作情况和位置。面层出现条带状麻面现象时,应停机检查振捣棒是否损坏;振捣棒损坏时,应更换振捣棒。摊铺面层上出现发亮的砂浆条带时,应检查振捣棒位置是否异常;振捣棒位置异常时,应将振捣棒调整到正常位置。

(4)三辊轴机组施工

①三辊轴机组铺筑工艺可用于二级及二级以下公路的水泥混凝土路面面层、桥面和隧道混凝土面层的施工,也可用于高速、一级公路硬路肩、匝道、收费广场边板、封闭式中央分隔带、弯道超高加宽段硬路肩及局部异形面板等的施工。

②三辊轴机组铺筑水泥混凝土面层时,应按照支模、安装钢筋、布料、振捣、三辊轴整平、精平、养护、刻槽(拉毛)、切缝、填缝的工艺流程进行。

③模板应采用钢材、槽钢或方木制成。模板高度应为面层设计厚度,直线段模板长度不宜小于3m,小半径弯道及竖曲线部位可配备长度为3m的短模板。

④模板应固定牢固,在振捣机、三辊轴整平机、滚杠等设备、机具往复作用下,不得出现推移、变形、跑模等现象。

⑤当一次铺筑宽度大于4.5m时,纵缝拉杆宜使用预设钢筋支架固定。

⑥横缝传力杆应采用预制钢筋支架法安装固定,不得手工设置传力杆。宜使用手持振捣棒专门振实传力杆支架范围内的混凝土。振捣机连续振捣时,振捣棒的深度应位于传力杆顶面以上。

⑦应全断面布料,松铺高度符合要求后,再使用振捣机开始振捣。振捣机应匀速缓慢、连续地振捣行进作业。振捣后的混凝土面层应成为连续均匀的整体,并达到所要求的密实度。

⑧三辊轴整平作业时,应处理整平轴前料位的高低情况,过高时应铲除,轴下的间隙应采用混凝土补平。

⑨振动滚压完成后,应升起振动辊,用甩浆辊抛浆整平一遍,再用整平轴前、后静滚整平,直到平整度符合要求,表面砂浆厚度均匀为止。

⑩三辊轴整平机整平后,应采用3~5m刮尺,纵、横两个方向精平饰面,纵向不少于3遍,横向不少于2遍,也可采用旋转抹面机密实精平饰面2遍,直到平整度符合要求。

⑪饰面完成后,应立即开始保湿养护。

(5)小型机具施工

①小型机具铺筑工艺可用于三、四级公路水泥混凝土面层的施工,不得用于隧道水泥混凝土面层与桥面铺装施工。

②小型机具铺筑时,应依次使用振捣棒、振动板、振动梁三遍振捣密实。

③在待振横断面上,每车道应不少于3根振捣棒,沿横断面连续振捣密实,板底、内部和边角处不得欠振或漏振。

④每车道应配备不少于2块振动板。每个振动板须由两名作业人员提位振动,不得自由放置或长时间持续振动。振动板移位时,应重叠100～200mm,每处振动时间不应少于15s。应控制振动板底部泛浆厚度4mm±1mm。缺料的部位,应铺以人工补料找平。

⑤振动梁振实,每车道路面宜使用1根振动梁。振动梁可垂直路面中线纵向人工拖动振动梁,在模板顶面往复拖行2～3遍,使表面泛浆均匀平整。

(6)接缝施工

①当一次铺筑宽度小于面层加硬路肩总宽度时,应设置纵向施工缝。纵向施工缝宜采用平缝加拉杆型。当一次铺筑宽度大于4.5m时,应设置纵向缩缝,构造可采用设拉杆假缝型。

②采用滑模摊铺机施工时,纵向施工缝的拉杆宜采用支架法安设。也可采用侧向拉杆液压装置一次推入。采用固定模板施工时,应从侧模预留孔中插入拉杆并振实。

③插入的侧向拉杆应牢固,避免松动和漏插。拉杆握裹强度不满足规定要求时应钻孔重新设置拉杆。

④每天摊铺结束或摊铺中断时间超过30min时,应设置横向施工缝。横向施工缝在缩缝处可采用平缝加传力杆型。横向施工缝与胀缝重合时,应按胀缝施工,胀缝两侧补强钢筋笼宜分两次安装。

⑤在中、轻交通荷载等级水泥混凝土面层上,临近胀缝、自由端、收费站广场等局部横向缩缝的传力杆设置应使用前置钢筋支架法。不得采用设置精度不满足要求的方式设置传力杆。

⑥高温期施工时,顺直路段中可根据设计要求减少胀缝的设置。春秋季施工时,两端构造物间距大于500m时,宜在顺直路段中间设一道或若干道胀缝。低温期施工时,两端构造物间距大于350m时,宜设置顺直路段胀缝。

⑦胀缝采用前置钢筋支架法施工时,应预先准确安装和固定胀缝钢筋支架,并使用手持振捣棒振实胀缝板两侧的混凝土后再摊铺。也可采用预留两块面板的方法,在气温接近年平均气温时再缝铺。

⑧缩缝的切缝方式有硬切缝、软硬结合切缝和软切缝三种,切缝应根据当地昼夜温差选用适宜的切缝方式、时间与深度,切缝时间应以切缝时不啃边为开始切缝的最佳时机,并以铺筑第二天及施工初期无断板为控制原则。

⑨灌缝前应清洁接缝。清洁接缝宜采用飞缝机清除接缝中夹杂的砂石、凝结的泥浆等杂物。灌缝前缝内及缝壁应洁净、干燥,以擦不出水、泥浆或灰尘为可灌缝标准。

(7)抗滑构造施工

①细观纹理宜在精平后的湿软表面,使用钢支架拖挂1～3层叠合麻布、帆布等布片拖出。用抹面机修整过较干硬的光面,可采用较硬的竹扫帚扫出细观纹理。已经硬化后的光滑表面可采用钢刷刷毛、喷砂打毛、喷钢丸打毛、稀盐酸腐蚀、高压水射流等方式制作细观纹理。

②极重、特重和重交通荷载等级公路水泥混凝土面层应采用刻槽法制作宏观抗滑构造。中、轻交通荷载等级公路水泥混凝土面层可使用拉槽法制作宏观抗滑构造。

（8）面层养护

①高速公路、一级公路混凝土面层宜采用养护剂加覆膜养护。现场养护用水充足的情况下，可采用节水保湿养护膜、土工毡、土工布、麻袋、草袋、草帘等养护，并及时洒水保湿养护。缺水条件下，宜采用覆盖节水保湿养护膜养护，并应洒透第一遍养护水。

②实测混凝土强度大于设计强度的80%后，可停止养护。

③面层养护初期，人、畜、车辆不得通行，在达到设计弯拉强度40%后，可允许行人通行。平交道口应采取搭建临时便桥等措施保护养护期的混凝土面板。面层达到设计弯拉强度后，方可开放交通。

例 题

例1 高速公路和一级公路基层或底基层不宜采用（　　）。
A．水泥稳定高炉矿渣　　　　　B．水泥稳定煤渣
C．水泥稳定煤矸石　　　　　　D．水泥稳定钢渣

例2 无机结合料稳定材料的养护期宜不少于7d，养护期宜延长至上层结构开始施工的（　　）。
A．前1d　　　B．前2d　　　C．前3d　　　D．前7d

例3 热拌沥青碎石配合比设计采用（　　）设计。
A．正交试验　　　　　　　　　B．针入度试验
C．马歇尔试验　　　　　　　　D．洛杉矶磨耗试验

例4 沥青混合料中掺和的矿物纤维稳定剂宜采用（　　）制造。
A．石灰岩　　　B．玄武岩　　　C．花岗岩　　　D．页岩

例5 公路面层水泥混凝土可采用矿渣硅酸盐水泥的交通等级是（　　）。
A．极重交通荷载等级　　　　　B．特重交通荷载等级
C．重交通荷载等级　　　　　　D．中交通荷载等级

例6 不属于水泥混凝土路面配合比设计指标的是（　　）。
A．弯拉强度　　B．抗压强度　　C．工作性　　　D．耐久性

例7 水泥稳定材料生产配合比设计的内容有（　　）。
A．确定料仓供料比例
B．确定结合料类型及掺配比例
C．确定结合料剂量的标定曲线
D．确定水泥稳定材料的容许延迟时间
E．确定混合料的最佳含水率、最大干密度

例8 高速公路沥青混凝土路面的下封层一般宜采用的施工方法有（　　）。
A．挤密法
B．层铺法
C．人工喷洒法
D．沥青贯入法
E．稀浆封层法

例9 滑模摊铺机摊铺速度应根据（　　）设计。
A．板厚　　　　　　　　　　　B．碾压能力
C．布料能力　　　　　　　　　D．振捣混凝土排气效果

E.混凝土工作性能

例题解析

例1 根据《公路路面基层施工技术细则》(JTG T F20—2015)第3.4.4条,水泥稳定煤矸石不宜用于高速公路和一级公路。故选C。

例2 根据《公路路面基层施工技术细则》(JTG T F20—2015)第6.1.2条,无机结合料稳定材料的养护期宜不少于7d,养护期宜延长至上层结构开始施工的前2d。故选B。

例3 根据《公路沥青路面施工技术规范》(JTG F40—2004)第5.3.3条,采用马歇尔试验配合比设计方法,沥青混合料技术要求应符合规定,并有良好的施工性能。当采用其他方法设计沥青混合料时,应按本规范规定进行马歇尔试验及各项配合比设计检验,并报告不同设计方法的试验结果。故选C。

例4 根据《公路沥青路面施工技术规范》(JTG F40—2004)第4.11.3条,矿物纤维宜采用玄武岩等矿石制造,易影响环境及造成人体伤害的石棉纤维不宜直接使用。故选B。

例5 根据《公路水泥混凝土路面施工技术细则》(JTG T F30—2014)第3.1.1条,极重、特重、重交通荷载等级公路面层水泥混凝土应采用旋窑生产的道路硅酸盐水泥、硅酸盐水泥、普通硅酸盐水泥,中、轻交通荷载等级公路面层水泥混凝土可采用矿渣硅酸盐水泥。高温期施工宜采用普通型水泥,低温期宜采用早强型水泥。故选D。

例6 根据《公路水泥混凝土路面施工技术细则》(JTG T F30—2014)第4.1.1条,公路面层水泥混凝土的配合比设计应满足其弯拉强度、工作性、耐久性要求,兼顾经济性。故选B。

例7 根据《公路路面基层施工技术细则》(JTG T F20—2015)第4.1.5条,选项B属于目标配合比设计的技术内容。故选ACDE。

例8 根据《公路沥青路面施工技术规范》(JTG F40—2004)第6.4.2条,下封层宜采用层铺法表面处治或稀浆封层法施工。稀浆封层可采用乳化沥青或改性乳化沥青作结合料。下封层的厚度不宜小于6mm,且做到完全密水。故选BE。

例9 根据《公路水泥混凝土路面施工技术细则》(JTG T F30—2014)第7.4.5条,滑模摊铺应缓慢、匀速、连续不间断地作业。滑模摊铺速度应根据板厚、混凝土工作性、布料能力、振捣排气效果等确定,可在0.75~2.5m/min之间选择,宜采用1m/min。故选ACDE。

自测模拟题

(一)单项选择题

1.不属于无机结合料稳定材料的目标配合比设计内容的是( )。

A.选择级配范围

B.确定结合料剂量的标定曲线

C.确定结合料类型及掺配比例

D.验证混合料相关的设计及施工技术标准

2.关于液体石油沥青施工说法,正确的是( )。

A.液体石油沥青宜采用针入度较小的石油沥青

B.与沥青稀释混合加热,再搅拌、稀释制成

C. 掺配比例根据使用要求由经验确定

D. 基质沥青的加热温度严禁超过140℃

3. 关于透层施工,下列说法错误的是( )。

A. 气温低于10℃或大风、即将降雨时不得喷洒透层油

B. 透层油洒布后应自由流淌,应渗入基层一定深度,在表面形成油膜

C. 应按设计喷油量一次均匀洒布,当有漏洒时,应人工补洒

D. 在摊铺沥青时,应将局部尚有多余的未渗入基层的沥青清除

4. 关于填隙碎石基层施工技术要求的说法,错误的是( )。

A. 填隙碎石层上为薄沥青面层时,碾压后宜使集料的棱角外露3～5mm

B. 填隙料应干燥

C. 宜采用胶轮压路机静压,碾压时,表面集料间应留有空隙

D. 填隙碎石基层未洒透层沥青或未铺封层时,不得开放交通

5. 无机结合料稳定土的无侧限抗压强度试验的试件为( )。

A. 100mm×100mm×100mm 的立方体

B. 150mm×150mm×150mm 的立方体

C. 高度：直径 = 2:1 的圆柱体

D. 高度：直径 = 1:1 的圆柱体

6. 关于填隙碎石基层施工的说法错误的是( )。

A. 填隙碎石的施工工艺中,撒布填隙料应在初压之前进行

B. 粗碎石可以用强度合格的各种岩石轧制而成

C. 粗碎石可以用稳定的矿渣轧制而成

D. 填隙料可以采用石屑或最大粒径小于10mm 的砂砾料或粗砂

7. 采用滑模摊铺机施工法铺筑连续配筋混凝土路面时,布料最适合采用( )。

A. 正向上料的挖掘机   B. 侧向上料的推土机

C. 正向上料的装载机   D. 侧向上料的供料机

8. 按矿料级配分类,属于开级配沥青混合料的是( )。

A. SMA   B. AM   C. AC-16   D. OGFC

9. 沥青贯入碎石路面施工步骤包括:①撒布主层集料;②压路机碾压;③浇洒沥青;④撒布嵌缝料;⑤撒布封层料。正确的施工顺序是( )。

A. ①→②→③→④→②→③→④→②→③→⑤→②

B. ①→③→④→②→③→④→②→③→⑤→②

C. ①→③→②→④→②→③→④→②→⑤→③

D. ①→③→②→④→②→③→④→②→③→⑤→③

10. 无机结合料稳定材料组成设计流程正确的是( )。

A. 施工参数规定→生产配合比设计→目标配合比设计→原材料检验

B. 施工参数规定→目标配合比设计→生产配合比设计→原材料检验

C. 原材料检验→生产配合比设计→目标配合比设计→施工参数确定

D. 原材料检验→目标配合比设计→生产配合比设计→施工参数确定

11. 路面透水性排水基层施工中,在连续长纵坡段或凹形竖曲线路段,排水层内渗流的自由水有可能被堵封或渗流路径超过45～60m 时,为拦截水流及缩短渗流长度应增设( )。

A. 纵向排水管　　　　　　　　　　B. 横向排水管
C. 纵向集水管　　　　　　　　　　D. 横向跌水井

12. 无机结合料稳定土基层摊铺完成后,紧跟摊铺机及时碾压的设备宜选用(　　)。
    A. 重型振动压路机　　　　　　　B. 三轮压路机
    C. 轻型两轮压路机　　　　　　　D. 轮胎压路机

13. 路面基层排水层的透水材料,透水性从高到低排序正确的是(　　)。
    A. 未经处治的开级配碎石集料 > 沥青处治的碎石集料 > 水泥处治的碎石集料
    B. 水泥处治的碎石集料 > 未经处治的开级配碎石集料 > 沥青处治的碎石集料
    C. 沥青处治的碎石集料 > 水泥处治的碎石集料 > 未经处治的开级配碎石集料
    D. 未经处治的开级配碎石集料 > 水泥处治的碎石集料 > 沥青处治的碎石集料

14. 属于加热施工式填缝料的是(　　)。
    A. 橡胶沥青类　　　　　　　　　B. 聚氨乙烯胶泥类
    C. 硅塑胶类　　　　　　　　　　D. 氯丁橡胶泥类

15. 沥青路面透层施工中,透层油洒布后待充分渗透,一般不少于(　　)后才能摊铺上层。
    A. 12h　　　　B. 24h　　　　C. 36h　　　　D. 48h

16. 重交通公路水泥混凝土路面邻近横向胀缝的3条缩缝应采用的形式是(　　)。
    A. 设传力杆平缝型　　　　　　　B. 设传力杆假缝型
    C. 设拉杆企口缝型　　　　　　　D. 设拉杆平缝型

17. 关于石灰稳定土基层施工备料的说法,正确的是(　　)。
    A. 当生石灰堆放时间较长时,应露天堆放,不得覆盖
    B. 消石灰应保持一定的湿度,但不可过湿成团
    C. 生石灰应在加水消解后马上使用,不得隔夜使用
    D. 消石灰无需过筛即可使用

18. 在旧水泥混凝土路面上加铺沥青混凝土结构层时,在两者之间应设置(　　)。
    A. 透层　　　B. 黏层　　　C. 封层　　　D. 防水层

19. 关于顺直路段水泥混凝土路面胀缝设置的说法,正确的是(　　)。
    A. 高温期施工时,应增加胀缝的设置
    B. 春秋季施工时,两端构造物距离大于500m时,宜设置胀缝
    C. 常温期施工时,两端构造物间距大于350m时,宜设置胀缝
    D. 低温期施工时,两端构造物间距小于350m时,宜设置胀缝

20. 无机结合料稳定材料组成设计中,施工参数确定不包含(　　)。
    A. 确定施工中结合料的剂量
    B. 验证混合料强度技术指标
    C. 确定结合料剂量的标定曲线
    D. 确定施工合理含水率及最大干密度

21. 可以作为压实度评价标准密度的试验方法是(　　)。
    A. 轻型击实试验法　　　　　　　B. 振动型试验法
    C. 重型击实试验法　　　　　　　D. 马歇尔试验法

(二)多项选择题

1. 基层和底基层用土试验项目包括( )。
   A. 液限、塑限
   B. 级配
   C. 颗粒分析
   D. 含水率
   E. 有机质和硫酸盐含量

2. 计算沥青混合料摊铺机生产率时,应考虑的参数有( )。
   A. 摊铺厚度
   B. 摊铺带宽
   C. 材料运输速度
   D. 沥青混合料密度
   E. 时间利用参数

3. 煤矸石、高炉矿渣、钢渣用于修筑基层或底基层之前应崩解稳定,为评价混合料性能,宜采用的试验有( )。
   A. 强度试验
   B. 干湿收缩试验
   C. 级配试验
   D. 温度收缩试验
   E. 模量试验

4. 热拌沥青混合料配合比设计应通过目标配合比设计、生产配合比设计及生产配合比验证三个阶段以确定沥青混合料的( )。
   A. 材料品种
   B. 配合比
   C. 矿料级配
   D. 渗水系数
   E. 最佳沥青用量

5. 基层和底基层用水泥试验项目包括( )。
   A. 强度等级
   B. 初凝时间
   C. 残渣含量
   D. 终凝时间
   E. 延迟时间

6. 沥青混凝土路面施工质量关键控制点有( )。
   A. 沥青材料检查与试验
   B. 沥青混凝土配合比设计和试验
   C. 沥青混凝土的拌和、运输及摊铺温度控制
   D. 沥青混凝土施工机械设备配置与压实方案
   E. 沥青混凝土摊铺厚度及水灰比的控制

7. 水泥稳定碎石基层施工,确定每日施工作业段长度时考虑的因素有( )。
   A. 施工季节和气候条件
   B. 减小施工接缝的数量
   C. 水泥的终凝时间和延迟时间
   D. 施工人员数量及操作熟练程度
   E. 施工机械和运输车辆的生产效率和数量

8. 无机结合料稳定材料基层、底基层施工过程中的内在质量控制有( )。
   A. 拌和质量控制
   B. 原材料质量控制
   C. 摊铺质量控制
   D. 配合比质量控制
   E. 碾压质量控制

9. 关于水泥稳定土基层路拌法的说法,正确的有( )。

A. 细粒土应经一夜闷料
B. 摊铺长度应按日进度的需要量控制
C. 被稳定材料应在摊铺水泥的当天摊铺
D. 可采用农用旋转耕作机与平地机配合拌和
E. 已整平的土含水率过小时,应在土层上洒水闷料

10. 石油沥青加工及沥青混合料施工温度应该根据( )确定。
    A. 沥青标号   B. 铺装层厚度
    C. 气候条件   D. 沥青软化点
    E. 沥青黏度

11. 检验沥青混合料的水稳定性方法有( )。
    A. 冻融劈裂试验   B. 高温稳定性检验
    C. 渗水系数检验   D. 浸水马歇尔试验
    E. 针入度试验

12. 关于人工摊铺沥青混合料,下列说法正确的有( )。
    A. 边摊铺边用刮板整平,刮平时应轻重一致
    B. 半幅施工时,路中一侧宜事先设置挡板
    C. 沥青混合料可直接卸在基层上,摊铺时应扣锹布料
    D. 摊铺不得中途停顿,并加快碾压
    E. 低温施工时,每次卸下的混合料应覆盖苫布保温

13. 在施工过程中改性沥青质量检查的项目包括( )。
    A. 针入度   B. 弹性恢复   C. 含蜡量   D. 低温延度
    E. 软化点

14. 沥青路面施工厚度的检测方法有( )。
    A. 利用摊铺过程在线控制,即不断地用插尺或其他工具插入摊铺层测量松铺厚度
    B. 利用拌和厂沥青混合料总生产量与实际铺筑的面积计算平均厚度进行总量检验
    C. 利用地质雷达等无破损检验设备,连续检测路面厚度
    D. 待路面完全冷却后,钻孔测量沥青层的厚度
    E. 利用试验室标准密度和试验段密度的平均值反算厚度

15. 面层混凝土可单独或复配掺用的掺合料有( )。
    A. 矿渣粉   B. 低钙粉煤灰
    C. 硅灰   D. 高钙粉煤灰
    E. 石灰

16. 正交试验法进行面层水泥混凝土配合比设计时,选用的因素有( )。
    A. 水泥用量   B. 水灰比
    C. 基准胶材总量   D. 用水量
    E. 砂率或粗集料填充体积率

17. 水泥混凝土路面试验路段铺筑应达到的目的有( )。
    A. 确定拌和楼的拌和参数、实际生产能力和配料精度
    B. 检验铺筑机械、工艺参数及与拌和能力匹配情况
    C. 检验混凝土的施工性能、技术参数和实测强度

D. 检验施工组织方式、质量控制水平和人员配备

E. 检验混凝土试件弯拉强度是否满足要求

18. 水泥混凝土面层施工时,必须停工的天气条件有( )。

A. 现场为浓雾天气

B. 现场降雨或下雪

C. 风力达到6级及6级以上的强风天气

D. 现场气温高于40℃,或拌合物摊铺温度高于35℃

E. 摊铺现场连续5昼夜平均气温低于5℃或夜间最低气温低于-3℃

19. 水泥混凝土面层采用纵向抗滑构造槽的有( )。

A. 水平直线路段,桥面、隧道路面

B. 水平弯道路段,桥面、隧道路面

C. 组合坡度小于3%,无要求减噪的路段

D. 组合坡度小于3%,且要求减噪的路段

E. 组合坡度大于或等于3%的纵坡路段

参考答案

(一)单项选择题

1. B 2. D 3. B 4. C 5. D 6. A 7. D 8. D 9. A 10. D
11. B 12. C 13. A 14. A 15. B 16. A 17. B 18. B 19. B 20. C
21. C

(二)多项选择题

1. ACDE 2. ABDE 3. ABDE 4. ABCE 5. ABD 6. ABCD 7. ABDE
8. ABCE 9. ABDE 10. ABCE 11. AD 12. ABDE 13. ABDE 14. ABCD
15. ABC 16. ADE 17. ABCD 18. BCDE 19. BD

六、桥梁、涵洞工程质量监理

重点知识

(一)桥梁的组成

桥梁一般由上部结构、下部结构、支座系统和附属设施四个基本部分组成。

上部结构通常又称为桥跨结构,是在线路中断时跨越障碍的主要承重结构;下部结构包括桥墩、桥台和基础;桥梁附属设施包括桥面系、伸缩缝、桥头搭板和锥形护坡等,桥面系包括桥面铺装(或称行车道铺装)、排水防水系统、栏杆(或防撞栏杆)、灯光照明等。

(1)梁式桥净跨径是设计洪水位上相邻两个桥墩(或桥台)之间的净距,用 l_0 表示。对于拱式桥,是每孔拱跨两个拱脚截面最低点之间的水平距离。

(2)总跨径是多孔桥梁中各孔净跨径的总和,也称桥梁孔径(Σl_0),它反映了桥下宣泄洪水的能力。

(3)计算跨径对于具有支座的桥梁,是指桥跨结构相邻两个支座中心之间的距离,用 l 表示。拱圈(或拱肋)各截面形心点的连线称为拱轴线,计算跨径为拱轴线两端点之间的水平距离。

(4)桥梁全长简称桥长,是桥梁两端两个桥台的侧墙或八字墙后端点之间的距离,以 L 表示。对于无桥台的桥梁为桥面系行车道的全长。

(5)桥梁高度简称桥高,是指桥面与低水位(或地面)之间的高差,或为桥面与桥下线路路面之间的距离。桥高在某种程度上反映了桥梁施工的难易性。

(6)桥下净空高度是设计洪水位或计算通航水位至桥跨结构最下缘之间的距离,以 H 表示,它应保证能安全排洪,并不得小于对该河流通航所规定的净空高度。

(7)建筑高度是桥上行车路面(或轨顶)高程至桥跨结构最下缘之间的距离,它不仅与桥梁结构的体系和跨径的大小有关,还随行车部分在桥上布置的高度位置而异。公路(或铁路)定线中所确定的桥面(或轨顶)高程,对通航净空顶部高程之差,又称为容许建筑高度。桥梁的建筑高度不得大于其容许建筑高度,否则就不能保证桥下的通航要求。

(8)净矢高是从拱顶截面下缘至相邻两拱脚截面下缘最低点之连线的垂直距离,以 f_0 表示;计算矢高是从拱顶截面形心至相邻两拱脚截面形心之连线的垂直距离,以 f 表示。

(9)矢跨比是拱桥中拱圈(或拱肋)的计算矢高 f 与计算跨径 l 之比(f/l),也称拱矢度,它是反映拱桥受力特性的一个重要指标。

(10)涵洞是用来宣泄路堤下水流的构造物。通常在建造涵洞处路堤不中断。为了区别于桥梁,凡是多孔跨径的全长不到 8m 和单孔跨径不到 5m 的结构物,均称为涵洞。

(二)桥梁的分类

1.按桥梁的结构分类

按结构体系划分,有梁式桥、拱式桥、刚架桥、悬索桥四种基本体系。其他还有几种由基本体系组合而成的组合体系等。

(1)梁式桥

梁式桥的承重结构是以梁的抗弯能力来承受荷载的。梁分简支梁、悬臂梁、固端梁和连续梁等。悬臂梁、固端梁和连续梁都是利用支座上的卸载弯矩去减少跨中弯矩,使梁跨内的内力分配更合理,以同等抗弯能力的构件断面就可建成更大跨径的桥梁。

(2)拱式桥

拱式桥的主要承重结构是拱肋(或拱箱),以承压为主,可采用抗压能力强的圬工材料(石、混凝土与钢筋混凝土)来修建。拱分单铰拱、双铰拱、三铰拱和无铰拱。拱是有推力的结构,对地基要求较高,一般常建于地基良好的地区。混凝土拱桥因铰的构造复杂、不易制作,故一般采用无铰拱体系。无铰拱结构的外部增加了超静定次数,将引起更大的附加内力,为了获得结构合理的受力状态,在拱桥设计中,必须寻求合理的拱轴线形式。

(3)刚架桥

刚架桥是介于梁与拱之间的一种结构体系,它是由受弯的上部梁(或板)结构与承压的下部柱(或墩)整体结合在一起的结构。由于梁与柱的刚性连接,梁因柱的抗弯刚度而得到卸载作用,整个体系是压弯结构,也是有推力的结构。刚架分直腿刚架与斜腿刚架。刚架桥的桥下净空比拱桥大,在同样净空要求下可修建较小的跨径。刚架桥施工较复杂,一般用于跨径不大的城市桥或公路高架桥和立交桥。

(4)悬索桥

悬索桥是指以悬索为主要承重结构的桥。其主要构造是:缆、塔、锚、吊索及桥面,一般还有加劲梁。其受力特征是:荷载由吊索传至缆,再传至锚墩,传力途径简捷、明确。悬索桥的特点是:构造简单,受力明确;跨径越大,材料耗费越少、桥的造价越低。悬索桥是大跨桥梁的主要形式,因其主要杆件受拉力,材料利用效率最高,更由于近代悬索桥的主缆采用高强钢丝,悬索桥的自重较轻,在刚度满足使用要求的情况下,能充分显示出其优越性,使其比其他形式的桥梁更能经济合理地修建大跨度桥。

(5)组合体系

①连续刚构。

连续刚构都是由梁和刚架相结合的体系,它是预应力混凝土结构采用悬臂施工法而发展起来的一种新体系。

②梁、拱组合体系。

这类体系中有系杆拱、桁架拱、多跨拱梁结构等。它们利用梁的受弯与拱的承压特点组成联合结构。

③斜拉桥。

它是由承压的塔、受拉的索与承弯的梁体组合起来的一种结构体系。梁体用拉索多点拉住,好似多跨弹性支承连续梁,使梁体内弯矩减小,降低了建筑高度;又因栓焊连接与正交异性板的箱形断面构造的应用,使结构充分利用材料的受力特性,从而减小了结构自重,节省了材料。

2. 桥梁的其他分类

(1)按用途划分,有公路桥、铁路桥、公路铁路两用桥、农桥、人行桥、运水桥(渡槽)及其他专用桥梁(如通过管路、电缆等)。

(2)按桥梁全长和跨径的不同,分为特大桥、大桥、中桥和小桥。

(3)按主要承重结构所用的材料划分,有圬工桥(包括砖、石、混凝土桥)、钢筋混凝土桥、预应力混凝土桥、钢桥和木桥等。

(4)按跨越障碍的性质,可分为跨河(海)桥、跨线(立体交叉)桥、高架桥和栈桥。

(5)按上部结构的行车道位置,分为上承式桥、下承式桥和中承式桥。

(三)桥梁基础分类

桥梁基础按施工方法可分为扩大基础、桩基础、沉井、地下连续墙等。

1. 扩大基础

所谓扩大基础,是将墩(台)及上部结构传来的荷载由其直接传递至较浅的支承地基的一种基础形式,一般采用明挖基坑的方法进行施工,故又称为明挖扩大基础或浅基础。

扩大基础按其施工方法分为机械开挖基坑浇筑法、人工开挖基坑浇筑法、土石围堰开挖基坑浇筑法、板桩围堰开挖基坑浇筑法。

扩大基础按其材料性能特点可分为配筋与不配筋的条形基础和单独基础。无筋扩大基础常用的有混凝土基础、片石混凝土基础等,不配筋基础的材料都具有较好的抗压性,但抗拉、抗剪强度不高,设计时必须保证发生在基础内的拉应力和剪应力不超过相应的材料强度设计值。钢筋混凝土扩大基础的抗弯和抗剪性能良好,可在竖向荷载较大、地基承载力不高以及承受水平力和力矩荷载下使用。

扩大基础是由地基反力承担全部上部荷载,将上部荷载通过基础分散至基础底面,使之满足地基承载力和变形的要求。扩大基础主要承受压应力,一般用抗压性能好,抗弯拉、抗剪性能较差的材料(如混凝土、毛石、三合土等)建造,适用于地基承载力较好的各类土层,根据土质情况分别采用铁镐、十字镐、挖掘机、爆破等设备与方法开挖。

扩大基础在埋置深度和构造尺寸确定以后,应先根据最不利而且有可能情况下的荷载组合,计算出基底的应力,然后进行基础的合力偏心距、稳定性以及地基强度(包括持力层、弱下卧层的强度)的验算,需要时还应进行地基变形的验算。

2. 桩基础

桩基础是深入土层的柱形结构,其作用是将作用于桩顶以上的结构物传来的荷载传到地基持力层中去。当荷载较大或桩数量较多时需在桩顶设承台,将所有基桩连接成一个整体共同承担上部结构的荷载。

桩是垂直或微斜埋置于土中的受力杆件,它的横截面尺寸比长度小得多,其所承受的荷载由桩侧土的摩阻力及桩端地层的反力共同承担。

(1) 按桩的使用功能分类

①竖向抗压桩:主要承受竖向下压荷载(简称竖向荷载)的桩,应进行竖向承载力计算,必要时还需计算桩基沉降,验算软弱下卧层的承载力以及负摩阻力产生的下拉荷载。

②竖向抗拔桩:主要承受竖向上拔荷载的桩,应进行桩身强度和抗裂计算以及抗拔承载力验算。

③水平受荷桩:主要承受水平荷载的桩,应进行桩身强度和抗裂验算以及水平承载力和位移验算。

④复合受荷桩:承受竖向、水平荷载均较大的桩,应按竖向抗压(或抗拔)桩及水平受荷桩的要求进行验算。

(2) 按桩承载性能分类

①摩擦桩:当软土层很厚,桩端达不到坚硬土层或岩层上时,则桩顶的极限荷载主要靠桩身与周围土层之间的摩擦力来支承,桩尖处土层反力很小,可忽略不计。

②端承桩:桩穿过软弱土层,桩端支承在坚硬土层或岩层上时,则桩顶极限荷载主要靠桩尖处坚硬岩土层提供的反力来支承,桩侧摩擦力很小,可以忽略不计。

③摩擦端承桩:桩顶的极限荷载由桩侧阻力和桩端阻力共同承担,但主要由桩端阻力承受。

④端承摩擦桩:桩顶的极限荷载由桩侧阻力和桩端阻力共同承担,但主要由桩侧阻力承受。

(3) 按施工方法分类

可分为沉桩、钻孔灌注桩、挖孔灌注桩,其中沉桩又分为锤击沉桩法、振动沉桩法、射水沉桩法、静力压桩法。

①沉桩:锤击沉桩法一般适用于松散、中密砂土、黏性土,桩锤有坠锤、单动汽锤、双动汽锤、柴油机锤、液压锤等,可根据土质情况选用适用的桩锤;振动沉桩法一般适用于砂土,硬塑及软塑的黏性土和中密及较松的碎石土;射水沉桩法适用密实砂土、碎石土,用锤击法或振动法沉桩有困难时,可用射水法配合进行;静力压桩法在标准贯入度 $N<20$ 的软黏土中,可用特制的液压机或机力千斤顶或卷扬机等设备沉入各种类型的桩。钻孔埋置桩为钻孔后,将预制

的钢筋混凝土圆形有底空心桩埋入,并在桩周压注水泥砂浆固结而成,适用于在黏性土、砂土、碎石土中埋置大量的大直径圆桩。

②钻孔灌注桩适用于黏性土、砂土、砾卵石、碎石、岩石等各类土层。

③挖孔灌注桩适用于无地下水或少量地下水,且较密实的土层或风化岩层。

3. 沉井

沉井基础是一种断面和刚度均比桩要大得多的井筒状结构,是依靠在井内挖土,借助井体自重及其他辅助措施而逐步下沉至预定设计高程,最终形成的一种结构深基础形式。沉井基础施工时占地面积小,坑壁不需设临时支撑和防水围堰或板桩围护,与大开挖相比较,挖土量少,对邻近建筑物的影响比较小,操作简便,无需特殊的专业设备。

沉井基础按其制作条件和制作方式,可分为就地浇筑下沉沉井、浮运就位沉井;按其横截面形状,可分为圆形、矩形、椭圆形、圆端形、多边形及多孔井字形沉井等;按其竖向剖面形状,可分为柱形、锥形、阶梯形沉井等;按材料,可分为混凝土、钢筋混凝土、钢、砖、石、木沉井等。

4. 地下连续墙

地下连续墙是采用膨润土泥浆护壁,用专用设备开挖出一条具有一定宽度与深度的沟槽,在槽内设置钢筋笼,采用导管法在泥浆中浇筑混凝土,筑成一单元墙段,依次顺序施工,以某种接头方法连接成的一道连续的地下钢筋混凝土墙。地下连续墙分类如下:

(1)按成墙方式可分为:桩排式、壁板式、组合式。

(2)按墙的用途可分为:临时挡土墙、防渗墙、用作主体结构一部分兼作临时挡土墙的地下连续墙、用作多边形基础兼作墙体的地下连续墙。

(3)按墙体材料可分为:钢筋混凝土墙、塑性混凝土墙、固化灰浆墙、自硬泥浆墙、泥浆槽墙、后张预应力地下连续墙、钢制地下连续墙。

(4)按挖槽方式大致可分为:抓斗式、冲击式、回转式。

(5)按施工方法可分为:现浇墙、预制墙、现浇及预制组合墙。

(四)桥梁下部结构分类

公路桥梁下部结构可分为重力式桥墩、重力式桥台、轻型桥墩、轻型桥台。

1. 重力式墩、台

重力式桥墩与重力式桥台的主要特点是靠自身重量来平衡外力而保持其稳定,因此,墩、台身比较厚实,可以不用钢筋,而用天然石材或片石混凝土砌筑。它适用于地基良好的大、中型桥梁,或流冰、漂浮物较多的河流中。在砂石料方便的地区,小桥也往往采用。主要缺点是圬工体积较大,因而其自重和阻水面积也较大。

拱桥重力式桥墩分为普通墩与制动墩,制动墩要能承受单向较大的水平推力,防止出现一侧的拱桥倾塌,因而尺寸较厚实;与梁桥重力式桥墩相比较,具有拱座等构造设施。

梁桥和拱桥上常用的重力式桥台为U形桥台,它适用于填土高度在8~10m以下或跨度稍大的桥梁。缺点是桥台体积和自重较大,这增加了对地基的要求。此外,桥台的两个侧墙之间填土容易积水,结冰后冻胀,使侧墙产生裂缝,所以宜用渗水性较好的土夯填,并做好台后排水措施。

2. 轻型墩、台

(1)梁桥轻型桥墩、台

①梁桥轻型桥墩。

a.钢筋混凝土薄壁桥墩:施工简便,外形美观,过水性良好,适用于低级土软弱的地区。需耗费用于立模的木料和一定数量的钢筋。

b.柱式桥墩:外形美观,圬工体积少,而且重量较轻。

c.钻孔桩柱式桥墩:适合于多种场合和各种地质条件。通过增大桩径、桩长或用多排桩加建承台等措施,也能适用于更复杂的软弱地质条件以及较大的跨径和较高的桥墩。

d.柔性排架桩墩:优点是用料省、修建简便、施工速度快。主要缺点是用钢量大,使用高度和承载能力受到一定限制。因此它只适合于在低浅宽滩河流、通航要求低和流速不大的水网地区河流上修建小跨径桥梁时采用。

②梁桥轻型桥台。

a.设有支撑梁的轻型桥台:适用于单跨桥梁,桥孔跨径6~10m,台高不超过6m。

b.埋置式桥台:桥台所受的土压力小,桥台的体积相应减少。但是由于台前护坡是用片石做表面防护的一种永久性设施,存在被洪水冲毁而使台身裸露的可能,故设计时必须慎重地进行强度和稳定的验算。分为后倾式、肋形埋置式、双柱式、框架式等类型。其中桩柱式桥台对于各种土壤地基都适宜。其适用范围是:桥孔跨径8~20m,填土高度3~5m。当填土高度大于5m时宜采用框架式埋置式桥台。

c.钢筋混凝土薄壁桥台:适用于软弱地基的条件,但其构造和施工比较复杂,并且钢筋用量也较多。

d.加筋土桥台:在台后路基填土不被冲刷的中、小跨径桥梁,台高3~5m时,可采用加筋土桥台。

(2)拱桥轻型桥墩、台

①拱桥轻型桥墩。

a.带三角杆件的单向推力墩:只在桥不太高的旱地上采用。

b.悬臂式单向推力墩:适用于两铰双曲拱桥。

②拱桥轻型桥台。

拱桥轻型桥台适用于13m以内的小跨径拱桥和桥台水平位移量很小的情况。其工作原理是,当桥台受到拱的推力后,便发生绕基底形心轴而向路堤方向的转动,此时台后的土便产生抗力来平衡拱的推力,从而使桥台的尺寸较小。

a.八字形桥台:适用于桥下需要通车或过水的情况。

b.U字形桥台:适用于较小跨径的桥梁。

c.背撑式桥台:适用于较大跨径的高桥和宽桥。

d.靠背式框架桥台:适用于在非岩石地基上修建拱桥桥台。

拱桥的其他形式桥台:

a.组合式桥台:适用于各种地质条件。

b.空腹式桥台:一般是在软土地基、河床无冲刷或冲刷轻微、水位变化小的河道上采用。

c.齿槛式桥台:适用于软土地基和路堤较低的中小跨径拱桥。

(五)桥梁计算荷载

1.桥梁设计作用的分类

作用是公路桥涵设计专业术语,其定义为:施加在结构上的一组集中力或分布力,或引起结构外加变形或约束变形的原因,前者称为直接作用,亦称荷载,后者称为间接作用。公路桥涵设计采用的作用分为永久作用、可变作用、偶然作用和地震作用四类,规定见表2-2-6。

作用分类　　　　　　　　　　　　　　　　表2-2-6

编　号	作用分类	作用名称
1	永久作用	结构重力(包括结构附加重力)
2		预加力
3		土的重力
4		土侧压力
5		混凝土收缩、徐变作用
6		水的浮力
7		基础变位作用
8	可变作用	汽车荷载
9		汽车冲击力
10		汽车离心力
11		汽车引起的土侧压力
12		汽车制动力
13		人群荷载
14		疲劳荷载
15		风荷载
16		流水压力
17		冰压力
18		波浪力
19		温度(均匀温度和梯度温度)作用
20		支座摩阻力
21	偶然作用	船舶的撞击作用
22		漂流物的撞击作用
23		汽车撞击作用
24	地震作用	地震作用

2. 桥梁工程作用取值方法

(1)公路桥涵设计时,对不同的作用应采用不同的代表值,具体如下:

①永久作用的代表值为其标准值。永久作用标准值可根据统计、计算,并结合工程经验综合分析确定。

②可变作用的代表值包括标准值、组合值、频遇值和准永久值。组合值、频遇值和准永久值可通过可变作用的标准值分别乘以组合值系数 ψ_c、频遇值系数 ψ_f 和准永久值系数 ψ_q 来确定。

③偶然作用取其设计值作为代表值。可根据历史记载、现场观测和试验,并结合工程经验综合分析确定,也可根据有关标准的专门规定确定。

④地震作用的代表值为其标准值。地震作用的标准值应根据现行《公路工程抗震规范》(JTG B02—2013)的规定确定。

(2)作用的设计值应为作用的标准值或组合值乘以相应的作用分项系数,见表2-2-7。

永久作用效应的分项系数 表2-2-7

编号	作用类别		永久作用效应分项系数	
			对结构的承载能力不利时	对结构的承载能力有利时
1	混凝土和圬工结构重力(包括结构附加重力)		1.2	1.0
	钢结构重力(包括结构附加重力)		1.1 或 1.2	1.0
2	预加力		1.2	1.0
3	土的重力		1.2	1.0
4	混凝土的收缩及徐变作用		1.0	1.0
5	土侧压力		1.4	1.0
6	水的浮力		1.0	1.0
7	基础变位作用	混凝土和圬工结构	0.5	0.5
		钢结构	1.0	1.0

注:本表编号1中,当钢桥采用钢桥面板时,永久作用效应分项系数取1.1;当采用混凝土桥面板时,取1.2。

(3)作用的代表值按下列规定取用:

①永久作用的标准值:结构重力包括结构自重及桥面铺装、附属设备等附加重力,可按结构构件的设计尺寸与材料的重力密度计算确定。

②可变作用的标准值应符合下列规定:

a.汽车荷载分为公路-Ⅰ级和公路-Ⅱ级;汽车荷载由车道荷载和车辆荷载组成。车道荷载由均布荷载和集中荷载组成。桥梁结构的整体计算采用车道荷载;桥梁结构的局部加载,涵洞、桥台和挡土墙土压力等的计算采用车辆荷载。车辆荷载与车道荷载的作用不重叠。

b.车道荷载的计算图式见图2-2-3。

图2-2-3 车道荷载

c.公路-Ⅰ级车道荷载的均布荷载标准值为 $q_k = 10.5 \text{kN/m}$;集中荷载标准值按以下规定选取:桥梁计算跨径小于或等于5m时,$P_k = 270 \text{kN}$;桥梁计算跨径等于或大于50m时,$P_k = 360 \text{kN}$;桥梁计算跨径在5~50m之间时,P_k 值采用线性内插求得。计算剪力效应时,上述集中荷载标准值 P_k 应乘以1.2的系数。

d.公路-Ⅱ级车道荷载的均布荷载标准值 q_k 和集中荷载标准值 P_k 按公路-Ⅰ级车道荷载的0.75倍采用。

e.车道荷载的均布荷载标准值应满布于使结构产生最不利效应的同号影响线上;集中荷载标准值只作用于相应影响中一个最大影响线峰值处。

f.人群荷载标准值按下列规定采用:

当桥梁计算跨径小于或等于50m时,人群荷载标准值为3.0kN/m²;当桥梁计算跨径等于或大于150m时,人群荷载标准值为2.5kN/m²;当桥梁计算跨径在50～150m之间时,可由线性内插得人群荷载标准值。对跨径不等的连续结构,以最大计算跨径为准。

非机动车、行人密集的公路桥梁,人群荷载标准值取上述规定值的1.15倍。专用人行桥梁,人群荷载标准值为3.5kN/m²。

g.可变作用频遇值为可变作用标准值乘以频遇值系数ψ_f。可变作用准永久值为可变作用标准值乘以准永久值系数ψ_q。

③偶然作用应根据调查、试验资料,结合工程经验确定其标准值。

④公路桥梁地震作用应符合《公路工程抗震规范》(JTG B02—2013)和《公路桥梁抗震设计规范》(JTG/T 2231-01—2020)的规定。

3.作用组合效应

(1)公路桥涵结构设计应考虑结构上可能同时出现的作用,按承载能力极限状态和正常使用极限状态进行作用效应组合,取其最不利组合效应进行设计:

①在结构上可能同时出现的作用,才进行其效应的组合。当结构或结构构件需做不同受力方向的验算时,则应以不同方向的最不利的作用效应进行组合。

②可变作用的出现对结构或结构构件产生有利影响时,该作用不应参与组合。实际不可能同时出现的作用或同时参与组合概率很小的作用,按表2-2-8规定不考虑其作用效应的组合。

可变作用不同时组合表　　　　表2-2-8

作 用 名 称	不与该作用同时参与组合的作用	作 用 名 称	不与该作用同时参与组合的作用
汽车制动力	流水压力、冰压力、波浪力、支座摩阻力	冰压力	汽车制动力、流水压力、波浪力
流水压力	汽车制动力、冰压力、波浪力	支座摩阻力	汽车制动力
波浪力	汽车制动力、流水压力、冰压力		

③施工阶段作用效应的组合,应按计算需要及结构所处条件而定,结构上的施工人员和施工机具设备均应作为临时荷载加以考虑。组合式桥梁,当把底梁作为施工支撑时,作用效应宜分两个阶段组合,底梁受荷为第一个阶段,组合梁受荷为第二个阶段。

④多个偶然作用不同时参与组合。

⑤地震作用不与偶然作用同时参与组合。

(2)公路桥涵结构按承载能力极限状态设计时,应采用以下两种作用效应组合:

①基本组合。永久作用的设计值与可变作用设计值相结合。

②偶然组合。永久作用标准值与可变作用某种代表值、一种偶然作用标准值相组合。与偶然作用同时出现的可变作用,可根据观测资料和工程经验取用频遇值或准永久值。

③作用地震组合的效应设计值应按现行《公路工程抗震规范》(JTG B02—2013)的有关规定计算。

(3)公路桥涵结构按正常使用极限状态设计时,应根据不同的设计要求,采用作用的频遇组合或准永久组合,并符合下列规定:

①频遇组合:永久作用标准值与汽车荷载频遇值、其他可变作用准永久值相组合。

②准永久组合:永久作用标准值与可变作用准永久值相组合。

(六)常用模板、支架和拱架的设计与施工

1. 常用模板、支架和拱架的设计

承包人应在制作模板、拱架和支架前14d,向监理工程师提交模板、拱架和支架的施工方案,施工方案应包括工艺图和强度、刚度与稳定性等的计算书,经监理工程师批准后才能制作和架设。

(1)模板、支架和拱架的设计原则

①宜优先使用胶合板和钢模板。

②在计算荷载作用下,对模板、支架及拱架结构按受力程序分别验算其强度、刚度及稳定性。

③模板板面之间应平整,接缝严密,不漏浆,保证结构物外露面美观,线条流畅,可设倒角。

④结构简单,制作、装拆方便。

(2)模板、支架和拱架的设计

①设计的一般要求。

a. 模板和支架均应进行施工图设计,经批准后方可用于施工,施工图设计应包括下列内容:

工程概况和工程结构简图;结构设计的依据和设计计算书;总装图和细部构造图;制作、安装的质量及精度要求;安装、拆除时的安全技术措施;材料的性能质量要求及材料数量表;设计说明书和使用说明书。

b. 模板背面应设置主肋和次肋作为其支承系统,主肋和次肋的布置应根据模板的荷载和刚度要求进行。

c. 在模板上设置的吊环,严禁采用冷加工钢筋制作,且吊环的计算拉应力应不大于50MPa。

d. 支架高度大于4.8m时,其顶部和底部均应设置水平剪刀撑,中间水平剪刀撑的设置间距应不大于4.8m。

e. 支架的高宽比宜小于或等于2,当高宽比大于2时,宜扩大下部架体尺寸或采取其他构造措施。

②设计荷载。

a. 计算模板、支架和拱架时,应考虑下列荷载并按表2-2-9进行荷载组合:

模板、支架和拱架设计计算的荷载组合 表2-2-9

模板结构名称	荷载组合	
	计算强度采用	验算刚度采用
梁、板和拱的底模板以及支承板、支架及拱等	a)+b)+c)+d)+g)+h)	a)+b)+g)+h)
缘石、人行道、栏杆、柱、梁、板、拱等的侧模板	d)+e)	e)
基础、墩台等厚大建筑物的侧模板	e)+f)	e)

a)模板、支架自重和拱架自重。

b)新浇筑混凝土、钢筋、预应力筋或其他巧工结构物的重力。

c)施工人员及施工设备、施工材料等荷载。

d) 振捣混凝土时产生的振动荷载。

e) 新浇筑混凝土对模板侧面的压力。

f) 混凝土入模时产生的水平方向的冲击荷载。

g) 设于水中的支架所承受的水流压力、波浪力、流冰压力、船只及其他漂浮物的撞击力。

h) 其他可能产生的荷载,如风荷载、雪荷载、冬季保温设施荷载等。

普通模板荷载计算部分参考数据见表2-2-10。

普通模板荷载计算参考数据 表2-2-10

模板、支架和拱架的重度(kN/m³)	松树木材	橡木落叶松	阔叶树木材	杉木枞木	组合钢模及连接件	组合钢模连接件及钢楞
	6	7.5	8	5	0.5	0.75
新浇筑混凝土和钢筋混凝土的重度(kN/m³)	混凝土或片石混凝土		钢筋混凝土(以体积计算的含筋量)			
			≤2%时		>2%时	
	24		25		26	

b. 钢、木模板,支架及拱架的设计,可按《公路钢结构桥梁设计规范》(JTG D64—2015)的有关规定执行。

c. 拱桥应根据结构特点和施工荷载特性分析取用,拱圈的自重荷载宜乘以1.2的系数。在计算荷载作用下,应按可能产生的最不利荷载组合验算拱架的强度、刚度和稳定性。

d. 组合箱形拱,如为就地浇筑,其支架和拱架的设计荷载可只考虑承受拱肋重力及施工操作时的附加荷载。

③ 稳定性要求。

a. 支架的立柱应保持稳定,并用撑拉杆固定。当验算模板及其支架在自重和风荷载等作用下的抗倾倒稳定时,验算倾覆的稳定系数不得小于1.3。拱架稳定性的验算应包括拱架的整体稳定和局部稳定,其抗倾覆稳定系数应不小于1.50。

b. 支架受压构件纵向弯曲系数可按《公路钢结构桥梁设计规范》(JTG D64—2015)进行计算。

④ 强度及刚度要求。

a. 验算模板、支架及拱架的刚度时,其变形值不得超过下列数值:

a) 结构表面外露的模板,挠度为模板构件跨度的1/400。

b) 结构表面隐蔽的模板,挠度为模板构件跨度的1/250。

c) 支架、拱架受载后挠曲的杆件(盖梁、纵梁),其弹性挠度为相应结构跨度的1/400。

d) 钢模板的面板变形为1.5mm。

e) 钢模板的钢棱和柱箍变形为$L/500$和$B/500$(其中L为计算跨径,B为柱宽)。

b. 对拱架各截面应力强度进行验算时,应根据拱架的结构形式和所承受的荷载大小,按分阶段浇筑或砌筑施工的工况,分别验算其拱顶、拱脚和1/4跨各截面,以及各连接节点的应力。

2. 常用模板、支架和拱架的施工

(1) 模板的制作及安装

模板制作与安装施工工艺流程如下:

选择模板及支撑材料→模板设计与绘图→构件基础平整及支撑系统施工→模板加工制作

与安装→模板表面及接缝处理→模板安装质量检验→钢筋安装及质量检验→混凝土浇筑→混凝土养护→拆除模板。

①钢模板制作。

a. 钢模板宜采用标准化的组合模板。

b. 钢模板及其配件应按批准的加工图加工,成品经检验合格后方可使用。

②木模板制作。

a. 木模可在工厂或施工现场制作,木模与混凝土接触的表面应平整、光滑,多次重复使用的木模应在内侧加钉薄铁皮。木模的接缝可做成平缝、搭接缝或企口缝。当采用平缝时,应采取措施防止漏浆。木模的转角处应加嵌条或做成斜角。

b. 重复使用的模板应始终保持其表面平整、形状准确,不漏浆,有足够的强度和刚度。

③模板安装的技术要求。

混凝土的模板板面应采用下列材料之一:金属板、木制板及高分子合成材料面板、硬塑料或玻璃钢板等材料。外露面的模板板面宜采用钢模板、胶合板,为减少模板的拼缝,对于大面积的混凝土,其每块模板的面积宜大于 $1.0m^2$。梁及墩台帽的突出部分,应做成倒角或削边,以便脱模。并按图纸所示或监理工程师指示,在结构物的某些部位设置凸条或凹槽的装饰线。在模板内的金属连接件或锚固件,应按图纸规定及监理工程师的要求将其拆卸或截断,且不损伤混凝土。模板内应无污物、砂浆及其他杂物。以后要拆除的模板,应在使用前彻底涂以脱模剂或其他相当的代用品,使能易于脱模,并使混凝土不变色。

a. 模板与钢筋安装工作应配合进行,妨碍绑扎钢筋的模板应待钢筋安装完毕后安设。模板不应与脚手架连接(模板与脚手架整体设计时除外),避免引起模板变形。

b. 安装侧模板时,应防止模板移位和凸出。基础侧模可在模板外设立支撑固定,墩、台、梁的侧模可设拉杆固定。浇筑在混凝土中的拉杆,应按拉杆拔出或不拔出的要求,采取相应的措施。对小型结构物,可使用金属线代替拉杆。

c. 模板安装完毕后,应对其平面位置、顶部高程、节点联系及纵横向稳定性进行检查,签认后方可浇筑混凝土。浇筑时,发现模板有超过允许偏差变形值的可能时,应及时纠正。

d. 模板在安装过程中,必须设置防倾覆设施。

e. 当结构自重和汽车荷载(不计冲击力)产生的向下挠度超过跨径的 1/1600 时,钢筋混凝土梁、板的底模板应设预拱度,预拱度值应等于结构自重和 1/2 汽车荷载(不计冲击力)所产生的挠度。纵向预拱度可做成抛物线或圆曲线。

f. 后张法预应力梁、板,应注意预应力、自重和汽车荷载等综合作用下所产生的上拱或下挠,应设置适当的预挠或预拱。

g. 当所有和模板有关的工作做完,待浇混凝土构件中所有预埋件亦安装完毕,应经监理工程师检查认可后,才能浇筑混凝土。这些工作应包括清除模板中所有污物、碎屑物、木屑、水及其他杂物。

④中小跨径的空心板制作时所使用的芯模应符合下列要求:

a. 充气胶囊在使用前应经过检查,不得漏气,安装时应有专人检查钢丝头,钢丝头应弯向内侧,胶囊涂刷隔离剂。每次使用后,应妥善存放,防止污染、破损及老化。

b. 从开始浇筑混凝土到胶囊放气时止,其充气压力应保持稳定。

c. 浇筑混凝土时,为防止胶囊上浮和偏位,应采取有效措施加以固定,并应对称平衡地进行浇筑。

d.胶囊的放气时间应经试验确定,以混凝土强度达到能保持构件不变形为宜。

e.木芯模使用时应防止漏浆和采取措施便于脱模。要控制好拆芯模时间,过早易造成混凝土塌落,过晚则拆模困难。应根据施工条件通过试验确定拆除时间。

f.钢管芯模应由表面匀直、光滑的无缝钢管制作,混凝土终凝后,即可将芯模轻轻转动,然后边转动边拔出。

g.充气胶囊芯模在工厂制作时,应规定充气变形值,保证制作误差不大于设计规定的误差要求。在设计无规定时,应满足现行《公路桥涵施工技术规范》(JTGT F50)对板梁构造尺寸的要求。

⑤滑升、提升、爬升及翻转模板的技术要求。

a.滑升模板适用于较高的墩台和吊桥、斜拉桥的索塔施工。采用滑升模板时,除应符合《滑动模板工程技术规范》(GB 50113—2019)规定外,还应遵守下列规定:

a)滑升模板的结构应有足够的强度、刚度和稳定性,模板高度宜根据结构物的实际情况确定,滑升模板的支承杆及提升设备应能保证模板竖直均衡上升。滑升时应检测并控制模板位置,滑升速度宜为100~300mm/h。

b)滑升模板组装时,应使各部尺寸的精度符合设计要求。组装完毕须经全面检查试验后,才能进行浇筑。

c)滑升模板施工应连续进行,如因故中断,在中断前应将混凝土浇筑齐平。中断期间模板仍应继续缓慢地提升,直到混凝土与模板不至粘住时为止。

b.提升模板提升模架其结构应满足使用要求。大块模板应用整体钢模板,加劲肋在满足刚度需要的基础上应进行加强,以满足使用要求。

c.爬升及翻转模板、模架爬升或翻转时结构的混凝土强度必须满足拆模时的强度要求。

(2)支架、拱架的制作及安装

①支架、拱架制作的强度和稳定。

a.支架。

应根据设计图进行制作和安装,应尽可能采用标准化、系列化、通用化的构件拼装。无论使用何种材料的拱架和支架,均应进行施工图设计,支架整体、杆配件、节点、地基、基础和其他支撑物应进行强度和稳定验算。

就地浇筑梁式桥的支架,参照《公路桥涵施工技术规范》(JTG/T F50—2011)的规定执行。

b.木拱架。

拱架所用的材料规格及质量应符合要求。桁架拱架在制作时,各杆件应当采用材质较强、无损伤及湿度不大的木材。夹木拱架制作时,木板长短应搭配好,纵向接头要求错开,其间距及每个断面接头应满足使用要求。面板夹木按间隔用螺栓固定,其余用铁钉与拱肋固定。

木拱架的强度和刚度应满足变形要求。杆件在竖直与水平面内,要用交叉杆件联结牢固,以保证稳定。木拱架制作安装时,应基础牢固,立柱正直,节点连接应采取可靠措施以保证支架的稳定,高拱架横向稳定应有保证措施。

c.钢拱架。

a)常备式钢拱架纵、横向距离应根据实际情况进行合理组合,以保证结构的整体性。

b)钢管拱架排架的纵、横距离应按承受拱圈自重计算,各排架顶部的高程要符合拱圈底的轴线。为保证排架的稳定,应设置足够的斜撑、剪力撑、扣件和缆风绳。

②施工预拱度。

支架和拱架应预留施工拱度，在确定施工拱度值时，应考虑下列因素：

a. 支架和拱架拆除后上部构造本身及活载 1/2 所产生的挠度。

b. 支架和拱架在荷载作用下的弹性压缩。

c. 支架和拱架在荷载作用下的非弹性压缩。

d. 支架和拱架基底在荷载作用下的非弹性沉陷。

e. 由混凝土收缩及温度变化而引起的挠度。

f. 承受推力的墩台，由于墩台水平位移所引起的拱圈挠度。

③支架、拱架制作安装一般要求。

a. 支架和拱架宜采用标准化、系列化、通用化的构件拼装。无论使用何种材料的支架和拱架，均应进行施工图设计，并验算其强度、刚度和稳定性。

b. 制作木支架、木拱架时，长杆件接头应尽量减少，两相邻立柱的连接接头应尽量分设在不同的水平面上。主要压力杆的纵向连接，应使用对接法，并用木夹板或铁夹板夹紧。次要构件的连接可用搭接法。

c. 安装拱架前，对拱架立柱和拱架支承面应详细检查，准确调整拱架支承面和顶部高程，并复测跨度，确认无误后方可进行安装。各片拱架在同一节点处的高程应尽量一致，以便于拼装平联杆件。在风力较大的地区，应设置风缆。

d. 支架和拱架应稳定、坚固，应能抵抗在施工过程中有可能发生的偶然冲撞和振动。安装时应注意以下几点：

a) 支架立柱必须安装在有足够承载力的地基上，立柱底端应设垫木来分布和传递压力，并保证浇筑混凝土后不发生超过允许的沉降量。

b) 施工用的脚手架和便桥，不应与结构物的模板支架相连接，以避免施工振动时影响浇筑混凝土质量。

c) 船只或汽车通行孔的两边支架应加设护桩，夜间应用灯光标明行驶方向。施工中易受漂流物冲撞的河中支架应设坚固的防护设备。

e. 支架或拱架安装完毕后，应对其平面位置、顶部高程、节点连接及纵、横向稳定性进行全面检查，符合要求后，方可进行下一工序。

f. 在浇筑混凝土及砌筑拱圈过程中，承包人应随时测量和记录支架和拱架的变形及沉降量。

g. 应通过预压的方式，消除支架地基的不均匀沉降和支架的非弹性变形并获取弹性变形参数，或检验支架的安全性。预压荷载宜为支架需承受全部荷载的 1.05～1.10 倍，预压荷载的分布应模拟需承受的结构荷载及施工荷载。

(3) 模板、支架和拱架的拆除

承包人应在拟定拆模时间的 12h 以前，向监理工程师报告拆模建议，并应取得监理工程师同意。如果由于拆模不当而引起混凝土损坏，其修补费用应由承包人承担。卸落拱架时应用仪器观测拱圈挠度和墩台变位情况，并作好记录，供监理工程师查阅和随时控制。

①拆除期限的原则。

a. 模板、支架和拱架的拆除期限应根据结构物特点、模板部位和混凝土所达到的强度来决定。

a) 非承重侧模板应在混凝土强度能保证其表面及棱角不致因拆模而受损坏时方可拆除，一般应在混凝土抗压强度达到 2.5MPa 时方可拆除侧模板。

b)芯模和预留孔道内模,应在混凝土强度能保证其表面不发生塌陷和裂缝现象时,方可拔除,拔除时间可按《公路桥涵施工技术规范》(JTG/T 3650—2020)的有关规定确定。

c)钢筋混凝土结构的承重模板、支架,应在混凝土强度能承受其自重荷载及其他可能的叠加荷载时,方可拆除。

d)对预应力混凝土结构,其侧模应在预应力钢束张拉前拆除;底模及支架应在结构建立预应力后方可拆除。

如设计上对拆除承重模板、支架、拱架另有规定,应按照设计规定执行。

b.现浇混凝土拱圈的拱架,拆除期限应符合设计规定;设计未规定时,应在拱圈混凝土强度达到设计强度的85%后,方可卸落拆除。

c.石拱桥的拱架卸落时间应符合下列要求:

a)浆砌石拱桥,须待砂浆强度达到设计要求,或如设计无要求,则须达到砂浆强度的85%。

b)跨径小于10m的小拱桥,宜在拱上建筑全部完成后卸架;中等跨径的实腹式拱,宜在护拱砌完后卸架;大跨径空腹式拱,宜在拱上小拱横墙砌好(未砌小拱圈)时卸架。

c)当需要进行裸拱卸架时,应对裸拱进行截面强度及稳定性验算,并采取必要的稳定措施。

②拆除时的技术要求。

a.模板拆除应按设计的顺序进行,设计无规定时,应遵循先支后拆、后支先拆的顺序,拆时严禁抛扔。

b.为便于支架和拱架的拆卸,应根据结构形式、承受的荷载大小及需要的卸落量,在支架和拱架适当部位设置相应的木楔、木马、砂筒或千斤顶等落模设备。

c.卸落支架和拱架应按拟定的卸落程序进行,分几个循环卸完,卸落量开始宜小,以后逐渐增大。在纵向应对称均衡卸落,在横向应同时一起卸落。在拟定卸落程序时应注意以下几点:

a)在卸落前应在卸架设备上画好每次卸落量的标记。

b)满布式拱架卸落时,可从拱顶向拱脚依次循环卸落;拱式拱架可在两支座处同时均匀卸落。

c)简支梁、连续梁宜从跨中向支座依次循环卸落;悬臂梁应先卸挂梁及悬臂的支架,再卸无铰跨内的支架。

d)多孔拱桥卸架时,若桥墩允许承受单孔施工荷载,可单孔卸落,否则应多孔同时卸落,或各连续孔分阶段卸落。

e)卸落拱架时,应设专人用仪器观测拱圈挠度和墩台变化情况,并详细记录。另设专人观察是否有裂缝现象。

d.墩、台模板宜在其上部结构施工前拆除。拆除模板、卸落支架和拱架时,不允许猛烈地敲打和强扭等。

e.模板、支架和拱架拆除后,应维修整理,分类妥善存放。

(七)桥梁基础的主要施工技术

1.明挖扩大基础施工

明挖扩大基础施工的主要内容包括基础的定位放样、基坑开挖、基坑排水、基底检验和基底处理以及砌筑(浇筑)基础结构物等。

(1)基础的定位放样

在开挖基坑前,应复核基坑中心线、方向和高程,并应按地质水文资料,结合现场情况,确定开挖坡度、支护方案以及地面的防水、排水措施。

放样时先根据桥梁中心线与墩台的纵横轴线,推出基础边线的定位点,再放线画出基坑的开挖范围。基坑底部的尺寸较设计平面尺寸每边各增加 0.5~1.0m 的富余量,以便于支撑、排水与立模板(如果是坑壁垂直的无水基坑坑底,可不必加宽,直接利用坑壁作基础模板亦可)。

(2)基坑开挖

①坑壁不加支撑的基坑

a.基坑尺寸应满足施工要求。当基坑为渗水的土质基底时,坑底尺寸应根据排水要求(包括排水沟、集水井、排水管网等)和基础模板设计所需基坑大小而定。一般基底应比基础的平面尺寸增宽 0.5~1.0m。当不设模板时,可按基底的尺寸开挖基坑。

b.基坑坑壁坡度应按地质条件、基坑深度、施工方法等情况确定。

c.如土的湿度有可能使坑壁不稳定而引起坍塌时,基坑坑壁坡度应缓于该湿度下的天然坡度。

d.当基坑有地下水时,地下水位以上部分可以放坡开挖;地下水位以下部分,若土质易坍塌或水位在基坑底以上较高时,应采用加固或降低地下水位等方法开挖。

②坑壁有支撑的基坑

a.挡板支护

采取简易钢板桩支护,基坑开挖深度不宜大于4m。在渗水量不大的情况下,可用槽钢正反扣搭,组成挡板。也可采用 H 型钢、工字钢打入地基一定深度,挖土时加插横板以挡土。钢板桩入土深度应按照设计要求,当设计无要求时,应按挡板受力情况予以验算。在木材产地亦可用木板桩代替钢板桩。地下水位较高,基坑开挖深度为 5~10m 时,宜用锁口钢板桩或锁口钢管桩。钢板桩挡板受力过大时,应加设临时支撑。支撑形式可根据实际情况选用拉锚和支撑式中的任何一种形式,以加固挡板。

b.喷射及锚杆加固

当基坑受条件限制,开挖深度大,只能垂直或大坡度开挖时,在地基土质较好、渗水量较小的情况下,可用喷射混凝土或锚杆(锚索)挂网喷射混凝土加固基坑坑壁,逐层开挖,逐层加固。

当基坑为不稳定的强风化岩质地基或淤泥质黏土时,可用锚杆挂网喷射混凝土护坡。基坑开挖深度小于10m的较完整风化基岩,可直接喷射素混凝土。喷射前应定距离埋设钢筋,作为喷射厚度的标志。

喷射混凝土的强度、厚度应不小于设计值。混凝土的回弹率不应大于20%,混凝土应用机械搅拌和专用机械喷射。

当用锚杆挂网喷射混凝土支护时,各层锚杆或锚索要求进入稳定层的长度和间距,钢筋的直径或钢绞线的束数,应符合设计要求。

喷射完成后,检查混凝土的平均厚度、强度,其值均不得小于设计要求,锚杆的平均抗拔力不小于设计值,最小拔力不小于设计值的90%。混凝土喷射表面应平顺,钢筋和锚杆不外露。

(3)基坑排水

①集水坑排水法。除严重流沙外,一般情况下均可适用。

②井点降水法。井点降水法适用土质较差且有严重流沙现象、细(粉)砂、地下水位较高、有承压水、挖基较深、坑壁不易稳定的土质基坑,在无砂的黏质土中不宜使用。

③其他排水法。对于土质渗透性较大、挖掘较深的基坑,可采用板桩法或沉井法。此外,视工程特点、工期及现场条件等,还可采用帷幕法,即将基坑周围土层用硅化法、深层搅拌桩隔水墙、压力注浆、高压喷射注浆、冻结帷幕法等处理成封闭的不透水的帷幕。

(4)基底检验和基底处理

①基底检验。主要内容应包括:检查基底平面位置、尺寸和基底高程;检查基底的地质情况和承载力是否与设计资料相符;检查基底处理和排水情况是否符合《公路桥涵施工技术规范》(JTG/T 3650—2020)的要求;检查施工记录及有关试验资料等。

②基底处理。基底处理的主要方法有:换填土法、桩体挤密法、砂井法、袋装砂井法、预压法加固地基、强夯法、电渗法、振动水冲法、深层搅拌桩法、高压喷射注浆法、化学固化剂法等。

(5)基坑施工过程中的注意要点

①在基坑顶缘四周适当距离处设置截水沟,并防止水沟渗水,以避免地表水冲刷坑壁,影响坑壁稳定性。

②坑壁边缘应留有护道,静荷载距坑边缘不小于0.5m,动荷载距坑边缘不小于1.0m;垂直坑壁边缘的护道还应适当增宽;水文地质条件欠佳时应有加固措施。

③应经常注意观察坑边缘顶面土有无裂缝,坑壁有无松散塌落现象发生。

④基坑施工不可延续时间过长,自开挖至基础完成,应抓紧时间连续施工。

⑤如采用机械开挖基坑,挖至坑底时,应保留不小于30cm厚度的底层,在基础浇筑圬工前用人工挖至基底高程。

⑥基坑应尽量在少雨季节施工。

⑦基坑宜用原土及时回填,对桥台及有河床铺砌的桥墩基坑,则应分层夯实。

2. 桩基础施工

(1)沉入桩施工

沉入桩所用的基桩主要为预制的钢筋混凝土桩和预应力混凝土桩。断面形式常用的有实心方桩和空心管桩两种。管桩(包括普通管桩和预应力管桩)一般由工厂以离心成型法制成。沉入桩的施工方法主要有锤击沉桩、振动沉桩、射水沉桩以及静力压桩等。

(2)钻孔灌注桩施工

钻孔前应先布置施工平台。当场地为浅水时,宜采用筑岛法施工。筑岛面积应根据钻孔方法、机具大小等要求决定,高度应高于最高施工水位0.5~1.0m。当场地为深水时,可采用钢管桩施工平台、双壁钢围堰平台等固定式平台,也可采用浮式施工平台。平台须牢靠稳定,能承受工作时的所有静、动荷载。

钻孔灌注桩施工的主要工序有:埋设护筒、制备泥浆、钻孔、孔径检查与清孔、钢筋笼制作与吊装以及灌注水下混凝土等。

①埋设护筒

护筒能稳定孔壁、防止坍孔,还有隔离地表水、保护孔口地面、固定桩孔位置和起钻头导向作用等。

护筒要求坚固耐用,不漏水,其内径宜比桩径大20~40cm。一般常用钢护筒,在陆上与深水中均能使用。

护筒高度宜高出地面0.3m或水面1.0~2.0m。当钻孔内有承压水时,应高于稳定后的承压水位2.0m以上;当处于潮水影响地区时,应高出最高施工水位1.5~2.0m,并应采取措施稳定护筒内的水头。

护筒埋置深度应根据设计要求或桩位的水文地质情况确定,一般情况埋置深度宜为2~4m,特殊情况应加深以保证钻孔和灌注混凝土的顺利进行。有冲刷影响的河床,应沉入局部冲刷线以下不小于1.0~1.5m。护筒连接处要求筒内无凸出物,应耐拉、耐压、不漏水。

旱地、筑岛处护筒可采用挖坑埋设法,护筒底部和四周所填黏质土必须分层夯实。水域护筒设置,应严格注意平面位置、竖向倾斜、倾斜角(指斜桩)和两节护筒的连接质量,确保符合要求。沉入时可采用压重、振动、锤击并辅以筒内除土的方法。

护筒中心竖直线应与桩中心线重合,除设计另有规定外,平面允许误差为50mm,竖直线倾斜不大于1%,干处可实测定位,水域可依靠导向架定位。

②制备泥浆

钻孔泥浆由水、黏土(或膨润土)和添加剂按适当配合比配制而成,通过泥浆搅拌机或人工调和,储存在泥浆池内,再用泥浆泵输入钻孔内。钻孔泥浆具有浮悬钻渣、冷却钻头、润滑钻具,增大静水压力,并在孔壁形成泥皮,隔断孔内外渗流,防止坍孔的作用。

钻孔泥浆的性能指标可根据钻孔方法、地质情况具体选用。对大直径或超长钻孔灌注桩,泥浆的选择应根据钻孔的工程地质情况、孔位、钻机性能、泥浆材料条件等确定。在地质复杂,覆盖层较厚,护筒下沉不到岩层的情况下,宜使用丙烯酰胺(PHP)泥浆。

③钻孔

根据井孔中土(钻渣)的取出方法不同,常用的钻孔方法有:螺旋钻孔、正循环回转钻孔、反循环回转钻孔、潜水钻机钻孔、冲抓钻孔、冲击钻孔、旋挖钻机钻孔。

a.正循环回转钻孔:系利用钻具旋转切削土体钻进,泥浆泵将泥浆压进泥浆笼头,通过钻杆中心从钻头喷入钻孔内,泥浆挟带钻渣沿钻孔上升,从护筒顶部排浆孔排至沉淀池,钻渣在此沉淀而泥浆流入泥浆池循环使用。其特点是钻进与排渣同时连续进行,在适用的土层中钻进速度较快,但需设置泥浆槽、沉淀池等,施工占地较多,且机具设备较复杂。

b.反循环回转钻孔:与正循环钻法不同的是泥浆输入钻孔内,然后从钻头的钻杆下口吸进,通过钻杆中心排至沉淀池内。其钻进与排渣效率较高,但接长钻杆时装卸麻烦,钻渣容易堵塞管路。另外,因泥浆是从上向下流动,孔壁坍塌的可能性较正循环法的大,为此需用较高质量的泥浆。

c.冲击钻孔:冲击钻成孔灌注桩适用于黄土、黏性土或粉质黏土和人工杂填土层,特别适合于在有孤石的砂砾石层、漂石层、硬土层、岩层中使用。施工中应根据现场地质状况,合理地选择冲击钻。冲击钻成孔的关键点就是泥浆护壁,护壁泥浆含沙量一定要小。泥浆的浓度可以根据试验测定或经验判断,泥浆太浓钻孔速度慢,泥浆太轻护壁容易坍塌。

d.旋挖钻机钻孔:旋挖钻机是一种高度集成的桩基施工机械,采用一体化设计、履带式360°回转底盘及桅杆式钻杆,一般为全液压系统。旋挖钻机采用筒式钻斗,钻机就位后,调整钻杆垂直度,注入调制好的泥浆,然后进行钻孔。当钻头下降到预定深度后,旋转钻斗并施加压力,将土挤入钻斗内,仪表自动显示筒满时,钻斗底部关闭,提升钻斗将土卸于堆放地点。钻进施工过程中应保证泥浆面始终不得低于护筒底部,保证孔壁稳定性。通过钻斗的旋转、削土、提升、卸土和泥浆撑护孔壁,反复循环直至成孔。

旋挖钻机一般适用黏土、粉土、砂土、淤泥质土、人工回填土及含有部分卵石、碎石的地层。

对于具有大扭矩动力头和自动内锁式伸缩钻杆的钻机,可适用微风化岩层的钻孔施工。

④孔径检查与清孔

钻孔的直径、深度和孔形直接关系到成桩质量,是钻孔桩成败的关键。为此,除了钻孔过程中严谨操作、密切观测监督外,在钻孔达到设计要求深度后,应采用适当器具对孔深、孔径、孔形等进行认真检查,符合设计要求后,填写"终孔检查证"。

a.清孔的方法:有抽浆法、换浆法、掏渣法、喷射清孔法以及用砂浆置换钻渣清孔法等,应根据设计要求、钻孔方法、机具设备和土质条件决定。其中抽浆法清孔较为彻底,适用于各种钻孔方法的灌注桩。对孔壁易坍塌的钻孔,清孔时操作要细心,防止塌孔。

b.清孔的质量要求:对摩擦桩,孔底沉淀厚度应符合设计规定,设计未规定时,对直径小于1.5m的桩,≤200mm;对桩径大于1.5m或桩长大于40m或土质较差的桩,≤300mm;对支承桩,孔底沉淀厚度不大于设计规定,设计未规定时,≤50mm。清孔后的泥浆指标,相对密度为1.03~1.10,黏度为17~20Pa·s,含砂率小于2%,胶体率大于98%。

⑤钢筋笼制作与吊装

长桩骨架宜分段制作,分段长度应根据吊装条件确定,应确保不变形,接头应错开。应在骨架外侧设置控制保护层厚度的垫块,其间距竖向为2m,横向圆周不得少于4处。骨架顶端应设置吊环。骨架入孔一般采用吊机,无吊机时,可采用钻机钻架、灌注塔架等,起吊应按骨架长度的编号入孔。

⑥灌注水下混凝土

灌注水下混凝土的搅拌机能力,应能满足桩孔在规定时间内灌注完毕。灌注时间不得长于首批混凝土初凝时间。若估计灌注时间长于首批混凝土初凝时间,则应掺入缓凝剂。

水下灌注混凝土的泵送机具宜采用混凝土泵,距离稍远的宜采用混凝土搅拌运输车。采用普通汽车运输时,运输容器应严密坚实,不漏浆、不吸水,便于装卸,混凝土不应离析。

水下混凝土一般用钢导管灌注,导管内径为200~350mm,视桩径大小而定。导管使用前应进行水密承压和接头抗拉试验,严禁采用压气试压。进行水密试验的水压不应小于孔内水深1.3倍的压力,也不应小于导管壁和焊缝可能承受灌注混凝土时最大内压力P的1.3倍。

导管应自下而上顺序编号,单节导管做好标示尺度,导管吊装设备能力应充分满足施工要求。导管应定时进行水密试验,以确保桩基施工质量。

灌注水下混凝土时,混凝土拌合物运至灌注地点时,应检查其均匀性和坍落度等,如不符合要求,应进行第二次拌和,二次拌和后仍不符合要求时,不得使用。首批混凝土的数量应能满足导管首次埋置深度(≥1.0m)和填充导管底部的需要。首批混凝土拌合物下落后,混凝土应连续灌注,导管的埋置深度宜控制在2~6m。在灌注过程中,特别是潮汐地区和有承压力地下水地区,应注意保持孔内水头;应经常测探井孔内混凝土面的位置,及时调整导管埋深。

为防止钢筋骨架上浮,当灌注的混凝土顶面距钢筋骨架底部1m左右时,应降低混凝土的灌注速度。当混凝土拌合物上升到骨架底口4m以上时,提升导管,使其底口高于骨架底部2m以上,即可恢复正常灌注速度。灌注的桩顶高程应比设计高程高出一定高度,一般不小于0.5m,以保证混凝土强度,多余部分接桩前必须凿除,桩头应无松散层。在灌注将近结束时,应核对混凝土的灌入数量,以确定所测混凝土的灌注高度是否正确。

钻孔桩水下混凝土的质量要求:

a.强度应不低于设计强度。并按设计及《公路桥涵施工技术规范》(JTG/T 3650—2020)中的规定对桩身完整性与质量进行检验。

b.桩身混凝土无断层或夹层,钻孔桩桩底不高于设计高程,桩底沉淀厚度不大于设计规定。应仔细检查分析所有桩径的混凝土灌注记录,并用无破损方法检验桩身,如果其中某些桩的质量可疑,则应以地质钻机钻通全桩取芯样,检查该桩有无夹泥、断桩、混凝土质量松软,并做芯样的抗压强度试验。

c.桩头凿除预留部分无残余松散层和薄弱混凝土层,需嵌入承台内的桩头及锚固钢筋长度符合规范要求。

在质量检查中,如发现断桩或其他重大质量事故,应会同有关部门共同研究提出处理方案。在处理过程中,应做详细记录。处理完毕后,再做一次检查,合格后方可进行下一道工序的施工。

（3）挖孔桩施工

挖孔灌注桩适用于无地下水或少量地下水,且较密实的土层或风化岩层。挖孔桩直径不应小于120cm,挖孔的深度不宜大于15m,孔深大于10m时必须强制采取机械通风措施。

挖孔过程中,应经常检查桩孔尺寸、平面位置和竖轴线倾斜情况,如有偏差应随时纠正。若孔内产生的空气污染物超过《环境空气质量标准》（GB 3095—2012）规定的三级标准浓度限值时,必须采取通风措施,方可采用人工挖孔施工。

①挖孔桩施工的技术要求

a.挖孔施工应根据工程地质和水文地质条件,因地制宜选择孔壁支护方案报批,并应经过计算,确保施工安全并满足设计要求。

b.孔口处应设置高出地面至少300mm的护圈。

c.人工挖孔桩施工时相邻两桩孔间净距离不得小于3倍桩径,当桩孔间距小于3倍桩径时必须间隔交错跳挖。

d.桩孔必须挖一节、浇筑一节护壁,地质较好的护壁高度一般为1m,严禁只挖不及时浇筑护壁的冒险作业。对软弱地层、涌水、涌沙地层,护壁段高可减少为0.3~0.5m一段。

e.挖孔弃土要及时转运,距井口四周5m范围内不得堆积余土杂物;禁止任何车辆在桩孔边5m内行驶。

f.挖孔达到设计深度后,应进行孔底处理。必须做到孔底表面无松渣、泥、沉淀土。如地质复杂,应探明孔底以下地质情况是否能满足设计要求,否则应与监理、设计单位研究处理。

②挖孔桩施工的安全要求

a.挖孔作业应详细了解工程地质、水文地质条件,不得盲目施工。

b.施工前应制订专项安全技术方案,并应对作业人员进行安全技术交底。

c.每作业班组不得少于3人,作业人员必须身体健康,井下作业人员必须佩戴安全帽、安全带,安全绳必须系在孔口。

d.井孔内设100W防水带罩灯泡照明,电压为12V低电压,电缆为防水绝缘电缆。

e.人工挖孔作业时,应经常检查孔内空气情况。孔内遇到岩层需爆破时,应专门设计,宜采用浅眼松动爆破法,严格控制用药量并在炮眼附近加强支护,孔深大于5m时必须采用电雷管爆破,并按《爆破安全规程》（GB 6722—2014）中的有关规定办理。孔内爆破后应先通风排烟15min并经检查无有害气体后,施工人员方可下井继续施工。

③挖孔桩混凝土灌注施工

当孔内有积水时应按水下混凝土灌注方法进行施工,此时超灌混凝土宜高出设计桩顶高程1.0~1.5m;若孔内无积水可按干施工法进行混凝土施工,并用插入式振动棒振捣密实。

3. 沉井施工

(1) 沉井施工前的准备

沉井施工前,应探明地层,调查水文气象资料。并根据设计文件提供的工程地质和水文地质资料及现场的实际情况决定是否补充地质钻探,对洪汛、凌汛、河床冲淤变化、通航及漂流物等进行调查,制订专项施工技术方案。需要在施工中度汛、度凌的沉井,应制订防护措施,保证安全。对水中特大沉井的施工,应在施工前进行河床冲淤变化和防护的数学模型分析计算,必要时应进行物理模型的模拟试验。

沉井下沉前,应对周边的堤防、建筑物和施工设备采取有效的防护措施,并应在下沉过程中,对其沉降及位移进行监测。

(2) 沉井制作

① 就地制作

沉井位于浅水或可能被水淹没的岸滩上时,宜就地筑岛制作;位于无水的陆地时,若地基承载力满足设计要求,可就地整平夯实形成平台制作,地基承载力不足时应对地基采取加固措施;在地下水位较低的岸滩,若土质较好时,可在开挖后的基坑内制作。制作沉井的岛面、平台面和开挖基坑的坑底高程,应比施工期可能的最高水位(包括波浪影响)高出 0.5~0.7m;有流冰时,应再适当加高。

在水中筑岛应符合明挖扩大基础与基坑施工相关要求,尚应符合下列规定:

a. 筑岛的尺寸应满足沉井制作及抽垫等施工的要求,对无围堰的筑岛,应在沉井周围设置不小于 1.5m 宽的护道;有围堰的筑岛其护道宽度需经设计计算确定。

b. 筑岛材料应采用透水性好、易于压实的砂性土或碎石土等,且不应含有影响岛体受力及抽垫下沉的块体。在斜坡上筑岛时应进行设计计算,并应有抗滑措施;在淤泥等软土上筑岛时,应将软土挖除,换填或采取其他加固措施。

c. 岛面及地基承载力应满足设计要求,无围堰筑岛的临水面坡度宜为 1:1.75~1:3。在施工期内,应采取必要的防护措施保证岛体的稳定,坡面、坡脚不应被水冲刷损坏。

② 在支垫上立模制作

在支垫上立模制作钢筋混凝土沉井底节时,应符合下列规定:

a. 支垫的布置应满足设计要求并应使抽垫方便。支垫顶面应与钢刃脚底面紧贴,应使沉井重力均匀分布于各支垫上。模板及支撑应具有足够的强度和刚度。内隔墙与井壁连接处的支垫应连成整体,底模应支承于支垫上,并应防止不均匀沉陷;外模应平直且光滑。

b. 沉井的混凝土强度满足抽垫后受力要求时方可将支垫抽除。支垫应分区、依次、对称、同步地向沉井外抽出,并应随抽随用砂土回填捣实;抽垫时应防止沉井偏斜。定位支点处的支垫,应按设计要求的顺序尽快抽出。

c. 沉井的分节制作高度,应能保证其稳定,且应具有适当重力,以便于顺利下沉。底节沉井的最小高度,应能抵抗拆除支垫后的竖向挠曲,土质条件许可时,可适当增加高度。混凝土浇筑前应检查沉井纵、横向中轴线位置是否符合设计要求。

③ 钢沉井制作

钢沉井制作除应符合钢结构施工相关要求外,尚应符合下列规定:

a. 钢沉井宜在工厂内加工,并应根据设计文件编制制造工艺,绘制加工图和拼装图。

b. 钢沉井的分段、分块吊装单元应在胎架上组装、施焊。

c. 首节钢沉井应在坚固的台座上或支垫上进行整体拼装,台座表面的高度误差应小于

4mm,并应有足够的承载能力,在拼装过程中不得发生不均匀沉降。

(3)沉井浮运与就位

位于深水中的沉井,宜采用浮式沉井。浮式沉井的制作应根据沉井规模、河岸地形、设备条件等,进行技术经济比较,确定制作场地及下水方案。在浮船上或支架平台上制作沉井时,浮船、支架平台的承载力应满足制作的要求。

沉井的浮运、就位应符合下列规定:

①沉井的浮运宜在气象和水文条件有利于施工时,以拖轮拖运或绞车牵引进行。在水深和流速大的河流,可在沉井两侧设置导向船增加其稳定性。在浮运、就位的任何时间内,沉井露出水面的高度均不应小于1m,并应考虑预留防浪高度或采取防浪措施。

②就位前应对所有缆绳、锚链、锚碇和导向设备进行检查调整,使就位工作能顺利进行,并应考虑水位涨落对锚碇的影响。布置锚碇体系时,应使锚绳受力均匀,并应采取适当措施避免导向船和沉井产生过大摆动或折断锚绳。

(4)沉井下沉与着床

①沉井下沉

应根据水文、地质情况和沉井的结构特点确定其下沉的施工方法,并应按照下沉的不同工况进行必要的验算。沉井下沉应符合下列规定:

a. 宜采用不排水的方式除土下沉。在稳定的土层中,可采用排水方式除土下沉,但应有安全措施,防止发生事故。下沉沉井时,不宜采用爆破方法除土;在特殊情况下必须采用爆破方法时,除应得到批准外,还应严格控制药量。爆破作业应严格遵守《爆破安全规程》(GB 6722—2014)的规定。

b. 下沉过程中,宜对下沉的状况进行动态化、信息化管理,应随时掌握土层情况,进行下沉的监测和控制,及时分析和检验土的阻力与沉井重力的关系,采取最有利的下沉措施。下沉通过黏土胶结层或沉井自身重力偏轻下沉困难时,可采用井外高压射水、降低井内水位等方法助沉;在结构受力容许的条件下,亦可采用压重或接高沉井等方法助沉;在土层条件适宜的情况下,可采用空气幕、泥浆润滑套等方法助沉。

c. 正常下沉时,应自井孔中间向刃脚处均匀对称除土。采取排水除土下沉的底节沉井,对设计支承位置处的土,应在分层除土中最后同时挖除;由数个井室组成的沉井,应控制各井室之间除土面的高差,使下沉不发生倾斜,并应避免内隔墙底部在下沉时受到下面土层的顶托。采用吸泥吹砂等方法下沉时,必须备有向井内补水的设施,应保持井内外的水位平衡或井内水位略高于井外水位;吸泥吹砂在井内应均匀进行,防止局部吸吹过深导致沉井偏斜。

d. 下沉时应随时进行纠偏,保持竖直下沉,每下沉1m至少应检查1次;当沉井出现倾斜时,应及时校正。下沉至设计高程以上2m左右时,应适当放慢下沉速度并控制井内的除土量和除土位置,使沉井能平稳下沉,准确就位。

②沉井着床

浮式沉井在水中下沉时,除应充分考虑风力、浮力、水流压力、波浪力、冰压力等对沉井的作用外,尚应符合下列规定:

a. 浮运准确定位并接高后,应向井壁腔格内对称、均衡地灌水,使沉井迅速落至河床着床。

b. 沉井在水中下沉和着床时,应随时监测由于沉井下沉的阻力和压缩流水断面后引起流速增大而造成的河床局部冲刷及因冲淤引起的土面高差,必要时可在沉井位置处采用卵石、碎石垫填整平,改变河床上的粒径,减小冲刷深度,增加沉井着床后的稳定;或在着床后利用沉井外弃土进行调整,但对沉井外的弃土地点应合理安排,避免对沉井形成偏压;沉井着床后在土层中的下沉应符合相关规定。

c.沉井下沉到倾斜岩层上时,应将岩层表面的松软层或风化层凿去并整平,沉井刃脚的2/3以上宜嵌搁在岩层上,嵌入深度最小处不宜小于0.25m,其余未到岩层的刃脚部分,可采用袋装混凝土等填塞缺口。对刃脚以内井底岩层的倾斜面,应凿成台阶或榫槽后,清渣封底。

③沉井接高

a.接高前应将沉井的倾斜纠正到允许偏差范围内,并不得将刃脚下部的土层掏空,接高各节的竖向中轴线应与前一节的中轴线相重合。接高加重应均匀、对称地进行,并应采取措施防止沉井在接高过程中发生倾斜。

b.沉井在地面上接高时,井顶露出地面不应小于0.5m。水上沉井接高时,井顶露出水面不应小于1.5m,且在接高过程中,应采取措施保持沉井的入水深度不变;带气筒的浮式沉井,对气筒应加防护。

(5)基底检验与沉井封底

沉井下沉至设计高程后,应检验基底的地质情况是否与设计相符。不排水下沉的沉井基底面应整平,基底为岩层时,岩面残留物应清除干净,清理后有效面积不得小于设计要求,岩面倾斜时的处理应符合规定;排水下沉沉井的基底处理应符合有关规定。井壁隔墙及刃脚与封底混凝土接触面处的泥污亦应清除干净。对下沉至设计高程后的沉井尚应进行沉降观测,沉降稳定且满足设计要求后方可封底。

沉井基底检验合格及沉降稳定后,应及时封底。不排水下沉的沉井应采用水下混凝土进行封底;对排水下沉的沉井,基底渗水的上升速度不大于6mm/min时,可按普通混凝土的浇筑方法进行封底,但应设置引流排水设施,及时排除明水,且应采取可靠措施使混凝土强度在达到5MPa前不受压力水的作用;渗水上升速度大于上述规定时,宜采用水下混凝土进行封底。沉井的封底如设计为水下压浆混凝土时,应按设计要求施工。

沉井的混凝土封底厚度应根据基底的水压力和地基土的向上反力经计算确定,且封底混凝土的顶面高度应高出刃脚根部0.5m及以上。封底混凝土的强度等级不应低于C25。

沉井的水下混凝土封底宜全断面一次连续灌注完成;对特大型沉井,可划分区域进行封底,但任一区域的封底工作均应一次连续灌注完成。

封底混凝土在灌注过程中发生事故或对封底施工的质量有疑问时,应对其进行检查鉴定,必要时可钻孔取芯检验。

不排水封底的沉井,应在封底混凝土强度满足设计要求后方可进行井内抽水,然后进行下一道工序。

4.地下连续墙施工

地下连续墙是利用挖槽机械,借助于泥浆护壁,在地下挖出一条窄而深的沟槽,并在槽内施工钢筋混凝土等合适材料,形成一道具有防渗(水)、挡土和承重功能的、连续的地下墙体。地下连续墙施工一般包括挖槽、下放钢筋笼、浇筑混凝土和槽段间的连接四个主要工序。

(八)桥梁下部结构的主要施工技术

1.桥梁承台施工

(1)围堰及开挖方式的选择

当承台处于干处时,一般直接采用明挖基坑,并根据基坑状况采取一定措施后,在其上安装模板,浇筑承台混凝土。当承台位于水中时,一般先设围堰(钢板桩围堰、套箱围堰、双壁钢围堰等)将群桩围在堰内,然后在堰内河底灌注水下混凝土封底,凝结后,将水抽干,使各桩处于干处,再安装承台模板,在干处灌注承台混凝土。围堰的形式根据地质情况、水深、流速、设备条件等因素综合考虑。

(2)开挖基坑

①基坑开挖一般采用机械开挖,并辅以人工清底找平,基坑的开挖尺寸要求根据承台的尺寸、支模及操作的要求、设置排水沟及集水坑的需要等因素进行确定。

②基坑的开挖坡度以保证边坡的稳定为原则,根据地质条件、开挖深度、现场的具体情况确定,当基坑壁坡不易稳定或放坡开挖受场地限制,或放坡开挖工作量大且不经济时,可按具体情况采取加固坑壁措施,如挡板支撑、混凝土护壁、钢板桩、锚杆支护、地下连续墙等。

③基坑顶面应采取防止地面水流入基坑的措施,如设置截水沟等。

④当基坑地下水采用普通排水方法难以解决时,可采用井点法降水,井点类型根据其土层的渗透系数、降水的深度及工程的特点进行确定。

(3)承台底的处理

①当承台底层土质有足够的承载力,且无地下水或地下水能排干时,可按天然地基上修筑基础的施工方法进行施工。当承台底层土质为松软土,且能排干水施工时,可挖除松软土,换填10~30cm厚的砂砾土垫层,使其符合基底的设计高程并整平,再立模灌注承台混凝土。如不能排干水时,用静水挖泥方法换填水稳性材料,立模灌注水下混凝土封底后,再抽干水灌注承台混凝土。

②当承台底以下河床为松软土时,可在板桩围堰内填入砂砾至承台底面高程。填砂时视情况,可抽干水填入或静水填入,要求能承受灌注封底混凝土的重量。当底层土承载力小于$0.15H$ kg/cm²[H为水中封底混凝土厚度(m)],而围堰内水不易排干,填砂砾尚不能支承封底混凝土的重量时,则应考虑提请监理和设计单位进行变更设计或降低承台到能承受封底混凝土重量的土层上,或提高承台采用吊箱围堰施工。

③当承台底位于河床以上的水中时,采用有底吊箱或其他方法在水中将承台模板支撑和固定,如利用桩基或临时支撑。承台模板安装完毕后抽水、堵漏,即可在干处灌注承台混凝土。

(4)模板及钢筋

①在设置模板前应按前述做好承台底的处理工作,破除桩头,调整桩顶钢筋,做好喇叭口。模板一般采用组合钢模,纵、横楞木采用型钢,在施工前必须进行详细的模板设计,以保证模板具有足够的强度、刚度和稳定性,能可靠地承受施工过程中可能产生的各项荷载,保证结构各部形状、尺寸的准确。模板要求平整,接缝严密,拆装容易,操作方便。一般先拼成若干大块,再由吊车或浮吊(水中)安装就位,支撑牢固。

②钢筋的制作严格按技术规范及设计图纸的要求进行,墩身的预埋钢筋位置要准确、牢固。

(5)混凝土的浇筑

①混凝土的配制除要满足技术规范及设计图纸的要求外,还要满足施工的要求,如泵送对坍落度的要求。为改善混凝土的性能,根据具体情况掺加合适的混凝土外加剂,如减水剂、缓凝剂、防冻剂等。

②混凝土采用搅拌站集中拌和,混凝土罐车通过便桥或船只运输到浇筑位置,采用流槽、

漏斗或泵车浇筑。也可由混凝土地泵直接在岸上泵入。

③混凝土浇筑时要分层,分层厚度要根据振捣器的功率确定,满足技术规范的要求。

④大体积混凝土的浇筑除遵照一般混凝土施工的要求外,还应符合大体积混凝土的技术要求。

(6)混凝土养护和拆模

混凝土浇筑后要适时进行养护,体积较大、气温较高时要尤其注意,防止混凝土开裂。混凝土强度达到拆模要求后再进行拆模。

(7)深水承台施工的注意要点

①深水桩基础的承台一般均为大体积钢筋混凝土施工,必须采取温度控制及防裂措施。

②混凝土中可掺入粉煤灰,当加入粉煤灰后其强度龄期可按60d或90d计。

③处于最低水位以下的承台,特别是设计将围堰作为模板时,由于承台的施工偏差难以控制,必须在施工时考虑相应的控制措施。

④浇筑水下封底混凝土可以直接泵送,亦可采用灌注水下混凝土的导管法进行。对于重要的、大体积的承台最好不要采用普通混凝土和泵送混凝土,应采用水下不离析混凝土。采用导管法时要注意扩散范围,经验值可取6m。

⑤对围堰封底应全断面一次连续浇筑,并在整个封底混凝土初凝前完成浇筑。

⑥承台混凝土浇筑采用低热水泥和良好的粗、细集料,掺加合格的粉煤灰和适当的外加剂,使拌合物具有和易性好、可泵性好、初凝时间长、坍落度损失小等特性。

⑦混凝土浇筑应一次连续完成。对于二次浇筑的施工缝,除凿毛外还应增设凹型榫槽,并埋设槽钢或工字钢,以增强其整体性。分层浇筑时,上下层浇筑间隔不能过长,以免后浇的混凝土出现裂缝。

2. 桥梁墩台施工

(1)钢筋混凝土墩台

①模板组装前,应在基础顶面放出墩、台中线及实样。

②钢筋施工除应符合规范相关规定外,尚应符合下列规定:

a.对高度大于30m的桥墩,在钢筋安装时宜设置劲性骨架。

b.钢筋施工时其分节高度不宜大于9m,以确保施工安全。

c.下一节段钢筋绑扎时,上一级混凝土强度应达到2.5MPa以上。

③模板制作安装与脚手架施工除应符合规范相关规定外,尚应符合下列规定:

a.高墩施工宜采用翻转模板、爬升模板或滑升模板。

b.模板采用分段整体吊装时,应连接牢固,保证其整体性,可视吊装能力确定分段尺寸。

c.高墩施工时,应严格控制首节模板安装平面位置和竖直度,模板安装过程中必须采取可靠的调整措施,以保证高墩的垂直度满足规范的要求。

d.钢筋与模板之间保持间距的垫块,厚度不允许有负偏差,正偏差不得大于5mm。

e.模板在安装过程中,必须设置防倾覆设施,对高度大于30m的桥墩或风力较大的地区,应设置风缆。

f.墩台身施工时应搭设脚手架工作平台,上铺木板,下挂安全网,周围设扶手栏杆。

④混凝土从拌和站运送到现场的水平运输宜采用混凝土罐车;垂直运输可采用各种吊机与吊斗结合的方式;高墩或混凝土数量大以及浇筑速度快时,可采用汽车泵或混凝土输送泵输送。

⑤混凝土浇筑施工应符合规范相关规定,墩、台身如属大体积混凝土,应按大体积混凝土施工的有关规定办理。混凝土浇筑时,串筒、溜管等布料点的布置应方便摊铺和振捣需要,并应明确划分工作区域。在每级混凝土浇筑前,应将已浇混凝土表面进行凿毛处理,并将其表面的松散层、石屑等清扫干净,再修整连接钢筋。

采用滑升模板浇筑桥墩混凝土时,还应符合下列规定:

a.宜采用低流动度或半干硬性混凝土。

b.浇筑应分层分段进行,各段应浇筑到距模板上口不小于100～150mm的位置为止。若为排柱式墩台,各立柱应保持进度一致。

c.应采用插入式振动器振捣。

d.为加快模板提升时间,可掺入一定数量的早强剂。

e.在滑升中须防止千斤顶或油管接头在混凝土或钢筋材料上漏油。

f.每一整体结构的浇筑应连续进行,若因故中途停工,应按施工缝处理。

g.混凝土脱模时的强度宜为0.2～0.5MPa,脱模后如表面有缺陷时,应及时予以修补。

⑥墩、台顶表面收浆后,应及时养护,养护须采用淡水。缺乏淡水时,应涂养护剂或采用塑料薄膜覆盖进行养护。用塑料薄膜养护时,模板拆除后应先将混凝土表面用清水浇湿,再用薄膜将该节墩、台身包裹严密,养护时间不得少于7d。

⑦混凝土应分层、整体、连续浇筑,逐层振捣密实,轻型墩台需设置沉降缝时,缝内要填塞沥青麻絮或其他弹性防水材料,并与基础沉降缝保持顺直贯通。

⑧混凝土浇筑时要随时检查模板、支撑是否松动变形,预留孔、预埋支座钢板是否移位,发现问题要及时采取补救措施。

⑨浇筑轻型薄壁墩台时,为防止出现混凝土裂缝,施工时应认真进行混凝土配合比设计,严格计量投料,精心施工,重视养护。为保持其墙体的稳定,混凝土浇筑后,要抓紧安排支撑梁混凝土的施工,以及上部构件的吊装,使整个构件尽早形成受力框架。

⑩高大的后仰桥台,为平衡偏心,应在浇筑台身混凝土之后,及时填筑台后路堤土方,防止桥台后倾或前滑。未经填土的台身露出地面的高度不得超过4m,以防因偏心造成基底的不均匀沉陷。

(2)石砌墩台施工

①石料与砂浆

石砌墩台系用片石、块石及粗料石以水泥砂浆砌筑,石料与砂浆的规格要符合有关规定。浆砌片石一般适用于高度小于6m的墩台身、基础、镶面以及各式墩台身填腹;浆砌块石一般用于高度大于6m的墩台身、镶面或应力要求大于浆砌片石砌体强度的墩台;浆砌粗料石则用于磨耗及冲击严重的分水体及破冰体的镶面工程以及有整齐、美观要求的桥墩台身等。

②石砌墩台施工一般要求

a.砌块在使用前必须浇水湿润,表面如有泥土、水锈,应清洗干净。

b.砌筑基础的第一层砌块时,如基底为岩层或混凝土基础,应先将基底表面清洗、湿润,再坐浆砌筑;如基底为土质,可直接坐浆砌筑。

c.砌体应分层砌筑,砌体较长时可分段分层砌筑,但两相邻工作段的砌筑差一般不宜超过1.2m;分段位置尽量设在沉降缝、伸缩缝处,各段水平砌缝应一致。

d.各砌层应先砌外圈定位行列,然后砌筑里层,外圈砌块应与里层砌块交错连成一体。位于流冰或有重大漂浮物河中的墩台,砌体外露面镶面宜选用较坚硬的石料或高强度混凝土预制块进行镶砌。砌体里层应砌筑整齐,分层应与外圈一致,应先铺一层适当厚度的砂浆再安放砌块和填塞砌缝。砌体外露面应进行勾缝,并应在砌筑时靠外露面预留深约20mm的空缝备作勾缝之用。砌体隐蔽面砌缝可随砌随刮平,不另勾缝。

e. 各砌层的砌块应安放稳固,砌块间应砂浆饱满,黏结牢固,不得直接贴靠或脱空。砌筑时,底浆应铺满,竖缝砂浆应先在已砌石块侧面铺放一部分,然后在石块放好后用砂浆填满捣实。用小石子混凝土填竖缝时,应以扁铁捣实。

f. 砌筑上层块时,应避免振动下层砌块。砌筑工作中断后恢复砌筑时,已砌筑的砌层表面应加以清扫和湿润。

(九)桥梁上部结构的主要施工技术

(1)逐段悬臂平衡施工:平衡悬臂施工可分为悬臂浇筑法与悬臂拼装法施工,前者是当桥墩浇筑到顶以后,在墩顶安装脚手钢桁架,并向两侧伸出悬臂以供垂吊挂篮使用,实施悬臂浇筑(挂篮是主要施工设备);后者是将梁逐段分成预制块件进行拼装,穿束张拉,自成悬臂。

(2)逐孔施工:有两种方式,一种方式是预制拼装法,分为两种方法:预制简支梁逐孔拼装,支点现浇成连续;预制单悬臂梁逐孔拼装,接头现浇成连续。另一种方式是现浇法,即采用满堂支架或少支架梁式移动支架进行现浇。

(3)顶推法施工:按顶推装置和顶推工作可分为单点顶推和多点顶推法,前者只在桥台附近设置一处顶推装置;后者除桥台处外,在各桥墩(或包括临时墩)顶部均设顶推装置。采用多点顶推时,各个顶推装置的顶推力较单点顶的小,桥墩所受水平推力也较小,但各顶推装置应同步运行。

(4)转体施工:按转动方向分为竖向转体施工法和平面转体施工法。竖向转体施工法是在竖直位置浇筑构件混凝土,或者单孔拱桥利用桥台两岸斜坡地形作支架浇筑拱肋混凝土,然后再从两边逐渐放倒预制部件搭接成桥,适用于中小跨径桥梁;平面转体施工法是利用两岸地形支架现浇或预制拼装拱肋(主梁),扣索锚固在拱肋(主梁)端部,液压千斤顶收紧扣索使拱肋(主梁)脱模,借助铺有四氟乙烯板或其他润滑材料和钢件的环形滑道,千斤顶牵引使拱肋(主梁)平面转体180°左右合龙,最后再进行主拱圈和拱上建筑的施工,适用于大中跨径桥梁。

(5)缆索吊装施工:利用悬挂在塔架上的缆索起吊预制构件,将其运输到吊装部位并加以拼装。缆索吊装设备,按其用途和作用可以分为主索、工作索、塔架和锚固装置四个基本组成部分。其中主要机具设备包括主索、起重索、牵引索、结索、扣索、缆风绳、塔架(包括索鞍)、地锚(地龙)、滑轮、电动卷扬机或手摇绞车等。

(十)大跨径桥梁施工

1. 拱桥施工

(1)现浇混凝土拱圈

浇筑拱圈混凝土时,应严格按照预先制订的浇筑程序对称于拱顶进行浇筑,并应控制两端的浇筑速度,避免产生过大的偏差。分段浇筑时,各分段内的混凝土宜一次连续浇筑,因故中断时,应浇筑成垂直于拱轴线的施工缝;如已浇筑成斜面,应凿成垂直于拱轴线的平面或台阶式结合面。

大跨径钢筋混凝土箱形拱圈采用在拱架上组装部分预制部件然后现浇混凝土的方法进行

施工时,组装和现浇均应从两拱脚向拱顶对称进行。箱形拱圈的底板施工时,应按拱架的变形情况设置间隔缝,缝内的混凝土应在底板合龙时浇筑;拱圈的底、腹板混凝土强度达到设计强度的85%后方可安装盖板,铺设钢筋,现浇顶板混凝土。

(2)劲性骨架浇筑拱圈

劲性骨架混凝土拱桥施工程序包括劲性骨架安装,灌注管内混凝土,灌注钢管管外包混凝土,从而形成钢筋混凝土结构。在这种结构中,先期形成的钢管和钢管混凝土是作为施工的劲性骨架而起作用的,在成桥后,劲性骨架也参与结构受力,但钢管混凝土的结构布置和截面大小一般是由施工受力控制的。

劲性骨架混凝土拱桥的外包拱圈以钢管混凝土劲性骨架为依托,利用吊挂模板浇筑,并按照横向分块、纵向分环和分段的原则外包混凝土。劲性骨架单独承担拱圈第一环的混凝土重力,随后各环混凝土的重力由先期浇筑的混凝土环与劲性骨架形成的组合结构共同承担。

大跨径劲性拱圈混凝土拱圈(拱肋)的浇筑,可采用分环多工作面均衡浇筑法、水箱压载分环浇筑法和斜拉扣挂分环连接浇筑法。浇筑前应进行加载程序设计,正确计算和分析钢骨架以及钢骨架与先期混凝土层联合结构的变形、应力和稳定安全度,并在施工过程中进行监控。

(3)装配式混凝土、钢筋混凝土拱圈

装配式混凝土、钢筋混凝土拱圈适用于箱形拱、肋拱及箱肋组合拱(以下均称箱形拱)的少支架或无支架施工。

①无支架安装拱圈

构件拼装应结合桥梁规模、河流、地形及设备等条件采用适宜的吊装机具,各项机具设备和辅助结构的规格、型号、数量等均应按有关规定经过设计计算确定。缆索吊机在吊装前必须按规定进行试拉和试吊。

拱肋吊装时,除拱顶段以外,各段应设一组扣索悬挂。

扣架的布置应符合下列规定:

a.扣架一般设在墩、台顶上,扣架底部应固定,架顶应设置风缆。

b.各扣索位置必须与所吊挂的拱肋在同一竖直面内。

c.扣架上索鞍顶面的高程应高于拱肋扣环高程。

d.扣架应进行强度和稳定性验算。

②转体施工安装方法

a.平转施工主要适用于刚构梁式桥、斜拉桥、钢筋混凝土拱桥及钢管拱桥。竖转施工主要适用于转体重量不大的拱桥或某些桥梁预制部件(塔、斜腿、劲性骨架)。

b.混凝土拱肋、刚架拱、钢管混凝土拱,当地形、施工条件适合时,可选择竖转法施工。其转动系统由转动铰、提升体系(动、定滑轮组,牵引绳等)、锚固体系(锚索、锚碇顶)等组成。

c.平、竖转结合。

③缆索吊装施工

缆索吊装法是在架设好的缆索吊装设备上设置两个跑车,下面连接起吊滑车组,跑车上安装前后牵引钢丝绳,牵吊预制构件到架设安装孔上方,下落、横移、就位、安装。在峡谷或水深流急的河段上,或在通航的河流上需要满足船只的顺利通行,缆索吊装由于具有跨越能力大、水平和垂直运输机动灵活、适应性广、施工比较稳妥方便等优点,在拱桥施工中被广泛采用。

④钢管混凝土拱

a. 钢管拱肋安装

钢管混凝土拱肋施工中最重要的工序之一就是拱肋安装,安装的方法有:无支架缆索吊装,少支架缆索吊装,整片拱肋或少支架浮吊安装,吊桥式缆索吊装,转体施工,支架上组装,千斤顶斜拉扣挂悬拼等。

钢管拱肋成拱过程中,应同时安装横向连接系,未安装连接系的不得多于一个节段,否则应采取临时措施确保横向稳定。节段间环焊缝的施焊应对称进行,施焊前需保证节段间有可靠的临时连接并用定位板控制焊缝间隙,不得采用堆焊。合龙口的焊接或栓接作业应选择在结构温度相对稳定的时间内尽快完成。

采用斜拉扣索悬臂拼法施工时,扣索与钢管拱肋的连接件应进行设计计算。扣索根据扣力计算采用多根钢绞线或高强钢丝束,其安全系数应大于2。

钢管混凝土拱桥的拱圈形成主要分两步,一是钢管拱圈形成,二是在管内灌注混凝土形成最终拱圈。钢管拱既是结构的一部分,又兼作浇筑管内混凝土的支架与模板。

b. 钢管内混凝土浇筑

管内混凝土浇筑可采用人工浇筑和泵送顶升压注两种方法,一般应采用泵送顶升压注施工,由两拱脚至拱顶对称均衡地一次压注完成。由于分段浇筑对于密封的钢管较为困难,且由此而产生的若干混凝土接缝对钢管混凝土拱肋质量不利。所以,一般采用自拱脚一次对称浇(压)筑至拱顶的方案。有腹箱的断面应先管后腹,除拱顶外不宜在拱肋内的其他部位设置横隔板。压注应连续进行,不得中断,直至拱顶端的溢流管排出正常混凝土时方可停止,溢流管的高度应为 1.5~2.0m。压注时尚应考虑上、下游拱肋的对称性和均衡性,并应将施工时间控制在 6~8h 内。

钢管混凝土压注工艺流程为:堵塞钢管法兰间隙→清洗管内污物、湿润内壁→安设压注头和闸阀→压注管内混凝土→从拱顶排浆孔振捣混凝土→关闭压注口处闸阀稳压→拆除闸阀完成压注。

钢管混凝土的质量检测方法应以超声波检测为主,人工敲击为辅。

为保证混凝土泵送工艺的顺利进行,对大跨径钢管混凝土拱桥,需按实际泵送距离和高度模拟混凝土压注试验。

(4)钢拱桥

钢拱桥可单构件安装或预拼成节段进行安装。当预拼成节段安装时,应防止节段在施工过程中产生过大的变形,必要时应采取临时加固措施增加其刚度。

拱肋节段间的安装应对称进行。拱肋的端头应设临时连接装置,安装时应先临时连接,之后再进行正式连接,并应对称施焊或栓接。

钢拱桥合龙时,合龙段的安装应符合设计规定,并应按设计要求采取相应的辅助措施;设计未规定时,对钢桁拱宜采用单构件安装合龙;对钢箱拱,应提前设置临时刚性连接再进行合龙杆件的焊接或栓接连接。

2. 斜拉桥施工

斜拉桥由梁、塔、索三种基本构件组成桥梁结构体系。斜拉桥又称斜张桥,是将主梁用斜拉索直接锚固在索塔上的一种桥梁,是由承压的塔、受拉的索和承弯的梁组合起来的一种结构体系,可看作是用拉索代替支墩的多跨弹性支承连续梁。这种布置形式可使梁体内弯矩减少,降低建筑高度,减轻结构自重,节省材料。斜拉桥作为一种拉索体系,比梁式桥的跨越能力更大,是大跨度桥梁的主要桥型。

斜拉桥的施工主要包括主塔的施工、主梁的施工、拉索的施工等。

(1)索塔

索塔的构造材料主要有钢结构、混凝土结构、预应力混凝土结构等。

①索塔施工方法及主要设备

索塔的施工可视其结构、体形、材料、施工设备和设计综合考虑选用合适的方法。裸塔施工宜采用爬模法,横梁较多的高塔宜采用劲性骨架挂模提升法。索塔施工采用的主要机械设备,一般为一台塔式起重机,一台施工电梯,以及混凝土浇筑设备、供水设备及混凝土养护设备等。塔式起重机可安装在两柱中间。混凝土的垂直运输一般采用泵送。泵管一般设在施工电梯旁,便于接管、拆管和采取降温或保温措施,或处理堵管等。

裸塔现浇施工主要采用翻模、滑模、爬模施工方法。

a.翻模:应用较早,施工简单,能保证几何尺寸(包括复杂断面),外观整洁。但模板高空翻转,操作危险,沿海地区不宜用此法。

b.滑模:施工速度快,劳动强度小,但技术要求高,施工控制复杂,外观质量较差,且易污染。一般倾斜度较大,预留孔道及埋件多的索塔不宜用此法。

c.爬模:爬模兼有滑模和翻模的优势,适用于斜拉桥一般索塔的施工。施工安全,质量可靠,修补方便。国内外大多采用此法。

②索塔施工要点

a.索塔的施工可视其结构、体形、材料、施工设备和设计综合考虑选用合适的方法。裸塔施工宜采用爬模法,横梁较多的高塔宜采用劲性骨架挂模提升法。

b.索塔的施工,除设置相应的塔式起重机外,还应设置工作电梯及安全通道。施工时应对其平面位置、断面尺寸、倾斜度、应力和线形等进行监测和控制。

c.斜拉桥施工时应避免塔梁交叉施工干扰,必须交叉施工时应根据设计和施工方法采取保证塔梁质量和施工安全的措施。

d.索塔横梁施工时应根据其结构、重量及支撑高度设置可靠的模板和支撑系统,考虑弹性和非弹性变形、支承下沉、温差及日照的影响,必要时应设支承千斤顶进行调控,体积过大的横梁可两次浇筑。

e.斜塔柱施工时,必须对各施工阶段塔柱的强度和变形进行计算,应分高度设置横撑,使其线形、应力、倾斜度满足设计要求并保证施工安全。

f.索塔混凝土现浇应选用输送泵施工,超过一台泵的工作高度时,允许接力泵送,但必须做好接力储斗的设置,并尽量降低接力站台的高度。

g.宜在索塔施工中设置劲性钢骨架,设置的劲性骨架应能起到保证钢筋架立、模板安装和拉索预埋导管空间定位精度的作用;劲性骨架应采用型钢制作,不得使用管材。

h.索塔施工组织设计中必须制订整体和局部的安全措施。

a)设置运输安全设施,如塔式起重机起重量限制器、断索防护器、钢索防扭器、风压脱离开关等。

b)防范雷击、强风、暴雨、寒暑、飞行器对施工的影响。

c)防范吊落和作业事故并有应急措施。

d)应对塔式起重机、支架安装、使用和拆除阶段的强度稳定等进行计算和检查。

i.必须避免上部塔体施工时对下部塔体表面的污染。

③索塔的施工测量

a.建立平面控制网,对常用点采取加固、防晒、防风措施。

b.塔底高程测定、塔底轴线与塔座模板轮廓点放样、上下塔柱及横梁模板各接高轮廓点的放样与高程测定。

c.塔柱基础沉降观测。

d.劲性骨架、锚索管与模板安置的调整测量。

e.考虑张拉引起的收缩偏位以及浇筑混凝土时产生下沉等原因,放样时在设计基础上加入预偏、沉降等。

(2)主梁

①主梁的特点及施工方法

由于斜拉桥主梁的支承形式为多点连续支承,而且支承间距小,与梁式桥相比,斜拉桥的主梁梁体高跨比较小,斜拉桥的主梁跨越能力大、建筑高度小,把斜拉索索力的水平分力作为轴力传递。主梁施工方法与梁式桥基本相同,大体分为顶推法、平转法、支架法(临时支墩拼装、支架上现浇)、悬臂法(悬臂拼装、悬臂浇筑)四种。

②主梁的施工要点

a.一般要求

a)主梁施工时必须进行施工控制,即对梁体每一施工阶段的结果进行详细的检测分析和验算,以确定下一阶段拉索张拉量值和主梁线形、高程及索塔位移控制量值,周而复始直至合龙成桥。

b)对设计为飘浮或半飘浮体系的斜拉桥,在主梁施工期间应使塔梁临时团结。

b.混凝土主梁

a)主梁零号段及其两旁的梁段,在支架和塔下托架上浇筑时,应消除温度、弹性和非弹性变形及支承等因素对变形和施工质量的不良影响。

b)采用挂篮悬臂浇筑主梁时,除应符合梁桥挂篮施工的有关规定外,还应按下列规定执行:

(a)挂篮的悬臂梁及挂篮全部构件制作后均应进行检验和试拼,合格后再于现场整体组装检验,并按设计荷载及技术要求进行预压,同时测定悬臂梁和挂篮的弹性挠度、调整高程性能及其他技术性能。

(b)挂篮设计和主梁浇筑时应考虑抗风振的刚度要求。

(c)拉索张拉时应对称同步进行,以减少其对塔与梁的位移和内力影响。

c)主梁采用悬拼时,除应遵守连续梁及斜拉桥主梁悬浇的有关规定外,还应按下列规定施工:

(a)梁段的预制可采用长线法或短线法台座。预制台座的设计应考虑主梁成桥线形的影响,并应保证预制梁段的截面尺寸能满足拼装的精度要求。预制梁段的混凝土端面应密实饱满,不得随意修补。

(b)对梁段拼装用的非定型桥面悬臂吊机或其他起吊设备,应进行专门设计并宜委托具有相应资质的专业单位加工制造,加工完成后应进行出厂质量验收。起吊设备在现场组装后应进行试吊,确认安全后方可用于正式施工。

(c)0号及其相邻的梁段为现浇时,在现浇梁段和第一节预制安装梁段间宜设湿接头,对湿接头结合面的梁段混凝土应进行凿毛并清洗干净。湿接头混凝土宜采用微膨胀低收缩混凝土,设计有规定时,应从其规定。

c.钢主梁

a)钢主梁应由资质合格的专业单位加工制作、试拼,经检验合格后安全运至工地备用。堆放应无损伤、无变形和无腐蚀。

b)钢梁制作的材料应符合设计要求。

c)应进行钢梁的连日温度变形观测对照,确定适宜的合龙温度及实施程序,并应满足钢梁安装就位时高强螺栓定位所需的时间。

d.钢—混凝土组合梁和混合梁

a)钢—混凝土组合梁预制桥面板在起吊、运输和安装时,应采取必要的措施防止对其造成碰撞、坠落等损伤而引起开裂,对吊点处的局部应力应进行验算。预制桥面板安装前,应将钢梁与桥面板的结合面及剪力连接装置表面清理干净;安装应遵循先预制先安装的原则,安装时不得因桥面板就位困难而随意破坏剪力连接装置。

b)各桥面板单元之间的湿接缝应采用微膨胀低收缩混凝土。湿接缝混凝土浇筑后的养护时间应不少于7d,对桥面板预应力钢束的张拉宜在混凝土龄期达7d后进行。

c)钢—混凝土组合梁中支承钢—混凝土结合段连接施工的支架,应进行专门设计。结合段在浇筑混凝土之前,应对混凝土梁的结合面进行严格凿毛,并将全部结合面清理干净,结合段宜采用微膨胀低收缩混凝土。

e.主梁合龙

a)应严格控制合龙前最后若干个悬臂施工梁段的高程、线形、轴线偏差及索力,使合龙口两侧主梁的自然相对偏差满足合龙的误差要求。

b)混凝土主梁和全焊钢主梁在合龙时,应按设计要求设置临时刚性连接,控制合龙口长度及主梁轴线与高程的变化。

c)主梁合龙施工期间,应对桥面上的临时施工荷载进行严格控制,不得随意施加除合龙施工需要的其他附加荷载。

d)主梁中跨合龙后,应按设计要求的程序在规定时间内拆除塔梁临时固结装置,保证结构体系的安全转换。

f.上部结构施工控制

斜拉桥的施工控制宜遵守以下原则:在主梁悬臂施工阶段以高程控制为主;二期恒载施工阶段以控制索力为主。施工监控测试的主要内容如下:

a)变形:主梁线形、高程、轴线偏差、索塔的水平位移。

b)应力:拉索索力、支座力以及梁塔应力在施工过程中的变化。

c)温度:温度场及指定测量时间内塔、梁、索温度的变化。

(3)拉索施工

①斜拉索防护

斜拉索是斜拉桥的主要受力构件,它的防护质量决定整个桥梁的安全和使用寿命。由于斜拉桥的拉索全部布置在梁体外部,且处于高应力状态,对锈蚀比较敏感,而锈蚀是斜拉桥劣化的起因。斜拉索防护可分为临时防护和永久防护两种,防护类型主要有以下几种:封闭索防护,平行索用塑料罩套保护,套管压浆法,预应力混凝土索套防护,直接挤压护套法。

②斜拉索的安装

a.放索及索的移动

将斜拉索运输到施工现场,通常采用类似电缆盘的钢结构盘,对于短索,也可采取自身成盘,捆扎后运输,放索方法主要有立式转盘和水平转盘放索。在放索和安索过程中,需要将斜拉索拖移,由于索自身弯曲或者与桥面直接接触,在移动中可能损坏斜拉索的防护层或损伤索股,因此,施工过程中必须采取措施予以保护,主要方法有滚筒法、移动平车法、导索法和垫层法等。

b. 斜拉索的安装

一般根据斜拉索张拉端的位置确定安装顺序,如果斜拉索张拉端设于塔部,则先安装梁部,反之则先于塔部安装,塔部安装锚固端的安装方法主要有吊点法、吊机安装法、脚手架法、钢管法,塔部安装张拉端的安装方法有分步牵引法和桁架床法,对于两端均为张拉端的斜拉索,可选用适宜的方法。梁部斜拉索的安装有吊点法和拉杆接长法,步骤与塔部安装相同。

3. 悬索桥施工

悬索桥是利用主缆和吊索作为加劲梁的悬吊体系,将荷载作用传递到索塔和锚碇的桥梁,具有跨越能力大、受力合理、能最大限度发挥材料强度、造价经济等特点,是跨越千米以上障碍物最理想的桥型。悬索桥主要结构由主缆、索塔、锚碇、吊索和加劲梁组成。

悬索桥下部工程包括锚碇基础、锚体和塔柱基础等的施工,上部工程包括主塔、主缆、吊索和加劲梁的施工。

悬索桥施工一般包括以下四个步骤:

(1)索塔、锚碇的基础工程施工,同时加工制造上部施工所需的构件。

(2)索塔、锚碇施工及上部施工准备。包括塔身及锚体施工、上部施工技术准备、机具和物资准备、预埋件等上部施工准备工作。

(3)上部结构安装。即缆索系统安装,包括主、散索鞍安装,先导索施工,猫道架设,主缆架设,紧缆,索夹安装,吊索安装,主缆缠丝防护等。

(4)桥面系施工。即加劲梁和桥面系施工,包括加劲梁节段安装、工地连接、桥面铺装、桥面系及附属工程施工、机电工程等。

悬索桥施工主要工序为:基础施工→塔柱和锚碇施工→先导索渡海工程→牵引系统和猫道系统→猫道面层和抗风缆架设→索股架设→索夹和吊索安装→加劲梁架设和桥面铺装施工。

(十一)桥梁施工控制

桥梁施工控制技术,就是把现代控制理论应用在桥梁施工工程中,确保施工过程中桥梁结构的内力、变形一直处于允许的安全范围内,确保最终桥梁实际变形和内力符合设计的要求。主要包括变形控制、应力控制、稳定控制和安全控制,而桥梁施工安全是变形控制、应力控制、稳定控制的综合体现。

1. 桥梁施工控制方法

桥梁施工控制方法可分为事后控制法、预测控制法、自适应控制法和最大宽容度控制法几种。

①事后控制法是指在施工中,当已成结构状态与设计要求不符时,可通过一定手段对其进行调整,使之达到要求,这种方法现已应用不多。

②预测控制法是在考虑施工方案和影响桥梁状态的诸因素而确定桥梁的应变和应力的理想状态后(称控制理想状态),针对施工过程中由于实际情况和假定诸因素之间不一致而产生

误差(这些误差值由监测测试系统反馈),在调试系统中进行修正,再给定下一步的数据,对结构的每一个施工阶段形成的前后的状态进行预测,使施工实际沿着预定的理想状态进行的控制方法。这种方法是采取纠偏终点控制的方法,即在施工过程中,对产生主梁线形偏差的因素跟踪控制,随时纠偏,最终达到理想线形,这种方法常用卡尔曼(Kalman)滤波法和灰色理论等。

③自适应控制法也称为参数识别修正法,是指在控制开始时,控制系统的某些设计参数与实际情况不完全相符,系统不能按设计要求得到符合实际的输出结果,但是在系统的运行过程中,通过系统识别或参数估算,不断修正参数,使设计输出与实际输出相符,从而得到控制。这种方法是应用现代控制理论中的自适应控制方法,即对施工过程中的高程和内力的实测值与预计值进行比较,对桥梁结构的主要基本设计参数进行识别,找出实测值与预计值(设计值)产生偏差的原因,从而对参数进行修正,达到双控的目的。

④最大宽容度控制法是误差的容许值法,即在设计时给予主梁高程和内力最大的宽容度,这种做法减少了控制的难度。

影响桥梁施工控制的因素主要有结构参数、施工误差、监测和结构分析计算模型、温度变化与材料收缩影响、徐变等。结构参数包括材料密度、结构部件截面尺寸、材料弹性模量、材料的热膨胀系数、施工荷载及预加应力或索力等,监测包括温度、应力和变形监测等内容。

2.各种桥梁的施工控制特点

施工控制最基本的要求是保证施工中的安全和结构恒载内力及结构线形符合设计要求。由于桥梁结构形式和施工方法有许多,对于具体某一座桥梁的施工控制又有其侧重点。

①斜拉桥施工时,在主梁悬臂浇筑或悬臂拼装过程中,确保主梁线形和顺、正确是第一位,施工中以高程控制为主。二期恒载施工时,为了保证结构的内力和变形处于理想状态,拉索再次张拉时以索力控制为主。所谓以高程控制为主,并非只控制主梁的高程,而不顾及拉索索力的偏差。施工中应根据结构本身的特性和施工方法的不同,采取相应的控制策略。若主梁刚度较小,斜拉索索力的微小变化将引起悬臂端挠度的较大变化,斜拉索张拉时应以高程测量为主进行控制,但索力张拉吨位不应超过容许范围,以确保施工安全。若主梁刚度较大,斜拉索索力变化很大,而悬臂端挠度的变化却非常有限,施工中应以拉索张拉吨位进行控制,然后根据高程的实测情况,对索力做适当的调整。此时高程、线形的控制主要是通过混凝土浇筑前底模高程的调整(悬臂浇筑方法)或预制块件接缝转角的调整(悬臂拼装方法)来实现的。

②悬索桥的主要承重结构是主索,主索在施工中是悬索桥吊装的主要承重结构,主索一经架好,它的长度和线形调整甚小,为了确保悬索内力和线形符合设计要求,主索的无应力长度(下料长度)要严格加以控制,尤其对基准束的尺寸要更加重视。对于加劲梁的拼装,为保证符合设计线形,吊杆的下料长度(无应力长度)又是一个控制重点。可以看出,为了使在无应力状态下结构各部分的尺寸准确无误,要有一个符合结构实际的计算程序。在施工过程中,除了主索和加劲梁外,对桥塔受力、索鞍偏移、吊杆和主索索股受力均匀性等应严加跟踪控制,保证实现应力和线形的双控。

③大跨度混凝土拱桥同样按安全、线形和恒载内力的要求进行施工控制。由于大跨度混凝土拱桥拱肋截面多为采用底板、侧板、顶板分次浇筑完成的组合截面,必然造成结构挠度和内力的重分布,为确保拱肋应力和变形符合设计要求,要严格进行双控,但拱肋的形成一般要靠劲性骨架进行浇筑,其拱肋各段是在工厂放样加工制作的(无应力长度),骨架一经合龙,以后无法进行大的调整,所以大跨度混凝土拱桥的施工控制,首先要把好骨架无应力长度控制这

一关,然后,做好拱肋混凝土浇筑的跟踪施工、控制,确保拱肋应力和高程符合要求。拱桥是以受压为主的结构,对于施工过程中结构的稳定性要给予关注。

④预应力混凝土连续梁或连续刚构相对斜拉桥而言,没有斜拉索,其施工控制与斜拉桥主梁相同。

凡是以悬臂浇筑或悬臂拼装施工的桥梁,都采用逐节段向前推进,因此施工控制中常采用逐节段跟踪控制的方法。

(十二)涵洞施工

1. 混凝土和钢筋混凝土圆管涵施工

(1)圆管涵施工主要工序

测量放线→基坑开挖→砌筑圬工基础或现浇混凝土管座基础→安装圆管→出入口浆砌→防水层施工→涵洞回填及加固。

(2)涵管预制

为保证涵管节的质量,管涵宜在工厂中成批预制,再运到现场安装,预制混凝土圆涵管可采用振动制管法、离心法、悬辊法和立式挤压法。在运输条件限制时,也可在现场就地制造。钢筋混凝土圆管成品应符合下列要求:

①管节端面应平整并与其轴线垂直。斜交管涵进出水口管节的外端面,应按斜交角度进行处理。

②管壁内外侧表面应平直圆滑,如有蜂窝,蜂窝处应修补完善后方可使用。

③管节各部尺寸不得超过规定的允许偏差。

④管节混凝土强度应符合设计要求。

⑤管节外壁必须注明适用的管顶填土高度,相同的管节应堆置在一处,以便于取用,防止弄错。

(3)安装管节时的注意事项

①应注意按涵顶填土高度取用相应的管节,管节检查合格后方可使用。

②各管节应顺流水坡度安装平顺,当管壁厚度不一致时应调整高度使内壁齐平,管节必须垫稳坐实,管道内不得遗留泥土等杂物。

③对插口管,接口应平直,环形间隙应均匀,并应安装特制的胶圈或用沥青、麻絮等防水材料填塞,不得有裂缝、空鼓、漏水等现象;对平接管,接缝宽度应不大于 10~20mm,禁止用加大接缝宽度来满足涵洞长度要求;接口表面应平整,并用有弹性的不透水材料嵌塞密实,不得有间断、裂缝、空鼓和漏水等现象。

2. 波形钢涵洞施工

(1)波形钢涵洞施工主要工序

测量放线→基坑开挖→管座基础施工→安装管身→出入口浆砌→涵洞回填及加固。

(2)波形钢涵洞施工要求

①波形钢管节、块件及连接螺栓宜采用定型产品。其管节和块件除应满足强度要求外,尚应具有足够的刚度,在运输和安装过程中应具备抵抗冲击的能力,以及在安装就位后填土夯实时仍可保持不产生较大变形的能力。

②波形钢管节、块件和连接螺栓均应做防腐处理。

③管节的地基应予压实,并应做成与管身弧度密贴的弧形管座,管座所采用的材料应匀质且无大石块等硬物。波形钢管不得直接置于岩石地基或混凝土基座上,应在管节和地基之间设置砂砾垫层或其他适宜的材料;对于软土地基,应先对其进行处理后,再填筑一层厚度不小于200mm的砂砾垫层并夯实紧密,方可安装管节;在寒冷地区,应对换填深度以及砂砾垫层材料的最大粒径和粉黏粒含量进行控制。

④波形钢管涵宜设置预拱度,其大小应根据地基可能产生的下沉量、涵底纵坡和填土高度等因素综合确定,但管涵中心的高程应不高于进水口的高程。

3. 倒虹吸管施工

(1) 倒虹吸管施工主要工序

测量放线→基坑开挖→基坑修整与检查→铺设砂垫层和现浇混凝土管座→安装管节→接缝防水施工→竖井、出入口施工→防水层施工→回填土及加固。

(2) 倒虹吸管施工注意事项

①倒虹吸管宜采用钢筋混凝土或混凝土圆管,进出水口必须设置竖井,包括防淤沉淀井。施工时管节接头及进出水口砌缝应特别严格,确保不漏水。填土覆盖前应做灌水试验,符合要求后方可填土。

②倒虹吸管如需在冰冻期施工时,应按冬期要求进行施工,并应在冰冻前将管内积水排出,以防冻裂。

③倒虹吸管的进出水口应在竣工后及时盖上。

④要求防渗漏的倒虹吸涵管须做渗漏试验,允许渗漏量应符合设计要求。

4. 拱涵、盖板涵施工

(1) 石拱涵或钢筋混凝土拱涵施工主要工序

测量放样→基坑开挖、排水及换填→混凝土基础或浆砌基础施工→拱涵涵身、台座立模灌注→支立拱架,安装拱模→对称灌注拱圈混凝土或浆砌拱圈→养护拱圈混凝土或砂浆强度达设计强度的85%→对称拆除拱架、拱模→施作防水层→涵顶对称填土夯实→出入口、八字墙等附属工程施工。

(2) 盖板涵(预制吊装)施工主要工序

测量放线→基坑开挖→下基础→浆砌墙身→现浇板座→吊装盖板→出入口浆砌→防水层施工→涵洞回填及加固。

(3) 拱涵、盖板涵的施工要求

①拱圈和出入口拱上端墙的施工,应由两侧向中间同时对称进行。

②钢筋混凝土、混凝土拱圈和盖板混凝土的现场浇筑施工宜连续进行,避免施工接缝,当涵身较长时,可沿长度方向分段进行浇筑,接缝应设在涵身沉降缝处。

③就地浇筑的拱涵和盖板涵,宜采用组合钢模板,在缺乏钢木材料的情况下,可采用全部土胎。

④拱圈砌筑砂浆或混凝土强度达到设计强度的85%时,方可拆除拱架,且在拱架拆除时应先完成拱脚以下部分回填土的填筑;达到设计强度后,方可进行拱顶填土。

⑤在拱架未拆除的情况下,拱圈砌筑砂浆或混凝土强度达到设计强度的85%时,可进行拱顶填土,但在拱圈强度达到设计强度后,方可拆除拱架。

(4) 预制拱圈和盖板的安装注意事项

①钢筋混凝土拱圈和盖板的预制,应按相关规范要求进行施工。预制涵洞盖板时,应注意

检查上下面的方向,斜交涵洞应注意斜交角的方向,避免发生反向错误。

②成品混凝土强度达到设计强度的85%时,方可搬运安装。

③成品安装前,应检查成品及拱座、墩、台的尺寸。

④安装后,成品拱圈和盖板上的吊装孔,应以砂浆填塞,如系吊环应锯掉。

⑤拱座与拱圈、拱圈与拱圈的拼装接触面,应先拉毛或凿毛(沉降缝处除外),安装前应浇水湿润,再以M10水泥砂浆砌筑。

5. 箱涵施工

钢筋混凝土箱涵主要有预制安装和现浇施工工艺。

(1) 现浇箱涵施工主要工序

基坑开挖与基础处理→砂砾垫层施工→基础模板安装→基础混凝土浇筑→墙身及顶板混凝土施工→拆模与养护→进出口及附属工程施工→台背填土及加固。

(2) 箱涵施工注意事项

①预制钢筋混凝土箱涵节段宜采用钢模板。受条件限制时,可采用木模板,但应保证足够的刚度。

②预制钢筋混凝土箱涵节段拼装时,接缝两侧的混凝土表面应用清水冲洗干净,再按设计要求进行拼接施工。

③预制钢筋混凝土箱涵节段的安装应注意下列事项:

a. 设计无具体要求的,成品混凝土强度达到设计强度的85%时,方可搬运、安装。

b. 成品安装前,应完成成品、地基、定位测量等的验收工作。

④涵身混凝土现场浇筑可视具体情况分为两阶段施工。先进行底板和梗肋的混凝土浇筑,之后再完成剩余部分的混凝土浇筑。当混凝土浇筑量较大,两阶段施工有困难时,也可分为三个阶段进行施工。本阶段施工的前一阶段的混凝土强度要求以及施工缝的处理,必须按相关规定办理。

⑤设计无具体要求的,混凝土强度达到设计强度的85%时,方可拆除支架,达到设计强度的100%后,方可进行涵顶回填。

例 题

例1 桥梁施工模板吊环设计计算拉应力应( )50MPa。
  A. 不大于   B. 不小于   C. 大于   D. 等于

例2 桥梁结构模板支架设计应考虑的荷载包括:①模板、支架和拱架自重;②新浇筑混凝土、钢筋混凝土或其他圬工结构物的重力;③施工人员和施工材料、机具等行走、运输或堆放的荷载;④振捣混凝土时产生的荷载;⑤新浇筑混凝土对侧面模板的压力;⑥倾倒混凝土时产生的水平荷载;⑦其他可能产生的荷载。其中现浇钢筋混凝土连续梁支架设计强度计算的荷载组合是( )。
  A. ①+②+⑤+⑥+⑦   B. ①+②+③+⑥+⑦
  C. ①+②+③+④+⑦   D. ②+③+④+⑥+⑦

例3 下列桥台中,不属于梁桥轻型桥台的是( )。
  A. 埋置式桥台   B. 靠背式框架桥台

C.加筋土桥台　　　　　　　　　　　D.钢筋混凝土薄壁桥台

例4 预应力张拉用的千斤顶与压力表,不需要重新进行标定的情形是(　　)。
　　A.使用时间达到3个月　　　　　　　B.张拉次数超过300次
　　C.千斤顶检修后　　　　　　　　　　D.更换新压力表

例5 下列关于桥梁扩大基础特点的说法,错误的是(　　)。
　　A.主要承受压力　　　　　　　　　　B.不能承受弯矩作用
　　C.适用于地基承载力较好的土层　　　D.由地基反力承担上部荷载

例6 关于明挖扩大基础基坑开挖的说法,错误的是(　　)。
　　A.基坑顶缘四周适当距离处应设置截水沟
　　B.开挖机械距离基坑边缘应大于0.5m
　　C.基坑开挖经过不同土层时,边坡坡度可分层而异,视情况留平台
　　D.基坑自开挖起,应尽量连续施工直至基础完成

例7 钻孔灌注桩均匀性检测不宜采用(　　)。
　　A.钻芯取样法　　　　　　　　　　　B.超声波法
　　C.机械阻抗法　　　　　　　　　　　D.回弹仪法

例8 钻孔灌注桩施工中,钻孔至设计孔深后,其紧后工序是(　　)。
　　A.下放导管　　　　　　　　　　　　B.清孔
　　C.钢筋笼制作及安放　　　　　　　　D.灌注水下混凝土

例9 采用悬臂挂篮法浇筑桥梁上部结构混凝土时,需防止因后浇筑混凝土的重力引起挂篮变形,导致先浇筑的混凝土开裂,下列措施中,不能起到预防作用的是(　　)。
　　A.根据混凝土重量变化调整吊带高度
　　B.采用预抬高挂篮的后支点法
　　C.水箱法中保持水箱水量不变
　　D.混凝土一次浇筑法

例10 关于桥梁上部结构竖转法施工特点的说法,正确的是(　　)。
　　A.在桥台处设置转盘,将两岸预制的整跨或半跨转至设计合龙位置
　　B.转体重量大,施工中需设置转体平衡重
　　C.主要适用于转体重量不大的拱桥
　　D.主要针对大跨度拱桥施工,采用锚固体系代替平衡重

例11 卸落浆砌石拱桥的拱架,须待砂浆强度达到设计强度标准值的(　　)。
　　A.70%　　　　　　B.75%　　　　　　C.80%　　　　　　D.85%

例12 斜拉桥索塔裸塔施工不宜采用的方法是(　　)。
　　A.满堂支架法　　　　　　　　　　　B.爬模法
　　C.滑模法　　　　　　　　　　　　　D.翻模法

例13 关于斜拉桥受力特点的说法,错误的是(　　)。
　　A.斜拉索相当于缩小了偏心距的体外索
　　B.斜拉索发挥了抵抗负弯矩的能力
　　C.斜拉索的水平分力相当于混凝土的预压力
　　D.主梁为多点弹性支撑

例14 关于斜拉桥受力特点的说法,错误的是(　　)。

A. 主梁为多点弹性支承

B. 主梁高跨比小,自重轻

C. 斜拉索相当于减小了偏心距的体外索

D. 斜拉索的水平分力相当于梁体混凝土的预压力

例 15 关于圆管涵施工主要工序,正确的是( )。

A. 测量放线→基坑开挖→砌筑圬工基础或现浇混凝土管座基础→涵洞回填及加固→安装圆管→出入口浆砌→防水层施工

B. 测量放线→基坑开挖→砌筑圬工基础或现浇混凝土管座基础→安装圆管→防水层施工→出入口浆砌→涵洞回填及加固

C. 测量放线→砌筑圬工基础或现浇混凝土管座基础→基坑开挖→安装圆管→出入口浆砌→防水层施工→涵洞回填及加固

D. 测量放线→基坑开挖→砌筑圬工基础或现浇混凝土管座基础→安装圆管→出入口浆砌→防水层施工→涵洞回填及加固

例 16 关于圆管涵施工要求的说法,正确的是( )。

A. 管节不得现场就地制造

B. 当管壁厚度不一致时,应调整高度使内壁齐平

C. 插口管接口处不得使用沥青填塞

D. 每节管底出现反坡的坡度应小于3°

例 17 下列桥梁设计计算荷载中,属于偶然作用的有( )。

A. 船舶的撞击作用 B. 汽车制动力

C. 汽车撞击作用 D. 地震作用

E. 冰压力

例 18 为便于支架拆卸,选用落模设备考虑的主要因素有( )。

A. 施工队伍资质 B. 支架结构形式

C. 需要的卸落量 D. 施工季节

E. 承受的荷载大小

例 19 关于地下连续墙的说法,正确的有( )。

A. 墙体刚度大 B. 不能承受竖向荷载

C. 不可作为永久性结构 D. 可作为施工过程中的防护结构

E. 施工中需采用膨润土泥浆护壁

例 20 地下连续墙按成墙方式分为( )。

A. 组合式 B. 抓斗式 C. 回转式 D. 壁板式

E. 桩排式

例 21 承台混凝土浇筑直接倾卸高度超过2m时,应通过( )等设施下落。

A. 串筒 B. 滑槽 C. 溜槽 D. 振动溜管

E. 宽口料斗

例 22 关于钢筋混凝土梁桥预拱度偏差防治措施的说法,正确的有( )。

A. 提高现浇梁支架及模板的施工质量

B. 对预制梁需控制混凝土的弹性模量

C. 控制张拉的混凝土试块采用标准条件养护

D.钢绞线伸长值的计算应采用供货商提供的弹性模量值

E.预制梁应尽量延长存梁时间

例23 关于悬索桥锚碇的说法,错误的有( )。

A.承担主塔的重力及下压力

B.主要承担来自主缆的拉力

C.是悬索桥的主要承载构件

D.隧道式锚碇将其承担的荷载传递给基岩

E.重力式锚碇主要借助基岩摩擦力抵抗主缆拉力

例题解析

例1 在模板上设置的吊环,严禁采用冷加工钢筋制作,且吊环的计算拉应力应不大于50MPa。故正确选项为A。

例2 计算模板、支架和拱架时,应考虑下列荷载并按解表进行荷载组合:

(1)模板、支架和拱架自重。

(2)新浇筑混凝土、钢筋混凝土或其他圬工结构物的重力。

(3)施工人员和施工材料、机具等行走运输或堆放的荷载。

(4)振捣混凝土时产生的荷载。

(5)新浇筑混凝土对侧面模板的压力。

(6)倾倒混凝土时产生的水平荷载。

(7)其他可能产生的荷载,如雪荷载、冬季保温设施荷载等。

模板、支架和拱架设计计算的荷载组合 例2解表

模板结构名称	荷载组合	
	计算强度用	验算刚度用
梁、板和拱的底模板以及支承板、支架及拱等	(1)+(2)+(3)+(4)+(7)	(1)+(2)+(7)
缘石、人行道、栏杆、柱、梁、板、拱等的侧模板	(4)+(5)	(5)
基础、墩台等厚大建筑物的侧模板	(5)+(6)	(5)

故正确选项为C。

例3 梁桥轻型桥台包括设有支撑梁的轻型桥台、埋置式桥台、钢筋混凝土薄壁桥、加筋土桥台,选项A、C、D不符合题意。靠背式框架桥台属于拱桥轻型桥台,故正确选项为B。

例4 施加预应力所用的机具及设备要求:

(1)施加预应力所用的机具设备及仪表应由专人使用和管理,并应定期维护和校验。

(2)张拉用的千斤顶与压力表应配套标定、配套使用,标定应在经国家授权的法定计量技术机构定期进行,标定时千斤顶活塞的运行方向应与实际张拉工作状态一致。当处于下列情况之一时,应重新进行标定。

①使用时间超过6个月。

②张拉次数超过300次。

③使用过程中千斤顶或压力表出现异常情况。

④千斤顶检修或更换配件后。

故正确选项为 A。

例 5 扩大基础按其材料性能特点可分为配筋与不配筋的条形基础和单独基础。无筋扩大基础常用的有混凝土基础、片石混凝土基础等,不配筋基础的材料都具有较好的抗压性,但抗拉、抗剪强度不高,设计时必须保证发生在基础内的拉应力和剪应力不超过相应的材料强度设计值。钢筋混凝土扩大基础的抗弯和抗剪性能良好,故正确选项为 B。

例 6 基坑施工过程中的注意要点如下:

(1)在基坑顶缘四周适当距离处设置截水沟,并防止水沟渗水,以避免地表水冲刷坑壁,影响坑壁稳定性。

(2)坑壁边缘应留有护道,静荷载距坑边缘不小于 0.5m,动荷载距坑边缘不小于 1.0m;垂直坑壁边缘的护道还应适当增宽;水文地质条件欠佳时应有加固措施。

(3)应经常注意观察坑边缘顶面土有无裂缝,坑壁有无松散塌落现象发生。

(4)基坑施工不可延续时间过长,自开挖至基础完成,应抓紧时间连续施工。

(5)如用机械开挖基坑,挖至坑底时,应保留不小于 30cm 厚度的底层,在基础浇筑圬工前用人工挖至基底高程。

(6)基坑应尽量在少雨季节施工。

(7)基坑宜用原土及时回填,对桥台及有河床铺砌的桥墩基坑,则应分层夯实。

开挖机械属于动荷载,距坑边缘应不小于 1.0m,而不是大于 0.5m,故正确选项为 B。

例 7 灌注桩质量检验可用钻取芯样法或超声波法、机械阻抗法、水电效应法等无破损检测法对桩的匀质性进行检测。回弹仪法是用于检验混凝土强度的无破损检测方法,故正确选项为 D。

例 8 钻孔灌注桩施工的主要工序有:埋设护筒、制备泥浆、钻孔、孔径检查与清孔、钢筋笼制作与吊装以及灌注水下混凝土等。故正确选项为 B。

例 9 一般可采用下列方法消除后浇筑混凝土引起的挂篮变形:

(1)水箱法:浇筑混凝土前先在水箱中注入相当于混凝土质量的水,在混凝土浇筑过程中逐渐放水,保持挂篮负荷和挠度基本不变。

(2)混凝土一次浇筑法。

(3)浇筑混凝土时,可根据混凝土重量的变化,随时调整吊带高度。

(4)抬高挂篮的后支点法。

采用水箱法时,在混凝土浇筑过程中逐渐放水,而不是保持水箱水量不变,故正确选项为 C。

例 10 上部结构转体施工是跨越深谷、急流、铁路和公路等特殊条件下的有效施工方法,具有不干扰运输、不中断交通、不需要复杂的悬臂拼装设备和技术等优点,转体施工分为竖转法、平转法和平竖结合法。

平转法施工是将桥体上部结构整跨或从跨中分成两个半跨,利用两岸地形搭设排架(土胎模)预制,在桥台处设置转盘,将预制的整跨或半跨悬臂桥体置于其上,待混凝土达到设计强度后脱架,待桥台和锚碇体系或锚固桥体重力平衡,再用牵引系统牵引转盘,待桥体上部结构平转至对岸成跨中合龙。再浇灌合龙段接头混凝土,待其达到设计强度后,封固转盘,完成全桥施工。平转法分为有平衡重转体施工和无平衡重转体施工两种方法,平转法施工主要适用于刚构梁式桥、斜拉桥、钢筋混凝土拱桥及钢管拱桥。

竖转法施工主要适用于转体重量不大的拱桥或某些桥梁预制部件(塔、斜腿、劲性骨架)。

混凝土拱肋、刚架拱、钢管混凝土拱,当地形、施工条件适合时,可选择竖转法施工。其转动系统由转动铰、提升体系(动、定滑轮组、牵引绳等)、锚固体系(锚索、锚碇顶)等组成。

所以,本题的正确选项是C。

例11 现浇混凝土拱圈的拱架,拆除期限应符合设计规定;设计未规定时,应在拱圈混凝土强度达到设计强度的85%后,方可卸落拆除。

石拱桥的拱架卸落时间:浆砌石拱桥,须待砂浆强度达到设计要求,如设计无要求,则须达到砂浆强度的85%。

故正确选项为D。

例12 索塔的施工可视其结构、体形、材料、施工设备和设计综合考虑选用合适的方法。裸塔施工宜用爬模法,横梁较多的高塔宜用劲性骨架挂模提升法。

裸塔现浇施工主要采用翻模、滑模、爬模施工方法。

(1)翻模:应用较早,施工简单,能保证几何尺寸(包括复杂断面),外观整洁。但模板高空翻转,操作危险,沿海地区不宜采用此法。

(2)滑模:施工速度快,劳动强度小,但技术要求高,施工控制复杂,外观质量较差,且易污染。一般倾斜度较大,预留孔道及埋件多的索塔不宜采用此法。

(3)爬模:爬模兼有滑模和翻模的优势,适用于斜拉桥一般索塔的施工。施工安全,质量可靠,修补方便。国内外大多采用此法。

故正确选项为A。

例13 斜拉桥受力特点为:
(1)斜拉索相当于增大了偏心距的体外索,能充分发挥抵抗负弯矩的能力,节约了钢材。
(2)斜拉索的水平分力相当于混凝土的预压力。
(3)主梁多点弹性支承,高跨比小,自重轻,提高跨径。故正确选项为A。

例14 斜拉桥受力特点有:
(1)斜拉索相当于增大了偏心距的体外索,充分发挥抵抗负弯矩的能力,节约了钢材。
(2)斜拉索的水平分力相当于混凝土的预压力。
(3)主梁多点弹性支承,高跨比小,自重轻,提高了跨径。

选项A、B、D说法正确,选项C说法错误,故正确选项为C。

例15 圆管涵施工主要工序为:测量放线→基坑开挖→砌筑圬工基础或现浇混凝土管座基础→安装圆管→出入口浆砌→防水层施工→涵洞回填及加固。选项A、B、C顺序错误。故正确选项为D。

例16 为保证涵管节的质量,管涵宜在工厂中成批预制,再运到现场安装,预制混凝土圆涵管可采用振动制管法、离心法、悬辊法和立式挤压法。在受运输条件限制时,也可在现场就地制造,选项A说法错误。对插口管,接口应平直,环形间隙应均匀,并应安装特制的胶圈或用20mm厚的沥青、麻絮材料填塞,不得有裂缝、空鼓、漏水等现象;对平接管,接缝宽度应不大于10~20mm,禁止用加大接缝宽度来满足涵洞长度要求;接口表面应平整,并用有弹性的不透水材料嵌塞密实,不得有间断、裂缝、空鼓和漏水等现象,选项C说法错误。每节管底的坡度均不得出现反坡,选项D说法错误。各管节应顺流水坡度安装平顺,当管壁厚度不一致时应调整高度使内壁齐平,管节必须垫稳坐实,管道内不得遗留泥土等杂物,B说法正确。故正确选项为B。

例17 公路桥涵设计采用的作用分为永久作用、可变作用、偶然作用和地震作用四类。

汽车制动力和冰压力属于可变作用,选项 B、E 错误。地震作用为一种独立的作用,选项 D 错误。偶然作用包括船舶的撞击作用、汽车撞击作用和漂流物的撞击作用,故正确选项为 AC。

例 18　为便于支架和拱架的拆卸,应根据结构形式、承受的荷载大小及需要的卸落量,在支架和拱架适当部位设置相应的木楔、木马、砂筒或千斤顶等落模设备。选用落模设备同施工队伍资质与施工季节无关,无须考虑。选项 AD 错误。故正确选项为 BCE。

例 19　地下连续墙是采用膨润土泥浆护壁,用专用设备开挖出一条具有一定宽度与深度的沟槽,在槽内设置钢筋笼,采用导管法在泥浆中浇筑混凝土,筑成一单元墙段,依次顺序施工,以某种接头方法连接成的一道连续的地下钢筋混凝土墙。地下挡土墙墙体刚度大,主要承受竖向和侧向荷载,通常既要作为永久性结构的一部分,又要作为地下工程施工过程中的防护结构,选项 B、C 错误。故正确选项为 ADE。

例 20　地下连续墙分类如下:按成墙方式可分为桩排式、壁板式、组合式;按墙的用途可分为临时挡土墙、用作主体结构一部分兼作临时挡土墙的地下连续墙、用作多边形基础兼作墙体的地下连续墙;按挖槽方式大致可分为抓斗式、冲击式、回转式。回转式与抓斗式属于按挖槽方式分类,选项 B、C 错误。故正确选项为 ADE。

例 21　承台混凝土浇筑直接倾卸高度超过 2m 时,应通过串筒、溜管(槽)或振动溜管(槽)等设施下落;倾落高度超过 10m 时,应设置减速装置。故正确选项为 ABCD。

例 22　提高支架基础、支架及模板的施工质量,并按要求进行预压,确保模板的高程偏差在允许的范围内,选项 A 正确。

严格控制张拉时的混凝土强度,控制张拉的试块应与梁板同条件养护,对于预制梁还需控制混凝土的弹性模量,选项 B 正确,选项 C 错误。

钢绞线伸长值的计算应采用同批钢绞线弹性模量的实测值。预制梁存梁时间不宜过长,选项 D、E 错误。故正确选项为 AB。

例 23　锚碇是悬索桥的主要承重构件,主要抵抗来自主缆的拉力,故选项 A 说法错误,选项 B、C 说法正确。隧道式锚碇的锚体嵌入地基基岩内,借助基岩抵抗主缆拉力,隧道式锚碇只适合在基岩坚实完整的地区,其他情况大多采用重力式锚碇或自锚式悬索桥,故选项 D 说法正确。重力式锚碇依靠自身巨大的重力抵抗主缆拉力,故选项 E 说法错误。故正确选项为 AE。

自测模拟题

(一)单项选择题

1. 桥梁附属设施不包括(　　)。
　　A. 桥头搭板　　　B. 桥头引道　　　C. 桥面系　　　D. 伸缩缝
2. 梁式桥的净跨径是(　　)。
　　A. 设计洪水位上相邻两个桥墩(或桥台)之间的净距
　　B. 桥跨结构相邻两个支座中心之间的距离
　　C. 相邻两个桥墩(或桥台)最低点之间的水平距离
　　D. 桥跨结构一跨之间的梁长
3. 总跨径是指多孔桥梁中各孔(　　)。
　　A. 净跨径的总和　　　　　　　　　B. 计算跨径的总和

C. 标准跨径的总和　　　　　　　　　　D. 经济跨径的总和

4. 某梁式桥,桥面高程为200m,梁高2m,桥面铺装厚0.5m,低水位180m,常水位185m,最大洪水位190m,桥梁高度为(　　)m。
   A. 2.5　　　　　B. 10　　　　　C. 15　　　　　D. 20

5. 拱桥的承重结构以(　　)为主。
   A. 受拉　　　　　B. 受压　　　　　C. 受弯　　　　　D. 受扭

6. 一般适用于松散、中密砂土、黏性土的沉入桩施工方法是(　　)。
   A. 锤击沉桩法　　B. 振动沉桩法　　C. 射水沉桩法　　D. 静力压桩法

7. 相同跨径的桥梁结构承受相同的竖向荷载时产生弯矩最大的是(　　)。
   A. 梁式桥　　　　B. 拱桥　　　　　C. 悬吊式桥　　　D. 组合体系桥

8. 人工挖孔桩施工时相邻两桩孔间净距离不得小于(　　)。
   A. 3倍桩径　　　B. 5倍桩径　　　C. 3m　　　　　　D. 5m

9. 关于挖孔桩施工的技术要求,错误的是(　　)。
   A. 桩孔间距小于3倍间距时必须间隔交错跳挖
   B. 桩孔必须挖一节、浇筑一节护壁
   C. 禁止任何车辆在桩孔边5m内行驶
   D. 桩孔每挖一节后,应进行孔底处理

10. 关于钻孔灌注桩施工的主要工序,正确的是(　　)。
    A. 钻孔→埋设护筒→制备泥浆→清底→钢筋笼制作与吊装→灌注水下混凝土
    B. 埋设护筒→制备泥浆→钻孔→清底→钢筋笼制作与吊装→灌注水下混凝土
    C. 钻孔→灌注水下混凝土→埋设护筒→制备泥浆→钻孔→清底→钢筋笼制作与吊装
    D. 制备泥浆→埋设护筒→钻孔→钢筋笼制作与吊装→清底→灌注水下混凝土

11. 在流沙严重时,一般不能采用的基坑排水方法是(　　)。
    A. 井点排水法　　B. 集水坑排水法　C. 沉井法　　　　D. 帷幕法

12. 墩台施工时,钢筋分节高度不宜大于(　　)m。
    A. 9　　　　　　B. 10　　　　　　C. 12　　　　　　D. 15

13. 在基坑顶缘四周适当距离处设置(　　),并防止水沟渗水。
    A. 渗水沟　　　　B. 截水沟　　　　C. 盲沟　　　　　D. 弃土沟

14. 双壁钢围堰拼焊后应进行焊接质量检验及(　　)。
    A. 抗剪试验　　　B. 抗压试验　　　C. 水密试验　　　D. 抗拉试验

15. 对高度大于30m的桥墩,在钢筋安装时宜设置(　　)。
    A. 缆风绳
    B. 劲性骨架
    C. 横向保护钢筋
    D. 加劲梁

16. 高大的后仰桥台,为平衡偏心,防止桥台后倾或前滑,应在浇筑台身混凝土之后,及时(　　)。
    A. 填筑台后路堤土方　　　　　　B. 填筑台前土方
    C. 支撑　　　　　　　　　　　　D. 台前配重

17. 先张法预制梁板时,承力台座应有足够的强度、刚度和稳定性,钢横梁受力后,挠度不能大于(　　)mm。
    A. 1.0　　　　　B. 1.2　　　　　C. 1.5　　　　　D. 2.0

18. 支架的高宽比宜小于或等于( )。
    A. 1　　　　　　B. 2　　　　　　C. 3　　　　　　D. 4
19. 预制构件应按吊装次序和方向水平分层堆放,堆放时层数,一般不宜超过( )层。
    A. 2　　　　　　B. 3　　　　　　C. 4　　　　　　D. 5
20. 钻孔灌注桩在灌注水下混凝土过程中,导管的埋置深度宜控制在( )m。
    A. 1　　　　　　B. 1.5　　　　　C. 4　　　　　　D. 8
21. 钢板桩围堰施打顺序一般是( )。
    A. 上游分两头向下游合龙　　　　　B. 下游分两头向上游合龙
    C. 从下游按逆时针方向　　　　　　D. 上下游分两头合龙
22. 预应力张拉时,同一构件内预应力钢丝、钢绞线的断丝数量不得超过( )。
    A. 0.5%　　　　B. 1%　　　　　C. 1.5%　　　　D. 2%
23. 梁式桥现浇施工时,梁体混凝土在顺桥向宜( )进行浇筑。
    A. 从高处向低处　　　　　　　　　B. 从低处向高处
    C. 对称　　　　　　　　　　　　　D. 按桩号顺序
24. 支架法施工时应考虑施工预拱度,下列不属于施工预拱度的是( )。
    A. 支架在荷载作用下的弹性压缩挠度
    B. 支架在荷载作用下的非弹性压缩挠度
    C. 支架基底在荷载作用下的非弹性沉陷
    D. 卸架后上部构造本身及全部活载所产生的竖向挠度
25. 在现浇箱梁时,对支架地基处理主要是依据( )而定。
    A. 箱梁截面尺寸　　　　　　　　　B. 箱梁长度
    C. 支架高度　　　　　　　　　　　D. 支架跨径
26. 梁式桥现浇支架的预拱度一般按( )设置。
    A. 缓和曲线　　　　　　　　　　　B. 高次抛物线
    C. 二次抛物线　　　　　　　　　　D. 双扭曲线
27. 供主缆架设、紧缆、索夹安装、吊索安装以及主缆防护用的空中作业脚手架是( )。
    A. 猫道　　　　　B. 加劲梁　　　　C. 索股　　　　　D. 主索鞍
28. 斜拉桥施工时,在主梁悬梁浇筑或悬臂拼装过程中,确保主梁线形和顺、正确是第一位的,施工中以( )控制为主。
    A. 拉索索力　　　　　　　　　　　B. 高程
    C. 预制块件接缝转角　　　　　　　D. 混凝土强度
29. 根据桥梁涵洞按跨径分类标准,涵洞的单孔跨径小于( )m。
    A. 3　　　　　　B. 5　　　　　　C. 6　　　　　　D. 8
30. 洞顶填土厚度大于50cm的涵洞称为( )。
    A. 暗涵　　　　　B. 明涵　　　　　C. 压力涵　　　　D. 半压力涵
31. 拱圈和出入口拱上端墙的施工,应( )进行。
    A. 由中间向两侧同时对称　　　　　B. 由两侧向中间同时对称
    C. 上下游同时对称　　　　　　　　D. 从下游到上游
32. 涵洞拱圈砌筑砂浆或混凝土强度达到设计强度的( )时,方可拆除拱架,达到设计强度后,方可回填土。

A.75% B.80% C.85% D.90%

33. 在涵洞拱架未拆除的情况下,拱圈砌筑砂浆或混凝土强度达到设计强度的75%时,可进行拱顶填土,但在拱圈强度达到设计强度的(　　)后,方可拆除拱架。

　　A.85% B.90% C.95% D.100%

34. 波形钢管涵宜设置(　　),其大小应根据地基可能产生的下沉量、涵底纵坡和填土高度等因素综合确定。

　　A.预拱度 B.沉降缝 C.防水层 D.台阶

35. 关于台背及与路堤间的回填施工的要求,错误的是(　　)。

　　A.二级及二级以上公路应按设计做好过渡段,过渡段路堤压实度应不小于96%
　　B.宜先进行桥台背回填再进行锥坡回填
　　C.台背回填部分的路床宜与路堤路床同步填筑
　　D.二级以下公路的路堤与回填的连接部,应按设计要求预留台阶

(二)多项选择题

1. 桥梁的基本组成包括(　　)。
　　A.上部结构 B.支座系统 C.下部结构 D.附属设施
　　E.中部结构

2. 桥梁的下部结构包括(　　)。
　　A.桥跨结构 B.桥墩 C.桥台 D.基础
　　E.桥面结构

3. 桥梁附属设施包括(　　)。
　　A.监控系统 B.桥面系 C.伸缩缝 D.桥头搭板
　　E.锥形护坡

4. 不与汽车制动力同时参与组合的作用有(　　)。
　　A.流水压力 B.冰压力
　　C.支座摩阻力 D.波浪力
　　E.汽车离心力

5. 为便于支架和拱架的拆卸,应根据结构形式、承受的荷载大小及需要的卸落量,在支架和拱架适当部位设置相应的(　　)等落模设备。
　　A.横梁 B.木楔 C.砂筒 D.木马
　　E.千斤顶

6. 无论使用何种材料的支架和拱架,均应进行施工图设计,并验算(　　)。
　　A.挠度 B.强度 C.预拱度 D.刚度
　　E.稳定性

7. 高墩施工宜采用的模板类型有(　　)。
　　A.永久式模板 B.固定式模板
　　C.翻转模板 D.爬升模板
　　E.滑升模板

8. 桥梁基坑开挖中,加固坑壁的措施有(　　)。
　　A.挡板支撑 B.钢木结合支撑

C. 锚杆支护 D. 混凝土护壁
E. 砌石护坡

9. 梁式桥的现浇支架应进行强度和稳定验算的部位有( )。
   A. 支架整体　　　B. 节点　　　C. 脚手架　　　D. 地基
   E. 其他支撑物

10. 正循环回转钻孔的特点有( )。
    A. 泥浆通过钻杆中心排至沉淀池内
    B. 钻进与排渣同时进行
    C. 施工占地较多
    D. 钻渣易堵塞管路
    E. 机具设备较复杂

11. 桥梁桩基础按施工方法可分为( )。
    A. 沉桩　　　B. 钻孔桩　　　C. 挖孔桩　　　D. 管桩
    E. 沉井

12. 无支护加固坑壁的基坑开挖的条件有( )。
    A. 在干枯无水河滩
    B. 地下水位高于基底
    C. 通过筑堤能排除地表水的河沟
    D. 地下水渗透量小,不影响坑壁的稳定
    E. 基础埋置较深

13. 无支护加固坑壁的基坑开挖时正确的做法有( )。
    A. 基坑开挖前应做好地面排水
    B. 坑缘边可留也可不留护道
    C. 注意观察坑缘顶地面有无裂纹
    D. 基坑施工应根据情况分阶段施工
    E. 相邻基坑深浅不等时,一般按先浅后深的顺序施工

14. 钻孔灌注桩钻孔前埋设的护筒的作用包括( )。
    A. 稳定孔壁　　　　　　B. 隔离地表水
    C. 固定桩孔位置　　　　D. 保护孔内混凝土
    E. 钻头导向作用

15. 钻孔灌注桩施工的主要工序有( )。
    A. 埋设护筒　　　B. 钻孔　　　C. 制备泥浆　　　D. 清孔
    E. 浇筑护壁

16. 沉入桩的施工方法主要有( )。
    A. 锤击沉桩　　　B. 振动沉桩　　　C. 射水沉桩　　　D. 自动沉桩
    E. 静力压桩

17. 确定套箱围堰的套箱顶高程应考虑的因素有( )。
    A. 浪高　　　　　　　B. 封底混凝土厚度
    C. 承台高度　　　　　D. 水的浮力
    E. 施工期间可能出现的最高水位

18.套箱围堰应采用刚性导管进行水下混凝土封底,封底混凝土厚度应根据(　　)等计算确定。
　　A.桩周摩擦阻力　　　　　　　　B.浮力
　　C.套箱　　　　　　　　　　　　D.混凝土重力
　　E.承台高程

19.桥梁承台基坑坑壁加固措施有(　　)。
　　A.挡板支护　　　　　　　　　　B.砌体挡板支护
　　C.钢板桩支护　　　　　　　　　D.混凝土护壁
　　E.锚杆支护

20.支架和拱架应预留施工拱度,在确定施工拱度值时,应考虑的因素有(　　)。
　　A.支架和拱架在荷载作用下的弹性压缩
　　B.支架和拱架在荷载作用下的非弹性压缩
　　C.由混凝土收缩及温度变化而引起的挠度
　　D.由结构重力以及汽车荷载引起的拱圈弹性挠度
　　E.支架和拱架基底在荷载作用下的非弹性沉陷

21.支架设计时,应考虑的荷载有(　　)。
　　A.结构自重　　　　　　　　　　B.施工荷载
　　C.温度影响力　　　　　　　　　D.风力
　　E.雪荷载

22.挂篮平衡方式可分为(　　)。
　　A.桁架式　　B.压重式　　C.自锚式　　D.滚动式
　　E.滑移式

23.支架现浇箱梁施工中,预应力筋的下料长度要通过计算确定,计算时应考虑的因素有(　　)。
　　A.外露工作长度　　　　　　　　B.孔道曲线长
　　C.千斤顶长度　　　　　　　　　D.锚夹具长度
　　E.梁板长度

24.桥梁施工控制方法有(　　)。
　　A.自动控制法　　　　　　　　　B.事后控制法
　　C.参数识别修正法　　　　　　　D.预测控制法
　　E.最大宽容度控制法

25.跨径较大的拱圈或拱肋,分段浇筑的分段位置宜设置在(　　)。
　　A.$L/4$部位　　B.$L/3$部位　　C.拱架节点　　D.拱脚
　　E.拱顶

26.斜拉桥混凝土主梁的施工方法有(　　)。
　　A.顶推法　　B.平转法　　C.竖转法　　D.悬臂法
　　E.支架法

27.涵洞按洞顶填土情况分为(　　)。
　　A.明涵　　B.无压涵　　C.半压力涵　　D.压力涵
　　E.暗涵

187

28. 按水力性能划分,涵洞分为( )。
    A. 明涵　　　B. 暗涵　　　C. 无压涵　　　D. 半压力涵
    E. 压力涵

29. 涵洞的附属工程包括( )。
    A. 锥形护坡　　B. 洞口铺砌　　C. 进口　　　D. 出口
    E. 人工水道

30. 涵洞按构造形式不同可分为( )。
    A. 圆管涵　　B. 拱涵　　　C. 板涵　　　D. 箱涵
    E. 盖板涵

31. 波形钢涵洞施工主要工序有( )。
    A. 基坑开挖　　　　　　　　B. 防水层施工
    C. 安装拱模　　　　　　　　D. 安装管身
    E. 砌筑圬工基础或现浇混凝土管座基础

32. 现浇箱涵施工主要工序有( )。
    A. 砂砾垫层施工　　　　　　B. 基础模板安装与混凝土浇筑
    C. 盖板吊装　　　　　　　　D. 基坑开挖与基础处理
    E. 拆模与养护

33. 可用于桥涵台背的填料有( )。
    A. 碎石　　　　　　　　　　B. 种植土
    C. 石灰土　　　　　　　　　D. 水泥稳定土
    E. EPS 块

34. 关于台背及与路堤间的回填施工要求,正确的有( )。
    A. 二级以下公路的路堤与回填的连接部,应按设计要求预留台阶
    B. 台背回填部分的路床宜与路堤路床同步填筑
    C. 桥台背和锥坡的回填施工宜同步进行
    D. 台背和涵洞洞身两侧的填土应分层夯实,其压实度不应小于95%
    E. 不得采用石灰土或水泥稳定土回填

参考答案

(一)单项选择题

1. B	2. A	3. A	4. D	5. B	6. A	7. A	8. A	9. D	10. B
11. B	12. A	13. B	14. C	15. B	16. A	17. D	18. B	19. B	20. C
21. A	22. B	23. B	24. D	25. D	26. C	27. A	28. B	29. B	30. A
31. B	32. A	33. D	34. A	35. B					

(二)多项选择题

1. ABCD 2. BCD 3. BCDE 4. ABCD 5. BCDE 6. BDE 7. CDE
8. ABCD 9. ABDE 10. BCE 11. ABC 12. ACD 13. AC 14. ABCE
15. ABCD 16. ABCE 17. AE 18. ABCD 19. ACDE 20. ABCE 21. ABDE

22．BC　　23．ABCD　　24．BCDE　　25．ACDE　　26．ABDE　　27．AE　　28．CDE
29．ABE　　30．ABDE　　31．ABDE　　32．ABDE　　33．ACDE　　34．ABC

七、隧道工程质量监理

重 点 知 识

(一)隧道工程概述

1. 隧道分类

隧道按所处位置，可分为山岭隧道、城市隧道、水底隧道。公路隧道按长度分类见表2-2-11。

公路隧道按长度分类　　表2-2-11

分类	特长隧道	长隧道	中隧道	短隧道
长度L(m)	$L>3000$	$3000 \geqslant L>1000$	$1000 \geqslant L>500$	$L \leqslant 500$

2. 公路隧道围岩分级

隧道围岩分级是设计、施工的基础。施工方法的选择、衬砌结构类型及尺寸的确定、隧道施工劳动定额、材料消耗标准的制定都要以围岩分级作为主要依据。公路隧道围岩级别见表2-2-12。

公路隧道围岩级别划分　　表2-2-12

围岩级别		围岩或土体主要定性特征	围岩基本质量指标BQ或围岩修正质量指标$[BQ]$
Ⅰ		坚硬岩，岩体完整	>550
Ⅱ		(1)坚硬岩，岩体较完整； (2)较坚硬岩，岩体完整	451~550
Ⅲ		(1)坚硬岩，岩体较破碎； (2)较坚硬岩，岩体较完整； (3)较软岩，岩体较完整，整体状或巨厚层状结构	351~450
Ⅳ	围岩	(1)坚硬岩，岩体破碎； (2)较坚硬岩，岩体较破碎~破碎； (3)较软岩，岩体较完整~较破碎； (4)软岩，岩体完整~较完整	251~350
Ⅳ	土体	(1)压密或成岩作用的黏性土及砂性土； (2)黄土(Q_1、Q_2)； (3)一般钙质、铁质胶结的碎石土、卵石土、大块石土	
Ⅴ	围岩	(1)较软岩，岩体破碎； (2)软岩，岩体较破碎~破碎； (3)全部极软岩和全部极破碎岩	≤250
Ⅴ	土体	一般第四系的半干硬~硬塑的黏性土及潮湿~潮湿的一般碎石土、卵石土、圆砾、角砾土及黄土(Q_3、Q_4)。非黏性土呈松散结构，黏性土及黄土呈松软结构	
Ⅵ		软塑状黏性土及潮湿、饱和粉细砂层、软土等	

注：本表不适用于特殊条件的围岩分级，如膨胀性围岩、多年冻土等。

3. 公路隧道的构造

公路隧道结构构造,由主体构造物和附属构造物两大类组成。主体构造物通常指洞身衬砌和洞门构造物,附属构造物是主体构造物以外的其他建筑,是为了运营管理、维修养护、给水排水、供蓄发电、通风、照明、通信、安全等而修建的构造物。

(1)洞门类型。包括端墙式洞门、翼墙式洞门、环框式洞门、柱式洞门、台阶式洞门、削竹式洞门、遮光式洞门等。

(2)明洞类型。明洞主要分为拱式明洞和棚式明洞两大类。按荷载分布,拱式明洞又可分为墙式、刚架式、柱式和悬臂式等。此外还有特殊结构的明洞,如支撑锚杆明洞、抗滑明洞、柱式挑檐棚洞、全刚架式棚洞、悬臂棚洞、斜交托梁式棚洞、双曲拱明洞等,以适应特殊场合。

(3)洞身类型。按隧道断面形状分为曲墙式、直墙式和连拱式等。

4. 公路隧道主要开挖方式及适用范围

(1)开挖方式

公路隧道的开挖方式主要有全断面法、台阶法、环形开挖预留核心土法、中隔壁法、交叉中隔壁法(CRD法)、双侧壁导坑法及中导洞法等。应根据隧道长度、断面大小、结构形式、工期要求、机械设备、地质条件等,选择适宜的开挖方案,并应具有较好的适应性。

①全断面法:按设计断面一次基本开挖成形的施工方法。

②台阶法:先开挖上半断面,待开挖至一定距离后再同时开挖下半断面,上下半断面同时进行的施工方法。台阶法分为二台阶法、三台阶法。

③环形开挖预留核心土法:先开挖上台阶成环形,并进行支护,再分部开挖中部核心土、两侧边墙的施工方法。

④中隔壁法(CD法):在软弱围岩大跨隧道中,先开挖隧道的一侧,并施作中隔壁墙,再分部开挖隧道的另一侧的施工方法。

⑤交叉中隔壁法(CRD法):是一种在中隔壁法的基础上增加临时仰拱,更快地封闭初期支护的施工方法。

⑥双侧壁导坑法:先开挖隧道两侧的导坑,并进行初期支护,再分部开挖剩余部分的施工方法。

⑦中导洞法:在连拱隧道或单线隧道的喇叭口地段,先开挖两洞之间的立柱(或中墙)部分,并完成立柱(或中墙)混凝土浇筑后,再进行左右两洞开挖的施工方法。

(2)适用范围

①全断面法适用于Ⅰ~Ⅲ级围岩的中小跨度隧道,Ⅳ级围岩中跨度隧道和Ⅲ级围岩大跨度隧道在采用了有效的预加固措施后,也可采用全断面法开挖。

②台阶法适用于Ⅲ~Ⅴ级围岩的中小跨度隧道,Ⅵ级围岩的小跨度隧道在采用了有效的预加固措施后亦可采用台阶法开挖。单车道隧道及围岩地质条件较好的双车道隧道可采用两台阶法施工,隧道断面较高、单层台阶断面尺寸较大时可采用三台阶法,台阶长度宜为隧道开挖跨度的1~1.5倍。

③环形开挖预留核心土法适用于Ⅴ~Ⅵ级围岩或一般土质围岩的中小跨度隧道,每循环开挖长度宜为0.5~1.0m,核心土面积不应小于整个断面的50%。

④中隔壁法(CD法)或交叉中隔壁法(CRD法)适用于围岩较差、跨度大、浅埋、地表沉降需要控制的场合。

⑤双侧壁导坑法适用于浅埋大跨度隧道及地表下沉量要求严格而围岩条件很差的情况。
⑥中导洞法适用于连拱隧道。

(二)地质超前预报和监控量测技术

1. 公路隧道地质超前预报的内容

超前地质预报应包括(但不限于)以下内容:
(1)地层岩性,重点为软弱夹层、破碎地层、煤层及特殊岩土等。
(2)地质构造,重点为断层、节理密集带、褶皱轴等影响岩体完整性的构造发育情况。
(3)不良地质,特别是溶洞、暗河、人为坑洞、放射性、有害气体、高地应力等发育情况。
(4)地下水,特别是对岩溶管道水、富水断层、富水褶皱轴及富水地层。

2. 公路隧道地质超前预报方法

隧道地质超前预报方法主要有:地质调查法、超前钻探法、物理勘探法(TSP法、TGP法和TRT法)、超前导洞法、水力联系观测法。

3. 公路隧道地质超前预报的分级

根据地质灾害对隧道施工安全的危害程度,地质灾害分为以下四级:

A级:存在重大地质灾害隐患的地段,如大型暗河系统,可溶岩与非可溶岩接触带,软弱、破碎、富水、导水性良好的地层和大型断层破碎带,特殊地质地段,重大物探异常地段,可能产生大型、特大型突水突泥地段,诱发重大环境地质灾害的地段,高地应力、瓦斯、天然气问题严重的地段以及人为坑洞等。

B级:存在中、小型突水突泥隐患的地段,物探有较大异常的地段,断裂带等。

C级:水文地质条件较好的碳酸盐岩及碎屑岩地段,小型断层破碎带,发生突水突泥的可能性较小。

D级:非可溶岩地段,发生突水突泥的可能性极小。

不同地质灾害的预报方式如下:

1级预报可用于A级地质灾害。采用地质调查法、地震波反射法、超声波反射法、陆地声呐法、地质雷达法、瞬变电磁法、红外探测法、超前水平钻探法等进行综合预报。

2级预报可用于B级地质灾害。采用地质调查法、地震波反射法、陆地声呐法、超声波反射法,辅以红外探测法、瞬变电磁法、地质雷达法,必要时进行超前水平钻孔。

3级预报可用于C级地质灾害。以地质调查法为主。对重要地质界面、断层或物探异常地段宜采用地震波反射法或超声波反射法进行探测,必要时采用红外探测和超前水平钻孔。

4级预报可用于D级地质灾害。采用地质调查法。

4. 监控量测的目的

监控量测是施工工艺流程中的一个重要工序,应贯穿施工的全过程。监控量测应达到下列目的:
(1)掌握围岩和支护的动态信息并及时反馈,指导施工作业。
(2)通过对围岩和支护的变形、应力量测,修改支护系统设计。
(3)分析各项量测信息,确认或修正设计参数。

5. 量测内容与方法

(1)在复合式衬砌和喷锚衬砌隧道施工时必须进行必测项目的量测。必测项目有洞内外观察、周边位移、拱顶下沉、地表下沉。应根据设计要求、隧道断面形状、大小和埋深、围岩条件、周边环境条件、支护类型和参数、施工方法等综合选择选测项目。

（2）各项量测作业均应持续到变形基本稳定后 15~20d 结束。

6. 量测数据处理与应用

（1）每次量测后应及时进行数据整理和数据分析，并绘制量测数据时态曲线和距开挖面距离图；应绘制地表下沉值沿隧道纵向和横向的变化量和变化速率曲线。

（2）应根据量测数据处理结果，及时提出调整，并优化施工方案和工艺；围岩变形和速率较大时，应及时采取安全措施，并建议变更设计。

（3）围岩稳定性、二次支护时间应根据所测得位移量或回归分析所得最终位移量、位移速度及其变化趋势、隧道埋深、开挖断面大小、围岩等级、支护所受压力、应力、应变等进行综合分析判定。

（三）洞口、明洞与浅埋段工程

1. 洞口工程

（1）洞口边坡及仰坡应自上而下开挖，不得掏底开挖或上下重叠开挖。洞口有邻近建（构）筑物时，应采取微震动控制爆破。当地质条件不良时，应采取稳定边坡和仰坡的措施。

（2）应对地表沉降和拱顶下沉进行监控量测，并适当增加量测频率。

（3）洞口永久性挡护工程应紧跟土石方开挖，尽早完成。地基承载力应满足设计要求。

2. 明洞工程

（1）明洞边坡开挖应根据设计要求采取岩土体加固措施。明洞衬砌施工应仰拱先行、拱墙整体浇筑。

（2）明洞石质开挖应防止爆破影响边仰坡的稳定。

（3）明洞边墙地基承载力应满足设计要求。边墙基础混凝土灌注前应排除坑内积水，完成后应及时回填。

（4）明洞拱圈外模拆除后，应及时按设计做好防水层及纵向盲沟，保证排水通畅。

（5）明洞拱圈混凝土达到设计强度后由人工夯实回填至拱顶以上 1m，方可采用机械回填。

3. 浅埋段工程

（1）不应采用全断面法开挖。

（2）开挖后应尽快进行初期支护施工。

（3）应增加对地表沉降、拱顶下沉的量测及反馈。量测频率不宜小于深埋段的 2 倍。

（四）开挖

1. 超欠挖控制

（1）应严格控制欠挖。拱脚、墙脚以上 1m 范围内断面严禁欠挖。

（2）应尽量减少超挖，超挖部分必须回填密实。

（3）隧道开挖轮廓应按设计要求预留变形量，预留变形量大小宜根据监控量测信息进行调整。

2. 钻爆掘进施工技术要点

(1)施工前应进行钻爆设计,并根据实际爆破效果及时对爆破设计参数进行调整。

(2)炮眼的深度、角度、间距应按爆破设计要求确定。

(3)钻眼完成后,应按炮眼布置图进行检查并做好记录,不符合要求的炮眼应重钻,经检查合格后方可装药。

(4)装药前应将炮眼内泥浆、石屑吹洗干净。已装药的炮眼应及时堵塞密封。周边眼的堵塞长度不宜小于200mm。

(5)采用电力起爆时,起爆主导线应敷设在电线和管路的对侧,不得已设在同一侧时,与钢轨、管道等导电体的间距必须大于1.0m,并悬空架设。放炮前,应检查主线的连接,确认起爆顺序无误后方可起爆。

(6)爆破前,所有人员应撤至安全地点。爆破后必须待洞内有害气体浓度符合规定后方可进入开挖面工作。

(7)爆破作业应在上一循环喷射混凝土终凝不少于4h后进行。

3. 小净距及连拱隧道

(1)小净距隧道

①小净距隧道开挖方法的选择,应以减小对中岩墙的扰动、控制中岩墙的围岩变形、保证开挖过程中围岩的稳定性为原则,合理安排施工方法及施工顺序,Ⅴ级围岩应以机械开挖为主,辅以微量的弱爆破。

②小净距隧道爆破应进行专门设计,并进行试爆,测定振动值,严格控制爆破震动;先行洞与后行洞掌子面错开距离应大于2倍隧道开挖宽度。应重点控制爆破对中岩墙的危害。相邻爆破分段起爆间隔时间宜不小于100ms。

③先行洞开挖可采用与分离式隧道相同的施工方法,严格爆破震动对中岩墙的影响;后行洞开挖采用CD法或CRD法开挖时,先开挖靠近中岩墙侧。

④每个开挖面必须配备一个衬砌台车。先行洞衬砌宜在围岩变形基本稳定后进行,宜落后于后行洞掌子面2倍隧道开挖宽度以上,且在初期支护变形基本稳定后尽早施工。

(2)连拱隧道

①先行洞应选择在偏压侧及地质较为软弱的一侧,先行洞开挖超前另侧主洞30~50m,先行洞二次衬砌断面落后后行洞开挖面距离,现场可根据爆破震动监测结果确定,一般不小于2倍洞径。

②中导洞开挖必须准确控制开挖中线,仔细探察岩层情况。中导洞贯通后,浇筑中隔墙混凝土。墙顶处的防、排水设施应按图纸及规范要求做好施工,以保证防、排水设施能充分发挥其效用,排水畅通,不渗不漏。

③中隔墙混凝土施工时,基础底面应清扫干净,无水、无石渣;墙身内预埋件、排水管应固定牢固,位置准确。中隔墙顶部应与中导洞顶紧密接触、回填密实。

④主洞施工时,开挖先行主洞前,后行主洞围岩与中隔墙之间的空隙应按设计要求进行回填密实或支撑顶紧;爆破设计时不得以中导洞作为爆破临空面。

⑤侧墙开挖采用马口跳槽法施工时,马口开挖长度不宜超过4m。

⑥开挖过程中应及时做好洞内排水系统,严禁洞内积水,排水沟不应沿边墙设置。

(五)支护与衬砌

1. 超前支护

(1)超前锚杆

①超前锚杆的要点:开挖掘进前,在开挖面顶部一定范围内,沿坑道设计轮廓线,向岩体内打入一排纵向锚杆(或型钢,或小钢管),以形成一道顶部加固的岩石棚,在此棚保护下进行开挖等作业,至一定距离后(在尚未开挖的岩体中必须保留一定的超前长度),重复上述步骤,如此循环前进。

②超前锚杆宜采用早强砂浆锚杆,锚杆可用不小于 $\phi 22mm$ 的螺纹钢筋。其超前量、环向间距、外插角等参数应视具体的施工条件而定。

(2)管棚和超前小导管注浆

①管棚的配置、形状、施工范围、管棚间隔及断面等应根据地质条件、周边环境、隧道开挖面、埋深以及开挖方法等因素来决定。

②超前小导管注浆是在开挖掘进前,先用喷射混凝土将开挖面和 5m 范围内的坑道封闭,然后沿坑道周边打入带孔的纵向小导管并通过小导管向围岩注浆,待浆液硬化后,在坑道周围形成了一个加固圈,在此加固圈的防护下即可安全地进行开挖。小导管一般采用直径为 32~50mm 的钢管,常用 $\phi 42mm$ 钢管,管长一般为 3~5m。

③自进式注浆锚杆(又称迈式锚杆)是将超前锚杆与超前小导管注浆相结合的一种超前措施,它是在小导管的前端安装了一次性钻头,从而同时完成钻孔和顶管,缩短了导管的安装时间,尤其适用于钻孔易坍塌的地层。

(3)预注浆

①预注浆加固围岩有洞内超前注浆、地表超前注浆和平导超前注浆三种方式。

②对于浅埋隧道,可以从地表向隧道所在区域打辐射状或平行状钻孔注浆;对于深埋长大隧道,可设置平行导坑,由平行导坑向正洞所在区域钻孔注浆。

2. 初期支护

(1)喷射混凝土

①喷射混凝土施工不得采用干喷工艺。

②当喷射作业分层进行时,后一层喷射应在前一层混凝土终凝后进行。混合料应随拌随喷。喷射混凝土回弹物不得重新用作喷射混凝土材料。

(2)锚杆

①钻孔深度不应小于锚杆杆体有效长度,但深度超长值不应大于 100mm。

②普通水泥砂浆锚杆施工时,砂浆灌注后应及时插入锚杆杆体,锚杆杆体插到设计深度时,孔口应有砂浆流出,若孔口无砂浆流出,则应将杆体拔出重新灌浆。全长黏结锚杆应灌浆饱满。

③中空注浆锚杆施工时应保持中空通畅,并留有专门排气孔。螺母应在砂浆初凝后拧紧,并使垫板与喷射混凝土面紧密接触。

(3)钢架

①钢架安装应确保两侧拱脚必须放在牢固的基础上,同时按照设计要求设置锁脚。安装前应将底脚处的虚渣及其他杂物彻底清除干净;脚底超挖、拱脚高程不足时,应用喷射混凝土

填充。

②相邻两榀钢架之间必须用纵向钢筋连接,连接钢筋直径不应小于18mm,连接钢筋间距不应大于1.0m。

③钢架应垂直于隧道中线,竖向不倾斜、平面不错位、不扭曲。上、下、左、右允许的偏差为±50mm,钢架倾斜度应小于2°。

④钢架安装就位后,钢架与围岩之间的间隙应用喷射混凝土充填密实。喷射混凝土应由两侧拱脚向上对称喷射,并将钢架覆盖,临空一侧的喷射混凝土保护层厚度应不小于20mm。

(4)钢筋网

①应初喷一层混凝土后再进行钢筋网的铺设。钢筋网宜随受喷面起伏铺设,并在锚杆安设后进行,与受喷面间隙宜控制在20~30mm之间。钢筋网每个交叉点都应进行焊接或绑扎。

②钢筋网应与锚杆或其他固定装置连接牢固,在喷射混凝土时不得晃动。

③钢筋搭接长度不得小于30倍钢筋直径,并不得小于一个网格长边尺寸。

3. 模筑混凝土衬砌

(1)混凝土衬砌模板及支架必须具有足够的强度、刚度和稳定性。衬砌施工缝应与设计的沉降缝、伸缩缝结合布置。

(2)为保证衬砌净空,模板外径应考虑变形量适当扩大,作为预留沉降量。对已完成的衬砌地段,应继续观察二次衬砌的稳定性,注意变形、开裂、侵入净空等现象,及时记录处理。

(3)二次衬砌施工(含加宽段)应采用全液压自动行走的整体衬砌台车,衬砌台车结构尺寸应准确,各种伸缩构件、液压系统、电气控制系统运行良好,合理设置各支承机构;应满足自动行走要求,并有闭锁装置,保证定位准确。

(4)边墙基础顶面高程按台车侧模底部高程确定;施工时按规范预埋连接钢筋或榫石,并对与二次衬砌混凝土接触面进行凿毛,在围岩变化处设置好沉降缝;二次衬砌混凝土浇筑前用水将其表面湿润,清除杂物。边墙模板应采用一次成型的弧形钢模。

(5)预留洞室模板及预埋件在钢筋混凝土衬砌地段,宜固定在钢筋骨架上;在无筋衬砌地段采取在衬砌台车模板上钻孔,用螺栓固定。

(6)台车模板定位采用五点定位法,即:以衬砌圆心为原点建立平面坐标系,通过控制顶模中心点、顶模与侧模的铰接点、侧模的底脚点来精确控制台车就位。

(7)挡头模板结构应能保证衬砌环接缝榫接,以保证接头处质量,增强其止水功能。

(8)混凝土由下至上分层、左右交替、从两侧向拱顶对称灌注。为防止浇筑时两侧侧压力偏差过大造成台车移位,两侧混凝土浇筑面高差宜控制在50cm以内,同时应合理控制混凝土的浇筑速度。

(9)拱部混凝土衬砌浇筑时,拱顶必须预留注浆孔,注浆孔间距应不大于3m,且每个模板台车范围内的预留孔不得少于4个。

(10)采用最后一盘封顶混凝土试件达到的强度进行控制。不承受外荷载的拱、墙混凝土强度应达到5MPa或在拆模时混凝土表面和棱角不被损坏并能承受自重时拆模。

(11)拆模后用高压水喷淋混凝土表面,以降低水化热。在寒冷地区,应做好衬砌的防寒保温工作。洞口100m养护期不少于14d,洞身养护时间不少于7d,对已贯通的隧道二次衬砌养护期不少于14d。

4. 仰拱和铺底

(1)洞口段进洞30m后应及时施工仰拱。仰拱开挖后,应结合拱墙施工及时进行仰拱封闭和模筑混凝土施工;仰拱回填保持超前3倍以上循环作业长度。

(2)仰拱宜整断面一次成型,不宜左右半幅分次浇筑;铺底混凝土可半幅浇筑,但接缝应平顺,并做好防水处理。

(3)仰拱施工前,超挖在允许范围内时,应采用与衬砌相同强度等级的混凝土进行浇筑;超挖大于规定时,应按设计要求回填,不得用洞渣随意回填,严禁片石侵入仰拱断面。

(4)仰拱填充采用片石混凝土时,片石应距模板50mm以上,片石间距应大于粗集料的最大粒径,并应分层摆放,捣固密实。

(5)仰拱以上的混凝土或片石混凝土应在仰拱混凝土达到设计强度的70%后施工。

(6)仰拱和底板混凝土强度达到设计强度后方可允许车辆通行。

(六)防水与排水

1. 施工防水与排水

(1)隧道洞口及辅助坑道洞(井)口应及时做好排水系统,完善防水与排水措施。

(2)对于覆盖层较薄和渗透性强的地层,地表水应及早处理。

(3)洞内顺坡排水沟断面应满足排除隧道中渗漏水和施工废水的需要,并经常清理排水设施,防止淤塞,确保水路畅通。在膨胀岩、土质地层、围岩松软地段,排水沟中不得有积水,宜根据需要对排水沟进行铺砌或用管槽代替。

(4)洞内反坡排水必须采用水泵抽水。

(5)洞内有大面积渗漏水和股水时,宜集中汇流引排。

(6)明挖基坑和隧道洞口、竖井处,应保持地下水位稳定在基底开挖线0.5m以下,必要时应采取降水措施。

2. 结构防水与排水

(1)中心排水管(沟)坡度应符合设计要求。管路埋设好后,应进行通水试验,发现积水、漏水应及时处理。

(2)防水板拼接采用热合机双焊缝焊接,要求搭接宽度不小于100mm。焊缝应严密,单条焊缝的有效焊接宽度不应小于12.5mm。焊接时应避免漏焊、虚焊、烤焦或焊穿。

(3)混凝土应连续浇筑,宜少留施工缝,拱圈不应留纵向施工缝。墙体水平施工缝不应设在剪力和弯矩最大处或铺底与边墙的交接处。墙体若有预留孔洞时,施工缝距孔洞边缘不宜小于300mm。

(4)垂直施工缝设置宜与变形缝相结合。垂直施工缝施工时,应将其表面浮浆和杂物清除。

(5)变形缝应满足密封防水、适应变形、施工方便、检修容易等要求。变形缝的设置位置应使拱圈、边墙和仰拱在同一断面上贯通。

(6)固定止水带和灌注混凝土过程中应防止止水带偏移。不得在止水带上穿孔打洞固定止水带。止水带在隧道断面变化处或转角处应做成弧形,橡胶止水带的转角半径不应小于200mm,钢片止水带不应小于300mm,且转角半径应随止水带的宽度增大而相应加大。

(七)通风防尘及水电作业

1. 通风

(1)隧道施工进洞50m后应进行供风,在进入隧道150m以后必须以设计风量全速通风。

压入式通风管的送风口距掌子面不超过 15m,排风式风管吸风口距掌子面不超过 5m。每台风机必须单独安装电表以便核对开机供风时间。

(2)隧道通风宜采用大功率风机、大直径风洞压入式通风,长隧道应考虑混合通风方式。单头掘进超过 1200m 时,应进行专项施工通风设计,并经监理人审批。

(3)隧道通风机及通风管应设置专人定期维护、修理。如有破损,应及时修补或更换。

(4)送风式的进风管口应设在洞外,宜在洞口里程 30m 以外。

2. 防尘

(1)应采取通风、洒水等防尘措施,并按规定时间测定粉尘和有害气体的浓度。

(2)钻眼作业应采用湿式凿岩。

(3)凿岩机钻眼时必须先送水后送风。

(4)放炮后必须进行喷雾洒水,出渣前应用水淋湿石渣和附近的岩壁。

(5)施工人员均应佩戴防尘保护用品。

(6)长大隧道还应在压入式的出风口设置喷雾器,以增加空气湿度、降低粉尘含量。

3. 供水

(1)水源的水量应满足工程和生活用水的需要。

(2)水池的容量应有一定的储备量,保证洞内外集中用水的需要。

(3)采用机械站供水时,应有备用的抽水机。

(4)充分利用洞内地下水源,通过高压水箱送到工作面。

(5)工程和生活用水使用前必须经过水质鉴定,鉴定合格后方可使用。

4. 供电

(1)隧道供电电压应符合以下要求:

①供电线路应采用 220/380V 三相五线系统。

②动力设备应采用三相 380V。

③隧道照明,成洞段和不作业地段可用 220V,瓦斯地段不得超过 110V,一般作业地段不宜大于 36V,手提作业灯为 12~24V。

④选用的导线截面应使线路末端的电压降不得大于 10%,36V 和 24V 线不得大于 5%。

(2)洞外变电站宜设在洞口附近,并应靠近负荷集中地点和设在电源来线一侧。

(3)供电线路布置和安装应符合下列要求:

①成洞地段固定的电线路,应使用绝缘良好的胶皮线架设;施工地段的临时电线路宜采用橡套电缆;竖井、斜井宜使用铠装电缆;瓦斯地段的输电线必须使用煤矿专用密封阻燃铜芯电缆,不得使用皮线。

②瓦斯地段的电缆应沿侧壁铺设,不得悬空架设。涌水隧道的电动排水设备、瓦斯隧道的通风设备和斜井、竖井内的电气装置应采用双回路输电,并有可靠的切换装置。

(4)短隧道应采用高压至洞口,再低压进洞;长、特长隧道成洞地段应用 6~10kV 高压电缆送电;洞内设置 6~10/0.4kV 变电站供电时,应有保证安全的措施,且移动变电站应采用监视型屏蔽橡胶套电缆。

(5)隧道作业地段必须有足够的照明,洞外照明按一般建筑工地要求。瓦斯地段的照明器材应采用防爆型,开关应设在送风道或洞口。

(八)特殊地段施工

1. 岩溶地质隧道

(1)应先开展地质调查,并根据综合地质预报对溶洞里程、影响范围、规模、类型、发育程度和填充物、储水及补给情况、岩层稳定程度以及与隧道的相对位置等做出预测分析,制订防范措施。

(2)隧道溶洞与地表水存在水力联系时,宜在旱季进行溶洞处理和隧道施工。

(3)岩溶段爆破开挖应严格控制单段起爆药量和总装药量,控制爆破震动。

(4)溶洞规模大,内部充填有大量泥沙,且含有丰富的地下水时,应预留安全止水岩墙。

(5)应准备足够数量的排水设备。

2. 流沙地段隧道

(1)开挖时必须采取自上而下分步进行,并严格控制开挖长度,防止上部两侧不均匀下沉。

(2)支护应及时,边挖边封闭,遇缝必堵,严防沙粒从支护缝隙中漏出。

(3)应观测支护的实际沉落量,如预留量过大或不足,应在下一环节施工中及时调整。

(4)衬砌应仰拱先行,必要时,仰拱应紧跟开挖面,及时形成封闭的结构体系,并应采取措施防止砂土液化。

3. 含瓦斯隧道

(1)工作面附近20m以内风流中瓦斯浓度必须小于1%。必须采用湿式钻孔。炮眼深度不应小于0.6m,炮眼最大抵抗线不得小于0.3m。装药前炮眼应清除干净。

(2)必须采用煤矿许用炸药和煤矿许用电雷管。高瓦斯工区必须采用安全等级不低于二级的煤矿许用炸药,有煤与瓦斯突出可能的地段必须采用安全等级不低于三级的煤矿许用炸药。严禁使用秒或半秒级电雷管。使用毫秒级电雷管时,最后一段的延期时间不得大于130ms。应采用连续装药方式,雷管安放在最后一节炸药中,严禁反向装药。

(3)爆破网络必须采用串联连接方式,不得并联或串并联。

(4)起爆电源必须使用防爆型起爆器,应安装在新鲜风流中,并与开挖面保持200m左右距离。同一开挖面不得同时使用两台及以上起爆器起爆。

(5)炮眼封泥不严或不足时,不得进行爆破。严禁用煤粉、块状材料或其他可燃性材料作炮泥。

(6)揭煤爆破15min后,应由救护队员佩戴防毒面具或自救器到开挖工作面,查看爆破效果、检测瓦斯浓度、巡查通风及电路,如有煤尘超标、电路破损、通风死角、瞎炮残炮等危险情况必须立即处理,在确认安全后方可通知送电、开启局部风机。通风30min后由瓦斯检测人员检测工作面、回风道瓦斯浓度。当瓦斯浓度小于1%、二氧化碳浓度小于1.5%时,解除警戒,允许施工人员进入作业面。

4. 岩爆地段隧道

(1)开挖宜短进尺循环,每循环进尺宜控制在1.0~2.0m以内。

(2)采用光面爆破技术,隧道开挖断面周壁宜圆顺。

(3)对岩爆强烈的开挖面,按设计施工超前锚杆锁定前方围岩。

(4)拱部及边墙按设计布置预防岩爆锚杆。

5. 富水软弱破碎围岩隧道

(1)施工过程应加强对隧道围岩和支护结构变形、地下水变化的监测,并应依据监测结论动态调整设计和施工参数。

(2)应严格控制开挖循环进尺,开挖每一循环进尺宜为 0.5~1.0m。

(3)仰拱应超前施工,尽早与支护构成封闭结构。

(4)铺设防水板前应完成设计要求的止水注浆,严禁在已铺设防水板范围内压浆。

(5)二次衬砌应根据监控量测结果确定施工时间,全断面浇筑。整体式衬砌施工应紧跟开挖工序,及时封闭。

(6)施工中出现浑水、突水突泥、顶钻、高压喷水、出水量突然增大、坍塌等突发性异常情况应立即停止施工、分析异常原因,并应妥善处理。

例 题

例1 隧道围岩分级一般采用两步分级的综合评判方法,其初步分级考虑的基本因素是( )。

A. 围岩的坚硬程度和地下水
B. 围岩完整程度和初始应力
C. 岩石的坚硬程度和岩体的完整程度
D. 岩体的完整程度和地下水

例2 隧道施工独头掘进长度超过150m时,应采用( )。

A. 风管通风　　B. 巷道通风　　C. 自然通风　　D. 机械通风

例3 根据《公路工程技术标准》(JTG B01—2014),长度大于( )的高速公路隧道应设置照明。

A. 100m　　B. 150m　　C. 200m　　D. 250m

例4 下列隧道现场监控量测项目中,属于必测项目的是( )。

A. 围岩压力　　B. 锚杆压力　　C. 周边位移　　D. 爆破震动

例5 浅埋段的开挖施工应遵循的原则是( )。

A. 管超前、严注浆、短开挖、强支护、早封闭、勤量测
B. 管超前、严注浆、短开挖、弱支护、早封闭、勤量测
C. 管超前、严注浆、短开挖、强支护、早封闭、勤量测、速反馈、控沉陷
D. 管超前、严注浆、短开挖、弱支护、早封闭、勤量测、速反馈、控沉陷

例6 隧道供电线路架设应遵循的原则有( )。

A. 高压在上、低压在下　　　　B. 干线在上、支线在下
C. 高压在下、低压在上　　　　D. 干线在下、支线在上
E. 动力线在上、照明线在下

例7 关于喷射混凝土施工,下列说法正确的有( )。

A. 当喷射作业分层进行时,后一层喷射应在前一层混凝土终凝后进行
B. 喷射混凝土回弹物不得重新用作喷射混凝土材料
C. 混合料应随拌随喷
D. 喷射混凝土施工应采用干喷工艺

E. 冬季施工时,喷射作业区的气温不应低于5℃

例8 关于模筑混凝土衬砌施工,下列说法符合规范规定的有( )。
A. 已经初凝的剩余混凝土,不得重新搅拌使用
B. 混凝土运送中不得产生离析、撒落及混入杂物
C. 应采用混凝土输送泵送料入模、均匀布料
D. 拱、墙混凝土应一次连续浇筑,不得采用先拱后墙浇筑
E. 衬砌背后空洞应采用衬砌同级混凝土回填密实

例9 关于瓦斯工区钻爆作业,下列说法正确的有( )。
A. 工作面附近50m以内风流中瓦斯浓度必须小于5%
B. 必须采用煤矿许用炸药和煤矿许用电雷管
C. 爆破网络必须采用绝缘母线单回路爆破
D. 同一开挖面不得同时使用两台及以上起爆器起爆
E. 炮眼封泥不严或不足时,不得进行爆破

例10 仰拱填充施工符合规范规定的有( )。
A. 仰拱填充混凝土不得与仰拱衬砌混凝土一次浇筑
B. 仰拱填充混凝土施工前应清除仰拱表面积水、杂物等
C. 仰拱衬砌横向施工缝与填充混凝土横向施工缝宜错开设置
D. 仰拱衬砌变形缝与填充混凝土变形缝应在同一断面位置
E. 仰拱严禁采用片石混凝土进行填充

例题解析

例1 根据《公路隧道设计规范 第一册 土建工程》(JTG 3370.1—2018)第3.6.1条,根据岩石的坚硬程度和岩体完整程度两个基本因素的定性特征和定量的岩体基本质量指标BQ,进行初步分级。故选C。

例2 根据《公路隧道施工技术规范》(JTG/T 3660—2020)第13.1.1条,隧道施工独头掘进长度超过150m时,应采用机械通风。故选D。

例3 根据《公路工程技术标准》(JTG B01—2014)第8.0.6条,长度$L>200$m 的高速公路隧道、一级公路隧道应设置照明。故选C。

例4 根据《公路隧道施工技术规范》(JTG/T 3660—2020)第18.1.6条,隧道现场监控量测必测项目有洞内外观察、周边位移、拱顶下沉、地表下沉。故选C。

例5 根据《公路隧道施工技术规范》(JTG/T 3660—2020)第6.3.1条,浅埋段的开挖施工应遵循"管超前、严注浆、短开挖、强支护、早封闭、勤量测、速反馈、控沉陷"的原则。故选C。

例6 根据《公路工程施工安全技术规范》(JTG F90—2015)第9.1.4条,供电线路架设应遵循"高压在上、低压在下,干线在上、支线在下,动力线在上、照明线在下"的原则。故选ABE。

例7 根据《公路隧道施工技术规范》(JTG/T 3660—2020)第9.2.4条,选项D错误,喷射混凝土施工不得采用干喷工艺。故选ABCE。

例8 根据《公路隧道施工技术规范》(JTG/T 3660—2020)第9.6.18条,选项E错误,边

墙背后空洞深度小于或等于1.0m、拱部背后空洞深度大于0.5m时,应采用衬砌同级混凝土回填密实,应与衬砌混凝土同时浇筑。故选ABCD。

例9 根据《公路隧道施工技术规范》(JTG/T 3660—2020)第16.5.2条,选项A错误,工作面附近20m以内风流中甲烷浓度必须小于1%。故选BCDE。

例10 根据《公路隧道施工技术规范》(JTG/T 3660—2020)第9.7.4条,仰拱填充采用片石混凝土时,片石距挡头模板的距离应大于50mm。故选ABCD。

自测模拟题

(一)单项选择题

1. 中、小型突水泥的地段地质灾害分级为( )。
   A. A级　　　　　B. B级　　　　　C. C级　　　　　D. D级
2. 湿式凿岩水、风操作正确的是( )。
   A. 先开水后开风,先关风后关水
   B. 先开水后开风,先关水后关风
   C. 先开风后开水,先关水后关风
   D. 先开风后开水,先关风后关水
3. 隧道爆破掘进的炮眼有:①掏槽眼;②辅助眼;③周边眼。预裂爆破正确的起爆顺序是( )。
   A. ①②③　　　　B. ③②①　　　　C. ③①②　　　　D. ①③②
4. 下列隧道支护措施中,不属于超前预支护措施的是( )。
   A. 搭设管棚　　　　　　　　　B. 周边预注浆
   C. 径向注浆　　　　　　　　　D. 超前小导管注浆
5. 下列隧道施工通风方式中,错误的是( )。
   A. 风管式通风　　　　　　　　B. 巷道式通风
   C. 风墙式通风　　　　　　　　D. 通道式通风
6. 下列施工机械中,属于隧道施工专用设备的是( )。
   A. 轴流风机　　　　　　　　　B. 装载机
   C. 凿岩台车　　　　　　　　　D. 混凝土喷射机
7. 适用于浅埋大跨度隧道及地表下沉量要求严格而围岩条件很差情况的开挖方法是( )。
   A. 台阶法　　　　　　　　　　B. CD法
   C. CRD法　　　　　　　　　　D. 双侧壁导坑法
8. 既适用于一般软弱破碎围岩,也适用于地下水丰富的松软围岩,且对围岩加固的范围和强度要求相对较小的预支护措施是( )。
   A. 超前锚杆预支护　　　　　　B. 超前小导管注浆预支护
   C. 管棚预支护　　　　　　　　D. 小钢管预支护
9. 关于隧道衬砌的说法,错误的是( )。
   A. 单层现浇整体式混凝土衬砌常用于Ⅱ、Ⅲ级围岩中
   B. 复合式衬砌中的二次衬砌,不承受软弱围岩的蠕变压力

C. 全断面开挖成形的隧道衬砌施工应尽量使用模板台车灌注混凝土
D. 衬砌施工多采用由下而上、先墙后拱的顺序连续浇灌

10. 关于涌水地段隧道超前钻孔排水施工的说法,错误的是(　　)。
    A. 应使用轻型探水钻机或凿岩机钻孔
    B. 钻孔孔位(孔底高程)应在水流下方
    C. 采取排水措施,保证钻孔排出的水迅速排出洞外
    D. 超前钻孔的孔底应超前开挖面1~2个循环进尺

11. 岩石隧道的爆破应采用光面爆破技术或(　　),减少对围岩的扰动。
    A. 钻孔爆破技术   B. 缓冲爆破技术
    C. 深孔爆破技术   D. 预裂爆破技术

12. 明洞主要分为拱式明洞和(　　)明洞两类。
    A. 端墙式   B. 棚式   C. 环框式   D. 遮光式

13. 公路隧道主要的开挖方法是(　　)。
    A. 钻爆法   B. 明挖法   C. 盾构法   D. 盖挖法

14. 隧道洞内地下水位较高时,宜采用(　　)处理。
    A. 设置急流槽   B. 表面排水
    C. 设置截水沟   D. 井点降水

15. 下列复合式隧道监控量测项目中,属于选测项目的是(　　)。
    A. 周边位移   B. 拱顶下沉
    C. 围岩压力   D. 地表下沉

16. 关于隧道开挖,下列说法不正确的是(　　)。
    A. 全断面法施工应控制一次同时起爆的炸药量
    B. 长度小于300m的隧道,起爆点应设在洞口侧面50m以内
    C. 隧道双向开挖面间相距超过10~30m时,应改为单向开挖
    D. 两座平行隧道开挖,同向开挖工作面纵向距离不宜小于1倍洞径

17. 隧道瓦斯地段输电线路应采用(　　)。
    A. 密封电缆   B. 矿物电缆   C. 橡套电缆   C. 铠装电缆

18. 隧道洞口边坡及仰坡应(　　)开挖。
    A. 自下而上   B. 掏底开挖   C. 自上而下   C. 上下重叠

19. 洞内反坡排水必须采用(　　)。
    A. 井点降水   B. 水泵抽水   C. 顺坡排水   C. 钻孔引水

(二)多项选择题

1. 关于出渣运输车辆,下列说法正确的有(　　)。
   A. 严禁人料混载   B. 不准超载运输
   C. 不准超宽运输   D. 不准超高运输
   E. 不准超长运输

2. 按隧道间的距离,隧道分为(　　)。
   A. 连拱隧道   B. 小净距隧道
   C. 分离式隧道   D. 极小断面隧道

E. 分叉式隧道

3. 隧道现场监控量测项目中,属于选测项目的有( )。
   A. 周边位移
   B. 围岩压力
   C. 围岩体内位移
   D. 锚杆轴力
   E. 拱顶下沉

4. 二次衬砌施作前应满足的条件有( )。
   A. 渗水压力不超过设计值的1.1倍
   B. 各测试项目的位移速率明显收敛,围岩基本稳定
   C. 已产生的各项位移已达预计总位移量的80%~90%
   D. 二次衬砌距开挖面距离较长
   E. 周边位移速率或拱顶下沉速率小于规定值

5. 关于小净距及连拱隧道施工,下列说法正确的有( )。
   A. 地质条件不同的两孔隧道,宜先开挖地质条件较差的隧道
   B. 小净距隧道先行洞与后行洞掌子面错开距离应大于2倍隧道开挖宽度
   C. 小净距隧道的后行隧道应先加固中岩墙和两隧道相邻侧拱架基础
   D. 连拱隧道主洞开挖时,左、右两洞开挖掌子面错开距离宜大于30m
   E. 连拱隧道应在先行洞模筑衬砌混凝土达到设计强度的75%后进行后行洞的开挖和衬砌

6. 隧道洞口石质边、仰坡不得采用( )。
   A. 深眼爆破
   B. 药包爆破
   C. 光面爆破
   D. 预裂爆破
   E. 微差爆破

7. 含瓦斯隧道施工时,瓦斯检测的方法有( )。
   A. 综合指标法
   B. 瓦斯压力法
   C. R值指标法
   D. 瓦斯流量法
   E. 钻屑指标法

8. 关于不良地质和特殊岩土地段隧道施工,下列说法正确的有( )。
   A. 富水软弱破碎围岩隧道应严格控制开挖循环进尺,初期支护应及时施作
   B. 膨胀岩土地质隧道开挖后应尽快初喷混凝土封闭岩面
   C. 岩爆地质隧道宜在围岩内部应力释放前采用短进尺开挖
   D. 软岩大变形地质隧道应严格控制循环进尺,仰拱、二次衬砌应及时施作、封闭成环
   E. 黄土隧道宜在旱季开挖洞口,雨季施工应采取控制措施

9. 仰拱开挖施工,仰拱与掌子面的距离符合要求的有( )。
   A. Ⅱ级围岩不得超过90m
   B. Ⅲ级围岩不得超过90m
   C. Ⅳ级围岩不得超过50m
   D. Ⅴ级围岩不得超过50m
   E. Ⅵ级围岩不得超过40m

10. 采用台阶法进行隧道开挖时,上台阶每循环开挖支护进尺符合要求的有( )。
    A. Ⅱ级围岩不应大于2榀钢架间距
    B. Ⅲ级围岩不应大于2榀钢架间距
    C. Ⅳ级围岩不应大于2榀钢架间距

D. Ⅴ级围岩不应大于1榀钢架间距

E. Ⅵ级围岩不应大于1榀钢架间距

11. 软弱围岩隧道的二次衬砌应及时施作,二次衬砌距掌子面的距离符合要求的有( )。

A. Ⅱ级围岩不得大于130m
B. Ⅲ级围岩不得大于110m
C. Ⅳ级围岩不得大于90m
D. Ⅴ级围岩不得大于70m
E. Ⅵ级围岩不得大于50m

12. 需进行超前地质预报的隧道类型包括( )。

A. 岩溶地质隧道
B. 小净距隧道
C. 含水沙层隧道
D. 含瓦斯隧道
E. 岩爆地质隧道

13. 关于逃生通道,下列说法正确的有( )。

A. 逃生通道刚度、强度及抗冲击能力应满足安全要求
B. 逃生通道设置在开挖掌子面至仰拱之间
C. 逃生通道离开挖掌子面不得大于20m
D. 逃生通道随开挖进尺不断前移
E. 逃生通道内径不宜小于0.5m

14. 关于混凝土保护层,下列说法正确的有( )。

A. 对于直接接触土体浇筑的模筑钢筋混凝土衬砌,保护层厚度不应小于70mm
B. 对于直接接触喷射混凝土浇筑的模筑混凝土,保护层厚度不应小于60mm
C. 对于直接接触喷防水板浇筑的模筑混凝土,保护层厚度不应小于50mm
D. 对于内设钢架的喷射混凝土,临空面一侧的保护层厚度不宜小于20mm
E. 对于钢筋网喷射混凝土,保护层厚度不应小于20mm

15. 关于瓦斯隧道施工通风,下列说法正确的有( )。

A. 高瓦斯工区放炮后通风时间应不少于30min
B. 高瓦斯工区放炮后通风时间应不少于25min
C. 微瓦斯工区放炮后通风时间应不少于20min
D. 低瓦斯工区放炮后通风时间应不少于15min
E. 低瓦斯工区放炮后通风时间应不少于10min

16. 台阶法施工应符合的规定包括( )。

A. 台阶不宜多分层
B. 采用大型机械配套作业
C. 台阶长度不宜超过隧道开挖宽度的1.5倍
D. 上台阶钢架施工时应采取有效措施控制其下沉和变形
E. 下台阶应在上台阶喷射混凝土强度达到设计强度的70%后开挖

参考答案

(一)单项选择题

1. B   2. A   3. C   4. C   5. D   6. D   7. D   8. B   9. C   10. B

11. D　　12. B　　13. A　　14. D　　15. C　　16. D　　17. A　　18. C　　19. B

(二)多项选择题

1. ABCD　　2. ABC　　3. BCD　　4. BCE　　5. ABD　　6. AB　　7. ABCE
8. ABDE　　9. BCE　　10. CDE　　11. CD　　12. ACDE　　13. ACD　　14. ABDE
15. AD　　16. ACDE

八、交通安全设施质量监理

重点知识

(一)概述

交通安全设施主要包括交通标志、交通标线、防撞设施、隔离栅、轮廓标、防眩设施、桥梁护网、里程标、百米标、公路界碑等。

1. 交通标志

交通标志是用图形符号、颜色、形状和文字向交通参与者传递特定信息,用于管理交通的设施,主要起到提示、诱导、指示等作用,使道路使用者安全、快捷到达目的地,促进交通畅通。它主要包括警告标志、禁令标志、指示标志、指路标志、旅游区标志、作业区标志等主标志以及附设在主标志下的辅助标志。

2. 交通标线

交通标线的主要作用是传递有关道路交通的规则、警告和指引交通。它是由施划或安装于道路上的各种线条、箭头、文字、图案、立面标记、实体标记、突起路标等构成的。

3. 防撞设施

防撞设施主要包括护栏、防撞筒等。护栏的主要作用是防止失控车辆越过中央分隔带或在路侧比较危险的路段冲出路基,不致发生二次事故。同时,还具有吸收能量,减轻事故车辆及人员的损伤程度,以及诱导视线的作用。

防撞筒的主要作用是起到警示和减缓冲击作用,吸收能量,减轻事故车辆及人员的损伤程度,同时也有诱导视线的作用。

4. 隔离栅

隔离栅的主要作用是将公路用地隔离出来,防止设施非法侵占公路用地,同时将可能影响交通安全的人和畜等与公路分离,保证公路的正常运营。它主要有编织网、钢板网、焊接网、刺钢丝网、隔离墙以及常青绿篱等形式。

5. 轮廓标

轮廓标的主要作用是在夜间通过对车灯光的反射,使驾驶员能够了解前方道路的线形及走向,使其提前做好准备。轮廓标的结构主要有附着式、柱式等。

6. 防眩设施

防眩设施的主要作用是避免对向车辆前照灯造成的眩目影响,保证夜间行车安全。防眩设施分为人造防眩设施和绿化防眩设施,人造防眩设施主要包括防眩板、防眩网等结构形式。

7. 桥梁护网

桥梁护网主要设置于天桥或主线下穿的分离立交以及主线上跨铁路或等级较高的其他公路的分离立交上,用于防止杂物落在桥梁下方的道路行车道上,保证行车安全的防护设施。它主要有钢板网、电焊网、编织网和实体网等结构形式。

8. 里程标(碑)、百米标(桩)和公路界碑

里程标(碑)、百米标(桩)和公路界碑属于交通标志的范畴,主要作用是标识出道路里程和公路用地界限。

(二)护栏

1. 护栏质量要求

(1)波形梁钢护栏产品质量要求

①生产厂方在提供产品时,应同时提交产品质量合格证书。

②为保证产品质量要求,应对护栏各部件的外观、尺寸、防腐处理进行抽样检查。不相同的部件各以一批200件为取样单位,分别取出一片护栏板、一个端头、一根立柱、一块托架进行检查,如果受检的构件不符合要求,另取两件检验,如果这两件中仍有一件不符合要求,则以此为样品的整批产品应被拒收。

③护栏板、端头梁、立柱的长度和宽度方向不允许焊接,构件不应出现裂缝。

④高强度螺栓应抽样进行楔负载拉力试验,断裂应发生在螺纹部分或螺纹与杆部交接处;如不能做楔负载拉力试验则应做芯部硬度试验,芯部硬度值为洛氏HRC34~40。螺母应抽样进行保证荷载和硬度试验。

⑤波形梁护栏、活动式钢护栏及螺栓、螺母、垫圈、垫片等所有部件均应采用热浸镀锌(铝)进行金属表面处理。镀锌构件的锌层应均匀,试样经硫酸铜溶液浸蚀5次不变红;高强度螺栓进行热浸镀锌处理后,对高强度螺栓连接件表面要涂黄油,并进行磷化润滑处理。镀铝构件的铝层应均匀,不允许有针孔。

(2)缆索护栏产品质量要求

①为保证缆索的质量要求,应对进场的缆索进行表面检查,缆索内不应有断裂、交错和折弯的钢丝。钢丝表面不应有凹陷、锈蚀、压扁、碰伤或切伤等缺陷。股中钢丝的接头应尽量减少,接头之间的距离不得小于5m。

②缆索护栏的各种立柱、托架、索端锚具和螺栓、螺母、垫圈等所有部件均应按相关规定进行防腐处理。

③缆索用钢丝绳采用热浸镀锌防腐处理时,经热浸镀锌处理的钢丝不应出现裂纹、斑疤和露铁现象。

2. 路基护栏施工质量控制要点

缆索护栏、波形梁护栏的路基土压实度和混凝土护栏的地基承载力应符合图纸的规定。所有钢构件均应进行防腐处理。

(1)混凝土护栏

现场浇筑混凝土护栏的质量控制要点如下:

①采用固定模板法施工时,模板宜采用钢模板,钢模板的厚度不应小于4mm。

②混凝土浇筑前的温度应维持在10~32℃之间。

③两处伸缩缝之间的混凝土护栏必须一次浇筑完成,伸缩缝应与水平面垂直,宽度应符合图纸的规定,伸缩缝内不得连浆。

④混凝土初凝后,严禁振动模板,预埋钢筋不得承受外力。

⑤应根据气温和混凝土强度确定拆模时间,一般可在混凝土终凝后 3~5d 拆除混凝土护栏侧模。

预制混凝土护栏的质量控制要点如下:

①应采用钢模,每块预制混凝土护栏必须一次浇筑完成。

②拆模时混凝土强度不应低于设计强度的 70%。

③起吊、运输和堆放过程中,不得损坏混凝土护栏构件的边角,否则在安装就位后,应采用高于混凝土护栏强度的材料及时修补。

④混凝土护栏的安装应从一端逐步向前推进,护栏的线形应与公路的平、纵线形相协调。

(2)波形梁护栏

①应根据图纸进行立柱放样,并以桥梁、通道、涵洞、隧道、中央分隔带开口、紧急电话开口、互通式立体交叉等控制立柱的位置,进行测距定位。立柱放样时可利用调节板调节间距,并利用分配方法处理间距零头数。

②位于土基中的立柱,可采用打入法、挖埋法或钻孔法施工。采用打入法打入过深时,不得将立柱部分拔出加以矫正,必须将其全部拔出,将基础压实后再重新打入。立柱无法打入到要求深度时,严禁将立柱的地面以上部分焊割、钻孔,不得使用锯短的立柱。

③在铺有路面的路段设置立柱时,柱坑从路基至面层以下 50mm 处应采用与路基相同的材料回填并分层夯实,余下部分应采用与路面相同的材料回填并压实。

④护栏板拼接方向应与行车方向一致。拼接螺栓必须采用高强螺栓。

⑤立柱间距不规则时,可利用调节板、梁进行调节,不得采用现场切割护栏板的方法。

⑥所有的连接螺栓及拼接螺栓应在护栏的线形达到规定要求时才能拧紧。

(3)缆索护栏

①承包人应在缆索护栏运往工地之前,向监理人提供所采用的护栏部件的样品及出厂检验合格证书供其审查批准,必要时应根据监理人的要求进行荷载试验。

②缆索应在端部立柱和中间端部立柱的混凝土基础达到设计强度的 80% 以上时方可架设。

③缆索应支放在立柱的内侧,通过中间支架向另一端滚放。严禁在路面上长距离拖拽缆索。

④B 级和 A 级缆索护栏的初拉力应为 20kN。索端锚具安装到端部立柱或中间端部立柱后,可卸除临时张拉力。

⑤缆索应按从上向下的顺序架设。

3.桥梁护栏施工质量控制要点

桥梁护栏应在桥梁车行道板、人行道板施工完毕,跨中支架及脚手架拆除后桥跨处于独立支撑的状态时施工。

(1)金属桥梁护栏

①应以桥梁伸缩缝附近的端部立柱作为控制立柱,并在控制立柱之间测距定位。

②立柱间距出现零数时,可用分配的办法使其符合横梁规定的尺寸,立柱宜等距设置。

③连接螺栓和拼接螺栓开始时不宜过早拧紧,以便在安装过程中充分利用横梁和立柱法

兰盘的长圆孔进行调整,使其线形顺适,不应出现局部的凹凸现象。调整完毕后,必须拧紧螺栓。

（2）钢筋混凝土墙式桥梁护栏

①宜采用现场浇筑的方法进行施工。

②护栏伸缩缝内清理干净后,应填满橡胶或沥青胶泥等弹性、不透水的材料。

③端部翼墙应根据图纸的要求加工模板,设置在桥梁上或路基段的端部翼墙应采用现场浇筑施工方法,并设置预埋件。

4．活动护栏施工质量控制要点

（1）插拔式活动护栏

①插拔式活动护栏的预埋基础应在面层施工前完成,其余部分应在路面施工后安装。

②基础混凝土强度达设计强度的70%以上后,方可将焊接成整体的插拔式活动护栏片插入预埋套管内。

（2）充填式活动护栏

①充填式活动护栏应在路面施工后安装。

②线形调整平顺后,应将符合图纸要求的材料按规定数量充填活动护栏。

（三）交通标志

1．交通标志质量要求

（1）立柱

①钢管外径在152mm以下(含152mm)的立柱,采用普通碳素结构钢焊接钢管;凡钢管外径在152mm以上的立柱,采用一般常用热轧无缝钢管。

②所有标志柱应配有柱帽,柱帽可采用板厚为3mm的钢板焊接或其他方法紧固在立柱上,或采用监理人批准的其他形式的柱帽。

（2）标志板

①标志板所用铝合金板的最小厚度应不小于2mm。

②标志板面应无裂缝或其他表面缺陷,标志板边缘应整齐、光滑,标志板的外形尺寸偏差为±5mm,若外形尺寸大于1.2m²时,其偏差为其外形尺寸的0.5%。标志板应平整,表面无明显皱纹、凹痕或变形,每平方米范围内的平整度公差不应大于1.0mm。

③除尺寸大的指路标志外,所有标志板应由单块铝合金板或薄钢板加工制成,不允许拼接。

④大型指路标志最多只能分割成四块,并应尽可能减少分块数量,标志板的拼接应采用对接,接缝的最大间隙为1mm。

⑤标志底板面应进行化学清洗和浸蚀或磨面处理,清除表面杂质。标志板背面不应涂漆。

2．交通标志施工质量控制要点

（1）基础

①对于路侧标志,标志板内缘距土路肩边缘不得小于250mm,或根据监理人的指示确定。

②基础位置的确定。开挖以及浇筑混凝土立模和锚固螺栓的设置等,都应经监理人批准后方可施工。

（2）标志支撑结构

①管状或空心截面的支承结构,应设有经监理人同意的防雨帽。

②钻孔、冲孔和车间焊接,应在钢材电镀之前完成。

③标志支撑结构的架设应在基础混凝土强度达到要求,并得到监理人的批准后才能进行。门架标志结构整个安装过程应以高空吊车为工具,不允许施工人员在门架的横梁上作业。在横梁安装之前,应先预拱,横梁中间处的预拱度一般为50mm。悬臂标志的预拱度为40mm。

④标志中与铝合金或其他金属接触的所有钢材都应加以保护,以避免发生钢材或铝合金的锈蚀,保护措施应经监理人认可。

(3)标志板制作安装

①交通标志板面上的图案、字符的平面布设,应在施工前三个月做出样品,提交给监理人审批。

②粘贴反光膜时,不允许采用手工操作或用溶剂激活黏结剂。在标志面的最外层可涂保护层,如透明涂料等。

③反光膜应尽可能减少拼接,当粘贴反光膜不可避免出现接缝时,应使用反光膜产品的最大宽度进行拼接,接缝以搭接为主。当需要滚筒粘贴或丝网印刷时,可以平接,其间隙不应超过1mm,距标志板边缘50mm之内,不得有拼接。

④当用反光膜拼接标志图案时,拼接处应有3~6mm的重叠部分,如果监理人同意采用对接,则接缝间隙不得大于0.8mm。反光膜粘贴在挤压型材板面上,并伸出上、下边缘的最小长度为8mm,且应紧密地粘贴在上、下边缘上。

⑤承包人应先提供一种所有各类标志板面各种图案的配置图,在取得监理人同意之后,再进行图案制作。

⑥标志板的运输、储存和搬运方式应按制造厂商的要求进行,两块标志邻接面之间应使用适合的衬垫材料分隔,以免在运输、搬运过程中磨损标志板面。

⑦标志板安装前,承包人应对标志板板面外观逐一进行检查,以满足设计要求,监理人应按一定比例进行抽检。安装标志板时,应事先获得监理人的批准,标志的紧固方法应符合图纸的要求。

(四)交通标线

1. 交通标线质量要求

(1)标线

①承包人应向监理人提供拟使用来自供应厂商合格的每种材料的样品和使用说明。样品应分两份,一份密封储存备查,另一份作为检验试验之用,样品经试验同意后,将作为以后来料比较的依据。

②材料同意使用后,在交货前应对每批预定材料取样,并进行试验,在生产中,必要时监理人可以在生产过程中取样并进行检验,以保证其符合规定的产品标准。所有试样应明确标出生产厂商的批量编号和生产日期。

③产品在存放时应保持通风、干燥,防止日光直接照射,并应隔绝火源,夏季气温过高时应设法降温。

④玻璃珠宜采用柔软耐磨的黄麻袋或其他编织袋包装,里面衬以衬垫,以保证在运输过程中不被污染或包装破损。每包应含有不少于25kg净重的玻璃珠。

⑤为了使施工中质量有所控制,应用湿膜厚度梳子校核道路路面的湿膜厚度,或采用经监理人同意的其他方法进行校核。

(2)突起路标和轮廓标

①突起路标应经抗压强度试验,抗压荷载应大于160kN。

②承包人应将符合尺寸要求的反光路标样品提前提交给监理人,以便有足够的时间进行试验和批准使用。

③附着式轮廓标的后底板、支架,用铝合金板制作时,其最小实测厚度不应小于2.0mm。用钢板制作时,其最小实测厚度不应小于1.5mm。

④柱式轮廓标柱体表面应平整光滑,无毛刺、裂缝或气泡等缺陷,无明显凹痕或变形。柱体表面平面度公差不应大于1.0mm。

2. 交通标线施工质量控制要点

(1) 路面标线

①在水泥路面或旧的沥青路面施加标线需要预涂底油时,应先喷涂热熔底油下涂剂,按试验决定的间隔时间喷涂热熔涂料,以提高其黏结力。为了确保标线涂料和路面材料完全相适应,底油的类型和用量应经监理人批准。

②所有标线应顺直、平顺、光洁、均匀及外观精美,湿膜厚度符合图纸要求,否则,应按监理人指示进行返工处理。

③涂料在容器内加热时,温度应控制在涂料生产商的使用说明规定值内,不得超过最高限制温度。烃树脂类材料,保持在熔融状态的时间不大于6h;树胶树脂类材料,保持在熔融状态的时间不大于4h。

④喷涂施工应在白天进行,雨天、尘埃大、风大、气温低于10℃时应暂时停止施工。

⑤玻璃珠的撒布应经试验并获监理人批准后方可实施。撒布玻璃珠应在涂料喷涂后立即进行,以$0.3kg/m^2$的用量加压撒布在所有标线上。

⑥喷涂标线时,应有交通安全措施,设置适当警告标志,阻止车辆及行人在作业区内通行,防止将涂料带出或形成车辙,直至标线充分干燥。

(2) 突起路标

①突起路标应按图纸要求或在监理人的指示地点设置,设置时路面面层应干燥清洁,无杂屑,此时将环氧树脂均匀涂覆于突起路标的底部,涂覆厚度约为8mm,将突起路标压在路面的正确位置上,轻微转动,直到四周出现挤浆并及时清除其溢出部分,在凝固前突起路标不得扰动。

②在水泥混凝土路面设置突起路标时,先用硬刷和10%盐酸溶液洗刷混凝土表面,然后用清水冲洗干净,待路面清洁干燥后安装突起路标。

③突起路标设置高度,顶部不得高出路面25mm。

④在降雨、风速过大或气温过高或过低时,不进行设置。

(3) 轮廓标

①柱式轮廓标安装时,柱体应垂直于水平面,三角形柱体的顶角平分线应垂直于公路中心线,柱体与混凝土基础之间可用螺栓连接。

②附着于梁柱式护栏上的轮廓标可按立柱间距定位,附着于混凝土护栏和隧道侧墙上的轮廓标应量距定位。

(五) 防眩设施

1. 防眩设施质量要求

(1) 所有钢构件均应进行防腐处理。

(2)防眩板构件及防眩网应具有产品合格证明并经监理人认可后方能使用。

2.防眩设施施工质量控制要点

(1)设置于混凝土护栏上

①混凝土护栏强度低于设计强度的70%时,不得安装防眩板或防眩网。

②防眩板或防眩网安装后,不得削弱混凝土护栏的原有功能。

(2)设置于波形梁护栏上

①防眩板或防眩网安装在波形梁护栏上时,不得削弱波形梁护栏的原有功能。

②施工过程中不应损伤波形梁护栏的防腐层,否则应在24h之内予以修补。

(3)单独设置立柱

①防眩板或防眩网单独设置立柱时,可根据所在位置将立柱埋入土中、设置混凝土基础或固定于桥梁、通道、明涵等构造物上。设置混凝土基础,其强度达到设计强度的70%以上时,才能在立柱上安装防眩板或防眩网。

②立柱施工时,不得破坏地下管线和排水设施。

(六)隔离栅和防落物网

1.隔离栅和防落物网质量要求

(1)隔离栅和防落物网的所有金属件均应采用镀锌处理。

(2)承包人在施工前应向监理人提供拟采用的隔离栅和防落物网样品并获得批准,施工时所有运到工地的隔离栅和防落物网其质量均应与获批准的样品相符。

2.隔离栅和防落物网施工质量控制要点

(1)一般规定

①隔离栅所在位置应进行场地清理,且基础严禁坐埋在虚土上和易于坍塌的土埂上,软基应进行处理。

②任何立柱在运到工地之前,首先承包人应向监理人提交每一种柱子的试样。监理人可以按交货的每种立柱从每500个立柱(或每种的一部分)中任意挑选一个进行复验。如果一个立柱未能通过试验,应加倍抽验,如不合格,则由该试件代表的所有立柱均应被拒收。

③防落物网施工前应对所有预埋件的设置位置、强度、腐蚀程度进行检查,不符合要求的应整改。

(2)隔离栅

①隔离栅宜在路基工程完成后尽早设置,承包人应在施工前制订详细的施工组织设计方案送监理人审批。

②每个柱位均应按图纸的要求确定高程,并应按实际地形进行调整。

③立柱的埋设应分段进行。可先埋设两端的立柱,然后拉线埋设中间立柱,控制立柱与中间立柱的平面投影在一条直线上,柱顶应平顺。

④混凝土基础强度达到设计强度的70%以上时,可安装隔离栅网片。

⑤隔离栅网片安装完毕后,应对基础周围进行夯实处理。

(3)防落物网

①应以上跨桥梁与公路、铁路等设施的交叉点为控制点,向两侧对称进行防落物网的施工。

②应根据图纸的规定对防落物网做防雷接地处理。

例 题

例1 关于标线施工技术要求的说法,错误的是( )。
A. 标线工程正式开工前,应进行标线车自动行驶试验
B. 在正式划标线前,应保证路面表面清洁干燥
C. 应根据设计图纸进行放样
D. 通过划线机的行驶速度控制好标线厚度

例2 护栏的主要作用有( )。
A. 将公路用地隔离出来,防止非法侵占公路用地
B. 防止失控车辆冲出路基,不致发生二次事故
C. 吸收能量以减轻事故车辆及人员的损伤程度
D. 警示和缓冲
E. 诱导视线

例3 下列设施中,不属于交通标志的是( )
A. 里程标　　　　B. 隔离栅　　　　C. 公路界碑　　　　D. 作业区指示牌

例4 护栏按结构可分为缆索护栏、波形梁护栏、混凝土护栏,其中,波形梁护栏板又分双波和( )两种。
A. 半波　　　　B. 单波　　　　C. 三波　　　　D. 四波

例5 交通安全设施中的视线诱导设施主要包括线性诱导标、轮廓标和( )等。
A. 指示标志　　　　　　　　B. 限速标志
C. 禁令标志　　　　　　　　D. 分合流标志

例 题 解 析

例1 本题考查的是交通安全设施的施工技术要求。在标线工程正式开工前应进行实地试划试验,选项A错误。在正式划标线前,应首先清理路面,保证路面表面清洁干燥,然后根据设计图纸进行放样,并使用划线车进行划线。在进行划线时,应通过划线机的行驶速度控制好标线厚度。本题选A。

例2 防撞设施主要包括护栏、防撞筒等。护栏的主要作用是防止失控车辆越过中央分隔带或在路侧比较危险的路段冲出路基,不致发生二次事故。同时,还具有吸收能量,减轻事故车辆及人员的损伤程度,以及诱导视线的作用。本题选BCE。

例3 本题考查的是各种交通安全设施的功能与构成。交通标志主要包括警告标志、禁令标志、指示标志、指路标志、旅游区标志、作业区标志等主标志,里程标、公路界碑属于特殊的交通标志。隔离栅属于隔离设施,本题选B。

例4 护栏按结构可分为缆索护栏、波形梁护栏、混凝土护栏、梁柱式护栏、组合式护栏等。其中,波形梁护栏板又分为双波和三波两种。本题选C。

例5 视线诱导设施包括分合流标志、线形诱导标、轮廓标等,主要作用是在夜间通过对车灯光的反射,使驾驶员能够了解前方道路的线形及走向,使其提前做好准备。本题选D。

自测模拟题

(一)单项选择题

1. 下列选项中属于安全设施的是( )。
   A. 交通标志   B. 交通标线
   C. 自动报警   D. 隔离栅

2. 交通标线是主要的交通安全设施之一,其主要作用是管制和引导交通,下列设施属于交通标线的是( )。
   A. 指路标志   B. 指示标志
   C. 路面突起路标   D. 防护栏

3. 波形梁护栏属于( )。
   A. 刚性护栏   B. 半刚性护栏
   C. 柔性护栏   D. 一般护栏

4. 防眩设施的主要作用是避免对向车灯造成的( )。
   A. 闪光   B. 眩光   C. 对射光   D. 强光

5. 下列不属于"护栏的主要作用"的选项是( )。
   A. 防止失控车辆越过中央分隔带
   B. 防止失控车辆在路侧比较危险的路段冲出路基,不致发生二次事故
   C. 具有吸收能量,减轻事故车辆及人员的损伤程度,以及诱导视线的作用
   D. 管制和引导交通

6. 预制混凝土护栏拆模时,混凝土强度不应低于设计强度的( )。
   A. 50%   B. 60%   C. 70%   D. 80%

7. 大型指路标志最多只能分割成( )。
   A. 两块   B. 三块   C. 四块   D. 五块

8. 在水泥路面或旧的沥青路面施加标线时,应先喷( )。
   A. 涂热熔底油下涂剂   B. 涂热熔涂料
   C. 清水   D. 清洁剂

9. 防眩设施施工过程中不应损伤波形梁护栏的防腐层,否则应在( )之内予以修补。
   A. 6h   B. 12h   C. 24h   D. 34h

10. 隔离栅立柱施工时,可先埋设( )。
    A. 两端的立柱   B. 中间的立柱
    C. 高处的立柱   D. 低处的立柱

(二)多项选择题

1. 为保证波形梁护栏产品质量要求,不相同的部位应进行取样检查,取样时以200件一批为取样单位,分别取出( )。
   A. 一片护栏板   B. 一个端头
   C. 一根立柱   D. 一块托架
   E. 一个基础

2. 波形梁护栏的高强度螺栓应抽样进行楔负载拉力试验,断裂应发生在(   )。
   A. 螺栓头部　　　　　　　　　　B. 螺纹部分
   C. 螺母　　　　　　　　　　　　D. 螺纹与杆部交接处
   E. 螺杆底部

3. 波形梁护栏安装时,关于质量控制的做法正确的是(   )。
   A. 立柱无法打入到要求深度时,可将立柱的地面以上部分进行切割
   B. 为降低碰撞伤害,护栏板拼接方向应与行车方向相反
   C. 立柱间距不规则时,可利用调节板、梁进行调节
   D. 所有的连接螺栓及拼接螺栓应在护栏的线形达到规定要求时才能拧紧
   E. 采用打入法打入过深时,应立即将立柱部分拔出加以矫正

4. 关于交通标志安装时的技术要求,下列说法正确的是(   )。
   A. 管状或空心截面的支承结构,应设有经监理人同意的防雨帽
   B. 门架标志横梁中间处的预拱度一般为40mm
   C. 粘贴反光膜时,不允许采用手工操作或用溶剂激活黏结剂
   D. 当粘贴反光膜不可避免出现接缝时,应使用反光膜产品的最大宽度进行拼接
   E. 钻孔、冲孔和车间焊接,应在钢材电镀之前完成

5. 关于突起路标安装时的技术要求,下列说法正确的是(   )。
   A. 在水泥混凝土路面设置突起路标时,先用硬刷和8%盐酸溶液洗刷混凝土表面
   B. 突起路标设置高度,顶部不得高出路面30mm
   C. 在降雨、风速过大或气温过高过低时,不进行设置
   D. 在凝固前突起路标不得扰动
   E. 突起路标设置时路面面层应干燥清洁,无杂屑

参考答案

(一)单项选择题

1. C　　2. C　　3. B　　4. B　　5. D　　6. C　　7. C　　8. A　　9. C　　10. A

(二)多项选择题

1. ABCD　　2. BD　　3. CD　　4. ACDE　　5. CDE

九、环境保护工程质量监理

重点知识

(一)总体要求

1. 种植材料和播种材料

(1)所有种植物必须符合现行关于植物病害及昆虫传染检疫的法规,承包人提供的种植物应具有必要的全部检疫证明。

(2)外地调入的苗木与种子应有植物检疫报告,种子应提供由国家法定种子检验机构出具的种子检验报告。所使用的绿化辅助材料均应有产品合格证、检验报告或现场试验报告。

(3)一二年生花卉,株高应为100~400mm,冠径应为150~350mm。分枝不应少于3~4个。

(4)植生带厚度不宜超过1mm,种子分布均匀,种子饱满,发芽率应大于95%。

(5)播种用的草坪、草花、地被植物种子均应注明品种、品系、产地、生产单位、采收年份、纯净度及发芽率,不得有病虫害。

(6)当无法采购到设计要求的栽植苗木时,可以申请变更,但应取得监理人的批准。

(7)用于本项目的各类苗木运至工地现场后,应及时通知监理人对苗木的规定、品种进行检查,并提供检疫、产地等证明文件。

2.缺陷责任期

(1)在施工及缺陷责任期间,绿化工作的管理与养护以及任何缺陷的修正和弥补,均属承包人的责任。

(2)缺陷责任期满时,植物种植成活率应达到95%以上,如果承包人在缺陷责任期满时,植物种植成活率未能达到95%,则监理人有权暂停退还保留金并要求承包人重新补种,同时相应责任期延长一年。

3.绿化工程检验评定时间

(1)植物材料与绿化辅助材料的质量与规格应在施工前分批进行检验与控制。

(2)植物材料的成活率、发芽率、覆盖率的检验评定应在一个年生长周期满后进行。

(二)铺设表土

1.质量要求

(1)表土应为松散的、具有透水作用并含有有机物质的土壤,能助长植物生长,不应含有盐、碱土,且无有害物质以及粒径大于25mm的石块、棍棒、垃圾等;采集时,表土上生长有茂盛农作物、草或其他植物时,则证明该土质良好。

(2)开挖的表土,是指承包人可以在公路用地界内取得,其开挖的部位、深度,应在监理人指导下进行;如当地无表土可取,承包人应负责从公路用地界外取得。

(3)种植前应对绿化场地的土壤理化性质进行化验分析,根据分析结果采取相应土壤改良措施,并提供土质检验报告及土壤改良措施报告。

2.施工质量控制要点

(1)承包人应在绿化区表土铺设前至少7d通知监理人。

(2)承包人应做出采集表土的计划安排,支付所有的费用,并应给监理人提供有关良好表土的样品,并附上一份副本,说明挖取的表土以及恢复该地区的安排。采集地在用地界外应经有关机构批准。

(3)覆盖表土范围的地表面,应进行深翻,将土块打碎使之成为均匀的种植土。不能打碎的土块,粒径大于25mm的砾石、树根、树桩和其他垃圾应清除并运到监理人同意的地点废弃。

(4)准备工作经监理人认可后,应立即铺设表土,铺设厚度应符合表2-2-13的要求。当表土过分潮湿或不利于铺设时,不应进行铺设。除非另有规定,表土铺设完成后,其表面高程应比路缘石、集水井、人行道、车行道或其他类似结构低25mm。

植物生长的最小土层厚度　　　　　　　　　　表 2-2-13

植 物 种 类	植物生长的最小土层厚度(m)	植 物 种 类	植物生长的最小土层厚度(m)
草本花卉、草本植被	0.30	浅根乔木	0.90
小灌木	0.45	深根乔木	1.50
大灌木	0.60		

（5）铺设后，承包人应用机具将表土滚压，并形成至少深50mm的纵向沟槽。全部铺设面积应具有均匀间隔的沟槽，其方向宜垂直于天然水流，以利于排水，但图纸或监理人另有要求的除外。

(三)撒播草种和铺植草皮

1. 质量要求

（1）混合草种应试验其萌芽情况，其纯度和萌发率均应达到90%以上。

（2）铺栽草坪用的草块及草卷应规格一致，边缘平直，基本无杂草。草块土层厚度宜为30～50mm，草卷土层厚度宜为10～30mm。

（3）混合肥料由10%的有机肥、20%的化肥、70%的表土，均匀拌和而成。有效营养成分符合要求的液体化肥也可使用。

2. 施工质量控制要点

（1）撒播草种

①承包人应事先将采用的机具和播种方法通知监理人。必要时承包人应在工程开始前做工艺的野外试验。

②播种时应先浇水浸地，保持土壤湿润，稍干后将表层土耙细耙平，进行撒播，均匀覆土3～5mm后轻压，然后喷水。

③播种后应及时喷水，水点宜细密均匀，浸透土层80～100mm，除降雨天气，喷水不得间断。亦可用草帘覆盖保持湿度，至发芽时撤除。

④除图纸另有规定或监理人指示外，草籽播种量一般情况下每1000m²地面不少于6kg，坡地面不少于9kg。

⑤将采用的草籽和混合肥料拌和，均匀地撒播到已准备好的表土区内。也可在播种前不多于48h施肥，使肥料深入到表土层内。

⑥在刮风天不应播种，也不应在过湿或未经耕作的土地播种。

⑦干播法应采用经监理人同意的机动播种机、条播机或其他机械设备。对于机械设备不能进入的地区可以用人工播种。播种后的地面应用监理人认可的机具在24h内轻轻压实，随即浇水。

⑧喷播一般用于坡度较大的地段，喷播应采用经监理人同意的技术方案和机具。喷播前必须按喷播技术要求进行坡面处理，打桩挂网，并保证喷播种子的均匀程度和萌发质量。

（2）铺植草皮

①承包人应在铺植工作前14d，向监理人提供有关草皮供应来源的全部资料，监理人可随时进行检查。

②从采集场地运出前不少于7d，承包人应以书面形式通知监理人，在采集场地挖移以前

检查草皮。监理人同意挖移的草皮,并不意味着最后验收。

③草皮块运输时宜用木板置放 2~3 层,保护好根系。

④铺草皮时,除平铺外,在边坡较高较陡之处也可铺植,即自坡脚处向上钉铺,用小尖木桩或竹签将草皮钉固于边坡上。密铺应互相衔接不留缝,间铺间隙应均匀,并填以种植土。铺植后应进行滚压、喷灌浇水。

(3)草坪混播

①混播应根据生态组合、气候条件和设计确定草坪植物的种类和草坪比例。

②同一行混播应按确定比例混播在一行内,隔行混播应将主要草种播在一行内,另一草种播在另一行内。混合撒播应筑播种床育苗。

(四)种植乔木、灌木和攀缘植物

1. 质量要求

(1)运到现场种植的乔木、灌木、攀缘植物应符合设计图纸要求,其胸径(树高出地面1.3m 处)应不小于30mm。按图纸所示,种在坡脚或沿边沟的灌木高度不小于1.0m。

(2)不允许采用代替品种,除非证实在承包期内的正常种植季节采集不到规定的植物,且经监理人同意后,才允许种植代替品种。

2. 施工质量控制要点

(1)承包人应在种植工作前14d,向监理人提供有关种植物供应来源的全部资料,监理人可随时前来检查。

(2)在苗圃运出前不少于7d,承包人应以书面通知监理人,在苗圃挖移以前检查所有种植物。监理人同意挖移的植物,并不意味着最后验收。

(3)落叶树在裸根情况下运输时,必须将根部包涂黏土浆,使根全部带有泥土,然后包装在稻草袋内。所有常青树及灌木的根部,均应连同掘出的土球用草袋包装。

(4)承包人应按绿化工程布置的图纸标出种植地段、种植位置及苗木品种和规格,并进行放样,在种植之前这些布置应得到监理人的检查认可。行道树定点遇有障碍物影响株距时,应与设计单位取得联系,进行适当调整。

(5)在种植时,先在坑底松填约150mm 厚的表土。

(6)刨坑刨槽位置要准确,坑径应根据根系、土球大小及土质情况而定,刨坑刨槽要直上直下成桶形,不得上大下小或上小下大,以免造成窝根或填土不实。在斜坡处挖坑应先做成一平台,平台大小应以坑径最低规格为依据,做成后在平台上再挖坑。

(7)高大乔木的修剪工作应在散苗前后进行,即在栽植前进行。

(8)在种植后应按图纸要求,对乔木或灌木浇水,并要浇透,半月之内再浇透水 2~3 次。其后每周一般浇水一次,视气候情况而定,直到植物成活为止。

(9)对于在中央分隔带栽植起防眩作用的树木,其高度和株距应符合图纸要求;如图纸无规定,则树高宜为1.60m,株距宜为2.0m。

(五)声屏障

1. 质量要求

(1)金属结构声屏障所采用金属立柱的规格、材质不应低于图纸要求。

(2)砖应符合图纸规定,若采用普通黏土砖,应符合图纸要求和相关标准的规定。

2.施工质量控制要点

(1)砌块体声屏障

①基底高程不同时,应从低处砌起,并应由高处向低处搭砌。设计无要求时,搭接长度不应小于基础扩大部分的高度。

②墙上预留临时施工洞口的净宽度不应大于1m。临时施工洞口应做好补砌。

③施工过程中的墙体超过2m高时,应采用临时支撑等有效措施,防止大风侵袭。

④底板和承台混凝土强度达到强度等级后,即可在其上砌筑预制吸声砖。

⑤砖墙的基础应按图纸规定的地段或监理人指示进行基坑开挖,达到图纸规定的高程后,对地基应加以夯实,符合图纸要求并经监理人同意,方可砌筑基础。基础砌筑完成并经检验合格,方可进行墙身砌筑。砌筑工作中断时,应将砌完不久部位进行覆盖并洒水养护。恢复砌筑时,应先将已砌部位表面清理干净并洒水润湿,然后再行砌筑。

(2)金属结构声屏障

①金属立柱、连接件和声屏障屏体在运输时,应采取可靠措施防止构件变形或防腐处理层损坏。严禁安装变形的构件。

②钢管立柱与柱桩顶部预埋钢板连接应牢固,立柱两侧焊接的嵌口槽钢,其焊接位置应准确。

③在立柱间插装消声板元件,应用压紧件使元件插装牢固。

例 题

例1 缺陷责任期满时,植物种植成活率应达到( )。
  A.85%以上   B.90%以上   C.95%以上   D.98%以上

例2 表土全部铺设面积应具有均匀间隔的沟槽,其方向宜( )。
  A.垂直于天然水流   B.平行于天然水流
  C.与天然水流成一定角度   D.与天然水流成45°

例3 关于撒播草种时的技术要求,下列说法错误的是( )。
  A.混合草种应试验其萌芽情况,其纯度和萌发率均应达到85%以上
  B.不应在过湿或未经耕作的土地播种
  C.干播法应采用经监理人同意的机动播种机、条播机或其他机械设备
  D.对于机械设备不能进入的地区可以用人工播种
  E.播种后的地面应用监理人认可的机具在48h内轻轻压实

例题解析

例1 缺陷责任期满时,植物种植成活率应达到95%以上,如果承包人在缺陷责任期满时,植物种植成活率未能达到95%,则监理人有权暂停退还保留金并要求承包人重新补种,同时相应责任延长一年。本题选C。

例2 铺设后,承包人应用机具将表土滚压,并形成至少深50mm的纵向沟槽。全部铺设面积应具有均匀间隔的沟槽,其方向宜垂直于天然水流,以利于排水。本题选A。

例3 混合草种应试验其萌芽情况,其纯度和萌发率均应达到90%以上;播种后的地面应用监理人认可的机具在24h内轻轻压实,随即浇水。本题选AE。

自测模拟题

(一)单项选择题

1. 植物材料的成活率、发芽率、覆盖率检验评定的时间应在(   )。
   A. 种植后三个月内
   B. 交工后三个月内一个年生长周期满后
   C. 一个年生长周期满后
   D. 两个年生长周期满后

2. 承包人应在绿化区表土铺设前至少(   )通知监理人。
   A. 5d   B. 7d   C. 10d   D. 14d

3. 铺草皮时,在边坡较高较陡之处应(   )。
   A. 自两侧向中央钉铺   B. 自中央向两侧钉铺
   C. 自坡顶处向上钉铺   D. 自坡脚处向上钉铺

4. 乔木种植时,刨坑刨槽应(   )。
   A. 上大下小   B. 上小下大
   C. 直上直下   D. 无特殊要求

(二)多项选择题

1. 绿化施工中所使用的绿化辅助材料均应有(   )。
   A. 产品合格证
   B. 使用登记证
   C. 检验报告或现场试验报告
   D. 植物检疫报告
   E. 生产许可证

2. 种植乔木时的技术要求,下列做法正确的有(   )。
   A. 从苗圃运出前不少于14d,承包人应以书面通知监理人,在苗圃挖移以前检查所有种植物
   B. 落叶树在裸根情况下运输时,必须将根部包涂黏土浆
   C. 在种植时,先在坑底松填约150mm厚的表土
   D. 高大乔木的修剪工作应在栽植后进行
   E. 监理人同意挖移的植物,并不意味着最后验收

参考答案

(一)单项选择题

1. C   2. B   3. D   4. C

(二)多项选择题

1. AC   2. BCE

十、工程常见质量通病与防治

重 点 知 识

(一)路基工程常见质量通病与防治

1.路基行车带压实度不足的原因及防治

(1)原因分析

路基施工中压实度不能满足质量标准要求,甚至局部出现"弹簧"现象,主要原因是:

①压实遍数不合理。
②压路机质量偏小。
③填土松铺厚度过大。
④碾压不均匀,局部有漏压现象。
⑤含水率大于最佳含水率,特别是超过最佳含水率两个百分点,造成弹簧现象。
⑥没有对上一层表面浮土或松软层进行处治。
⑦土场土质种类多,出现异类土壤混填;尤其是透水性差的土壤包裹透水性好的土壤,形成了水囊,造成弹簧现象。
⑧填土颗粒过大(>10cm),颗粒之间空隙过大,或采用不符合要求的填料(天然稠度小于1.1,液限大于40,塑性指数大于18)。

(2)治理措施

①清除碾压层下软弱层,换填良性土壤后重新碾压。
②对产生"弹簧"的部位,可将其过湿土翻晒,拌和均匀后重新碾压,或挖除换填含水率适宜的良性土壤后重新碾压。
③对产生"弹簧"且急于赶工的路段,可掺生石灰粉翻拌,待其含水率适宜后重新碾压。

2.路基边缘压实度不足的原因及防治

(1)原因分析

①路基填筑宽度不足,未按超宽填筑要求施工。
②压实机具碾压不到边。
③路基边缘漏压或压实遍数不够。
④采用三轮压路机碾压时,边缘带(0~75cm)碾压频率低于行车带。

(2)预防措施

①路基施工应按设计的要求进行超宽填筑。
②控制碾压工艺,保证机具碾压到边。
③认真控制碾压顺序,确保轨迹重叠宽度和段落搭接超压长度。
④提高路基边缘带压实遍数,确保边缘带碾压频率高于或不低于行车带。

(3)治理措施

校正坡脚线位置,路基填筑宽度不足时,返工至满足设计和规范要求(注意:亏坡补宽时应开蹬填筑,严禁贴坡),控制碾压顺序和碾压遍数。

3.边坡滑坡病害及防治措施

(1)原因分析

①设计对地震、洪水和水位变化影响考虑不充分。
②路基基底存在软土且厚度不均。
③换填土时清淤不彻底。
④填土速率过快,施工沉降观测、侧向位移观测不及时。
⑤路基填筑层有效宽度不够,边坡二期贴补。
⑥路基顶面排水不畅。
⑦用透水性较差的填料填筑,路堤处理不当。
⑧边坡植被不良。
⑨未处理好填挖交界面。
⑩路基处于陡峭的斜坡面上。

(2)预防措施

①路基设计时,充分考虑使用年限内地震、洪水和水位变化给路基稳定带来的影响。
②软土处理要到位,及时发现暗沟、暗塘并妥善处治。
③加强沉降观测和侧向位移观测,及时发现滑坡征兆。
④掺加稳定剂提高路基层位强度,酌情控制填土速率。
⑤路基填筑过程中严格控制有效宽度。
⑥加强地表水、地下水的排除,提高路基的水稳定性。
⑦减轻路基滑体上部重量或采用支挡、锚拉工程维持滑体的力学平衡;同时设置导流、防护设施,减少洪水对路基的冲刷侵蚀。
⑧原地面坡度大于12%的路段,应采用纵向水平分层法施工,沿纵坡分层,逐层填压密实。
⑨用透水性较差的土填筑于路堤下层时,应做成4%的双向横坡;如用于填筑上层时,除干旱地区外,不应覆盖在由透水性较好的土所填筑的路堤边坡上。

4. 边坡塌落病害的原因分析

(1)土质路堑边坡的塌落

土质路堑边坡塌落的原因主要有以下几种:

①由于边坡土质属于很容易变松的砂类土、砾类土以及受到雨水浸入后易于失稳的土,而在设计或施工时采用了较小的边坡坡度。
②较大规模的崩塌,主要是由于土体(或土石混杂的堆积物)遇水软化,在45°~60°的较陡边坡无支撑情况下,自身重力所产生的剪应力超过黏聚力和摩擦力所构成的抗剪力,沿松动面坠落散开。
③凸坡上缓下陡和陡坡凹凸不平。
④暴雨、久雨或强震之后,雨水渗入土体,一方面会增加边坡土体的重量,另一方面能使裂隙中的填充物或岩体中的某些软弱夹层软化,产生静水压及动水压,使斜坡岩体的稳定性降低,或者由于流水冲掏下部坡脚,削弱了斜坡的支撑部分,或者由于地震改变了坡体的稳定性及平衡状态而发生边坡塌落。
⑤在多年冰冻地区,由于开挖路基,使含有大量冰体的多年冻土溶解,引起路堑边坡坍塌。

(2)石方路堑边坡的塌落

岩石路堑边坡出现崩塌、岩堆、滑坡的原因有岩石的岩性、地质构造、岩石的风化(物理风化作用、化学风化作用、生物风化作用)等几个方面,施工中的主要原因是:

①排水措施不当或施工不及时造成地表水和地下水。地表水不易排除(如坡顶上截水沟存水、渗水、漏水等),甚至形成积水向下渗透,水分沿裂隙渗入岩层,降低了岩性间的黏聚力和摩擦力,增加了岩体的重量,促使了崩塌、滑坡的发生,或由于水的浸蚀而影响了岩堆的稳定性。

②大爆破施工,施工时路堑开挖过深、过陡,或由于切坡使软弱结构面暴露,使边坡岩体推动支撑;由于坡顶不恰当的弃土,增加了坡体重量。

5. 高填方路基沉降的防治

高填方路堤的沉降表现为均匀沉降和不均匀沉降。均匀沉降一般发生在自然环境基本一致,如路线通过地质、地形、地下水和地表水变化不大,并且路基用土、机械设备、施工管理、质量控制等方面无显著变化的路段。不均匀沉降一般发生在地质、地形、地下水、地表水、填挖结合部及筑路材料发生显著变化处。

(1)原因分析

①路基施工前未认真设置纵、横向排水系统或排水系统不畅通,长期积水浸泡路基而使地基和路基土承载力降低,导致沉降发生。

②原地面处理不彻底,如未清除草根、树根、淤泥等不良土壤,地基压实度不足等,在静、动荷载的作用下,使路基沉降变形。

③在高填方路堤施工中,未严格按分层填筑分层碾压工艺施工,路基压实度不足而导致路基沉降变形。

④不良地质路段未予以处理而导致路基沉降变形。

⑤路基纵、横向填挖交界处未按规范要求挖台阶,原状土和填筑土密度不同、衔接不良而导致路基不均匀沉降。

⑥填筑路基时,未全断面范围均匀分层填筑,而是先填半幅、后填另半幅,从而发生不均匀沉降。

⑦施工中路基土含水率控制不严,导致压实度不足,从而产生不均匀沉降。

⑧施工组织安排不当,先施工低路堤,后施工高填方路基。往往高填方路堤施工完成后就立即铺筑路面,路基没有足够的时间固结,而使路面使用不久就破坏。

⑨高填方路基在分层填筑时,没有按照相关规范要求的厚度进行铺筑,随意加厚铺筑厚度;压实机具按规定的碾压遍数压实时,压实度达不到规范规定的要求,当填筑到路基设计高程时,必然产生累计的沉降变形,在重复荷载与填料自重作用下产生下沉。

⑩路堤填料土质差,填料中混进了种植土、腐殖土或泥沼土等劣质土,由于土壤中有机物含量多、抗水性差、强度低等,路堤将出现塑性变形或沉陷破坏。

(2)预防措施

①做好施工组织设计,合理安排各施工段的先后顺序,明确构造物和路基的衔接关系,尤其对高填方段应优先安排施工,给高填方路堤留有足够的时间进行施工和沉降。

②基底承载力应满足设计要求。特殊地段或承载力不足的地基应按设计要求进行处理。

③填筑路基前,疏通路基两侧纵横向排水系统,避免路基受水浸泡。

④严格选取路基填料用土。宜优先采用强度高、水稳性好的材料,或采用轻质材料。受水淹浸的部分,应采用水稳性和透水性均好的材料。土质应均匀一致,不得混杂,剔除超大颗粒填料,保证各点密实度均匀一致。尽量选择集中取土,避免沿线取土。

⑤路堤填筑方式应采用水平分层填筑,即按照横断面全宽分层逐层向上填筑。每层应保证层面平整,便于各点压实均匀一致。

⑥合理确定路基填筑厚度,分层松铺厚度一般控制在30cm。当采用大吨位压路机碾压时,增加分层厚度,必须要有足够的试验数据证明压实效果,同时须征得监理人的同意后方可施工。

⑦控制路基填料含水率。

⑧选择合适的压实机具,采用重型轮胎压路机和振动压路机压实效果比较好。

⑨做好压实度的检测工作。

⑩对于填挖结合部,应彻底清除结合部的松散软弱土质,做好换土、排水和填前碾压工作,按设计要求从上到下挖出台阶,清除松方后逐层碾压,确保填挖结合部的整体施工质量。

⑪施工过程中宜进行沉降观测,按照设计要求控制填筑速率。

6. 路基纵向开裂病害的防治

(1) 原因分析

①清表不彻底,路基基底存在软弱层或坐落于古河道处。

②沟、塘清淤不彻底,回填不均匀或压实度不足。

③路基压实不均。

④旧路利用路段,新旧路基结合部未挖台阶或台阶宽度不足。

⑤半填半挖路段未按规范要求设置台阶并压实。

⑥使用渗水性、水稳性差异较大的土石混合料时,错误地采用了纵向分幅填筑。

⑦高速公路因边坡过陡、行车渠化、交通频繁振动而产生滑坡,最终导致纵向开裂。

(2) 预防措施

①应认真调查现场并彻底清表,及时发现路基基底暗沟、暗塘,消除软弱层。

②彻底清除沟、塘淤泥,并选用水稳性好的材料严格分层回填,严格控制压实度,确保其满足设计要求。

③提高填筑层压实均匀度。

④半填半挖路段,地面横坡大于1:5及旧路利用路段,应严格按规范要求将原地面挖成宽度不小于1.0m的台阶并压实。

⑤渗水性、水稳性差异较大的土石混合料应分层或分段填筑,不宜纵向分幅填筑。

⑥若遇有软弱层或古河道,填土路基完工后应进行超载预压,预防不均匀沉降。

⑦严格控制路基边坡,确保其符合设计要求,杜绝亏坡现象。

(3) 处理措施

采取边坡加设护坡道的措施。

7. 路基横向裂缝病害的防治

路基出现横向裂缝,将会反射至路面基层、面层,如不能有效预防,将会加重地表水对路面结构的损害,影响结构的整体性和耐久性。

(1) 原因分析

①路基填料直接使用了液限大于50、塑性指数大于26的土。

②同一填筑层路基填料混杂,塑性指数相差悬殊。

③填筑顺序不当,路基顶填筑层作业段衔接施工工艺不符合规范要求,路基顶下层平整度填筑层厚度相差悬殊,且最小压实厚度小于8cm。

④排水措施不力,造成积水。

（2）预防措施

①路基填料禁止直接使用液限大于50、塑性指数大于26的土;当选材困难,必须直接使用时,应采取相应的技术措施。

②不同种类的土应分层填筑,同一填筑层不得混用。

③路基顶填筑层分段作业施工,两段交接处,应按要求处理。

④严格控制路基每一填筑层的含水率、高程、平整度,确保路基顶填筑层压实厚度不小于8cm。

8.路基网裂病害的防治

开挖路床或填筑路堤后出现网状裂缝,将会降低路基的强度。

（1）原因分析

①土的塑性指数偏高或为膨胀土。

②路基碾压时土含水率偏大,且成型后未能及时覆土。

③路基压实后养护不到位,表面失水过多。

④路基下层土过湿。

（2）预防及治理措施

①采用合格的填料,或采取掺加石灰、水泥改性处理措施。

②选用塑性指数符合规范要求的土填筑路基,在填土最佳含水率时进行碾压。

③加强养护,避免表面水分过分损失。

④认真组织,科学安排,保证设备匹配合理,施工衔接紧凑。

⑤若下层土过湿,应查明其层位,采取换填土或掺加生石灰粉等技术措施处治。

（二）路面工程常见质量通病与防治

1.无机结合料基层裂缝的防治

（1）原因分析

①混合料中石灰、水泥、粉煤灰等比例偏大;集料级配中细料偏多,或石粉中性指数偏大。

②碾压时含水率偏大。

③成型温度较高,强度形成较快。

④碎石中含泥量较高。

⑤路基沉降尚未稳定或路基发生不均匀沉降。

⑥养护不及时、缺水或养护时洒水量过大。

⑦拌和不均匀。

（2）预防措施

①石灰稳定土基层裂缝的主要防治方法

a.改善施工用土的土质,采用塑性指数较低的土或适量掺加粉煤灰。

b.掺加粗粒料,在石灰土中适量掺加砂、碎石、碎砖、煤渣及矿渣等。

c.保证拌和遍数。控制压实含水率,需要根据土的性质采用最佳含水率,避免含水率过大或过小。

d. 铺筑碎石过渡层在石灰土基层与路面间铺筑一层碎石过渡层,可有效避免裂缝。

e. 分层铺筑时,在石灰土强度形成期,任其产生收缩裂缝后,再铺筑上一层,可有效减少新铺筑层的裂缝。

f. 设置伸缩缝。在石灰土层中,每隔 5～10m 设一道伸缩缝。

②水泥稳定土基层裂缝的主要防治方法

a. 改善施工用土的土质,采用塑性指数较低的土或适量掺加粉煤灰或掺砂。

b. 控制压实含水率,需要根据土的性质采用最佳含水率,含水率过大或过小都不好。

c. 在能保证水泥稳定土强度的前提下,尽可能减少水泥用量。

d. 一次成型,尽可能采用慢凝水泥,加强对水泥稳定土的养护,避免水分挥发过多。养护结束后应及时铺筑下封层。

e. 设计合理的水泥稳定土配合比,加强拌和,避免出现粗细料离析和拌和不均匀现象。

(3)治理措施

①可采用聚合物加特种水泥压力注入法修补水泥稳定粒料的裂缝。

②加铺高抗拉强度的聚合物网。

③破损严重的基层,应将原破损基层整幅开挖维修,不应横向局部或一个单向车道开挖,以避免板边受力产生的不利后果,最小维修长度一般为 6m。维修半刚性基层所用材料也应是同类半刚性材料。

④一般情况下,石灰土被用于底基层时,根据其干缩特性,应重视初期养护,保证基层表面处于潮湿状态,防止干晒。在石灰稳定土施工结束后,要及早铺筑面层,使基层含水率不发生大的变化,以减轻干缩裂隙。

2. 沥青混凝土路面不平整的防治

(1)原因分析

①路面不均匀沉降。

②基层不平整对路面平整度造成影响。

③桥头、涵洞两端及桥梁伸缩缝造成跳车。

④路面摊铺机械及工艺水平对平整度造成影响。

⑤面层摊铺材料的质量不佳。

⑥碾压不平整。

(2)预防措施

①在摊铺机及找平装置使用前,应仔细设置和调整,使其处于良好的工作状态,并根据实铺效果进行随时调整。

②现场应设置专人指挥运输车辆,以保证摊铺机的均匀连续作业,摊铺机不在中途停顿,不得随意调整摊铺机的行驶速度。

③路面各个结构层的平整度应严格控制,严格工序间的交验制度。

④针对混合料中沥青性能特点,确定压路机的机型及重量,并确定出施工的初次碾压温度,合理选择碾压速度,严禁在未成型的油面表层紧急制动及快速起步,并选择合理的振频、振幅。

⑤在摊铺机前设专人清除掉在"滑靴"前的混合料及摊铺机履带下的混合料。

⑥为确保构造物伸缩缝与沥青路面衔接部位牢固及平顺,先摊铺沥青混凝土面层,再做构

造物伸缩缝。

⑦做好沥青混凝土路面接缝施工。

(3)治理措施

①存在的问题:在摊铺层表面有个别超尺寸颗粒,被熨平板带动而在层面划出不规则的小沟,或在摊铺层表面有少数超尺寸颗粒因被熨平板带动而在其后形成小坑洞。

处理方法:人工及时用适量的细集料沥青混合料填补,并及时碾压整平。

②存在的问题:摊铺机后局部一片或一条较宽的带内沥青混合料中的大碎石被压碎。

处理方法:人工及时把被压碎的碎石混合料铲除,选用合适的沥青混合料补齐和整平。

③存在的问题:表面层混合料有离析现象(大料集中)。

处理方法:人工及时补撒适量的细集料沥青混合料。

3. 沥青混凝土路面接缝病害的防治

(1)原因分析

①横向接缝

a. 采用平接缝时,边缘未处理成垂直面。采用斜接缝时,施工方法不当。

b. 新旧混合料的黏结不紧密。

c. 摊铺、碾压不当。

②纵向接缝

a. 施工方法不当。

b. 摊铺、碾压不当。

(2)预防措施

①横向接缝

a. 尽量采用平接缝。将已摊铺的路面尽头边缘在冷却但尚未硬结时锯成垂直面,并与纵向边缘成直角,或趁未冷透时用凿岩机或人工垂直刨除端部层厚不足的部分。采用斜接缝时,注意搭接长度,一般为 0.4~0.8m。

b. 预热软化已压实部分路面,加强新旧混合料的黏结。

c. 摊铺机起步速度要慢,并调整好预留高度,摊铺结束后立即进行碾压,压路机先进行横向碾压(从先铺路面上跨缝开始,逐渐移向新铺面层),再纵向碾压成为一体,碾压速度不宜过快。同时也要注意碾压的温度要符合要求。

②纵向接缝

a. 尽量采用热接缝施工,采用两台或两台以上摊铺机梯队作业。当半幅路施工或因特殊原因而产生纵向冷接槎时,宜加设挡板或加设切刀切齐,也可在混合料尚未冷却前用镐刨除边缘留下毛槎。铺另半幅前必须将缝边缘清扫干净,并涂洒少量黏层沥青。

b. 将已摊铺混合料留 10~20cm 暂不碾压,作为后摊铺部分的高程基准面,待后摊铺部分完成后一起碾压。纵缝如为热接缝时,应以 1/2 轮宽进行跨缝碾压;纵缝如为冷接缝时,应先在已压实路上行走,只压新铺层的 10~15cm,随后将压实轮每次再向新铺面移动 10~15cm。

c. 碾压完成后,用 3m 直尺检查,用钢轮压路机处理棱角。

(3)治理措施

接缝处理不好容易产生的缺陷为接缝处下凹或凸起,以及由于接缝压实度不够和结合强度不足而产生裂纹甚至松散。施工时应边压边以 3m 直尺测量,并配以人工细料找平。对横向接缝,在摊铺层施工结束后再用 3m 直尺检查端部平整度,不符合要求者应趁混合料尚未冷却时立即处理,以摊铺层面直尺脱离点为界限,用切割机切缝挖除。

4.水泥混凝土路面裂缝的防治

(1)原因分析

①横向裂缝

a.混凝土路面切缝不及时,由于温缩和干缩发生断裂。混凝土连续浇筑长度越长,浇筑时气温越高,基层表面越粗糙越易断裂。

b.切缝深度过浅,由于横断面没有明显削弱,应力没有释放,因而在邻近缩缝处产生新的收缩缝。

c.混凝土路面基础发生不均匀沉陷(如穿越河道、沟槽,拓宽路段处),导致板底脱空而断裂。

d.混凝土路面板厚度与强度不足,在行车荷载和温度作用下产生强度裂缝。

e.水泥干缩性大;混凝土配合比不合理,水灰比大;材料计量不准确;养护不及时。

f.混凝土施工时,振捣不均匀。

②纵向裂缝

a.路基发生不均匀沉陷,如由于纵向沟槽下沉、路基拓宽部分沉陷、路堤一侧积水、排灌等导致路基基础下沉、板块脱空而产生裂缝。

b.由于基础不稳定,在行车荷载和水、温度的作用下,产生塑性变形或者由于基层材料水稳性不良,产生湿软膨胀变形,导致各种形式的开裂,纵向裂缝也是其中一种破坏形式。

c.混凝土板厚度与基础强度不足产生荷载型裂缝。

③龟裂

a.混凝土浇筑后,表面没有及时覆盖,在炎热或大风天气,表面游离水分蒸发过快,体积急剧收缩,导致开裂。

b.混凝土拌制时水灰比过大;模板与垫层过于干燥,吸水大。

c.混凝土配合比不合理,水泥用量和砂率过大。

d.混凝土表面过度振捣或抹平,使水泥和细集料过多上浮至表面,导致缩裂。

(2)预防措施

①横向裂缝

a.严格掌握混凝土路面的切缝时间。

b.当连续浇捣长度很长,切缝设备不足时,可在1/2长度处先锯,之后再分段锯;可间隔几十米设一条压缝,以减少收缩应力的积聚。

c.保证基础稳定、无沉陷。在沟槽、河道回填处必须按规范要求,做到密实、均匀。

d.混凝土路面的结构组合与厚度设计应满足交通需要,特别是重车、超重车的路段。

e.选用干缩性较小的硅酸盐水泥或普通硅酸盐水泥。严格控制材料用量,保证计量准确,并及时养护。

f.混凝土施工时,振捣要适度、均匀。

②纵向裂缝

a.对于填方路基,应分层填筑、碾压,保证均匀、密实。

b.对新旧路基界面处的施工应设置台阶或格栅处理,保证路基衔接部位严格压实,防止相对滑移。

c.河道地段,淤泥必须彻底清除;沟槽地段,应采取措施保证回填材料有良好的水稳性和压实度,以减少沉降。

d.在上述地段应采用半刚性基层,并适当增加基层厚度;在拓宽路段应加强土基,使其强度略高于旧路,并尽可能保证有一定厚度的基层能全幅铺筑;在容易发生沉陷地段,混凝土路面板应铺设钢筋网或改用沥青路面。

e.混凝土路面板厚度与基层结构应按现行规范设计,以保证应有的强度和使用寿命。基层必须稳定。宜优先采用水泥、石灰稳定类基层。

③龟裂

a.混凝土路面浇筑后,及时用潮湿材料覆盖,认真浇水养护,防止强风和暴晒。在炎热季节,必要时应搭棚施工。

b.配制混凝土时,应严格控制水灰比和水泥用量,选择合适的粗集料级配和砂率。

c.在浇筑混凝土路面时,将基层和模板浇水湿透,避免吸收混凝土中的水分。

d.干硬性混凝土采用平板振捣器时,应防止过度振捣而使砂浆积聚表面。砂浆层厚度应控制在2~5mm范围内。抹面时不必过度抹平。

(3)治理措施

①横向裂缝

a.当板块裂缝较大,咬合能力严重削弱时,应局部翻挖修补,先沿裂缝两侧一定范围画出标线,最小宽度不宜小于1m,标线应与中线垂直,然后沿缝锯齐,凿去标线间的混凝土,浇捣新混凝土。

b.整块板更换。

c.用聚合物灌浆法封缝或沿裂缝开槽嵌入弹性或刚性黏合修补材料,起封缝防水作用。

②纵向裂缝

a.如属于土基沉陷等原因引起的,则宜先从稳定土基着手或者等待自然稳定后,再着手修复。在过渡期可采取一些临时措施,如封缝防水;严重影响交通的板块,挖除后可用沥青混合料修复。

b.裂缝修复。如采用一般性的扩缝嵌填或浇筑专用修补剂有一定效果,但耐久性不易保证;采用扩缝加筋的办法进行修补具有较好的增强效果。

c.翻挖重铺是常用的有效措施,但基层必须稳定可靠,否则必须首先从加强、稳定基层方面入手。

③龟裂

a.如混凝土在初凝前出现龟裂,可采用镘刀反复压抹或重新振捣的方法来消除,再加强湿润覆盖养护。

b.对结构强度影响不大时,可不予处理。

c.必要时应用注浆进行表面涂层处理,封闭裂缝。

5.水泥混凝土路面断板的防治

(1)原因分析

①混凝土板的切缝深度不够、不及时,以及压缝距离过大。

②车辆过早通行。

③原材料不合格。

④由于基层材料的强度不足,水稳性不良,以致受力不均,出现应力集中而导致开裂断板。

⑤基层高程控制不严,基层不平整。

⑥混凝土配合比不当。
⑦施工工艺不当。
⑧边界原因。
（2）预防措施
①做好压缝并及时切缝。
②控制交通车辆。
③采用合格的原材料,这是保证混凝土质量的必要条件。
④加强强度、水稳性、基层高程及平整度的控制。
⑤加强施工工艺的控制。
⑥加强边界影响的控制。
（3）治理措施
①裂缝的修补
裂缝的修补方法有直接灌浆法、压注灌浆法、扩缝灌注法、条带罩面法、全深度补块法。
②局部修补

a. 对轻微断裂,裂缝有轻微剥落的,先画线放样,按画线范围凿开成深5~7cm的长方形凹槽,刷洗干净后,用快凝细石混凝土填补。

b. 对轻微断裂,裂缝较宽且有轻微剥落的断板,应按裂缝两侧至少各20cm的宽度放样,按画线范围开凿成深至板厚一半的凹槽,此凹槽底部裂缝应与中线垂直。刷洗干净凹槽,在凹槽底部裂缝的两侧用冲击钻离中线沿平行方向、间距为30~40cm,打眼贯通至板厚达基层表面,然后再清洗凹槽和孔眼,在孔眼安设Π型钢筋,冲击钻钻头采用30规格,Π型钢筋采用φ22mm螺纹钢筋制作,安设钢筋完成后,用高等级砂浆填塞孔眼至密实,最后用与原路面相同等级的快凝混凝土浇筑至与路面齐平。

c. 较为彻底的方法是将凹槽凿至贯通板厚,在凹槽边缘两侧板厚中央打洞,深10cm,直径为4cm,水平间距为30~40cm。每个洞应先将其周围润湿,插入一根直径为18~20mm、长约20mm的钢筋,然后用快凝砂浆填塞捣实,待砂浆硬后浇筑快凝混凝土夯实、整平路面即可。

③整块板更换

对于严重断裂,裂缝处有严重剥落,板被分割成3块以上,有错台或裂块并且已经开始活动的断板,应采用更换整块板的措施。

由于基层强度不足或渗水软化,以及路基不均匀沉降,造成混凝土板断裂成破碎板或严重错台时,应将整块板凿除,在处治好基层以及路基后,重新浇筑新的混凝土板,或采用混凝土预制块或条块石换补。对于路基稳定性差、沉降没有完全结束的段落,建议采用预制块换补断板。对基层也要求采用水泥稳定层。修补块的缝隙宜用水泥砂浆或沥青橡胶填满,以防渗水破坏。

重新浇筑混凝土板时,若采用常规材料修复或更换,则养护期长,影响交通,最好采用快凝材料。

（三）桥梁、涵洞工程常见质量通病与防治

1. 钻孔灌注桩断桩的防治

（1）原因分析
①集料级配差,混凝土和易性差而造成离析卡管;混凝土坍落度小;石料粒径过大,导管直

径较小(导管内径一般为20~35cm),在混凝土灌注过程中堵塞导管,且在混凝土初凝前未能疏通好,中断施工,形成断桩。

②由于测量及计算错误,致使导管底口距孔底距离较大,使首批灌注的混凝土不能埋住导管,从而形成断桩。

③在导管提拔时,由于测量或计算错误,或盲目提拔导管使导管提拔过量,从而使导管拔出混凝土面,或使导管口处于泥浆或泥浆与混凝土的混合层中,形成断桩。

④提拔导管时,钢筋笼卡住导管,在混凝土初凝前无法提起,造成混凝土灌注中断,形成断桩。

⑤导管接口渗漏致使泥浆进入导管内,在混凝土内形成夹层,造成断桩。

⑥导管埋置深度过深,无法提起或将导管拔断,灌注中断造成断桩。

⑦由于其他意外原因(如机械故障、停电、塌孔、材料供应不足等)造成混凝土不能连续灌注,中断间歇时间过长超过混凝土初凝时间,致使导管内混凝土初凝堵管或孔内顶面混凝土初凝不能被新灌注混凝土顶升而被顶破,从而形成断桩。

(2)防治措施

①关键设备(混凝土搅拌设备、发电机、运输车辆)要有备用,材料(砂、石、水泥等)要准备充足,以保证混凝土能连续灌注。

②混凝土要求和易性好,坍落度要控制在18~22cm。对混凝土数量大、浇筑时间长的大直径长桩,混凝土配合比中宜掺加缓凝剂,以防止先期灌注的混凝土初凝,堵塞导管。

③在钢筋笼制作时,一般要采用对焊,以保证焊口平顺。当采用搭接焊时,要保证焊缝不要在钢筋笼内形成错台,以防钢筋笼卡住导管。

④导管的直径应根据桩径和石料的最大粒径确定,尽量采用大直径导管;对每节导管进行组装编号,导管安装完毕后要建立复核和检验制度。导管使用前,要对导管进行检漏和抗拉力试验,以防导管渗漏。

⑤认真测量和计算孔深与导管长度,下导管时,其底口距孔底的距离控制在25~40cm之间(注意导管口不能埋入沉淀的回淤泥渣中),同时要能保证首批混凝土灌注后能埋住导管至少1.0m。在随后的灌注过程中,导管的埋置深度一般控制在2.0~6.0m的范围内。

⑥在提拔导管时要通过测量混凝土的灌注深度及已拆下导管的长度,认真计算提拔导管的长度,严禁不经测量和计算而盲目提拔导管。

⑦当混凝土堵塞导管时,可采用拔插抖动导管(注意不可将导管口拔出混凝土面),当所堵塞的导管长度较短时,也可以用型钢插入导管内来疏通,也可以在导管上固定附着式振捣器进行振动来疏通导管内的混凝土。

⑧当钢筋笼卡住导管时,可设法转动导管,使之脱离钢筋笼。

2. 钢筋混凝土梁桥预拱度偏差的防治

(1)原因分析

①现浇梁:由于支架的形式多样,对地基在荷载作用下的沉陷、支架弹性变形和混凝土梁挠度的计算所依据的一些参数均是建立在经验值上的,因此计算得到的预拱度往往与实际有一定的差距。

②预制梁:一方面由于混凝土强度的差异、混凝土弹性模量不稳定导致梁的起拱值不稳定、施加预应力时间有差异、架梁时间不一致,导致预拱度计算时各种假定条件与实际情况不一致,造成预拱度的偏差;另一方面,理论计算公式本身是建立在一些试验数据的基础上的,理

论计算与实际本身存在偏差。如用标准养护的混凝土试块弹性模量作为施加张拉条件,当标准养护的试块强度达到设计的张拉强度时,由于梁板养护条件不同,其弹性模量可能尚未达到设计值,导致梁的起拱值大;当计算所采用的钢绞线的弹性模量值大于实际钢绞线的弹性模量值时,则计算伸长量偏小,这样造成实际预应力不够;当计算所采用的钢绞线的弹性模量值小于实际钢绞线的弹性模量值时,则计算伸长量偏大,将造成超张拉;实际预应力超过设计预应力易引起大梁的起拱值大,且出现裂缝;第三方面是施工工艺的原因,如波纹管竖向偏位过大,造成零弯矩轴偏位,则最大正弯矩发生较大变化导致梁的起拱值过大或过小。

(2)防治措施

①提高支架基础、支架及模板的施工质量,并按要求进行预压,确保模板的高程偏差在允许的范围内。按要求设置支架预拱度,使上部构造在支架拆除后能达到设计规定的外形。

②加强施工控制,及时调整预拱度误差。

③严格控制张拉时的混凝土强度,控制张拉的试块应与梁板同条件养护,对于预制梁还需控制混凝土的弹性模量。

④要严格控制预应力筋在结构中的位置,波纹管的安装定位应准确;控制张拉时的应力值,并按要求的时间持荷。

⑤钢绞线伸长值的计算应采用同批钢绞线弹性模量的实测值。预制梁存梁时间不宜过长。

3.悬臂浇筑钢筋混凝土箱梁的施工(挠度)控制

悬臂浇筑施工(挠度)控制是桥梁施工中的一个难点,控制不好,两端悬臂浇筑至合龙时,梁底高程误差会大大超出允许范围,既对结构不利,又影响美观。

(1)原因分析

悬臂浇筑钢筋混凝土箱梁桥的施工合龙高程误差是由于梁体采用节段悬臂浇筑施工,施工过程中立模高程的计算采用的参数与实际有差异,计算公式采用经验公式造成的。影响因素有:

①混凝土重力密度的变化、截面尺寸的变化。

②混凝土弹性模量随时间的变化。

③混凝土的收缩徐变规律与环境的影响。

④日照及温度变化也会引起挠度的变化。

⑤张拉有效预应力的大小。

⑥结构体系转换以及桥墩变位对挠度产生影响。

⑦施工临时荷载对挠度的影响。

(2)防治措施

①对挂篮进行加载试验,消除非弹性变形,并向监测人员提供非弹性变形值及挂篮荷载—弹性变形曲线。

②在0号块箱梁顶面建立相对坐标系,以此相对坐标控制立模高程值;施工过程中及时采集观测断面的高程值并提供给监控人员。

③温度控制:在梁体上布置温度观测点进行观测,掌握箱梁截面内外温差和温度在界面上的分布情况,以获得较准确的温度变化规律。

④挠度观测:在一天中温度变化相对小的时间,在箱梁的顶底板布置测点,测立模时、混凝

土浇筑前、混凝土浇筑后、预应力束张拉前、预应力束张拉后的高程。

⑤应力观测:在梁体合理布置测试断面和测点,在施工过程中测试截面的应力变化与应力分布情况,验证各施工阶段被测梁段的应力值和仿真分析的吻合情况。

⑥严格控制施工过程中不平衡荷载的分布及大小。

4. 桥头跳车的防治

(1) 原因分析

桥头跳车是由于桥台为刚性体,桥头路基为塑性体,在车辆长期通过的影响及路基填土自然固结沉降下,桥台与桥头路基形成了高差导致桥头跳车。主要影响因素有:

①台后地基强度与桥台地基强度不同、台后填料自然固结压缩。

②桥头路堤及堆坡范围内地基填筑前处理不彻底。

③台后压实度达不到标准,高填土引道路堤本身出现的压缩变形。

④路面水渗入路基,使路基土软化,水土流失造成桥头路基引道下沉;回填不及时积水而引起的桥头回填土压实度不够。

⑤台后沉降大于设计容许值。

⑥台后填土材料不当,或填土含水率过大。

⑦软基路段台前预压长度不足,软基路段桥头堆载预压卸载过早,软基路段桥头处软基处理深度不到位,质量不符合设计要求。

(2) 防治措施

①重视桥头地基处理,采用先进的台后填土施工工艺。选用合适的压实机具,确保台后及时回填,回填压实度达到要求。

②改善地基性能,提高地基承载力,减少差异沉降。保证足够的台前预压长度。连续进行沉降观测,保证桥头沉降速率达到规定范围内再卸载。确保桥头软基处理深度符合要求,严格控制软基处理质量。

③有针对性地选择台后填料,提高桥头路基压实度。如采用砂石料等固结性好、变形小的填筑材料处理桥头填土。

④做好桥头路堤的排水、防水工程,设置桥头搭板。

⑤优化设计方案,采用新工艺加固路堤。

(四)隧道工程常见质量通病与防治

1. 隧道水害的防治

(1) 原因分析

①隧道穿过含水地层,具体情况如下:

a. 砂类土和漂卵石类土含水地层。

b. 节理、裂隙发育,含裂隙水的岩层。

c. 含有石灰岩、白云岩等可溶性岩的地层,且有充水的溶槽、溶洞或暗河等与隧道相连通。

d. 浅埋隧道地段,地表水可沿覆盖层的裂隙、孔洞渗透到隧道内。

②隧道衬砌防水及排水设施不完善。

a. 原建隧道衬砌防水、排水设施不全。

b. 混凝土衬砌施工质量差,蜂窝、孔隙、裂缝多,自身防水能力差。

c.防水层(内贴式、外贴式或中埋式)施工质量不良或材质耐久性差,经使用数年后失效。

d.混凝土的工作缝、伸缩缝、沉降缝等未做好防水处理。

e.既有排水设施,如衬砌背后的暗河、盲沟、无衬砌的辅助坑道、排水孔、暗槽等,年久失修,造成阻塞。

(2)防治措施

①因势利导,建立排除地下水的通道,将水迅速地排到洞外。

②将流向隧道的水源截断,或尽可能使其水量减少。

③堵塞衬砌背后的渗流水,集中引导排出。

④合理选择防水材料,严格施工工艺。

2.隧道衬砌裂缝病害的防治

(1)原因分析

隧道产生衬砌裂缝的主要原因有围岩压力不均、衬砌背后局部空洞、衬砌厚度严重不足、混凝土收缩、不均匀沉降及施工管理问题等。

①围岩压力不均

当隧道两侧的外围覆土厚度不同或者不均匀时,产生的偏压导致隧道两侧的衬砌结构承受不对称的围岩压力,在这种情况下,隧道两侧的衬砌拱腰位置会产生裂缝。一般在覆土较深的衬砌拱腰部位发生结构的最大变形,拱腰部位也是裂缝分布数量最多的地方。

②衬砌背后局部空洞

当隧道衬砌背后有空洞存在时,会产生凸向围岩一侧的自由变形,同时空洞部位的衬砌裂缝分布集中。空洞的大小是决定裂缝数量和深度的直接因素,空洞的尺寸越大,衬砌结构发生变形的区域就越大,裂缝的数量和深度就越高,导致混凝土严重劣化,可能产生混凝土掉块现象。

③衬砌厚度严重不足

由于施工测量放线发生差错、欠挖、模板拱架支撑变形、塌方等原因,而在施工中又未能妥善处理,造成局部衬砌厚度偏薄,从而导致隧道衬砌产生裂缝。

④混凝土收缩

混凝土的收缩导致衬砌产生裂缝。混凝土收缩分为自收缩和干收缩;混凝土自收缩是指恒温绝湿的条件下,由胶凝材料的水化作用引起的自身收缩;混凝土干收缩是指混凝土停止养护后,失去内部毛细孔和混胶孔的吸附水而发生的不可逆收缩。混凝土大部分干收缩在3个月内出现,但龄期超过20年后收缩变形仍未终止。

⑤不均匀沉降

隧道衬砌不均匀下沉和隧道仰拱地基不均匀沉降导致隧道衬砌产生裂缝。

⑥施工管理不善

过早拆除模板支撑,使衬砌承受超容许的荷载,衬砌容易产生裂损。施工质量管理不善,混凝土材料检验不力,施工配合比控制不严,水胶比过大,混凝土捣实质量不佳,拱部浇筑间歇施工形成水平状工作缝等,造成衬砌质量不良,导致承载能力降低。

(2)预防措施

①设计时应根据围岩级别、性状、结构等地质情况,正确选取衬砌形式及衬砌厚度,确保衬砌具有足够的承载能力。

②施工过程中发现围岩地质情况有变化,与原设计不符时,应及时变更设计,使衬砌符合实际需求;欠挖必须控制在容许范围内。

③钢筋保护层厚度必须保证不小于3cm,钢筋使用前应做除锈、清污处理。

④混凝土强度必须符合设计要求,宜采用较大的骨灰比,降低水灰比,合理选用外加剂。

⑤确定分段灌筑长度及浇筑速度;混凝土拆模时,内外温差不得大于20℃;加强养护,混凝土温度的变化速度不宜大于5℃/h。

⑥衬砌背后如有可能形成水囊,应对围岩进行止水处理,根据设计施作防水隔离层。

⑦衬砌施工时应严格按要求正确设置沉降缝、伸缩缝。

(3)治理措施

目前,隧道衬砌裂缝的治理措施可总结为加强衬砌自身强度和提高围岩稳定性两种。对于隧道衬砌裂缝的治理一般会采用锚杆加固、碳纤维加固、骑缝注浆、凿槽嵌补、直接涂抹工艺中的一种或数种相结合的措施。

加强衬砌自身强度可通过对隧道衬砌结构混凝土施工材料进行加固以及通过对衬砌结构的裂缝进行碳纤维加固等措施提升结构自身的承载能力。提高围岩稳定性能够有效地保证隧道衬砌结构施工的安全性,可通过锚固注浆、深孔注浆等措施对围岩进行加固。

3. 隧道超欠挖的防治

(1)原因分析

①测量放样错误或误差较大

因隧道内照明较差、视野不清晰、能见度差,测量放样人员进入隧道内测量画线,前后视点照准困难导致误差或错误,这种误差通常在20cm左右。致使掌子面偏移,隧道外轮廓偏移,从而产生超欠挖。

②钻孔操作台架就位不准确

指台架各层平台设置不合理,尤其是顶层平台预留空间过大或过小,使得钻孔操作困难,周边炮眼尤其是拱顶部位炮眼外插角度难以控制,造成拱顶大量超挖或较大面积的欠挖。

③司钻工操作不熟练

部分司钻工只考虑开孔容易、操作方便而不再标定位置打眼,钻孔眼位不正确,特别是周边眼距控制不好;或钻杆外插角控制不好;或钻孔眼底深浅不一,眼底不在同一平面位置,导致超欠挖严重。这种情形多发生在拱顶、边墙底部、仰拱等部位。

④装药量及装药结构不合理

施工人员不按设计的装药结构装药,错误地认为加大药量可以提高炮眼利用率,能得到较好的爆破效果,或者为了使超挖得到控制而盲目减少装药量,从而导致了大量的超挖或使得欠挖较多。

⑤爆破网路连接不规范

隧道爆破通常采用分段起爆,为了使隧道轮廓平整,采用光面爆破,周边炮眼应使用同段雷管,同时起爆。在实际工作中,由于施工人员的失误,检查不仔细,会产生如下问题:

a. 遗漏某孔引线。

b. 网路簇联的接头处不紧密。

c. 簇联结内忘记安放引爆雷管。

d. 网路中有的引线打结、缠绕、折断。

e. 一个结上簇联的引线过多。

f. 各孔内安放雷管段位错误等,爆破未能按设计的次序起爆或拒爆,导致欠挖较大。

⑥其他原因

围岩节理发育,层面倾角小,爆后拱顶呈方形塌落,而未能形成弧形,也会产生超挖。

(2)预防措施

①提高对超欠挖问题的认识

隧道的钻爆开挖对工程的安全、质量和进度有着重大的影响。超挖过多,出渣运输量和衬砌混凝土回填量增加,提高了工程造价,造成严重的浪费。局部超挖严重,还会产生围岩应力集中问题,带来安全隐患。而欠挖的情形就更差了,欠挖须采取补炮措施,由于欠挖大多在30cm左右,顺帮开挖通常会造成局部超挖,还可能会二次扰动围岩,在围岩较差时更会引起坍塌。欠挖如果处理不当,会对隧道的安全、进度和质量带来不利的影响。

②加强施工管理

加强施工管理是减少超欠挖的根本,也是最有效的措施。在施工管理上应当将质量、进度、责任、义务和效益挂钩,加强对员工的职业道德教育和技术素质培养,提高操作人员的操作技术水平,加强企业自检,严格要求,力求按施工技术规范施工;施工前做好技术交底工作,加强对质量、技术的日常学习,严格按照确定的开挖步骤和循环进尺,保持各开挖工序之间相互衔接,均衡施工,同时,应根据不同的地层,及时调整开挖方法和循环进尺,严格控制欠挖,减少超挖。

目前,施工企业均进行工效挂钩制,采取工程承包制度。对各施工班组也相应进行各项经济指标的核定,制定一系列经济责任制度,更好地利用经济杠杆管理工程施工,做到奖优罚劣。

③重视钻爆设计

在每茬炮爆破后,认真分析爆破结果,并结合围岩的变化情况,及时修正钻爆设计参数,以求达到良好的爆破效果。钻爆设计中,对掏槽眼、辅助眼、周边眼的布置和数量,眼孔深度和角度,各眼孔的装药量及装药结构、起爆次序、网路连接等细节均应周密考虑。为减少隧道的超欠挖,应采取光面爆破、预裂爆破或缓冲爆破等技术,它能最大限度地使开挖面符合设计轮廓线,同时减轻对围岩的扰动。在爆破设计时,尤其要重视周边眼的布置及装药、起爆次序等。周边眼对保证开挖面平滑度,使开挖与设计轮廓线一致是非常重要的。实际上应将平滑度作为衡量超欠挖的重要指标,为此采取以下措施:

a.合理选择周边眼的眼距及周边眼的最小抵抗矩。当隧道断面小或围岩软弱破碎时,眼距应取较大的值。周边眼的抵抗线应大于周边眼距,两者之比保持在1.2~1.3之间比较好,在围岩差时,抵抗线应取较大的值。

b.严格控制周边眼的药量,并采用合理的装药结构。可以使用小直径药包,低爆速炸药,采取空气间隔装药或方向性水压控制爆破方法(ABS)等。

c.适当增加开挖断面底部两隅处辅助眼的药量,消除爆破死角,减少角隅处的欠挖。

d.爆破次序与爆破网路设计也是很重要的,前炮应为后炮创造较好的临空面。一般雷管应跳段使用,目前采用的15段毫秒雷管在隧道断面较大时效果不太好,可以考虑采用20段毫秒雷管,效果更好。周边眼一般应同时起爆,即采用同段雷管,围岩差时可分部同时起爆。网络连接应可靠、合理、有效。

④注意钻爆作业工序

在钻爆作业中应严格按照钻爆设计进行钻眼、装药、连接和引爆。

a.从严要求钻孔精度。应达到:孔眼口间距误差不大于5cm;周边眼外斜度不大于5cm;眼底平面误差不大于10cm,但掏槽眼应比其他眼深10cm左右。

b.装药前应将孔内的水、泥浆、石屑等杂物吹干净后,按设计的药量和装药结构装药,并堵塞良好。

c. 应按设计的爆破次序安放各段位的毫秒雷管,并检查无误。

d. 连接起爆网络并认真检查以下内容:

a) 所有的引线是否均联入网络,没有遗漏。

b) 簇联结点是否连接紧密,并安放引爆雷管。

c) 网路中是否有打结、折断的引线。

d) 网路连接多于 10 根簇联的可采用同段两个雷管以确保起爆。

e) 簇联引线不得超过 40 根。

(五)交通安全设施常见质量通病与防治

1. 波形梁立柱偏位及防治

(1) 原因分析

①放样不准确。

②打桩机不稳、打偏。

③路基土中有石块,或遇到水稳基层等。打入时受力不均,过快过猛。

(2) 防治措施

①认真放样,打入柱偏位时,应将其全部拔出,回填压实后,重新打入。

②遇到石头前后避让,对于水稳基层应先用开挖法或钻孔法打出导洞,立柱打入后再用碎石、混凝土补平或填满导洞。

③打桩时控制好锤高和锤速,使立柱受力均匀,避免损坏。

2. 波形梁护栏板线形不平顺及防治

(1) 原因分析

①安装不平顺,螺栓未拧紧。

②立柱高低不一,左右偏斜。

③端头制作工艺不符合要求。

④护栏板搭接方向错误。

(2) 防治措施

①安装要平顺、连续,安装过程中利用波形梁的长圆孔调整梁的上、下位置,顺直后拧紧所有螺栓。

②严格控制柱的高程和位置,托架位置也要准确。

③端头应按图纸尺寸用模压成形,不得出现施工差错。

④护栏板端头搭接方向必须与行车方向一致。

3. 交通标志反光膜有气泡及防治

(1) 原因分析

①有气泡和污染是由于粘贴反光膜时,底板没有擦干净,有油或灰土遇湿造成的。

②表面污染是由于储存和运输中管理不善。

(2) 防治措施

①反光膜粘贴时注意环境卫生和板面的清理,在储存和运输时要有专人负责管理,防止碰撞弄脏。

②安装时注意安全,防止碰撞损坏板面。

4. 交通标线涂层表面污染及防治

(1)原因分析

①不良天气引起,如大风、干燥扬尘天气。

②车辆污染,未进行交通控制。

③路面施工质量不佳。

(2)防治措施

①雨天、尘埃大、风大时停止施工。

②采用符合标准的涂料,在涂料未干透凝结之前控制交通。

③油面施工中控制油石比,做好质量控制,避免沥青路面泛油。

(六)环境保护工程常见质量通病与防治

1. 绿化树木成活率低或生长不良及防治

(1)原因分析

①土壤物理性状差。

②有机质和养分贫乏。

③受施工垃圾的污染。

(2)防治措施

①土质以砂壤土、壤土、轻壤土为宜,不能回填黏土、砂土。

②按设计标准挖好栽植树坑,清理垃圾废料,回填农田耕作土。

③土质较差的可通过施有机肥土壤改良,不具备土壤基本性质的要换好土。

2. 苗木歪斜,线形不顺畅及防治

(1)原因分析

①施工不规范,放线不整齐,株行距不准确。

②栽植有的过深,有的过浅。

(2)防治措施

①栽植前检查坑的大小、深度是否与根系、土球规格标准要求的坑径一致,不符时应修整。

②栽树时不得歪斜,要保持树木上下垂直。

③栽植裸根树木时根系应舒展,不窝根。

④栽植较大规格的常绿树和高大乔木应在栽植时埋上支柱。

⑤发现施工质量问题要及时返工或局部进行调整。

例 题

例1 不得直接填筑于高速公路路床的填料是( )。
  A. 黏质土　　　B. 粉质土　　　C. 砂类土　　　D. 砾类土

例2 湿黏土路堤施工时,湿黏土填料宜采用( )进行改良。
  A. 粉煤灰　　　B. 石灰　　　C. 粗集料　　　D. 水泥

例3 水泥稳定材料结构层施工时,应在混合料处于或略大于( )的状态下碾压。

A. 最小干容重 B. 最大饱和度
C. 最小孔隙比 D. 最佳含水率

例4 用于检验沥青混合料的高温稳定性的试验是( )。
A. 击实试验 B. 马歇尔试验
C. 车辙试验 D. 承载比试验

例5 高速公路、一级公路混凝土面层养护宜采用( )。
A. 养护剂加覆膜 B. 节水保湿养护剂
C. 土工苫加覆膜 D. 土工布加养护剂

例6 水下混凝土的灌注时间不得超过首批混凝土的( )。
A. 初凝时间 B. 凝固时间 C. 终凝时间 D. 硬化时间

例7 拱脚、墙脚以上1m范围内及净空图折角对应位置严禁( )。
A. 回填 B. 欠挖 C. 超挖 D. 钻爆

例8 关于高路堤施工,下列说法正确的有( )。
A. 高路堤段应优先安排施工
B. 高路堤宜采用强度高、水稳性好的材料
C. 高路堤宜每填筑10m冲击补压一次
D. 高路堤宜每填筑4~6m强夯补压一次
E. 高路堤填筑过程中应进行沉降和稳定性观测

例9 用于基层的无机结合料稳定材料,强度满足要求时,尚宜检验( )。
A. 抗变形性能 B. 抗滑性能
C. 抗冲刷性能 D. 抗裂性能
E. 抗冲击性能

例10 关于沥青路面施工接缝,下列说法正确的有( )。
A. 沥青路面的施工不得产生明显的接缝离析
B. 摊铺时采用梯队作业的纵缝应采用热接缝
C. 半幅施工产生冷接缝时宜采用切割机做纵向切缝
D. 相邻两幅及上、下层的横向接缝均应错位1m以上
E. 高速公路和一级公路的表面层横向接缝应采用垂直的平接缝

例11 用于悬臂浇筑施工的挂篮,应满足( )。
A. 挂篮结构应满足强度、刚度和稳定性要求
B. 挂篮与悬浇梁段混凝土的质量比宜不大于0.5
C. 挂篮的最大变形应不大于20mm
D. 挂篮在浇筑混凝土状态和行走时的抗倾覆安全系数应不小于2
E. 挂篮制作加工完成后无须进行试拼装,可立即投入使用

例12 关于钢架施工,下列说法正确的有( )。
A. 钢架应在初喷混凝土后安装
B. 应清除钢架拱脚虚渣,使之支承在稳固的地基上
C. 相邻两榀钢架之间严禁连接
D. 钢架节段与节段之间应通过连接钢板用螺栓连接
E. 钢架安装就位后,钢架与围岩初喷喷射混凝土之间应用喷射混凝土充填密实

例题解析

例1 根据《公路路基施工技术规范》(JTG/T 3610—2019)第4.1.1条,粉质土不宜直接用于填筑二级及二级以上公路的路床,不得直接用于填筑冰冻地区的路床及浸水部分的路堤。故选B。

例2 根据《公路路基施工技术规范》(JTG/T 3610—2019)第4.4.2条,湿黏土填料宜采用石灰进行改良。故选B。

例3 根据《公路路面基层施工技术细则》(JTG/T F20—2015)第5.4.12条,水泥稳定材料结构层施工时,应在混合料处于或略大于最佳含水率的状态下碾压。故选D。

例4 根据《公路沥青路面施工技术规范》(JTG F40—2004)第5.3.4条,必须在规定的试验条件下进行车辙试验,并满足动稳定度技术的要求。故选C。

例5 根据《公路水泥混凝土路面施工技术细则》(JTG/T F30—2014)第11.4.2条,高速公路、一级公路混凝土面层宜采用养护剂加覆膜养护。故选A。

例6 根据《公路桥涵施工技术规范》(JTG/T 3650—2020)第9.2.11条,水下混凝土的灌注时间不得超过首批混凝土的初凝时间。故选A。

例7 根据《公路隧道施工技术规范》(JTG/T 3660—2020)第7.3.3条,拱脚、墙脚以上1m范围内及净空图折角对应位置严禁欠挖。故选C。

例8 根据《公路路基施工技术规范》(JTG/T 3610—2019)第4.7.4条,高路堤宜每填筑2m冲击补压一次。故选ABDE。

例9 根据《公路路面基层施工技术细则》(JTG/T F20—2015)第4.1.10条,用于基层的无机结合料稳定材料,强度满足要求时,尚宜检验其抗冲刷和抗裂性能。故选CD。

例10 根据《公路沥青路面施工技术规范》(JTG F40—2004)第5.8.2条,当半幅施工或因特殊原因而产生纵向冷接缝时,宜加设挡板或加设切刀切齐,也可在混合料尚未完全冷却前用镐刨除边缘留下毛茬的方式,但不宜在冷却后采用切割机做纵向切缝。故选ABDE。

例11 根据《公路桥涵施工技术规范》(JTG/T 3650—2020)第17.5.1条,选项E错误,挂篮制作加工完成后应进行试拼装。故选ABCD。

例12 根据《公路隧道施工技术规范》(JTG/T 3660—2020)第9.5.5条,选项C错误,相邻两榀钢架之间应采用钢筋或型钢连接。故选ABDE。

自测模拟题

(一)单项选择题

1.具有膨胀性质的滑坡体,不宜采用滑坡防治工具的措施是( )。
  A.反压土方   B.减重
  C.修建抗滑挡土墙   D.设树枝状排水沟

2.某沥青混凝土路面出现微型裂纹,最适合对该路面2~3cm厚表面层实施就地热再生的方法是( )。
  A.整形再生法   B.重铺再生法
  C.复拌再生法   D.厂拌热再生法

3.水泥混凝土路面中,对于严重断裂、裂缝处有严重剥落,面板被分割成3块以上且裂块已开始活动的断板,最合适的处理方法是( )。

　　A.扩缝灌注法　　　　　　　　B.裂缝灌浆封闭

　　C.整块板更换　　　　　　　　D.压注灌浆法

4.钢筋混凝土结构构造裂缝形成的原因不包括( )。

　　A.集料含泥量过大

　　B.混凝土搅拌及运输时间长

　　C.采用了水灰比大的混凝土

　　D.采取了推迟水化热峰值出现的措施

5.采用悬臂挂篮法浇筑桥梁上部结构混凝土时,需防止因后浇筑混凝土的重力引起挂篮变形,导致先浇筑的混凝土开裂,下列措施中,不能起到预防作用的是( )。

　　A.根据混凝土重量变化调整吊带高度

　　B.采用预抬高挂篮的后支点法

　　C.水箱法中保持水箱水量不变

　　D.混凝土一次浇筑法

6.桥梁浅挖基坑施工中,当土质较差且有较严重流沙现象时,宜采用( )排水。

　　A.井点　　　　B.集水坑　　　　C.板桩法　　　　D.帷幕法

7.为防止导管堵塞,钻孔灌注桩水下混凝土坍落度合适的值是( )mm。

　　A.10　　　　　B.15　　　　　　C.20　　　　　　D.25

8.下列关于隧道水害防治措施的说法,错误的是( )。

　　A.因势利导,给地下水以排走的出路,将水迅速地排到洞外

　　B.将流向隧道的水源截断,或尽可能使其水量减少

　　C.隔断排水通道

　　D.堵塞衬砌背后的渗流水,集中引导排出

9.交通标志的( )是标志安装的关键。

　　A.平整度　　　　　　　　　　　B.字体及尺寸

　　C.立柱的竖直度　　　　　　　　D.标志板的位置

(二)多项选择题

1.导致路基行车带压实不足,甚至局部出现"弹簧"现象的主要原因有( )。

　　A.压路机质量偏小

　　B.填料含水率过大

　　C.透水性差的土壤包裹于透水性好的土壤

　　D.填土松铺厚度过大

　　E.压路机碾压速度过慢

2.路基边缘压实不足的预防措施有( )。

　　A.超宽填筑

　　B.增加路基边缘带压实遍数

　　C.放缓填筑边坡横坡度

　　D.确保段落搭接超压长度

　　E.路基边缘填料选用高塑性指数的黏土

3. 引起路基边坡病害的主要原因有( )。
   A. 边坡二期补贴
   B. 路基基地存在软土且厚度不均
   C. 未处理好填挖交界面
   D. 纵坡大于12%的路段采用纵向水平分层法填筑施工
   E. 路基处于陡峭的斜坡上

4. 能有效防治水泥稳定土基层裂缝的措施有( )。
   A. 采用塑性指数较高的土
   B. 控制压实含水率,根据土的性质采用最佳含水率
   C. 在保证水泥稳定土强度的前提下,尽可能增加水泥用量
   D. 一次成型,尽可能采用快凝水泥
   E. 加强对水泥稳定土的养护,避免水分挥发过多

5. 可能造成水泥稳定碎石基层产生裂缝的原因有( )。
   A. 在保证强度的情况下,尽量降低水泥稳定碎石混合料的水泥用量
   B. 碾压时混合料含水率偏大,不均匀
   C. 混合料碾压成型后及时洒水养护
   D. 增加碎石级配中细粉料的含量
   E. 混合料碾压成型后立即铺筑封层

6. 对石灰稳定土底基层裂缝病害防治有利的做法有( )。
   A. 石灰土成型后击实洒水养护
   B. 控制压实含水率在最优含水率±1%范围之内
   C. 在土中掺入适量的砂性土,降低土的塑性指数
   D. 安排在温差较大的冬季进行施工
   E. 加强石灰剂量控制,保证拌和均匀

7. 水泥稳定类材料强度要求较高时,采取的措施包括( )。
   A. 优化级配设计   B. 增加水泥剂量
   C. 更换水泥品种   D. 减少水泥剂量
   E. 控制原材料技术指标

8. 滑模摊铺水泥混凝土面层时,严禁( )。
   A. 调整速度   B. 快速推进
   C. 匀速摊铺   D. 随意停机
   E. 间歇摊铺

9. 水泥混凝土路面断板的治理措施有( )。
   A. 直接灌浆   B. 局部带状修补
   C. 扩缝灌浆   D. 罩面补强
   E. 整块板更换

10. 后张法预制梁板施工中,张拉时预应力损失过大的原因有( )。
    A. 锚具硬度过高
    B. 钢绞线松弛率超限
    C. 锚具下混凝土强度偏大

241

D. 钢绞线与孔道摩擦阻力过大

E. 量测偏差导致实际张拉力偏小

11. 下列关于钢筋混凝土桥梁预拱度偏差防治措施的说法,正确的有( )。

A. 提高现浇梁支架及模板的施工质量

B. 对预制梁需控制混凝土的弹性模量

C. 控制张拉的混凝土试块采用标准条件养护

D. 钢绞线伸长值的计算应采用供货商提供的弹性模量值

E. 预制梁应尽量延长存梁时间

12. 下列关于衬砌裂缝病害防治的说法,正确的是( )。

A. 正确选取衬砌形式及衬砌厚度

B. 欠挖必须控制在容许范围内

C. 钢筋保护层厚度必须保证不小于2cm

D. 混凝土配合比设计宜采用较小的水灰比

E. 混凝土拆模时,内外温差不得大于20℃

13. 隧道穿越下列地段时,容易发生塌方的有( )。

A. 洞口浅埋段 B. 断层破碎带
C. 两种岩性接触带 D. 高地应力硬岩段
E. 有害气体地段

14. 为制订出切实可行的隧道流沙地段的治理方案,施工中应调查流沙的( )。

A. 塑性指数 B. CBR 值
C. 回弹模量 D. 贯入度
E. 相对密度

参考答案

(一)单项选择题

1. B 2. A 3. C 4. D 5. C 6. A 7. C 8. C 9. A

(二)多项选择题

1. ABCD 2. ABD 3. ABCE 4. BE 5. BDE 6. ABCE 7. AE
8. BDE 9. ABCE 10. BDE 11. AB 12. ABE 13. ABC 14. ADE

第三章 公路工程进度目标控制

第一节 公路工程进度控制基础知识

一、施工组织管理

重 点 知 识

施工组织管理主要是施工过程的管理，主要有施工过程的分类、施工组织研究的对象和施工组织方法(或方式)。

(一)施工过程的概念和分类

1. 施工过程的概念

施工过程就是施工中出产品的过程，也是劳动力利用劳动工具作用于劳动对象，按照预定的目标完成社会所需的公路工程产品的过程。施工过程由一系列相联系的施工活动组成。施工过程的基本内容包括劳动过程和自然过程，公路工程系野外施工生产，就是劳动过程和自然过程的结合。例如，浇筑水泥混凝土是劳动过程，水泥混凝土的自然养护是自然过程。为了便于施工过程的组织，需要对施工过程进行分类。

2. 施工过程的分类

(1)根据施工过程所需的劳动资料及其对产品所起的作用，施工过程有如下分类：①施工准备过程；②施工生产过程(基本施工过程)；③辅助施工过程；④服务施工过程。

施工生产过程(基本施工过程)是施工过程中最主要的组成，所以一般所说的施工过程就是指施工生产过程(基本施工过程)。

(2)施工过程中的层次划分(分解)。

施工生产过程可以由大到小依次逐层分解为单位工程、操作过程(分部工程或分项工程)、工序、操作、动作。

①动作与操作。动作是指工人施工时一次能完成的最基本施工活动。若干个相互关联的动作就组成操作。例如"拼装模板"这个操作由一块模板与另一块模板的拼接和固定这两个动作组成；"钢筋除锈"这一操作，由拿起钢筋、插入沙盘、来回拖拉，取出钢筋等有关的动作组成。动作和操作并不能完成产品，在技术上也不能独立存在，但它们是制订定额的重要原始资料。

②工序。工序是指在劳动组织上不可分，施工技术上相同的施工过程，它由若干个操作组成。例如"水泥混凝土路面面层"就有安装模板、安置钢筋、混凝土摊铺、切缝、养护等工序组成。其中"混凝土摊铺"这一工序就由拌和混凝土、运输混凝土、摊铺、振捣、抹平等操作组成。

工序是指一个人或多个人，在工作地利用工具或机械对同一劳动对象连续的施工。工作地就是工人的施工场所,即工地或现场。劳动对象就是具体的工程产品或其部件。工序的主要特征是劳动者、劳动工具(机械)、劳动对象均不发生变化,如果其中一个发生变化,就意味着从一个工序转入另一工序。

施工组织往往以工序为对象。工序是施工过程时间组织计算所考虑的基本单元,即工序是施工组织的基本单元。

③操作过程

操作过程是由几个在技术上相互关联的工序组成,可以相对地独立完成某一种细部工程,上述"混凝土面层"就是操作过程一例。对整个路面工程(1~3km 作为分部工程,每 10km 长或一个合同段作为单位工程)而言,包括路槽、路肩、垫层、基层、面层等操作过程。所以操作过程实际就是"分项工程或分部工程"。

(二)施工组织方法和特点

1. 施工组织的基本方法(方式或作业法等)

公路工程施工的组织方法很多,其基本方法可归纳为顺序(依次)作业法、平行作业法和流水作业法三种。以三座涵洞施工为例,如表 3-1-1 和图 3-1-1 所示。比较三种施工组织的基本方法(方式),如图 3-1-2 所示。

三座涵洞施工时间表　　　表 3-1-1

工　序	施　工　段			人　数
	1号	2号	3号	
挖基	4	4	4	6
砌基	4	4	4	5
涵台	4	4	4	12
盖板	4	4	4	3

图 3-1-1　涵洞结构图

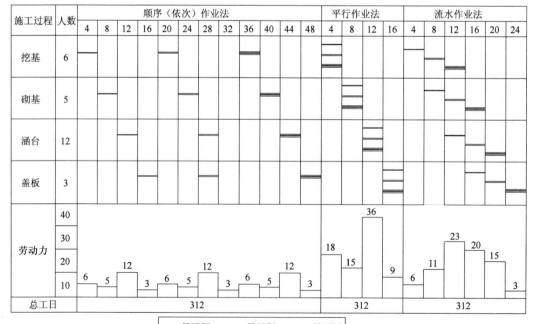

图 3-1-2　三种基本施工组织方法对比图

要进行施工(即工序开工),必须具备两个基本要素:工作面和资源(生产力)。

施工组织其他方法即基本方法的组合有:平行顺序、平行流水、立体交叉平行流水。

2. 施工组织基本方法的特点

根据图3-1-2,施工组织基本方法的特点可以从工期、资源、工作面,分工与否以及管理难易强弱等几个方面进行比较。

(1)顺序:工期长、资源少、没有充分利用工作面、不强调分工、管理简单。

(2)平行:工期短、资源多、充分利用工作面、不强调分工、管理复杂。

(3)流水:工期合理、资源均衡、科学利用工作面、必须分工、较强管理能力。当资源受限时,例如模板有限或预制台座有限等,流水施工是解决这些问题的好办法,这点在案例分析题中常常涉及。

例 题

例1 施工组织的基本单元是( )。
A. 分部工程　　　　　　　　　B. 分项工程
C. 工序　　　　　　　　　　　D. 操作过程

例2 在有足够工作面和资源的前提下,施工工期最短的施工组织方式是( )。
A. 依次施工　　　　　　　　　B. 搭接施工
C. 平行施工　　　　　　　　　D. 流水施工

例3 工人施工时一次能完成的最基本施工活动是( )。
A. 动作　　　B. 操作　　　C. 工序　　　D. 操作过程

例4 施工过程中的"钢筋除锈"是( )。
A. 动作　　　B. 操作　　　C. 工序　　　D. 操作过程

例5 不能完成产品,在技术上也不能独立存在的施工过程是( )。
A. 动作　　　B. 操作　　　C. 工序　　　D. 操作过程
E. 综合过程

例6 施工组织的基本方法有( )。
A. 顺序作业法　　　　　　　　B. 平行作业法
C. 流水作业法　　　　　　　　D. 平行顺序法
E. 平行流水法

例7 桥梁工程在组织流水施工时,需要纳入施工进度计划中的施工过程包括( )。
A. 桩基础浇筑　　　　　　　　B. 梁的现场预制
C. 商品混凝土的运输　　　　　D. 混凝土构件的吊装
E. 混凝土构件的采购运输

例 题 解 析

例1 施工组织往往以工序为对象,工序是施工过程时间组织计算考虑的基本单元。故选C。

例2 平行施工的特点是工期短、资源多、充分利用工作面、不强调分工、管理复杂。选项

A依次施工(顺序)特点是工期长资源少。选项B和D,工期都比平行施工长。故选C。

例3 动作的定义是指工人施工时一次能完成的最基本施工活动,若干个相互关联的动作就组成操作。故选A。

例4 "钢筋除锈"这一操作,由拿起钢筋、插入沙盘、来回拖拉,取出钢筋等有关的动作组成。故选B。

例5 动作和操作并不能完成产品,在技术上也不能独立存在,但它们是制订定额的重要原始资料。故选AB。

例6 五个选项都是施工组织方法,但其中顺序作业法、平行作业法、流水作业法是基本施工组织方法,而平行顺序法和平行流水法是由基本方法组合的其他组织方法。故选ABD。

例7 选项ABD在流水施工组织中要占用施工时间。而选项C商品混凝土的运输是选项B梁的现场预制的施工辅助过程,可以适当提前安排妥当就不占用流水工期;同理,选项E混凝土构件的采购运输是选项D混凝土构件的吊装的施工辅助过程。故选ACD。

自测模拟题

(一)单项选择题

1. 对于"钢筋除锈"这个施工过程,"拿起钢筋"是( )。
   A. 动作　　　　　B. 操作　　　　　C. 工序　　　　　D. 操作过程

2. 对于"拼装模板"这个施工过程,"模板固定"是( )。
   A. 动作　　　　　B. 操作　　　　　C. 工序　　　　　D. 操作过程

3. 组成"水泥混凝土路面面层"这个操作过程的工序是( )。
   A. 拌和混凝土　　　　　　　　B. 运输混凝土
   C. 摊铺振捣抹平　　　　　　　D. 切缝养护

4. 在下列施工组织方式中,施工现场的组织、管理比较简单的组织方式是( )。
   A. 平行施工　　　　　　　　　B. 依次施工
   C. 搭接施工　　　　　　　　　D. 流水施工

5. 工程采用顺序(依次)施工方式的特点是( )。
   A. 单位时间内投入的资源量较少　　B. 各工作队实现了专业化施工
   C. 能够充分利用工作面进行施工　　D. 能够以最短工期完成施工任务

6. 工程采用平行施工方式的特点是( )。
   A. 单位时间内投入的资源量较少　　B. 各工作队实现了专业化施工
   C. 能够充分利用工作面进行施工　　D. 施工现场的组织管理比较简单

7. 公路工程组织流水施工的特点是( )。
   A. 能够充分利用工作面进行施工　　B. 各工作队实现了专业化施工
   C. 单位时间内投入的资源量较少　　D. 施工现场的组织管理比较简单

8. 工程流水施工方式的特点是( )。
   A. 施工现场的组织管理比较复杂　　B. 各专业队窝工现象严重
   C. 单位时间内投入的资源量比较均衡　D. 单位时间内投入的资源量较少

9. 下列公路工程中既有集中性特点也有沿线分布特点的工程是( )。

A. 土石方工程 B. 路面工程
C. 小桥涵数量多 D. 立交工程

(二)多项选择题

1. 施工组织主要研究的对象是( )。
   A. 时间问题 B. 空间问题
   C. 资源问题 D. 经济问题
   E. 质量问题

2. 作为制订定额重要原始资料的施工过程有( )。
   A. 动作　　　B. 操作　　　C. 工序　　　D. 操作过程
   E. 综合过程

3. 组成"水泥混凝土路面面层"这个操作过程的工序有( )。
   A. 安装模板 B. 安置钢筋
   C. 拌和混凝土 D. 运输混凝土
   E. 摊铺混凝土

4. 组成路面工程的操作过程有( )。
   A. 边沟　　　B. 路槽　　　C. 路肩　　　D. 垫层
   E. 基层

5. 根据工程项目的施工特点、工艺流程及平面或空间布置等要求,可采用不同的施工组织方式,其中依次施工方法的特点包括( )。
   A. 没有充分利用工作面,工期长
   B. 如果按专业成立工作队,则各专业工作队不能连续作业
   C. 施工现场的组织管理比较复杂
   D. 单位时间内投入的劳动力、施工机具等资源较为均衡
   E. 有利于施工段的划分

6. 平行施工方式的特点包括( )。
   A. 科学地利用工作面,工期相对较短
   B. 如果按专业成立工作队,则各专业工作队不能连续作业
   C. 施工现场的组织管理复杂
   D. 单位时间内投入的劳动力、施工机具等资源较高
   E. 充分利用工作面,工期相对最短

7. 下列公路工程中相对来说属于集中性工程有( )。
   A. 土石方工程 B. 路面工程
   C. 大中桥 D. 立交工程
   E. 通道

参考答案

(一)单项选择题

1. A　　2. A　　3. D　　4. B　　5. A　　6. C　　7. B　　8. C　　9. C

(二)多项选择题

1. ABCD   2. AB   3. ABC   4. BCDE   5. AB   6. BCDE   7. CDE

二、施工过程的组织原则、流水施工的组织原理及参数计算

重点知识

(一)施工过程的组织原则

(1)连续性原则:是指施工过程各阶段、各工序的进行,在时间上是紧密衔接的,不发生各种不合理的中断。换句话说就是既不窝工(同一工序连续)也不停顿(即间歇)(同一施工段或同一工作面前后工序连续不中断即不停顿)。

(2)协调性原则:是指施工各阶段、各工序之间在施工能力上要保持一定的比例关系,各施工环节的劳动力、生产效率、设备数量等都必须互相协调,不发生脱节和比例失调的现象。

(3)均衡性原则:是指施工中的各个环节都应按照施工计划的要求,在一定的时间内完成相等或相等递增数量的工作量,使各工段的负荷保持相对稳定,不发生时紧时松、前松后紧等现象。

(4)经济性原则:是指施工过程组织除应满足技术要求外,还必须讲求经济效益,要用尽可能小的劳动消耗取得尽可能大的施工生产成果。连续性、协调性和均衡性这三项原则最终要以是否经济可靠来作为衡量的标准。

(二)流水施工的组织原理及参数计算

1. 流水施工可能需解决的窝工和间歇两大问题

根据表 3-1-2 的工序内容和时间值,不刻意(即不追求完美情况下)组织的流水施工时,流水施工的结果可能如图 3-1-3 所示,设时间单位为"天"。

基础工程时间表　　　　　　　　　　　表 3-1-2

工 序	施 工 段			
	①	②	③	④
挖	2	3	3	2
砌	2	2	3	3
填	3	3	3	2

图 3-1-3　有窝工有间歇的流水横道图

从图 3-1-3 可以看出,砌工序和回填工序出现了不连续。②号施工段挖工序与砌工序之间在第 5 天不连续,工作面出现了空闲即间歇(或间隙)。这种间歇是由于无节拍造成的,是施工组织者所不愿意看到的,在概念和理解上应区别流水时间参数中所提到的由于技术要求或组织要求所需要的技术间歇或组织间歇。例如,水泥混凝土浇筑完成后至少需等待 7 天下一道工序才可进行,而这 7 天就是技术间歇;基坑开挖完成等待监理验基时间属于组织间歇。

在图 3-1-4 中,××表示窝工。窝工是同一工序,在两个施工段或工作面之间不连续,是资源闲置浪费,属于经济问题,归根到底是劳动者加工过程的停顿。△△表示间歇(即施工段上工作面空闲无人施工),也就是同一施工段或工作面前后工序之间不连续;归根到底是被加工对象加工过程的停顿,即对象无人加工。因此流水施工组织要解决的核心问题是消除窝工和消除多余间歇,追求施工过程的连续性。本节的重点就是围绕这两大问题的解决。

图 3-1-4 流水横道图中窝工的标识和间歇的标识

为了做到流水施工的理想化,也就是既无窝工又无间歇(是指无多余间歇,不包括要求间歇),要求流水节拍满足一定的条件,因此需对流水施工进行分类。

2. 流水作业的分类

```
              ┌ 无节拍流水施工
              │ (无节奏流水)
              │
              │                    ┌ 等节拍(固定节拍、稳定)
              │                    │ 流水(等步距等节奏)
流水施工 ┤                    │
              │ 有节拍流水施工 ┤       ┌ 异节拍成倍流水
              │ (有节奏流水)    │       │ (等步距异节奏)
              │                    │ 异节拍流水┤
              │                    │ (异节奏流水)
              └                    └       └ 分别流水
                                            (异步距异节奏)
```

3. 无节拍流水施工的组织

无节拍流水施工无法做到理想化的既无窝工又无间歇,所以一般是追求不窝工的流水施工。因此考生在审题时应注意考题中的流水施工一般都是要求不窝工的连续流水施工。

无节拍流水施工组织是在引入"流水步距 K"概念后,通过计算"累加数列错位相减取大差(简称大差法或潘氏法)"求的流水步距,再按照流水步距错开相邻工序的开始时间,达到流水施工不窝工连续施工的目的。所以引入"流水步距 K"概念的目的就是为了消除"窝工"。

(1)流水步距 K

公路工程监理考试用书《公路工程费用与进度控制》(以下简称《费用与进度控制》)中流

水步距 K 的定义为:相邻专业队相继投入同一施工段开始操作的时间间隔。

本书将上述定义修改为:是指为了保证同一施工班组(即专业队)在各自施工段上连续施工(即不窝工)条件下,相邻的施工班组(专业队)在各自的第一个施工段上开始施工的最小时间间隔。这样修改的目的是使这个无节拍流水步距的概念也适用于"异节拍成倍节拍流水(等步距异节奏)"中的流水步距的概念。同理,等节拍流水中该概念也适用。

(2)流水步距的计算过程

以表 3-1-2 流水节拍为例,按①→②→③→④段的顺序组织流水施工。

①累加数列(要沿着同一工序各施工段流水节拍值累加):

	①	②	③	④
挖	2	4	8	12
砌	3	5	7	10
填	2	5	8	11

②数列错位相减:

```
  2  4  8  12              3  5  7  10
-    3  5  7  10         -    2  5  8  11
  2  1  3  5  -10           3  3  2  2  -11
```

③取大差:

$K_1 = K_{挖,砌} = 5$ 天, $K_2 = K_{砌,填} = 3$ 天。

(3)绘制流水横道图并总结流水工期的计算公式(做题时先计算流水工期再绘制图)

按照流水步距 K_1、K_2 绘制的横道图如图 3-1-5 所示,从图中最后一行可以看出,流水工期主要可以分前后两个部分,前部分是流水步距的和,后部分是最后一个施工过程(最后一道工序)的流水节拍和,见式(3-1-1)。式(3-1-1)的第一项表示流水步距和,其个数是 $n-1$ 个(即工序个数 -1);第二项表示最后一道工序流水节拍和,其累加个数为施工段数 m。这是流水工期的最基本计算式,在此基础上可以扩充为式(3-1-2)。

图 3-1-5 无节拍不窝工流水横道图

$$T = \sum_{i=1}^{n-1} K_i + \sum_{j=1}^{m} t_j \qquad (3\text{-}1\text{-}1)$$

因此,$T = (5+3) + (2+3+3+3) = 8 + 11 = 19$ 天。比较图 3-1-3 和图 3-1-4 的 18 天的流水工期,发现消除窝工后加大了间歇,工期反而增加了。原因也不难理解,追求完美总是要付出代价的。有窝工有间歇的流水施工,只要条件具备就开始施工因此工期最短;而不论消除"窝工"或"间歇"为了连续施工,有时都要刻意推迟开始,这样就有可能会造成工期增加。

式(3-1-1)中$\sum t_j$可以不用计算,直接将累加数列的最后一行的最后一个累加结果取来使用,做考试题时尤其快捷,例如本例中"填"数列最后一个累加值11。

$$T = \sum_{i=1}^{n-1} K_i + \sum_{j=1}^{m} t_j + \sum Z + \sum G - \sum C_D \qquad (3-1-2)$$

式(3-1-2)中,Z为技术间歇,G为组织间歇,可将Z和G合并为要求间歇;C_D为搭接时间,即提前插入时间。

4. 流水作业的参数种类

(1)空间参数

空间参数包括施工段或流水段数(m)、工作面个数(A)以及施工层(r),施工层(r)在空间流水中会涉及。

(2)工艺参数

工艺参数包括施工工程或工序数(n)和流水能力(或强度)(V)。流水能力(或强度)是指单位时间多人(或专业队)完成的工程数量。

(3)时间参数

时间参数包括流水节拍(t)、流水步距(K)、技术间歇(Z或t_g)、组织间歇(G)、搭接时间或称为提前插入时间(C_D)、流水工期(T)等。

①流水节拍(t)是指一个施工段上某施工过程(工序)从开始到完成的持续时间。影响其持续时间值的参数有4个,包括工程量(Q)、效率(S,表示工效定额即产量定额)、资源数量(R,人数或机械台数)、每天的班次($B_Z=1$、2或3,每天8小时为1)。P表示该工序所需的劳动量(工日数或台班数)。

$$t_j = \frac{Q}{SRB_Z} = \frac{P}{RB_Z} \qquad (3-1-3)$$

②流水步距概念的一个关键词是"相邻"而不是"两个",另一个关键词是"同一个施工段"或"各自第一个施工段(异节拍成倍时)",不能丢失。

③技术间歇(Z或t_g)和组织间歇(G)的含义在上述第1点中已介绍。

组织流水施工(作业)的基本条件是必须已知3个要素:工序划分、施工段个数和流水的顺序(流水施工的组织方式)、流水节拍值,如表3-1-2所示。**组织无节拍(不窝工)流水施工还应注意施工段流水的顺序**,如果将表3-1-2的流水节拍按照①③②④的流水顺序,流水工期就是16天,而不是19天,说明流水段(即施工段)的顺序不同,即使节拍值相同,流水步距K也不相同,如图3-1-6所示。因此,流水步距的大小取决于相邻两个施工过程(或专业工作队)在各个施工段上的流水节拍及流水施工的组织方式(即流水段的顺序)。

工序	时间(天)															
	1	2	3	4	5	6	7	8	9	10	11	12	13	14	15	16
挖		①		③			②			④						
砌	K_1				①		③			②		④				
填				K_2		①			③			②				④

图3-1-6 表3-1-2 按照①→③→②→④的流水顺序不窝工流水工期16天横道图

5. 有节拍(有节奏)流水

(1)等节拍流水[稳定(固定)流水也叫全等节拍流水或等步距等节奏流水]

等节拍流水是指各道工序的在各施工段上施工时间都相同,即流水节拍全相等,如表 3-1-1 所示,其流水横道图如图 3-1-2 所示。等节拍流水的 $K=t$,并代入式(3-1-2),得:

$$T = (n - 1 + m)K + \sum Z + \sum G - \sum C_D \qquad (3-1-4)$$

(2)异节拍成倍流水(等步距异节奏能达到理想化)

以五座相同的通道成倍流水为例,每座通道的工艺顺序和工序时间相同,具体为:挖基 2 天→清基 2 天→浇基 4 天→台身 8 天→盖板 4 天→回填 6 天。

①确定公共(或统一)流水步距 K = 各流水节拍的最大公约数 = 2 天。

②计算各工序应配置的施工班组数(专业队数)。

$$班组数(专业队数) = \frac{流水节拍值}{K} \qquad (3-1-5)$$

故各工序应配置的班组数为 1、1、2、4、2、3,班组总数 $n_1 = 13$,即横道图画图的行数。

③成倍节拍流水工期计算。

$$T = (n_1 - 1 + m) \times K \qquad (3-1-6)$$

$$T = (13 - 1 + 5) \times 2 = 34 \text{ 天}$$

(3)成倍流水横道图的绘制(图 3-1-7)

工序	班组	时间(天)																
		2	4	6	8	10	12	14	16	18	20	22	24	26	28	30	32	34
挖基	1	①	②	③	④	⑤												
清基	1		①	②	③	④	⑤											
浇基	1			①		③		⑤										
	2				②		④											
台身	1							①				⑤						
	2								②									
	3									③								
	4										④							
盖板	1										①		③		⑤			
	2												②		④			
回填	1														①		④	
	2															②		⑤
	3																③	

图 3-1-7 五座通道等步距异节拍流水横道图

(4)异节拍分别流水(实际是按无节奏流水组织施工)

有五座相同的通道,每座通道的工艺顺序和工序时间相同,具体为:挖基 2 天→清基

2天→浇基4天→台身8天→盖板4天→回填6天,请组织异节拍分别流水。

异节拍分别流水是异节奏异步距流水,实际按无节拍流水组织施工,如图3-1-8所示。

①流水步距的确定(按照无节拍大差法计算也可以,因有规律,下面的方法更快捷)。

a. 若上道工序节拍值t_i≤下道工序节拍值t_{i+1}:流水步距K=上道工序节拍值t_i。

b. 若上道工序节拍值t_i>下道工序节拍值t_{i+1},则:

流水步距K=上道工序节拍值t_i×段数m-下道工序节拍值t_{i+1}×(段数$m-1$)

按照上述方法快捷判断并计算得:$K_1=2$天,$K_2=2$天,$K_3=4$天,$K_4=8×5-4×4=24$天,$K_5=4$天。

②工期计算。

流水工期T=流水步距和$\sum K$+最后一道工序流水节拍和$\sum t$

$$T=\sum K+\sum t=\sum K+m×t_n=(2+2+4+24+4)+5×6=66 \text{ 天}$$

③按流水步距绘制分别流水横道图,如图3-1-8所示。

图3-1-8 五座通道分别流水横道图

例 题

例1 流水节拍分别为3天、4天、3天、3天和2天、5天、4天、3天,则流水步距和流水施工工期分别为( )天。

A. 3、16　　　　B. 3、17　　　　C. 5、18　　　　D. 5、19

例2 某施工工地,土石方总工作量为10000m³,每个机械台班的计划工作量为500m³,其中有4台相同型号机械进行施工,该土石方施工的流水节拍为( )天。

A. 2　　　　B. 3　　　　C. 4　　　　D. 5

例3 某段公路由土方、路基、路面三道工序,各组织一个施工队,分四段组织流水施工。设各个工序在每段施工的持续时间相同,分别为土方20天、路基15天、路面25天。则路基、路面分别在第一段开始施工的时间是第( )天末后。

A. 15、35　　　　B. 20、35　　　　C. 25、40　　　　D. 35、50

例4 某道路工程划分为3个施工过程,在5个施工段组织异节拍成倍节拍流水施工,流水节拍分别为4天、2天、6天,该工程的流水施工工期为( )。

A. 28天　　　　B. 20天　　　　C. 16天　　　　D. 14天

例题解析

例1 先计算两道工序的累加数列分别为:3、7、10、13 和 2、7、11、14,然后两数列错位相减得差:3、5、3、2、−14,最大差 $K=5$ 天,$T=5+14=19$ 天。故选 D。

例2 根据公式(3-1-3),$Q=10000$,$S=500$,$R=4$,没有具体施工时间默认班制 $B_z=1$;代入式(3-1-3)计算得:$10000 \div (500 \times 4 \times 1) = 5$ 天。故选 D。

例3 本题考查如何计算土方和路基之间以及路基和路面之间分别流水施工的流水步距。土方20天 > 路基15天,流水步距 $4 \times 20 - 3 \times 15 = 80 - 45 = 35$ 天,因此路基在35天末后开始施工;路基15天 < 路面25天,流水步距 = 15 天,因此路面在路基开始的15天末后开始施工,即 $35+15=50$ 天末后开始施工。故选 D。从解图的横道图中也可以看清楚。

例3 解图

例4 成倍流水的公共流水步距 $K=2$ 天;专业队数分别为 4/2、2/2、6/2,则 $n_1 = 2+1+3 = 6$;$T = (n_1 - 1 + m)K = (6-1+5) \times 2 = 20$ 天。故选 B。

自测模拟题

(一)单项选择题

1. 某道路工程划分为3个施工过程,在5个施工段组织异节拍成倍节拍流水施工,流水节拍分别为4天、2天、6天,该工程的流水施工工期为( )天。

A. 28　　　　　　　　　　B. 20
C. 16　　　　　　　　　　D. 14

2. 下列不是流水作业参数的内容是( )。

A. 空间参数　　　　　　　B. 工艺参数
C. 分段参数　　　　　　　D. 时间参数

3. 某分部工程有两个施工过程,各分为4个施工段组织流水施工,在组织流水施工时,用来表达流水施工在施工工艺方面进展状态的参数通常包括( )。

A. 施工过程和施工段　　　B. 流水节拍和流水强度

C. 施工过程和流水强度　　　　　　D. 流水步距和流水强度

4. 有关流水施工的表述正确的是( )。
   A. 流水步距是指两个专业队(班组)相继投入同一施工段开始工作的时间间隔
   B. 窝工是指同一施工段前后工序施工的停顿,即前后工序施工的不连续
   C. 间歇是指同一工序(施工过程)施工时的停顿,也就是指施工段出现的空闲而造成的施工不连续
   D. 流水节拍就是流水施工时各作业在各施工段上的持续时间

5. 某分部工程有3个施工过程,分为4个施工段组织加快的成倍节拍流水施工,各施工过程流水节拍分别是6天、6天、9天,则该分部工程的流水施工工期是( )天。
   A. 24　　　　　　　　　　　　　　B. 30
   C. 36　　　　　　　　　　　　　　D. 54

6. 流水施工中某施工过程(专业工作队)在单位时间内所完成的工程量称为( )。
   A. 流水段　　　　　　　　　　　　B. 流水强度
   C. 流水节拍　　　　　　　　　　　D. 流水步距

7. 某工程有5个施工过程,划分为3个施工段组织固定节拍流水施工,流水节拍为2天,施工过程之间的组织间歇合计为4天,则该工程的流水施工工期是( )天。
   A. 12　　　　　　　　　　　　　　B. 18
   C. 20　　　　　　　　　　　　　　D. 26

8. 某工程组织非节奏流水施工,两个施工过程在4个施工段上的流水节拍分别为5天、8天、4天、4天和7天、2天、5天、3天,则该工程的流水施工工期是( )天。
   A. 16　　　　　　　　　　　　　　B. 21
   C. 25　　　　　　　　　　　　　　D. 28

9. 某分部工程有两个施工过程,分为3个施工段组织非节奏流水施工,各施工过程的流水节拍分别为3天、5天、5天和4天、4天、5天,则两个施工过程之间的流水步距是( )天。
   A. 2　　　　　　　　　　　　　　 B. 3
   C. 4　　　　　　　　　　　　　　 D. 5

10. 组织流水施工时,用来表达流水施工在施工工艺方面进展状态的参数之一是( )。
    A. 施工段　　　　　　　　　　　　B. 流水强度
    C. 流水节拍　　　　　　　　　　　D. 工作面

11. 某工程由5个施工过程组成,分为3个施工段组织固定节拍流水施工,在不考虑提前插入时间的情况下,要求流水施工工期不超过44天,则流水节拍的最大值为( )天。
    A. 4　　　　　　　　　　　　　　 B. 5
    C. 6　　　　　　　　　　　　　　 D. 7

12. 流水强度是指某专业工作队在( )。
    A. 一个施工段上所完成的工程量　　B. 单位时间内所完成的工程量
    C. 一个施工段上所需资源的数量　　D. 单位时间内所需某种资源的数量

13. 某分部工程的4个施工过程(Ⅰ、Ⅱ、Ⅲ、Ⅳ)组成,分为6个施工段。流水节拍均为3天,无组织间歇时间和工艺间歇时间,但施工过程Ⅳ需提前1天插入施工,该分部工程的工期为( )天。
    A. 21　　　　　　　　　　　　　　B. 24

C. 26
D. 27

14. 下列流水施工参数中,用来表达流水施工工艺方面进展状态的是( )。
    A. 流水步距
    B. 流水段
    C. 流水强度
    D. 流水节拍

15. 下列参数中,用来表示流水施工在时间安排上所处状态的参数是( )。
    A. 流水步距
    B. 流水间隔
    C. 流水强度
    D. 流水时距

16. 某工程划分为4个施工过程、3个施工段组织加快的成倍节拍流水施工,流水节拍分为4天、6天、4天和2天,则流水步距为( )天。
    A. 2
    B. 3
    C. 4
    D. 6

17. 某分部工程划分为2个施工过程、3个施工段组织流水施工,流水节拍分为2天、4天、3天和3天、5天、4天,则流水施工工期为( )天。
    A. 12
    B. 13
    C. 14
    D. 15

18. 某工程划分为3个施工过程、4个施工段,组织加快的成倍节拍流水施工,各施工过程的流水节拍分别为6天、4天和4天,则应组织( )个专业工作队。
    A. 3
    B. 4
    C. 6
    D. 7

19. 某分部工程有4个施工过程,分为3个施工段组织加快的成倍节拍流水施工。已知各施工过程的流水节拍分别为4天、6天、4天和2天,则拟采用的专业工作队应为( )个。
    A. 4
    B. 5
    C. 8
    D. 12

20. 某基础工程包括开挖、支模、浇筑混凝土及回填4个施工过程,分3个施工段组织流水施工,流水节拍见下表,则该基础工程的流水施工工期为( )天。

流水节拍(时间单位:天)

施工过程 \ 施工段	Ⅰ	Ⅱ	Ⅲ
开挖	4	5	3
支模	3	3	4
浇筑混凝土	2	4	3
回填	4	4	3

    A. 17
    B. 20
    C. 23
    D. 24

21. 某分部工程有3个施工过程,分为4个施工段组织流水施工。各施工过程的流水节拍分别为3天、5天、4天、3天,3天、4天、4天、2天和4天、3天、3天、4天,则流水施工工期为( )天。

A. 20　　　　　　　B. 21　　　　　　　C. 22　　　　　　　D. 23

22. 用来表达流水施工在施工工艺方面进展状态的参数是（　　）。
   A. 施工过程　　　　　　　　　　B. 施工段
   C. 流水步距　　　　　　　　　　D. 流水节拍

23. 某施工工地,总工作量为28800m³,每个机械台班的计划工作量为400m³,其中有3台相同型号机械进行施工,每天施工时间为12小时。该土石方施工的流水节拍（　　）天。
   A. 2　　　　　　　B. 12　　　　　　　C. 16　　　　　　　D. 24

（二）多项选择题

1. 流水作业参数有（　　）。
   A. 空间参数　　　　　　　　　　B. 工艺参数
   C. 时间参数　　　　　　　　　　D. 定额参数
   E. 机械参数

2. 施工过程组织必须遵循的原则有（　　）。
   A. 最优性　　　B. 经济性　　　C. 协调性　　　D. 连续性
   E. 均衡性

3. 下列选项中有关分别流水施工的正确说法有（　　）。
   A. 组织分别流水施工时各个施工段上均无空闲
   B. 确定相邻施工过程之间的流水步距是其关键步骤
   C. 相邻施工过程之间的流水步距应为常数
   D. 流水节拍较长的施工过程需要组织多个专业队伍
   E. 各专业工作队伍保持连续施工

4. 在组织流水施工,划分施工段应满足的基本要求包括（　　）。
   A. 应保证拟建工程结构整体的完整性
   B. 流水施工段的大小应保证施工有足够的作业空间
   C. 施工段的数量应与施工过程的数量相等
   D. 各流水施工段上的工程量应相等
   E. 流水段的多少应与主导施工过程相协调

5. 有节奏（有节拍）流水施工的种类有（　　）。
   A. 等步距等节奏　　　　　　　　B. 等步距异节奏
   C. 异步距异节奏　　　　　　　　D. 变化步距节奏
   E. 异步距等节奏

6. 流水节拍是流水施工的主要参数之一,同一施工过程中流水节拍的决定因素有（　　）。
   A. 所采用的施工方法　　　　　　B. 所采用的施工机械类型
   C. 投入施工的工人数和工作班次　D. 施工过程的复杂程度
   E. 工作的熟练程度

7. 表达流水施工在时间安排上所处状态的参数有（　　）。
   A. 流水段　　　　　　　　　　　B. 流水强度
   C. 流水节拍　　　　　　　　　　D. 流水步距
   E. 流水施工工期

8. 非节奏流水施工的特点有( )。
   A. 专业工作队数不等于施工过程数　　B. 相邻施工过程的流水步距不尽相等
   C. 施工段之间无空闲时间　　　　　　D. 各专业工作队能够在施工段上连续作业
   E. 各施工过程在各施工段的流水节拍不全相等

9. 公路工程组织流水施工时,流水步距的大小取决于( )。
   A. 参加流水的施工过程数　　　　　　B. 施工段的划分数量
   C. 施工段上的流水节拍　　　　　　　D. 参加流水施工的作业队数
   E. 流水施工的组织方式

10. 采用加快的成倍节拍流水施工方式的特点有( )。
    A. 相邻专业工作队之间的流水步距相等　B. 不同施工过程的流水节拍成倍数关系
    C. 专业工作队数等于施工过程数　　　　D. 流水步距等于流水节拍的最大值
    E. 各专业工作队能够在施工段上连续作业

11. 在组织流水施工时,确定流水节拍应考虑的因素有( )。
    A. 所采用的施工方法和施工机械
    B. 相邻两个施工过程相继开始施工的最小间隔时间
    C. 施工段数目
    D. 在工作面允许的前提下投入的劳动量和机械台班数量
    E. 专业工作队的工作班次

12. 加快的成倍节拍流水施工的特点有( )。
    A. 相邻施工过程的流水步距相等,且等于流水节拍
    B. 专业工作队数大于施工过程数
    C. 施工段之间没有空闲时间
    D. 同一施工过程在其各施工段上的流水节拍成倍数关系
    E. 施工过程数等于施工段数

13. 下列关于流水施工参数的说法中,正确的有( )。
    A. 流水步距的数目取决于参加流水的施工过程数
    B. 流水强度表示工作队在一个施工段上的施工时间
    C. 划分施工段的目的是为组织流水施工提供足够的空间
    D. 流水节拍可以表明流水施工的速度和节奏性
    E. 流水步距的大小取决于流水节拍

14. 下列关于流水施工的说法中,反映工程非节奏流水施工特点的有( )。
    A. 专业工作队数大于施工过程数
    B. 各个施工段上的流水节拍相等
    C. 有的施工段之间可能有空闲时间
    D. 各个专业工作队能够在施工段上连续作业
    E. 相邻施工过程的流水步距不尽相等

15. 工程组织流水施工时,影响施工过程流水强度的因素有( )。
    A. 投入的施工机械台数和人工数
    B. 专业工种工人或施工机械活动空间人数
    C. 相邻两个施工过程相继开工的间隔时间

D. 施工过程中投入资源的产量定额
E. 施工段数目

16. 工程组织固定节拍流水施工的特点有(　　)。
    A. 施工过程在各施工段上的流水节拍不尽相等
    B. 各专业工作对在各施工段上能够连续作业
    C. 相邻施工过程之间的流水步距相等
    D. 专业工作队数大于施工过程数
    E. 各施工段之间没有空闲时间

参考答案

(一)单项选择题

1. B	2. C	3. C	4. D	5. B	6. B	7. B	8. C	9. D	10. B
11. C	12. B	13. C	14. C	15. A	16. A	17. D	18. D	19. C	20. C
21. D	22. A	23. C							

(二)多项选择题

1. ABC	2. BCDE	3. BE	4. ABE	5. ABC	6. ABC	7. CDE
8. BDE	9. CE	10. ABE	11. ADE	12. BC	13. ACD	14. CDE
15. AD	16. BCE					

三、工程施工计划管理的特点、作用及工作程序

重点知识

(一)工程施工计划管理的特点

1. 施工计划管理的含义

施工计划管理是通过计划把施工单位项目施工管理的各项工作组织起来,以施工生产活动为主体,制订各项专业性计划,并对其进行平衡、协调、监督与控制。

2. 公路工程施工计划管理的特点

(1)计划的被动性。施工任务来源于工程招标市场,施工单位每年有多少任务,性质和规模的大小均很难确定,在投标过程编制施工计划时间紧,很被动。要想改变被动局面,必须作好招标工程任务的跟踪,做些事先研究和信息资料的搜集工作,从而提高施工计划的编制质量。

(2)计划的多变性。公路工程项目的多样性、结构工程的复杂性及施工条件的差异性,造成施工中不可预见的因素较多;工程施工现场的分散使劳动力、材料及施工机具设备处于流动供应状态;同时受建设单位、监理及其他有关单位的影响等均带来施工计划的变化,这种多变性要求编制施工计划时,要留有一定的调整余地。

(3)计划的不均衡性。公路工程结构特点及不同工程部位的施工性质,以及不同季节的影响,都会造成施工计划的不均衡性。为此要求编制施工计划时力求均衡,以取得较好的经济效益。

(二)工程施工计划管理的作用

施工计划管理的作用具体表现在：

(1)通过计划向各级施工组织机构下达任务,明确各自的奋斗目标,调动全体职工的积极性。

(2)为材料、劳资、设备等专业部门编制材料供应计划、劳动力需要量计划、施工机具设备用量计划等提供可靠性数据。

(3)项目施工准备工作根据施工计划进行,保证项目正常开工。

(4)项目施工实施过程中各专业部门按施工计划运作,确保项目工期按时完成。

(5)可以促使各职能部门开展劳动竞赛,挖掘施工潜力,提高项目施工管理水平。

(三)施工计划管理的工作程序

公路工程的施工计划管理是项目施工管理的中心环节,其他一切施工现场管理工作,都应围绕施工计划管理开展。

施工计划管理的工作程序为:施工计划的编制、计划的执行检查、计划的调整等循环进行。

1.编制施工计划

编制施工计划的基础是施工定额,根据《公路工程施工监理规范》(JTG G10—2016),施工进度计划的内容和要求见本章第二节第二点。

2.计划执行检查

施工单位实施计划时必须对照原计划进行检查,驻地监理工程师对进度计划实施予以合理地监控,尽量保证实施进度符合原计划安排。在工程实施期间,如果实际进度与计划进度基本相符时,监理工程师不应干预施工单位对进度计划的执行;但应及时掌握影响和妨碍工程进展的不利因素,促进工程按计划进行。

3.计划的调整

见本章第二节第三点和第六点。

大型工程项目施工进度计划编制及其监控,必须运用网络计划技术且借助计算机完成,称为计算机辅助工程进度监理。

例 题

例1 编制施工计划的基础是( )。
　　A.概算定额　　　B.预算定额　　　C.施工定额　　　D.工程量清单
例2 在施工计划管理中对进度计划实施予以合理地监控是( )。
　　A.总监理工程师　　　　　　　　B.驻地监理工程师
　　C.专业监理工程师　　　　　　　D.监理员
例3 公路隧道施工制订的施工计划主要包括( )。
　　A.工期　　　　　　　　　　　　B.噪声污染监控
　　C.工区的划分　　　　　　　　　D.施工便道、弃渣场
　　E.临时设施、监控量测方案

例 题 解 析

例1 施工计划管理工作程序的第1步中,编制施工计划的基础是施工定额。故选C项。

例2 施工单位实施计划时必须对照原计划进行检查,驻地监理工程师对进度计划实施予以合理地监控,尽量保证实施进度符合原计划安排。故选B项。

例3 本题是将2019年注册道路工程师考试真题改造而来。原题题干是"公路隧道设计制订的施工计划主要包括( )",选项B是"施工队伍的确定"作为错项。根据《公路隧道设计规范 第一册 土建工程》(JTG 3370.1—2018)第4.7.1条,施工计划主要包括:工期、施工方法、工区划分、临时设施、施工便道、弃渣场、污水处理和监控量测方案、超前地质预报的要求等。注意:设计阶段施工计划的内容自然也是施工阶段施工计划的内容,公路隧道不同于市政和建筑在城市可以不考虑噪声污染,如将选项B改为"大气污染防治",则干扰性更大。故本题选ACDE项。

自 测 模 拟 题

(一)单项选择题

1.公路工程的( )是项目施工管理的中心环节。
   A.施工计划管理　　　　　　　　B.施工现场管理
   C.施工资源管理　　　　　　　　D.施工组织管理

2.在投标过程编制施工计划时间紧,要想改变这种局面,必须作好招标工程任务的跟踪。这说明公路工程施工计划管理特点的( )。
   A.计划的被动性　　　　　　　　B.计划的多变性
   C.计划的不均衡性　　　　　　　D.计划的紧迫性

3.公路工程项目的多样性、结构工程的复杂性及施工条件的差异性,造成施工中不可预见的因素较多。这说明公路工程施工计划管理特点的( )。
   A.计划的被动性　　　　　　　　B.计划的多变性
   C.计划的不均衡性　　　　　　　D.计划的紧迫性

4.公路工程结构特点及不同工程部位的施工性质,以及不同季节的影响。这说明公路工程施工计划管理特点的( )。
   A.计划的被动性　　　　　　　　B.计划的多变性
   C.计划的不均衡性　　　　　　　D.计划的紧迫性

5.编制施工计划时,因受建设单位、监理单位及其他有关单位的影响等均带来施工计划的不确定,这就要求编制施工计划时,要留有一定的调整余地。这说明公路工程施工计划管理特点的( )。
   A.计划的被动性　　　　　　　　B.计划的多变性
   C.计划的不均衡性　　　　　　　D.计划的紧迫性

(二)多项选择题

1.下列属于施工计划管理的工作程序为( )。
   A.施工计划的编制　　　　　　　B.施工计划的审批

261

C. 施工计划的实施   D. 计划的执行检查
E. 计划的调整

2. 关于施工计划管理的作用具体表现,论述正确的有(　　)。
   A. 通过计划向各级施工组织机构下达任务,明确各自的奋斗目标,调动全体职工的积极性
   B. 为材料、劳资、设备等专业部门编制材料供应计划、劳动力需要量计划、施工机具设备用量计划等提供可靠性数据
   C. 项目施工准备工作根据施工计划进行,保证项目正常开工
   D. 项目施工实施过程中各专业部门按施工计划运作,确保项目工期按时完成
   E. 可以促使各参与方开展劳动竞赛,挖掘施工潜力,提高项目施工管理水平

3. 公路工程施工计划管理的特点包括(　　)。
   A. 计划的被动性   B. 计划的多变性
   C. 计划的均衡性   D. 计划的紧迫性
   E. 计划的不均衡性

参考答案

(一)单项选择题

1. A   2. A   3. B   4. C   5. B

(二)多项选择题

1. ADE   2. ABCD   3. ABE

四、双代号、单代号、时间坐标网络图的绘制规则和绘制方法

重点知识

网络计划概念、规则以及要求可以参考《网络计划技术 第1部分:常用术语》(GB/T 13400.1—2012)(以下简称《国标常用术语》,本节第四、五、六点默认的条款号为该常用术语)、《网络计划技术 第2部分:网络图画法的一般规定》(GB/T 13400.2—2009)(以下简称《国标网络图画法规定》)和《网络计划技术 第3部分:在项目管理中应用的一般程序》(GB/T 13400.3—2009)(以下简称《国标网络图一般程序》),也可参考《费用与进度控制》。

(一)网络计划图的构成

1. 网络计划图(简称网络图)三要素

网络图三要素是箭线、节点、流(即定量参数,例如时间、资源或费用等)。

2. 最常用网络图的符号规定

(1)双代号网络图:箭线表示工作,节点表示工作之间的连接关系。

(2)单代号网络图:节点表示工作,箭线表示工作之间的连接关系。

(3)双代号网络图与单代号网络图最根本的区别是符号表示的含义互换,而不是有无虚工作或虚箭线。单代号网络图一般没有虚箭线(单代号搭接网络图中可以有虚箭线),但是可

能还需要虚工作。

3. 工作之间的逻辑关系类型和名称

逻辑关系是指工作之间相互制约或相互依赖的关系。简而言之就是先后顺序关系。

(1) 工作之间的逻辑关系类型

①工艺关系：生产性工作之间由工艺技术决定的先后顺序关系；非生产性工作间由程序决定的先后顺序关系。

②组织关系：工作之间由于组织安排需要或资源调配需要而规定的先后顺序关系。

例如：挖→砌→填之间是工艺关系，挖1→挖2→挖3之间就是组织关系。

(2) 一般网络图工作之间逻辑关系的具体名称

①常用逻辑关系的名称：紧前工作、紧后工作、先行工作、后继(后续)工作、平行工作。

②搭接关系的名称：开始到开始STS、完成到完成FTF、完成到开始FTS、开始到完成STF。

4. 网络图的分类

(1) 基于工作代号分类：单代号网络图、双代号网络图，这两种图也称为一般网络图，也是最常用的网络计划图。

(2) 基于性质分类：肯定型网络图(单双代号、搭接、时标等)、非肯定型网络图(计划评审图PERT、图示评审图GERT、风险评审图VERT、决策网络图DN)。

(3) 基于目标分类：单目标网络图(一个终点)、多目标网络图(不止一个终点)，肯定型网络图是单目标网络图。

5. 时间坐标(简称时标)网络图

(1) 双代号时标网络图的三种类型

①双代号最早时标网络图

波形线画在箭线的后端箭头处。根据《国标网络图画法规定》第4.3.4条规定，时标网络图默认是指最早时标网络图，如图3-1-9所示。

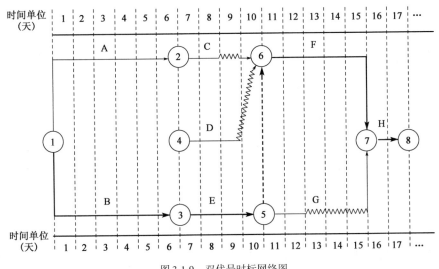

图3-1-9 双代号时标网络图

②双代号最迟时标网络图：波形线在箭线的前端箭尾处，不大好用，因此国标未提及。

③调整后双代号时标网络图：波形线可能在箭线的后端或前端，是调整或优化后的

结果。

(2) 双代号时标网络图的绘制方法

①一般采用间接法:先绘制无时标网络图,然后计算时间参数,再按照最早节点时间确定时间坐标位置,接着根据工作持续时间值画实箭线长度,剩余部分画波形线。

②直接法:简单网络图可以采用,一般情况下,工程网络图较复杂,很难采用该方法。

(3) 双代号最早时标网络图的特点

①最早时标图的箭尾是工作的最早开始时间。

②最早时标图的波形线(也称为弹簧线)是工作的自由时差(也称为局部时差),或者表示前后相邻两项实际工作之间的间隔时间(也称为时间间隔 time lag)。

③最早时标图直观,便于计划的调整。

(二)绘图的规则和绘制方法

1. 绘制规则(以双代号网络图为主,单代号网络图相似)

(1) 工作之间的逻辑关系正确。

(2) 不允许闭合回路(即不允许循环回路)。

(3) 只能是单向箭线不允许无箭头或双箭头。

(4) 一对节点之间只能有一条箭线,即双代号网络图中不同工作的代号不能相同。

(5) 单个起点和单目标网络图应对应单个终点。

(6) 尽量避免交叉,当不可避免时可以用过桥法、断线法或指向法,如图3-1-10所示。

图3-1-10 双代号网络图箭线交叉的处理图

(7) 箭线最好朝着前进方向,最好不要出现反向箭线,目的是避免出现循环回路。

(8) 编号规则主要有两点,一是箭尾号码小于箭头号码,二是节点号码不重复。

2. 绘制方法

网络图的绘制,不论是单代号还是双代号,最重要的是根据工作之间的**逻辑关系**正确地绘制,要注意紧前工作与紧后工作是相对本工作而言的。前后是相对时间的发生先后,而且前后是相对;工作 A 是工作 B 的紧前工作 = 工作 B 是工作 A 的紧后工作。网络图绘制方法如下:

(1) 前进法:即从最初节点开始到最终节点结束的方法。

(2) 后退法:即采用从最终节点到最初节点的方法。

(3) 先粗后细法:先粗略,然后逐步细分,或先画子网络图,再拼成总网络图。

3. 虚箭线在双代号网络图中三大作用

(1) 最基本和最本质的连接作用。

(2) 用于改错的断路作用。

(3) 避免同代号的区分作用。

例 题

例1 在最早时标网络计划中,自由(局部)时差的表示用(　　)。
  A. 虚箭线　　　　　　　　　　　B. 实箭线
  C. 双箭线　　　　　　　　　　　D. 波形线

例2 有关单代号网络图与双代号网络图说法正确的是(　　)。
  A. 单代号网络图中没有虚工作
  B. 双代号网络图称为"节点型网络计划图"
  C. 双代号与单代号网络图最根本的区别是符号表示的含义互换
  D. 单代号网络图中节点表示工作之间的关系

例3 某双代号网络图有 A、B、C、D、E 五项工作,A、B 完成后 D 才能开始,B、C 完成后 E 开始。则正确的网络图形为(　　)。

例4 根据《国标网络图画法规定》第4.4条,以下网络计划图存在的绘图错误是(　　)。

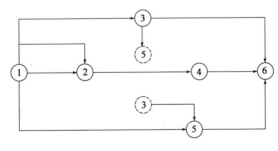

例4图

  A. 编号相同的工作　　　　　　　B. 多个起点节点
  C. 相同的节点编号　　　　　　　D. 无箭尾节点的箭线

例5 网络计划按工序持续时间的表示方法分为(　　)。
  A. 关键型网络计划　　　　　　　B. 非关键型网络计划
  C. 肯定型网络计划　　　　　　　D. 非肯定型网络计划
  E. 多目标型网络计划

例6 某双代号网络图如图所示,存在的绘图错误有(　　)。

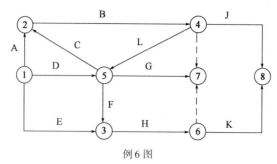

例6图

A. 多个起点节点 B. 存在循环回路
C. 节点编号有误 D. 多个终点节点
E. 工作箭头逆向

例7 工作之间的逻辑关系包括(　　)。
A. 工艺关系 B. 紧前工作 C. 紧后工作 D. 组织关系
E. 平行工作

例题解析

例1 最早时标图的波形线是工作的自由(局部)时差。故选D项。

例2 单代号网络图中没有虚箭线但为使得一个起点一个终点或避免严重交叉可以引入时间值为0的虚工作,则选项A错误;选项B双代号是"箭线型网络计划",则选项B错误;对于选项D,单代号节点表示工作而不是关系,则选项D错误。故选C项。

例3 本题考查考生判断逻辑关系正确性。做这种题可以借用自来水来辅助判断,可将实箭线想象为硬水管,虚箭线想象为软水管;判断时要提防水通过虚箭线(软水管)流到不该去的地方,即硬水管。选项A中工作C的水流到了不该去的工作D;B选项中工作B的水流到了不该去的工作E;选项C中工作A的水流到了不该去的工作E。故选D项。

例4 节点①②之间有两条箭线,故选A项。但是要注意③⑤是为了避免交叉而采用的"指向法",注意节点③⑤之间重复出现相同号的虚圆圈的节点即"指向圈",这是本题的关键之处。

例5 没有选项A和选项B的说法;选项E的多目标网络计划与持续时间无关。故选CD项。

例6 只有节点①是只有箭尾没有箭头的一个起点,节点⑦⑧有箭头无箭尾,存在两个终点节点,其他节点都是有箭头有箭尾(有进有出);⑤③和⑤②编号违反了箭尾号小于箭头号同时④⑤和⑤②箭头逆向的错误,而且构成⑤②④⑤的循环回路的错误。故选BCDE项。

例7 本题是交通运输部公路监理工程师职业资格考试考过的题目,有难度,主要因为题意不太好把握,加上《费用与进度控制》中没有提及选项AC的概念。本题答案不是选项AC就是选项BDE。最终比较下来,工艺关系和组织关系更适合。选项BDE如果改为紧前关系、紧后关系、平行关系则恰当。故选AC项。

自测模拟题

(一)单项选择题

1. 双代号最早时标网络图计划的特点之一是(　　)。

A. 可以在图上直接显示工作开始与结束时间和自由时差,但不能显示关键线路

B. 不能在图上直接显示工作开始与结束时间,但可以直接显示自由时差和关键线路

C. 可以在图上直接显示工作开始与结束时间,但不能显示自由时差和关键线路

D. 可以在图上直接显示工作开始与结束时间、自由时差和关键线路

2. 根据网络图画法规定,在双代号时标网络计划中( )。

A. 以波形线表示工作,以虚箭线表示虚工作,以实箭线表示工作的自由时差

B. 以波形线表示工作,以实箭线表示虚工作,以虚箭线表示工作的自由时差

C. 以实箭线表示工作,以波形线表示虚工作,以虚箭线表示工作的自由时差

D. 以实箭线表示工作,以虚箭线表示虚工作,以波形线表示工作的自由时差

3. 下列关于工程网络计划的表述中,正确的是( )。

A. 单代号搭接网络计划属于肯定型网络计划

B. 双代号网络计划属于非肯定型网络计划

C. 双代号时标网络计划属于非肯定型网络计划

D. 单代号网络计划属于事件网络计划

4. 下列关于双代号网络图中终点节点和箭线关系的说法,正确的是( )。

A. 既有内向箭线,又有外向箭线   B. 只有外向箭线,没有内向箭线

C. 只有内向箭线,没有外向箭线   D. 既无内向箭线,又无外向箭线

5. 根据下列逻辑关系表绘制的双代号网络图如图所示,其存在的错误是( )。

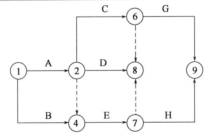

题 5 图

A. 节点编号不对   B. 逻辑关系不对

C. 有多个终点节点   D. 有多个起点节点

6. 如图所示网络图中存在的绘图错误是( )。

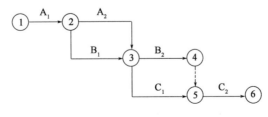

题 6 图

A. 节点编号错误   B. 存在多余节点

C. 有多个终点　　　　　　　　　　D. 不同工作同代号

7. 某工作间逻辑关系如图所示,则下列说法正确的是(　　)。

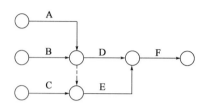

题 7 图

A. 工作 A、B 均完成后同时进行 C、D　　B. 工作 A、B 均完成后进行 D
C. 工作 A、B、C 均完成后同时进行 D、E　D. 工作 B、C 均完成后进行 E

8. 对例 3 中三个错误选项的网络图,正确的绘图改正方法是(　　)。
   A. 调整错误图中虚箭线的方向　　　　B. 采用虚箭线的断路作用改错
   C. 采用虚箭线的连接作用改错　　　　D. 采用虚箭线的区分作用改错

9. 某双代号网络图如图所示,存在的绘图错误是(　　)。

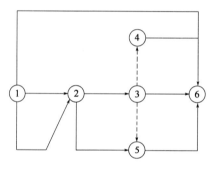

题 9 图

A. 出现无箭头连线　　　　　　　　B. 出现无箭头节点连线
C. 出现多个起点节点　　　　　　　D. 工作代号相同

10. 某网络计划如图所示,则下列逻辑关系正确的是(　　)。

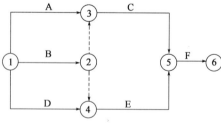

题 10 图

A. 工作 E 的紧前工作是 B、D　　　　B. 工作 A 完成后同时进行 C、F
C. 工作 A、B 均完成后进行 E　　　　D. 工作 F 的紧前工作是 D 和 E

11. 某双代号网络计划如图所示,则下列说法正确的是(　　)。
    A. 工作 C、D 应同时完成　　　　　　B. 工作 B 的紧后工作只有工作 C、D
    C. 工作 C、D 完成后即可进行 G　　　D. 工作 D 完成后即可进行工作 F

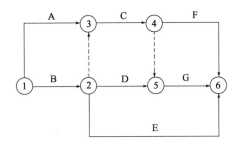

题 11 图

12. 双代号网络计划中虚工作的含义是( )。
    A. 相邻工作间的逻辑关系,只消耗时间
    B. 相邻工作间的逻辑关系,只消耗资源
    C. 相邻工作间的逻辑关系,消耗资源和时间
    D. 相邻工作间的逻辑关系,不消耗资源和时间

(二) 多项选择题

1. 双代号网络计划中引入虚工作,是为了( )。
    A. 表达不需要消耗时间的工作
    B. 表达不需要消耗资源的工作
    C. 表达工作间的逻辑关系
    D. 满足绘图规则的要求
    E. 节省箭线和节点

2. 在关键线路法(CPM)网络图中,允许( )。
    A. 有多个起点
    B. 只有一个终点节点
    C. 有闭合回路
    D. 箭头节点编号大于箭尾节点编号
    E. 有箭头上引出另一条箭线

3. 某分部工程双代号网络图如图所示,其存在的绘图错误有( )。

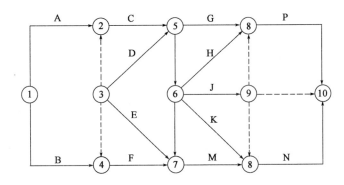

题 3 图

A. 多个终点节点　　　　　　　　　　B. 多个起点节点
C. 节点编号有误　　　　　　　　　　D. 存在循环回路
E. 有多余虚工作

4. 某分部工程双代号网络图如图所示,其存在的绘图错误有(　　)。

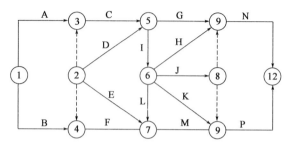

题4图

A. 多个终点节点　　　　　　　　　　B. 多个起点节点
C. 存在循环回路　　　　　　　　　　D. 有多余虚工作
E. 节点编号有误

5. 某工程工作逻辑关系见表,工作C的紧后工作有(　　)。

题5表

工作	A	B	C	D	E	F	G	H
紧前工作	—	—	A	A、B	C	B、C	D、E	C、F、G

A. 工作H　　　　　　　　　　　　B. 工作G
C. 工作F　　　　　　　　　　　　D. 工作E
E. 工作D

6. 下列关于双代号网络计划绘图规则的说法,正确的有(　　)。
A. 网络图必须正确表达各工作间的逻辑关系
B. 网络图中可以出现循环回路
C. 网络图中一个节点只有一条箭线引入和一条箭线引出
D. 网络图中严禁出现没有箭头节点或没有箭尾节点的箭线
E. 单目标网络计划只有一个起点节点和一个终点节点

7. 某单代号网络图如图所示,其存在的错误有(　　)。

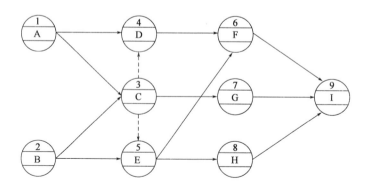

题7图

A.多个起点节点　　　　　　　　B.有多余虚箭线
C.出现交叉箭线　　　　　　　　D.没有终点节点
E.存在循环回路

8.关于工程网络计划技术特征的说法,正确的有(　　)。
A.计划评审技术(PERD)、图示评审技术(GERT)、风险评审技术(VERT)、关键线路法(CPM)均属于非确定型网络计划
B.网络计划能够明确表达各项工作之间的逻辑关系
C.通过网络计划时间参数的计算,可以找出关键线路和关键工作
D.通过网络计划时间参数的计算,可以明确各项工作的机动时间
E.网络计划可以利用电子计算机进行计算、优化和调整

参考答案及解析

(一)单项选择题

1.D　2.D　3.A　4.C　5.C　6.D　7.B　8.B　9.D　10.A
11.C　12.D

(二)多项选择题

1.CD　2.BD　3.BCE　4.BDE　5.ACD　6.ADE　7.AB　8.BCDE
7.解析:选项C干扰大,因为交叉不是错误。

五、网络计划时间参数的计算

重 点 知 识

(一)网络计划的时间参数概念和标识图例

1.工作(工序)时间参数(单、双代号网络图都适用)

(1)工作持续时间D(duration):也称为作业时间或生产周期等,表示一项工作规定的从开始到完成的时间。一定不要将此概念混淆为"工期"。

(2)工作的最早时间(时刻):包括工作最早开始时间ES(Early Start)、工作最早完成时间EF(Early Finish);是指一项工作在具备开工条件后最早能够开始或完成的时刻,$ES_{本}=\max\{EF_{紧前}\}$。工作最早时间含义是,能早尽量早,但是再早都无法比此时刻还要早。

关键词:开工条件、紧前、能够、可以、可能、最大值。

(3)工作的最迟时间(时刻):包括工作最迟完成时间LF(Late Finish)、工作最迟开始时间LS(Late Start);是指一项工作在不影响计划工期条件下最迟必须完成或开始的时刻,$LF_{本}=\min\{LS_{紧后}\}$。工作最迟时间的含义是,迟一点可以,但是再迟都不能比此时刻还要迟,否则将影响工程按期完成,即影响"计划工期"。而对于传统网络计划边界条件时还有说成影响"总工期"。

关键词:计划工期、紧后、必须、任何一个、最小值。

对于工作最迟时间和总时差时间参数考试时,"计划工期"概念一般不会涉及计算过程,

计算时几乎都是采用"计算工期",进行时间参数的"反向"计算,也就是"计划工期等于计算工期时"的表述,即网络计划的传统边界。但是在文字概念题中要特别注意是以不影响"计划工期",而不是不影响"计算工期"条件下"必须"完成或开始的时刻。"计划工期"是相对"要求工期(例如,合同工期)"的概念而产生的。在不涉及"要求工期"时,计划工期的通俗说法就是进度计划的计算工期,暂时按照传统网络计划只有"计算工期"的概念来理解和反向计算。待掌握了工作六个时间参数计算后,在第(四)点通过一个事例的具体数据计算,很容易掌握三个"工期"概念之间的关系,以及"计划工期"概念带来对原来认知的改变(例如,关键工作为什么是总时差最小而不是等于0),也很容易理解"计划工期"新概念的作用。

不论最早最迟时间,本工作的开始时间与本工作的完成时间之间相差本工作持续时间,即本工作完成时间 = 本工作开始时间 + 本工作持续时间。

(4)总时差 TF(Total Float):是一项工作不影响计划工期情况下的机动时间,所以是不影响任何一个紧后工作最迟开始时刻的可利用机动时间。

(5)自由(局部)时差 FF(Free Float):是一项工作不影响实际紧后工作最早开始时刻的机动时间。双代号网络图的图上紧后最早开始时间相同,其值等于紧后最早开始时间减去本工作最早完成时间;而单代号紧后工作最早开始时间不同时取小值即最小的间隔时间。所以本工作自由时差等于与紧后工作间隔时间 LAG 的最小值是单、双代号网络图都成立。

(6)间隔时间 LAG(time lag):双代号网络图的间隔时间就是 FF,单代号网络图间隔时间按式(3-1-7)计算。

$$LAG_{ij} = ES_j - EF_i \tag{3-1-7}$$

2. 工作(工序)时间参数的标识

(1)《国标网络图画法规定》的双代号网络图标识图例如图3-1-11所示。

图3-1-11 国标规定的双代号网络图工作时间参数标识图示例

(2)《费用与进度控制》规定的双代号网络图的标识图例如图3-1-12所示。

图3-1-12 《费用与进度控制》规定的双代号网络图时间参数标识图例

(3)《国标网络图画法规定》的单代号网络图如图3-1-13所示。

3. 双代号网络图的节点时间参数

(1)节点最早时间 ET_i(Early Time):在双代号网络计划中,以该节点为开始节点(即节点紧后)的各项工作的最早开始时间。简而言之是节点紧后所有工作的最早开始时间。

图 3-1-13　国标规定的单代号网络图时间参数标识图例

(2)节点最迟时间 LT_j(Late Time):在双代号网络计划中,以该节点为完成节点(即节点紧前)的各项工作的最迟完成时间。简而言之是节点紧前所有工作的最迟完成时间。

(3)节点时间参数的标识如图 3-1-14 所示。

图 3-1-14　双代号网络图节点时间参数标识图例

4. 时间参数按照其特性的分类

(1)控制性时间参数:最早时间 3 个 ES、EF、ET,最迟时间 3 个 LS、LF、LT。

(2)协调性时间参数:即时差,包括总时差 TF 和自由时差(即局部时差)FF。

(二)工期(Project duration)的定义和工期概念的演变

工期原来泛指完成一件事情所需的时间。事情可大可小,小到一个工作(或工序),大到一个工程项目或合同段。因此,以往人们常将工作所需的时间称为工期(duration);而工程项目所需的时间,一般情况下为了区别而称为"总工期"。但是,《国标常用术语》第 2.4.30 条定义工期(Project duration)为"泛指完成项目所需的时间";在《标准施工招标文件》(2007 版)中工期作为施工合同通用条款的 1.1.4.3 定义为"承包人在投标函中承诺的完成合同工程所需的期限";所以国标将工作所需花费的时间称为工作持续时间(duration),而将工程项目或合同段施工所需时间称为工期(Project Duration)。本书为避免工期一词带来的混乱,在谈及工期时都表示工程项目或合同段所需的时间。提醒各位考生注意:由于"工期"概念的历史原因,在某些考试题中可能出现该概念的混乱,因此考生要根据上下文正确判断其含义究竟是指"工程"还是指"工作(工序)"的消耗时间,避免影响考试成绩。

(三)网络计划的时间参数的计算(图上计算法)

不论双单代号网络图,其时间参数计算,都应该进行正向和反向 2 次计算。工作时间参数图上计算法,可用于单、双代号网络图,而节点时间参数计算法只用于双代号网络图。

1. 工作(工序)时间参数图上计算法

(1)网络图的正向计算过程求工作最早开始时间 ES 和最早完成时间 EF,如图 3-1-15 和

图 3-1-16 所示。正向计算要点包括：

①设所有第一项工作(工序)最早开始时间 $ES=0$。

②用加法处理本工作，本工作 EF = 本工作 ES + 本工作持续时间 D。

③后移到第二项工作，站在本工作看紧前工作(即从本工作的箭尾节点上认箭头符号)，多个 EF 值时取最大值作为本工作的最早开始时间。重复②到③一直到最后一项工作。

④计算工期 T_c = 所有最后一项工作中最早完成时间的最大值，即 $\max\{EF_{最后}\}$，用方框内的数值表示。

图 3-1-15 双代号网络图工作计算工作时间参数计算图

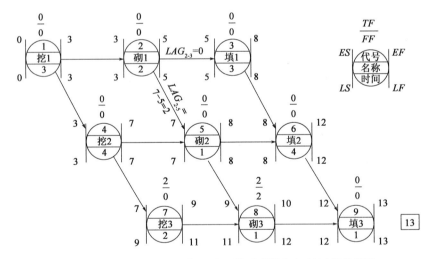

图 3-1-16 单代号网络图工作(工序)时间参数计算法时间参数计算图

(2)网络图的反向计算过程求工作最迟完成时间 LF 和最迟开始 LS 时间，如图 3-1-15 和图 3-1-16 所示。根据《工程网络计划技术规程》(JTJ/T 121—2015)(以下简称《网络计划规程》)第 4.3.1 条的第 7 点要求，反向计算要点包括：

①设所有最后一项工作(工序)最迟完成时间 LF 为计划工期(暂时就是计算工期)。

②用减法处理本工作，本工作 LS = 本工作 LF - 本工作持续时间 D。

③前移到倒数第二项工作,站在本工作看紧后工作(即从本工作的箭头节点上认箭尾符号),多个紧后工作 LS 时取最小值作为本工作 LF。重复②到③一直到第一项工作(工序)。

归纳总结正反向计算:反向计算与正向计算相似却全部相反,具体体现在:①正向设第一项 ES 为 0,反向设最后一项 LF 为计划工期 T_p一般用计算工期 T_c;②本工作计算,正向用加法计算 EF,反向用减法计算 LS;③前后工作时间参数传递(即取得),站在本工作,正向认紧前工作箭头符号取大值作为本工作 ES,反向认紧后工作箭尾符号取小值作为本工作 LF。

(3)网络图的时差计算求工作总时差 TF 和工作自由时差 FF,见图 3-1-17。

图 3-1-17 工作时差计算图

①工作的总时差按式(3-1-8)计算:

$$\text{本工作总时差 } TF = \text{本工作 } LF(\text{或 } LS) - \text{本工作 } EF(\text{或 } ES) \quad (3-1-8)$$

在图 3-1-15 和图 3-1-16 中,将第 1 列或第 2 列的下面参数减去上面参数,即得到该工作的总时差。单代号网络图的总时差的计算,还有另外一个考题中常出现的知识考点。公式如下:

$$TF_i = \min\{TF_j + LAG_{ij}\} \quad (3-1-9)$$

②工作的自由时差(《费用与进度控制》的局部时差)计算

a. 双代号网络图本工作自由时差按式(3-1-10)计算,虚箭线也按式(3-1-10)计算,这样考生更不容易出现错误。计算结果如图 3-1-15 所示。

$$\text{本工作自由时差 } FF = \text{紧后工作的 } ES - \text{本工作的 } EF \quad (3-1-10)$$

b. 单代号网络图本工作自由时差按式(3-1-11)计算,计算结果如图 3-1-16 所示。

$$\text{本工作自由时差 } FF = \min\{\text{紧后工作的 } ES\} - \text{本工作的 } EF \quad (3-1-11)$$

单代号网络图的自由时差计算公式还有:

$$FF_i = \min\{LAG_{ij}\} \quad (3-1-12)$$

以图 3-1-16 中的砌 1 为例,先按式(3-1-7)计算 LAG_{2-3} 和 LAG_{2-5},然后计算其自由时差 $FF_{砌1} = FF_2 = \min\{LAG_{2-3}, LAG_{2-5}\} = \min\{0, 2\} = 0$。

2. 节点时间参数图上计算法

节点时间参数图上计算法只能用于双代号图,计算简单、计算量小、简洁明了,如图 3-1-18 所示。

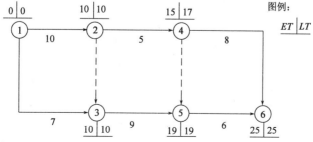

图 3-1-18 双代号节点时间参数计算图(时间单位:天)

(1) 正向计算求节点最早时间 ET 如图 3-1-18 所示。正向计算要点为：

① 设起始节点的节点最早时间 ET 为 0。

② 从小到大逐个进行相应节点 ET 的计算，该重复过程注意以下两点：

a. 认节点紧前的箭头符号。

b. 有几个箭头，就要进行几次其箭线的箭尾节点最早时间 ET 与其持续时间的相加运算，然后和取大，即 i 节点的最早时间按式（3-1-13）计算。

$$ET_i = \max\{箭线箭尾节点 ET_h + 箭线持续时间 D_{hi}\} \quad (3-1-13)$$

以图 3-1-18 的③号节点为例，③号节点的紧前箭头有两个，$ET_3 = \max\{①节点 ET_1 + ①③$ 的持续时间 D_{1-3}，②节点 $ET_2 + ②③$ 的持续时间 $D_{2-3}\} = \max\{0+8, 10+0\} = 10$ 天。

③ 计算工期 $T_c =$ 终点节点的最早时间，即 ET_n。

(2) 反向计算求节点最迟时间 LT 如图 3-1-18 所示。反向计算要点为：

① 设终止节点的节点最迟时间 LT 为计划工期（暂时就是计算工期）。

② 从大到小逐个进行相应节点 LT 的计算，该重复过程注意以下两点：

a. 认节点紧后的箭尾符号。

b. 有几个箭尾，就要进行几次其箭线的箭头节点最迟时间 LT 与其持续时间的相减运算，并取最小差值。即 j 节点的最迟时间按式（3-1-14）计算。

$$LT_j = \min\{箭线箭头节点 LT_k - 箭线持续时间 D_{k-j}\} \quad (3-1-14)$$

以图 3-1-18 的④号节点为例，④号节点的紧后箭尾有两个，$LT_4 = \min\{⑤点 LT_5 - ④⑤$ 的持续时间 D_{4-5}，⑥点 $LT_6 - ④⑥$ 的持续时间 $D_{4-6}\} = \min\{19-0, 25-8\} = 17$ 天。

(3) 利用节点时间参数进行工作总时差 TF 和工作自由时差 FF 计算，见图 3-1-19。

图 3-1-19　工作时间参数与节点时间参数对应关系图

① 工作的总时差按式（3-1-15）计算：

$$本工作 TF_{i-j} = 箭头节点的 LT_j - 箭尾节点的 ET_i - 本工作持续时间 D_{i-j} \quad (3-1-15)$$

② 工作的自由时差按式（3-1-16）计算：

$$本工作 FF_{i-j} = 箭头节点的 ET_j - 箭尾节点的 ET_i - 本工作持续时间 D_{i-j} \quad (3-1-16)$$

节点计算法的时差计算，以图 3-1-18 中的②→④工序为例。

总时差 $TF_{2-4} =$ 箭头④节点后参数 - 箭尾②节点前参数 - ②④持续时间 $= 17 - 10 - 5 = 2$ 天

自由时差 $FF_{2-4} =$ 箭头④节点前参数 - 箭尾②节点前参数 - ②④持续时间 $= 15 - 10 - 5 = 0$

(4) 总时差与自由时差的关系

① 将上述式（3-1-15）与式（3-1-16）相减，得式（3-1-17）：

本工作总时差 TF_{i-j} - 本工作自由时差 $FF_{i-j} =$ 箭头节点最迟时间 LT_j - 箭头节点最早时间 ET_j

$$TF_{i\text{-}j} = FF_{i\text{-}j} + (箭头节点最迟时间\ LT_j - 箭头节点最早时间\ ET_j) \qquad (3\text{-}1\text{-}17)$$

当计算工期等于计划工期时(也就是反向计算时用计算工期),关键节点的 $ET=LT$,箭头指向关键节点的工作按式(3-1-17)中右边的第二项括号内容为 0。箭头指向关键节点的工作其总时差=自由时差,这也是考点。

②在双代号网络图中,进一步可以演变为式(3-1-18):

$$本工作\ TF_{i\text{-}j} = 本工作\ FF_{i\text{-}j} + \min\{紧后工作总时差\ TF_{j\text{-}k}\} \qquad (3\text{-}1\text{-}18)$$

注意:该公式很适合时标网络图的时差计算,不过此处的紧后工作是网络图的图上紧后工作,而不是真实的逻辑紧后工作;而且该计算式不适合单代号网络图,单代号网络图按式(3-1-19)计算,也是重要的考点。

$$本工作\ TF_i = \min\{紧后工作的\ TF_j + 本工作与对应紧后工作的\ LAG_{ij}\} \qquad (3\text{-}1\text{-}19)$$

3. 时标网络图的时差计算

(1)双代号时标网络图中的波形线长度就是工作的自由时差或间隔时间。

(2)双代号时标网络图中工作的总时差,利用式(3-1-18)进行计算,从最后一项工作(工序)开始计算;或者经过本工作的线路中波形线最少的长度,根据式(3-1-18)含义总时差与紧前工作无关,所以可以进一步简化为总时差是本工作到关键节点之间波形线长度和的最小值。计算各工作的总时差,如图 3-1-20 所示。

图 3-1-20 挖砌填流水施工的双代号最早时标网络图(时间单位:天)

(四)计划工期与计算工期和要求工期之间的关系以及由此带来的变化

公路专业的考生对"计划工期"概念的理解是:对所进度计划进行计算而得的工期,即所提交计划的计算工期。所以公路专业的考生在没有"合同要求工期"情况下,可以将计算工期就当为计划工期。住建部增项考生可以阅读以下内容。

1.《网络计划技术 第 1 部分:常用术语》(GB/T 13400.1—2012)第 2.4 条的工期分类

(1)计算工期:根据网络计划的时间参数计算出来的工期。用 T_c 表示。
(2)要求工期:任务(工程)委托人所要求的工期。用 T_r 表示。例如,合同工期或指定工期。
(3)计划工期:综合要求工期与计算工期并考虑需要和可能而确定的工期,也就是作为工程项目实施目标的工期,用 T_p 表示。

2. 编制网络计划对计划工期的要求

(1)当未规定要求工期 T_r 时,计划工期 T_p = 计算工期 T_c,这是网络计划传统计算法。即在进行网络计划"反向"计算时,本应是用"计划工期",在没有具体限制条件情况下,用计算工期代替计划工期"反向"计算最迟时间参数。理由是这样计算与分析都简单,也就是我们前面可以暂时不去涉及"计划工期"概念,就用"计算工期"反向计算的依据,因为前面计算时,没有涉及"要求工期"。

(2) 当已规定了要求工期 T_r 时,计划工期 $T_p \leq$ 要求工期 T_r。一旦有了"要求工期"就要涉及"计划工期"概念和如何取值计算最简单和分析最容易。

①当计算工期 $T_c \leq$ 要求工期 T_r 时,有两种处理方法和结果,借助实际事例理解。

a. 第一种,计划工期 T_p = 计算工期 T_c,是网络计划的传统计算法,理由是为了简单。

b. 第二种,计算工期 < 计划工期 ≤ 要求工期,进行网络图时间参数的反向计算;这时,关键工作的条件是总时差最小,同时还大于零。某海底隧道工程施工网络图如图 3-1-21 所示,该工程合同工期(即要求工期)= 700 天,计算工期 = 690 天,如果施工组织者决定计划工期 = 697 天,此时"反向"计算时,终点的最迟时间就是 697 天。根据图 3-1-25 的结果,很直观地知道了当合同工期大于计算工期时,计划工期可以大等于计算工期;以及关键工作条件不是等于零而是最小值为 7,关键节点的条件也不是 $ET = LT$ 而是 $LT - ET$ = 计划工期 – 计算工期。

图 3-1-21 海底隧道施工计算工期为 690 天计划工期 697 天的网络图(时间单位:天)

第二种方法是目前《网络计划规程》的规定,它改变了原来传统网络计划方法的边界条件,造成关键工作条件的变化,以及其他性质的变化。目前已经推行的多个职业资格考试的网络计划是按照这个规定出题目;不过《费用与进度控制》是按照传统边界按照工作总时差为 0 定义关键工作,请考生注意这方面差异。

②如果计算工期 > 要求工期,即不能满足合同工期的要求,则原计划不可行,需调整原计划使之满足合同工期要求。以图 3-1-21 的隧道工程为例,如果合同工期改为 684 天,此时的计划工期只好取为 684 天,如图 3-1-22 所示,这时②③虚工作的总时差 = 19 天 < 自由时差 = 25 天,自由时差作为总时差一部分(即局部时差)的概念不成立了。所以考网络计划概念时一定要注意计划工期的概念,这方面计算题反而容易,概念题较难;以及其与计算工期的区别。

图 3-1-22 海底隧道施工计算工期为 690 天计划工期 684 天的网络图(时间单位:天)

对于计算工期 > 要求工期的情况,最容易实现的途径和最简单的处理方法就是传统的处理方法,即先按照计算工期 T_c 进行网络图时间参数反向计算,作为工程计划的初稿而非执行计划;然后对该工程计划初稿进行计划时间的调整,例如,将①③工作压缩为 39 天,使调整后的计划满足合同工期 684 天要求并作为计划工期。这部分内容在本节第七点的网络计划工期优化中介绍。

例 题

例1 某工程双代号时标网络图如图所示(时间单位:周),工作 A 的总时差为( )周。

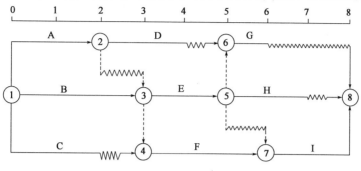

例1图

A. 0　　　　　B. 1　　　　　C. 2　　　　　D. 3

例2 某工作有 2 个紧后工作,紧后工作的总时差分别是 3 天和 5 天,对应的间隔时间分别是 4 天和 3 天,则该工作的总时差是( )天。

A. 6　　　　　B. 7　　　　　C. 8　　　　　D. 9

例3 某工程网络计划如下图(时间单位:天),工作 C 的自由时差是( )天。

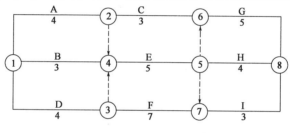

例3图

A. 0　　　　　B. 1　　　　　C. 2　　　　　D. 3

例4 已知工作 A 的紧后工作是工作 B 和 C,工作 B 的最迟开始时间为第 14 天,最早开始时间为第 10 天,工作 C 的最迟完成时间为第 16 天,最早完成时间为第 14 天。工作 A 的自由时差为 5 天,则工作 A 的总时差为( )天。

A. 0　　　　　B. 5　　　　　C. 7　　　　　D. 9

例5 某工程双代号时标网络计划如图所示,下列关于时间参数的说法正确的有( )。

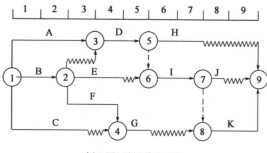

例5图(时间单位:天)

A. 工作 B 总时差为 0　　　　　　　　B. 工作 E 最早开始时间为第 4 天
C. 工作 D 总时差为 0　　　　　　　　D. 工作 I 自由时差为 1 天
E. 工作 G 总时差为 2 天

例 6　某双代号网络图如图所示(图中粗实线为关键工作),若计划工期等于计算工期,则自由时差一定等于总时差且不为零的工作有(　　)。

例 6 图

A. ①→②　　　B. ③→⑤　　　C. ②→⑦　　　D. ④→⑤
E. ⑥→⑧

例 7　关于双代号网络计划的工作最迟开始时间的说法,正确的是(　　)。
A. 最迟开始时间等于各紧后工作最迟开始时间的最小值减去持续时间
B. 最迟开始时间等于各紧后工作最迟开始时间的最大值
C. 最迟开始时间等于各紧后工作最迟开始时间的最小值
D. 最迟开始时间等于各紧后工作最迟开始时间的最大值减去持续时间

例题解析

例 1　经过工作 A 的所有线路中,1→2→3→4→7→8 这条线路所包含的波形线最少,这条线路中包含的波形线对应的时间,就是工作 A 的总时差,共有②→③波形线 1 个单位。故选 B 项。

例 2　总时差 TF_i 等于该工作的各个紧后工作 j 的总时差 TF_j 加该工作与其紧后工作之间的时间间隔 LAG 之和的最小值,即 $TF_i = \min\{TF_j + LAG_{ij}\}$,本题该工作总时差应为 $TF_i = \min\{3+4,5+3\} = \min\{7,8\} = 7$ 天。故选 B 项。

例 3　自由时差 = 实际紧后工作最早开始最小值 − 本工作最早完成,工作 C 的紧后工作只有工作 G。由正向计算时间参数得出工作 G 的最早开始时间是 9 天,工作 C 最早完成时间是 7 天,工作 C 的自由时差 = 9 − 7 = 2 天。故选 C 项。另一种方法,该网络图有工作 AEG、工作 DEG 和工作 DFI 三条关键线路,经过工作 G 的最早开始为 4 + 5 = 9,工作 C 的 $EF_C = 4 + 3 = 7$。

例 4　本题考查 $TF_{i-j} = FF_{i-j} + \min\{紧后工作总时差 TF_{j-k}\}$,可惜这个公式不是放之四海而皆准的,是有条件的。根据题意工作 B 的总时差 $TF_B = 14 - 10 = 4$,工作 C 的总时差 $TF_C = 16 - 14 = 2$,工作 A 的自由时差为 5 天;则 $TF_A = 5 + \min\{4,2\} = 7$。故选 C 项。但是,这道题是某职业资格考试真题中多次出现的错题,选项 D 的 9 天也满足,甚至 8 天也满足题干要求。正确答案是 7 ~ 9 天之间的任意实数,该题真正是与工作 C 的取值有关,如解图所示。

280

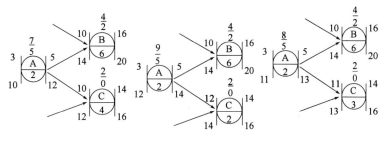

例 4 解图

例 5 从时标网络图可以看出,选项 A 经过工作 B 的最少波形线是 1 天。选项 B 工作 E 最早开始是第 2 天后即第 3 天清晨。所以选项 AB 错。选项 C 经过工作 D 路径的最少波形线是 0,即工作 D 总时差为 0,则该选项正确。选项 D 工作 I 的自由时差为 0 所以该选项错。工作 G 的总时差 = 自由时差 = 2,则该选项正确。故选 CE 项。这种题型采用观察双代号时标网络图中经过某工作的路径中最少波形线长度确定其总时差方法较直观。

例 6 根据 $TF_{i-j} = FF_{i-j} + ($ 箭头节点最迟时间 LT_j − 箭头节点最早时间 $ET_j)$,若计划工期等于计算工期是关键节点的 $ET = LT$,⑤节点是关键节点则④→⑤工作总时差 = 自由时差;⑧节点是关键节点则⑥→⑧工和⑦→⑧作总时差 = 自由时差。故选 DE。

例 7 本题考查最迟开始时间的概念。最迟开始时间 LS_{i-j},是指在不影响整个任务(即工程)按期完成的前提下,工作 i-j 必须开始的最迟时刻。最迟开始时间等于最迟完成时间减去其持续时间 $LF_{i-j} = LF_{i-j} − D_{i-j}$。故选 A 项。

自 测 模 拟 题

(一)单项选择题

1. 在计算双代号网络图时间参数时,工作的最早开始时间应是其所有紧前工作(   )。
   A. 最早完成时间的最小值   B. 最早完成时间的最大值
   C. 最迟完成时间的最小值   D. 最迟完成时间的最大值

2. 工作 H 的 $EF_H = 20$ 天表示(   )。
   A. 工作 H 最早可以在第 20 天结束时结束
   B. 工作 H 的自由时差为 20 天
   C. 工作 H 最迟可以在第 20 天结束时结束
   D. 工作 H 的总时差为 20 天

3. 工作 H 的 $ES_H = 20$ 天表示(   )。
   A. 工作 H 最早可以在第 20 天开始
   B. 工作 H 的自由时差为 20 天
   C. 工作 H 最早可以在第 20 天后(或末)开始
   D. 工作 H 的总时差为 20 天

4. 工作 H 的 $LS_H = 20$ 天表示(   )。
   A. 工作 H 最迟可以在第 20 天后(或末)开始
   B. 工作 H 的自由时差为 20 天
   C. 工作 H 最迟必须在第 21 天清晨开始

D. 工作 H 的总时差为 20 天

5. 网络图中,工作 M 的最早开始时间和最迟开始时间分别为第 12 天和第 15 天,其持续时间为 5 天;工作 M 有 3 项紧后工作,它们的最早开始时间分别为第 21 天、第 24 天和第 28 天,则工作 M 的自由时差为( )天。
   A. 1   B. 4   C. 8   D. 11

6. 工作计算法(即工序法)计算双代号网络计划的时间参数时,自由时差宜按( )计算。
   A. 工作完成节点的最迟时间减去开始节点的最早时间再减去工作的持续时间
   B. 所有紧后工作的最迟开始时间的最小值减去本工作的最早完成时间
   C. 所有紧后工作的最早开始时间的最小值减去本工作的最早开始时间和持续时间
   D. 本工作与所有紧后工作之间时间间隔的最小值

7. 网络计划中,工作的总时差等于( )。
   A. 该工作的最迟完成时间与其最早完成时间之差
   B. 该工作的紧后工作的最迟开始时间与本工作最迟完成时间之差
   C. 该工作的紧后工作的最早开始时间与本工作最迟完成时间之差
   D. 该工作的最迟开始时间与其最早开始时间之差

8. 工作的总时差的含义是( )。
   A. 不影响任何一项紧后工作最早开始的情况下,该工作的极限机动时间
   B. 不影响任何一项紧后工作最迟开始的情况下,该工作的极限机动时间
   C. 不影响任何一项紧前工作最早结束的情况下,该工作的极限机动时间
   D. 不影响任何一项紧前工作最迟结束的情况下,该工作的极限机动时间

9. 根据网络计划时间参数正向计算得到的工期称之为( )。
   A. 计划工期   B. 计算工期   C. 要求工期   D. 合理工期

10. 网络计划中,工作总时差是本工作可以利用的机动时间,但其前提是( )。
    A. 不影响紧后工作最迟开始   B. 不影响紧后工作最早开始
    C. 不影响紧后工作最早完成   D. 不影响后续工作最早完成

11. 单代号网络计划中,工作 C 的已知时间参数(时间单位:天)标注如图所示,则该工作的最迟开始时间、最早完成时间和总时差分别是( )天。

题 11 图

   A. 3、10、5   B. 3、8、5   C. 5、10、2   D. 5、8、2

12. 某工程网络计划如图所示(时间单位:天),图中工作 E 的最早完成时间和最迟完成时间分别是( )天。

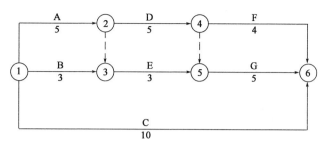

题 12 图

A. 8 和 10　　　　　B. 5 和 7　　　　　C. 7 和 10　　　　　D. 5 和 8

13. 某工程网络计划如图所示(时间单位:天),图中工作 D 的自由时差和总时差分别是( )天。

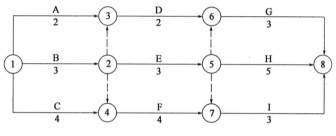

题 13 图

A. 0 和 3　　　　　B. 1 和 0　　　　　C. 1 和 1　　　　　D. 1 和 3

14. 某工程的网络计划如图所示(时间单位:天),图中工作 B 和 E 之间、工作 C 和 E 之间的时间间隔分别是( )天。

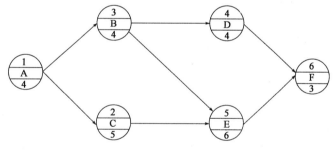

题 14 图

A. 1 和 0　　　　　B. 5 和 4　　　　　C. 0 和 0　　　　　D. 4 和 4

15. 某分部工程双代号网络计划如图所示(时间单位:天),则工作 C 的自由时差是( )天。

题 15 图

A. 3   B. 2   C. 1   D. 0

16. 某工作有两个紧后工作,紧后工作的自由时差分别是 3 天和 5 天,对应的间隔时间分别是 4 天和 3 天,则工作的总时差是(　　)天。

A. 6   B. 7   C. 8   D. 9

17. 某双代号网络计划如图所示(时间单位:天),则工作 E 的自由时差是(　　)天。

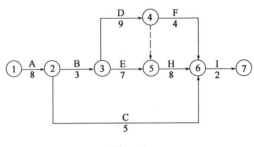

题 17 图

A. 4   B. 3   C. 2   D. 0

18. 某工程网络计划中,工作 E 的持续时间为 6 天,最迟完成时间为第 28 天。该工作有三项紧前工作,其最早完成时间分别为第 16 天、第 19 天和第 20 天,则工作 E 的总时差是(　　)天。

A. 1   B. 2   C. 3   D. 6

19. 网络计划的计算工期等于以终点节点为箭头节点的工作的(　　)。

A. 最早完成时间的最小值　　B. 最早完成时间的最大值
C. 最迟完成时间的最小值　　D. 最迟完成时间的最大值

20. 时标网络计划的主要特点是(　　)

A. 计划时间直观明了　　B. 计划形式简单
C. 可解决工程进度中的综合平衡问题　　D. 适于大中型工程建设项目

21. 不是非时标网络计划的特点的是(　　)。

A. 逻辑关系明确　　B. 便于确定关键线路
C. 可进行计算、优化与调整　　D. 直观明了

(二)多项选择题

1. 下列时间参数中,单代号网络具有的是(　　)。

A. *ES*   B. *ET*   C. *EF*   D. *LF*
E. *LT*

2. 工程双代号网络计划的特点是(　　)。

A. 关键线路上相邻工作的时间间隔为零
B. 关键工作的总时差为零
C. 关键工作两端的节点为关键节点
D. 关键线路的总持续时间最长
E. 关键节点的最早时间与最迟时间相等

3. 工程网络计划的计算工期等于(　　)。

A. 单代号网络计划中终点节点所代表的工作的最早完成时间

B. 单代号网络计划中终点节点所代表的工作的最迟完成时间

C. 双代号网络计划中结束工作最早完成时间的最大值

D. 双代号网络计划中结束工作最迟完成时间的最大值

E. 时标网络计划中最后一项关键工作的最早完成时间

4. 在网络计划中,当计划工期等于计算工期时,关键工作的判定条件是(　　)。

A. 该工作的总时差为零

B. 该工作与紧后工作之间的时间间隔均为零

C. 该工作的自由时差最小

D. 该工作的最早开始时间与最迟开始时间相等

E. 该工作的持续时间最长

5. 某工程双代号网络计划如图所示,图中已标出各项工作的最早开始 ES 和最迟开始时间 LS,则该计划表(　　)。

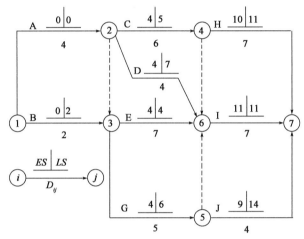

题 5 图(时间单位:天)

A. 工作①→③的总时差和自由时差相等

B. 工作②→⑥的总时差和自由时差相等

C. 工作②→④和工作③→⑥均为关键工作

D. 工作⑤→⑦的总时差和自由时差相等

E. 工作③→⑤的总时差和自由时差分别为 2 天和 0 天

6. 网络计划中工作的自由时差是指该工作(　　)。

A. 最迟完成时间与最早完成时间的差

B. 所有紧后工作最早开始时间的最小值与本工作最早完成时间的差值

C. 与所有紧后工作之间波形线水平长度和的最小值

D. 与所有紧后工作之间间隔时间的最小值

E. 与其所有紧后工作自由时差与间隔时间和的最小值

7. 网络计划中工作的总时差是指该工作(　　)。

A. 最迟完成时间与最早完成时间的差

B. 所有紧后工作最早开始时间的最小值与本工作最早完成时间的差值

C. 与所有紧后工作之间波形线水平长度和的最小值

D. 与所有紧后工作之间间隔时间的最小值

E. 与其所有紧后工作自由时差与间隔时间和的最小值

参考答案及解析

(一)单项选择题

1. B 2. A 3. C 4. C 5. B 6. C
7. A 8. B 9. B 10. A 11. D 12. A 13. D 14. A 15. D
16. B 17. C 18. B 19. B 20. A 21. D

5. 解析：min{21,24,28} - (12+5) = 4 天。

16. 解析：min{3+4,5+3} = 7 天。

(二)多项选择题

1. ACD 2. ACD 3. ACE 4. AC 5. ABDE 6. BD 7. ACE

解析：多项选择题第 6 题和第 7 题是自由时差 FF 与总时差 TF 互为干扰。

六、关键线路和关键工作确定

重点知识

(一)关键工作和关键线路的概念

1. 网络图中关键工作的概念

关键工作是指网络计划中总时差最小的工作。当计划工期等于计算工期时关键工作的总时差等于零。关键工作概念的要点为：

(1)总时差最小作为判断关键工作是无条件的。

(2)而总时差等于零作为判断关键工作是有条件的，只有当计划工期等于计算工期时才成立。不过《费用与进度控制》以总时差等于零为关键工作条件。

2. 网络计划图的线路(path)的概念

网络计划图的线路是指网络图中从起点节点开始,沿箭线方向连续通过一系列箭线与节点,最后到达终点节点所经过的通路。线路概念的要点为：

(1)线路一定是"通路"。

(2)线路一定要从网络图的起点到终点。如果不是从起点到终点，则只是线路的一部分称为"线路段"。

3. 网络计划的关键线路概念和特点

(1)关键线路的概念

关键线路是指网络计划中总持续时间最长的线路。网络图线路长度最长反映在单、双代号网络图中有点区别：

①双代号网络图中自始至终全部由关键工作组成，就能满足线路总持续时间最长。

②单代号网络图中自始至终全部由关键工作组成且关键工作之间的间隔时间为零，才能满足线路总持续时间最长。

(2)关键线路的特点(也是关键线路的另一种表达)

①关键线路"至少"一条,而不是"只有"一条。

②单代号网络图中线路中工作之间全部无间隔时间时,该线路是关键线路。

③时标网络图无波浪线组成的线路是关键线路。

④关键线路上所有工作是关键工作,但是关键工作组成的线路不一定是关键线路。因为双代号图中关键工作组成的线路是关键线路,而单代号网络图还要加上间隔时间为零才行。

⑤双代号网络图中关键线路上所有节点是关键节点;反之不一定成立,即所有关键节点组成的线路不一定是关键线路。因为两关键节点之间不一定是关键工作,还需增加另一条件,具体条件参见下面第(四)点"关键线路确定方法"中关键节点确定关键线路的附加条件。

⑥关键工作拖延,关键线路一定增长,工程工期一定拖延;反之,关键工作缩短关键线路不一定缩短,工程工期不一定提前。

4. 关键工作和关键节点与关键线路的关系

关键工作和关键节点与关键线路的关系就是对应上述关键线路特点的第④和⑤点。

(二)非关键工作与非关键线路的关系

1. 非关键工作的概念

是指工作总时差不是最小的工作。当计划工期等于计算工期时总时差大于零的工作。

2. 非关键线路的概念

是指不是最长的线路,其线路并不一定全部都是由非关键工作所组成,该线路只要出现一个非关键工作就不是最长。例如图 3-1-23 中①→②→⑦→⑩是非关键线路其长度只有 20,不是最长 22,①→②是关键工作,而②→⑦和⑦→⑩是非关键工作。

3. 非关键工作与非关键线路之间对应关系的正确和错误说法

(1)不在关键线路上的工作是非关键工作的说法是正确的。因为"不在关键线路上"是表示将关键线路挖掉后剩余的工作,所以剩余的工作自然是非关键工作。

(2)非关键线路上的工作是非关键工作的说法是错误的。因为非关键线路上的工作是不确定的说法,例如,上述第 2 点非关键线路的概念中提到,图 3-1-23 中①→②→⑦→⑩是非关键线路,非关键线路上的工作如果指①→②就是关键工作,如果指②→⑦或⑦→⑩就是非关键工作。对于这一点请考生尤为注意,在目前已经开考的职业资格考题中出现过"非关键线路的工作"这种不严谨的提法,出题人的意图可能是指"非关键工作"。究其原因是关键线路上工作是关键工作表述是正确的,人们喜欢使用与此对应的方法来表述非关键线路的工作,结果却造成了非关键工作不准确表述的问题。因此要养成直接表示"关键工作"和"非关键工作"的习惯,不必画蛇添足。

请注意:上述问题中,不确定的事情不能用肯定的语言表示,而肯定的事情也不能用不肯定的语言表示,这方面问题在关键线路考题中出现较多。

(三)关键工作的确定方法

(1)利用工作时间参数计算所得到工作总时差最小确定关键工作。

（2）通过已经确定的关键线路反过来确定关键工作，即利用关键线路上的工作全部是关键工作的特性。这种确定方法在考试题中较多，需认真掌握。

(四)关键线路的确定方法

1. 线路枚举法

对于简单网络图，按一定的规律和方法列出网络图所有线路，其中最长的线路就是关键线路。

2. 关键工作法

利用工作时间参数计算所得的工作总时差最小，先确定其为关键工作然后将这些关键工作相连形成关键线路，如图 3-1-15 所示，关键线路是①→③→⑥→⑦→⑨；单代号网络图还要加上间隔时间为零的条件，如图 3-1-16 所示，砌 1 和砌 2 虽然是关键工作，由于它们之间的间隔时间 $LAG=2$，所以砌 1 和砌 2 之间的连接箭线不是关键线路的组成，两条关键线路是：挖 1 →砌 1→填 1→填 2→填 3，挖 1→挖 2→砌 2→填 2→填 3；请读者思考，为什么挖 1 与砌 1 之间，挖 1 与挖 2 之间不需判断其间隔时间？请考生回想一下线路概念要点中的"通路"。通路这个要点也是连接和判断关键线路很有用的手段，利用"至少一条"的特点来确定，例如紧接下面的第 3 点。

3. 关键节点法

双代号网络图中采用该方法。关键节点的判断条件是，当计划工期等于计算工期时同一节点的最早时间 $ET=$ 最迟时间 LT；当计划工期不等于计算工期时同一节点 $LT-ET=$ 计划工期 $-$ 计算工期。不是关键节点之间的工作一定不是关键工作，但两个关键节点之间还要附加上"箭尾节点时间 + 持续时间 = 箭头节点时间"的判断条件，才能确定其是否为关键工作从而确定关键线路。例如，图 3-1-18 中①→③中是两节点关键节点，但是①→③工作的箭尾节点时间 $ET=0$，持续时间 $=8$，$0+8=8$，不等于箭头节点值 10，所以①→③工作不是关键工作，也不再关键线路上。有时两关键节点之间利用"通路"且"至少一条"这两个要点，可以很快判断其是否为关键线路的组成部分，而不一定需要采用附加的判断条件。

4. 标号法——计算网络图计算工期的快速方法

标号法实际是双代号网络图节点计算法的正向过程的修改方法，求最大值的同时标注其节点号。如图 3-1-23 所示，标号法的计算步骤为：

（1）起始节点值设为零。

（2）节点号从小到大逐个计算每个节点数值，该重复过程的步骤应注意：

①看计算节点紧前的箭头符号。

②有几个箭头就进行几次箭线箭尾值与箭线持续时间相加运算，然后和取大。

③同时记住最大值来自的箭尾号码，如果有多个最大则记下多个对应箭尾号码。

（3）计算到终点后，紧接着从终点节点开始根据记下的节点编号，倒着连接关键工作组成关键线路。例如，⑩节点上标注的是⑦节点，则⑦→⑩是关键工作；同理，⑦节点上标注的是⑥节点，则⑥→⑦是关键工作；依次类推，在⑤节点时有两个节点号，所以最后两条关键线路是：①→②→⑤→⑥→⑦→⑩和①→③→④→⑤→⑥→⑦→⑩。计算过程和关键线路的标号痕迹，如图 3-1-23 所示。

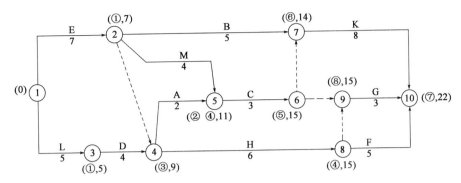

图 3-1-23　标号法计算网络图工期和关键线路标号图

5. 破圈法

破圈法是用于求关键线路和关键工作的快速方法。破圈法需掌握的要点为：

(1) "圈"的概念：同箭尾同箭头的两个路段。

(2) "破圈"的具体方法为：

① 计算出"圈"路段两边长度（单代号可不算同箭尾节点和同箭头节点）。

② 只能去掉"短边"中最后那一根箭线（即短边中指向同箭头节点的那一根箭线）。去掉一根箭线目的就是打破该"圈"。以图 3-1-23 为例，简单介绍破圈的过程如下：

从起始节点开始，不一定起始节点就是"圈"组成；依次前进看到有两根以上同箭尾箭线的节点，就是"圈"的开始节点，例如图 3-1-23 的①节点就是"圈"的开始。接着从①节点前进有两条"线路段"到④节点，①④两节点构成"圈"；圈一边长度为 7+0=7，另一边长度为 5+4=9，短边长度 7 中最后一根箭线②④虚箭线被去掉，①④构成的"圈"就被打破了。紧接着还是以①节点为开始继续找"圈"，找到①⑤两节点的圈，两边相等，就保留该圈，以①节点开始的"圈"破圈完成。依次判断②节点是否构成"圈"，②⑦构成圈，去掉工作 B 的箭线。依次判断③节点不构成圈。再继续依次判断④节点，④⑨构成圈，去掉⑥⑨虚箭线。又继续判断④⑩圈去掉工作 G，进而去掉⑨节点和⑧⑨虚箭线。再一次继续判断④⑩圈去掉"短边"的工作 F，进而去掉⑧节点和工作 H 箭线。具体破圈详细过程可参考相关视频。

(3) 破圈后的结果如图 3-1-24 所示。留下的都是关键工作，去掉的都是非关键工作，即不在关键线路上的工作。

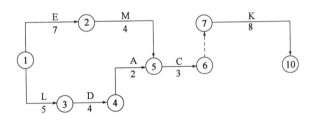

图 3-1-24　破圈法确定关键线路结果图

(五) 当计划工期不等于计算工期时，相关性质和特点的变化

(1) 关键工作定义的改变。由"总时差=0"，改为"总时差最小"。例如图 3-1-21，总时差=7 天，为最小。

(2)自由时差是总时差的一部分 $FF \leqslant TF$,即局部时差的说法不成立。例如图3-1-22,②③工作总时差=19天,自由时差=25天。

(3)节点时间参数的特征同一节点 $ET \leqslant LT$ 不成立了。例如图3-1-22,节点③$ET = 45$ 天,$LT = 39$ 天。

(4)关键节点的条件改变为:同一节点 $LT - ET = $ 计划工期 – 计算工期。例如图3-1-22,节点③$ET = 45$ 天,$LT = 39$ 天;$39 - 45 = 684 - 690$。例如图3-1-21,节点③$ET = 45$ 天,$LT = 52$ 天;$52 - 45 = 697 - 690$。

(5)双代号图中箭头指向关键节点的工作总时差 = 自由时差关系改为:$TF_{i\text{-}j} = FF_{i\text{-}j} +$(箭头点迟时 LT_j – 箭头点早时 ET_j)。例如图3-1-21,$TF_{2\text{-}3} = 25 + (52 - 45) = 25 + 7 = 32$ 天。

例 题

例1 在工程网络计划中,如果某项工作的拖延时间超过其自由时差但没有超过总时差,则( )。(注:保留原考题总工期说法)
A. 该项工作的延误会影响工程总工期
B. 该项工作会变成关键工作
C. 该项工作使其紧后工作不能按最早时间开始
D. 该项工作对后续工作及工程总工期无影响

例2 在工程网络计划中,如果某项工作的拖延时间超过其自由时差,则( )。
A. 该项工作对工程工期有影响
B. 该项工作对工程工期无影响
C. 该项工作仍然是非关键工作
D. 该项工作使其后续工作的最早开始有影响

例3 下列关于网络计划的说法,正确的是( )。
A. 一个网络计划只有一条关键线路
B. 一个网络计划不止一条关键线路
C. 一个网络计划可能有多条关键线路
D. 由非关键工作组成的线路称为非关键线路

例4 某工程施工进度计划如图所示,则该计划的计算工期是( )天。

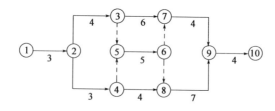

例4图(时间单位:天)

A. 20   B. 21   C. 23   D. 25

例5 某工程网络计划如图所示(时间单位:月),则该网络计划的关键线路有( )。

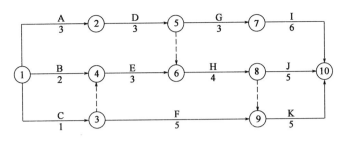

例 5 图

A. ①→②→⑤→⑦→⑩ B. ①→④→⑥→⑧→⑩
C. ①→②→⑤→⑥→⑧→⑩ D. ①→②→⑤→⑥→⑧→⑨→⑩
E. ①→④→⑥→⑧→⑨→⑩

例 6 关于双代号工程网络计划的说法，正确的有（   ）。
A. 总时差最小的工作为关键工作
B. 关键线路上允许有虚箭线和波形线的存在
C. 网络计划中以终点节点为完成节点的工作，其自由时差与总时差相等
D. 除了以网络计划终点为完成节点的工作，其他工作的最迟完成时间应等于其所有紧后工作最迟开始时间的最小值
E. 某项工作的自由时差为零时，其总时差必为零

例题解析

例 1 本题是交通运输部监理工程师考试的真题，是建立在计划工期等于计算工期传统的边界前提下，所以 $FF \leq TF$ 所以自由时差也称为局部时差。只要工作拖延时间 $\leq TF$，那么计划工期不受影响，拖延的工作也不会变成关键工作。选项 D 错在对后续工作无影响，紧后工作最早开始已经影响了那么后续工作最早开始一定受到影响。故选 C 项。

例 2 本题也是建立在计划工期等于计算工期传统的边界前提下，只是在例题 1 的基础上去掉"没有超过总时差"。因为 $FF \leq TF$，所以拖延有两种情况。第一种拖延时间 $\leq TF$，那么计划工期就不影响，仍然是非关键工作。第二种拖延时间 $>TF$，那么工程的计划工期就会有影响。因为题干没有明确拖延是否超过总时差，所以选项 ABC 三项都无法确定，不选。拖延只要超过其 FF，其紧后工作最早开始一定影响，那么后续工作最早开始一定要影响。故选 D 项。

例 3 一个网络计划至少一条关键线路，说明一条或者多条。而选项 A 和选项 B 都用绝对的语言"只有一条"和"不止一条"因此错了。由非关键工作组成的线路称为非关键线路描述也是错的，因为非关键线路可能包含关键工作，只要这条线路不是最长就是非关键线路。故选 C 项。

例 4 用标号法计算网络图的计算工期最快捷。标号法确定计算工期为 3+4+5+7+4=23 天，关键线路是 ①→②→③→⑤→⑥→⑧→⑨→⑩。故选 C 项。

例 5 可用"破圈法"确定关键线路，如解图所示就是破圈法的结果，最终结果为 ①→②→⑤→⑦→⑩、①→②→⑤→⑥→⑧→⑩、①→②→⑤→⑥→⑧→⑨→⑩，工期为 15 个月。故选 ACD。

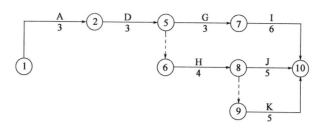

例5解图

例6 选项 A 就是关键工作的定义,正确。选项 B 中关键线路上允许有虚箭线是对的,但不能有波形线,只要有波形线就意味着线路不是最长。选项 C 很难,网络计划的终点节点一定是关键节点,"以终点节点为完成节点的工作"说明这些工作的箭头指向关键节点;根据第二节内容 $TF_{ij} = FF_{ij} +$(箭头节点最迟时间 LT_j – 箭头节点最早时间 ET_j),当计划工期等于计算工期时 $ET=LT$ 该选项正确,但是计划工期不等于计算工期时,等式右侧第二项括号中内容不等于0,所以 TF 与 FF 之间有个差值,则选项 C 不正确。选项 D 正确,它就是工作最迟完成 LF 的定义。选项 E 错误,因为根据上述公式,$TF_{ij} = 0 +$(箭头节点最迟时间 LT_j – 箭头节点最早时间 ET_j),TF 不一定等于 0。故选 AD。

自测模拟题

(一)单项选择题

1. 在工程网络计划执行过程中,监理工程师检查工程进度已拖延若干天,且已超过该工作的自由时差,则该工作( )。
   A. 不影响其后续工作和工程工期
   B. 不影响其后续工作,但影响工程工期
   C. 影响其后续工作,且可能影响工程工期
   D. 影响其后续工作和工程工期
2. 在网络计划中,关键工作是指( )。
   A. 总时差最小的工作   B. 自由时差最小的工作
   C. 时标网络计划中无波形线的工作   D. 持续时间最长的工作
3. 双代号网络计划,下面几种说法中,只有( )的说法是正确的。
   A. 关键线路上的工序是关键工序,关键工序连接起来一定是关键线路
   B. 关键线路上的节点是关键节点,关键节点连接起来一定是关键线路
   C. 非关键线路上的工序都是非关键工序
   D. 线路中只存在一个非关键工序那么该线路不一定是非关键线路
4. ( )不是确定关键线路的方法。
   A. 线路枚举法   B. 关键工作法
   C. 关键节点法   D. S 曲线法
5. 关于双代号网络计划中关键工作的说法,正确的是( )。
   A. 关键工作的最迟开始时间与最早开始时间的差值最小
   B. 以关键节点为开始节点和完成节点的工作必为关键工作
   C. 关键工作与其紧后工作之间的时间间隔必定为零

D. 自始至终由关键工作组成的线路总持续时间最短

6. 某双代号网络计划如图所示,其关键线路有( )条。

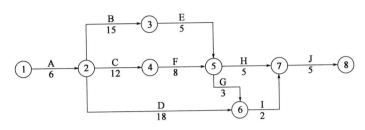

题6图(时间单位:天)

A. 1   B. 2   C. 3   D. 4

7. 计划工期等于计算工期的双代号网络计划中,关于关键节点特点的说法,正确的是( )。

  A. 相邻关键节点之间的工作一定是关键工作
  B. 以关键节点为完成节点的工作总时差和自由时差相等
  C. 关键节点连成的线路一定是关键线路
  D. 两个关键节点之间的线路一定是关键线路

8. 在工程网络计划中,关键工作的特点是( )。

  A. 关键工作一定在关键线路上   B. 关键工作的持续时间最长
  C. 关键工作的总时差最小   D. 关键工作的持续时间最短

9. 某工程双代号网络计划如图所示,其关键工作有( )。

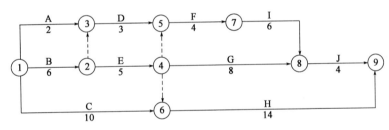

题9图(时间单位:天)

  A. 工作 B、E、F、I   B. 工作 D、F、I、J
  C. 工作 B、E、G   D. 工作 G、H

10. 某工程进度计划执行过程中,发现某工作出现进度偏差,但该偏差未影响总工期,则说明该项工作的进度偏差( )。

  A. 大于该工作的总时差   B. 小于该工作的总时差
  C. 大于该工作的自由时差   D. 小于该工作的自由时差

11. 某工程双代号网络计划中,工作 M 的持续时间为5天,相关节点的最早时间和最迟时间如图所示,则工作 M 的总时差是( )天。

题11图(时间单位:天)

A. 1　　　　　　B. 2　　　　　　C. 3　　　　　　D. 4

12. 工程网络计划中,关键工作是指( )的工作。

A. 最迟完成时间与最早完成时间的差值最小

B. 双代号时标网络计划中无波形线

C. 单代号网络计划中时间间隔为零

D. 双代号网络计划中两端节点均为关键节点

(二)多项选择题

1. 在工程网络计划中,关键线路是指( )的线路。

A. 双代号网络计划中没有虚箭线

B. 时标网络计划中没有波形线

C. 单代号网络计划中相邻两项工作之间间隔均为零

D. 双代号网络计划中由关键节点组成

E. 线路上总持续时间最长

2. 某工程双代号网络计划如图所示,其中关键线路有( )。

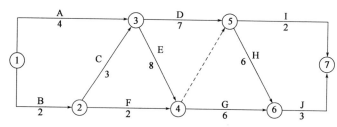

题2图(时间单位:天)

A. ①→②→④→⑤→⑦　　　　B. ①→②→③→④→⑤→⑥→⑦
C. ①→③→④→⑤→⑥→⑦　　　D. ①→③→④→⑤→⑦
E. ①→②→③→④→⑥→⑦

3. 关于双代号时标网络计划特点的说法,正确的有( )。

A. 无需箭线的线路为关键线路

B. 无波纹线的线路为关键线路

C. 波纹线的长度为相邻工作之间的时间间隔

D. 工作的总时差等于本工作至终点线路上波纹线长度之和

E. 工作的最早开始时间等于工作开始节点对应的时标刻度值

4. 某分部工程双代号时标网络计划如图所示,关于该网络计划的说法正确的有( )。

题4图(时间单位:天)

A. 工作 C、E、I、L 关键线路　　　　　B. 工作 H 的总时差为 2 天
C. 工作 A、C、H、L 是关键工作　　　D. 工作 D 的总时差为 1 天
E. 工作 G 的总时差与自由时差相等

5. 某工程的施工网络计划如图所示,则该计划的关键线路有(　　)。

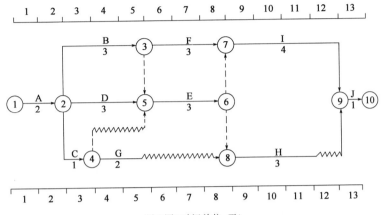

题 5 图(时间单位:天)

A. ①→②→③→⑤→⑥→⑦→⑨→⑩
B. ①→②→③→⑦→⑨→⑩
C. ①→②→④→⑤→⑥→⑦→⑨→⑩
D. ①→②→④→⑤→⑥→⑧→⑨→⑩
E. ①→②→⑤→⑥→⑦→⑨→⑩

6. 某分部工程双代号网络计划如图所示。图中标出每个节点的最早时间和最迟时间,该计划表明(　　)。

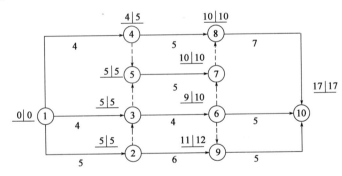

题 6 图(时间单位:天)

A. 工作①→③为关键工作　　　　　B. 工作①→④的总时差为 1 天
C. 工作③→⑥的自由时差为 1 天　　D. 工作⑥→⑩的总时差为 3 天
E. 工作④→⑧的自由时差为 1 天

7. 工程网络计划中的关键线路是指(　　)的线路。
　A. 单代号搭接网络计划中时间间隔均为零
　B. 双代号时标网络计划中时距均为零
　C. 单代号网络计划中由关键工作组成
　D. 双代号网络计划中由关键节点组成
　E. 双代号时标网络计划中无波形线

8. 某工程双代号时标网络计划如图所示,该计划表明( )。

题 8 图(时间单位:天)

A. 工作 G 为关键工作　　　　　　　　B. 工作 E 的总时差为 3 天
C. 工作 B 的总时差为 1 天　　　　　　D. F 工作为关键工作
E. 工作 C 的总时差为 2 天

9. 某工程双代号网络计划如图所示,图中已标明每项工作的最早开始时间和最迟开始时间,该计划表明( )。

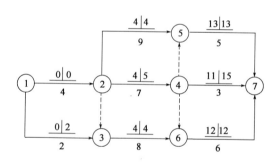

题 9 图(时间单位:天)

A. 工作①→③的自由时差为 2 天　　　　B. 工作②→⑤为关键工作天
C. 工作②→④的自由时差为 1 天　　　　D. 工作③→⑥的总时差为零
E. 工作④→⑦为关键工作

参考答案

(一)单项选择题

1. C　2. A　3. A　4. D　5. A　6. D　7. B　8. A　9. A　10. B
11. C　12. A

(二)多项选择题

1. BCE　2. BE　3. BCE　4. ABD　5. ABE　6. BDE　7. ACE
8. ACE　9. ABD

七、工程网络计划优化

重点知识

(一)网络计划优化的概念与内容或目标

1. 网络计划优化的概念

网络计划的优化,是在既定的条件下,对初步拟定的网络计划方案,利用时差不断调整和改善,使之达到工期最短、成本最低、资源最优的目的。

衡量网络计划是否达到最优,应综合评定工期、成本、资源消耗等技术经济指标。项目实际工程进度网络计划的优化,只能根据具体条件进行单项指标优化。工期(时间)优化条件是资源有限、工期最短;成本优化条件为工期限定、成本最低;资源优化条件则为工期限定、资源均衡。随着不同的优化目标,存在着不同的网络计划的优化理论和方法。但其共同之处在于:各种优化理论与方法均以初始网络计划为基础,通过不断调整网络计划的时间参数,寻找最优的网络计划方案。网络计划的优化不得影响工程的质量和安全。

2. 网络计划优化的一般规定

根据《网络计划规程》第6.1条规定:

(1)网络计划的优化目标应包括工期目标、费用目标和资源目标。优化目标应按计划项目的需要和条件选定。

(2)网络计划的优化应按选定目标,在满足既定约束条件下,通过不断改进网络计划,寻求满意方案。

(3)编制完成的网络计划应满足预定的目标要求,否则应做出调整。当经多次修改方案和调整计划均不能达到预定目标时,对预定目标应重新审定。

(4)网络计划的优化不得影响工程的质量和安全。

3. 网络计划优化的具体内容或目标

(1)工期优化(即时间优化):压缩关键线路(关键工作)到所要求的工期。

(2)资源优化:工期固定(或规定)资源均衡;资源有限工期最短。

(3)工期(时间)—费用(成本)优化:是指寻求工程总成本最低时的工期安排,或按要求工期寻求总成本最低的计划安排,简而言之是最优工期或利润最大。

(二)网络计划的工期(时间)优化

1. 工期优化(即时间优化)的目标

目标是压缩关键线路(关键工作)到所要求的工期或工期最短,而不是压缩关键线路。

2. 时间优化的措施与途径(针对关键线路或关键工作)

在网络计划的工期优化中,缩短工期主要是通过调整施工组织、压缩关键工作持续时间和计划外增加资源等措施来实现的。时间优化的针对关键线路的具体途径如下:

(1)缩短关键工作的持续时间(是最基本方法或途径)。

(2)将顺序作业调整为流水作业(即顺序变为搭接)。
(3)将组织关系中由资源制约连续施工的工作(即顺序作业)改为平行作业。
(4)相应地延长非关键工作的持续时间,将同类资源援助关键工作。
(5)从计划外增加资源,援助关键工作。

上述具体途径的内容(2)和(3)是《费用与进度控制》内容,与住建部《建设工程进度控制》监理教材"工期优化的基本方法是在不改变工作之间逻辑关系的前提下,通过压缩关键工作的持续时间来达到优化目标"的说法不同,而《网络计划规程》没有此限制条件。该规程要求"满足既定约束条件"并不能等同于"不改变逻辑关系",因为有时改变逻辑关系中的组织关系还是"满足既定约束条件"。请考生注意工期优化的这个区别。

(三)网络计划的资源优化

1. 资源优化通常有两种不同的目标。

(1)工期固定资源均衡:在工期规定的条件下,合理安排项目各项工作进度,实现资源的均衡利用。

(2)资源有限工期最短:在资源供应受限的情况下,安排项目各项工作进度,力求使计划的工期最短。

2. 资源优化的方法的一般方法。

无论要达到哪一种资源优化目标,都要通过重新安排某些工作,使初始网络计划的工期和资源调配情况得以调整与改善,从而达到预期的目的。对网络计划中某些工作的重新安排,通常是通过调整非关键工作而实现的。一般对非关键工作进行调整的方法有:

(1)利用工作机动时间,推迟或提前某些非关键工作的开始时间。

(2)在项目实际施工条件允许的情况下,可在资源需求量超限的时段内中断某些非关键工作,以便减少资源的需要量。

(3)改变某些非关键工作的作业持续时间,相应减少其资源用量。

3. 工期固(规)定资源均衡的优化方法。

(1)资源均衡性评价标准:根据资源分布函数的均方差、极差和资源需要量变化的频繁程度等指标,来衡量资源是否均衡。

(2)工期固(规)定资源均衡优化的实现方法:削峰填谷法。

4. 资源有限工期最短的优化方法:备用库法。

(四)网络计划的工期(时间)——费用(成本)优化

1. 工程费用(成本)的组成及其与工程工期的关系

(1)工程费用的组成。

工程费用由直接费、间接费、利润和税金组成。

(2)工作持续时间与直接费的关系。

①连续型工作持续时间和直接费用的关系如图 3-1-25 所示。

②离散型工作持续时间和直接费用的关系如图 3-1-26 所示。

(3)工程工期与工程费用(成本)的关系如图 3-1-27 所示。

图 3-1-25　连续型图

图 3-1-26　离散型图

图 3-1-27　工程的工期与费用关系图

2. 工期—费用(成本)优化的目标

如图 3-1-27 所示,工期—费用优化的目标就是要获得工程在不同工期情况下直接费用最低的曲线,并将其与间接费用线(一般为斜直线)叠加后形成总费用曲线,从而找到总费用最低的最优工期。

3. 工期—费用优化的方法和思路

将工程进度网络计划从正常工期开始,压缩关键工作的持续时间,从而压缩了工程的工期,一直压缩到工程的极限工期。在此压缩工程工期过程中应保证每次压缩所引起直接费用的增加是最少的,才是该工程直接费最低曲线,从而总费用最低点的工期才是最优工期。否则,压缩过程中工程直接费曲线某一时点的直接费如果不是最低,图中总费用最低点就不能保证是工程最优工期。

4. 工期—费用优化方法应注意的事项

工期—成本优化过程最主要有两个难点,一是如何选择压缩的关键工作,即压缩方案;二是已经选择的关键工作压缩量应取多少才能既不超压也不欠压(要考虑优化计算效率)。

（1）选择压缩的关键工作

选择压缩的关键工作应保证直接费增加最少,即应选择直接费率或组合直接费率最低的关键工作。由于关键线路的复杂性,有一条关键线路的简单情况和多条关键线路的复杂情况

①只有一条关键线路时,选择关键线路中直接费率最低的关键工作。

②当有两条以上关键线路时,问题较复杂,要根据具体网络计划进行分析和选择。因为有

时多条关键线路中共同包含某一关键工作,只需压缩该关键工作的持续时间,工程的工期就能缩短;有时需要平行压缩多个关键工作工程工期才能缩短。因此需具体情况具体分析比较后进行选择。所以原则上,如果此时需要平行压缩多个关键工作才能缩短工期,那么它们的组合直接费率(直接费率之和)应最低。

(2)确定关键工作的压缩量

压缩多少才既不超压也不欠压,应同时满足以下两点原则。

①不超过该关键工作的极限持续时间。

②应保证压缩后的关键工作,仍然是关键工作,既不能超压,同时也不欠压,这一点难度很大。

5. 工期—费用优化的步骤

(1)按工作的正常持续时间确定关键工作、关键线路和计算工期。

(2)如图 3-1-25 所示,计算各项工作的直接费率(即直接费的变化率、成本斜率或俗称赶工费率),按式(3-1-20)计算。

$$直接费率(成本斜率) = \frac{C_b - C_a}{t_a - t_b} \tag{3-1-20}$$

(3)找出直接费用率最低的一项或一组关键工作,作为缩短持续时间的对象。

(4)缩短找出的一项或一组关键工作的持续时间,缩短值必须符合不能压缩成非关键工作和缩短后持续时间不小于最短持续时间的原则。

(5)计算相应增加的直接费用。

(6)根据间接费的变化,计算工程第 i 次总费用(C_i)。

(7)重复步骤(3)~(6),计算到工程总费用(C_i)最低为止,如图 3-1-27 所示。

例 题

例1 工程网络计划工期优化过程中,首先应选择压缩持续时间的工作是( )的关键工作。

A. 缩短时间对质量和安全影响不大　　B. 工程变更程序相对简单
C. 资源消耗比较均衡　　　　　　　　D. 直接成本最小

例2 网络计划工期优化的目标是( )。

A. 确定最低成本工期　　　　　　　　B. 确定最短工期
C. 确定满足目标工期的计划方案　　　D. 缩短关键线路

例3 工程网络计划工期优化的基本方法是通过( )来达到优化目标。

A. 改变非关键工作之间的逻辑关系　　B. 压缩非关键工作的持续时间
C. 改变关键工作之间的逻辑关系　　　D. 压缩关键工作的持续时间

例4 工程费用与工期的关系为( )。

A. 直接费用随工期缩短而减少,间接费用随工期缩短而增加
B. 直接费用随工期缩短而增加,间接费用随工期缩短而减少
C. 直接费用和间接费用均随工期缩短而减少
D. 直接费用和间接费用均随工期缩短而增加

例5 网络计划资源优化的目标有( )。

A. 资源有限使工期最短　　　　　　　B. 资源有限使质量最好
C. 工期最短资源使用最少　　　　　　D. 工期规定使资源均衡
E. 工期固定使费用最少

例 6 网络计划的工期优化过程中,压缩关键工作的持续时间应优先选择(　　)。

A. 有充足备用资源　　　　　　　　B. 对质量影响较大
C. 所需增加费用最少　　　　　　　D. 持续时间最长
E. 紧后工作最少

例题解析

例 1 根据《网络计划规程》第6.1条网络计划优化的一般规定,网络计划的优化不得影响工程的质量和安全。故选 A 项。

例 2 网络计划工期优化的首要目标是满足要求工期,在满足要求工期的情况下在追求工期虽短;而选项 D 缩短关键线路是达到目标的途径和手段;选项 A 是工期费用优化目标。故选 C 项。

例 3 工期优化必须对关键线路或关键工作进行缩短,所以选项 A 和选项 B 对非关键工作的操作是无效的,选项 C 和选项 D 两项都能使得关键线路缩短,但是题干中有"基本方法",所以 D 项比 C 项更适合。故选 D。

例 4 根据图3-1-31,直接费用随工期缩短而增加,间接费用随工期缩短而减少。故选 B 项。

例 5 资源优化的目标就是资源有限工期最短和工期固定资源均衡。故选 AD 项。

例 6 根据《网络计划规程》第6.2.3条规定,选择缩短持续时间的关键工作,应优先考虑有作业空间、充足备用资源和增加费用最小的工作。故选 AC 项。

自测模拟题

(一)单项选择题

1. 工程网络计划费用优化过程中,压缩关键工作的持续时间应遵循的基本原则是(　　)。
   A. 必须将关键工作压缩成非关键工作
   B. 压缩后工作的持续时间不能小于其总时差
   C. 优先选择压缩综合费率最小的关键工作
   D. 多条关键线路的持续时间应压缩相同数值

2. 当某项工作实际进度拖延的时间超过其总时差而需要调整进度计划时,应考虑该工作的(　　)。
   A. 资源需求量　　　　　　　　　　B. 后续工作的限制条件
   C. 自由时差的大小　　　　　　　　D. 紧后工作的数量

3. 当网络计划的计算工期大于要求工期时,为满足工期要求,可采用的调整方法是压缩(　　)的工作的持续时间。
   A. 持续时间最长　　　　　　　　　B. 自由时差为零
   C. 总时差为零　　　　　　　　　　D. 时间间隔最小

4. 某工程双代号时标网络计划如图所示,因工作 B、D、G 和 J 共用一台施工机械而必须顺序施工,在合理安排下,该施工机械在现场闲置(　　)天。

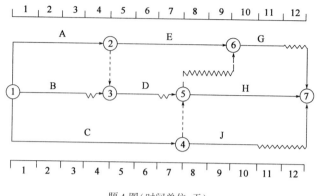

题4图(时间单位:天)

  A. 0   B. 1   C. 2   D. 3

5. 通过缩短某些工作的持续时间对施工进度计划进行调整的方法,其主要特点是(　　)。
  A. 增加网络计划中的关键线路   B. 不改变工作之间的先后顺序关系
  C. 增加工作之间的时间间隔   D. 不改变网络计划中的非关键线路

6. 网络计划工期优化的前提是(　　)。
  A. 计算工期不满足计划工期   B. 不改变各项工作之间的逻辑关系
  C. 计划工期不满足计算工期   D. 将关键工作压缩成非关键工作

7. 下列资源安排的方式中,目的是寻求工程网络计划资源优化的是(　　)。
  A. 资源使用量最小条件下的合理工期安排
  B. 资源均衡使用条件下的最短工期安排
  C. 工程总成本最低条件下的资源均衡安排
  D. 工期固定条件下的资源均衡安排

8. 关于工程网络计划工期优化的说法中,正确的是(　　)。
  A. 当出现多条关键线路时,应选择其中一条最优线路缩短其持续时间
  B. 应选择直接费率最小的非关键工作作为缩短持续时间的对象
  C. 工期优化的前提是不改变各项工作之间的逻辑关系
  D. 工期优化过程中须将关键工作压缩成非关键工作

9. 工程网络计划资源优化的目标是(　　)。
  A. 在工期保持不变的条件下使资源需用量尽可能均衡
  B. 在满足资源限制的条件下使工期保持不变
  C. 在工期最短的条件下使工程总成本最低
  D. 寻求工程总成本最低时的工期安排

10. 工程网络计划的工期优化是通过(　　)来达到优化目标。
  A. 改变关键工作之间的逻辑关系   B. 组织关键工作平行作业
  C. 组织关键工作搭接作业   D. 压缩关键工作的持续时间

11. 在工程网络计划的工期优化过程中,当出现多条关键线路时,必须(　　)。
  A. 将各条关键线路的总持续时间压缩同一数值
  B. 分别将各条关键线路的总持续时间压缩不同数值

C.压缩其中一条关键线路的总持续时间

D.压缩持续时间最长的关键工作

12.网络计划工期优化的目的是为了缩短(　　)。

A.计划工期　　　B.计算工期　　　C.要求工期　　　D.合同工期

13.当计算工期大于要求工期时,可通过(　　)满足工期要求。

A.改变工艺顺序　　　　　　　　B.缩短平行工作的持续时间

C.压缩关键工作的持续时间　　　D.压缩非关键工作的持续时间

14.工程总费用由直接费用和间接费用组成,随着工期的缩短,直接费用和间接费用的变化规律是(　　)。

A.直接费用减少,间接费用增加　　B.直接费用和间接费用均增加

C.直接费用增加,间接费用减少　　D.直接费用和间接费用均减少

(二)多项选择题

1.关于工程网络计划工期优化的说法,正确的有(　　)。

A.应分析调整各项工作之间的逻辑关系

B.应有步骤地将关键工作压缩成非关键工作

C.应将各条关键线路的总持续时间压缩相同数值

D.应考虑质量、安全和资源等因素选择需压缩的关键工作

E.应压缩非关键线路上自由时差大的工作

2.网络计划优化内容包括(　　)。

A.时间优化　　　　　　　　B.时间—费用优化

C.资源优化　　　　　　　　D.施工管理组织优化

E.施工工艺优化

3.根据优化目标的不同,网络计划的优化可分为(　　)。

A.工期优化　　B.工效优化　　C.费用优化　　D.资源优化

E.质量优化

4.工程网络计划工期优化过程中,在选择缩短持续时间的关键工作时应考虑的因素有(　　)。

A.持续时间最长的工作

B.缩短持续时间对质量和安全影响不大的工作

C.缩短持续时间所需增加的费用最小的工作

D.缩短持续时间对综合效益影响不大的工作

E.有充足备用资源的工作

5.工程实际进度偏差影响到总工期时,可采用(　　)等方法调整进度计划。

A.缩短某些关键工作的持续时间　　B.将顺序作业改为搭接作业

C.增加劳动力,提高劳动效率　　　D.保证资源的供应

E.将顺序作业改为平行作业

6.缩短关键工作的持续时间时,其缩短值的确定必须符合(　　)。

A.缩短后工作的持续时间不能小于其最短持续时间

B.缩短后的持续时间不能大于其最短持续时间

C.缩短持续时间的工作不能变成非关键工作

D.缩短持续时间的工作能变成非关键工作

E.缩短后对非关键工作无影响

7.工程网络计划的优化目标有( )。

A.降低资源强度　　　　　　　　　B.使计算工期满足要求工期

C.寻求工程总成本最低时的工期安排　D.工期不变条件下资源需用量均衡

E.资源限制条件下工期最短

8.工程网络计划资源优化的目的为( )。

A.使该工程的资源需用量尽可能均衡

B.使该工程的资源强度最低

C.使该工程的资源需用量最少

D.使该工程的资源需用量满足资源限制条件

E.使该工程的资源需求符合正态分布

参考答案及解析

(一)单项选择题

1. D　　2. B　　3. C　　4. A　　5. B　　6. B　　7. D　　8. C　　9. A　　10. D
11. A　　12. B　　13. C　　14. C

1.解析:因为题干是指"持续时间",所以只能选D项。如果选项C中将"综合费率"改为"组合直接费率",而且题干改为"选择压缩关键工作工作的原则",则选项C也是正确项。

4.解析:工作B推迟2天开始,工作D推迟1天开始,工作J正常,工作G推迟1天开始,没有改变关键线路。

5.解析:压缩关键工作不一定增加关键线路,例如关键线路100天,另一条路80天,关键线路上关键工作缩短10天,80天的线路仍然不关键,关键线路没有增加,所以选项A不合适。

(二)多项选择题

1. CD　　2. ABC　　3. ACD　　4. BCE　　5. ABCE　　6. AC　　7. BCDE

8. AD

第二节　进度监理工作

一、进度监理的概念、依据、作用、任务、控制目标、基本方法、控制程序和控制措施

重点知识

(一)工程进度监理的概念、作用和任务

1.进度监理的概念

根据《公路工程施工监理规范》(JTG G10—2016)(以下简称《2016版监理规范》)第5.6.1

条规定,进度监理应在保证工程质量和安全的基础上以监督施工单位进度计划控制为主线进行,这也是进度监理的原则。进度监理是指:

(1)由承包人编制进度计划(Plan)。

(2)经监理人审批(Plan)。

(3)承包人按批准的进度计划实施(即施工 Do)。

(4)在施工过程中将计划进度与实际进度进行比较(Check);检查应按照《2016版监理规范》第5.6.3条规定进行。实际进度与计划进度的比较进行分析评价作为进度控制的关键环节,检查比较结果如有偏差,应找出其偏差之处,并分析以下内容:

①造成偏差的原因可归纳为两点:承包人的原因和非承包人的原因。

②偏差对工程进度的影响程度可归纳为两点:a.本工作(工序)的进度有无影响即提前、延误或按时;b.本工作对工程工期有无影响。

(5)根据分析原因和进度影响程度,采取措施(Action),归纳为四点:

①承包人的原因:本工作如果延误,均由承包人负责,若工程工期没影响,关注即可;若工程工期拖延(即工期延误),监理人应按照《2016版监理规范》第5.6.4条要求,根据拖延的严重程度向承包人提出是否需要调整计划。

②非承包人的原因:本工作如果延误,若工程工期没影响,关注即可;若工程工期拖延(即工期延误),承包人可以提出工期索赔申请,监理人根据合同规定受理工期索赔申请结合工程实际情况核准延长工期(简称延期)具体时间提交业主批准后答复承包人。

如此循环,直到工程按预定的时间交付使用。

2.进度监理的作用

进度监理的作用就是在考虑了工程施工管理三大因素(工期、质量和经济性)的同时,对施工全过程采用计划、组织、协调、检查与调整等手段,努力实现施工过程中的各阶段目标,从而确保工程工期目标的实现。实行工程进度监理的作用主要表现在:

(1)合理控制工期、质量和费用,使项目管理达到综合优化。

(2)通过审查施工进度计划及控制实际进度与计划进度差异情况,从而完善施工进度计划管理。

(3)除充分考虑时间控制问题外,同时还考虑劳动力、材料、施工机具设备等所必需的施工资源问题,使其最有效、合理、经济地配置与利用。

(4)通过计划、组织、协调、检查与调整等手段,调动施工活动中的一切积极因素,努力实现施工过程中各个阶段的进度目标,以确保工程施工全过程的总工期目标的实现。

3.进度监理的任务

与进度有关的单位很多,但影响最大的单位是施工单位、监理单位及建设单位。

(1)施工单位(承包人)的任务是编制施工进度计划,并在计划执行过程中,通过实际进度与计划进度的比较,定期地、经常地检查和调整施工进度计划。

(2)监理单位(监理人)的任务是审批施工单位编制的施工进度计划,并对批准的施工进度计划执行情况进行监督,从全局出发控制实际进度与计划进度的差距,根据差距情况及时发布调整施工进度计划的指令。

(3)建设单位(业主)则应按工程承包合同要求及时提供施工场地和图纸,并尽可能地改善施工环境,为工程施工顺利进行开创条件。

总之进度监理的任务包括计划阶段的编制和审批,实施阶段的检查、评估、监督、控制。

(二)工程进度监理的控制目标和基本方法

1. 工程进度监理的控制目标

工程进度监理控制的总目标是工程的工期,一般是指计划工期且应小等于合同工期。

施工过程一般包括三个阶段,即编制计划、执行检查、调整计划;各个阶段进度控制的目标分别对应为计划工期、偏差情况、调整内容。

(1)编制施工进度计划阶段,进度控制的目标是确定一个合理的计划工期。在施工单位编制及监理工程师审批施工进度计划时,计划工期的确定应依据以下资料:

①本工程项目的工程承包合同中有关工期的规定,是确定计划工期的基本依据;合同规定的工程开工、竣工日期,必须通过进度计划落到实处。

②材料和设备的供应计划,如果已经编制了材料和设备的供应计划,那么施工进度计划必须与其相协调。

③已建成的同类工程或相似项目的实际工程进度情况是编制本项目施工进度计划的重要参考资料。

④投标书中确定的项目施工方案及工程进度计划。

⑤施工单位的施工人员技术素质及其机具设备能力。

⑥施工现场的特殊环境及其气候条件等。

具体制订施工进度计划时,应根据上述资料编制并对其进行优化后,方可予以实施。

(2)在实施施工进度计划的过程中,总是希望实际进度按计划进度执行,直到工程项目按计划工期完成。但工程实际中,计划的不变是相对的,实际进度的改变是绝对的。因为在拟定施工进度计划时,不可能把施工中所有可能出现的情况都考虑进去,而且施工过程中由于自然条件等因素的影响,打破原有施工进度计划是司空见惯的事情,尤其是公路工程项目施工在露天进行,受气候影响严重。因此,公路工程施工过程中,进度计划不可能完全按原计划执行,其实际进度与计划进度经常出现偏差。监理工程师在实施进度监理时,必须经常评估和监督进度计划的实际执行情况,随时掌握实际值与计划值的偏差情况,并作出合理的施工进度计划调整。

(3)当出现工期延误及实际进度的其他变化,则应将执行中的进度计划予以部分或全部地修改与调整。调整的工作内容及其调整工程时间期限,应依据工程项目实际情况确定。调整进度计划的目的是使其符合变化了的实际情况,以保证施工进度计划的顺利实现。

2. 工程进度监理的基本方法及其特点

(1)横道图法

①横道图以时间为横坐标,以各分项工程或施工工序为纵坐标,按一定的先后施工顺序和工艺流程,用带时间比例的水平横道线表示对应项目或工序持续时间的施工进度计划图表。

②横道图的优点为简单、形象、明了、直观、易懂,且便于检查和计算资源用量横道图,较适宜于编制集中性工程(如桥涵、通道、立交桥等,路面不是集中性工程而是线性分布)进度计划、材料供应计划或者简单的工程进度计划。

(2)工程进度曲线法(S 曲线法)

①工程进度曲线是建立在有工程量横道图的基础上的。进度曲线是以工期为横轴,以完成的累计工程量或工程费用的百分数为纵轴的图表化曲线,如图3-2-1 所示。S 曲线的斜率大小反映进度的快慢,工程初期,人员、设备和环境有个适应过程,斜率小进度较慢;随着工程进展,斜率增大进度加快;接近工程收尾期间,需完成工程数量较少,斜率变小进度放缓。当斜率为零时表示工程停工。

图 3-2-1　京津塘高速公路某合同段土方填筑工程量 S 曲线

通过工程进度曲线实际线与计划线比较,能够进行工程计划进度和实际进度的对比,有效地实行工程项目全局性的进度管理。当实际进度曲线与计划进度曲线出现偏离时,就说明工程的进度有了延误或者进度有所超前。工程进度曲线检查进度可以从工程量(或工作量)和时间两方面进行比较和判断。第一种方法反映了工程量或工作量的进度情况,以检查时间作竖直线,该竖直线与实际线和计划线相交两点,实际线的点在计划线的点上方说明实际进度提前,提前完成量为两点高差值;表明工程进度快;反之,在下方说明实际进度延误,延误的工程量或工作量值为两点高差值,表明工程进度慢。第二种方法反映了进度提前或延误的时间,以检查时间竖直线与实际线的交点作水平线相交于计划线上一点,该计划线上的点,如果在实际线的右侧,进度提前;反之,在实际线的左侧,说明进度拖延。提前或延误的时间就是水平线两交点的长度。

②S 曲线在公路工程施工监理中的作用。

由于 S 曲线是工程进度曲线也是现金流动曲线,所以它在公路工程施工进度及费用监理中均可应用,其作用如下:

a.审批施工进度计划时,可用 S 曲线判断施工单位编制的施工进度计划是否合理。

b.监控施工进度计划实施阶段,进度控制可方便地利用 S 曲线评价实际进度情况属于正常、提前或滞后。

c.S 曲线可用于工程费用监理中工程计量及费用支付的依据。

③进度管理曲线

如图3-2-2 所示,进度管理曲线是两条 S 曲线构成,一条是最早的 S 曲线,另一条是最迟的 S 曲线;横坐标是时间相对坐标用工期% 表示,纵坐标是工程费用相对坐标用工程完成产值累计% 表示。它是工程进度曲线规定的允许界限线,它指出了施工进度允许偏差范围所应满足的进度曲线变动区域。进度管理曲线指出的安全区,不是组织突击赶工,而是在保证工期、质量和经济性的条件下,施工进度曲线规定的允许变动范围。

图 3-2-2 加州公路分局 45 个典型公路分析形成的进度管理曲线

(3) 斜条图法(斜道图)

斜条图法又称为垂直图法。斜条图以纵坐标表示施工期限,横坐标表示里程或工程位置,而各分项工程或施工工序的施工进度则相应地以不同形式的斜条线表示。图 3-2-3 为某 40km 路段综合施工的工程进度斜条图。斜条图法是编制道路、隧道等线形工程施工进度计划的一种较好形式;集中性工程在斜条图横坐标中一般为点状态,画成竖直线。垂直图直观地反映施工组织的顺序和流向,以及专业施工队的数量等;它可以综合反映工程的总体施工安排,在绘制时所反映的施工内容不宜过多过细,否则就失去了该图的优点。斜线的斜率是表示施工速度,斜率越陡,施工速度越慢,反之越快。

图 3-2-3 长度为 40km 的公路工程进度斜条(斜道)图

斜条图中的线条最好不要发生交叉。交叉点的含义表示为:在同一地点同时(时刻)进行两项以上的工作(分项工程或工序)。一般情况下最好不要如此安排施工,因为易造成互相干扰,协调困难。

(4)网络计划法

详细内容参见本章第一节网络计划内容。

①网络计划方法具有以下特点:

a. 能够充分反映各项工作之间的相互制约、相互依赖的关系。

b. 可以区分关键工作和非关键工作,并能找关键线路,且反映出各项工作的机动时间,因而可以更好地调配和使用工、料、机等各种资源。

c. 它是一个定义明确的数学模型,计算方便,且便于用计算机计算。

d. 能够进行计划的优选比较,从而选择最佳方案。

e. 它不仅可用于控制项目施工进度,还可用于控制工程费用,例如,一定费用下工期最短以及一定工期内费用最低等的网络计划优化。

f. 计划复杂,特别是大型且复杂的工程进度网络计划更是如此。

②网络计划在工程进度监理中的作用。

采用网络计划方法可加强工程项目的施工管理,使其取得好、快、省的全面效果。它在工程进度监理中可给监理工程师提供以下可靠信息:

a. 合理赶工及其工期与成本的关系信息。

b. 各项工作有无机动时间及机动时间极限数据信息。

c. 劳动力、材料、施工机具设备等资源利用信息。

d. 哪些工作提前或拖延,预测对总工期的影响等信息。

(三)工程进度监理的控制程序和控制措施

1. 工程进度监理的控制程序

工程进度监理的控制程序包括计划审批、执行检查、调整、再执行检查,详细内容如图3-2-4所示。

2. 工程进度监理的控制措施

(1)开工前督促施工单位充分做好人力、机械、材料及施工组织等各方面的准备工作,避免主观原因对施工进度的影响,注意施工顺序及施工安排。

(2)组织措施

①建立进度控制目标体系,明确工程现场监理组织机构中进度控制人员及其职责分工与协作关系。

②建立工程进度报告制度及进度信号沟通网络。通过定期要求施工单位报送进度报告,以及监理人员的进度检测制度,实现进度信息的及时沟通。

③建立进度计划审核制度和进度计划实施中检查分析制度,及时发现和解决问题。

④建立进度协调会议制度,包括协调会议举行的时间、地点,协调会议的参加人员等。

⑤建立图纸审查、工程变更和设计变更管理制度。

(3)合同措施

①通过承发包模式的选择达到有利于进度控制的目的。例如推行建设管理(CM)承发包模式,对工程实行分段分包和分段施工。

图 3-2-4 工程进度监理的控制程序图

②加强合同管理,协调合同工期与进度计划之间的关系,保证合同中进度目标的实现。

③严格控制合同变更,对各方提出的工程变更和设计变更,监理工程师应严格审查后在补入合同文件中。

④加强风险管理,在合同中应充分考虑风险因素以及其对进度的影响。

(4)经济措施

①利用工程预付款及工程进度款支付控制工程进度。

②在业主的授权下,对应急赶工给予优厚的赶工费用。

③按照合同规定,对工期提前,给予奖励。

④按照合同规定,对工期延误收取误期损失赔偿金

⑤加强索赔管理,公正地处理工期延误带来的索赔。

(5)技术措施

①审查承包人提交的进度计划,使得承包人能在合理的状态下施工。

②编制进度控制工作细则,指导监理人员实施进度控制。

③采用网络计划技术及其他科学适用的计划方法,并结合电子计算机的应用,对建设工程进度实施动态控制。

④根据建设单位的要求、工程的实际情况和资源情况,可以协助施工单位对其编制的网络计划进行合理优化,并定期进行计划检查、调整。

⑤做好技术准备工作,认真熟悉和审核图纸,提前发现可能影响工期目标实现的技术问题,予以提前解决。

⑥根据进度,及时督促施工单位编制甲供材料计划,经审查后报建设单位。

例 题

例1 进度监理应在保证工程质量和安全的基础上以( )主线进行。
A.编制进度计划　　　　　　　　B.监督施工单位进度计划控制
C.执行进度计划　　　　　　　　D.审批施工单位进度计划

例2 进度监理(或控制)的关键环节是( )。
A.编制进度计划　　　　　　　　B.审批进度计划
C.执行进度计划　　　　　　　　D.检查评价进度计划

例3 及时提供施工场地和图纸,并尽可能地改善施工环境,为工程施工顺利进行开创条件是( )进度监理任务。
A.施工单位　　B.监理单位　　C.建设单位　　D.主管部门

例4 进度监理的基本方法有( )。
A.横道图法　　B.工程曲线法　　C.斜条图法　　D.网络图法
E.关系图法

例5 工程进度监理的各阶段控制目标包括( )。
A.计划工期　　B.合同工期　　C.偏差情况　　D.调整内容
E.资源计划

例题解析

例1 根据《2016版监理规范》第5.6.1条规定,进度监理应在保证工程质量和安全的基础上以监督施工单位进度计划控制为主线进行。故选D项。

例2 在工程进度监理中,一定要把计划进度与实际进度之间的差距作为进度控制的关键环节。故选B项。

例3 建设单位(业主)进度监理任务应按工程承包合同要求,及时提供施工场地和图纸,并尽可能地改善施工环境,为工程施工顺利进行开创条件。故选C项

例4 选项E关系图法是质量监理的方法。故选ABCD项。

例5 施工过程一般包括三个阶段,即编制计划、执行检查、调整计划;各个阶段进度控制的目标分别为计划工期、偏差情况、调整内容。故选ACD项。

自测模拟题

(一)单项选择题

1.进度监理应在保证( )的基础上以监督施工单位进度计划控制为主线进行。
A.满足业主的工程工期要求　　　　B.满足政府要求

C. 监理人满意的工程工期　　　　　　D. 工程质量和安全

2. 比较实际进度与计划进度的S曲线,可以明显看出(　　)。
   A. 项目总的实际进度情况　　　　　　B. 导致进度拖延的某一具体工作
   C. 某一工作完成工作量情况　　　　　D. 某一工作的实际进度情况

3. 工期、质量、费用三者的关系为(　　)。
   A. $T = T_A, Q > Q_A, C < C_A$　　　　　　B. $T > T_A, Q < Q_A, C > C_A$
   C. $T > T_A, Q > Q_A, C > C_A$　　　　　　D. $T < T_A, Q > Q_A, C > C_A$

4. 采取CM承发包模式,属于控制工程进度的(　　)。
   A. 合同措施　　　B. 技术措施　　　C. 经济措施　　　D. 组织措施

5. 能够反映施工工序在施工中机动时间的进度计划图是(　　)。
   A. 横道图　　　B. 斜条图　　　C. S曲线　　　D. 网络图

6. S曲线控制法一般用作(　　)。
   A. 进度控制　　　　　　　　　　　　B. 投资控制和进度控制
   C. 质量控制　　　　　　　　　　　　D. 投资控制

7. 进度控制中横道图是常用图之一,以下哪一项不是其优点(　　)。
   A. 形象直观　　　　　　　　　　　　B. 搭接关系明确
   C. 逻辑关系严谨　　　　　　　　　　D. 制作方便快捷

8. 斜条图在进度监理中论述错误的是(　　)。
   A. 斜条图中的线条最好不要发生交叉
   B. 斜线的斜率是表示施工速度,斜率越陡施工速度越慢,否则越快
   C. 斜条图对道路、隧道等线形工程施工进度计划是一种较好形式
   D. 斜条图适合表示施工过程中施工内容的细节,却不适合表示专业队组织

9. 工程进度监理的控制程序中进度计划实施的下一步是(　　)。
   A. 编制　　　B. 审批　　　C. 检查　　　D. 调整

10. 建立进度计划审核制度和进度计划实施中检查分析制度,及时发现和解决问题,这是工程进度监理控制的(　　)。
    A. 组织措施　　　B. 技术措施　　　C. 合同措施　　　D. 经济措施

11. 横道计划作为控制建设工程进度的方法之一,其局限性是不能(　　)。
    A. 反映出各项工作的划分
    B. 明确反映出各项工作间错综复杂的相互关系
    C. 反映出工作之间的相互搭接关系
    D. 直观地反映出建设工程的施工期限

12. 利用横道图表示工程进度计划的主要特点是(　　)。
    A. 能够反映工作所具有的机动时间
    B. 能够明确表达各项工作之间的逻辑关系
    C. 形象直观,易于编制理解
    D. 能方便地利用计算机进行计算和优化

13. 与横道图表示的进度计划相比,网络计划的主要特征是能够明确表达(　　)。
    A. 单位时间内的资源需求量　　　　　B. 各项工作之间的逻辑关系
    C. 各项工作的持续时间　　　　　　　D. 各项工作之间的搭接时间

14. 下列工程进度控制措施中,属于组织措施的是( )。
    A. 采用 CM 承发包模式　　　　　　B. 审查承包商提交的进度计划
    C. 办理工程进度款支付手续　　　　D. 建立工程变更管理制度
15. 工程施工阶段进度控制的主要任务是( )。
    A. 调查和分析工程环境及施工现场条件
    B. 编制工程年、季、月实施计划
    C. 进行工程项目工期目标和进度控制决策
    D. 编制年度竣工投产交付使用计划
16. 下列工程进度控制措施中,属于合同措施的是( )。
    A. 建立进度协调会议制度
    B. 编制进度控制工作细则
    C. 对应急赶工给予优厚的赶工费
    D. 推行 CM 承发包模式
17. 下列内容中,应列入施工进度控制工作细则的是( )。
    A. 进度控制的方法和措施　　　　B. 进度计划协调性分析
    C. 工程材料的进场安排　　　　　D. 保证工期的技术措施选择
18. 在工程施工过程中,因施工单位原因造成实际进度拖后,监理工程师确认施工单位修改后的施工进度计划,说明( )。
    A. 排除施工单位应负的责任
    B. 批准合同工期延长
    C. 施工进度计划满足合同工期要求
    D. 同意施工单位在合理状态下施工
19. 编制施工总进度计划时,组织全工地性流水作业应以( )的单位工程为主导。
    A. 工程量大、工期短　　　　　　B. 工程量大、工期长
    C. 工程量小、工期短　　　　　　D. 工程量小、工期长
20. 工程施工阶段,为加快施工进度可采取的组织措施是( )。
    A. 采用更先进的施工机械　　　　B. 改进施工工艺
    C. 增加每天的施工时间　　　　　D. 改善劳动条件
21. 下列影响工程进度的情况中,属于组织管理原因的是( )。
    A. 合同签订时遗漏条款、表达失当
    B. 节假日交通、市容整顿的限制
    C. 有关方拖欠资金,资金不到位
    D. 不可靠技术的应用

(二)多项选择题

1. 进度监理的基本方法有( )。
   A. 横道图法　　　　　　　　　B. S 曲线法
   C. 斜条图法　　　　　　　　　D. 网络计划图法
   E. 计划评审法
2. 关于进度监理的论述正确的有( )。

A. 进度管理曲线指出了施工管理过程中的偏差,它呈 S 形
B. 工程进度曲线不仅可以反映工程进展的总体情况还能反映各工作的进展情况
C. 监理人在进行进度控制(监理)时,要明确进度计划不变是相对的,变是绝对的
D. 在施工过程中,监理工程师有权检查进度计划的执行情况,但无权指令修改计划
E. 进度管理曲线指出了施工进度允许偏差范围和所应满足的进度曲线变动区域

3. 关于进度管理曲线的论述正确的有( )。
   A. 进度管理曲线由两条 S 曲线构成
   B. 横坐标是时间绝对坐标
   C. 纵坐标是工程完成产值绝对坐标
   D. 进度管理曲线指出的安全区是组织突击赶工区域
   E. 进度管理曲线的两条曲线中,一条是最早曲线,另一条是最迟曲线

4. S 曲线在公路工程施工监理中的作用有( )。
   A. 审批施工进度计划时,可用 S 曲线判断施工单位编制的施工进度计划是否合理
   B. 监控施工进度计划实施阶段,进度控制可方便地利用 S 曲线评价实际进度情况属于正常、提前或滞后
   C. S 曲线可用于工程费用监理中工程计量及费用支付的依据
   D. 可给监理工程师提供合理赶工及其工期与成本的关系信息
   E. 可给监理工程师提供各项工作有无机动时间及机动时间极限数据信息

5. 采用横道图表示工程进度计划的缺点有( )。
   A. 不能反映工程费用与工期之间的关系
   B. 不能计算各项工作的持续时间
   C. 不能反映影响工期的关键工作和关键线路
   D. 不能明确反映各项工作之间的逻辑关系
   E. 不能进行进度计划的优化和调整

6. 工程进度控制的技术措施有( )。
   A. 建立进度协调会议制度
   B. 及时办理工程预付款及进度款支付手续
   C. 严格控制合同变更
   D. 编制进度控制工作细则
   E. 审查承包人提交的进度计划

参 考 答 案

(一)单项选择题

1. D 2. A 3. C 4. A 5. D 6. B 7. C 8. D 9. C 10. A
11. B 12. C 13. B 14. D 15. B 16. D 17. A 18. D 19. B 20. C
21. A

(二)多项选择题

1. ABCD 2. CE 3. AE 4. ABC 5. ACD 6. DE

二、进度计划的编制原则、依据、内容及编制要求

重 点 知 识

《费用与进度控制》考试用书中的这部分内容,除了依据《公路工程施工监理规范》(JTG G10—2006)(以下简称《2006版监理规范》),很大部分内容是根据《公路工程施工监理规范》(JTJ 077—1995)(以下简称《1995版监理规范》),其内容很详细且大部分内容不过时,由于多年来大家已经熟悉了监理业务,所以在2006版和2016版删除了部分细节内容。

(一)进度计划的编制原则

根据《1995版监理规范》第5.1.1条规定,进度计划编制的原则是监理工程师应要求承包人编制工程进度计划时必须做到:贯彻合同条件及技术规范;真实、可靠并符合实际;清楚、明了并便于管理;表达施工中的全部活动及其他的相关联系;反映施工组织及施工方法;充分使用人力和设备;预料可能的施工障碍及变化。

《费用与进度控制》对应内容是:

(1)合理安排施工顺序,保证在劳动力、材料物资以及资金消耗量最少的情况下,按规定工期完成拟建工程施工任务。

(2)采用可靠的施工方法,确保工程项目的施工在连续、稳定、安全、优质、均衡的状态下进行。

(3)节约施工成本。

(二)进度计划的编制依据

根据《1995版监理规范》第5.1.2条规定,工程进度计划编制的主要依据有:

(1)施工合同中规定的合同工期、开工日期及竣工(公路是指交工)日期。

(2)投标书中确认的工程进度计划及施工方案。

(3)主要材料和设备的采购合同及供应计划。

(4)工程现场的特殊环境及气候条件。

(5)施工人员的技术素质及设备能力。

(6)已建成的同类工程的实际进度及经济指标等。

《费用与进度控制》对应的内容是:

(1)工程项目的全部设计图纸,包括工程的初步设计或扩大初步设计、技术设计、施工图设计、设计说明书、建筑总平面图等。

(2)工程项目有关概(预)算资料、指标、劳动力定额、机械台班定额和工期定额。

(3)施工承包合同规定的进度要求和施工组织设计。

(4)施工总方案(施工部署和施工方案)。

(5)工程项目所在地试的自然条件和技术经济条件,包括气象、地形地貌、水文地质、交通水电条件等。

(6)工程项目需要的资源,包括劳动力状况、机具设备能力、物资供应来源条件等。

(7)地方建设行政主管部门对施工的要求。

(8)国家现行的建筑施工技术、质量、安全规范、操作规程和技术经济指标。

(三)进度计划的编制内容及编制要求

这部分内容与《1995版监理规范》《费用与进度控制》内容基本一致。

1. 进度计划的划分

根据《1995版监理规范》第5.1.3条规定,工程进度计划可根据项目实施的不同阶段,分别编制总体进度计划及年、月进度计划;对于某些起控制作用的关键工程项目(桥梁、隧道、立交等),还应单独编制工程进度计划。

2. 总体进度计划的内容

根据《1995版监理规范》第5.1.4条规定,总体进度计划的内容包括:

(1)工程项目的合同工期。
(2)完成各单位工程及各施工所需要的工期、最早开工和最迟完成的时间。
(3)各单位工程及各施工阶段需要完成的工程量及现金流动估算。
(4)各单位工程及各施工阶段所需要配备的人力和机械数量。
(5)各单位工程或分部工程的施工方案和施工方法等。

总体进度计划的编制的形式可以采用横道图、斜条图、进度曲线或网络计划图,但无论采用什么方法,都应反映出上述内容。现金流动估算表即与总体进度计划相应的进度曲线,通过现金流动估算表可以得到每月完成的工程费用额及已完成工程费用的累计。施工方案及方法则可通过施工组织设计来反映。

3. 年度进度计划的内容

(1)本年度完成的单位工程及施工阶段的工程项目内容、工程数量及投资指标。
(2)施工队伍和主要施工设备的数量及调配顺序。
(3)不同季节及气温条件下各项工作的时间安排。
(4)在总体进度计划下对各分项工程进行局部调整或修改的详细说明等。

注:《1995版监理规范》第5.1.5条与合同中年度施工计划并不矛盾。

4. 月(季)进度计划的内容

根据《1995版监理规范》第5.1.6条规定,月(季)进度计划的内容包括:

(1)本月(季)计划完成的分项工程内容及顺序安排。
(2)完成本月(季)及各分项工程的工程数量及投资额。
(3)完成各分项工程的施工队伍及人力和主要设备的配额。
(4)在年度计划下对各单位工程或分项工程进行局部调整或修改的详细说明等。

5. 关键工程进度计划的内容

根据《1995版监理规范》第5.1.7条规定,关键工程进度计划的内容包括:

(1)具体施工方案和施工方法。
(2)总体进度计划及各道工序的控制日期。
(3)现金流动估算。
(4)各施工阶段的人力和设备的配额及运转安排。
(5)施工准备及结束清场的时间安排。
(6)对总体进度计划及其相关工程的控制、依赖关系和说明等。

6.进度计划的编制要求

监理工程师要对计划编制提出要求,制订必要的规定,明确方法,确定内容,编制切实可行,既能符合合同,又能指导施工的进度计划。施工单位在收到中标通知书后,应认真阅读技术规范、设计图纸,并对现场的地形地貌、征地拆迁等情况进行认真的调查研究,做好相关的施工组织设计,编制施工进度计划。

根据《2006版监理规范》第5.5.1条进度监理的原则的规定,进度监理应在确保质量和安全的基则上,以计划控制为主线进行。监理工程师应要求承包人按时提交进度计划,严格进度计划审批,及时收集、整理、分析进度信息,发现问题及时按照合同规定纠正。

监理工程师应要求承包人在合同规定的期限内编制并提交进度计划。进度计划应有文字说明、进度图和保证措施等。总体进度计划中应绘制网络图[注:《公路工程标准施工招标文件(2018年版)》(以下简称《2018版施工合同》第10.1条是"应",而不是原规范的"宜"],标注关键路线和时间参数。总体进度计划中和月进度计划中应绘制资金流量S曲线。

根据《2018版施工合同》和1995版、2006版、2016版监理规范以及《费用与进度控制》,归纳以下几点供考生参考:

(1)进度计划不等于进度图表,进度图表只是进度计划的一部分;进度计划还包括:文字说明和保证措施(即施工方案说明等,相当于施工组织设计的内容)。

(2)泛指进度计划的表示形式:可以有五种形式,横道图、斜道图(斜条图)、S曲线图和网络图四种与进度监理的方法一致。还有一种形象进度图,不过形象进度图的形式多种多样,除了S曲线能算一种形象进度,柱状图反映完成工作量也是一种形象进度图。

(3)总体进度计划(经批准就是合同进度计划)的表示形式。根据《2018版施工合同》第10.1条,"应"有强制性,不是"宜"(与《2006版监理规范》有矛盾)。所以总体进度计划中应分别绘制关键线路网络图,并标注相应时间参数(至少包括各单位工程及各施工所需要的工期、最早开工和最迟完成的时间)和主要工作横道图,并应包括每月预计完成的工作量和形象进度。因此,总体进度计划的表示形式,强制性的"必须"或"应"采用三种形式:网络图、横道图、S曲线图(包括资金或现金流量S曲线图,工作量形象进度图)。如果考试中多选题是问总体进度计划"可(非强制性)"采用的形式时,除了网络图、横道图、S曲线图还包括斜道图(斜条图),单选题参见例2的形式。

(4)年度、月(季)进度计划(属于分阶段进度计划)。年度、月(季)进度计划可采用横道图、进度曲线及有关形象进度图表示,取消了年度计划强制性提交"现金流动估算"的要求。月进度计划中应绘制资金流量S曲线。

(5)关键工程进度计划:2006版和2016版监理规范都没有具体规定,《1995版监理规范》进度计划的内容不是强制规定。因此,"现金流动估算"在关键工程计划中可以有,但不是"应有",而"应有现金流量S曲线"是《2006版监理规范》针对总体和月进度计划而言的。

例 题

例1 不属于工程进度计划编制的主要依据是( )。
A.合同工期 B.施工方案
C.材料采购合同 D.招标文件

例2 不是工程总体进度计划中应绘制的形式是( )。

A. 横道图　　　　　　　　　　　B. 网络图
C. 资金流量 S 曲线　　　　　　　D. 斜率图

例3 进度监理的原则是(　　)。
A. 进度计划必须贯彻合同条件及技术规范
B. 进度计划必须表达施工中的全部活动及其他的相关联系
C. 进度计划必须反映施工组织及施工方法
D. 进度监理应在确保质量和安全的基础上以计划控制为主线进行

例4 进度计划的编制原则有(　　)。
A. 进度计划必须贯彻合同条件及技术规范
B. 进度计划必须表达施工中的全部活动及其他的相关联系
C. 进度计划必须反映施工组织及施工方法
D. 进度监理应在确保质量和安全的基础上以计划控制为主线进行
E. 监理工程师应要求施工单位按时提交进度计划严格进度计划审批

例5 总体进度计划的内容一般包括(　　)。
A. 工程项目的合同工期
B. 完成各单位工程及各施工所需要的工期、最早开工和最早完成的时间
C. 不同季节及气温条件下各项工作的时间安排
D. 各单位工程及各施工阶段所需要配备的人力和机械数量
E. 各单位工程或分部工程的施工方案和施工方法等

例题解析

例1 选项 ABC 的内容是工程进度计划编制的主要依据,投标文件中工程进度计划及施工方案也是,但是招标文件不是。故选 D 项。

例2 根据《2018 版施工合同》第 10.1 条补充内容:"合同进度计划应按照关键线路网络图和主要工作横道图两种形式分别编绘,并应包括每月预计完成的工作量和形象进度。"选项 D 斜率图是投标文件中施工组织设计的进度图形式,不是施工阶段提交的进度形式。故选 D 项。

例3 选项 ABC 的内容是工程进度计划编制的原则。选项 D 是《2006 版监理规范》第 5.5.1 条进度监理原则的内容,《2016 版监理规范》依然保留。故选 D 项。

例4 选项 ABC 的内容是工程进度计划编制的原则,故选 ABC 项。选项 D 和 E 是《2006 版监理规范》第 5.5.1 条进度监理原则的内容。例3 与例4 互为干扰。

例5 选项 B 中"最早完成"错,应是"最迟完成"。选项 C 不同季节及气温条件下各项工作的时间安排是年度进度计划的内而不是总体进度计划的内容。故选 ADE 项。这种多选题有两种出题方式:①最容易采用互为干扰的选项,例如选项 C;②将某选项中内容改几个字成为错项,例如自测模拟题中"应"是强制性表示而不是"宜"和"可"的推荐性表示。

自测模拟题

(一)单项选择题

1. 不属于进度计划编制原则的是工程进度计划必须(　　)。

A.真实、可靠并符合实际并且清楚、明了便于管理
B.反映施工组织及施工方法
C.表达施工中的关键活动及其他的相关联系
D.充分使用人力和设备

2.下列不属于工程进度计划编制主要依据内容的是( )。
A.投标文件中反映的合同工期,开工日期及竣工日期
B.投标书中确认的工程进度计划及施工方案
C.主要材料和设备的采购合同及供应计划
D.已建成的同类工程的实际进度及经济指标

3.在总体进度计划下对各分项工程进行局部调整或修改的详细说明是( )的内容。
A.总体进度计划　　　　　　　　B.年度进度计划
C.月(季)进度计划　　　　　　　D.关键工程进度计划

4.对总体进度计划及其相关工程的控制、依赖关系和说明等是( )的内容。
A.总体进度计划　　　　　　　　B.年度进度计划
C.月(季)进度计划　　　　　　　D.关键工程进度计划

5.完成各分项工程的施工队伍及人力和主要设备的配额是( )的内容。
A.总体进度计划　　　　　　　　B.年度进度计划
C.月(季)进度计划　　　　　　　D.关键工程进度计划

6.各单位工程或分部工程的施工方案和施工方法是( )的内容。
A.总体进度计划　　　　　　　　B.年度进度计划
C.月(季)进度计划　　　　　　　D.关键工程进度计划

(二)多项选择题

1.进度计划的表示方法上,总体进度计划进度计划应采用( )。
A.斜道图　　　B.横道图　　　C.网络图　　　D.进度曲线
E.流程图

2.进度计划的表示方法上,总体进度计划进度计划可采用( )。
A.斜道图　　　B.横道图　　　C.网络图　　　D.进度曲线
E.流程图

3.工程进度计划的主要形式包括( )。
A.横道图　　　B.斜条图　　　C.网络图　　　D.关系图
E.进度曲线

4.年度进度计划的内容一般包括( )。
A.施工队伍和主要施工设备的数量及调配顺序
B.完成各单位工程及各施工所需要的工期、最早开工和最迟完成的时间
C.不同季节及气温条件下各项工作的时间安排
D.各单位工程及各施工阶段所需要配备的人力和机械数量
E.在总体进度计划下对各分项工程进行局部调整或修改的详细说明等

5.月(季)进度计划的内容包括( )。
A.施工队伍和主要施工设备的数量及调配顺序

B.完成各分项工程的施工队伍及人力和主要设备的配额

C.不同季节及气温条件下各项工作的时间安排

D.完成各单位工程及各施工所需要的工期、最早开工和最迟完成的时间

E.在年度计划下对各单位工程或分项工程进行局部调整或修改的详细说明等

6.关键工程进度计划的内容一般包括( )。

 A.总体进度计划及各道工序的控制日期

 B.现金流动估算,各施工阶段的人力和设备的配额及运转安排

 C.总体施工方案和施工方法

 D.施工准备及结束清场的时间安排

 E.对总体进度计划及其相关工程的控制、依赖关系和说明等

7.关于进度计划的编制要求,论述正确的有( )。

 A.总体进度计划中应反映完成各单位工程及各施工所需要的工期、最早开工和最迟完成的时间

 B.总体进度计划和年度进度计划中应绘制资金流量S曲线

 C.年度进度计划应采用横道图、进度曲线及有关形象进度图

 D.月(季)进度计划可采用横道图、进度曲线及有关形象进度图

 E.总体进度计划中可绘制网络图,标注关键路线和时间参数

8.提交总进度计划还应包括下述(文件)内容的( )。

 A.总进度计划   B.关键工程进度计划

 C.现金流动计划   D.施工组织计划

 E.进度计划调整方案

9.施工总进度计划编制过程中,确定各项单位工程开竣工时间和相互搭接关系应考虑的因素有( )。

 A.同一时间施工的项目不宜过多,以免人力物力过于分散

 B.尽量(提前)建设可供工程施工使用的永久性工程,以节省临时工程费用

 C.应注意季节对施工顺序的影响,以保证工期和质量

 D.尽量提高单位工程中人工数量减少机械数量,以降低工程成本

 E.尽量做到劳动力、施工机械和主要材料的供应在工期内均衡

参考答案及解析

(一)单项选择题

1.C   2.A   3.B   4.D   5.C   6.A

(二)多项选择题

1.BCD   2.ABCD   3.ABCE   4.ACE   5.BE   6.ABDE   7.AD

8.BC   9.ABCE

7.**解析**:本题是旧考题。选项B错在根据《2006版监理规范》第5.5.2条强制性规定,只有总体和月进度计划才要资金流量S曲线,否定了《1995版监理规范》第5.2.1.2条中年度计划的现金流动估算的强制性要求;选项E错在"可"。

8.**解析**:本题是交通运输部监理工程师考试真题,选项D是设计单位应提交的内容,如果

改为施工组织设计，选项 D 就正确。

三、施工组织设计中总体进度计划的编制、审批、检查、调整与控制

重点知识

(一)施工组织设计中总体进度计划的编制

1. 合同进度计划的概念

根据《公路工程标准施工招标文件(2018 年版)》(交通运输部公告 2017 年第 51 号)(以下简称《2018 版施工合同》)第 10.1 条规定，承包人应按专用合同条款约定的内容和期限，编制详细的施工进度计划和施工方案说明报送监理人。监理人应在专用合同条款约定的期限内批复或提出修改意见，否则该进度计划视为已得到批准。经监理人批准的施工进度计划称为合同进度计划，是控制合同工程进度的依据。承包人还应根据合同进度计划，编制更为详细的分阶段或分项进度计划，报监理人审批。

公路专用条款对本款内容进行以下补充：

(1)承包人编制施工方案说明的内容见项目专用合同条款。

(2)承包人向监理人报送施工进度计划和施工方案说明的期限为签订合同协议书后 28 天之内。

(3)监理人应在 14 天内对承包人施工进度计划和施工方案说明予以批复或提出修改意见。

合同进度计划应按照关键线路网络图和主要工作横道图两种形式分别编绘，并应包括每月预计完成的工作量和形象进度，具体形式见图 3-2-5 工程进度表，不过只有一条计划 S 曲线。

对该条款合同进度计划内容归纳几点：①经监理人批准的施工进度计划称为合同进度计划，它是控制合同工程进度的依据；②合同进度计划包括经批准总体进度计划；③承包人要编制更为详细的分阶段或分项进度计划报监理人审批，说明阶段性进度计划经审批后也是合同进度计划的组成；④监理审批总体进度计划后没有规定需经业主同意，要注意这一点不同于合同进度计划的修改需业主同意；⑤总体进度计划的编制采用的形式是强制性"应"，参见第二中第(三)的第 6 点的(3)。

根据《2006 版监理规范》第 5.5.3 条规定，将经批准的进度计划作为进度监理的依据。其与合同规定相同，只是表述上有点差异，意思相同。

2. 承包人提交进度计划的时间、形式和审批需的文件内容以及份数

根据公路专用条款补充 10.4 合同用款计划内容，承包人应在签订本合同协议书后 28 天之内，按招标文件中规定的格式，向监理人提交两份按合同规定承包人有权得到支付的详细的季度合同用款计划，以备监理人查阅。如果监理人提出要求，承包人还应按季度提交修订的合同用款计划。

(1)总体进度计划

根据《2018 版施工合同》第 10.1 条和第 10.4 条的内容和补充规定：

①应提交的时间：签订施工合同协议书后的 28 天内。

②审批应提交 3 个文件，分别是详细的施工进度计划、详细的季度合同用款计划和施工方案说明，承包人编制施工方案说明的内容见项目专用合同条款。

③应提交的份数:两份详细的以季度为单位的合同用款计划,如表3-2-1所示。

合同用款计划表　　　　　　　　　　　　　　　　　　　　　表3-2-1

从开工月算起的时间 (月)	投标人的估算			
	分期		累计	
	金额(元)	(%)	金额(元)	(%)
第一次开工预付款				
1~3				
4~6				
7~9				
10~12				
13~15				
…				
缺陷责任期				
小计		100.00		
投标价:				
说明				

注:1.投标人可按工程进度估算并填写本表。
　　2.用款额按所报单价和总额价估算,不包括价格调整和暂列金额、暂估价,但应考虑开工预付款的扣回以及签发付款证书后到实际支付的时间间隔。

详细的季度合同用款计划类似于全部支付的现金流动估算,要求提交两份合同用款计划。

(2)阶段性进度计划

根据《1995版监理规范》第5.2.1.2条规定,在将要开工以前或开工以后合理的时间内,监理工程师应要求承包人提交以下文件:

①年度进度计划及现金流动估算。

②月(季)度进度计划及现金流动估算。

③分项(或分部)工程进度计划等。

这些文件将成为阶段性进度计划的组成。不过《2006版监理规范》和《2018版施工合同》第10条对此有变化,年度计划没有强制性要求提交现金流动估算,请考生注意。

(3)年度施工计划(与《1995版监理规范》第5.1.5条对比)

《2018版施工合同》第10.3条是公路专业补充规定,承包人应在每年11月底前,根据已同意的合同进度计划或其修订的计划,向监理人提交两份格式和内容符合监理人合理规定的下一年度的施工计划,以供审查。该计划应包括本年度估计完成的和下一年度预计完成的分项工程数量和工作量,以及为实施此计划将采取的措施。该条款归纳如下:

①提交时间:工程开工前或工程开工后的合理时间内提交,具体是每年11月底前提交。

②提交内容:格式和内容符合监理人合理规定的下一年度施工计划(不仅仅只有进度计划的内容)。

该年度施工计划应包括三方面内容:本年度估计完成的分项工程数量和工作量(即年度进度和年度现金流动估算)、下一年度预计完成的分项工程数量和工作量和为实施此计划将采取的措施。

③提交份数:两份下一年度施工计划。

3. 编制要求

参见本节第二的第(三)中第6点。

(二)施工组织设计中总体进度计划的审批

1. 总体进度计划的审批人

依据《2016版监理规范》第5.6.2条规定,监理机构应审批施工单位提交的进度计划,总体进度计划应由总监理工程师审批,月进度计划等应由驻地监理工程师审批并报总监办。

2. 审查的内容

根据《2016版监理规范》第5.6.2条规定,审查的内容包括:

(1)是否符合施工合同工期管理约定,阶段性施工进度计划是否满足总体进度目标控制要求。

(2)主要工程项目是否有遗漏,劳动力、材料、机械设备等是否满足进度需要。

(3)是否适合建设单位提供的资金、施工场地等条件。

3. 监理工程师审查批复的时间限制

根据《2018版施工合同》第10.1条规定,监理人应在14天内对承包人施工进度计划和施工方案说明予以批复或提出修改意见。第10.2条规定,监理人批复修订合同进度计划的期限是:收到修订合同进度计划后14天内。监理人在批复修订合同进度计划前应获得发包人同意。以上两种情况监理人超过14天未批复或提出意见的,视为该进度计划已得到批准。

4. 审查步骤

参见本节第四点。

(三)施工组织设计中总体进度计划的检查

根据《2016版监理规范》第5.6.3条规定,监理机构应检查施工进度计划的执行情况,按月通过实际进度与计划进度的比较进行分析评价,主要结论应写入监理月报。

检查方法参见本节第五点的工程进度表和网络计划检查方法,关注工程延误对工程工期的影响和原因分析。

(四)施工组织设计中总体进度计划的调整与控制

1. 施工组织设计中总体进度计划的调整

根据《2016版监理规范》第5.6.4条规定,进度计划调整应符合下列规定:

(1)对总体进度起控制作用的分项工程的实际进度严重滞后时,监理机构应签发监理指令单,要求施工单位采取措施保证工程进度,并向建设单位报告工期延误风险。需要调整进度计划的应重新审批。

(2)由于施工单位原因造成工程进度延误,且在监理机构签发监理指令后未有明显改进、工程在合同工期内难以完成的,监理机构应及时向建设单位报告,并按合同约定处理。

(3)建设单位或施工单位提出工程进度重大调整时,应按合同或签订的补充合同执行。

2.施工组织设计中总体进度计划的控制

《2018版施工合同》第10.2条合同进度计划修订的具体约定内容为:不论何种原因造成工程的实际进度与第10.1条的合同进度计划不符时,承包人可以在专用合同条款约定的期限内向监理人提交修订合同进度计划的申请报告,并附有关措施和相关资料,报监理人审批;监理人也可以直接向承包人作出修订合同进度计划的指示,承包人应按该指示修订合同进度计划,报监理人审批。监理人应在专用合同条款约定的期限内批复。监理人在批复前应获得发包人同意。

注:从变化内容和程度来看,修订＞修改,应注意区分这两个概念。

本条款补充内容:

(1)承包人提交合同进度计划修订申请报告,并附有关措施和相关资料的期限:实际进度发生滞后的当月25日前。

(2)监理人批复修订合同进度计划的期限:收到修订合同进度计划后14天内。

(3)施工组织设计中总体进度计划的控制措施参见第一点和第六点中的进度控制措施。

例 题

例1 作为进度监理依据的是( )。
A.总体进度计划　　　　　　　　B.年度进度计划
C.月进度计划　　　　　　　　　D.合同进度计划

例2 合同用款计划是以( )时间为单位。
A.年度　　　B.季度　　　C.月份　　　D.周

例3 监理机构应检查施工进度计划的执行情况,按月通过实际进度与计划进度的比较进行分析评价,主要结论应写入( )。
A.监理月计划　　B.监理月例会议程　　C.监理月报　　D.监理报告

例4 关于监理人审查进度计划论述中正确的是( )。
A.监理人在对承包人第一次的详细施工进度计划予以批复前应获得发包人同意
B.监理人在对承包人第一次的详细施工进度计划予以批复前宜经发包人同意
C.监理人在对承包人修订的合同进度计划予以批复前应获得发包人同意
D.监理人在对承包人修订的合同进度计划予以批复前宜经发包人同意

例5 关于监理人审查进度计划的时间期限,说法正确的是( )。
A.监理人应在承包人提交施工进度计划14天内予以批复或提出修改意见
B.监理人应在收到承包人施工进度计划14天内予以批复或提出修改意见
C.监理人宜在收到承包人施工进度计划14天内予以批复或提出修改意见
D.监理人可在收到承包人施工进度计划28天内予以批复或提出修改意见

例6 审查施工进度计划应包括的内容有( )。
A.是否符合施工合同工期管理约定
B.阶段性施工进度计划是否满足年度进度目标控制要求
C.主要工程项目是否有遗漏
D.劳动力、材料、机械设备等是否满足进度需要
E.是否适合建设单位提供的资金、施工场地等条件

例题解析

例1 根据《2006版监理规范》第5.5.3条规定,经批准的进度计划作为进度监理的依据。选项ABC的只是说明进度计划的形式的概念,不包含"批准"。只有"合同进度计划"是表明已经批准。故选D项。

例2 《2018版施工合同》第10.4条合同用款计划是公路工程补充合同条款,具体内容是"承包人应在签订本合同协议书后28天之内,按招标文件中规定的格式,向监理人提交两份按合同规定承包人有权得到支付的详细的季度合同用款计划,以备监理人查阅"。故选B项。

例3 根据《2016版监理规范》第5.6.3条,监理机构应检查施工进度计划的执行情况,按月通过实际进度与计划进度的比较进行分析评价,主要结论应写入监理月报。故选C项。

例4 根据《2018版施工合同》第10.1条,选项A和B是"第一次详细进度计划"的批复没有经发包人同意强制性要求,所以不适合。根据第10.2条,"合同进度计划"是表示已经批准的"进度计划",选项D用词"宜"不准确,而要采用"应"强制性用语。故选C项。本条款还要注意"批复"概念不等于"批准",批复包括不批准。

例5 根据《2018版施工合同》第10.2条的理解和推理,选项A"提交"不适合,而应采用"收到"。选项C和D用词"宜"和"可"不准确,和28天错了,而要采用"应"强制性用语。故选B项。

例6 根据《2016版监理规范》第5.6.2条规定,选项ACDE都是正确项。选项B正确,表示是"阶段性施工进度计划是否满足总体进度目标控制要求"而不是"年度进度目标"。故选ACDE项。

自测模拟题

(一) 单项选择题

1. 根据《2018版施工合同》第10.1条补充规定,总体进度计划应在签订施工合同后( )天内提交。
   A.14   B.15   C.28   D.30

2. 根据《2018版施工合同》第10.1条补充规定,承包人编制的施工方案说明内容按照( )的规定。
   A.监理合理要求   B.合同通用条款
   C.公路专用条款   D.项目专用条款

3. 根据《2018版施工合同》第10.4条补充规定,详细的合同用款计划应提交( )份。
   A.1   B.2   C.4   D.6

4. 根据《2018版施工合同》第10.3条补充规定,下一年度施工计划应在每年( )前提交。
   A.7月底   B.9月底   C.11月底   D.12月底

5. 根据《2018版施工合同》第10.3条补充规定,下一年度施工计划应提交( )份。
   A.1   B.2   C.4   D.6

6. 根据《2018 版施工合同》第 10.3 条补充规定,承包人编制下一年施工计划的格式和内容要符合( )的规定。
   A. 监理合理要求　　　　　　　　B. 合同通用条款
   C. 公路专用条款　　　　　　　　D. 项目专用条款

7. 根据《2018 版施工合同》第 10.2 条补充规定,承包人提交合同进度计划修订申请报告,是实际进度发生滞后的( )前。
   A. 当月 25 日　　B. 当月 28 日　　C. 下月初　　　D. 下月 28 日

8. 根据《2018 版施工合同》规定,监理工程师审批进度计划后需报业主同意的是( )。
   A. 总体进度计划　　　　　　　　B. 年度进度计划
   C. 合同进度计划　　　　　　　　D. 修订合同进度计划

9. 由于施工单位原因造成工程进度延误,且在监理机构签发监理指令后未有明显改进、工程在合同工期内难以完成的,监理工程师应( )。
   A. 及时向驻地办报告　　　　　　B. 要求施工单位采取措施保证工程进度
   C. 及时向总监办报告　　　　　　D. 及时向建设单位报告并按合同约定处理

10. 根据《2018 版施工合同》第 10.4 条规定,合同用款计划应在( )中提交。
    A. 总体进度计划　　　　　　　　B. 年度进度计划
    C. 季进度计划　　　　　　　　　D. 月进度计划

(二) 多项选择题

1. 总体进度计划还未批准前应提交审批的文件有( )。
   A. 双代号网络图　　　　　　　　B. 标注了关键线路的网络图
   C. 单代号网络图　　　　　　　　D. 工程进度表
   E. 横道图

2. 年施工计划提交审批的内容包括( )。
   A. 本年度已经完成的分项工程数量　　B. 本年度已经完成的分项工程工作量
   C. 下一年度预计完成的分项工程数量　D. 下一年度预计完成的分项工程工作量
   E. 为实施此计划将采取的措施

3. 对总体进度起控制作用的分项工程的实际进度严重滞后时,监理机构应( )。
   A. 签发监理指令单　　　　　　　B. 要求施工单位采取措施保证工程进度
   C. 及时发布口头指令　　　　　　D. 向建设单位报告工期延误风险
   E. 重新审批需要调整的进度计划

参考答案及解析

(一) 单项选择题

1. C　2. D　3. B　4. C　5. B　6. A　7. A　8. D　9. D　10. A

10. **解析**:根据《2018 版施工合同》第 10.4 条,如果监理人提出要求,承包人还应按季度提交修订的合同用款计划,所以选项 C 要在"如果监理人提出要求"情况下才是正确项。

(二) 多项选择题

1. BD　2. CDE　3. ABDE

1. 解析：选项 A 和选项 C 没有明确标注关键线路，选项 E 横道图没有体现工程量或工作量，所以不能选。

2. 解析：选项 A 和选项 B 错在"已经完成"，应该是"估计完成"。

四、进度计划的审查步骤和审查内容

重点知识

(一)审查步骤(即程序,根据《1995版监理规范》第5.2.2条)

监理工程师应组织有关人员对承包人提交的各项进度计划进行审查,并在合同规定的14天内审查完毕。审查工作应按以下程序进行：

(1)阅读文件,列出问题,进行调查了解。
(2)提出问题与承包人进行讨论或澄清。
(3)对有问题的部分进行分析,向承包人提出修改意见。
(4)审查批准承包人修改后的进度计划。

总体进度计划应由总监理工程师审批，月进度计划等应由驻地监理工程师审批并报总监办。

(二)审查的内容（根据《1995版监理规范》第5.2.3条）

1. 工期和时间安排的合理性

(1)承包人提交的工程总进度计划的(总)工期必须符合工程项目的合同工期,即计划总工期应少于或等于合同工期。
(2)各施工阶段或单位工程(包括分部、分项工程)的施工顺序和时间安排与材料和设备的进场计划相协调；施工的开始时间和结束时间合理,尽可能使施工对资源的要求趋于均衡。
(3)易受冰冻、低温、炎热、雨季等气候影响的工程应安排在适宜的时间,并应采取有效的预防和保护措施。
(4)对动员、清场、假日及天气影响的时间,应有充分的考虑并留有余地。

2. 施工准备的可靠性

(1)所需主要材料和设备的运送日期是否已有保证。
(2)主要骨干人员及施工队伍的进场日期是否已经落实。
(3)施工测量、材料检查及标准试验的工作是否已经安排。
(4)驻地建设、进场道路及供电、供水等是否已经解决或已有可靠的解决方案。

3. 计划目标与施工能力的适应性

(1)各阶段或单位工程计划完成的工程量及投资额应与承包人的设备和人力实际状况相适应。
(2)各项施工方案和施工方法应与承包人的施工经验和技术水平相适应。
(3)关键线路上的施工力量安排应与非关键线路上的施工力量安排相适应。

例 题

例1 审查步骤中,阅读文件,列出问题,进行调查了解的下一步是( )。
A. 是否符合施工合同工期管理约定
B. 提出问题与承包人进行讨论或澄清
C. 对有问题的部分进行分析,向承包人提出修改意见
D. 审查批准承包人修改后的进度计划

例2 审查施工进度计划中施工准备的可靠性等内容有( )。
A. 所需主要材料和设备的运送日期是否已有保证
B. 主要骨干人员及施工队伍的进场日期是否已经落实
C. 各项施工方案和施工方法应与承包人的施工经验和技术水平相适应
D. 施工测量、材料检查及标准试验的工作是否已经安排
E. 驻地建设、进场道路及供电、供水等是否已经解决或已有可靠的解决方案

例 题 解 析

例1 审查步骤中,"阅读文件,列出问题,进行调查了解"的下一步是"提出问题与承包人进行讨论或澄清"。故选 B 项。

例2 选项 C "各项施工方案和施工方法应与承包人的施工经验和技术水平相适应",属于计划目标与施工能力的适应性。故选 ABDE 项。

自 测 模 拟 题

(一)单项选择题

1. 承包人提交的工程总进度计划的总工期( )。
   A. 与合同工期无关　　　　　　　　B. 必须符合工程项目的总工期
   C. 应少于合同工期　　　　　　　　D. 必要时可超过要求工期

2. 工程进度计划审查步骤中,提出问题与承包人进行讨论或澄清的上一步是( )。
   A. 对有问题的部分进行分析　　　　B. 阅读文件,列出问题,进行调查了解
   C. 向承包人提出修改意见　　　　　D. 审查批准承包人修改后的进度计划

3. 公路工程进度计划审查过程中,监理人审查过程正确的是( )。
   A. 监理人宜在合同规定的时间内对承包人施工进度计划和施工方案说明予以批复或提出修改意见
   B. 监理人可在合同规定的时间内对承包人施工进度计划和施工方案说明予以批复或提出修改意见
   C. 监理人应在合同规定的时间内对承包人施工进度计划和施工方案说明予以批复或提出修改意见
   D. 监理人因客观原因且审查过程复杂有权在 14 天后对承包人施工进度计划予以否决

4. 承包人提交的工程总体进度计划应由( )审批。
   A. 监理单位总工　　　　　　　　　B. 总监理工程师

C.驻地监理工程师 D.监理工程师

5.承包人提交的工程月进度计划等计划应由( )审批。
　　A.监理单位总工 B.总监理工程师
　　C.驻地监理工程师 D.驻地办

6.承包人提交的工程月进度计划等计划应报( )。
　　A.监理单位 B.总监理工程师
　　C.总监办 D.驻地办

7.审查进度计划中劳动力、材料、机械设备等是否满足进度需要,是反映审查( )。
　　A.工期和时间安排的合理性 B.施工准备的可靠性
　　C.工料机资源安排的合理性 D.计划目标与施工能力的适应性

8.下列属于工程进度监理职责与权限的是( )。[2005年交通部监理真题]
　　A.主持开工前的第一次工地会议
　　B.签发动员(开工)预付款支付证书
　　C.审批承包人在开工前提交的现金流动计划
　　D.签发各项工程的开工通知单

9.监理工程师在审查施工进度计划的过程中发现问题,应采取的措施之一是( )。
　　A.向承包单位提出整改通知书 B.向建设单位提出指令单
　　C.向承包单位提出工程暂停令 D.向建设单位提出建议书

(二)多项选择题

1.在将要开工前或在开工以后合理的时间内,监理工程师应要求承包人提交的文件是( )。
　　A.年度进度计划及现金流动估算 B.有关施工方案和施工方法的总说明
　　C.月(季)度进度计划及现金流动估算 D.有关全部支付的现金流动估算
　　E.分项(或分部)工程的进度计划

2.监理工程师对进度计划的审查内容为( )。[2004年交通部监理真题]
　　A.工期安排的合理性 B.施工准备的可靠性
　　C.计划与能力的适应性 D.机械设备的协调性
　　E.实现目标的准确性

3.项目监理机构对施工进度计划审核的主要内容有( )。
　　A.施工进度计划应符合施工合同中工期的约定
　　B.对施工进度计划执行情况的检查应符合动态要求
　　C.施工顺序的安排应符合施工工艺要求
　　D.施工人员、工程材料、施工机械等资源供应计划应满足施工进度计划的需要
　　E.施工进度计划应符合建设单位提供的资金、施工图纸等施工条件

参考答案

(一)单项选择题

1.B　2.B　3.C　4.B　5.C　6.C　7.B　8.C　9.A

(二)多项选择题

1. ACE   2. ABC   3. ACD

五、工程施工中进度检查方法

重点知识

进度检查就是将实际进度与计划进度作对比。所以,在概念上一定要明确,既然要检查,比较不可少,所有的进度检查方法都有显现或隐含的"比较"二字,例如横道图比较法、前锋线法。当然有时"比较"二字被省略,例如横道图法等。在概念上要抓住"比较"实质。比较是为了判断是否存在偏差,偏差不外乎有两种可能,实际与计划相比提前或拖延(延误);无偏差就是按时或按期(即正常)。在进度检查时所谈及的偏差往往是针对正在检查的内容即网络计划中的工作(或分项工程)。在网络计划中还应进一步分析这些偏差对工程项目或合同段工期有何影响,即工程总体进度状况和发展的趋势。本节第六点将对工程总体进度发展趋势中不利的误期情况进行处理。

(一)横道图法与S曲线法组合(工程进度表)

1. 工程进度表

工程进度表是反映每个月工程实际进度与计划进度的图表。它是横道图法与S曲线法的结合,在《1995版监理规范》中有此图表格式,但没具体规定计划量与实际量在横线的哪一侧,通常是计划在上实际在下。在工程进度表的图表中,用横道图反映每月相应各分项的计划量与实际量以及开始、完成时间,用S曲线表示到本月整个工程产值的实际值(一般用实线表示)与计划值(一般用虚线表示)的累加百分数进行对比。京津塘高速公路某合同段的工程进度表如图3-2-5所示,横道图中横线下方数值为计划完成量累加百分数,上方为实际完成量的累加百分数,与一般习惯相反,看图时要注意。

图3-2-5中其他数据项的关系为:

$$单项占合同价的比例(\%) = \frac{单个细目(或子目)合同金额}{合同总价} \times 100\%$$

$$单项完成的比例(\%) = \frac{单项(或分项)的累加完成量}{单(分)项合同数量} \times 100\%$$

$$= 横道图中各月实际量百分数的累加$$

$$完成占合同价的比例(\%) = \frac{单项(或分项)的累加完成量}{合同总价} \times 100\%$$

工程进度表实现了横道图比较法与S曲线比较法的优势互补,克服了横道图不便反映工程整体进度的弱点和S曲线无法反映各分项工程进度的弱点,所以它是进度控制的重要形式。从工程进度表中了解到工程进度的总体状况和各分项工程的情况;但对于工程进度中的具体问题,发生在哪些桩号段落还得借助于更细化的横道图或网络划图。在处理是否给予延长工期问题时,用网络图最方便。

工程进度表中横道图比较法原理就是"非匀速双比例单侧横道图比较法",只是因横道图单元格空间偏小,少画了实际横线,并不影响单(分)项细目的检查和比较。S曲线比较法的内容会在后面第3点详细介绍。

图 3-2-5　京津塘高速公路某合同段工程进度表

2. 横道图比较法(简称横道图法)

横道图比较法是将施工项目施工中检查的实际进度信息经加工整理后直接用横线长度或数值反映在横道图上,进行直观的比较。其缺点是不便判断对工程工期的具体影响情况。

（1）匀速横道图比较法

如图 3-2-6 所示,细实线表示计划进度,用粗实线的长度(或称为涂黑)反映实际进度所完成工程量达到的位置。例如,支模板计划工程量为 $100m^2$,持续时间为 6 天;当检查日是第 8 天末(即晚上),实际工程量完成了 $90m^2$,则 $(90÷100)×6=5.4$ 天,用粗实线标注 5.4 天长度在其相应的位置。未完成工作的实际粗实线的末端位于检查日的左侧,则表示实际进度延误(拖延);粗实线的末端位于检查日的右侧,则表示实际进度提前;与检查日重合表示实际进度与计划一致。检查日第 8 天末是支模板,本应完成,结果未完成,拖延 0.6 天,绑钢筋提前 1 天;

图 3-2-6　匀速横道图比较法图

挖土方从图中只表示已经完成却不能表示按时,挖土方工作的实际进度应从第6天以前的检查情况中反映。

(2)非匀速双比例单侧横道图比较法(即数值表示比较法)

由于施工速度的不均匀,该方法用细实线表示计划进度,用粗实线的长度(或称为涂黑)反映实际进度的同时,在计划线的上方标出对应时刻计划所需完成工程量的累计百分数,在计划线的下方标出对应时刻实际已经完成工程量的累计百分数。粗实线标出的实际进度线从实际开工时间开始,同时反映出施工过程连续与间断的情况,在实际完成时间位置终止。

如图3-2-7所示,以支模板为例。原计划第3天早晨(第2天后)开始支模板工作并要求完成10%的支模板工程量,由于准备工作不充分推迟了1天开工,所以实际量为0,实际开始于第4天早晨,粗实线从第4天起始画图表示。第4天计划要求当天完成15%,累计完成25%,实际当天完成15%,累计完成15%,进度偏差=实际累计值-计划累计值=15%-25%=-10%,说明进度延误10%。第5天,计划要求当天完成45%-25%=20%,累计完成45%,实际当天完成40%-15%=25%,累计完成40%,进度延误5%。第6天,计划要求当天完成25%,累计完成70%,实际当天完成25%,累计完成75%,进度提前5%。第7天,计划要求当天完成15%,累计完成90%,实际当天停工,完成0,累计完成75%,进度延误15%。第8天,计划要求当天完成10%,累计完成100%,实际当天停工,完成13%,累计完成88%,进度延误12%。

非匀速双比例单侧横道图比较法中,工程量通过计划线上下方的数值表示,如果出现停工,实际线可以中断不连续,例如图3-2-7所示的"支模板"第7天停工。有两种反映进度的情况,第一种是进行到检查时间点即"末"完成累计量的比较;第二种是进行检查时间段"内"的完成量(工程量或工作量)的比较,即检查时间点"末"的累计量与前一个时间点"末"累计量的差值比较(例如检查第5月内的进度,即5月末减去4月末)。在作题时要分清题目是要求作到检查点累计量比较,还是时间段内的计划量与实际量比较,正确理解题意。

工作内容	持续时间	时间(天)																
		1	2	3	4	5	6	7	8	9	10	11	12	13	14	15	16	17	18
挖土方	6	10	25	40	55	80	100												
		5	15	30	50	75	90	100											
支模板	6			10	25	45	70	90	100										
				0	15	40	75	75	88										
绑钢筋	9					10	15	25	40	50	60	75	90	100					
						5	15	25	55										
浇筑混凝土	5										10	30	50	80	100				
回填	6													15	30	50	70	85	100

-------- 计划线
———— 实际线
↑ 检查日

图3-2-7 非匀速双比例单侧横道图比较法图

应注意,非匀速双比例单侧横道图比较法中的粗实线表示的实际线,只表示实际时间而不表示实际工程量,例如挖土方工作实际第7天完成,粗实线就画到第7天,如图3-2-7所示。匀速横道图比较法中的粗实线(实际线)只表示实际工程量,例如图3-2-6所示的支模板5.4天粗实线横线长度。

(3)非匀速双比例双侧横道图比较法(即在计划线上下交替画实际横线长度)

非匀速双比例双侧横道图比较法,是非匀速双比例单侧横道图比较法的改进和发展。在非匀速双比例单侧横道图中原本表示实际进度的粗实线,按实际完成百分数交替画在计划横线的上方和下方(即双侧)。将图3-2-7所表示的进度检查情况按"双比例双侧横道图"表示(图3-2-8)。

工作内容	持续时间	时间(天)																	
		1	2	3	4	5	6	7	8	9	10	11	12	13	14	15	16	17	18
挖土方	6	10 5	25 15	40 30	55 50	80 75	100 90	100											
支模板	5			10 0	25 15	45 40	70 75	90 75	100 88										
绑钢筋	9					10 5	15 15	25 25	40 55	50	60	75	90	100					
浇筑混凝土	5									10	30	50	80	100					
回填	6													15	30	50	70	85	100

-------- 计划线
———— 实际线   ↑检查日

图3-2-8 非匀速双比例双侧横道图比较法图

相对来说,非匀速双比例单侧横道图比较法最直观,也能比较全面反映进度情况,所以工程进度表的横道图就是非匀速双比例单侧横道图,不过计划量在线下方(官方对此没有具体明确规定,请考生注意题目的图形表示)。

3. 工程进度曲线(S曲线)比较法

工程进度曲线是以横坐标表示进度时间,纵坐标表示累计完成的工程量或工作量(产值),绘制出一条按照计划时间累计完成量的曲线,因为所绘制曲线的形状如同英文字母S,因此也称为S曲线。当只分析比较自己本身工程时,横坐标所表示的进度时间一般采用绝对时间,如果是多个工期不同的同类工程进行比较分析时则必须采用相对时间。纵坐标反映累计完成的工程量时可以用绝对量或相对量,如图3-2-1或图3-2-5所示;反映整个工程项目的S曲线,就必须用累计工作量的百分数即相对量(图3-2-5),这是S曲线最主要最常用的形式。S曲线进度检查的方法,见本节"一、(二)、2、(2)"中的"工程进度曲线法"内容。

(二)网络计划进度检查的计算方法

1. 网络计划检查涉及的有关概念

(1)工作延误

延误是指施工中实际进度与计划进度相比较的拖延或耽误。在工程施工过程中谈及延误时,往往是指某些正在施工或者已经完成的工作(或分项工程)的延误。所以泛泛而谈的"延误"一般是指"工作延误",在网络计划中一般是指工作的延误,是表示该工作实际进度时间与计划的最早时间相比较的拖延或耽误。

(2)工期延误

工期延误(工期拖延、延误工期)是指工程项目所需完成的时间超过计划或合同规定的竣工时间,简称为误期或拖期。工期延误是工程在时间方面的损害,没有包含造成的原因,例如,在《2018版施工合同》第11.3条发包人的工期延误和第11.5条承包人的工期延误,该处的"工期"是指工程工期,不是工作的持续时间。

(3)延长工期(工期顺延,简称延期)

延长工期是指工程实施期间,监理工程师根据合同规定对工程期限的延长,即工程合同工期的顺延。它是建设单位给施工单位在时间方面的赔偿或补偿,对承包人来说即工期索赔。由于中文"延期"一词容易造成歧义,例如,会议延期举行,此处"延期"不是工期顺延的意思。因此,为了避免造成歧义,《2018版施工合同》中都用四个字表示"延长工期"而不用两个字的简称"延期",不过交通部的监理教材和人们的习惯还是用简称"延期"。要正确理解"延期"的含义,即"竣工期限的延长",而不是"推迟、拖延或不及时等",例如,延期交图、延期交房等,实际上此时不能用"延期"而是逾期交图、逾期交房。

延长工期的处理是本节第六点的内容,放在此处介绍和比较,就是为了避免与"工作延误"和"工期延误"等概念的混淆,便于考生做题。例如,"合理的延期不一定延期,要在关键线路上才能延期",后来又改为更有迷惑性的问题"试问:合理的延期是否一定批准?"其实,上一句话的正确表达的含义是"合理的延误(即非承包人原因引起的工作拖延)不一定要给予顺延工期,这个合理延误发生在关键线路上才能顺延工期",因为,关键工作发生延误,则工程工期一定延误即工期损害,监理人才需要考虑请业主给予工期顺延。当然这句话又造成另一个误解"凡是非承包人原因发生在非关键工作的延误,一律不考虑延期",而没有深入详细分析延误量是否超过该工作总时差的情况。

2. 时标网络图的前锋线法

(1)实际进度前锋线

实际进度前锋线是指计划实施过程中某一时刻正在施工的各工作实际进度到达的连线。它在时标网络图上,从检查时的时间线(或日期线)开始自上而下依次连接正在施工的各工作实际到达点,通常形成一条折线,见图3-2-9。检查日期一般认定为当天晚上收工时。

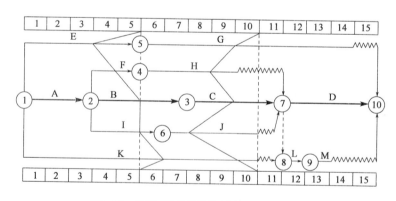

图3-2-9 实际进度前锋线检查图(时间单位:天)

(2)根据前锋线判断工作进度快慢和工程工期的影响程度

看工作进度快慢,是以检查日的日期线为基准。前锋线的点位于日期线左侧表示进度慢,工作偏差量就是该工作延误或拖延量。前锋线的点位于日期线右侧表示进度快,工作偏差量就是该工作提前量。

以图3-2-9为例,检查日期为第5天末:

①工作 E 延误 2 天,②工作 F 延误 1 天,③工作 B 按时,④工作 I 按时,⑤工作 K 提前 1 天。
工程工期影响程度 = max{各工作延误 - 各工作对应的总时差},大于零工程工期延误,等于零工程按期,小于零工程工期提前。工作的总时差时标图计算参见本章第一节内容。

$TF_E = 1$ 天,$TF_F = 2$ 天,$TF_B = 0$ 天,$TF_I = 1$ 天,$TF_K = 3$ 天。

该工程第 5 天末工期影响程度 = max{1, -1, 0, -1, -4} = 1,工程工期延误 1 天。

以图 3-2-9 为例,检查日期为第 10 天末:
①工作 G 延误 1 天,②工作 H 延误 2 天,③工作 C 延误 1 天,④工作 J 延误 3 天,⑤工作 K 延误 1 天。

$TF_G = 1$ 天,$TF_H = 2$ 天,$TF_C = 0$ 天,$TF_J = 1$ 天,$TF_K = 3$ 天。

该工程第 10 天末工期影响程度 = max{0, 0, 1, 2, -2} = 2,工程工期延误 2 天。

(3)实际前锋线的标定方法

①按已完成的实际工程量标定

当一项工作的工程量确定后,其工作的持续时间与其工程量成正比,比值就是该工作的效率。以该工作的总工程量在计划持续时间内全部完成为假设前提,用已完成的实际工程量表示实际进度点。标定时是从该工作的最早开始时间点起(即箭尾),从左向右画在相应位置上。

②按尚需时间来标定

尚需时间的标定方法是将计算或估算的尚需时间,从该工作最早完成时间点(即箭线中实线的末端)起,反向从右向左画在相应位置上。按式(3-2-1)计算:

$$尚需时间 = \frac{预计实际工程总量 - 已完成工程量}{目前实际效率} \quad (3\text{-}2\text{-}1)$$

对于实际与计划的效率和工程量差异不大时,尚需时间也可按式(3-2-2)计算:

$$尚需时间 = 计划持续时间 - 已施工时间 \quad (3\text{-}2\text{-}2)$$

在前锋线标定时,实际进度点一定不能标定在波形线上。否则实际的进度就无法确定。

(4)前锋线的进度比对工程进度的预测和评价

通过上述应用,在计划实施过程中,不仅可通过前锋线预测工程项目的总进度目标的情况,还可按照一定的时间间隔对计划的执行情况进行检查,通过依次画出不同时刻的实际进度前锋线进行进度预测,例如图 3-2-9 中,①→⑤→⑩这条线路的工程在加快进度,①→②→⑥→⑦→⑩这条线路的进度过于缓慢。可以用进度比指标来衡量。

$$进度比 = \frac{线路上两前锋线的时间差}{日期线差} \quad (3\text{-}2\text{-}3)$$

进度比的比值基准为 1,说明进度的趋势与前面比较既不加快也不放慢,却不能说明该工作是按时完成。①→⑤→⑩这条线路的进度比为 6/5,进度比值大于 1 表示进度趋势在加快,却不能说明该工作是提前完成,只是从延误 2 天变成延误 1 天;①→②→⑥→⑦→⑩这条线路的进度比为 2/5,比值小于 1 表示进度的趋势在变慢,通过现在时刻和过去时刻两条前锋线的分析比较,则可反映出过去和现在计划的执行情况,在一定范围内对计划未来的进度和变化趋势作出预测。进度比的概念容易与进度延误的概念混淆,请考生关注这个知识点。

3. 网络图上实际进度计载法

在网络图中标注工作的开始时间、完成时间或完成的任务量等内容,并用符号标注。

4. 无时标一般网络图的割线法(完成时间点比较法)

用一般网络图(无时间坐标)进行进度检查,可用割线将正在施工的各工作切割到,通过计算,对这些工作的实际进度和计划进度进行比较和分析,找出进度偏差和工期影响程度,以及对后续工作的影响。

(1)各工作延误值的分析与计算

工作发生延误有两种可能性,一种是开工延误 = 工作的实际开始时间 - ES,另一种是工作持续时间增长。根据前面对延误含义的理解,有:

$$\text{工作延误值} = \text{开工延误} + \text{工作持续时间增长} = \text{工作实际完成时间} - EF \quad (3\text{-}2\text{-}4)$$

考虑到检查时某些工作正在施工,还未真正完工,将式(3-2-4)中的工作实际完成时间改为预计工作的实际完成时间,参见式(3-2-5)。

$$\text{工作延误值} = \text{预计工作的实际完成时间} - \text{计划最早完成时间}(EF) \quad (3\text{-}2\text{-}5)$$

式(3-2-5)中的预计工作的实际完成时间为:

$$\text{预计工作的实际完成时间} = \text{检查日期} + \text{尚需时间} \quad (3\text{-}2\text{-}6)$$

检查日数值一般定为晚上收工的日期,如果是早晨检查则减1天。尚需日可按时标网络图检查中的尚需日计算方法来计算或估算,参见式(3-2-1)或式(3-2-2)。

(2)各工作进度偏差分析判断与评价

根据式(3-2-5)计算结果,按照式(3-2-7)判断与评价:

$$\text{工作延误值} \begin{cases} <0 & \text{说明该工作提前} \\ =0 & \text{说明该工作按时(正常)} \\ >0 & \text{说明该工作延误(拖延)} \end{cases} \quad (3\text{-}2\text{-}7)$$

(3)各工作进度延误(偏差)对后续工作的影响按式(3-2-8)计算:

$$\text{工作延误值} - \text{工作自由时差} \begin{cases} \leq 0 & \text{后续工作不推迟开工} \\ >0 & \text{后续工作要推迟开工} \end{cases} \quad (3\text{-}2\text{-}8)$$

我们只考虑延误是否对后续工作开工的影响。对于工作提前完成是否使后续工作可以提前开工的问题较复杂,暂不讨论。

(4)工期的影响程度计算和分析判断

工期的影响应通过正在施工的各工作**误期值**的计算来分析。工作的误期值就是各工作单独对工程工期的影响;工程工期的最终影响程度则是在比较各个工作单独影响工期的误期值中,取其最大值就是工程项目或合同段的工期影响。

① 工作的误期值按式(3-2-9)或式(3-2-10)计算:

$$\text{工作的误期值} = \text{工作延误值} - \text{工作总时差} \quad (3\text{-}2\text{-}9)$$

将式(3-2-5)和(总时差 = $LF - EF$)代入式(3-2-9),可得:

$$\text{工作的误期值} = \text{预计工作的实际完成} - \text{计划最迟完成}(LF) \quad (3\text{-}2\text{-}10)$$

② 工期影响程度的判断与评价按式(3-2-11)进行:

$$\max\{\text{工作的误期值}\} \begin{cases} <0 & \text{说明(总)工期提前} \\ =0 & \text{说明工程如期竣工} \\ >0 & \text{说明(总)工期拖延} \end{cases} \quad (3\text{-}2\text{-}11)$$

(5)计算示例(与实际进度前锋线比较法的示例第10天检查相同,便于对应比较)

已知网络计划图如图3-2-10所示,第10天晚上进度检查G工作尚需5天才能完成,H、C、J、K工作的尚需日分别为1天、2天、3天、1天。如图3-2-10所示,图中[ ]内的数值表示尚需日。用割线法计算完成时间点进行各工序的进度检查与评价,以及后续工作的影响和工程总体进度的状况评价。

图 3-2-10 某工程网络计划第 10 天检查结果图

①评价各工作(工序)的进度状况(即计算各工序的延误值并评价)

a. 工作 G 的延误时间 = 预计实际完成 – 计划最早完成
  = (检查日 + 尚需日) – (箭尾节点最早时间 + 本工作持续时间)
  = (10 + 5) – (5 + 9) = 1 天,工作 G 拖延 1 天。

b. 工作 H 的延误时间 = (10 + 1) – (5 + 4) = 2 天,工作 H 拖延 2 天。

c. 工作 C 的延误时间 = (10 + 2) – (7 + 4) = 1 天,工作 C 拖延 1 天。

d. 工作 J 的延误时间 = (10 + 3) – (6 + 4) = 3 天,工作 J 拖延 3 天。

e. 工作 K 的延误时间 = (10 + 1) – (0 + 10) = 1 天,工作 K 拖延 1 天。

②评价工程的总体进度状况(即工期有无拖延或工期影响程度)

各工作的误期值计算[即工作造成的工期拖延量,图上有节点时间参数用式(3-2-10)]

a. 工作 G 的误期值 = 预计实际完成时间 – 计划最迟完成时间
  = (检查日 + 尚需日) – 箭头节点最迟时间 = (10 + 5) – 15 = 0

b. 工作 H 的误期值 = (10 + 1) – 11 = 0

c. 工作 C 的误期值 = (10 + 2) – 11 = 1 天

d. 工作 J 的误期值 = (10 + 3) – 11 = 2 天

e. 工作 K 的误期值 = (10 + 1) – 13 = – 2 天

工程工期(总工期)拖延的判断与评价按式(3-2-11)进行。

$\max\{0, 0, 1, 2, -2\} = 2$ 天,所以工程的工期将拖延 2 天,与前锋线结果相同。

③对各后续工作的影响

a. 工作 G 对后续工作的影响 = 工作延误值 – 工作自由时差
  = 1 – 1 = 0,对后续工作没影响。

b. 工作 H 对后续工作的影响 = 2 – 2 = 0,对后续工作没影响。

c. 工作 C 对后续工作的影响 = 1 – 0 = 1 天,对后续工作有影响,紧后 ES 推迟 1 天。

d. 工作 J 对后续工作的影响 = 3 – 1 = 2 天,对后续工作有影响,紧后 ES 推迟 2 天。不能由此得出工作 J 所有后续工作都推迟 2 天的结论。以图 3-1-20 为例,挖 3 如果延误 4 天,超过其自由时差 1 天,但没有超过总时差 4,则紧后的砌 3 推迟 1 天开始,而填 3 是关键工作,不受影响。网络计划中有很多复杂问题不要轻易用绝对语言表述,"对后续工作有影响"没错,"对后续所有工作有影响"则错了。所以遇到,"一定"或"所有"这种词语要慎重和警惕。

e. 工作 K 对后续工作的影响 = 1 - 1 = 0,对后续工作没影响。

5. 无时标一般网络图的列表比较法(即时差比较法是住建部规程推荐的方法)

该方法主要是通过各工作尚有总时差和原有总时差比较判断工作是否提前或延误(差值: >0 表示提前, <0 表示延误, =0 表示按时),工期是否影响(尚有总时差: >0 表示工期提前, <0 表示工期拖延, =0 表示按期)。以图 3-2-10 为例,计算结果如表 3-2-2 所示。

工程进度检查结果列表比较法计算表(时间单位:天) 表 3-2-2

工作编号	工作名称	检查时尚需时间	计划最迟完成时间	到计划最迟完成时尚需时间	总时差		本工作反映的进度延误	工期判断即误期值	自由时差	
					原有	目前尚有			原有	目前尚有
(1)	(2)	(3)	(4)	(5)=(4)-检查日	(6)	(7)=(5)-(3)	(8)=(7)-(6)比较	(9)依(7)	(10)	(11)
5-10	G	5	15	15-10=5	1	5-5=0	工作延误 1 天	不影响	1	0
4-7	H	1	11	11-10=1	2	1-1=0	工作延误 2 天	不影响	2	0
3-7	C	2	11	11-10=1	0	1-2=-1	工作延误 1 天	影响 1 天	0	-1
6-7	J	3	11	11-10=1	1	1-3=-2	工作延误 3 天	影响 2 天	1	-2
1-8	K	1	13	13-10=3	3	3-1=2	工作延误 1 天	不影响	1	0

计划最迟完成时间就是箭头节点最迟时间。原有总时差从网络图的节点时间参数计算可以得到。工作尚有总时差按式(3-2-12)计算,工作尚有自由时差按式(3-2-13)计算,可参考图 3-2-11。

图 3-2-11 列表法即时差比较法的工作延误与工期影响图

$$工作尚有总时差 = 到计划最迟完成时尚需时间 - 检查时尚需时间 \quad (3-2-12)$$

$$工作尚有自由时差 = 紧后最早开始时间 - 预计实际完成时间$$
$$= 原工作自由时差 + 工作进度偏差 \quad (3-2-13)$$

实际进度与计划进度的偏差有以下三种情况:

(1)若工作目前尚有总时差小于原有总时差,但仍然为正值,则说明该工作对工程工期没有误期影响,但该工作的实际进度与计划进度相比是延误了,产生的偏差值就是两者的差值。

住建部推荐的方法与项目管理中赢得值法(挣得值)的约定一致,工作进度偏差按式(3-2-14)计算,正值是提前(即以提前为基准),负值是拖延,零是按时。

$$\text{工作的进度偏差} = \text{尚有总时差} - \text{原有总时差} \quad (3-2-14)$$

(2)若目前尚有总时差为负值,则说明工作对工程工期有误期影响,应关注后续的施工或调整计划。工程总体进度的偏差程度按式(3-2-15)计算:

$$\text{工程总体进度偏差(即工期影响的提前值)} = \min\{\text{尚有总时差}\} \quad (3-2-15)$$

按式(3-2-15)计算所得到的结果,正值则是工期提前值;负值是工期拖延值[表3-2-1第(7)列中-2小于-1,所以最终工程工期拖延2天];值为零是工程将按期完成。

(3)对后续工作的进度影响

根据式(3-2-13)计算结果,其值≥0,对后续工作没影响;反之,其值<0,则对后续工作有影响,使其紧后工作最早开始推迟其绝对值。

列表时差分析比较法的理解可参考图3-2-11,以加深印象。

例 题

例1 能快捷检查出各个分项工程实际完成工程量或工作量的方法是( )。

A. 工程进度表法 B. 实际进度前锋线法
C. 网络图上记载法 D. 割线法

例2 在工程进度表中,每个单项细目每月的计划量和实际完成量的累计百分数在横道图横线的下方和上方。有关工程进度表的论述正确的是( )。

A. 工程进度表只能反映各个单项细目的进度状况,无法反映工程总体进度
B. 工程进度表只反映出承包人各个单项细目每月的累计工程量或工作量,监理工程师很难看出当月的实际完成量
C. 单项占合同价的百分比反映的是单项细目完成的实际进度
D. 单项完成率反映的是单项细目完成的实际进度

例3 按割线法计算,某工作的误期值=工作延误值-工作总时差=8天,说明( )。

A. 工程工期提前8天 B. 工程工期提前至少8天
C. 工程工期拖延8天 D. 工程工期拖延至少8天

例4 按割线法计算,工作的误期值=工作延误值-工作总时差,当max{工作的误期值}=8天,说明( )。

A. 工程工期提前8天 B. 工程工期提前大于或等于8天
C. 工程工期拖延8天 D. 工程工期拖延大于或等于8天

例5 检查网络计划时,发现某工作尚需作业 a 天,到该工作计划最迟完成时刻尚剩 b 天,原有总时差为 c 天,则该工作尚有总时差为( )天。

A. $c-a$ B. $c-b$ C. $a-b$ D. $b-a$

例6 前锋线法中进度比的论述正确的有( )。

A. 进度比等于1说明工程按期完成
B. 进度比大于1说明工程提前完成
C. 进度比小于1说明工程工期拖延
D. 进度比大于1说明经过这一线路的相关工程进度在加快

E. 进度比小于1说明经过这一线路的相关工程进度变得缓慢

例7 某项工作的计划进度、实际进度横道图如图所示,由此可得的正确结论有( )。
[2017年监理真题]

例7图

A. 第1周后连续工作没有中断　　　　B. 第2周内按计划正常进行
C. 在第3周末按计划进行　　　　　　D. 截止第4周末拖欠5%的任务量
E. 截至检查日实际进度拖后

例题解析

例1 选项BCD三种网络图虽然也可以表示一定的工程量,但是不太容易。工程进度表可以快捷地反映出实际完成量。故选A项。

例2 参见图3-2-1。选项A错在无法反映工程总体进度,两道三条S曲线就是反映工程总体进度。选项B错,相邻两个月的累计完成量相减就能快捷地得到当月的实际完成量,这是工程进度表的明智选择,如果表示每月完成量,一旦需要获得累积量就要去做累加工作,时间越长计算量越大;相邻减总比多项累加轻松得多。选项C单项占合同价(%)是表示计划量,不是实际进度。选项D单项完成(%)才是实际进度。故选D项。

例3 某工作的误期值=8>0,说明经过该工作的线路增加8天,所以选项AB错。但是不能说工期拖延8天,因为网络图中其他工作的误期值有可能大于8天。故选D项。

例4 根据式(3-2-15)判断和评价,当max{工作的误期值}=8天>0,工程工期拖延8天,不可能会出现大于8天的情况。选项AB错。故选C项。

例5 该题是来自交通部公路进度监理题库。借助图3-2-3或式(3-2-16)很容易就能知道尚有总时差=到计划最迟完成时刻尚剩b天-尚需作业a天,故选D项。原有总时差用于求工作延误。请考生注意交通部公路监理教材没有涉及这方面的内容,但在考试中出现。

例6 根据式(3-2-5)计算的进度比,是反映未来进度的趋势,进度比大于1可以说明原拖5天,随着施工的推进,到现在检查时只拖2天,是说明拖延在减少,仍然还是拖延。同理,可判断进度比小于1的情况。进度比等于1的情况是说明进度的趋势不变,原来的拖延量或提前量到现在依然不变,不能说是按期完成。故选DE项。

例7 从横道图中看出第1周后第3周有部分中断,选项A错。选项B中"第2周内"是表示本周内工程量的比较,计划量=25%-10%=15%,实际量=25%-8%=17%,虽然累计量相同都是25%,但第2周本周内的进度在加快,所以选项B错。选项B如果改为"第2周末按计划正常进行",那就是正确项。选项C,在第3周末累计值相等,自然按计划,进度正常。选项D,截至第4周末实际累计55%-计划累计60%=-5%,正确。选项E,截至检查日第5周末70-75<0,拖后。故选CDE项。

自测模拟题

(一)单项选择题

1. 在反映工程进度的指标中,最具有统一性和较好可比性的指标是( )。
   A. 持续时间
   B. 工程活动的结果状态数量(工程量)
   C. 单位时间完成的实物工程量
   D. 共同适用的某种计量单位(货币形式的工作量)

2. 进度通常是指工程项目实施结果的( )。
   A. 持续时间　　　　B. 工程量　　　　C. 工作量　　　　D. 进展情况

3. 当采用匀速进展横道图比较法时,如果表示实际进度的横道线右端点落在检查日期的右侧,则该端点与检查日期的距离表示工作( )。
   A. 实际少花费的时间　　　　　　　B. 实际多花费的时间
   C. 进度超前的时间　　　　　　　　D. 进度拖后的时间

4. 当用S曲线进行实际进度与计划进度比较时,如果实际进展点落在计划S曲线的右侧,则通过比较可以获得的信息是( )。
   A. 工作实际进度超前的时间和超额完成的任务量
   B. 工程项目实际进度超前的时间和超额完成的任务量
   C. 工作实际进度拖后的时间和拖欠的任务量
   D. 工程项目实际进度拖后的时间和拖欠的任务量

5. 利用S曲线进行实际进度与计划进度比较时,如果检查日期实际进展点落在计划S曲线的右侧,则该实际进展点与计划S曲线在水平方向的距离表示工程项目( )。
   A. 实际进度拖后的时间　　　　　B. 实际进度超前的时间
   C. 拖欠的任务量　　　　　　　　D. 超额的任务量

6. 某工作实施过程中的S曲线如下图所示,图中 a 和 b 两点的进度偏差状态是( )。

题6图

   A. a 点进度拖后,b 点进度拖后　　　　B. a 点进度拖后,b 点进度超前
   C. a 点进度超前,b 点进度拖后　　　　D. a 点进度超前,b 点进度超前

7. 进度前锋线不能评价工序或项目的( )。
   A. 提前完成　　　　　　　　　　B. 延误推迟
   C. 进度的工作量　　　　　　　　D. 按计划施工

8. 对下列实际进度与计划进度比较方法中,可判定某项工作进度偏差并能预测该偏差对工程总工期影响程度的方法是( )。

   A. 前锋线比较法   B. S曲线比较法

   C. 双比例单侧横道图比较法   D. 双比例双侧横道图比较法

9. 当采用前锋线比较法比较实际进度与计划进度时,如果实际进展点落在检查日期的左侧,则表示该工作( )。

   A. 实际进度拖后   B. 实际进度超前

   C. 实际进度与计划进度一致   D. 超额完成任务量

10. 工作的误期值 = 工作延误值 – 工作总时差,当 max{工作的误期值} > 0 时说明( )。

    A. 工期提前   B. 工程按期竣工

    C. 工期拖延   D. 无法判断

11. 下列的工作进度偏差,对工期产生影响的有( )。

    A. 关键工作的持续时间的延长

    B. 非关键工作的开始时间晚于其最早开始时间

    C. 非关键工作的持续时间的延长至原持续时间加上它的自由时差

    D. 非关键工作的持续时间的延长至其原持续时间加上它的总时差

12. 当计划工期等于计算工期时,某工程进度计划执行过程中,发现某工作出现了进度偏差。经分析该偏差仅对后续工作有影响而对工程工期无影响。则该偏差值应( )。

    A. 大于总时差,小于自由时差   B. 大于总时差,大于自由时差

    C. 小于总时差,小于自由时差   D. 小于总时差,大于自由时差

13. 在工程施工过程中,监理工程师检查实际进度时发现工作 M 的总时差由原计划的 5 天变为 – 2 天,则说明工作 M 的实际进度( )。

    A. 拖后 2 天,影响工期 2 天   B. 拖后 5 天,影响工期 2 天

    C. 拖后 7 天,影响工期 2 天   D. 拖后 7 天,影响工期 7 天

14. 当计划工期等于计算工期时,工程网络计划执行过程中,如果发现某工作进度延误超自由时差,则受影响的工作一定是该工作的( )。

    A. 平行工作   B. 后续工作   C. 先行工作   D. 紧前工作

15. 采用列表比较法进行实际进度与计划进度的比较,说法正确的是( )。

    A. 如果工作尚有总时差大于原有自由时差,说明该工作实际进度拖后

    B. 如果工作尚有总时差小于原有自由时差,说明该工作实际进度超前

    C. 如果工作尚有总时差小于原有自由时差,且为负值,说明实际进度影响工程工期

    D. 如果工作尚有总时差与原有自由时差相等,则说明该工作实际进度超前

(二) 多项选择题

1. 下列的工作进度偏差,对工期产生影响的有( )。

   A. 关键工作的持续时间的延长

   B. 非关键工作的开始时间晚于其最迟开始时间

   C. 非关键工作的完成时间晚于其最迟完成时间

   D. 非关键工作的持续时间延长至原持续时间加上它的自由时差

   E. 非关键工作的持续时间延长至原持续时间加上它的总时差

2. 实际进度前锋点的标定方法有( )。
   A. 按已完成的实际工程量来标定　　B. 按已计量支付的工程量来标定
   C. 按尚需时间来标定　　　　　　　D. 按已用去的时间来标定
   E. 按已支付的工程量来标定
3. 实际进度与计划进度图形的跟踪比较方法有( )。
   A. 进度前锋线法　　　　　　　　　B. 横道图比较法
   C. S曲线比较法　　　　　　　　　D. 排列图法
   E. 香蕉线曲线比较法
4. 某项工作的计划进度、实际进度双比例单侧横道图如图所示,检查时间为第6周末,图中正确的信息有( )。

题 4 图

   A. 第1周末进度正常　　　　　　　B. 第2周末进度拖延5%
   C. 第3周没有作业　　　　　　　　D. 第5周末进度超前5%
   E. 检查日的进度正常
5. 某双代号时标网络计划执行过程中的实际进度前锋线如图所示,计划工期为12周,图中正确的信息有( )。

题 5 图

   A. 工作E进度正常,不影响工程工期
   B. 工作G进度拖延1周,影响工程工期1周
   C. 工作H进度拖延1周,影响工程工期1周
   D. 工作I最早开始时间调后1周,计算工期不变
   E. 根据第7周末的检查结果,压缩工作K的持续时间1周,计划工期不变
6. 某工程双代号时标网络计划执行至第30天和第70天时,检查实际进度如图所示,由图可以得出的结论有( )。

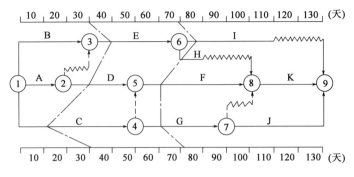

题6图

　　A. 第30天检查时,工作C提前10天,不影响总工期
　　B. 第30天检查时,工作D进度正常,不影响总工期
　　C. 第70天检查时,工作G拖后10天,影响总工期
　　D. 第70天检查时,工作F拖后10天,不影响总工期
　　E. 第70天检查时,工作H进度正常,不影响总工期
7. 关于工程进度的表述正确的是( )。
　　A. 当所有工期延误值<0时,说明是工期提前
　　B. 关键线路只能是一条
　　C. $EF=LF$说明该工序在关键线路上
　　D. 关键线路工期是可以压缩的
　　E. 非关键工序延长不超过其总时差不能导致关键线路的改变

参考答案及解析

(一)单项选择题

1. D 2. D 3. C 4. D 5. A 6. C 7. C 8. A 9. A 10. C
11. A 12. D 13. C 14. D 15. C

3. 解析:匀速横道图长度反映工程量。

14. 解析:不能选B项的理由,在割线法的自由时差判断后续工作影响说明中。

(二)多项选择题

1. ABC 2. AC 3. ABCE 4. CE 5. ABE 6. BCE 7. ACDE

六、进度偏差与调整以及工程延期事件处理程序、原则和方法

重点知识

(一)进度的偏差

在本节第五点介绍进度检查的结果包括有偏差或无偏差(即正常)。不论工作还是工程,如有偏差,工作是延误(拖延、拖后、拖欠等表示),工程是误期(工期延误、延误工期、超期等表示);不论工作还是工程都可以用提前表示,有时还表示为超前完成任务(量)等。

1. 进度偏差概念

(1)工作(或工序)的进度偏差:参见本节第五点进度检查方法的内容。

(2)工程(或合同段整体)的进度偏差:参见本节第五点进度检查方法的内容。

对于偏差非常严重实际进度严重滞后的,根据《2016版监理规范》第5.6.4条要求调整进度计划,在下面(二)中有详细内容。

2. 进度偏差的原因(延误原因)

主要分析进度偏差不利影响的原因,即进度延误的原因。从延误处理角度大致分为以下两大类。

(1)非承包人的原因或责任造成的延误

非承包人原因或责任引起的延误大体上可归纳为业主(发包人)、监理工程师、自然界、社会这四种原因或责任。根据《2018版施工合同》第11.3条,在履行合同过程中,由于发包人的下列原因造成工期延误的,承包人有权要求发包人延长工期和(或)增加费用,并支付合理利润。需要修订合同进度计划的,按照第10.2条合同进度计划修订的约定办理[本节"三、(四)、2"中有介绍]。具体内容为:

①增加合同工作内容:土石方数量增多,土石比例发生变化,管涵和通道数量增加,涵洞改桥梁,平交改立交等。

②改变合同中任何一项工作的质量要求或其他特性。

③发包人迟延提供材料、工程设备或变更交货地点的。

④因发包人原因导致的暂停施工(以下括号内容是合同条款号):

a.业主未能及时按照合同进度计划提交施工现场和通道,造成工程停工。通俗说法就是征地拆迁不及时(2.3),但是要注意"必须提交永久占地计划"的前提,否则不能索赔。

b.异常恶劣的气候条件所引起的工程进度延误(11.4专用条款中已定义"恶劣")。

c.监理工程师由于业主的原因或其他非承包人违约等原因而下令暂停工程施工,使全部工程或部分工程中断或暂停,从而影响工程进度(22.2和22.3)。

d.业主承担的风险导致工程损害,使工程进度延误,例如战争、自然灾害等(21.1.1)。

⑤提供图纸延误。

⑥未按合同约定及时支付预付款、进度款。

⑦发包人造成工期延误的其他原因。

(2)由于承包人自身的原因或责任造成的延误

除了上述提及的这些原因或责任之外,由于承包人自身的施工组织、现场管理和技术问题造成工程进度延误。例如:

①施工组织不当,人、机、料的配置不当(即不足或不配套)。

②质量不合格而返工。

③没有按照监理工程师发出的指示及时开工。

④施工管理混乱,矛盾激化,造成承包人内部员工罢工或士气低落。

⑤承包人雇佣等分包人或供应商的原因等。

3. 延误的种类

(1)可原谅的延误

可原谅的延误是指非承包人原因或责任的延误。

①可补偿的延误:能赔偿时间和费用的延误,一般是业主或监理工程师原因。

②不可补偿的延误:只赔时间不赔费用的延误,一般是客观原因。例如异常恶劣气候只赔时间不赔钱。

(2)不可原谅的延误

不可原谅的延误是指承包人自身原因或责任。

(3)共同延误

共同延误是指在同一项工作中同时发生两件以上的延误,对于同时发生的多项延误,只要每项延误的时间相同,它们对整个工程所产生的影响就是相同的。共同延误的处理原则一般采用不利于承包人的原则(简称少赔原则),主要有以下几种基本组合:

①可补偿延误与不可原谅延误同时存在。在这种情况下,承包人不能要求工期延长及经济补偿,因为即便是没有可补偿延误,不可原谅延误也已经造成工程延误。

②不可补偿延误与不可原谅延误同时存在。在这种情况下,承包人无权要求延长工期,因为即便是没有不可补偿延误,不可原谅延误也已经导致施工延误。

③不可补偿延误与可补偿延误同时存在。在这种情况下,承包人可以获得工期延长,但不能得到经济补偿,因为即便是没有可补偿延误,不可补偿延误也已经造成工程施工延误。

④两项可补偿延误同时存在。在这种情况下,承包人只能得到一项经济补偿。

(4)关键延误和非关键延误

关键延误是指在施工网络计划关键线路上发生的延误,或者非关键工作的延误超过其总时差(因为在该机动时间范围内的非关键延误不会导致整个工程的延误)。对应的非关键延误应当是指非关键工作的延误,非关键线路的延误是不确定的概念,因为非关键线路并不一定都是由非关键工作组成。

(二)进度的调整

当偏差不大,基本上与计划相符,特别是关键线路上的实际进度与计划进度基本相符时,监理工程师不应干预承包人对进度计划的执行,但应及时掌握影响和妨碍工程进展的不利因素,促使工程按计划进行。监理工程师发现工程现场的组织安排、施工顺序或人力和设备与进度计划上的方案有较大不一致时,应要求承包人对原工程进度计划及现金流动计划予以调整,调整后的工程进度计划应符合工程现场实际,并应保证满足合同工期的要求。

调整工程进度计划,主要是调整关键线路上的施工安排;对于非关键工作,如果实际进度与计划进度的差距并不对工程的工期造成不利影响时,监理工程师可不必要求承包人对整个工程进度计划进行调整。

根据《公路工程施工监理规范》(JTG G10—2016)第5.6.4条规定,建设单位或施工单位提出对工程进度进行重大调整时,应按合同或签订的补充合同执行。

1. 调整进度计划的原因

承包人对进度计划进行调整主要是由两种情况引起。

(1)进度计划的延期(即顺延工期)

承包人获得延期批准后,承包人根据延期批复调整工程进度计划。虽然《2016版监理规范》取消"调整后的工程进度计划应报监理工程师审批"的要求,但是承包人根据延期批复调整工程进度计划,根据《2018版施工合同》第11.3条规定,需要修订合同进度计划的,按照第10.2条(即合同进度计划修订)的约定办理,即调整后的新计划仍然应报监理工程师审批。例如,京津塘高速公路某合同段顶进桥、跨线桥、U形槽工程变更批准延期后应调整进度计划并报监理工程师重新审批。

(2)进度计划的拖延

由于承包人自身原因造成工程进度延误,根据《2016版监理规范》第5.6.4条规定,有以下两点:

①对总体工程进度起控制作用的分项工程的实际工程进度严重滞后时,监理机构应签发监理指令单,要求施工单位采取调整措施保证工程进度,并向建设单位报告工期延误风险。需要调整进度计划的应重新审批。

②由于施工单位原因造成工程进度延误,且在监理机构签发监理指令后施工单位未有明显改进、工程在合同工期内难以完成的,监理机构应及时向建设单位报告,并按合同约定处理。

2.进度计划调整的方法(与本章第一节第七点工期优化相似,但不完全相同)

(1)调整原因决定的计划调整方法

进度计划的调整,根据上述调整的原因分为两种:一是延长工期后应按新合同工期调整计划;二是工期延误了却又无权获得延长工期,需调整计划使后续工作内容改变或缩短时间以满足合同工期。前一种相当于在给定的工期内以原来计划为参考重新编制符合新合同工期的计划,一般不压缩原关键线路。后一种是在原计划的基础上优化工期,压缩原关键线路,使计划的计算工期符合合同工期。可以参见本章第一节第七点"工期优化"的内容。调整计划就是调整关键线路,归纳为两种主要途径与方法:

①改变原计划中关键工作之间的逻辑关系

a.通过增加资源,将组织关系中因为资源因素制约的顺序施工关系改为平行施工关系。

b.通过对空间(工作面)和资源调整组织管理方法,将顺序施工关系改为搭接施工关系或流水施工关系。

②压缩关键工作的持续时间

压缩关键工作的持续时间的措施途径,参见本章第一节"工期优化"的内容。压缩关键工作的持续时间能使关键线路缩短,但要注意,压缩过程中关键线路会随着压缩关键工作可能增加条数。通过网络图直接进行压缩工期很方便,如果是时标图就更容易调整。在压缩时首先要考虑的是,要选择哪个关键工作进行压缩并且应压缩多少才合适。除了本章第一节第七点工期优化已经列出的考虑方面,还增加提高压缩效率在同等情况下的几个方面考虑:

a.选择有利于尽快缩短工期的关键工作。

b.选择技术上容易加快的关键工作。

c.选择原持续时间相对较长容易压缩的关键工作。

d.选择可允许压缩时间较多的关键工作。

(2)压缩关键工作持续时间的措施

①组织措施

a.增加工作面,组织更多的施工队伍。

b.增加每天的施工时间(多班制或加班)。

c.增加关键工作的资源投入(劳力、设备等)。

②技术措施

a.改进施工工艺和技术,缩短工艺技术间歇时间(如混凝土的早强剂等)。

b.采用更先进的施工方法以缩短施工过程的时间(如标准化装配或改为钢结构等)。

c.采用先进的施工机械。

③经济措施或行政措施

a.用物质刺激和精神刺激的方法提高效率。

b.对所采取的技术措施给予相应经济补偿。

④其他配套措施

a.改善外部配套条件。

b.改善劳动条件。

c.实施强有力的调度等。

一般来说采用加快措施都会增加工程费用。因此在调整施工进度计划时可利用工期—费用优化的原理来选择压缩的关键工作,尽可能使工程费用增加最少。

(3)调整计划压缩工期的步骤

①用进度检查的方法计算出工期拖延量,以确定压缩天数。

②化简网络图。去掉已执行的部分,以进度检查日期作为新起始节点起算时间,并将尚需日的实际数据代入正施工的工作的持续时间。保留原计划后续部分。

③以简化的网络图及代入的尚需日为基础的网络图计算各工作最早开始时间。

④以计算工期值反向计算各工作最迟结束时间。

⑤计算各工作的总时差和局部时差(自由时差),以便于计算线路的长短。线路与关键线路长度之差称为该线路时差,其数值在双代号网络图中等于该线路上各工作的所有局部时差和。

⑥借助局部时差(自由时差)来比较线路长短的方法,多次压缩关键工作的持续时间,保证做到关键工作每压缩一定值,工期也随之缩短一定值,一直压缩到合同工期为止。

(三)工程延期事件处理程序

从监理工程师的角度,工程延期事件的处理应遵循延期审批程序,包括受理延期的条件、受理延期的程序。这部分内容来自《公路工程费用与进度控制》教材,是根据《1995版监理规范》编写的,与《2018版施工合同》索赔程序和2006版、2016版监理规范不矛盾,《2006版监理规范》将下面的内容大大简化为笼统的一条,《2016版监理规范》第7.0.5条对此具体规定为:

总监办应对符合施工合同约定的延期意向或事件进行现场调查,并在施工单位提出正式工程延期申请后,对其延期原因和拟采取的措施等进行审核并报建设单位。

1.受理延期的条件

(1)由于非承包人的责任,工程不能按原定工期完工。

(2)可获延期的情况发生后,承包人在合同规定期限内(即28天内)向监理工程师提交工程延期的意向通知书(现在也可以称为索赔意向通知书)。

(3)承包人承诺继续按合同规定向监理工程师提交有关造成工期拖延的详细资料,并根据监理工程师需求随时提供有关证明。

(4)可获延期的事件终止后,承包人在合同规定的期限内,向监理工程师提交正式的延期申请报告(合同条款中称为"索赔通知书")。(注:可获延期的事件是非承包人责任使工程不能按原定工期完工的事件。)

2. 受理延期的程序

(1) 收集资料，做好记录

监理工程师应在收到承包人工程延期意向通知书后，做好工地实际情况调查和日常记录，收集来自现场以外的各种文件资料与信息。

(2) 审查承包人的延期申请（即索赔通知书）

① 延期申请格式应满足监理工程师的要求。

② 延期申请应列明延期的细目及编号；阐明事件发生、发展的原因以及申请延期所依据的合同条款；附有延期测算方法及测算细节和延期应涉及的有关证明、文件、资料、图纸等。

审查通过后，可开始下一步的评估，否则监理工程师应将申请退回承包人。

(3) 延期评估

应主要从以下几个方面进行评定：

① 承包人提交的申请资料必须真实、齐全，满足评审需要。

② 申请延期的合同依据必须准确。

③ 申请延期的理由必须正确与充分。

④ 申请延期天数的计算原则与方法应恰当。

监理工程师应根据现场记录和有关资料，进行修订并就修订的结果与业主和承包人进行协商。

(4) 审查报告

审查报告主要由以下文件组成：

① 正文：受理承包人延期申请的工作日期；工程简况；确认的延期理由及合同依据；经调查、讨论、协商、确认的延期测算方法及由此确认的延期天数、结论等。

② 附件：

a. 监理人员对延期的评论。

b. 承包人的延期申请，包括涉及的文件、资料、证明等。

(5) 确定延期

监理工程师应在确认其结论之后，签发《索赔时间/金额审核表》，主要是对时间部分进行审核。

3.《2018版施工合同》第23条的延期（即索赔）处理程序

工程索赔程序如图3-2-12所示。

(四) 工程延期事件处理原则

延期是维护施工单位正当的利益，作为监理工程师应该公正地处理工程延期。延期审批应遵循以下原则。

1. 符合合同规定

(1) 合同中规定的非施工单位原因或责任。

(2) 符合合同规定的申请手续。

合同中规定，在申请延期之前施工单位必须提交意向通知书和详情这一手续，体现了公平合理的原则，既考虑到施工单位的利益，也考虑到建设单位的利益。有了这道手续就给建设单位一个避免损失扩大的机会。程序中要求定期提交事件发生的详情报告是确定延期天数的依据，同时便于监理工程师和建设单位了解事情的经过以利于采取措施减少损失。

图 3-2-12 《2018 版施工合同》通用条款的工程索赔程序

2. 延误的事件应发生在关键线路上,即延误会造成工期拖延

工作的延误不一定会造成工期拖延,如果非关键工作的延误没有超过其总时差,工程的工期就不拖延,不需考虑给予延期;只有非施工单位责任造成工期拖延的延误才能延期(关键工作或者超总时差的非关键工作)。延误发生在关键线路上,则一定造成工期拖延,因此我们常常强调延误必须在关键线路上是延期的重要条件。如果延误的事件是非关键工作并且延误未超过其总时差,即使符合合同规定的原因和理由也不需批准延期。

应注意关键线路是相对的,不是绝对的。工程项目或合同段工程的关键线路并非固定不变,它随着工程的进展和情况的变化会变化或转移,原来的关键工作(提前了)会变成非关键工作,原来的非关键工作会变成关键工作(超总时差的非关键工作,关键线路也随之改变)。因此,在关注关键线路的同时,还应该注意准关键线路上非关键工作的延误,这些延误事件容易转变成关键工作。所以监理人员应经常检查和跟踪进度情况,随时了解进度计划变化情况,为公正地处理延期提供依据。

3. 符合实际情况

监理工程师审核延期必须符合实际情况,是对上述第 2 点必须产生工期损害的补充。当停工损害事件发生时,作为监理工程师的一个重要职责,就是要求承包人将停工造成闲置的设备调到临近的施工段,甚至附近本单位的其他合同段使用,以减少损失。为此,施工单位应对可获延期事件发生后的各类有关细节进行详细的记载,并及时向监理工程师提交详情报告。与此同时监理工程师也应对施工现场进行详细考察和分析,并做好有关纪录,从而为合理确定延期天数提供可靠依据。有时候,综合各方面的影响,施工单位的损失要折减,此时应注意结合实际情况进行处理。

综上所述,处理原则归纳为两条:合同原则(①②点)和损害事实原则(2和3合并)就是许多教材上说的索赔必须满足三个条件:以上①和②的内容,索赔事件要有损害。记忆两个原则,考试答三个条件。

(五)工程延期事件处理方法

工程延期事件处理,相对于采用横道图法、进度曲线法和斜条图(斜道图)法这些进度监理方法而言,采用网络计划的方法最容易处理工程进度延误引起的延长工期(即延期)赔偿,在使用这些方法时要注意以下几点。

1. 处理延期核准时应注意计划的相对性

一般情况下,本次核准的延期值 = 新的计算工期 - 上一次新合同工期,监理工程师第一次核准延期时,上一次新合同工期就是原合同工期。但要注意一个情况,工程界常有一句话"第二次延期应扣除第一次延期的影响"。以图3-2-9前锋线比较法为例,从原理上解释这句话的含义。根据图3-2-9,此时假设计算工期 = 计划工期 = 合同工期 = 15天。当第5天末检查的结果,工程工期拖延1天,如果符合合同要求,此时第一次核准1天延期;当第10天末检查结果,工程工期拖延2天,如果符合合同要求,此时,第二次核准延期时间 = 2天 - 第一次核准的延期1天 = 1天。因为第二次得出工程工期拖2天的结论是相对原网络计划工期为15天得出的,如果第一次延期1天,相对于新合同工期已经顺延到16天了,此时新计算工期 = 15 + 2 = 17天,第二次延期值 = 17 - 16 = 1天。两次共延期的时间 = 第一次延期值 + 第二次延期值 = 1 + 1 = 2,新合同工期顺延到17天,两种理解是一致的。所以在确定延期值是注意网络计划的相对性。

2. 处理延期核准时应注意损害事实原则

在上面(四)的第3点提到,当停工损害事件发生时,作为监理工程师的一个重要职责,就是指示承包人将停工造成闲置的设备调到临近的施工段,甚至附近本单位的其他合同段使用,以减少损失。所以有时候经过处理后,实际的时间损失有可能减少。例如,有一工程合同段土方工程分为4个工区平行施工填筑,在网络图中是4条平行的关键线路。由于当地农民对土地赔偿不满,阻挠其中1个工区的土方填筑,导致停工44天。表面上其中一条关键线路停工44天,则工程工期势必也是超44天;实际情况监理工程师在停工后,立即下指示让该工区的资源(人员和设备),资源其他三个工区。经过这样处理后时间损失要折减,定性的结论是肯定不到44天,但是定量的结论究竟是多少,很难确定。我们假设,如果时间与资源是线性关系,那么经过处理,到停工的工区开始施工时,除了自己的资源恢复施工外,其他三个工区在满足按原计划时间完成的前提下,抽部分资源援助停工的工区,则理论上四个工区同时完成,工程工期就可以1天都不拖延。实际上时间与资源不是线性的,所以只能定性地给出工程工期的损害大于0天小于44天,具体定量的时间很难确定。不过,该工程的监理工程师,最后认定,因为有4条土方工程关键线路,采用44天÷4条路=11天的延期和费用索赔,这对于该工程无法精确处理情况下简单模糊处理是可行的,将其作为样板而放之四海而皆准,是值得商榷的。不过考生要注意,因为该题出现在第一版《进度监理》教材,所以在以前的考试题中就是按照几条关键线路分摊的处理办法。

3. 时间索赔的对象和内容以及公路索赔限制条件放宽的情况

参见图3-2-12,根据《2018版施工合同》第23.2条承包人索赔处理程序的规定,承包人向监理工程师提交"索赔通知书"即索赔报告,监理审批后将确定的结果<u>报业主同意后</u>,在收到索赔通知书的 42 天内答复承包人,业主在承包人收到答复 28 天内完成赔付。所以索赔的对象是<u>业主</u>,监理人不是索赔对象只是经办人;索赔的内容是<u>合同工期的顺延时间</u>。

公路工程对第 23.2 条中(2)补充规定,归纳为两点:

(1)明确监理工程师确定了承包人索赔时间和费用后报业主批准才能回复承包人。

(2)放松第 23.1 条(2)~(4)三个索赔限制条件,即本来这三种情况不批准索赔,现在承包人可仅索赔"由监理人按当时记当予以核实的那部分款额外负担和(或)工期延长天数"。

例　题

例 1 异常恶劣气候延误是(　　)。
  A. 可补偿的延误　　　　　　　　B. 不可补偿的延误
  C. 不可原谅的延误　　　　　　　D. 发包人与承包共同承担延误

例 2 共同延误一般采用的原则是(　　)。
  A. 初始事件原则　　　　　　　　B. 不利于承包人原则
  C. 责任分摊原则　　　　　　　　D. 工期从宽费用从严原则

例 3 在《2016 版监理规范》中删除了《2006 版监理规范》"对获得延期的进度计划调整后,应报监理工程师审批"的规定,下列对获得延期的进度计划调整后处理理解正确的是(　　)。
  A. 可以不需报监理工程师审批　　B. 改由承包人技术负责人批准
  C. 监理工程师酌情决定是否审批　D. 仍然应报监理工程师审批

例 4 下图是工程进度表的一部分,检查日期为第一年 9 月末,下面有关论述正确的是(　　)。

名称	时间(月)																		
	1	2	3	4	5	6	7	8	9	10	11	12	1	2	3	4	5	6	7
土方填筑				60	68	72	76	80	85										
				75	80	85	88	90	93	96	98					100			

例 4 图

  A. 图没有约定实际量和计划量的位置无法进行进度偏差的比较
  B. 土方填筑应该连续施工不能中断,该计划安排不合理
  C. 到检查日期末土方填筑进度拖后
  D. 到检查日期末土方填筑进度超前

例 5 非承包人原因造成的延误有(　　)。
  A. 增加合同工作内容
  B. 异常恶劣的气候条件所引起
  C. 恐怖袭击造成承包人的人员伤亡而停工
  D. 材料供应商延误供货造成分包工程停工
  E. 业主提供图纸延误

例 6 当实际进度偏差影响总工期时,通过改变某些工作的<u>逻辑关系</u>来调整进度计划的

具体做法是( )。

A. 将顺序进行的工作改为搭接进行
B. 增加劳动量来缩短某些工作的持续时间
C. 提高某些工作的劳动效率
D. 组织有节奏的流水施工
E. 邻近工程施工干扰

例题解析

例1 可补偿的延误是能赔偿时间和费用的延误,异常恶劣气候延误是只赔时间不赔费用的延误,属于不可补偿的延误,它们两个都是可原谅延误。选项D错在异常恶劣气候是发包人与承包共同承担的风险,所以只赔时间不赔钱。故选B项。

例2 选项A的初始事件原则:在多事件交叉时段中应判断哪一种原因是最先发生的,即找出"初始延误者",他首先要对延误负责。在初始延误发生作用的期间,其他并发的延误者不承担延误责任。选项B的不利于承包人原则:在交叉时段内,只要出现了承包商的责任或风险,不管其出现次序,亦不论干扰事件的性质,该时段的责任全部由承包商承担。选项C的责任分摊原则:当交叉时段内的事件由业主、承包商共同承担责任时,按各干扰事件对干扰结果的影响分摊责任,并由双方共同承担。选项D工期从宽费用从严原则:工期索赔业主责任优先,费用索赔承包商责任优先。从近几年职业资格考试的答题来看,一般采用"能少赔尽量少赔"。故选B项。

例3 依据《2018版施工合同》第11.3条规定"需要修订合同进度计划的,按照第10.2款(即合同进度计划修订)的约定办理",即调整后的新计划仍然应报监理工程师审批。《2016版监理规范》删除的原因是《2018版施工合同》已规定,避免重复。故选D项。

例4 选项A错在横线下方的数值出现100,说明计划值在横线下方,实际值在上方。选项B错在连续施工是尽可能,要根据实际情况,本计划是在北方冬天天寒地冻无法施工,计划是合理的。到第一年9月末实际累计量85%,计划量93%,进度拖后。故选C项。

例5 选项D材料供应商延误供货造成分包工程停工,是属于承包人的责任。选项A和E是业主违约责任,变更是改变原合同约定,是算违约,不过变更协商一致就行,而工程变更在签约时就协商一致了。选项B和C是业主风险责任。故选ABCE项。

例6 该题是住建部2018年监理考题,选项B和C都不是逻辑关系的调整而是压缩关键工作。选项D是属于逻辑关系的调整,故选AD项。从这道题可以看出,工期延误后的进度计划调整实际上也是工期优化的一种形式,所以,第六章第四节的工期优化中,住建部教材的表示"工期优化的基本方法是在不改变工作之间逻辑关系的前提下。通过压缩关键工作的持续时间来达到优化目标"这句话不够准确,如果将"逻辑关系"改为"工艺关系"会更好些。

自测模拟题

(一)单项选择题

1.调整施工工进度计划时,为了缩短某些工作的持续时间,可采取的技术措施之一是( )。

A. 增加施工机械的数量　　　　　　　　B. 实行包干加奖励
C. 改善外部配合条件　　　　　　　　　D. 采用更先进的施工机械

2. 当施工单位发生进度拖延且又未按监理工程师的指令改变其拖期状态时,监理工程师可以采取的手段是(　　)。
A. 中止施工承包合同　　　　　　　　　B. 拒绝签署付款凭证
C. 向施工单位发出工程暂停令　　　　　D. 调整施工计划工期

3. 施工现场的进度控制影响因素很多,被认为最大的干扰影响因素是(　　)。
A. 资金　　　　　B. 技术　　　　　C. 人员　　　　　D. 设备

4. 影响建设工程进度的不利因素中,(　　)是最大的干扰因素。
A. 技术因素　　　B. 人为因素　　　C. 资金因素　　　D. 机具因素

5. 对检查结果超过合同工期的进度计划调整,一般不需压缩原进度计划关键线路的计划是(　　)。
A. 承包人原因的延误造成工期拖延的进度计划
B. 承包人原因的延误但将顺序工作调整为流水施工的计划
C. 非承包人原因的延误造成工期拖延的进度计划
D. 已经获得延期批准的原进度计划

6. 调整施工工进度计划时,增加工作面,组织更多的施工队伍是(　　)。
A. 组织措施　　　　　　　　　　　　　B. 技术措施
C. 经济措施　　　　　　　　　　　　　D. 行政措施

7. 调整施工工进度计划时,添加混凝土早强剂是(　　)。
A. 组织措施　　　　　　　　　　　　　B. 技术措施
C. 经济措施　　　　　　　　　　　　　D. 行政措施

8. 调整施工工进度计划时,改善劳动条件是(　　)。
A. 组织措施　　　　　　　　　　　　　B. 技术措施
C. 经济措施　　　　　　　　　　　　　D. 其他配套措施

9. 承包人的延期申请(即索赔通知书)提交论述正确的是(　　)。
A. 延期申请提交驻地办　　　　　　　　B. 延期申请提交驻地监理工程师
C. 延期申请提交总监办　　　　　　　　D. 延期申请提交监理工程师

10. 当延期事件发生后作为监理工程师面对工程停工,最紧迫最重要的职责是(　　)。
A. 提醒承包人尽快提交延期意向书
B. 审核其延期原因和拟采取的措施
C. 提醒承包人尽快将闲置的人员和设备调整到相邻的施工段或合同段
D. 指示承包人尽快将闲置的人员和设备调整到相邻的施工段或合同段

11. 根据《2018版施工合同》规定,延期事件发生后应(　　),否则一定不能获得任何延期。
A. 在知道或应当知道索赔事件发生后28天内,向监理人递交索赔意向通知书,并说明发生索赔事件的事由
B. 承包人应在发出索赔意向通知书后28天内,向监理人正式递交索赔通知书
C. 索赔事件具有连续影响的,承包人应按合理时间间隔继续递交延续索赔通知
D. 在索赔事件影响结束后的28天内,承包人应向监理人递交最终索赔通知书

(二)多项选择题

1.下列导致工程拖期的原因或情形,监理工程师按合同规定可以核准工程延期的有( )。

   A.异常恶劣的气候条件
   B.属于承包单位自身以外的原因
   C.工程拖期事件发生在非关键线路上,且延长的时间未超过总时差
   D.工程拖期的时间超过其相应的总时差,且由分包单位原因引起
   E.监理工程师对已隐蔽的工程进行剥离检查,经检查合格而拖期的时间

2.下列工程进度影响因素中,属于业主因素或责任的有( )。

   A.提供的场地不能满足工程正常需要
   B.施工计划安排不周密导致相关作业脱节
   C.临时停水、停电、断路
   D.不能及时向施工承包单位付款
   E.外单位临近工程施工干扰

3.下列压缩关键工作措施中,属于技术措施的有( )。

   A.增加关键工作的资源投入
   B.采用更先进的施工方法以缩短施工过程的时间
   C.改进施工工艺,缩短工艺要求间歇时间
   D.采用先进的施工机械
   E.对所采取的技术措施给予相应经济补偿

4.延期程序第一步要求承包人提交"延期意向通知书"是为了( )。

   A.要求承包人履行告知义务
   B.要求承包人履行对等义务
   C.给业主指示监理工程师应对承包人留有时间
   D.给业主与监理工程师联手防止索赔留有时间
   E.给业主尽快防止损失扩大及时采取补救创造机会

5.工程延期事件处理的原则有( )。

   A.符合合同规定的申请手续
   B.是合同中规定的非施工单位原因或责任
   C.延误发生在关键线路上
   D.延误发生在非关键工作中且超过其时差
   E.延误发生在非关键工作中且超过其总时差

6.监理工程师进行延期评估主要从( )这些方面进行评定。

   A.申请延期的合同依据必须准确
   B.申请延期的理由必须正确与充分
   C.申请延期天数的计算方法应恰当
   D.申请延期天数的计算原则宜恰当
   E.承包人提交的申请资料必须真实、齐全,满足评审需要

7.监理工程师的延期审查报告的正文内容有( )。

   A.确认的延期理由及合同依据

B. 确认的延期测算方法
C. 确认的延期天数和结论
D. 监理人员对延期的评论
E. 受理承包人延期申请的工作日期

参考答案及解析

(一)单项选择题

1. D   2. B   3. C   4. B   5. D   6. A   7. B   8. D   9. C   10. D
11. A

4.解析: 和第3题一样,监理工程师应关注承包人,事情主要是靠人解决。

5.解析: 选项B承包人原因的延误,但将顺序工作调整为流水施工的计划也是压缩关键线路;选项C的干扰度很大,虽然非承包人原因,如果在延期事件发生的28天内没有提交"索赔意向通知书",就不能批准延期,那调整还得压缩关键线路。

9.解析: 总监办应对符合施工合同约定的延期意向或事件进行现场调查,并在施工单位提出正式工程延期申请后,对其延期原因和拟采取的措施等进行审核并报建设单位。

11.解析: 根据《2018版施工合同》第23.2条第(2)项,交通运输部补充为"如果承包人提出的索赔要求未能遵守第23.1条第(2)~(4)项规定,则承包人只限于索赔由监理人按当时记录予以核实的那部分款额和(或)工期延长天数",其中23.1条(2)~(4)就是选项BCD。只有违反选项A,才一定不批准延期,说明"延期意向书"的重要性。

(二)多项选择题

1. ABE   2. AD   3. BCD   4. AE   5. ABCE   6. ABCE   7. ABCE

5.解析: 选项D错在"时差"有两个概念,如果只超过自由时差,就不符合"损害事实原则"。

第四章 公路工程费用目标控制

第一节 费用控制的基础知识

一、资金的时间价值

重 点 知 识

(一)现金流量图

1. 现金流量的概念

工程经济分析时,拟建项目在整个项目计算期内各个时点 t 上发生的现金流出 CO_t(Cash Outflow)、流入 CI_t(Cash Inflow), t 时刻流入的现金 CI_t 与 t 时刻流出的现金 CO_t 的差额称为 t 时刻净现金流量,用符号 CF_t(Cash Flow)或($CI_t - CO_t$)表示。

现金流出、现金流入和净现金流量统称为现金流量。现金流量一般以计息期为时间量的单位,用现金流量图或现金流量表来表示,如图 4-1-1 所示。

现金流量图是一种反映投资系统中系统资金运动状态的图式,它以横轴为时间轴,纵轴用箭线标示不同时间点的现金流入(一般在横轴的上方)和现金流出(一般在横轴的下方)。

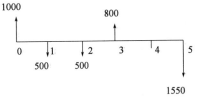

图 4-1-1 现金流量图

2. 现金流量图的绘制

现金流量图的正确绘制非常重要,必须清楚现金流量的三要素和现金流量图的绘制规则。

(1)现金流量的三要素(想象力概念)

现金流量的大小(现金数额)、方向(现金流入或流出)和作用点(现金发生的时间点)。

(2)现金流量图的绘制规则(图 4-1-1)

①以横轴为时间轴,向右延伸表示时间的延续,轴上每一刻度表示一个时间单位,可以取年、季、月等;零表示时间序列的起点。

②相对于时间坐标的垂直箭线代表不同时点的现金流量情况。现金流量的性质(流入或流出)是对特定的人而言的。对投资人而言,现金流量为正(一般指流入,表示收益)绘在相应时刻的横轴上方,现金流量为负(一般指流出,表示费用)绘在相应时刻的横轴下方,并在各箭线上方(或下方)注明现金流量的大小(即数额或数值)。

③箭线与时间轴的交点为现金流量发生的时点,即时间单位末。

④在现金流量图中,箭线长短与现金流量数值大小最好成比例,能适当反映差异即可。

(3) 现金流量图绘制示例

某人在银行办理按揭贷款 12 万元,一年还清贷款,收到贷款后下一个月开始还款,月供平均 1.04 万元。由于第 3 月初当天忘记还款,第二天收到短信提示,下月一并还款 2.08 万元并补缴由此产生的利息 63.30 元。绘制现金流量图,如图 4-1-2 所示。

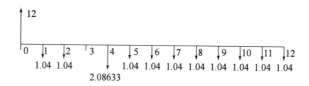

图 4-1-2 月供 1.04 万元还银行 12 万元贷款的现金流量图(单位:万元)

(二)资金时间价值的概念

资金的时间价值(资金的增长能力)是资金参与社会再生产的增值(其实质是劳动者在生产中创造的剩余价值)。从投资的角度来看,资金的增值特性使资金具有时间价值;从消费的角度来看,资金的时间价值体现为对放弃现期消费的损失所应做的必要补偿。

资金时间价值是不考虑通货膨胀影响的,主要是利润(或收益)和利息产生的,也是资金时间价值的具体体现,是资金增值的一部分;利润和利息是衡量资金时间价值的绝对尺度,而利润率和利率是衡量资金时间价值的相对尺度。资金的时间价值只有在生产与流通过程中,即在活劳动与物化劳动相结合的过程中才能实现,离开这一点,资金的时间价值根本不可能存在。

影响资金时间价值的因素很多,其中主要有以下几点:

(1)资金的使用时间。在单位时间的资金增长率一定条件下(相当于利率不变),资金使用时间越长,则资金的时间价值越大;反之越小。

(2)资金数量的多少。在其他条件不变的情况下,资金数量越多,资金的时间价值越大;反之越小。

(3)资金投入和回收的特点。在总资金一定的情况下,前期投入的资金越多,资金的负效益越大;反之负效益越小。在资金回收额一定的情况下,离现在越近的时间回收的资金越多,资金的时间价值越大;反之离现在越远的时间回收的资金越多,资金的时间价值越小。

(4)资金周转的速度。资金周转越快,在一定的时间内等量资金的周转次数越多,资金的时间价值越大;反之,资金的时间价值越小。

(三)资金时间价值计算

1. 资金时间价值计算涉及的几个参数注释

现值 P(Present):表示资金发生在某一特定时间序列始点上的价值。

终值 F(Final):表示资金发生在某一特定时间序列终点上的价值,又称本利和。

时值 W:指资金在某一特定时间序列始点和终点之间任一中间时刻的价值。

年金 A(Annuity):指各年等额收入或支出的金额。

计息期 n(Number):指项目在整个计算期内,计算利息的次数,通常以年为单位。

利率 i(Interest Rate):在一个计息周期内所得的利息额与本金之比。

贴现率:把根据未来的现金流量求现在的现金流量时所使用的"利率"称为贴现率,一般是指年贴现率。

等值:指在特定利率条件下,在不同时点的绝对值不相等的资金具有相同的价值,也称等效值。

2.利息与利率的概念

利息是资金时间价值的一种重要表现形式,利息额是衡量资金时间价值的绝对尺度,利率是衡量资金时间价值的相对尺度。广义的利息指占用资金所付的代价,或者放弃使用资金所得到的补偿(或报酬),所以利息常常被看成是资金的一种机会成本。从本质上看利息是由贷款发生的利润的一种再分配。

(1)利息I:债务人支付给债权人超过原借贷款金额的部分就是利息,计算公式为:

$$I(\text{Interest}) = F - P$$

(2)利率i:利率是在一个计息期内所得的利息额与借贷金额(本金)的比值,计算公式为:

$$i = \frac{I}{P} \times 100\%$$

(3)利息的计算

计算方法有单利法和复利法两种方法,常用的是复利法。

①单利法:对到期的利息不再计息,从而每期的利息是固定不变的,计算公式为:

利息　　　　　　　　　　　　$I = P \cdot i \cdot n$

本利和　　　　　　　　　　　$F = P(1 + i \cdot n)$

②复利法:利息要再产生利息,计算公式为:

本利和　　　　　　　　　　　$F = P(1 + i)^n$

复利计算有间断复利和连续复利之分,按期(年、半年、季、月、周、日)计算复利的方法称为间断复利(即普通复利);按瞬时计算复利的方法称为连续复利。在实际应用中都采用间断复利。

3.名义利率和有效利率的计算

在复利计算中,利率周期通常以年为单位,它可以与计息周期(简称计息期)相同,也可以不同。当计息周期小于一年时,就出现了名义利率和有效利率的概念。

名义利率r是指计息周期利率乘以一年内的计息周期数m所得的年利率;也就是大家熟悉和常见的金融机构挂牌的年利率。即:$r = i \times m$。若计息周期月利率为1%,则年名义利率为12%。显然,计算名义利率时忽略了前面各期利息再生的因素,这与单利的计算相同。

有效利率是指资金在计息中所发生的实际利率,主要包括计息周期有效利率和年有效利率两种情况。

(1)计息周期有效利率,即计息周期利率i,$i = r/m$。

(2)年有效利率,即年实际利率。

已知某年初有资金P,名义利率为r,一年内计息m次,则年实际利率为:

$$i = \frac{I}{P} = \left(1 + \frac{r}{m}\right)^m - 1 \tag{4-1-1}$$

式(4-1-1)中,m为一年中实际的计息次数,从公式中可以看出:当一年内计息多次时,区分名义利率和实际利率才有意义;当一年内计息一次时,名义利率就是年有效利率;当计息期小于一年时,名义利率小于年实际利率,一年内计息期越多,年实际利率越大,见表4-1-1第4列和第5列数据。

名义利率与年实际利率及半年实际利率的计算表　　　　表 4-1-1

名义利率（r）	计息周期	计息周期实际利率（r/m）	每年计息次数（m）	年实际利率（i）	每半年计息次数	在不同计息下半年实际利率（i）
10%	年	10%	1	10%	—	
10%	半年	10%/2=5%	2	10.25%	1	$(1+r/2)^1-1=5\%$
10%	季	10/4=2.5%	4	10.38%	2	$(1+r/4)^2-1=1.025^2-1=5.0625\%$
10%	月	10/12=0.833%	12	10.47%	6	$(1+r/12)^6-1=1.00833^6-1=5.1053\%$
10%	日	10/365=0.0274%	365	10.52%	182.5	$(1+r/365)^{182.5}-1=5.1264\%$

有效利率（即实际利率）默认是年实际利率，当计息周期小于资金收付周期时，资金等值计算（特别是等额支付情况下）还需要利用式(4-1-1)的原理将实际利率进一步分为半年实际利率（见表 4-1-1 第 6 列和第 7 列数据）、季实际利率、月实际利率等。计息周期小于资金收付周期的实际示例。以按揭还贷示例：如果客户每月初常常忘记还贷，最后就成为每两个月还贷款一次的月供，银行还是按照月计息，那么这种情况在等额计算时就不能简单套用公式，要先换算为在月计息周期情况下两个月的实际利率。

（3）半年实际利率计算，如表 4-1-1 所示。同理，可以分别计算季、月实际利率。

4. 资金的等值计算

资金有时间价值，即使金额相同，因其发生在不同时间，其价值就不相同。反之，不同时点绝对值相同的资金在实际价值的作用下却有可能具有相等的价值。这些不同时刻发生的数额不等但其"价值等效"（即经济价值相等）的资金称为等值资金。

影响资金等值的因素（即资金等值取决的因素）有三个，即金额大小、资金发生的时间和利率高低（注意与现金流量图的三要素区分）。此利率还应当是实际利率 $i_{实}$。

资金的等值计算目的是使得不同时刻数额不同的资金，通过资金等值计算换算成相同时刻的资金，使得这些资金具有可比性。

资金的等值计算，就是把在一个时间点发生的资金额转换成另一个时间点的等值的资金额，其转换过程就称为资金的等值计算。把将来某一时点的资金金额换算成现在时点的等值金额的过程称之为贴现，其贴现后的资金金额称为现值 P。与现值等价的将来时点的资金金额称为终值 F。

（1）一次支付的终值和现值计算（相当于银行整存整取）

① 终值计算（已知 P，求 F）

已知 P,i,n，求终值 F，其公式为：

$$F = P(1+i)^n \tag{4-1-2}$$

式中：$(1+i)^n$——一次支付终值系数，也可用符号 $(F/P,i,n)$ 表示；$(F/P,i,n)$ 符号表示在已知 P（为分母），i 和 n 的情况下求解 F（为分子）的值。（熟记这种表达法。）

② 现值计算（已知 F，求 P）

已知 F,i,n，求 P。由终值公式求逆运算：

$$P = \frac{F}{(1+i)^n} = P(1+i)^{-n} \tag{4-1-3}$$

式中：$(1+i)^{-n}$——一次支付现值系数（或称贴现系数），记为 $(P/F,i,n)$，它和一次支付终值系数互为倒数。

(2)等额支付系列的终值、现值、资金回收和偿债基金计算(类似于按揭还贷)

①等额支付终值公式(已知 A,求 F)

已知 A,i,n,求 F。(注:类似于储蓄中的零存整取,但此处是期末不是期初。)

利用一次支付终值公式可推导出等额支付终值公式:

$$F = A\frac{(1+i)^n - 1}{i} = A(F/A,i,n) \tag{4-1-4}$$

式中: $\frac{(1+i)^n - 1}{i}$ ——等额支付终值系数,记为 $(F/A,i,n)$。

②等额支付现值公式(已知 A,求 P)

已知 A,i,n,求 P。由等额支付终值公式 $F = A\{[(1+i)^n - 1]/i\}$ 折现,可得到:

$$P = A\frac{(1+i)^n - 1}{i(1+i)^n} = A\frac{1-(1+i)^{-n}}{i} = A(P/A,i,n) \tag{4-1-5}$$

式中: $\frac{(1+i)^n - 1}{i(1+i)^n}$、$\frac{1-(1+i)^{-n}}{i}$ ——等额支付现值系数,记为 $(P/A,i,n)$。

③等额支付资金回收公式(已知 P,求 A,典型的按揭还贷)

已知 P,i,n,求 A,由等额支付现值公式变形得:

$$A = P\frac{i(1+i)^n}{(1+i)^n - 1} = P\frac{i}{1-(1+i)^{-n}} = P(A/P,i,n) \tag{4-1-6}$$

式中: $\frac{i(1+i)^n}{(1+i)^n - 1}$、$\frac{i}{1-(1+i)^{-n}}$ ——等额支付资金回收系数,记为 $(A/P,i,n)$。

④等额支付偿债基金公式

类似于日常商业活动中的分期付款,即已知 F,i,n,求 A,是等额支付终值公式的逆运算,由等额支付终值公式变形得:

$$A = F\frac{i}{(1+i)^n - 1} = F(A/F,i,n) \tag{4-1-7}$$

式中: $\frac{i}{(1+i)^n - 1}$ ——等额支付偿债基金系数,记为 $(A/F,i,n)$。

(四)资金等值计算的归纳总结和选用实际利率时的注意事项

1. 资金等值计算分为两大类

一次性支付(整存整取)和等额支付(按揭还贷)。

2. 套用等值计算和复利计算公式的注意事项

(1)计息期数为时点或时标,本期末等于下期初。0点就是第一期初,也叫零期;第一期末即为第二期初;其余类推。

(2) P 是在第一计息期开始时(0期)发生;但是 P 是个相对概念,是指与其他时点比的现在值,参见图4-1-3。

(3) F 发生在考察期末,即第 n 期末;但是 F 也是个相对概念,是指与其他时点比的未来值,参见图4-1-3。

(4)各期的等额支付 A,发生在各期的期末。

(5) P 与 A 的时点关系: P 在 A 的前一期,参见图4-1-3。

(6) A 与 F 的时点关系：F 在 A 的最后一期同时发生，不能将 A 定在每期的期初，参见图 4-1-3。

图 4-1-3　现值 P、年值 A、未来值 F 之间关系的现金流量图

3. 实际利率的重要性和计算过程中可能出现的改变

(1) 计息周期等于收付周期（常态）情况下的计算用 i

一般情况下，年利率是指名义利率，用 r 表示。因此，计息实际利率 $i = r/m$，m 为一年内的计息次数，代入相应公式。

(2) 计息周期小于收付周期（非常态）情况下的换算为收付周期的实际利率 $i_{实}$

当计息周期小于收付周期时，出现 i 所对应计息期次数 m 与收付周期次数 n 的不一致。因此所有等值计算公式的套用就不容易了，特别是等额的情况。最简单和最好理解的方法是利用式(4-1-1)实际利率的计算原理，将 m 次计息的实际率换算为收付周期 n 次的实际利率，然后套用系数表达形式。

① 换算为收付周期的实际利率 $i_{实}$ 的关键点是 m 与收付周期对应计息次数

此时式(4-1-1)中作为**指数的 m** 值发生了变化，改为"**收付周期对应计息的次数**"，如式(4-1-8)所示。计息周期是季度，$m = 4$，对半年一次的收付周期来说的计息次数 = 2 个季度 = 2；计息周期是月，$m = 12$，对半年一次收付周期来说的计息次数 = 6 个月；参见表 4-1-1 的半年实际利率计算过程。同理，如果计息周期是月，$m = 12$，对忘记还贷的示例，以两个月为一次的收付周期来说其计息次数 = 2。

$$\text{收付款实际利率 } i_{实} = \left(1 + \frac{i_{名}}{m}\right)^{\text{收付周期对应计息的次数}} - 1 \qquad (4\text{-}1\text{-}8)$$

② 换算示例

以按揭还贷为例，每月计息，$r = 7.30338\%$，贷款 12 万元，一年还清贷款，每月还贷月供 A 计算为 1.04 万元。因在每月初还款时忘记还款，结果都是下一个月补交，成了两个月还款一次。此时银行向该客户计算两月还款一次的 A 是多少？

解：在套用式(4-1-6)计算每两月还款金额时，所用的实际利率 $i_{实} = (1 + r/12)^2 - 1$，而不是 $i = r/6$，该值比 $r/6$ 大一点。因为银行的按月计息规则不变，只是允许客户每两月还款一次。

两月还款一次的金额 $A = 12 \text{ 万}[A/P,(1 + r/12)^2 - 1,6] = 2.08663$ 万元，与前面示例图 4-1-2 中第 4 月初还款 = 2.08 万元 + 63.3 元 = 2.08663 万元一致。只要迟还款 1 个月的利息就是 63.3 元。

考生可以试算一下自己的按揭贷款，每月的月供如何计算？其中利息还了多少？每月的所还的利息相同吗？利用 Excel 表格很容易计算出结果，每月利息 = 剩余本金 × 月实际利率。实际利率 i 对等值计算影响很大，是考试的难点和重点。

4. 等额计算的各类系数的规律性

(1) 系数的组成是（要求的值/已知值，**计息的实际利率 i**，计息周期 n）。当计息周期小于收付周期时，要改为（要求的值/已知值，**计算采用的实际利率 i**，对应计算的周期 n）。考生平时练习应习惯使用系数表示，简单易记。临考前才需去背表 4-1-2 中 2～3 个常用的对应公

式,进入考场后立即写在试卷上,千万不能写在答题纸上。

(2)系数中计息周期 n 的正确表示:参见图4-1-3,难点是等额支付情况需记牢。

①现值 P 和未来值 F 与年值 A 之间等值换算所对应的时间点位置,可以借用力学的集中荷载形象对应于 P 和 F,均布荷载形象对应于 A。

a. P 的位置在 A 连续开始时间的前一时间点。

b. F 的位置在 A 连续结束时间(即末端)的同一时间点。

② n 的含义

a. P 与 F 之间的 n 是他们之间的距离 = F 位置时间点 – P 位置时间点。例如,已知 P 和 i,求图4-1-3的 F,$F = P(F/P,i,9)$。反过来,已知 F 和 i,求图4-1-3的 P,$P = F(P/F,i,9)$。

b. A 的 n 是 A 的连续个数 = 末端位置时间点 – 起点位置时间点 + 1,类似种树道理。例如,已知 A 和 i,求图4-1-3的 P,$P = A(P/A,i,9)$,12 – 4 + 1 = 9。同理,$F = A(F/A,i,9)$。已知 P 或 F 和 i,求图4-1-3的 A,$A = P(A/P,i,9)$,$A = F(A/F,i,9)$。

如果所求的时间点不是公式反映的时间点,例如,例8的情况,先将 A 等值转化为 P 或 F(相当于力学均布荷载先等价于集中荷载),然后根据所求点的位置,如果还要往时间点小的计算,就是再乘以已知 F 求 P 的系数,n = 两点距离;反之往时间点后面算,再乘以已知 P 求 F 的系数。等值计算的表示形式可以不同,但计算结果是相同的。要加强这方面练习。

5. 常用的六个等值计算公式表

汇总的六个等值计算公式,如表4-1-2所示。前三个公式与后三个公式互为倒数。

等值计算公式表　　　　表4-1-2

名　称	系数表示	公式表示	名　称	系数表示	公式表示
一次支付终值系数	$(F/P,i,n)$	$(1+i)^n$	一次支付现值系数	$(P/F,i,n)$	$(1+i)^{-n}$
等额支付终值系数	$(F/A,i,n)$	$\dfrac{(1+i)^n-1}{i}$	等额支付偿债基金系数	$(A/F,i,n)$	$\dfrac{i}{(1+i)^n-1}$
等额支付现值系数	$(P/A,i,n)$	$\dfrac{1-(1+i)^{-n}}{i}$	等额支付资金回收系数	$(A/P,i,n)$	$\dfrac{i}{1-(1+i)^{-n}}$

例　题

例1 现金流量图的三大要素是(　　)。
　　A. 资金数额、流向、资金作用期间　　B. 资金数额、利率、资金发生的时间点
　　C. 资金大小、流向、资金发生的时间点　　D. 大小、流出、时间点

例2 决定资金等值的三大因素是(　　)。
　　A. 资金数额、利率、资金发生的时间点　　B. 金额大小、利率、资金发生的时间
　　C. 资金大小、流向、资金发生的时间点　　D. 大小、流出、时间点

例3 项目在整个计算期内某时点所发生的现金流入与现金流出之差称为(　　)。
　　A. 现金流量　　　B. 净现金存量　　　C. 现金存量　　　D. 净现金流量

例4 某工程项目第一年初的投资100万,第二年投资50万,第二年获利30万,第三年上

半年获利 50 万,第三年下半年获利 100 万。下列现金流量图正确的是(　　)。

A.   B.

C.   D.

例 5 银行采用的零存整取形式,顾客在柜台办理当天开始计算利息,下个月此日期前存入相同金额,到时一并整笔取回。站在顾客角度下列图形表示正确的是(　　)。

A.   B.

D.

例 6 某工程项目第一年初投资 1000 万,第二年获利 300 万,第三、四、五年分别获利 500 万,第三、四年分别又投资 200 万,第五、六年分别获利 600 万。请问第二、三、四年的净现金流量分别是(　　)。

    A. 300 万,300 万,300 万　　　　B. 100 万,300 万,500 万
    C. 300 万,700 万,700 万　　　　D. 500 万,700 万,500 万

例 7 零存整取,每月存入 A,利率为 i。其计算系数表示正确的是(　　)。
    A. $(F/A,i,n)$　　　　　　　　　B. $(F/A,i,n-1)(F/P,i,1)$
    C. $(P/A,i,n)(F/P,i,n)$　　　　　D. $(F/A,i,n)(F/P,i,1)$

例 8 银行按揭还贷,按月利息。如果客户忘记及时还贷,造成从第 1 个月开始,每次都是下一个月补交。站在客户角度,下列现金流量图表示正确的是(　　)。

A.   B.

    　　　　　　　　　　　　　　　　D.

例9 根据下面现金流量图,时值 W 计算表示正确的有( )。

例9图

A. $W_1 = A(P/A,i,5)(P/F,i,3)$ B. $W_1 = A(P/A,i,6)(P/F,i,2)$
C. $W_1 = A(F/A,i,6)(P/F,i,8)$ D. $W_{13} = A(P/A,i,6)(F/P,i,10)$
E. $W_{13} = A(F/A,i,6)(F/P,i,4)$

例10 以下关于现金流量的符号搭配正确的有( )。

A. 现金流入(CI) B. 现金流出(CO)
C. 现金流入(CO) D. 现金流出(CI)
E. 净现金流量($CI-CO$)

例题解析

例1 现金流量图的三大要素是"资金金额、方向、资金发生的时间点"。故选 C 项。

例2 资金等值的三大因素是"资金金额、资金发生的时间、利率大小"。故选 B 项。例1和例2,互为干扰。

例3 题干就是"净现金流量"的定义。故选 D 项。

例4 该题有一定难度,一般投资都是期初,收益都是期末。第二年投资50万是指第二年初,而不是第二年末,所以选项 A 错了。第三年上半年获利50万应归于第三年末,选项 B 中50万在第二年末,错了。第二年获利30万应表示在第二年末,选项 C 错。时间点1表示第1年末第二年初,时间点2表示第二年末,所以30万表示正确,第三年上半年和下半年50 + 100 = 150万,方向正,表示在3点末,正确。故选 D 项。

例5 站在顾客角度存钱对顾客来说,是付出,不是收入,A 应画在下方,箭头朝下,表示负的。所以选项 AB 错了。零存整取,期初办理,所以选项 C 错。故选 D 项,正确表示了期初开始。

例6 第二年末的流入 $CI = 300$,第三年初投资等于第二年末投资 $CO = 200$,$CF = 300 - 200 = 100$;第三年末的流入 $CI = 500$,$CO = 200$,$CF = 500 - 200 = 300$;第四年末的流入 $CI = 500$,第四年初投资算在第三年末的流出,所以第四年末 $CO = 0$,$CF = 500 - 0 = 500$。故选 B 项,注意投资年初,要算到上年末的流出;收益是年末,静现金流量比较时间点是年末。

例7 参考例5中选项 D 的现金流量图,可以先将 A 等值计算到 $n-1$ 时间点,是标准形式已知 A 求 F 的系数 $(F/A,i,n)$,接着从 $n-1$ 点(现在)等值计算到 n 点(未来)再乘以系数 $(F/P,i,1)$。故选 D 项。还有一种等值计算,可以先将 A 等值计算到 0 时间点的前一点即 -1 时间点,是标准形式已知 A 求 P 的系数 $(P/A,i,n)$,接着从 -1 点(现在)等值计算到 n 点(未来)再乘以系数 $(F/P,i,n+1)$,所以选项 C 少了 $+1$。n 表示 A 连续个数,不是两点距离,所以选项 B 错在 -1。因为零存整取不是标准式,选项 A 是标准式,不合题意。

例8 站在客户角度得到贷款 P 为正在上方,每月还贷来说为负在下方。选项 A 虽然是教材中常见的等值标准式,但错在还贷付出应在下方(箭头朝下),同时不是每月还贷,而且实际利率 $i = r/12$ 与两月还贷的利率不一致(要换算一致)。选项 B 错在 $i = r/6$,实际计息却是每月。选项C错在还贷A应每两个月。故选D项,A和实际i都正确。

例9 根据现金流量图,W_1可以往前等值计算,先将A等值计算到4开始时间点的前一点,即3时间点,是标准形式已知A求P的系数$(P/A,i,6)$,接着从3点(未来)等值计算到1点(现在)再乘以系数$(P/F,i,2)$。或者往后算,先将A等值计算到9时间点,是标准形式已知A求F的系数$(F/A,i,6)$,接着从9点(未来)等值计算到1点(现在)再乘以系数$(P/F,i,8)$。同理,W_{13}是在刚才先将A等值计算到标准位置点后,再接着计算到指定的13点,从3点到13点的距离=13-3=10,系数是$(F/P,i,10)$;如果从9点到13点的距离=13-9=4,系数是$(F/P,i,4)$。故选BCDE项。这个内容很重要,考生一定要掌握这种等值计算的方法,多练习到很熟练的程度,才能学懂第二节的内容。

例10 结合英文单词很容易记住符号缩写。故选ABE项。

自测模拟题

(一)单项选择题

1. 某人现借得本金10000元,一年末付息800元,则年利率为( )。
   A. 16%　　　　B. 10%　　　　C. 8%　　　　D. 4%

2. n期末单利本利和F的计算公式是( )。
   A. $1+n \cdot I$　　B. $P \cdot (1+n \cdot i)$　　C. $P \cdot (1+i)$　　D. $P \cdot i$

3. 同一笔借款在利率、计息周期均相同的情况下,复利终值和单利终值的数量关系是( )。
   A. 前者等于后者　　　　　　B. 前者大于后者
   C. 前者小于后者　　　　　　D. 无法确定

4. 等额支付资金回收系数为( )。
   A. $(A/P,i,n)$　　　　　　B. $(A/F,i,n)$
   C. $(F/A,i,n)$　　　　　　D. $(P/A,i,n)$

5. 某人从25~60岁每年存入银行养老金1000元,若利率为8%,则他在60~74岁间每年可以等额领到的钱是( )。
   A. $1000(F/A,8\%,36)(A/P,8\%,14)$　　B. $1000(F/A,8\%,35)(A/P,8\%,13)$
   C. $1000(F/A,8\%,35)(P/A,8\%,13)$　　D. $1000(F/A,8\%,36)(P/A,8\%,14)$

6. 现金流量的等值是指在特定利率下不同时点上的( )。
   A. 两笔现金流量价值相等　　　　B. 两笔现金流量计算过程相同
   C. 两笔现金流量数额相等　　　　D. 两笔现金流量计算公式相同

7. 某工程项目向银行贷款,年利为10%,半年计息一次,实际年利率应是( )。
   A. 10%　　　　B. 5%　　　　C. 10.25%　　　　D. 20%

8. 当名义年利率一定时,下列表述中正确的是( )。
   A. 计息期数越多,有效年利率越高　　B. 计息期数越多,有效年利率越低
   C. 有效年利率的数值与计息期数成正比　D. 有效年利率的数值与计息期数成反比

9. 某银行给企业贷款100万元,年利率为4%,贷款年限3年,到期后企业一次性还本付息,利息按复利每半年计息一次,到期后企业应支付给银行的利息为( )万元。

A.12.000　　　　B.12.616　　　　C.24.000　　　　D.24.973

10.某项借款,年名义利率为10%,按季度的实际利率为(　　)。
A.5%　　　　B.2.5%　　　　C.0.833%　　　　D.0.0274%

11.施工单位从银行贷款2000万元,月利率为0.8%,按月计息,两个月后应一次性归还银行本息共计(　　)万元。
A.2008.00　　　　B.2016.00　　　　C.2016.09　　　　D.2032.13

12.建设单位从银行贷款1000万元,贷款期为2年,年利率6%,每季度计息一次,则贷款的年实际利率为(　　)。
A.6%　　　　B.6.12%　　　　C.6.14%　　　　D.12%

13.某施工企业年初向银行贷款流动资金100万元,按季计算并支付利息,季度利率2%,则一年支付的利息总和为(　　)万元。
A.8.00　　　　B.8.08　　　　C.8.24　　　　D.8.40

14.已知年利率12%,每月复利计息一次,则季实际利率为(　　)。
A.1.003%　　　　B.3.00%　　　　C.3.03%　　　　D.4.00%

15.每半年末存款2000元,年利率4%,每季复利计息一次。则2年末存款本息和为(　　)元。
A.8160.00　　　　B.8243.22　　　　C.8244.45　　　　D.8492.93

16.已知年名利率为8%,每季度复利计息一次,则年有效利率为(　　)。
A.8.8%　　　　B.8.24%　　　　C.8.16%　　　　D.8.00%

17.某施工企业每年年末存入银行100万元,用于3年后的技术改造,已知银行存款年利率为5%,按年复利计息,则第3年末可用于技术改造的资金总额为(　　)。
A.331.01　　　　B.330.75　　　　C.315.25　　　　D.315.00

18.甲施工企业年初向银行贷款流动资金200万元,按季计算并支付利息,季度利率1.5%,则甲施工企业一年应支付的该项流动资金贷款利息为(　　)万元。
A.6.00　　　　B.6.05　　　　C.12.00　　　　D.12.27

19.某人连续5年每年末存入银行20万元,银行年利率6%,按年复利计算,第5年年末一次性收回本金和利息,则到期可以回收的金额为(　　)万元。
A.104.80　　　　B.106.00　　　　C.107.49　　　　D.112.74

20.年利率8%,按季度复利计息,则半年期实际利率为(　　)。
A.4.00%　　　　B.4.04%　　　　C.4.07%　　　　D.4.12%

21.某企业以单利计息的方式年初借款1000万元,年利率6%,每年末支付利息,第五年末偿还全部本金,则第三年未应支付的利息为(　　)万元。
A.300.00　　　　B.180.00　　　　C.71.46　　　　D.60.00

22.某项目投资来源中,项目资本金2000万元,借入银行资金1000万元,建设期借款利息200万元。在编制项目财务现金流量表时,建设期现金流出的投资应为(　　)万元。
A.1200　　　　B.2000　　　　C.3000　　　　D.3200

23.年名义利率为i,一年内计息周期数为m,则年有效利率为(　　)。
A.$(1+i)^m-1$　　　B.$(1+i/m)^m-1$　　　C.$(1+i)^m-i$　　　D.$(1+i\times m)^m-i$

24.某企业从金融机构借款100万元,月利率1%,按月复利计息,每季度付息一次,则该企业一年需向金融机构支付利息(　　)万元。

A. 12.00　　　　　　B. 12.12　　　　　　C. 12.55　　　　　　D. 12.68

25. 某施工企业希望从银行借款500万元,借款期限2年,期满一次还本。经咨询有甲、乙、丙、丁四家银行愿意提供贷款,年利率均为7%。其中,甲要求按月计算并支付利息,乙要求按季度计算并支付利息,丙要求按半年计算并支付利息,丁要求按年计算并支付利息。则对该企业来说,借款实际利率最低的银行是(　　)。
A. 甲　　　　　　　　　　　　　B. 乙
C. 丙　　　　　　　　　　　　　D. 丁

26. 某公司以单利方式一次性借入资金2000万元,借款期限3年,年利率8%,到期一次还本付息,则第三年末应当偿还的本利和为(　　)万元。
A. 2160　　　　　　　　　　　　B. 2240
C. 2480　　　　　　　　　　　　D. 2519

27. 关于现金流量图的绘制规则的说法,正确的是(　　)。
A. 对投资人来说,时间轴上方的箭线表示现金流出
B. 箭线长短与现金流量的大小没有关系
C. 箭线与时间轴的交点表示现金流量发生的时点
D. 时间轴上的点通常表示该时间单位的起始时点

28. 某施工企业向银行借款250万元,期限2年,年利率6%,半年复利计息一次,第二年还本付息,则到期企业需支付给银行的利息为(　　)万元。
A. 30.00　　　　　B. 30.45　　　　　C. 30.90　　　　　D. 31.38

29. 某施工企业投资200万元购入一台施工机械,计划从购买日起的未来6年等额收回投资并获取收益。若基准收益率为10%,复利计息,则每年末应获得的净现金流入为(　　)万元。
A. $200 \times (A/P,10\%,6)$　　　　　　B. $200 \times (F/P,10\%,6)$
C. $200 \times (A/P,10\%,7)$　　　　　　D. $200 \times (A/F,10\%,7)$

30. 甲公司从银行借入100万元,年利率为8%,单利计息,借期4年,到期一次还本付息,则该公司第四年末一次偿还的本利和为(　　)万元。
A. 1360　　　　　　　　　　　　B. 1324
C. 1320　　　　　　　　　　　　D. 1160

31. 某施工企业银行借款100万元期限为3年,年利率8%,按年利息并于每年末付息,则第3年末企业需偿还的本利和为(　　)万元。
A. 100　　　　　　　　　　　　B. 124
C. 126　　　　　　　　　　　　D. 108

(二)多项选择题

1. 影响资金时间价值的因素很多,其中主要有(　　)。
A. 资金投资对象　　　　　　　B. 资金数量的大小
C. 资金的使用时间　　　　　　D. 资金周转的速度
E. 资金投入和回收的特点

2. 一次支付终值计算公式可写为(　　)。
A. $P(1+i)^n$　　B. $P(1+i)^{-n}$　　C. $P(F/P,i,n)$　　D. $P(A/F,i,n)$
E. $P(P/F,i,n)$

3. 现在存入银行10000元,年利率10%,在第7年末共获得19187元,第3年末的终值可表示为( )。

A. $19187(P/F,10\%,4)$ B. $19187(F/P,10\%,4)$

C. $10000(F/P,10\%,4)$ D. $10000(F/P,10\%,3)$

E. $10000+(19187-10000)\times 3/7$

4. 现在存款5000元,年利率为8%,半年计息一次,在第6年末存款本利和的表达式可写为( )。

A. $5000(F/P,8\%,6)$ B. $5000(F/P,8\%/2,6)$

C. $5000(F/P,8\%,6\times 2)$ D. $5000(F/P,8\%/2,2\times 6)$

E. $5000(F/P,8.16\%,6)$

5. 以下关于资金时间价值的论述中,正确有( )。

A. 资金的时间价值是资金随时间推移而产生的一种增值,因而它是由时间创造的

B. 资金作为生产要素,在任何情况下都能产生时间价值

C. 资金投入生产经营才能增值,因此其时间价值是在生产、经营中产生的

D. 一般而言,资金的时间价值应按间断复利计算方法计算

E. 资金的时间价值常采用连续复利计算方法计算

6. 利息和利率的作用通常表现为( )。

A. 是以信用方式动员和筹集资金的动力

B. 促使经营者节约使用资金

C. 是投资者可选择的最佳投资手段之一

D. 投资者确定投资方向的最低衡量尺度

E. 金融企业经营发展的重要条件

7. 已知折现率 $i>0$,下面的现金流量图表示( )。

题7图

A. A_1 为现金流出

B. A_2 发生在第3年年初

C. A_3 发生在第3年年末

D. A_4 的流量大于 A_3 的流量

E. 若 A_2 与 A_3 流量相等,则 A_2 与 A_3 的价值相等

8. 影响资金等值的因素有( )。

A. 资金的数量 B. 资金发生的时间

C. 利率(或折现率)的大小 D. 现金流量的表达方式

E. 资金运动的方向

9. 绘制现金流量图需要把握的现金流量的要素有(   )。
   A. 现金流量的大小   B. 绘制比例   C. 时间单位   D. 现金流入或流出
   E. 发生的时点

10. 关于有效利率和名义利率关系的说法,正确的有(   )。
    A. 年有效利率和名义利率的关系实质上与复制和单利的关系一样
    B. 每年计息周期数越多,则年有效利率和名义利率的差异越大
    C. 只要名义利率大于零,则据此计算出来的年有效利率一定大于年名义利率
    D. 计息周期与利率周期相同时,周期名义利率与有效利率相等
    E. 单利计时时,名义利率和有效利率没有差异

11. 关于年有效利率的说法,正确的有(   )。
    A. 当每年计息周期数大于1时,名义利率大于年有效利率
    B. 年有效利率比名义利率更能准确反映资金的时间价值
    C. 名义利率一定,计息周期越短,年有效利率与名义利率差异越小
    D. 名义率为 r,一年内计息 m 次,则计息周期利率为 $r-m$
    E. 当每年计息周期数等于1时,年有效利率等于名义利率

12. 关于利率高低影响的说法,正确的有(   )。
    A. 利率的高低首先取决于社会平均利润率的高低,并随之变动
    B. 借出资本所承担的风险越大,利率越低
    C. 资本借出期间的不可预见因素越多,利率越高
    D. 社会平均利润率不变的情况下,借贷资本供过于求会导致利率上升
    E. 借出资本期限越长,利率越高

13. 关于现金流量图绘制规则的说法,正确的有(   )。
    A. 横轴为时间轴,向右延伸表示时间的延续
    B. 对投资人而言,横轴上方的箭线表示现金流出
    C. 垂直箭线代表不同时点的现金流量情况
    D. 箭线长短应体现各时点现金流量数值的差异
    E. 箭线与时间轴的交点即为现金流量发生的时点

参考答案及解析

(一)单项选择题

1. C   2. B   3. B   4. A   5. A   6. A   7. C   8. A   9. B   10. B
11. D   12. C   13. A   14. C   15. C   16. B   17. C   18. C   19. D   20. B
21. D   22. C   23. B   24. B   25. D   26. C   27. C   28. D   29. A   30. C
31. D

5. 解析:25~60岁每年存入 $n_1=60-25+1=36$ 年,60~74岁每年可以等额领到的钱(61岁末到74岁末领到钱) $n_2=74-61+1=14$。故选A项。

12. 解析:按照式(4-1-1): $i_实=(1+i_名/m)^m-1=(1+6\%/4)^4-1=6.14\%$。故选C项。

14. 解析:按照式(4-1-8): $i_实=(1+i_名/m)^{收付周期对应计息的次数}-1=(1+12\%/12)^3-1=3.03\%$。故选C项。

25.解析：本题考核的是名义利率与年有效利率的关系。本题中年名义利率为7%，则年、半年、季、月有效利率按照公式(4-1-1)计算。甲、乙、丙三家银行的计息周期都小于一年，则其实际年利率都大于7%。只有丁银行的实际利率与名义利率相等，是借款实际利率最低的银行。

可能有读者认为各银行实际是按照单利计算，不能套用公式(4-1-1)。换一种接近题意，且利息按照单利计算的更好理解的解释：按照题意的表示，因为不是最终一起还本付息，而是计息期立刻付息，不是复利了，各个银行都是按单利计息，但是各个银行的利息额和次数不同，最终的年末值也就不同了。所以各个银行年利息的年末值 = 每期单利的利息 × 等额终值系数 = $500 \times (7\%/m)(F/A, 7\%/m, m)$，那么年实际利率 = $(7\%/m)(F/A, 7\%/m, m) = (7\%/m) \times [(1+7\%/m)^m - 1]/(7\%/m) = (1+7\%/m)^m - 1$，与年实际利率的公式(4-1-1)相同。则甲为7.23%，乙为7.19%，丙为7.12%，丁为7%。所以要注意可比性，即不同时间点的金额要折算为同一时间点。

31.解析：由于每年年末支付了利息，所以3年支付的利息是相等的，均为8万，这个题的迷惑性在于并未问你总共付了多少本利和，而是第3年年末，第3年年末偿还的资金仅仅是本金和第3年需要支付的利息，所以合计为108万元。

(二) 多项选择题

1. BCDE　　2. AC　　3. AD　　4. DE　　5. CD　　6. ABDE　　7. ABC
8. ABC　　9. ADE　　10. ABE　　11. BE　　12. ACE　　13. ACDE

10.解析：选项C很有迷惑性，当实际的计息周期大于1年时，选项C所表述的内容就不正确了。选项D错误原因是，如果计息周期为月，利率周期也是月，相同时，周期名义利率与有效利率相等。

12.解析：利率的高低首先取决于社会平均利润的高低，并随之变动。借出资本所承担的风险越大，利率越高；资本借出期间的不可预见因素越多，风险越大，利率越高；社会平均利润率不变的情况下，借贷资本供过于求会导致利率下降，时间越长，风险越大，利率越高。所以选ACE项。

二、经济分析的基本方法

重 点 知 识

(一) 建设项目经济分析

1. 建设项目经济分析的含义

为了提高投资效益，取得最佳的投资效果，在建设项目投资决策(即项目可行性研究)时，需要从经济角度出发，对多个投资方案进行评价和比选，称为建设项目的经济分析。进一步可以分为国民经济评价(也称为经济分析，站在国家角度)和财务评价(也称财务分析，站在项目或投资人角度)。

通俗理解经济分析(或评价)就是对投资方案进行评价，以生活中投资出租车生意为例。几年后能收回成本就是"投资回收期"；不考虑利息因素就是"静态"，考虑利息影响就是"动态"；值不值得投资就是"可行或可接受"与否；投资出租车比存银行的回报高多少就是"净现值"评价;投资出租车的回报率类似于"内部收益率"等。

2. 建设项目经济分析的目的

建设项目的经济分析的目的在于确保决策的正确性和科学性,避免或最大限度地减小投资方案的风险,**确定投资方案的经济效果水平**。

3. 建设项目经济分析要解决的问题

投资方案经济分析主要解决两个问题,一是**方案的筛选**,即从若干个备选方案中,将经济指标值满足某一绝对检验标准要求的方案选为初选方案;二是**方案的排序和优选**,即从多个初选方案中,选出经济效益最好的一个。

4. 经济效果评价方法(即经济分析方法)

(1) 经济效果评价的基本方法

经济效果评价的基本方法**包括确定性评价和不确定性评价。对同一投资方案而言,必须同时进行确定性评价和不确定性评价**。

(2) 按照是否考虑资金的时间价值对经济效果评价方法分类

①静态评价方法:不考虑资金时间价值,其最大特点是计算简便,适用于方案的初步评价,或对短期投资项目进行评价,以及对逐年收益大致相等的项目评价。

②动态评价方法:要考虑资金时间价值,能较全面地反映投资方案整个计算期的经济效果。因此,在进行方案比选时,**一般以动态评价方法为主**。

(3) 经济分析的指标计算法

经济分析一般采用指标计算法进行。用若干个经济指标来反映投资方案的经济效益。根据经济评价指标的不同,动态经济评价方法可以分为:**现值法、年值法、内部收益率法、动态投资回收期法、效益费用比法**等。

(二) 动态经济评价方法(常用资金等值计算方法进行)

1. 现值法

(1) 净现值法(NPV, Net Present Value)

①净现值法的含义:所有**净现金流量**按照项目**基准收益率 i_c** 或设定的折现率等值计算到投资起点即现值的和。计算公式为:

$$NPV = \sum_{t=0}^{n} CF_t(P/F, i_c, t) = \sum_{t=0}^{n}(CI-CO)_t \frac{1}{(1+i_c)^t} = \sum_{t=0}^{n}(CI-CO)_t(1+i_c)^{-t}$$

(4-1-9)

②NPV 的经济含义即方案的评价标准(或准则):

$NPV > 0$,说明收益超过基准收益率,方案可接受;$NPV = 0$,说明收益与基准收益率相等,方案可接受;$NPV < 0$,说明收益没达到基准收益率,经济上拒绝该方案。多方案计算期(投资建设期+运营期)相同时的比较,优选 NPV 大的方案,计算期(寿命期)不同时,**要处理为相同计算期才能比较(或采用具有可比性的年值相对指标进行比较)**。

【**示例 1**】 某投资项目的现金流量见表 4-1-3,基准收益率为 10%,用净现值法判别该项目的经济可行性。等值法各系数见图 4-1-4 中不同 n 的值,如果需要,读者可用 Excel 计算其他 i 值下的等值法各系数。

某项目现金流量表(单位:万元)　　　　　　　表4-1-3

t	0	1	2	3	4	5	6
现金流入量	—	—	—	200	600	600	600
现金流出量	200	200	350	50	100	100	100
净现金流量	−200	−200	−350	150	500	500	500

	A	B	C	D	E	F	G	H
1	i	n	F/P	P/F	F/A	A/F	P/A	A/P
2	10%	1	1.10000	0.90909	1.00000	1.00000	0.90909	1.10000
3		2	1.21000	0.82645	2.10000	0.47619	1.73554	0.57619
4		3	1.33100	0.75131	3.31000	0.30211	2.48685	0.40211
5		4	1.46410	0.68301	4.64100	0.21547	3.16987	0.31547
6		5	1.61051	0.62092	6.10510	0.16380	3.79079	0.26380
7		6	1.77156	0.56447	7.71561	0.12961	4.35526	0.22961
8		7	1.94872	0.51316	9.48717	0.10541	4.86842	0.20541
9		8	2.14359	0.46651	11.43589	0.08744	5.33493	0.18744
10		9	2.35795	0.42410	13.57948	0.07364	5.75902	0.17364
11		10	2.59374	0.38554	15.93742	0.06275	6.14457	0.16275
12		11	2.85312	0.35049	18.53117	0.05396	6.49506	0.15396
13		12	3.13843	0.31863	21.38428	0.04676	6.81369	0.14676
14		13	3.45227	0.28966	24.52271	0.04078	7.10336	0.14078
15		14	3.79750	0.26333	27.97498	0.03575	7.36669	0.13575
16		15	4.17725	0.23939	31.77248	0.03147	7.60608	0.13147
17		16	4.59497	0.21763	35.94973	0.02782	7.82371	0.12782
18		17	5.05447	0.19784	40.54470	0.02466	8.02155	0.12466
19		18	5.55992	0.17986	45.59917	0.02193	8.20141	0.12193
20		19	6.11591	0.16351	51.15909	0.01955	8.36492	0.11955
21		20	6.72750	0.14864	57.27500	0.01746	8.51356	0.11746

图4-1-4　6个等值计算公式系数i为10%的Excel计算图

解析: $NPV = (-200) + (-200)(P/F,10\%,1) + (-350)(P/F,10\%,2) + 150(P/F,10\%,3) + 500(P/F,10\%,4) + 500(P/F,10\%,5) + 500(P/F,10\%,6)$

$= -200 - 200 \times 0.90909 - 350 \times 0.82645 + 150 \times 0.75131 + 500 \times 0.68301 + 500 \times 0.62092 + 500 \times 0.56447$

$= -200 - 181.818 - 289.258 + 112.697 + 500 \times 1.8684$

$= -671.076 + 112.697 + 934.200$

$= 375.821$ 万元

最后三个500,可以看成$A = 500$,表示为$500(P/A,10\%,3)(P/F,10\%,3) = 500 \times 2.48685 \times 0.75131 = 500 \times 1.8684 = 934.200$,结果相同,如果$A = 500$是先算到6点,则表示为$500(F/A,10\%,3)(P/F,10\%,6)$,系数$= 3.31000 \times 0.56447 = 1.8684$结果也相同。该方案在保证有10%的收益情况下,还多收入375.821万元净收益。对连续的相同流量用A简单。

净现值是绝对指标,由于净现值大小只表明盈利总额,不能说明投资的利用效果,单纯用净现值最大为标准进行多方案选优,往往导致评价者趋向于选择投资大、盈利多的方案,而忽视盈利额较多但投资更少,经济效果更好的方案。所以引入"净现值率(NPVR)"指标,作为净现值的辅助评价指标。

$NPVR = $净现值$NPV/$投资现值$I_p$,当$NPVR \geq 0$,方案能接受。在多方案(不包括独立型方案)比选时可能出现$NPVR$最大,与NPV最大的结论不一致,这时主要看有无投资资金总量限制。在有明显资金总量限制,且项目占用资金远小于资金总拥有量时,以$NPVR$进行方案选优是正确的,否则应将$NPVR$与投资额和NPV结合选择方案。

(2)费用现值法

费用现值法适用于以下情况(只关心投入,不考虑收益即收益无差别):

①有些项目的收益难以用货币直接计算,若各个方案都能满足相同的需要,则只需比较它们的投资与营运费用。

②对于可以用货币计算收益的项目,如果各方案各年收益相等,可略去对收益的计算,按总费用现值最小的原则进行方案比较。

费用现值(PC)计算公式如下:

$$PC = \sum_{t=0}^{n} CO_t (1+i)^{-t} \tag{4-1-10}$$

用费用现值指标进行方案比较时,要求各方案的计算期相同。费用现值的最小值对应的方案为最优方案。

2. 年值法(AW)

计算期(即寿命期)不同的备选方案,用年值法可以使方案之间具有可比性。因为年值法是将各方案在其自己的寿命期内的现金流量按基准折现率折现成等额年值,然后进行比较,而一个方案无论重复多少次其年值是不变的。

(1)净年值法

①净年值(NAV, Net Annuity Value)的含义:将净现值折算成等额年金就是净年值。

②计算公式如下:

$$NAV = \left[\sum_{t=0}^{n}(CI-CO)_t(1+i_c)^{-t}\right](A/P, i_c, n) = NPV(A/P, i_c, n) \tag{4-1-11}$$

③评价准则为:对同一项目,净年值与净现值的评价结论是一致的。当 $NAV \geq 0$ 时,投资方案在经济上是可以接受的;多方案比选时,$NAV > 0$ 且最大值所对应的方案为最优方案。

(2)费用年值法(AC)

将费用现值折算为等额年值就是费用年值,即:

$$AC = PC(A/P, i_c, n) \tag{4-1-12}$$

费用年值法主要用于寿命期不同的多方案比选。费用年值最小的方案为最优方案。

【示例2】 两个投资方案数据见表 4-1-4,基准收益率为 10%,比较两个方案的优劣。

投资方案情况　　　　　　　　　　　表 4-1-4

方　案	初始投资(万元)	年运营费用(万元)	寿命(年)
方案1	200	2	10
方案2	150	5	8

解析:计算出各方案的费用年值,查图 4-1-4 的系数,计算过程如下:

$AC_1 = 2 + 200(A/P, 10\%, 10) = 2 + 200 \times 0.16275 = 2 + 32.55 = 34.55$ 万元

$AC_2 = 5 + 150(A/P, 10\%, 8) = 5 + 150 \times 0.18744 = 5 + 28.12 = 33.12$ 万元

因为 $AC_1 > AC_2$,所以方案2优于方案1。

3. 内部收益率法

(1)内部收益率(IRR, Internal Rate of Return)定义

内部收益率是使项目在计算期内各年净现金流量的现值累计等于零时的折现率。即当 $i = IRR$ 时,项目的现金流入量现值和等于其现金流出量的现值和。

对具有常规现金流量(即在计算期内,开始时有支出而后才有收益,且方案的净现金流量序列的符号只改变一次的现金流量)的投资方案,其净现值的大小与折现率的高低有直接的关系。若已知某投资方案各年的净现金流量,则该方案的净现值就完全取决于所选用的折现率的高低。即净现值是折现率的函数,其表达式如下所示:

$$NPV(i) = \sum_{t=0}^{n}(CI-CO)_t \frac{1}{(1+i)^t} = \sum_{t=0}^{n}(CI-CO)_t(1+i)^{-t} \quad (4\text{-}1\text{-}13)$$

工程经济中常规投资项目的净现值函数曲线在 $-1<i<+\infty$ ($i\leqslant-1$,分母小于或等于零没意义;对大多数工程经济实际问题来说是 $0<i<+\infty$) 内是单调下降的,且递减率逐渐减小。即随着折现率的逐渐增大,净现值将由大变小,由正变负,净现值与折现率之间的关系曲线如图 4-1-5 所示。

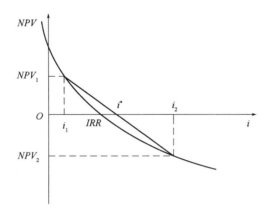

图 4-1-5 净现值函数曲线

(2)计算公式

对常规投资项目,内部收益率就是净现值为零时的折现率,其数学表达式为:

$$NPV(IRR) = \left[\sum_{t=0}^{n}(CI-CO)_t(1+IRR)^{-t}\right] = 0 \quad (4\text{-}1\text{-}14)$$

由于 IRR 值使项目净现值等于零,则项目的净年值也必为零。故有:

$$NPV(IRR) = NAV(IRR) = 0 \quad (4\text{-}1\text{-}15)$$

内部收益率是一个未知的折现率,由式(4-1-14)可知,求方程式中的折现率需解高次方程,不易求解。在实际工作中,一般是通过计算机进行计算,手算时可用试算插值法。

(3)试算插值法计算 IRR 步骤

①初估 IRR 的试算初值。

②假定 i_1 和 i_2。注意:为保证计算精度,i_2 与 i_1 之间的差距一般以不超过 2% 为宜,最大不宜超过 5%。

③计算其对应的净现值,一定要保证计算出来的两个 NPV 值一个为正,一个为负。根据图 4-1-5 可知,如果用 i_1 计算的 $NPV(i_1)$ 是负值,则此时的 i_1 就当作 i_2,减少 i 值作为新 i_1,直到 $NPV(i_1)>0$。要求 $NPV(i_1)>0$ 且 $NPV(i_2)<0$,则 $NPV=0$ 时的 IRR 一定在 i_1 与 i_2 之间。

④根据图 4-1-5 利用相似三角形原理求得 i_1 至 i^* 的距离,得 IRR 的近似值,计算公式为:

$$IRR \approx i^* = i_1 + \frac{NPV_1}{NPV_1+|NPV_2|} \times (i_2-i_1) \quad (4\text{-}1\text{-}16)$$

如需要提高计算精度,根据图 4-1-5 计算原理,进一步迭代,直到满足精度要求。

(4)评价准则

求得内部收益率后,与基准收益率(i_c)进行比较。当$IRR \geq i_c$时,投资方案在经济上是可以接受的;反之,应予拒绝。

【示例3】 某房产投资人,期初投资1000万元购买房产。现有一家房屋出租公司与投资人签订代为投资人经营房屋的合同。合同约定6年完成房屋折旧,每年付给投资人的房租、房屋折旧和房产上涨等的收入,并扣除每年的物业费用和其他维修后,每年净收益约为投资额30%(实际是递增,为了计算简单,综合为平均每年获利)。前5年投资人平均每年收入300万元,第6年末收入307万元,见表4-1-5第2行。

问题:

①计算该项目投资的内部收益率并评价该项目。
②计算每期末未回收投资现金流量分别是多少?

解析: 根据题意,$NPV(IRR) = -1000 + 300(P/A, IRR, 5) + 307(P/F, IRR, 6) = 0$

①假定$i_1 = 19.5\%$和$i_2 = 20.5\%$(注:可利用Excel表试算i_1、i_2以及IRR),则:

$$NPV_1 = \frac{-1000 + 300 \times [1 - (1 + 19.5\%)^{-5}]}{19.5\%} + 307 \times (1 + 19.5\%)^{-6} = 12.57$$

$$NPV_2 = \frac{-1000 + 300 \times [1 - (1 + 20.5\%)^{-5}]}{20.5\%} + 307 \times (1 + 20.5\%)^{-6} = -12.32$$

$$IRR = 19\% + \left[\frac{12.57}{(12.57 + 12.32)}\right] \times (20.5\% - 19.5\%) = 20.005\% \approx 20\%$$

求得该投资方案的内部收益率为20%,与公路工程施工的法定利润率7.42%相比较,在经济上是合算的,方案可以接受。

②每期末未回收投资现金流量计算见表4-1-5。计算过程按照列顺序计算:

$i = 20\%$未回收投资现金流量计算表   表4-1-5

第t期末	0	1	2	3	4	5	6
净现金流量A_t	-1000	300	300	300	300	300	307
第t期初未回收投资F_{t-1}	—	-1000	-900	780	-636	-463.2	-255.84
第t期的利息$i \times F_{t-1}$		-200	-180	-156	-127.2	-92.64	-51.168
第t期末未回收投资F_t	-1000	-900	-780	-636	-463.2	-255.84	0

由于提走(即已经使用)的资金不再生利息,因此,设F_t为第t期末尚未回收的投资余额;显然第t期内取得的复利利息为$i \times F_{t-1}$,而第t期末的未回收投资余额$F_t = F_{t-1}(1+i) + A_t$。

(5)内部收益率IRR含义的深入理解(即正误概念的表示,概念题中常见)

①根据表4-1-5计算结果,项目内部收益率IRR是项目到计算期末正好将未回收的资金全部收回的折现率。

②从上述项目现金流量在计算期内的演变过程发现,在整个计算期内,项目始终处于"偿付"未被收回投资的状况,IRR指标的经济含义是项目占用的尚未回收资金的获利能力,它取决于项目的内部(这点是其优点,使用IRR时,比NPV方便,因为NPV要取决于项目外部的基准收益率计算较困难)。IRR反映项目自身的盈利能力,其值越高,方案的经济性越好。因此,工程经济分析中IRR是考察项目盈利能力的主要动态评价指标。

③IRR不仅与初始投资有关,还受到项目计算期内各年净收益大小影响,所以IRR不是初

始投资在整个计算期内的盈利率,而是初始投资与回报在整个计算期内的盈利率,或者说是投资方案在整个计算期的盈利率。

4. 投资回收期法

投资回收期又称返本期,它是指建设项目以其每年的净收益抵偿其全部投资所需的时间长度。投资回收期指标有静态投资回收期及动态投资回收期两种,通常指的是动态投资回收期。

(1)静态投资回收期法

①静态投资回收期(P_t)

静态投资回收期是在不考虑资金时间价值的条件下,以项目的净现金流量回收其全部投资所需要的时间,一般以年为单位。投资回收期可以自项目建设开始年算起,也可以自项目投产年算起。自项目投产年算起时,应予以注明。

②计算公式

静态投资回收期 P_t 的计算公式如下:

$$\sum_{t=0}^{P_t}(CI-CO)_t = 0 \tag{4-1-17}$$

实际计算时,常利用现金流量表计算,其具体情况又分为两种情况:

a. 项目建成投产后各年的净收益(即净现金流量)均相同,计算公式简化为:

$$P_t = \frac{项目总投资\ TI}{每年净收益\ A} \tag{4-1-18}$$

b. 项目建成投产后各年的净收益不相同,如图4-1-6所示,按下式计算静态投资回收期:

$$P_t = 累计净现金流量出现正值的年数 - 1 + \frac{上一年累计净现金量的绝对值}{出现正值年份的净现金流量}$$

$$\tag{4-1-19}$$

③评价准则

一般要求投资回收期小于基准投资回收期(P_c),建设项目才经济可行。目前,我国没有规定统一的基准投资回收期,但可参考有关实际资料。若 $P_t \leq P_c$ 时,表明项目投资能在规定时间内收回,项目在经济上可以接受;若 $P_t > P_c$ 时,项目在经济上不可行。

(2)动态投资回收期法

①动态投资回收期(P_t')

动态投资回收期考虑了资金的时间价值,实际上就是从投资年开始到项目净现值等于零时的年限。

②计算公式

$$\sum_{t=0}^{P_t'}(CI-CO)_t(1+i_c)^{-t} = 0 \tag{4-1-20}$$

实际计算时,常利用现金流量表,按下式计算动态投资回收期:

$$P_t' = 累计净现值开始出现正值的年份 - 1 + \frac{上年累计净现值的绝对值}{当年净现金流量的现值} \tag{4-1-21}$$

③评价准则

当 $P'_t \leq P_c$ 时，项目在经济上可以接受；当 $P'_t > P_c$ 时，项目在经济上不可行。

在实际工作中，由于动态投资回收期与其他动态盈利性指标相近。一般情况下，若 $P'_t < P_c$，则必然有 $IRR > i_c$ 和 $NPV > 0$。因此，对于同一方案，动态投资回收期法同内部收益率法和净现值法在方案评价方面是等价的。

值得注意，投资回收期作为经济评价的指标之一，其优点在于容易理解，计算比较简便，一定程度上显示了资金的周转速度，并以投资返回的快慢作为决策依据，这在建设资金短缺的情况下，是一个较有参考价值的评价补充依据；回收期短资金周转速度快，风险小。不过回收期指标只考虑回收前的效果，不能反映回收之后的情况，故无法准确衡量方案在整个计算期内的经济效果。所以，不论动态还是静态回收期作为方案选择和项目选优的评价准则是不可靠的，只能作为辅助评价指标，或与其他指标综合应用。

按静态分析计算的投资回收期较短，决策者可能认为经济效果尚可接受，但用折现法计算的动态投资回收期长于静态投资回收期，该方案未必能被接受。

【示例4】 某项目投资现金流量的数据见表4-1-6，计算该项目的静态投资回收期和动态回收期。

某项目投资现金流量表（单位：万元） 表4-1-6

计算期	0	1	2	3	4	5	6	7	8
现金流入量	—	—	—	800	1200	1200	1200	1200	1200
现金流出量	—	600	900	500	700	700	700	700	700
净现金流量	—	-600	-900	300	500	500	500	500	500
累计净现金流量	—	-600	-1500	-1200	-700	-200	300	800	1300
$i_c = 10\%(P/F,i,n)$	—	0.90909	0.82645	0.75131	0.68301	0.62092	0.56447	0.51316	0.46651
NPV	—	-545.5	-743.8	225.4	341.5	310.5	282.2	256.6	233.3
累计净现金流量现值	—	-545.5	-1289.3	-1063.9	-722.4	-411.9	-129.9	126.9	360.2

解析： ①根据式(4-1-19)，可得：

静态投资回收期 $P_t = (6-1) + |-200|/500 = 5.4$ 年，公式的最后一项参见图4-1-6，是利用大小两个直角相似三角形原理计算插值，绝对值200万元是小三角形底边，500万元是大三角形底边；所求得的0.4是小三角形的直角边长，6到5之间的1是大三角形的直角边。如果第1年年初有投资，0起点可以有数值。

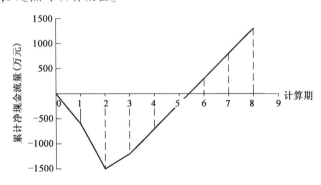

图4-1-6 示例4投资回收期示意图

②根据式(4-1-21)可得:

动态回收期 $P_t' = (7-1) + |-129.9|/256.6 = 6.5$ 年,题目中给出的计算期为 8 年,采用静态投资回收期和动态投资回收期计算结果都小于 8 年,说明该方案是可以接受的。

5. 效益费用比法

(1)效益费用比(BCR)

效益费用比是投资项目的全部效益现值 B 和与全部费用现值 C 和之比。

(2)计算公式

$$BCR = \frac{B}{C} = \frac{\sum_{t=0}^{n} \frac{CI_t}{(1+i_c)^t}}{\sum_{t=0}^{n} \frac{CO_t}{(1+i_c)^t}} \qquad (4\text{-}1\text{-}22)$$

(3)评价准则

$BCR \geq 1$ 时,投资方案在经济上是可以接受的;若 $BCR < 1$ 时,投资方案在经济上应予拒绝。

应该指出,BCR 指标是个相对数。BCR 反映的是在基准折现率条件下,投资项目单位费用现值所带来的效益现值的大小,但它不能反映效益现值总额与费用现值总额之间的绝对差异,因而不一定能保证投资者资金有最大的增长。如果按 BCR 最大来选择方案,则有可能误选了一个获利水平高、投资小,但不是获利最大的方案,从而失去适当的投资机会。因此,BCR 不能简单直接地用于多方案的比选。

这种方法一般用于评价公用事业设计方案的经济效果。这里的效益不一定是项目承办者能得到的收益,可以是承办者收益与社会效益之和。

【示例 5】 以示例 4 的表 4-1-6 数据为例,求该项目方案的效益费用比。

解析:$BCR = B/C$

$B = [800(P/F,10\%,3) + 1200(P/A,10\%,5)(P/F,10\%,3)]$
$\quad = 800 \times 0.75131 + 1200 \times 3.79079 \times 0.75131 = 4018.72$

$C = [600(P/F,10\%,1) + 900(P/F,10\%,2) + 500(P/F,10\%,3) + 700(P/A,10\%,5)$
$\quad (P/F,10\%,3)]$
$\quad = 600 \times 0.90909 + 900 \times 0.82645 + 500 \times 0.75131 + 700 \times 3.79079 \times 0.75131 = 3658.55$

$BCR = B/C = 4018.72/3658.55 = 1.0984 > 1$,方案可以接受。

(三)方案类型与独立型方案的经济评价

方案类型是指一组备选方案之间所具有的相互关系,方案之间的关系可分为:独立关系、互斥关系和相关关系。

在方案经济评价中,以独立关系和互斥关系的方案最为常见。正确评价投资方案的经济性,应根据方案所属的类型,选用合适的评价方法和评价指标,确保做出正确的投资决策。

(1)独立关系方案(也称为独立型方案)

独立关系是指方案间互不干扰、在经济上互不相关的方案,在一组备选的投资方案中,选择或放弃其中某一方案,并不影响其他方案的选择。例如,有 A(甲地到乙地的公路)、B(甲地到丙地的公路)、C(甲地到丁地的公路)三个互相独立的方案,见表 4-1-7。显然,单一方案是独立型方案(独立方案)的特例。

A、B、C 三个方案现金流量表（单位：万元） 表 4-1-7

	年末	0	1	2	3	4	5
现金流量	方案 A	−1100	500	500	500	500	500
	方案 B	−2300	1000	1000	1000	1000	1000
	方案 C	−3500	1200	1200	1200	1200	1200

①独立型方案的评价选择就是"做"或"不做"，因此，取决于方案自身的经济性，这种对方案自身经济性的检验叫作"绝对经济效果检验"。多方案时，只要能"做"，在投资额允许情况下可以都"做"，不需要做比较选优。

②必须弄清楚每个指标的意义，以及根据指标计算结果对方案作出判断。

③必须清楚每个评价指标的计算，特别掌握 NPV 及 IRR 计算，以及静态投资回收期的计算。对于独立常规投资方案应用 NPV 评价与应用 IRR 评价均可，其结论是一致的。

(2) 相关关系方案（也称为相关型方案或从属型方案）

相关关系，是指在各个方案之间，某一方案的采用与否会对其他方案的现金流量带来一定的影响，进而影响其他方案的采用或拒绝。例如，开发一个新旅游点，投资一条旅游公路和在旅游点新建宾馆两个投资方案，就是相关关系；如果投资资金受限两者可能是负相关，资金不受限可能是正相关（路修得好，客流大，宾馆效益也好）。

(四) 互斥型方案经济比较采用的方法

互斥关系（也称为排他关系）是指在若干备选方案中，各方案彼此可以相互代替。因此方案具有排他性，选择其中任何一个方案，就不能再选择其他方案。例如，公路初步设计要求对同一起点与终点的两条公路路线设计方案进行比较；如果此时对两个设计方案进行经济评价，那么这两方案就是互斥型方案。

互斥型方案的评价包含两部分内容：一是考察各个方案自身的经济效果，即进行"绝对经济效果检验"；二是考察哪个方案相对经济效果最优（必须选一个），即进行"相对经济效果检验"。两种检验的目的和作用不同，通常缺一不可，从而确保所选方案不但最优而且可行。只有在众多互斥型方案中必须选择其中之一时，才可单独进行相对经济效果检验。但需要注意的是，在进行相对经济效果检验时，不论使用哪种指标，都必须满足方案的可比条件。

(1) 互斥型方案经济比较的动态与静态方法。

对互斥型方案经济比较，常用的方案比较方法有动态分析法和静态分析法。

①动态分析法有："差额投资内部收益率法(ΔIRR)"（注：多方案不能用 IRR）、"现值比较法""年值比较法"和"效益/费用法"等。

②静态分析法有："差额投资收益率法""差额投资回收期法"等。

(2) 计算期（寿命期）相同时投资方案比较方法。

计算期相同时投资方案比较可用净现值(NPV)法、费用现值(PC)法、年值(AW)和净现值率(NPVR)法等方法。

(3) 当对计算期（寿命期）不同的投资方案进行比较时，可用以下方法进行处理。

①方案重复法（最小公倍数法，8 年与 12 年的公倍数 24 年，采用净现值指标）。

②最短计算期法：也称为研究期法，8 年与 12 年只比较前 8 年，必须先将 12 年方案所有 P 值等值计算为 12 年的 A 值，然后 12 年中等值计算前 8 年 NPV（采用净现值指标）。

③年值法(最简单,比较各方案的年平均费用)。

(4)当对效益相同(或基本相同)的投资方案比较时,可用以下方法进行处理。

①费用现值法。

②年费用法。

(5)互斥型方案经济指标计算和评判比较事例以及结论不一致的处理。

①互斥型方案经济指标计算和评判比较事例。

【示例6】 对于表4-1-7所示的A、B、C三个投资方案,如果某投资人现有5000万元资金,用净现值法进行比较,基准收益率为10%,哪个组合方案最佳?如果采用内部收益率IRR,哪个组合方案最佳?

解析:以"1"代表方案被接受,"0"代表方案被拒绝,全部组合方案以及按净现值和IRR比较结果见表4-1-8。

A、B、C三个投资方案的8种互斥组合方案比较结果表(单位:万元)   表4-1-8

方案组合	方案 ABC	现金流量 年末						$i_c=10\%$ $(P/A,i,5)=3.79079$		IRR (%)
		0	1	2	3	4	5	P_A	NPV	
1	000	0	0	0	0	0	0	0	0	—
2	100	−1100	500	500	500	500	500	1895.40	795.40	35.51
3	010	−2300	1000	1000	1000	1000	1000	3790.80	1490.80	33.05
4	001	−3500	1200	1200	1200	1200	1200	4548.94	1048.94	21.15
5	110	−3400	1500	1500	1500	1500	1500	5686.18	2286.18	33.85
6	101	−4600	1700	1700	1700	1700	1700	6444.34	1844.34	24.70
7	011	−5800	2200	2200	2200	2200	2200	8339.73	—	—
8	111	−6900	2700	2700	2700	2700	2700	10235.12	—	—

由于资金只有5000万元,第7、8个组合方案不可行,按照NPV最大法则第5方案最佳。

$NPV_2(i) = -1100 + 500 \times [1-(1+i)^{-5}]/i, i_1=35\%, i_1=36\%; IRR=35.51\%$。

$NPV_3(i) = -2300 + 1000 \times [1-(1+i)^{-5}]/i, i_1=33\%, i_1=34\%; IRR=33.05\%$。

$NPV_4(i) = -3500 + 1200 \times [1-(1+i)^{-5}]/i, i_1=21\%, i_1=22\%; IRR=21.15\%$。

$NPV_5(i) = -3400 + 1500 \times [1-(1+i)^{-5}]/i, i_1=33\%, i_1=34\%; IRR=33.85\%$。

$NPV_6(i) = -4600 + 1700 \times [1-(1+i)^{-5}]/i, i_1=24\%, i_1=25\%; IRR=24.70\%$。

$NPV_7(i) = -5800 + 2200 \times [1-(1+i)^{-5}]/i, i_1=25.5\%, i_1=26\%; IRR=25.97\%$。

$NPV_8(i) = -6900 + 2700 \times [1-(1+i)^{-5}]/i, i_1=27\%, i_1=28\%; IRR=27.53\%$。

按照IRR最大法则,在可行方案中,第2组合方案IRR值最大。这充分说明IRR在多方案比较中,IRR最大,NPV并不一定最大;所以,不能依据IRR来排列两个或多个方案的优劣次序。因为,不考虑投资规模情况下,会出现排错方案优劣次序的可能。

当互斥型多方案评价中,NPV的结论与IRR结论一般是一致的;但是,有时会出现与上述示例不一致的情况,如图4-1-7所示。所以用内部收益率IRR进行多方案做经济效果比较时,必须采用差额投资内部收益率(ΔIRR)来对比,才能保证结论的正确性,如图4-1-8所示,这时NPV与ΔIRR(或i^*_{B-A})有一致的结论。

图 4-1-7 两种评价标准不一致的投资方案图

图 4-1-8 处理两种评价标准不一致的差额投资内部收益率法图

②两种评价结论不一致的处理方法——差额投资内部收益率法。

差额投资内部收益率(简称差额内部收益法)是两方案各年净现金流量差额的现值之和等于零的折现率,其表达式如下:

$$\sum_{t=0}^{n}\left[(CI-CO)_2-(CI-CO)_1\right]_t(1+\Delta IRR)^{-t}=0 \quad (4\text{-}1\text{-}23)$$

式中:ΔIRR——差额投资内部收益率;
$(CI-CO)_2$——投资大的方案净现金流量;
$(CI-CO)_1$——投资小的方案净现金流量。

$$\sum_{t=0}^{n}\left[(CI-CO)_2\right]_t(1+\Delta IRR)^{-t}=\sum_{t=0}^{n}\left[(CI-CO)_1\right]_t(1+\Delta IRR)^{-t} \quad (4\text{-}1\text{-}24)$$

式(4-1-24)差额投资内部收益率就是 $NPV_2=NPV_1$ 时的折现率,当 $\Delta IRR>i_c$(基准收益率或要求达到的收益率)时,以投资大的方案 2 为优,反之,则以投资小的方案 1 为优。

差额投资内部收益率法评价互斥方案的步骤如下:

a.计算各备选方案的内部收益率,分别与基准收益率比较,淘汰 $IRR<i_c$ 的方案。

b.将 $IRR>i_c$ 的方案按初始投资额由小到大排序。

c.计算相邻两个方案的差额投资内部收益率,若 $\Delta IRR>i_c$,则说明初始投资额大的方案优于初始投资额小的方案,保留投资额大的方案;若 $\Delta IRR < i_c$,则保留投资额小的方案。最后一个被保留的方案即为最优方案。

【示例7】 以示例6中第2组合方案和第5组合方案用差额投资内部收益率法比较,确定哪个方案最优。

解析:第5组合方案投资大于第2组合方案,$i = \Delta IRR_{5-2}$,根据公式(4-1-23)可得:
$NPV(i) = [-3400 - (-1100)] + (1500 - 500) \times [1 - (1+i)^{-5}]/i, i_1 = 33\%$,
$i_1 = 34\%$;$\Delta IRR = 33.05\%$。
$\Delta IRR = 33.05\% > i_c = 10\%$,所以选择方案第5组合方案,与 NPV 的结论一致。

(五)经济分析(评价)小结

1. 单一方案的评价
单一方案是独立型方案的特例,与独立方案评价相同。

2. 多方案的评价(主要是独立型和互斥型两类评价)

(1)独立型方案评价
①只进行方案"可行或可接受"与否的评价,即"绝对经济效果检验",不做比较选优。
②方法有:NPV 和 IRR 法,其结论两者是一致的,以及静态投资回收期法。

(2)互斥型方案评价
①既要进行方案"可行或可接受"与否的评价,即"绝对经济效果检验";也要进行"相对经济效果检验"即比较选优。
②方法有动态和静态评价方法。
动态主要有:"差额投资内部收益率法(ΔIRR)""现值比较法""年值比较法"和"效益费用法"。

(3)互斥型方案比较选优时几种指标或方法关系或注意要点
①净现值法 NPV 最好用也用得最多,是绝对指标。NPV 是 i 的反比递减函数,该函数曲线在比较分析中非常有用。而 NPV 具体值取决于项目外部的"基准收益率 i_c",基准收益率 i_c 确定困难,NPV 结论的实际准确性受到了 i_c 的影响。NPV 概念与 IRR、动态投资回收期 P_t'、效益费用比 BCR 都有关系。做题时要注意这几个指标之前的关系(例题和自测题中都有反映),同时应注意区分 $NPV(i)$ 函数和 $NPV(i_c)$ 值概念的不同(例5和例6)。

NPV 值的计算原理上就是等值计算求 P,即将现金流量图或表中的数据折现到方案初期。

②内部收益率 IRR 是相对指标,不受外界影响,只与项目本身有关;其结论的准确性相对比 NPV 高。其结论一般(或通常)与 NPV 一致;但是在两条 NPV 函数曲线出现交叉时(图4-1-7),IRR 结论与 NPV 结论不一致。所以不适合互斥型多方案比较,而改为"差额投资内部收益率 ΔIRR"进行比较选优,与 NPV 结论一致。

a. 项目内部收益率 IRR 是项目到计算期末正好将未回收的资金全部收回的折现率。

b. IRR 指标的经济含义是项目占用的尚未回收资金的获利能力,即 IRR 反映项目自身的盈利能力。

c. IRR 不仅与初始投资有关,还受到项目计算期内各年净收益大小影响,是投资方案在整个计算期(即寿命周期)的盈利率。

d. NPV 与 IRR 之间的关系,参见图 4-1-5 和图 4-1-7。

③动态投资回收期(P'_t)

a. 动态投资回收期 P'_t 不能单独作为评判指标,只是辅助性指标。因为其只关注回收前,未涉及回收后的情况。

b. 动态投资回收期 P'_t 与 NPV 的关系。图 4-1-6 虽然是静态回收期图形,但是动态回收期的图形和趋势是相同的。图中计算期末 n 年对应的竖直线高度就是 $NPV(i_c)$ 值。

c. 图 4-1-6 如果是表示动态回收期图,折线与时间横轴的交点就是 P'_t。不过千万不要将此点与 IRR 相联系,P'_t 与 IRR 无关,因为横轴坐标含义不同(一个是时间,另一个是 i);P'_t 也与 NPV 无关。

④效益费用比(BCR)以及效益费用比与 NPV 的关系

a. $BCR \geq 1$ 时,投资方案在经济上是可以接受的;也表明 $NPV \geq 0$。

b. BCR 指标是个相对数,不能反映效益现值总额与费用现值总额之间的绝对差异。因此,BCR 不能简单直接地用于多方案的比选。

例 题

例1 基准收益率与 NPV 的关系表现为( )。
  A. 基准收益率减小,NPV 相应减小   B. 基准收益率减小,NPV 相应增大
  C. 基准收益率的大小与 NPV 无关   D. 基准收益率增大,NPV 相应增大

例2 某常规投资方案,$NPV(i_1=14\%)=160$,$NPV(i_2=16\%)=-90$,则 IRR 的取值范围为( )。
  A. <14%   B. 14%~15%   C. 15%~16%   D. >16%

例3 某投资方案各年的净现金流量如图所示,基准收益率为 10%,试计算该方案净现值,并判断方案的可行性( )。

例3 图

  A. 63.72 万元,方案不可行   B. 128.73 万元,方案可行
  C. 156.81 万元,方案可行   D. 440.00 万元,方案可行

例4 对于常规的投资项目,在采用直线内插法求解内部收益率时,近似解与精确解之间存在的关系是( )。
  A. 近似解 < 精确解   B. 近似解 > 精确解
  C. 近似解 = 精确解   D. 不确定关系

例5 若 A、B 两个具有常规现金流量的方案互斥,其净现值 $NPV(i)_A > NPV(i)_B$,则( )。
  A. $IRR_A > IRR_B$ B. $IRR_A = IRR_B$

C. $IRR_A < IRR_B$　　　　　　　　　　D. IRR_A 与 IRR_B 的关系不确定

例 6 若 A、B 两个具有常规现金流量的方案互斥，其净现值 $NPV(i_c)_A > NPV(i_c)_B$，则（　　）。

A. $IRR_A > IRR_B$　　　　　　　　　　B. $IRR_A = IRR_B$
C. $IRR_A < IRR_B$　　　　　　　　　　D. IRR_A 与 IRR_B 的关系不确定

例 7 对独立型方案的评价，用内部收益率和净现值评价所得结论（　　）。

A. 一致　　　　　　　　　　　　　　B. 不完全一致
C. 不一致　　　　　　　　　　　　　D. 无法判断

例 8 关于静态投资回收期特点的说法，正确的是（　　）。

A. 静态投资回收期只考虑了方案投资回收之前的效果
B. 静态投资回收期可以单独用来评价方案是否可行
C. 静态投资回收期若小于或等于基准投资回收期，则表明该方案可以接受
D. 静态投资回收期越长，表明资本周转速度越快
E. 静态投资回收期越短，表明资本周转速度越快

例 9 下列论述正确的是（　　）。

A. 在进行投资方案比较时，投资回收期最短的方案就是最优方案
B. NPV 越大的投资方案，其投资回收期越短
C. 如果某投资方案在某基准收益率下 $NPV=0$，表明此时该投资方案刚好保本
D. 内部收益率 IRR 是项目到计算期末正好将未回收的资金全部收回的折现率
E. 在互斥型多方案比较时，净现值 NPV 与差额投资内部收益率 ΔIRR 结论一致

例 10 若基准收益率等于方案的内部收益率，则有（　　）。

A. 方案的净现值 $NPV>0$
B. 方案的净现值 $NPV=0$
C. 方案的净现值 $NPV<0$
D. 动态投资回收期等于方案的寿命周期
E. 动态投资回收期大于方案的寿命周期（即计算期）

例题解析

例 1 根据公式（4-1-9）净现值 NPV 与基准收益率 i_c 之间成反比关系，或参见图 4-1-5 NPV 与 i 的函数关系。故选 B 项。

例 2 根据图 4-1-5 内部收益率 IRR 与 NPV 值的关系，该题可以用排除法，先排除选项 A 和 D；根据图形中两个相似三角形和 $NPV(i_1=14\%)=160$，$NPV(i_2=16\%)=-90$，IRR 应该更加靠近 i_2 的位置。故选 C 项。

例 3 根据式（4-1-9）和表 4-1-2 中公式，计算净现值 $NPV=-200(P/A,10\%,2)+140(P/A,10\%,6)(P/F,10\%,2)=-200\times[1-(1+10\%)^{-2}]\div10\%+140\times\{[1-(1+10\%)^{-6}]\div10\%\}\times(1+10\%)^{-2}=-347.10+503.91=156.81$。故选 C 项。

例 4 根据图 4-1-5，i^* 是近似值，IRR 是精确值，$i^*>IRR$。故选 B 项。

例 5 根据题干"净现值 $NPV(i)_A>NPV(i)_B$"的描述，说明 A 方案 NPV 函数大于 B 方案 NPV 函数，参见解图，$IRR_A>IRR_B$。故选 A 项。

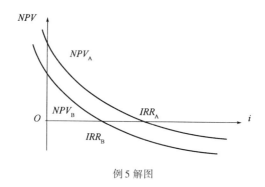

例5解图

例6 与例5的题干不同,"净现值$NPV(i_c)_A > NPV(i_c)_B$"的描述,说明A方案NPV值大于B方案NPV值,不是NPV函数。如果两条NPV函数曲线没有出现交叉,则$i_c < IRR_B$时,$IRR_A > IRR_B$;如果两NPV函数曲线出现交叉,参见图4-1-7理解(要将该图的字母A与B互换一下才符合题干表述),两条NPV函数曲线出现交叉情况下,图中i_c位置$NPV_A > NPV_B$,对应的$IRR_A(i_A^*) < IRR_B(i_B^*)$;如果两条NPV函数曲线关系交叉点P位于i轴,则$IRR_A = IRR_B$。因此有三种可能性。故选D项。

例7 要认真分析题干的文字描述,"独立方案"是不做相对经济效果检验进行比较选优的,只需对方案判断能否接受的绝对经济效果检验。对于独立常规投资方案应用NPV评价与应用IRR评价均可,其结论是一致的。故选A项。

例8 投资回收期一定程度上显示了资金的周转速度,回收期短则资金周转速度快。不过回收期指标只考虑回收前的效果,不能反映回收之后的情况,故无法准确衡量方案在整个计算期内的经济效果。所以,不论动态还是静态回收期作为方案选择和项目选优的评价准则是不可靠的,只能作为辅助评价指标。故选ACE项。

例9 选项A错误在例8中已解释。"回收期作为方案选择和项目选优的评价准则是不可靠的"。选项B错误在于NPV大小与投资回收期长短没有必然的联系,静态与动态回收期的图形相似趋势相同,参见图4-1-6如果是动态回收期,时间坐标末端的高度就是NPV值,折线与横轴交点就是动态回收期;很容易在图形中作出另外一条折线,回收期小于原图形,而末端高度低于原图的折线;这就说明存在着NPV更小、回收期更短的方案。选项C错误在于不是刚好保本,NPV=0说明盈利的水平就是基准收益率。参见示例3和示例6,选项DE的说法是正确的。故选DE项。

例10 选项B是正确的,因为根据公式(4-1-9)计算NPV,如果$i_c = IRR$,那么此时NPV计算式就变成为公式(4-1-14),$NPV=0$。选项D正确,动态回收期的图形如同图4-1-6形状,时间坐标末端的高度就是NPV值,此时为零,说明与横轴交点就是计算期n即项目寿命周期。故选BD项。

自 测 模 拟 题

(一)单项选择题

1. 如下关于投资回收期的说法正确的是(　　)。

　　A.投资回收期全面地考虑了投资方案整个计算期内的现金流量

B. 投资回收期的判断标准是基准投资回收期,其取值可根据现金流量表
C. 投资回收期越短,说明项目的盈利能力和抗风险能力较差
D. 投资回收期只能作为投资方案选择的辅助评价指标

2. 某项目的净现值前5年为210万元,第6年为30万元,$i_c=10\%$,则前6年的净现值为( )万元。
A. 227　　　　B. 237　　　　C. 240　　　　D. 261

3. 在方案经济评价中,项目内部收益率满足( )时,方案在经济上可以接受。
A. $IRR>0$　　B. $IRR<0$　　C. $IRR\geq i_c$　　D. $IRR<i_c$

4. 已知两个投资方案,投资成本相等,下面结论正确的是( )。
A. $NPV_1>NPV_2$,则 $IRR_1=IRR_2$
B. $NPV_1>FNPV_2$,则 $IRR_1>IRR_2$
C. $NPV_1>NPV_2\geq 0$,则方案1优于方案2
D. $NPV_1>NPV_2\geq 0$,则方案2优于方案1

5. 关于技术方案净现值与基准收益率,说法正确的是( )。
A. 基准收益率越大,净现值越小　　B. 基准收益率越大,净现值越大
C. 基准收益率越小,净现值越小　　D. 两者之间没有关系

6. 保持其他因素不变,基准收益率降低时,则下列评价指标值会增大的是( )。
A. 净现值　　B. 内部收益率　　C. 投资收益率　　D. 静态投资回收期

7. 某投资方案,当基准收益率取12%时,$NPV=-18$万元,则该项目的内部收益率 IRR 值的范围是( )。
A. 大于12%　　B. 小于12%　　C. 等于12%　　D. 无从判断

8. 动态投资回收期与静态投资回收期相比,一般情况下( )。
A. 两者时间一样长　　　　B. 后者比前者时间长
C. 前者比后者时间长　　　D. 前三种情况都有可能出现

9. 具有常规现金流量的投资方案,当基准收益率为10%时,财务净现值为100万元,当基准收益率为12%时,该项目的财务净现值( )。
A. 小于100万元　　B. 等于100万元　　C. 大于100万元　　D. 以上都不正确

10. 某项目现金流量表如下所示:

题10表

计算期	0	1	2	3	4	5	6
净现金流量	-200	60	60	60	60	60	60

若基准收益率大于零,则其动态投资回收期的可能值是( )年。
A. 2.33　　　B. 2.63　　　C. 3.33　　　D. 3.63

11. 某建设项目有A、B、C三个方案,寿命期均为15年,按投资由小到大排序为C<B<A,方案B对方案C的差额投资内部收益率是14.8%,方案A对方案B的差额投资内部收益率是11.5%,基准收益率为12%,则最佳方案是( )。
A. 方案A　　B. 方案B　　C. 方案C　　D. 无法确定

12. 项目计算期内累计净现金流量为 A,项目财务净现值为 B,固定资产现值为 C,流动资金现值为 D,则项目净现值率为( )。
A. A/C　　B. B/C　　C. $B/(C+D)$　　D. $A/(C+D)$

13. 已知某项目的净现金流量见下表。若 $i_c=8\%$,则该项目的财务净现值为( )万元。

题13表

年份	1	2	3	4	5	6
净现金流量	−4200	−2700	1500	2500	2500	2500

A.109.62　　　　B.108.00　　　　C.101.71　　　　D.93.38

14. 可用于评价项目盈利能力的绝对指标是( )。

A. 价格临界点　B. 净现值　　C. 总投资收益率　　D. 敏感度系数

15. 某项目流量表的数据见下表,则该项目的静态投资回收期为( )年。

题15表

计算期	0	1	2	3	4	5	6	7	8
净现金流量(万元)	—	−800	−1000	400	600	600	600	600	600
累计净现金流量(万元)	—	−800	−1800	−1400	−800	−200	400	1000	1600

A.5.33　　　　B.5.67　　　　C.6.33　　　　D.6.67

16. 某技术方案的净现金流量见下表。则该方案的静态投资回收期为( )年。

题16表

计算期(年)	0	1	2	3	4	5	6
净现金流量(元)	—	−1500	400	400	400	400	400

A.3.25　　　　B.3.75　　　　C.4.25　　　　D.4.75

17. 将技术方案经济效果评价分为静态分析和动态分析的依据是( )。

A. 评价方法是否考虑主观因素　　　　B. 评价指标是否能够量化
C. 评价方法是否考虑时间因素　　　　D. 经济效果评价是否考虑融资的影响

18. 某技术方案的净现金流量见下表。若基准收益率大于0,则该方案的净现值( )。

题18表

计算期(年)	0	1	2	3	4	5
净现金流量(万元)	—	−300	−200	200	600	600

A. 等于900万元　　　　　　　　B. 大于900万元,且小于1400万元
C. 小于900万元　　　　　　　　D. 等于1400万元

19. 某常规技术方案,$NPV(16\%)=160$万元,$NPV(18\%)=-80$万元,则该方案的 IRR 最可能为( )。

A.15.98%　　　　B.16.21%　　　　C.17.33%　　　　D.18.21%

20. 下列工程经济效果评价指标中,属于盈利能力分析动态指标的是( )。

A. 净现值　　　B. 投资收益率　　C. 借款偿还期　　D. 流动比率

21. 对于待定的投资方案,若基准收益率增大,则投资方案评价指标的变化规律是( )。

A. 净现值与内部收益率均减小　　　　B. 净现值与内部收益率均增大
C. 净现值减小,内部收益率不变　　　　D. 净现值增大,内部收益率减小

22. 关于内部收益率的说法,正确的是( )。

A. 内部收益率大于基准收益率时,技术方案在经济上可以接受
B. 内部收益率是一个事先确定的基准折现率

C.内部收益率受项目外部参数的影响较大
D.独立方案用内部收益率评价与净现值评价,结论通常不一致

23.某项目各年净现金流量如下表,设基准收益率为10%,则该项目的净现值和静态投资回收期分别为( )。

题23表

年份	0	1	2	3	4	5
净现金流量(万元)	-160	50	50	50	50	50

A. 32.02万元,3.2年
B. 32.02万元,4.2年
C. 29.54万元,4.2年
D. 29.54万元,3.2年

24.某技术方案具有常规现金流量,当基准收益率为12%时,财务净现值为-67万元;当基准收益率为8%时,财务净现值为242.67万元;当基准收益率为6%时,财务净现值为341.76万元,则该技术方案的内部收益率最可能的范围为( )。

A.小于6%
B.大于6%,小于8%
C.大于12%
D.大于8%,小于12%

25.某投资方案建设期为1年,第一年年初投资8000万元,第二年年初开始盈利,运营期为4年,运营期每年年末净收益为3000万元,净残值为零。若基准率为10%,则该投资方案的财务净现值和静态投资回收期分别为( )。

A. 1510万元和3.67年
B. 1510万元和2.67年
C. 645万元和2.67年
D. 645万元和3.67年

26.现有甲和乙两个项目,静态投资回收期分别为4年和6年,该行业的基准投资回收期为5年。关于这两个项目的静态投资回收期的说法,正确的是( )。

A.甲项目的静态投资回收期只考虑了前4年的投资效果
B.乙项目考虑全寿命周期各年的投资效果确定静态投资回收期为6年
C.甲项目投资回收期小于基准投资回收期,据此可以准确判断甲项目可行
D.乙项目的资本周转速度比甲项目更快

27.某项目估计建设投资为1000万元,全部流动资金为200万元,建设当年即投产并达到设计生产能力,各年净收益均为270万元。则该项目的静态投资回收期为( )年。

A. 2.13
B. 3.70
C. 3.93
D. 4.44

28.某技术方案的净现金流量见下表。若基准收益率为6%,则该方案的财务净现值为( )万元。

题28表

计算期(年)	0	1	2	3
净现金流量(万元)	-1000	200	400	800

A. 147.52
B. 204.12
C. 216.37
D. 400.00

(二)多项选择题

1.进行投资方案经济比较时应遵守的原则有( )。

A.重大基础设施和公益性项目的方案比较,原则上应通过国民经济评价和综合评价来确定
B.方案比较应遵循效益与费用计算口径对应一致的原则

C. 方案比较应注意各个方案间的可比性

D. 坚持以静态分析为主的原则

E. 多种方案同时使用的原则

2. 在对投资方案进行经济评价时,常用动态指标有( )。
   A. 内部收益率　　B. 利息备付率　　C. 偿债备付率　　D. 投资收益率
   E. 净现值率

3. 某项目的内部收益率等于行业基准收益率,则有( )。
   A. $IRR = i_c$
   B. $NPV(i_c) = 0$
   C. $NPV(i_c) > 0$
   D. $NPV(i_c) < 0$
   E. 动态投资回收期 = 方案计算期

4. 在对投资方案进行经济评价时,判别方案可行的选项有( )。
   A. 投资回收期 > 基准投资回收期
   B. 净现值 ≥ 0
   C. 总投资收益率 > 0
   D. 内部收益率 ≥ 基准收益率
   E. 内部收益率 < 基准收益率

5. 下列关于建设项目的净现值,表述正确的有( )。
   A. 净现值考虑了项目现金流量在各年的时间排序情况
   B. 净现值是项目整个计算期间各年净现金流量之和
   C. 对于独立型方案的评价,NPV 与 IRR 的评价结论一致
   D. 随着基准折现率的逐渐增大,净现值由小变大,由负变正
   E. 净现值是评价项目盈利能力的绝对指标

6. 内部收益率是指方案满足( )时的收益率。
   A. 净现值大于零
   B. 净现值等于零
   C. 收入现值等于成本现值
   D. 各年净现金流量现值累计值等于零
   E. 收入等于成本

7. 可以用于进行寿命期不同的互斥型方案比较和选择的方法有( )。
   A. 差额投资内部收益率
   B. 净现值法
   C. 年值法
   D. 最小公倍数法
   E. 最短计算期法

8. 下面关于净现值的叙述,正确的有( )。
   A. 必须先确定一个符合经济现实的基准收益效率,而该值的确定往往是比较困难的
   B. 互斥型方案寿命不等,必须构造一个相同的分析期限
   C. 不能真正反映项目投资中单位投资的使用效率
   D. 经济意义不明确直观,不能够直接以货币额表示净收益
   E. 净现值大于零反映投资项目内部具有盈利能力,而且大于基准收益效率

9. 工程项目盈利能力分析中,动态分析指标有( )。
   A. 内部收益率　　B. 净现值　　C. 净现值率　　D. 动态投资回收期
   E. 投资收益率

10. 下列经济效果评价指标中,属于盈利能力动态分析指标的有( )。
    A. 总投资收益率
    B. 财务净现值
    C. 资本金净利润率
    D. 财务内部收益率

E. 速度比率

11. 某常规技术方案当折现率为8%时,净现值为360万元;当折现率为10%时,净现值为30万元,则关于该方案经济效果评价的说法,正确的有(　　)。

　　A. 内部收益率在8%~9%之间
　　B. 当行业基准收益率为8%时,方案可行
　　C. 当行业基准收益率为9%时,方案不可行
　　D. 当折现率为9%时,净现值一定大于0
　　E. 当行业基准收益率为10%时,内部收益率小于行业基准收益率

12. 关于投资回收期的说法,正确的有(　　)。

　　A. 静态投资回收期就是方案累计现值等于零时的时间(年份)
　　B. 静态投资回收期是在不考虑资金时间价值的条件下,以项目的净收益回收其全部投资所需要的时间
　　C. 静态投资回收期可以从项目投产年开始算起,但应予以注明
　　D. 静态投资回收期可以从项目建设年开始算起,但应予以注明
　　E. 动态投资回收期一般比静态投资回收期短

13. 经济分析的基本方法有(　　)。

　　A. 现值法　　　　B. 年值法　　　　C. 内部收益率　　　　D. 投资回收期法
　　E. 经验分析法

参考答案及解析

(一)单项选择题

1. D	2. C	3. C	4. C	5. A	6. A	7. B	8. C	9. A	10. D
11. B	12. C	13. A	14. B	15. A	16. D	17. C	18. C	19. C	20. A
21. C	22. A	23. D	24. D	25. D	26. A	27. D	28. C		

1. **解析**:选项B错,因为基准投资回收期取决于社会的平均水平,不是根据现金流量表;主要是考审题的文字能力和认真与否。其他选项在前面例题中都有解释。

2. **解析**:主要是考审题的文字能力和认真与否,净现值前5年为210万元,第6年为30万元。说明前6年都是净现值,直接相加 = 210 + 30 = 240。i_c = 10%,就是给人造成干扰和迷惑的。

6. **解析**:参见图4-1-5,很容易理解,基准收益率降低时,此时 i 往左边移动则 NPV 值增大,故选A项。内部收益率与基准收益率无关;投资收益率和静态投资回收期是静态指标,与基准收益率无关。

10. **解析**:此题先计算静态投资回收期是3.33,动态投资回收期>静态投资回收期,所以选比3.33大的3.63,即选D项。

11. **解析**:因为按投资由小到大排序为C<B<A,当 ΔIRR_{B-C} = 14.8% >12%时选方案B;同时当 ΔIRR_{A-B} = 11.5% <12%时选方案B。所以选择方案B最佳;选B项。

23. **解析**:本题需要计算2个指标才能得到答案。净现值的计算和投资回收期的计算相比,财务净现值计算需要花更多的时间。投资回收期能口算出是3.2年,所以在A和D中间选择。值得注意的是,由于各年净现金流相等,净现值的计算可以直接利用等值的公式计算,

可节约时间。

26.解析：选项B错，得出静态投资回收期为6年，并不一定$n=6$，而是$n\geq 6$年。选项C最难处理，甲项目投资回收期小于基准投资回收期，甲方案可接受（可行），但是投资回收期不能单独作为评判标准。相对于选项A，选项C不如选项A合适。选项D是错的，乙项目的资本周转速度比甲项目更慢，不是快。故选A项。

27.解析：转换成表格，累计净现金流量为0的点为静态投资回收期。$4+[4/(4+5)]=4.44$年。故选D项。

(二)多项选择题

1. ABC   2. AE   3. ABE   4. BD   5. ACE   6. BCD   7. CDE
8. ABC   9. ABCD   10. BD   11. BD   12. BCD   13. ABCD

8.解析：选项A正确，是NPV的定义，基准收益效率受社会平均水平影响，很难确定；所以NPV是受外部影响指标，选项E错在多了"内部"两字。寿命期不等时需进行处理使之可比，选项B正确。选项C正确，反映项目投资中单位投资的使用效率指标是净现值率$NPVR$。选项D错，NPV经济意义是明确直观，是货币额表示净收益的绝对指标值。

11.解析：因为$i=10\%$时$NPV>0$，所以$IRR>10\%$。那么，选项A错；选项B正确；选项C错在不可行，$i_c=9\%$时，$NPV>0$，方案可行，则选项D正确。选项E错，此时内部收益率大于10%的行业基准收益率答案。故选BD项。

12.解析：选项A错在表述中多了"现值"二字。选项E错在说法相反了，不是"短"而是"更长"了。故选BCD项。该题是2019年住房和城乡建设部监理考试真题。

三、不确定性分析

重点知识

(一)不确定性的概念和不确定性分析概念

1. 不确定性概念

不确定性通俗的概念是指人们对事物未来的状态或发展不能确定地知道或掌握。不确定性产生的原因是多种多样的，既有系统外部环境变化的原因，也有系统自身变化的原因，更有人的思想和行为变化的原因。

前面对拟采取的方案进行经济效果分析或评价，虽然得出了结论；但是，评价采用的数据来自评价者或决策者的估计和预测，因而具有不确定性或可变性。即使估计和预测是有效的或比较准确，仍然存在未来实际情况可能发生变化。为了尽量避免投资决策失误，以及对未来变化影响的控制，有必要进行不确定性分析。所以，工程经济分析的一个重要工作就是要研究各种不确定性和由此带来的风险，找出各种估计和预测可能出现的偏差以及这些偏差的边界，而这些边界有可能导致选择不同于确定情况下的项目方案。

2. 不确定性分析

项目不确定性分析的通俗理解或概念，就是计算不确定性因素（包括建设投资、经营成本、产品售价、销售量、项目寿命计算期等）假想变动时，对项目经济效果评价指标的影响程度。这种影响越强烈，表明所评价的项目方案对某个或某些因素越敏感。对于这些敏感因素，要求项目决策者和投资者予以充分重视和考虑。

项目不确定性分析就是研究各种经济参数发生变化时,经济评价结果的变化情况和变化范围,估计经济评价结果所面临的风险,为投资决策提供风险分析的资料和结果,以避免投资决策的失误。

(二)不确定性分析的种类或方法

不确定性分析方法主要包括盈亏平衡分析(即临界分析)、敏感性分析和概率分析(即风险分析)。盈亏平衡分析只适用于财务评价,敏感性分析和概率分析可同时用于财务评价和国民经济评价。

1.临界分析(即盈亏平衡分析)

盈亏平衡分析实际上是一种特殊形式的临界点分析。进行这种分析时,将产量或者销售量作为不确定因素,求取盈亏平衡时临界点所对应产量或者销售量。盈亏平衡点越低,表示项目适应市场变化的能力越强,抗风险能力也越强。盈亏平衡点常用生产能力利用率或者产量表示。

(1)用生产能力利用率表示的盈亏平衡点 $BEP(\%)$ 为:

$$BEP(\%) = 年固定总成本 \div (年销售收入 - 年可变成本 -$$
$$年售税金及附加 - 年增值税) \times 100\% \qquad (4\text{-}1\text{-}25)$$

(2)用产量表示的盈亏平衡点 $BEP(产量)$ 为:

$$BEP(产量) = 年固定总成本 \div (单位产品销售价格 - 单位产品可变成本 -$$
$$单位产品销售税金及附加 - 单位产品增值税) \qquad (4\text{-}1\text{-}26)$$

(3)两者之间的换算关系为:

$$BEP(产量) = BEP(\%) \times 设计生产能力 \qquad (4\text{-}1\text{-}27)$$

盈亏平衡点应按项目投产后的正常年份计算,而不能按计算期内的平均值计算。项目评价中常使用盈亏分析图表示分析结果,如图 4-1-9 所示。

图 4-1-9 盈亏平衡分析图

图中 $P \times Q$ 为毛收入,是含税收入(实际收入还要扣除相关税,如增值税);C 为总成本;P 为单位产品价格;Q 为产品销售量;C_f 为固定成本;C_v 为单位产品变动成本;Q_d 为设计生产能力。参考图 4-1-9 有助于理解问题和答题。

盈亏平衡点反映了项目对市场变化的适应能力和抗风险能力。盈亏平衡点越低,项目投产后盈利可能性越大,适应市场变化和抗风险能力越强。不过盈亏平衡点不能揭示产生风险的根源,还需其他方法来帮助达到这目标。

【示例1】 某设计方案年产量为12万t,已知每吨产品的销售价格为675元,每吨产品缴付的销售税金(含增值税)为165元,单位可变成本为250元,年总固定成本费用为1500万元,试求产量的盈亏平衡点、盈亏平衡点的生产能力利用率。

解析:产量 = 1500 ÷ (675 - 250 - 165) = 5.77万t
生产能力利用率 = [1500 ÷ (8100 - 3000 - 1980)] × 100% = 48.08%

2. 敏感性分析

敏感性分析(灵敏度分析)是通过研究项目主要不确定因素(如投资、产量、成本、价格、建设期、外汇汇率等)发生变化时,项目经济效果指标(如 IRR、NPV、P_t'等)发生相应变化,找出项目的敏感因素,确定其敏感程度,并分析该因素达到临界值时项目的承受能力。

(1)敏感性分析的目的

①确定不确定性因素在什么范围内变化,方案的经济效果最好,在什么范围内变化效果最差,以便对不确定性因素实施控制。

②区分敏感性大的方案和敏感性小的方案,以便选出敏感性小的,即风险小的方案。

③找出敏感性强的因素,向决策者提出是否需要进一步搜集资料,进行研究,以提高经济分析的可靠性。

(2)敏感性分析的步骤

一般进行敏感性分析可按以下步骤进行:

①选定需要分析的不确定因素。这些因素主要有:产品产量(生产负荷)、产品售价、主要资源价格(原材料、燃料或动力等)、可变成本、投资、汇率等。

②确定进行敏感性分析的经济评价指标。衡量项目经济效果的指标较多,敏感性分析的工作量较大,一般不可能对每种指标都进行分析,而只对几个重要的指标进行分析,如净现值、内部收益率、投资回收期等。由于敏感性分析是在确定性经济评价的基础上进行的,故选做敏感性分析的指标应与经济评价所采用的指标一致,其中最主要的指标是内部收益率。

③分析不确定因素变动程度及其引起的评价指标的变动情况。一般将各选定的不确定因素,设若干级变动幅度(通常用变化率表示)。然后计算与每级变动相应的经济评价指标值,建立一一对应的数量关系,并用敏感性分析图(图4-1-10),或敏感性分析表(表4-1-9)的形式表示。

④确定敏感性因素

敏感性分析的目的在于寻求敏感性因素,可以通过计算敏感度系数和临界点来判断。

(3)敏感性分析的类型

根据项目经济目标,如经济净现值或经济内部收益率等所做的敏感性分析叫作经济敏感性分析。而根据项目财务目标所作的敏感性分析叫作财务敏感性分析。

根据每次所考虑的变动因素数目的不同,敏感性分析又分单因素敏感性分析和多因素敏感性分析。每次只考虑一个因素的变动,而让其他因素保持不变时所进行的敏感性分析,叫作单因素敏感性分析。假设两个或两个以上互相独立的不确定因素同时变动,分析这些因素对经济评价指标影响程度和敏感程度,就是多因素敏感性分析。

【示例2】 某新建水泥厂年产 P·O52.5 级普通硅酸盐水泥130万t,基准收益率为10%,根据项目基本数据计算的内部收益率为11.62%,售价、投资、经营费用等因素分别按 ±10%、±20%变化,计算结果列于表4-1-9~表4-1-11。

售价因素敏感性分析表　　　　　　　　　　　表 4-1-9

售价变化幅度	-20%	-10%	0	+10%	+20%	S_{AF}
内部收益率(%)	6.74	9.30	11.62	13.75	15.67	[(13.75-11.62)/11.62]/10% = 1.83

投资因素敏感性分析表　　　　　　　　　　　表 4-1-10

投资变化幅度	-20%	-10%	0	+10%	+20%	S_{AF}
内部收益率(%)	14.52	12.94	11.62	10.47	9.46	[(10.47-11.62)/11.62]/10% = -0.99

经营费用因素敏感性分析表　　　　　　　　　表 4-1-11

经营费用变化幅度	-20%	-10%	0	+10%	+20%	S_{AF}
内部收益率(%)	13.43	12.52	11.62	10.68	9.69	[(10.68-11.62)/11.62]/10% = -0.81

根据敏感性分析表所列数据,绘制敏感性分析图,如图 4-1-10 所示。从图中的结果可以看出,投资与经营费用的变动对内部收益率相对敏感性较小(S_{AF}或斜率小),售价变动因素相对影响较大(S_{AF}或斜率大)。

图 4-1-10　单参数敏感性分析图

3. 概率分析(即风险分析)

概率分析是通过研究各种不确定因素发生不同幅度变动的概率分布及其对方案经济效果的影响;对方案的净现金流量及经济效果指标作出某种概率描述,从而对方案的风险情况作出比较准确的判断。例如,我们可以用经济效果指标 $NPV \leq 0$ 发生的概率来度量项目将承担的风险;或用某一效益指标的期望值、方差来表示。我们把通过求解效益指标不利值的概率来估计项目风险的分析方法称为概率分析。

概率分析一般有两种方法,即蒙特卡洛方法和决策树方法。

例　题

例 1　某公司生产单一产品,设计年生产能力为 3 万件,单位产品售价为 380 元/件,单位产品可变成本为 120 元/件,单位产品税金及附加为 70 元/件,年固定成本为 285 万元。该公司盈亏平衡点的产销量为(　　)件。

　　A. 20000　　　　　　B. 19000　　　　　　C. 15000　　　　　　D. 7500

例2 某技术方案,年设计生产能力为8万台,年固定成本为100万元,单位产品售价为50元,单位产品变动,成本为售价的55%,单位产品销售税金及附加为售价的5%,则达到盈亏平衡点时的生产能力利用率为(   )。

    A.62.52%   B.55.50%   C.60.00%   D.41.67%

例3 对某技术方案的净现值(NPV)进行单因素敏感性分析,投资额、产品价格、经营成本以及汇率四个因素的敏感性分析如下图所示,则对净现值指标来说最敏感的因素是(   )。

例3 图

    A.投资额   B.产品价格   C.经营成本   D.汇率

例4 项目盈亏平衡分析中,若其他条件不变,可以降低盈亏平衡点产量的途径有(   )。

    A.提高设计生产能力   B.降低产品售价
    C.提高营业税金及附加率   D.降低固定成本
    E.降低单位产品变动成本

例题解析

例1 按照式(4-1-26)计算,BEP(产量)=285万元/(380-120-70-0)=1.5万件。故选C项。

例2 本题考核盈亏平衡点的计算,首先计算出盈亏平衡点产量5万件,除以设计能力8万件,得到62.5%。故选A项。

例3 在4条直线中,产品价格直线的斜率最大,斜率最陡则最敏感。故选B项。4条直线与横轴的4个交点就是4个对应的临界点。

例4 根据图4-1-9,设计生产能力与盈亏平衡点产量无关,所以选项A错。根据计算式(4-1-26),降低产品售价和提高营业税金及附加率,反而提高盈亏平衡点产量,选项B和C错;降低固定成本减少公式的分子,降低单位产品变动成本是增大公式分母,都能降低盈亏平衡点产量。故选DE项。

自测模拟题

(一)单项选择题

1.在常用的不确定性分析方法中,可同时用于财务评价和国民经济评价的是(   )。
    A.概率分析   B.敏感性分析   C.盈亏平衡分析   D.价值分析

2.生产性建设项目的预计产品市场需求量比盈亏平衡点越大,则项目(   )。

A. 安全性越大　　　　　　　　　　　B. 抗风险能力越小
C. 安全性越小　　　　　　　　　　　D. 发生亏损的机会越大

3. 某建设项目年设计生产能力为60000件,每件产品销售价格为3600元,年固定成本为5600万元,每件产品变动成本为1600元,销售税金及附加为180元/件,则盈亏平衡点产量为(　　)。

  A. 15600件　　　　B. 16400件　　　　C. 30800件　　　　D. 32000件

4. 某建设项目的设计生产能力为10000件,在两个可实施方案A和方案B中,方案A的盈亏平衡点产量为6000件,方案B为8000件,则下述关于风险的说法中正确的是(　　)。

  A. 方案A大于方案B　　　　　　B. 方案A小于方案B
  C. 方案A与方案B相同　　　　　D. 无法判定

5. 某企业的经营正处于盈亏平衡状态,则下列说法错误的有(　　)。

  A. 此时销售额正处于销售收入线与总成本线的交点
  B. 此时企业既没有利润也不发生亏损
  C. 在此基础上,增加销售量,销售收入不一定大于总成本,要视具体情况而定
  D. 在此基础上,增加销售量,销售收入减去总成本线的距离为利润值

6. 投资项目评价中的敏感性分析,就是在确定性分析的基础上,通过进一步分析,预测项目主要不确定因素的变化对(　　)的影响。

  A. 项目产品价格　　B. 项目产品产量　　C. 项目评价指标　　D. 项目技术指标

7. 如下表所示为某投资方案可影响因素变化对财务净现值(NPV)的影响,其最敏感的因素是(　　)。

单因素变化对净现值的影响(单位:万元)　　　　题7表

项目	变化幅度	
	0	10%
投资额	100	-10
产品价格	100	28
产品产量	100	30
经营成本	100	15

  A. 投资额　　　　B. 产品价格　　　　C. 产品产量　　　　D. 经营成本

8. 敏感度系数越大,表示评价指标对不确定因素(　　)。

  A. 越不敏感　　　B. 越敏感　　　C. 没有影响　　　D. 以上说法都不正确

9. 为了进行盈亏平衡分析,需要将技术方案的运行成本划分为(　　)。

  A. 历史成本和现时成本　　　　　B. 过去成本和现在成本
  C. 预算成本和实际成本　　　　　D. 固定成本和可变成本

10. 在建设项目敏感性分析中,确定敏感性因素可以通过计算敏感度系数和(　　)来判断。

  A. 盈亏平衡点　　　　　　　　　B. 评价指标变动率
  C. 临界点　　　　　　　　　　　D. 不确定因素变动概率

11. 关于技术方案敏感性分析的说法,正确的是(　　)。

  A. 敏感性分析只能分析单一不确定因素变化对技术方案经济效果的影响

B. 敏感性分析的局限性是依靠分析人员主观经验来分析判断,有可能存在片面性
C. 敏感度系数越大,表明评价指标对不确定因素越不敏感
D. 敏感性分析必须考虑所有不确定因素对评价指标的影响

12. 某技术方案进行单因素敏感性分析的结果是:产品售价下降10%时内部收益率的变化率为55%;原材料价格上涨10%时内部收益率的变化率为39%;建设投资上涨10%时内部收益率的变化率为50%;人工工资上涨10%时内部收益率的变化率为30%。则该技术方案的内部收益率对(　　)最敏感。
   A. 人工工资   B. 产品售价
   C. 原材料价格   D. 建设投资

13. 项目盈亏平衡分析时,一般应列入固定成本的是(　　)。
   A. 生产工人工资   B. 外购原材料费用
   C. 外购燃料动力费用   D. 固定资产折旧费

14. 进行建设项目敏感性分析时,如果主要分析方案状态和参数变化对投资回收快慢与对方案超额净收益的影响,应选取的分析指标为(　　)。
   A. 财务内部收益率与财务净现值   B. 投资回收期与财务
   C. 投资回收期与财务净现值   D. 建设工期与财务净现值

15. 某项目年设计生产能力8万台,年固定成本1000万元,预计产品单台售价500元,单台产品可变成本275元,单台产品销售税金及附加为销售单价的5%,则项目盈亏平衡点产量为(　　)万台。
   A. 4.44   B. 5.00
   C. 6.40   D. 6.74

16. 根据对项目不同方案的敏感性分析,投资者应选择(　　)的方案实施。
   A. 项目盈亏平衡点高,抗风险能力适中   B. 项目盈亏平衡点低,承受风险能力弱
   C. 项目敏感程度大,抗风险能力强   D. 项目敏感程度小,抗风险能力强

17. 单因素敏感分析过程包括:①确定敏感因素;②确定分析指标;③选择需要分析的不确定性因素;④分析每个不确定因素的波动程度及其对分析指标可能带来的增减变化情况。正确的排列顺序是(　　)。
   A. ③②④①   B. ①②③④
   C. ②④③①   D. ②③④①

(二)多项选择题

1. 不确定性分析的方法主要有(　　)。
   A. 回归分析   B. 盈亏平衡分析   C. 线性分析   D. 敏感性分析
   E. 概率分析

2. 关于盈亏平衡分析的论述,下列说法正确的有(　　)。
   A. 盈亏平衡点是按项目投产后的正常年份计算的
   B. 盈亏平衡点产量越小,抗风险能力就越强
   C. 盈亏平衡点产量越大,抗风险能力就越强
   D. 当实际产量小于盈亏平衡点产量时,企业亏损
   E. 盈亏平衡的含义是指企业的固定成本等于变动成本

3. 项目盈亏平衡点的表达形式有多种,表达式中可以包括( )。

　　A. 单位产品售价　　　　　　　　B. 单位产品的可变成本

　　C. 生产能力利用率　　　　　　　D. 实物产量

　　E. 单位产品的固定成本

4. 对于一般投资项目来说,通常可作为考察项目敏感性分析的不确定因素有( )。

　　A. 项目投资总额　　　　　　　　B. 项目评价指标

　　C. 项目技术指标　　　　　　　　D. 项目寿命年限

　　E. 项目产品价格

5. 敏感性分析的一般步骤为( )。

　　A. 确定评价指标,选择需要分析的不确定性因素

　　B. 确定各影响因素对评价指标的影响程度

　　C. 通过分析和计算敏感因素的影响程度,确定项目可能存在的风险大小及风险影响因素

　　D. 确定敏感性因素

　　E. 计算敏感度系数和临界点

6. 若选定静态评价指标进行技术方案敏感性分析,可以选择( )作为不确定性因素。

　　A. 投资额　　　　　　　　　　　B. 折现率

　　C. 产品销售量　　　　　　　　　D. 产品单价

　　E. 生产成本

7. 建设项目敏感性分析中,确定敏感因素可以通过计算( )来判断。

　　A. 盈亏平衡点　　　　　　　　　B. 评价指标变动率

　　C. 不确定因素变动率　　　　　　D. 临界点

　　E. 敏感度系数

参考答案及解析

(一) 单项选择题

1. B　　2. A　　3. C　　4. B　　5. C　　6. C　　7. C　　8. B　　9. D　　10. C
11. B　　12. B　　13. D　　14. C　　15. B　　16. D　　17. D

11. **解析:** 选项 A 错在"只能",敏感性分析可以多因素,为了问题简单化,所举的例子常为单因素。选项 B 是正确的,包括前面确定性的分析都是假设和凭借分析人员经验,自然可能存在片面性。选项 C 错在说法相反了。选项 D 错在"所有"。故选 B 项。

12. **解析:** 经过计算,各个因素对内部收益率的敏感度系数的绝对值分别为 5.5、3.9、5 和 3;最大的是产品售价 5.5。所以选 B 项。

(二) 多项选择题

1. BDE　　2. ABD　　3. ABCD　　4. ABDE　　5. ABCD　　6. ACDE　　7. DE

5. **解析:** 选项 E,计算敏感度系数和临界点属于确定敏感性因素的具体内容。选大不选小。故选 ABCD 项。

6. **解析:** 选项 B 折现率是动态指标,所以不选。故选 ACDE 项。

四、价值工程

重点知识

(一)价值工程的含义和特点

1. 价值工程的含义

价值工程(Value Engineering,简称VE)是通过各相关领域的协作,对所研究对象的功能与成本进行系统分析,不断创新,旨在提高所研究对象价值的思想方法和管理技术。简而言之,价值工程是一种技术经济方法,通过分析产品的功能与成本,寻求用最低的寿命成本,可靠地实现必要的功能(即使用者所需的功能),获得提高产品或服务的价值的一种管理技术。通俗的理解就是人们常说的提高"性价比"。这里"价值"定义可以用公式表示:

$$V = \frac{F}{C} \tag{4-1-28}$$

式中:V——价值(Value);

F——研究对象的功能(Function),广义讲是产品或作业的功能和用途;

C——成本或费用(Cost),即寿命周期成本。

价值工程的定义包括以下几方面:

(1)价值工程着眼于寿命周期成本(综合费用)。其包括生产成本和使用及维护成本。一般情况下,提高功能要增加生产成本,但同时可能降低使用成本,如图4-1-11所示。

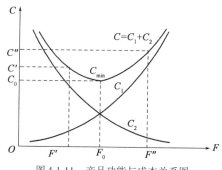

图4-1-11 产品功能与成本关系图

(2)价值工程的核心是对产品进行功能分析。是对"功能与成本进行系统分析"和"不断创新"。

(3)价值工程是一项有组织的管理活动,通常是由多个领域协作而开展的活动。

(4)价值工程的目标表现为产品"价值"的提高。若把价值的定义结合起来,便应理解为旨在提高功能对成本的比值。价值工程的目的是要从技术与经济的结合上去改进和创新产品,使产品既要在技术上可靠实现,又要在经济上所支付的费用最小,达到两者的最佳结合。而"最低的寿命周期成本"是价值工程中的经济指标,"可靠地实现所需功能"是价值工程中的技术指标。因此,产品的价值越高其技术与经济的结合也就越难,从这个角度上讲,价值工程的目标体现为产品价值的提高。

(5)价值工程的性质属于一种"思想方法和管理技术"。

2. 提高价值的5种途径

根据式(4-1-28)可以组合出5种形式:单独增大分子、单独减少分母、增大分子的同时减少分母(最理想途径)、增大分子的幅度＞增大分母的幅度、减少大分子的幅度＜减少分母的幅度。

3. 价值工程的特点

(1)价值工程的目标,是以最低的寿命成本,使得产品具备必要的功能;即以使用者的功能需求为出发点。

(2)价值工程的核心,是对产品进行功能分析。

(3)价值工程将产品价值、功能和成本作为一个整体同时来考虑。也就是对所研究对象进行功能分析,并系统研究功能与成本之间的关系。

(4)价值工程强调不断改革和创新,即致力于提高价值的创造性活动。

(5)价值工程要求将功能定量化,不是仅局限于定性分析。

(6)价值工程是以集体的智慧,有组织、有计划、有步骤地开展工作的管理活动。

4. 价值工程的应用

价值工程方法不是简单的经济评价,也不是降低成本的方法,它是一种满足功能要求前提下,寻求寿命周期成本最低,即"价值"最高的一种综合管理技术。因此,价值工程应用主要体现在两个方面:

(1)应用于方案评价,即可以在多方案中选择价值较高的较优方案,也可以选择价值较低的对象作为改进的对象。

(2)通过价值工程系统过程活动,寻求提高产品或对象价值的途径,这也是价值工程应用的重点。

总之,价值工程研究的客体是产品或方案,产品或方案都是由多个功能构配件组成,在产品形成各阶段都可以应用价值工程提高产品的价值。价值工程更侧重于产品的研究、设计阶段,以寻求技术突破,取得最佳的综合效果;在进行方案选优时是选方案对应价值 V 高的,而进行对象选择或功能评价时是选择功能构配件对应的 V_i 不等于1的作为对象或方案创造,请注意两者的差异。

(二)价值工程的一般工作程序

开展价值工程活动一般分为4个阶段、12个步骤,如表4-1-12所示。

价值工程的工作程序　　　　表4-1-12

工作阶段	工作步骤	对应需回答的问题
准备阶段	(1)对象选择; (2)组成价值工程工作小组; (3)制订工作计划	(1)价值工程的研究对象是什么? (2)围绕对象需做哪些准备工作
分析阶段	(1)收集整理信息资料; (2)功能系统分析(定义和整理); (3)功能评价	(1)对象功能是干什么用的? (2)对象成本是什么? (3)对象价值是什么
创新阶段	(1)方案创造; (2)方案评价; (3)提案编写	(1)是否有替代方案? (2)新方案的成本是多少? (3)新方案能否满足要求吗
实施阶段	(1)方案审批; (2)方案实施; (3)成果评价	(1)如何保证新方案实施? (2)价值工程活动的效果如何

(三)价值工程的主要工作内容

1. 对象选择

(1) 对象选择的一般原则

选择价值工程对象时一般应遵循以下两条原则:一是优先考虑企业生产经营上迫切要求改进的主要产品,或是对国计民生有重大影响的项目;二是对企业经济效益影响大的产品(或项目)。对象选择过程就是收缩研究范围的过程,一般从设计、施工生产、销售、成本四个方面考虑进行价值工程对象的选择。

(2) 对象选择的方法

对象选择的方法有很多,每种方法有各自的优点和适应性。

①经验分析法。亦称因素分析法,是一种定性分析的方法,即凭借开展价值工程活动人员的经验和智慧,根据对象选择应考虑的因素,通过定性分析来选择对象的方法。

②ABC分析法(类似于质量控制ABC分类法)。运用数理统计分析原理,按局部成本在总成本中比重的大小选择价值工程对象。一般来说,企业产品的成本往往集中在少数关键构配件上。在选择对象产品或构配件时,为便于抓重点,把产品(或构配件)种类按成本大小顺序划分ABC三类。构配件数量占10%~15%、成本占70%~80%的为A类;构配件数量占15%~20%、成本占10%~20%的为B类;构配件数量占60%~80%、成本占5%~10%的为C类。

③强制评分(确定)法。该方法在选择价值工程对象、功能评价和方案评价中都可以使用。在对象选择中,通过对每个构配件与其他各构配件的功能重要程度进行逐一对比打分,相对重要的得1分,不重要的得0分,即01法。以各构配件占总分的比例确定功能评价系数,根据功能评价系数和成本系数确定价值系数。

$$构配件功能系数\ F_i = \frac{某构配件的功能得分}{全部构配件功能得分} \quad (4\text{-}1\text{-}29)$$

$$构配件成本系数\ C_i = \frac{该构配件目前成本}{全部构配件成本} \quad (4\text{-}1\text{-}30)$$

$$构配件价值系数\ V_i = \frac{构配件功能系数\ F_i}{构配件成本系数\ C_i} \quad (4\text{-}1\text{-}31)$$

根据 V_i 价值系数值,确定价值工程对象:

a. $V_i = 1$。无需改进,因为这表明成本比重与功能重要程度基本相当。

b. $V_i < 1$。表明该构配件事项其功能所分配的成本偏高或存在着过剩的功能,是价值工程研究的对象。

c. $V_i > 1$。表明分配在该构配件上的成本比重偏低,或存在不必要功能(即多余、重复、过剩功能),是价值工程的研究对象。

强制评分还有一种0~4评分方法,方法与01评分法相似,分值不同。

④百分比法。即按某种费用或资源在不同项目中所占的比重大小来选择价值工程对象的方法。

⑤价值指数法。这是通过比较各个对象(或零部件)之间的功能水平位次和成本位次,寻求价值较低对象(或零部件),并将其作为价值工程研究对象的一种方法。

2. 功能分析

功能分析是价值工程活动的中心环节,是价值工程的核心内容。功能分析的目的是加强必要功能,剔除多余功能,进行功能载体替代,以便提供价值高的产品,更好地满足用户的需求。所以功能分析具有三个方面的作用,明确用户的功能要求、对功能的研究和可靠实现必要的功能。功能分析一般包括功能分类定义、功能整理、功能计量和功能评价环节。功能分析步骤见表4-1-13。

功能分析步骤　　　　　　　　　　表4-1-13

分析步骤	分析目的	分析类别	回答问题
功能定义 ↓ 功能整理 ↓ 功能计量 ↓ 功能评价	构配件的功能本质 ↓ 功能之间的相互关系 ↓ 必要功能的价值标准 ↓ 求功能价值,即系数或指数	功能单元的定性分析 ↓ 功能相互关系的定性分析 ↓ 单元功能的量化 ↓ 定量分析计算	它的功能是什么 ↓ 它的目的或手段是什么 ↓ 它的功能是多少 ↓ 价值工程重点对象或方案

（1）功能的分类

任何产品都具有使用价值,即功能,这是存在于产品中的一种本质。根据功能的不同特性,可以先将功能分为以下几类:

①按功能的重要程度分类,产品的功能一般可分为基本功能和辅助功能。基本功能就是要达到这种产品的目的所必不可少的功能,是产品的主要功能。辅助功能是为了更有效地实现基本功能而添加的功能,是次要功能。

②按功能的性质分类,功能可划分为使用功能和美学功能。

③按用户的需求分类,功能可划分为必要功能和不必要功能。必要功能是指用户所要求的功能以及与实现用户所需求功能有关的功能,使用功能、美学功能、基本功能、辅助功能等均为必要功能;不必要功能是不符合用户要求的功能,包括多余功能、重复功能、过剩功能。因此,价值工程的功能,一般是指必要功能。

④按功能的量化标准分类,产品的功能可分为过剩功能与不足功能。

⑤按总体与局部分类,产品的功能可划分为总体功能和局部功能。

上述功能的分类不是价值工程功能分析的必要步骤,而是用以分辨确定各种功能的性质和其重要程度。价值工程是通过对产品功能的分析研究,正确、合理地确定产品的必备功能,消除多余的不必要功能,加强不足功能,削弱过剩功能;改进设计,降低产品成本。因此,可以说价值工程是以功能为中心,在可靠地实现必要的功能基础上来考虑降低产品成本。

（2）功能的定义

功能定义就是根据收集到的情报和资料,透过对象产品或构配件的物理特征(或现象),找出其效用或功用的本质东西,并逐项加以区分和规定,以简洁的语言描述出来。

这里要求描述的是产品的"功能",而不是对象的结构、外形或材质。因此,功能定义的过程就是解剖分析的过程,如图4-1-12所示。

图4-1-12　功能定义过程图

功能定义的目的是：

①明确对象产品和组成产品各构配件的功能,借以弄清产品的特性。

②便于进行功能评价,通过评价弄清哪些是价值低的功能和有问题的功能,实现价值工程的目的。

③便于构思方案,对功能下定义的过程实际上也是为对象产品改进设计的构思过程,为价值工程的方案创造工作阶段做了准备。

(3)功能整理

功能整理是用系统的观点将已经定义了的功能加以系统化,找出各局部功能相互之间的逻辑关系,并用图表形式表达(图4-1-13),以明确产品的功能系统,从而为功能评价和方案构思提供依据。功能整理的一般程序如下：

①在功能定义的基础上,编制功能卡片。

②区分基本功能与辅助功能。

③明确各功能之间的关系。

④排列辅助功能系列。

⑤添加辅助功能系列。

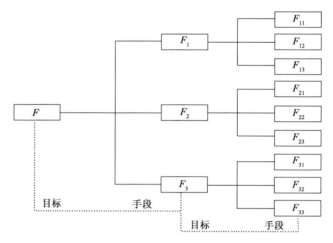

图4-1-13 功能整理采用的功能系统图

(4)功能计量

功能计量是以功能系统图为基础,依据各个功能之间的逻辑关系,以对象整体功能的定量指标为出发点,从左向右逐级测算、分析,确定出各级功能程度的数量指标,揭示出各级功能领域中有无功能不足或功能过剩,从而为保证必要功能、剔除过剩功能、补足不足功能的后续活动(功能评价、方案创新等)提供定性与定量相结合的依据。

3. 功能评价

价值工程的成本有两种,一种是现实成本,是指目前的实际成本;另一种是目标成本。功能评价是在功能定义和功能计量的基础上,进行功能评价,即找出实现功能的最低费用作为功能的目标成本(又称为功能评价值),以功能目标成本为基准,通过与功能现实成本的比较,求出两者的比值(功能价值)和两者的差异值(改善期望值),然后选择功能价值低、改善期望值大的功能作为价值工程活动的重点对象。

功能评价是在已确定问题的基础上进一步作定量的确定,即评定功能的价值,定量的方法求价值系数(V_i)。功能评价的程序如图4-1-14所示。

图4-1-14 功能评价的程序图

(1) 功能现实成本 C_i (也称为功能成本系数)的计算

功能现实成本(简称现实成本)的计算与一般传统的成本核算既有相同点,也有不同之处。两者相同点是指它们在成本费用的构成子目(构成项)上是完全相同的,例如工程产品成本费用都是由人工费、材料费、机械使用费、规费、企业管理费构成;两者的不同之处在于功能现实成本的计算是按照对象的功能分配归集的,而传统的成本核算是以产品或构配件分配归集的。因此,在计算功能现实成本时,就需要根据传统的成本核算资料,将产品或构配件的现实成本换算成功能的现实成本。

功能成本系数(简称成本系数 C_i) = 功能单元成本值/成本总值,与式(4-1-30)不同,计算所用的成本按功能统计,而不是按构配件统计。

(2) 功能评价值 F_i 的计算

对象的功能评价值 F_i (目标成本,可参考市场),是指可靠地实现用户要求功能的最低成本,可以根据图纸和定额,也可根据国内外先进水平或根据市场竞争的价格等来确定。它可以理解为是企业有把握,或者说应该达到的实现用户要求功能的最低成本。从企业目标的角度来看,功能评价值可以看成是企业预期的、理想的成本目标值。功能评价值一般以货币价值形式表达。

功能现实成本确定较易,而功能评价值确定较难。求功能评价值的方法较多,例如理论价值标准法、实际价值标准法和功能重要性系数法,下面仅介绍功能重要性系数评定法。

功能重要性系数又称为评价系数,是指评价对象(如构配件等)的功能在整体功能中所占的比率。确定功能重要性系数的关键是对功能打分,常用的打分方法有强制打分法(0~1评分法或0~4评分法)、多比例评分法、逻辑评分法和环比评分法(DARE 法)等。功能重要性系数,即第 i 个评价对象的评价系数 F_i 的计算方法,按式(4-1-29)计算。

功能重要性系数评定法先确定产品的整体目标成本,然后按照功能重要性系数大小乘以产品的整体目标成本,求得各功能区的功能评价值(即功能系数),即分配到各个功能区中的目标成本 F_i。具体计算可参见符号同其他处格式示例1。

(3) 计算功能价值 V_i,分析成本功能的合理匹配程度(功能成本法)

功能价值 V_i 的计算方法可分为两大类,即功能成本法(绝对值法)与功能指数法(相对值法)。下面仅介绍功能成本法。

功能成本法是通过一定的测算方法,测定实现应有功能所必须消耗的最低成本,同时计算为实现应有功能所耗费的现实成本,经过分析、对比,求得对象的价值系数和成本降低期望值,确定价值工程的改进对象。其表达式如下：

$$V_i = \frac{F_i}{C_i} \qquad (4\text{-}1\text{-}32)$$

式中：V_i——第 i 个评价对象的价值系数；

F_i——第 i 个评价对象的功能评价值(目标成本)，或功能系数；

C_i——第 i 个评价对象的现实成本(或成本系数)。

根据上述计算公式，功能的价值系数计算结果有以下三种情况：

①$V_i = 1$，表示功能评价值等于功能现实成本。这表明评价对象的功能现实成本与实现功能所必需的最低成本大致相当，说明评价对象的价值为最佳，一般无需改进。

②$V_i < 1$，此时功能现实成本 C_i 大于功能评价值 F_i。表明评价对象的现实成本偏高，而功能要求不高，产生这种情况有两种原因，一种可能是由于存在着过剩的功能(注：太多的功能增加了成本，过剩功能的对立面是不足功能)；另一种可能是功能虽无过剩，但实现功能的条件或方法不佳，以致使实现功能的成本大于功能的实际需要。

③$V_i > 1$，即功能现实成本大于功能评价值，表明该构配件功能比较重要(利用此点进行方案比选)，但分配的成本较少，即功能现实成本低于功能评价值。应具体分析，可能功能与成本分配已较理想，或者有不必要的功能，或者应该提高成本。

应注意一个情况，即 $V = 0$ 时，要进一步分析。如果是不必要的功能，该构配件应取消；但如果是最不重要的必要功能，要根据实际情况处理。

【示例1】 某投资公司投资公路路面工程，有 4 个设计方案，经过 5 位专家对上述方案进行技术经济分析和论证，得到如表 4-1-14 和表 4-1-15 所示的数据，试运用价值工程的概念选优。

功能重要性评分表(0~4评分法) 表 4-1-14

方案功能	专家$_1$	专家$_2$	专家$_3$	专家$_4$	专家$_5$
F_1	×	4	2	3	1
F_2	0	×	0	1	0
F_3	2	4	×	3	1
F_4	1	3	1	×	0
F_5	3	4	3	4	×

方案功能得分及单方造价 表 4-1-15

方案功能	方案功能得分			
	A	B	C	D
F_1	9	10	9	8
F_2	10	10	8	9
F_3	9	9	10	9
F_4	8	8	8	7
F_5	9	7	9	6
单方造价(元/m²)	1420.00	1230.00	1150.00	1360.00

解析：价值工程原理表明，对整个功能领域进行分析和改善，比对单个功能进行分析和改善的效果好，上述四个方案各有其优点，如何取舍，可以利用价值工程原理对各个方案进行优化选择，其基本步骤如下。

(1)计算各方案的功能重要性系数

F_1 得分 $= 4+2+3+1=10$,功能重要性系数 $=10/40=0.25$。

F_2 得分 $= 0+0+1+0=1$,功能重要性系数 $=1/40=0.025$。

F_3 得分 $= 2+4+3+1=10$,功能重要性系数 $=10/40=0.25$。

F_4 得分 $= 1+1+3+0=5$,功能重要性系数 $=5/40=0.125$。

F_5 得分 $= 3+4+3+4=14$,功能重要性系数 $=14/40=0.35$。

总得分 $=10+1+10+5+14=40$。

(2)计算功能系数

方案 A 得分 $\phi_A = 9\times 0.25 + 10\times 0.025 + 9\times 0.25 + 8\times 0.125 + 9\times 0.35 = 8.90$。

方案 B 得分 $\phi_B = 10\times 0.25 + 10\times 0.025 + 9\times 0.25 + 8\times 0.125 + 7\times 0.35 = 8.45$。

方案 C 得分 $\phi_C = 9\times 0.25 + 8\times 0.025 + 10\times 0.25 + 8\times 0.125 + 9\times 0.35 = 9.10$。

方案 D 得分 $\phi_D = 8\times 0.25 + 9\times 0.025 + 9\times 0.25 + 7\times 0.125 + 6\times 0.35 = 7.45$。

总得分 $= 8.90 + 8.45 + 9.10 + 7.45 = 33.90$。

(3)功能系数计算

$F_A = 8.90/33.9 = 0.263$;$F_B = 8.45/33.90 = 0.249$;$F_C = 9.10/33.90 = 0.268$;$F_D = 7.45/33.90 = 0.220$。

(4)成本系数计算

$C_A = 1420.00/5160.00 = 0.275$;$C_B = 1230.00/5160.0 = 0.238$

$C_C = 1150.00/5160.00 = 0.223$;$C_D = 1360.00/5160.00 = 0.264$

(5)价值系数计算

$V_A = F_A/C_A = 0.263/0.275 = 0.956$;$V_B = F_B/C_B = 0.249/0.238 = 1.046$。

$V_C = F_C/C_C = 0.268/0.223 = 1.202$;$V_D = F_D/C_D = 0.220/0.264 = 0.833$。

(5)判断优选方案 A、B、C、D 方案中以 C 方案的价值系数最高,为最优方案。

4. 确定价值工程对象的改进范围

从以上功能成本法分析可以看出,对产品进行价值分析,就是使产品每个构配件的价值系数尽可能趋近于 1。为此,确定的改进对象是:

(1)F_i/C_i 值低的功能。

(2)$\Delta C_i = (C_i - F_i)$ 值大的功能。

(3)复杂的功能。

(4)问题多的功能。

5. 价值工程新方案创造

方案创造是从提高对象的功能价值出发,在正确的功能分析和评价的基础上,针对应改进的具体目标,通过创造性的思维活动,提出能够可靠地实现必要功能的新方案。方案创造是价值工程实现预期目标、最终取得成功的关键一步。前面的工作做得再好,如果不能创造出高价值的创新方案,就不会产生好的效果。所以,从价值工程技术实践来看,方案创造是决定价值工程成败的关键阶段。

方案创造的理论依据是功能载体具有可替代性,这种功能载体替代的重点应放在以功能新产品替代原有产品和以功能创新的结构替代原有结构方案。而方案创造的过程是思想高度活跃、进行创造性开发的过程,为了引导和启发创造性的思考,比较常用的方法有:头脑风暴法、哥顿法(模糊目标法)、专家意见法(德尔菲法)、专家检查法等。总的思想是要充分发挥各有关人员的智慧,集思广益,多提方案,从而为评价方案创造条件。

(1)头脑风暴法

头脑风暴法指无拘无束、自由奔放地思考问题的方法。

(2)哥顿法

哥顿法是会议主持人将拟解决的问题抽象后抛出,与会人员讨论并充分发表看法,适当时机会议主持人再将原问题抛出继续讨论的方法。

6. 方案评价

方案评价是在方案创造的基础上对新构思方案的技术、经济、社会和环境效果等方面进行估价,以便于选择最佳方案,其过程如图 4-1-15 所示。

图 4-1-15　方案评价步骤示意图

方案评价就是从众多的备选方案中选出价值最高的可行方案。方案评价可分为概略评价和详细评价,均包括技术评价、经济评价和社会评价等方面的内容。将这三个方面联系起来进行权衡,则称为综合评价。技术评价是对方案功能的必要性及必要程度和实施的可能性进行分析评价;经济评价是对方案实施的经济效果进行分析评价;社会评价是方案为国家和社会带来影响和后果的分析评价。综合评价又称价值评价,是根据以上三个方面评价内容,对方案价值大小所做的综合评价。

7. 价值工程实施阶段工作

价值工程实施阶段的主要工作是方案实施与成果评价,包括检查、评价与验收。在方案实施过程中,应该对方案的实施情况进行检查,发现问题及时解决。方案实施完成后,要进行总结评价和验收。

(四)价值工程在公路工程费用监理中应用

1. 指导工程变更审查工作

用价值工程分析工程变更的可行性。

2. 指导施工组织设计的评价与审核工作

用价值工程确认施工方案的可靠性和施工安排的合理性。

例　题

例1　关于价值工程中在功能分析时,功能的价值系数的说法,正确的是(　　)。
　　A.价值系数越大越好

B. 价值系数大于1表示评价对象存在过剩功能

C. 价值系数等于1表示评价对象的价值为最佳

D. 价值系数小于1表示现实成本较低,而功能要求较高

例2 在价值工程活动中,描述某一个产品构配件"是干什么用的?",属于( )的工作内容。

A. 产品功能分析　　B. 产品结构分析　　C. 对象选择　　D. 产品设计

例3 四个互斥性施工方案的功能系数和成本系数见下表。从价值工程角度最优的方案是( )。

例3表

方案	甲	乙	丙	丁
功能系数	1.20	1.25	1.05	1.15
成本系数	1.15	1.01	1.05	1.20

A. 甲　　　　　　　B. 乙　　　　　　　C. 丙　　　　　　　D. 丁

例4 现有四个施工方案可供选择,其功能评分和寿命周期成本相关数据见下表,则根据价值工程原理应选择的最佳方案是( )。

例4表

方案	甲	乙	丙	丁
功能评分	9	8	7	6
寿命周期成本(万元)	100	80	90	70

A. 甲　　　　　　　B. 乙　　　　　　　C. 丙　　　　　　　D. 丁

例5 价值工程中,不符合用户要求的功能称为不必要功能,包括( )。

A. 负责功能　　B. 多余功能　　C. 重复功能　　D. 次要功能

E. 过剩功能

例6 造成价值工程活动对象的价值系数 V 小于1的可能原因有( )。

A. 评价对象的现实成本偏低　　B. 功能现实成本大于功能评价值

C. 可能存在着不足的功能　　　D. 实现功能的条件或方法不佳

E. 可能存在着过剩的功能

例 题 解 析

例1 价值系数等于1表示功能评价值等于功能现实成本;表明评价对象的功能现实成本与实现功能所必需的最低成本大致相当,说明评价对象的价值为最佳,一般无需改进。故选C项。而选项A错在,价值系数越大可能存在不必要的功能越多。选项B错在,价值系数大于1表示评价对象存在不必要的功能,而不是过剩功能。选项D错在,价值系数小于1表示评价对象的现实成本偏高,而功能要求不高;而不是现实成本较低,而功能要求较高。

例2 价值工程中的功能是指对象能够满足某种要求的一种属性,具体来说功能就是某种特定效能、功用或效用。对于一个具体的产品来说,"它是干什么用的?"问题答案就是产品的功能,见表4-1-12。故选A项。

例3 价值系数,按照式(4-1-32)计算,最大价值系数 $V = 1.25/1.01 = 1.24$,故选B项。

409

例4 题干中给出是寿命周期成本和功能评分,而不是"功能系数和成本系数"。所以要按照式(4-1-29)和式(4-1-30)先计算出相应系数:

(1)功能系数:$F_甲 = 9/(9+8+7+6) = 9/30 = 0.3$,$F_乙 = 8/30 = 0.267$,$F_丙 = 7/30 = 0.233$,$F_丁 = 6/30 = 0.2$。检验计算正确否,4个系数相加为1则正确。

(2)成本系数:$C_甲 = 100/(100+80+90+70) = 100/340 = 0.294$,$C_乙 = 80/340 = 0.235$,$C_丙 = 90/340 = 0.265$,$C_丁 = 70/340 = 0.206$;检验。

(3)价值系数:$V_甲 = 0.3/0.294 = 1.031$,$V_乙 = 0.267/0.235 = 1.136$,$V_丙 = 0.233/0.265 = 0.879$,$V_丁 = 0.2/0.206 = 0.971$。乙方案最佳,故选B项。

例5 不必要功能是指不符合用户要求的功能。不必要的功能包括三类:多余功能、重复功能、过剩功能。故选BCE项。

例6 价值系数V小于1,此时功能现实成本C_i大于功能评价值F_i。表明评价对象的现实成本偏高,而功能要求不高,产生这种情况有两种原因,一种可能是由于存在着过剩的功能;另一种可能是功能虽无过剩,但实现功能的条件或方法不佳,以致使实现功能的成本大于功能的实际需要。故选BDE项。

自 测 模 拟 题

(一)单项选择题

1.价值工程中所述的"价值"是指( )。
  A.产品所耗资的社会必要劳动　　　B.功能与获得该功能的全部费用的比值
  C.产品必要的实现程度　　　　　　D.成本与功能的比值

2.工程项目建设中,价值工程应侧重在( )阶段开展工作。
  A.招投标　　　　B.施工　　　　C.设计　　　　D.竣工验收

3.价值工程的核心是( )。
  A.费用分析　　　B.成本分析　　　C.功能分析　　　D.价格分析

4.下面关于价值系数的论述正确的是( )。
  A.价值系数越大,说明该零件的重要性越大
  B.价值系数越小,说明该零件实现的功能水平越低
  C.价值系数越小,说明该零件的成本费用越高
  D.价值系数的大小,反映了零件单位费用所实现的功能水平的高低

5.任何产品都具有使用价值,即功能,按功能的重要程度可分类为( )。
  A.过剩功能和不足功能　　　　B.必要功能和不必要功能
  C.使用功能和美学功能　　　　D.基本功能和辅助功能

6.有关价值工程的论述正确的是( )
  A.价值工程中的价值是指对象的使用价值,而不是交换价值
  B.在运用价值工程方法对某一选定设计方案进行功能评价时,如果价值系数大于1,可能是存在过剩功能,则评价对象不需改进
  C.运用价值工程方法对某一选定设计方案进行功能评价时,如果价值指数大于1,可能是成本偏低,致使对象功能也偏低,则评价对象需要改进
  D.在强制评分法中构配件价值系数等于1时,该构配件作为价值工程研究的对象

7. 对产品构配件进行价值分析,就是使每个构配件的价值系数尽可能( )。
   A. =1　　　　　　B. >1　　　　　　C. <1　　　　　　D. ≠1

8. 提高产品价值的最理想途径是( )。
   A. 大幅度提高功能,小幅度提高成本　　B. 提高功能的同时降低成本
   C. 小幅度降低功能,大幅度降低成本　　D. 功能保持不变,提高成本

9. 在价值工程中,评价对象的价值系数 V( )时,应优先作为改进的对象。
   A. 大于0　　　　B. 小于0　　　　C. 大于1　　　　D. 小于1

10. 价值工程活动中,计算产品成品的方法是以产品( )为中心分析成本的事前成本计算方法。
    A. 功能　　　　B. 质量　　　　C. 价格　　　　D. 性能

11. 在产品价值工程工作程序中,功能定义和功能整理工作的目的是( )。
    A. 明确产品的成本是多少　　　　B. 确定产品的价值是多少
    C. 界定产品是干什么用的　　　　D. 确定价值工程的研究对象是什么

12. 价值工程中方案创造的理论依据是( )。
    A. 产品功能具有系统性　　　　B. 功能载体具有替代性
    C. 功能载体具有排他性　　　　D. 功能实现程度具有差异性

13. 价值工程分析阶段的工作步骤是( )。
    A. 功能整理→功能定义→功能评价→功能成本分析→确定改进范围
    B. 功能定义→功能整理→功能成本分析→功能评价→确定改进范围
    C. 功能定义→功能评价→功能整理→功能成本分析→确定改进范围
    D. 功能整理→功能定义→功能成本分析→功能评价→确定改进范围

14. 产品的寿命周期成本由产品生产成本和( )组成。
    A. 使用及维护成本　　　　B. 使用成本
    C. 生产前准备成本　　　　D. 资金成本

15. 根据功能重要程度选择价值工程对象的方法称为( )。
    A. 因素分析法　　B. ABC分析法　　C. 强制确定法　　D. 价值指数法

16. 价值工程的目标是以( )实现项目必须具备的功能。
    A. 最少的项目投资　　　　B. 最高的项目盈利
    C. 最低的寿命周期成本　　D. 最低的项目运行成本

17. 利用功能指数法计算功能价值指数 V 时,$V_1 > 1$ 表示( )。
    A. 评价对象的成本比重大于其功能比重　　B. 评价对象的成本比重与其功能比重无关
    C. 评价对象的成本比重小于其功能比重　　D. 评价对象的成本比重等于其功能比重

18. 某项目应用价值工程原理进行方案择优,各方案的功能系数和单方造价见下表,则最优方案为( )。

题18表

方案	甲	乙	丙	丁
功能系数	0.202	0.286	0.249	0.263
单方造价(元/m²)	2840	2460	2300	2700

A. 甲方案　　　　B. 乙方案　　　　C. 丙方案　　　　D. 丁方案

19.某工程设计有四个备选方案,经论证,四个方案的功能得分和单方造价见下表。按照价值工程原理,应选择的最优方案是( )。

题19表

方案	甲	乙	丙	丁
功能得分	98	96	99	94
单方造价(元/m²)	1250	1350	1300	1225

A.甲方案　　　　　B.乙方案　　　　　C.丙方案　　　　　D.丁方案

（二）多项选择题

1.根据价值工程的基本原理公式 $V=F/C$,提高价值可以采用以下( )途径。
A.保持产品功能不变的前提下,降低成本
B.产品功能略有下降,产品成本大幅度降低
C.产品功能有较大幅度提高,产品成本也有较大幅度提高
D.在提高产品功能的同时,降低产品成本
E.在产品成本不变的条件下,提高产品功能

2.价值工程研究对象的选择方法有( )。
A.因素分析法　　B.趋势分析法　　C.强制确定法　　D.百分比分析法
E.价值指数法

3.某人购买一块带夜光装置的手表,从功能分析的角度来看,带夜光装置对于手表保证走时准确与黑夜看时间是( )。
A.多余功能　　B.美学功能　　C.辅助功能　　D.基本功能
E.不必要的功能

4.必要功能是用户要求的功能,( )均为必要功能。
A.多余功能　　B.使用功能　　C.基本功能　　D.辅助功能
E.重复功能

5.在下列价值工程的研究对象中,通过设计,进行改进和完善的功能有( )。
A.基本功能　　B.辅助功能　　C.使用功能　　D.不足功能
E.过剩功能

6.当价值系数 $V<1$ 时,应该采取的措施有( )。
A.在功能水平不变的条件下,降低成本
B.在成本不变的条件下,提高功能水平
C.去掉成本比重较大的多余功能
D.补充不足功能,但是成本上升幅度很小
E.不惜一切代价来提高重要的功能

7.价值工程的方案创造可采用的方法包括( )。
A.头脑风暴法　　B.专家检查法　　C.因素分析法　　D.哥顿法
E.ABC法

8.在建设工程中运用价值工程时,提高工程价值的途径有( )。
A.通过采用新方案,既提高产品功能,又降低成本

B. 通过设计优化,在成本不变的前提下,提高产品功能
C. 施工单位通过严格履行施工合同,提高其社会信誉
D. 在保证建设工程质量和功能的前提下,通过合理的组织管理措施降低成本
E. 适量增加成本,大幅度提高项目功能和适用性

9. 价值工程分析阶段的工作有( )。
   A. 对象选择   B. 方案评价   C. 功能定义   D. 功能整理
   E. 功能评价

10. 某施工企业对建筑物的外墙进行功能分析的说法,正确的有( )。
    A. 承重外墙的基本功能是承受荷载   B. 防风防雨是外墙的过剩功能
    C. 分隔空间是外墙的上位功能   D. 隔热保温是外墙的辅助功能
    E. 造型美观是外墙的美学功能

11. 关于价值工程特点的说法,正确的有( )。
    A. 价值工程的核心是对产品进行功能分析
    B. 价值工程并不单纯追求降低产品的生产成本
    C. 价值工程要求将产品的功能定量化
    D. 价值工程的目标是以最低的寿命周期成本使产品具备最大功能
    E. 价值工程的主要工作是用传统的方法获得产品稳定的技术经济效益

12. 下列关于价值工程原理的描述中,正确的有( )。
    A. 价值工程中所述的"价值"是指研究对象的使用价值
    B. 运用价值工程的目的是提高研究对象的比较价值
    C. 价值工程的核心是对研究对象进行功能分析
    D. 价值工程是一门分析研究对象效益与费用之间关系的管理技术
    E. 价值工程中所述的"成本"是指研究对象建造/制造阶段的全部费用

13. 应作为价值工程重点对象的是那些( )的功能。
    A. 价值系数高   B. 功能价值低
    C. 可靠性尚可   D. 改进期望值大
    E. 复杂程度高

14. 关于价值工程的说法,正确的有( )。
    A. 价值工程的核心是对产品进行功能分析
    B. 价值工程涉及价值、功能和寿命周期成本三要素
    C. 价值工程应以提高产品的功能为出发点
    D. 价值工程是以提高产品的价值为目标
    E. 价值工程强调选择最低寿命周期成本的产品

15. 关于价值工程的说法,正确的有( )。
    A. 价值工程的核心是对产品进行功能分析
    B. 价值工程涉及价值、功能和寿命周期成本三要素
    C. 价值工程应以提高产品的功能为出发点
    D. 价值工程是以提高产品的价值为目标
    E. 价值工程强调选择最低寿命周期成本的产品

参考答案及解析

(一)单项选择题

1. B   2. C   3. C   4. D   5. D   6. C   7. A   8. B   9. D   10. A
11. C   12. B   13. B   14. A   15. C   16. C   17. C   18. B   19. A

18. **解析**：本题考核的是价值工程原理。首先我们来计算各方案的成本系数：甲方案成本系数$=2840/(2840+2460+2300+2700)=0.276$，乙方案成本系数$=2460/10300=0.239$，丙方案成本系数$2300/10300=0.223$，丁方案成本系数$=2700/10300=0.262$，应该验算一下计算正确与否，把这四个系数连加，如果为1，说明计算正确。接下来计算各方案的价值系数V：甲方案价值系数$=0.202/0.276=0.732$，乙方案价值系数$=0.286/0.239=1.197$，丙方案价值系数$=0.249/0.223=1.117$，丁方案价值系数$=0.263/0.262=1.003$。在四个方案中选择价值系数最大者为最优方案。即乙方案为最优方案。故选 B 项。

19. **解析**：本题考核的是价值工程的应用，利用价值工程原理选择最优方案

(1)计算各方案的功能系数：$F_甲=98/(98+96+99+94)=0.2532$，$F_乙=96/387=0.2481$，$F_丙=99/387=0.2558$；$F_丁=94/387=0.2429$。

(2)计算各方案的成本系数：$C_甲=1250/(1250+1350+1300+1225)=0.2439$，$C_乙=1350/5125=0.2634$，$C_丙=1300/5125=0.2537$，$C_丁=1225/5125=0.2390$。

(3)计算各方案的价值系数：$V_甲=0.2532/0.2439=1.038$，$V_乙=0.2481/0.2634=0.942$，$V_丙=0.2558/0.2537=1.008$，$V_丁=0.2429/0.2390=1.016$。所以，最优方案为甲方案。

(二)多项选择题

1. ABDE   2. ACDE   3. CD   4. BCD   5. DE   6. ABCD   7. ABD
8. ABDE   9. CDE   10. ADE   11. ABC   12. BCD   13. ADE   14. ABD
15. ABD

9. **解析**：价值工程分析阶段的工作有功能定义、功能整理、功能评价。从工作步骤上看，对象选择属于准备阶段，方案评价属于创新阶段，所以选择 CDE。

10. **解析**：本题考核功能的分类，列举多个例子，各个方面，完全选对有一定的难度，但得分难度并不大，首先选项 B 很容易排除掉，防风防雨肯定不是过剩的功能；然后，分隔空间和外墙的关系不大，而是内墙的基本功能，上位功能是目的性的，不能说外墙的目的就是为了分隔空间，所以选项 C 是错误的，其他几个都是对的。

13. **解析**：功能评价以功能目标成本为基准，通过与功能现实成本的比较，求出两者的比值（功能价值）和两者的差异值（改善期望值），然后选择功能价值低、改善期望值大的功能作为价值工程活动的重点对象。确定的改进对象是：F_i/C_i 值低的功能、复杂的功能、问题多的功能。故选 BDE 项。选项 A 表达反了，不能选。

五、公路工程总投资构成与计算

重点知识

(一)公路工程总投资的构成

公路工程总投资由工程造价和运营费用两大部分构成，此处重点讲解工程造价相关内容。

公路工程造价是指建设一条公路或一座独立大桥或隧道,使其达到设计要求所花费的部费用。根据《公路工程建设项目概算预算编制办法(2018版)》及《公路工程建设项目估算编制办法(2018版)》规定,公路工程造价由建筑安装工程费、土地使用及拆迁补偿费、工程建设其他费、预备费及建设期贷款利息五大部分组成,如图4-1-16所示。

图 4-1-16 预算费用的组成

(二)公路工程总投资的计算

公路工程造价的计算分为投资估算、概算和预算,具体计算内容在下一点介绍。运营费用中养护管理费一般按公路等级,依据具体主管部门上年度每公里养护管理支出的平均值综合计算,大中修及技术改造一般按通车后每隔6~8年进行一次,每次大中修及技术改造的费用按工程建设投资额的15%左右计算。

例 题

例1 某建设项目的工程费用与工程建设其他费用的预算额为52180万元,预备费为5000万元,建设期3年,各年的投资比例为:第一年20%,第二年55%,第三年25%。该项目固定资产投资来源为自有资金和贷款。贷款本金为40000万元(其中外汇贷款为2300万美元),贷款按年度投资比例发放。贷款人民币部分年利率为6%(按季计息);贷款的外汇部分年利率为8%(按年计息),外汇牌价1美元兑换6.6元人民币。则建设项目的总投资是( )。

A. 57180.00万元　　B. 59730.30万元　　C. 61280.66万元　　D. 61227.40万元

例 题 解 析

例1 实际利率:$(1+6\%)^4 - 1 = 6.14\%$;

人民币贷款利息合计:2273.45万元;

外币贷款利息 $276.85 \times 6.6 = 1827.21$ 万元;

总投资 = 建设投资 + 贷款利息 = 52180 + 5000 + 2273.45 + 1827.21 = 61280.66 万元。故选C项。

自 测 模 拟 题

(一)单项选择题

1. 下列关于运营费用中养护费的说法,正确的是( )。
   A. 一般按公路交通量计算
   B. 一般按公路等级和上年度每千米养护管理支出的平均值综合计算
   C. 依据具体主管部门上年度每千米养护管理支出的最低值计算
   D. 依据具体主管部门上年度每千米养护管理支出的最高值计算

2. 下列关于运营费用中养护费的大中修费的说法,正确的是( )。
   A. 一般按公路交通量计算
   B. 一般按公路等级计算
   C. 大中修及技术改造一般按通车后每隔5年进行一次
   D. 每次大中修及技术改造的费用按工程建设投资额的15%左右计算

(二)多项选择题

1. 我国现行的公路工程造价的构成包括( )。

A. 建筑工程安装费　　　　　　　　　B. 建设项目前期费
C. 建设期贷款利息　　　　　　　　　D. 土地使用及拆迁补偿费
E. 预备费

参考答案及解析

(一)单项选择题

1. B　　2. D

2.解析：运营费用中养护管理费一般按公路等级，依据具体主管部门上年度每千米养护管理支出的平均值综合计算，大中修及技术改造一般按通车后每隔6~8年进行一次，每次大中修及技术改造的费用按工程建设投资额的15%左右计算，故选D。

(二)多项选择题

1. ACDE

六、公路工程建设项目投资估算

重点知识

(一)投资估算的分类

投资估算是对拟建公路项目的全部投资费用进行的预测估计。公路工程投资估算包括项目建议书投资估算和工程可行性研究报告投资估算，是评价公路工程项目投资的重要工具。可行性研究报告投资估算是编制初步设计概算或施工图预算(采用一阶段设计时)的限制条件。

(二)项目建议书投资估算的作用

(1)拟建项目是否继续进行的依据之一。
(2)审批项目建议书的依据。
(3)审批建设项目可行性研究报告的依据。
(4)国家编制中长期规划和保持合理投资结构及决定国民经济计划中基建比例的依据。
(5)制订资金筹措计划，控制投资限额的依据。

(三)工程可行性研究报告投资估算的作用

(1)可行性研究报告投资估算是项目建设投资决策的依据。
(2)可行性研究报告投资估算是公路建设项目的经济评价的依据。
(3)可行性研究报告投资估算是编制设计概算的依据。
(4)可行性研究报告投资估算是资金筹措的依据。
(5)当采用一阶段设计时，可行性研究报告投资估算是编制年度建设投资计划的依据。

(四)可行性研究报告投资估算的编制依据

投资估算是可行性研究报告的重要组成部分，是建设项目国民经济评价中计算支出费用

的基础资料,具有限制建设项目投资限额的重要作用。编制依据包括:

(1)经批准的项目建议书及投资估算文件。

(2)通过踏勘调查和必要的测量、地质钻探,根据路线方案确定的路基土石方、排水与防护、路面、桥梁涵洞等主要工程数量,以及对一些典型路段和有代表性的大型构造物做出的典型布置图资料,都是编制可行性研究报告投资估算的基本依据。

(3)建设项目施工组织规划设计的意见。

(4)《公路工程估算指标》及其相应的有关各项工程量计算方法的规定。

(5)《公路工程预算定额》《公路工程概算定额》的相关规定。

(6)《公路工程建设项目投资估算编制办法》中规定的措施费、企业管理费、规费、利润、税率、建设单位管理费等费率标准,以及有关相应的计算规定。

(7)当地交通主管部门发布的人工费、材料供应价格信息、有关规定及材料价格的有关资料。

(8)当地人民政府颁布的征地、拆迁赔偿标准和有关规定。

(9)编制可行性研究报告的委托书、合同或协议的有关规定和要求。

(10)建设项目的主管部门或建设单位对拟建项目投资估算的有关通知与要求。

例 题

例1 可行性研究报告投资估算是编制( )的限制条件。
A.项目建议书投资估算 B.初步设计概算或一阶段施工图预算
C.施工图预算 D.施工预算

例2 项目建议书投资估算的作用有( )。
A.是审批项目建议书的依据
B.是审批建设项目可行性研究报告的依据
C.是拟建项目是否继续进行的唯一依据
D.是国家编制中长期规划和保持合理投资结构及决定同民经济计划中基建比例的依据
E.是制订资金筹措计划、控制投资限额的依据

例题解析

例1 可行性研究报告投资估算是编制初步设计概算或施工图预算(采用一阶段设计时)的限制条件。故选B项。

例2 选项C错误,正确的表述是:是拟建项目是否继续进行的依据之一。故选ABDE项。

自测模拟题

(一)单项选择题

1.公路工程投资估算指标是一种( )。
A.技术定额 B.经济定额 C.技术经济定额 D.基本定额

2.投资估算指标的计算对象为( )。

A.工序 B.各个分部分项工程
C.扩大的分部分项工程 D.独立的单项工程或完整的工程项目

3.项目建议书阶段的投资估算,是项目主管部门审批项目建议书的依据之一,并对项目的规划、规模起( )作用。

A.控制 B.决定 C.参考 D.重要

(二)多项选择题

1.可行性研究报告投资估算的作用有( )。

A.是项目建设投资决策的依据 B.是公路建设项目的经济评价的依据
C.是编制设计概算的依据 D.是资金筹措的依据
E.是编制年度建设投资计划的依据

参考答案

(一)单项选择题

1.C 2.C 3.C

(二)多项选择题

1.ABCD

七、公路工程建设项目概算预算

重 点 知 识

(一)设计概算的作用

(1)设计概算是确定建设项目总投资的依据。
(2)设计概算是编制基本建设计划的依据。
(3)设计概算是签订建设项目总包合同、实行建设项目包干、订购主要材料、设备、安排重大科研项目,联系征用土地、拆迁等建设前期准备工作的依据。
(4)设计概算是分析比较设计方案和考核设计经济合理性的依据。
(5)设计概算是考核建设工程成本的依据。
(6)设计概算是控制施工图预算的依据。

(二)施工图预算的作用

(1)施工图预算是承包施工任务的依据。
当施工图预算作为承包施工任务的依据时,它有以下几点作用:
①施工图预算是施工单位组织施工的依据。
②施工图预算是施工单位统计完成工程量的依据。
③施工图预算是施工企业进行经济核算的依据。
④施工图预算是施工单位和建设单位进行工程结算的依据。
⑤一个建设项目需要由审计单位进行审计时,施工图预算是进行工程审计的依据。

(2)审定的施工图预算是编制工程招标控制价的依据。

(3)施工图预算是衡量设计方案是否经济合理的依据。

(三)概算、预算的编制依据

根据《公路工程建设项目概算预算编制办法》(JTG 3830—2018)第2.2条规定,设计概算/施工图预算的编制依据应包括下列内容[概预算(4)(5)两点有区别,"/"后铺灰的内容为预算要求]:

(1)国家发布的有关法律、法规等。系指编制概预算中所必须遵循的国家、交通运输部和地方主管部门颁布的有关法令性文件或规定等。

(2)本办法及配套定额[注:凡是文中的"本办法"是指《公路工程建设项目概算预算编制办法》(JTG 3830—2018)]。配套定额即第2.1.1条的规定,《公路工程概算定额》(JTG/T 3831—2018)、《公路工程预算定额》(JTG/T 3832—2018)规定的人工、材料与设备、机械台班消耗量和按本办法规定的概算、预算编制时工程所在地的人工费工日单价、材料预算单价和施工机械台班单价计算出工程项目的工、料、机费用,并按本办法的规定计算各项费用。

(3)工程所在地省级交通运输主管部门发布的补充规定和定额等。

(4)可行性研究报告的批(核)准文件(修正概算时为初步设计批复文件)等有关资料。(概算要求的内容)/批准的初步设计文件(或技术设计文件,若有)等有关资料。

(5)初步设计(或技术设计)图纸/施工图设计图纸等设计文件、工程施工方案(含施工组织设计)。施工组织设计资料包括:工程中的开竣工日期、施工方案、主要工程项目的进度要求、材料开采与堆放地点、大型临时设施的规模、建设地点和施工方法等。

(6)工程所在地的人工、材料与设备、施工机械价格等。

(7)有关合同、协议等。

(8)其他有关资料。包括当地自然条件及其变化规律,如气温、雨季、冬季、洪水季节及规律、风雪、冰冻、地质、水源等。还有其他工程及沿线设施,如旧有建筑物的拆迁,与水利、电信、铁路的干扰及解决措施,清除场地、管理养护及服务设施等。

(四)概算、预算文件组成

概算、预算文件由封面及目录、概算、预算编制说明及全部概、预算计算表格组成。

1. 概算、预算编制说明

概算、预算编制完成后,应写出编制说明,文字力求简明扼要。叙述的内容一般有:

(1)建设项目设计资料的依据及有关文号,如建设项目可行性研究报告文号、初步设计和概算批准文号(编制修正概算及预算时),以及根据何时的测设资料及比选方案进行编制的等。

(2)采用的定额、费用标准,人工、材料、机械台班单价的依据或来源,补充定额及编制依据的详细说明。

(3)与概算、预算有关的委托书、协议书、会谈纪要等的主要内容(或将抄件附后)。

(4)总概算、预算金额,人工、钢材、水泥、沥青、木料的总需要量情况,各设计方案的经济比较,以及编制中存在的问题。

(5)其他与概算、预算有关但不能在表格中反映的事项。

2. 概算、预算表格

概算、预算文件的主要内容和组成部分是概算、预算表格,它实际上是由一套规定的表格所组成的,并且公路工程概算、预算应按统一的概算、预算表格计算。概算、预算表格是一个有机的整体,他们互相联系,共同反映出工程的费用。概算、预算的材料和机械台班单价及各项费用的计算都应通过表格反映。

3. 甲组文件与乙组文件

概算、预算文件是设计文件的组成部分,按不同的需要分为两组,甲组文件为各项费用计算表,乙组文件为建筑安装工程费各项基础数据计算表(只供审批使用)。甲、乙组文件应按《公路工程基本建设项目设计文件编制办法》(交公路发〔2007〕358 号)关于设计文件报送份数的要求,随设计文件一并报送。报送乙组文件时,还应提供"建筑安装工程费各项基础数据计算表"的电子文档和编制补充定额的详细资料,并随同概、预算文件一并报送。

甲、乙组文件包括的内容见表 4-1-16、表 4-1-17。

甲组文件组成表　　　　　　　　　　　　　　　表 4-1-16

序号	名　　　称
1	编制说明
2	项目前后阶段费用对比表
3	建设项目属性及技术经济信息表
4	总概(预)算汇总表
5	总概(预)算人工、主要材料、施工机械台班数量汇总表
6	总概(预)算表
7	人工、主要材料、施工机械台班数量汇总表
8	建筑安装工程费计算表
9	综合费率计算表
10	综合费计算表
11	设备费计算表
12	专项费用计算表
13	土地使用及拆迁补偿费计算表
14	工程建设其他费计算表
15	人工、材料、施工机械台班单价汇总表

乙组文件组成表　　　　　　　　　　　　　　　表 4-1-17

序号	名　　　称
1	分项工程概(预)算计算数据表
2	分项工程概(预)算表
3	材料预算单价计表
4	自采材料场价格计算表
5	材料自办运输单位费计算表
6	施工机械台班单价计算表
7	辅助生产人工、材料施机械台班单位数量表

(五)概算、预算费用的组成

概预算费用由建筑安装工程费、土地使用及拆迁补偿费、工程建设其他费、预备费及建设期贷款利息五大部分组成。

1. 建筑安装工程费

建筑安装工程费包括直接费、设备购置费、措施费、企业管理费、规费、利润、税金和专项费用8项。

2. 土地使用及拆迁补偿费

土地使用及拆迁补偿费包括永久占地费、临时占地费、拆迁补偿费、水土保持补偿费和其他费用5项。

(1)永久占地费包括土地补偿费、征用耕地安置补助费、耕地开垦费、森林植被恢复费、失地农民养老保险费。

(2)临时占地费包括临时征地使用费、复耕费。

(3)拆迁补偿费指被征用或占用土地地上、地下的房屋及附属构筑物,公用设施、文物等的拆除、发掘及迁建补偿费,拆迁管理费等。

(4)水土保持补偿费根据国家相关法律、法规规定缴纳。

(5)其他费用指国务院行政主管部门及省级人民政府规定的与征地拆迁相关的费用。

3. 工程建设其他费

工程建设其他费包括建设项目管理费、研究试验费、前期工作费、专项评价(估)费、联合试运转费、生产准备费、工程保通管理费、工程保险费和其他相关费用9项。

4. 预备费

预备费由基本预备费和价差预备费两部分组成。

(1)基本预备费系指在初步设计和概算、施工图设计和施工图预算中难以预料的工程费用。

(2)价差预备费系指设计文件编制年至工程交工年期间,建筑安装工程费用的人工费、材料费、设备费、施工机械使用费、措施费、企业管理费等由于政策、价格变化可能发生上浮而预留的费用,以及外资贷款汇率变动部分的费用。

5. 建设期贷款利息

建设期贷款利息指工程项目使用的贷款部分在建设期内应计取的贷款利息,包括各种金融机构贷款、建设债券和外汇贷款等利息。

(六)建筑安装工程费用的组成和计算

建筑安装工程费用的八项内容包括直接费、设备购置费、措施费、企业管理费、规费、利润、税金和专项费用。建筑安装工程费除专项费用外,其他均按"价税分离"计价规则计算,即各项费用均以不含增值税可抵扣进项税额的价格(费率)进行计算,具体要素价格适用增值税税率执行财税部门的相关规定。定额建筑安装工程费包括定额直接费、定额设备购置费的40%、措施费、企业管理费、规费、利润、税金和专项费用,定额直接费包括定额人工费、定额材料费、定额施工机械使用费。

定额人工费、定额材料费、定额施工机械使用费以及定额设备购置费均按《公路工程预算定额》(JTG/T 3832—2018)"定额人工、材料、设备单价表"及《公路工程机械台班费用定额》(JTG/T 3833—2018)中规定的人工、材料、设备、机械的相应基价计算的定额费用。

建筑安装工程费用可参照表4-1-18进行计算。

公路工程建设各项费用的计算程序及计算方式　　表4-1-18

序号	项 目	说明及计算式
(1)	定额直接费	∑人工消耗量×人工基价+∑(材料消耗量×材料基价+机械台班消耗量×机械台班基价)
(2)	定额设备购置费	∑设备购置数量×设备基价
(3)	直接费	∑人工消耗量×人工单价+∑(材料消耗量×材料预算单价+机械台班消耗量×机械台班预算单价)
(4)	设备购置费	∑设备购置数量×预算单价
(5)	措施费	(1)×施工辅助费费率+定额人工费和定额施工机械使用费之和×其余措施费综合费率
(6)	企业管理费	(1)×企业管理费综合费率
(7)	规费	各类工程人工费(含施工机械人工费)×规费综合费率
(8)	利润	[(1)+(5)+(6)]×利润率
(9)	税金	[(3)+(4)+(5)+(6)+(7)+(8)]×9%
(10)	专项费用	
	施工场地建设费	[(1)+(2)×40%+(5)+(6)+(7)+(8)+(9)]×累进费率
	安全生产费	建筑安装工程费(不含安全生产费本身)×(≥1.5%)
(11)	定额建筑安装工程费	(1)+(2)×40%+(5)+(6)+(7)+(8)+(9)+(10)
(12)	建筑安装工程费	(3)+(4)+(5)+(6)+(7)+(8)+(9)+(10)
(13)	土地使用及拆迁补偿费	按规定计算
(14)	工程建设其他费	
	建设项目管理费	
	建设单位(业主)管理费	(11)×累进费率
	建设项目信息化费	(11)×累进费率
	工程监理费	(11)×累进费率
	设计文件审查费	(11)×累进费率
	竣(交)工验收试验检测费	按规定计算
	研究试验费	
	建设项目前期工作费	(11)×累进费率
	专项评价(估)费	按规定计算
	联合试运转费	(11)×费率
	生产准备费	

1. 直接费计算

直接费指施工过程中耗费的构成工程实体和有助于工程形成的各项费用,包括人工费、材料费、施工机械使用费。

(1) 人工费

人工费指列入概算、预算定额的,直接从事建筑安装工程施工的生产工人开支的各项费用。人工费由以下费用组成。

①计时工资或计件工资:指按计时工资标准和工作时间或对已做工作按计件单价支付给个人的劳动报酬。

②津贴、补贴:指为了补偿职工特殊或额外的劳动消耗和因其他特殊原因支付给个人的津贴,以及为了保证职工工资水平不受物价影响支付给个人的物价补贴。如流动施工津贴、特殊地区施工津贴、高温(寒)作业临时津贴、高空津贴等。

③特殊情况下支付的工资:指根据国家法律、法规和政策规定,因病、工伤、产假、计划生育假、婚丧假、事假、探亲假、定期休假、停工学习、执行国家或社会义务等原因,按计时工资标准或计时工资标准的一定比例支付的工资。

人工费以概算、预算定额人工工日数乘以综合工日单价计算。

$$人工费 = \sum(分项工程数量 \times 相应项目定额单位工日数 \times 综合工日单价) \quad (4\text{-}1\text{-}33)$$

人工费标准按照本地区公路建设项目的人工工资统计情况以及公路建设劳务市场情况进行综合分析、确定人工工日单价。人工工日单价由省级交通运输主管部门制定发布,并适时进行动态调整。

【示例1】 某高速公路工程,设计图中路基填筑普通土方数量为30000 m^3 无远距离运输,填前翻松压实6000 m^2,采用20t振动压路机压实填土,查得预算定额1-1-18每1000 m^3 为2.1工日、1-1-5每1000 m^2 为(4.9+2)工日。已知综合工日单价100元/工日。求人工费。

解析: 该分项人工费 = $(30 \times 2.1 + 6 \times 4.9 + 6 \times 2) \times 100 = 104.4 \times 100 = 10440$ 元。

(2) 材料费

材料费指施工过程中耗用的构成工程实体的原材料、辅助材料、构配件、零件、半成品或成品算,按工程所在地的材料价格计算的费用。

$$材料费 = \sum(分项工程数量 \times 相应项目定额单位材料消耗量 \times 材料预算价格) \quad (4\text{-}1\text{-}34)$$

①材料预算价格由材料原价、运杂费、场外运输损耗、采购及保管费组成。

②材料预算价格 = (材料原价 + 运杂费) × (1 + 场外运输损耗率) ×

$$(1 + 采购及保管费率) - 包装品回收价值 \quad (4\text{-}1\text{-}35)$$

a. 各种材料原价按下列规定计算:

a) 外购材料:外购材料价格参照本行政区域内交通运输主管部门发布的价格和按调查的市场价格进行综合取定。

b) 自采材料:自采的砂、石、黏土等自采材料,按定额中开采单价加辅助生产间接费和矿产资源税(如有)计算。

b. 运杂费指材料自供应地点至工地仓库(施工地点存放材料的地方)的费用,包括装卸费、运费,如果发生,还应计囤存费及其他杂费(如过磅、标签、支撑加固、路桥通行等费用)。

a) 通过铁路、水路和公路运输的材料,按调查的市场运价计算运费。

b) 一种材料当有两个以上的供应点时,应根据不同的运距、运量、运价,采用加权平均的方法计算运费。由于概算、预算定额中已考虑了工地运输便道的特点,以及定额中已计入了"工地小搬运"的费用,因此汽车运输平均运距中不得乘调整系数,也不得在工地仓库或堆料场之外再加场内运距或二次倒运的运距。

c) 有容器或包装的材料及长大轻浮材料,应按表 4-1-19 规定的毛质量计算。桶装沥青、汽油、柴油按每吨摊销一个旧汽油桶计算包装费(不计回收)计算。

材料毛重系数及单位毛质量表 表 4-1-19

材 料 名 称	单位	毛质量系数(%)	单位毛质量
爆破材料	t	1.35	—
水泥、块状沥青	t	1.01	—
铁钉、铁件、焊条	t	1.10	—
液体沥青、液体燃料、水	t	桶装 1.17,油罐车装 1.00	—
木料	m³	—	原木 0.750t,锯材 0.650t
草袋	个	—	0.004t

c. 场外运输损耗指有些材料在正常的运输过程中发生的损耗。材料场外运输操作损耗率见表 4-1-20。

材料场外运输操作损耗率表 表 4-1-20

材 料 名 称		场外运输(包括一个装卸)	每增加一次装卸
块状沥青		0.5	0.2
石屑、碎砾石、砂砾、煤渣、工业废渣、煤		1.0	0.4
砖、瓦、桶装沥青、石灰、黏土		3.0	1.0
草皮		7.0	3.0
水泥(袋装、散装)		1.0	0.4
砂	一般地区	2.5	1.0
	风沙地区	5.0	2.0

注:汽车运水泥,当运距超过 500km 时,袋装水泥损耗率增加 0.5 个百分点。

d. 采购及保管费:

a) 材料采购及保管费指在组织采购、保管过程中,所需的各项费用及工地仓库的材料储存损耗。

b) 材料采购及保管费,以材料的原价加运杂费及场外运输损耗的合计数为基数,乘以采购及保管费费率计算。

c) 钢材的采购及保管费费率为 0.75%。燃料、爆破材料为 3.26%,其余材料为 2.06%。商品水泥混凝土、沥青混合料和各类稳定土混合料、外购的构件、成品及半成品的预算价格计算方法与材料相同。商品水泥混凝土、沥青混合料和各类稳定土混合料不计采购及保管费,外购的构件、成品及半成品的采购及保管费费率为 0.42%。

【示例 2】 求机械轧碎石的料场单价:已知碎石已筛分,碎石机的装料口径为 400mm×250mm,碎石的最大粒径为 4cm,人工单价为 110 元/工日,开采片石的预算单价为 55 元/m³,400mm×250mm 电动颚式碎石机的台班单价为 178.50 元/台班,滚筒式筛分机的台班单价为 150.80 元/台班。

解析:查《公路工程预算定额》(JTG/T 3832—2018)8-1-7-14,可知生产加工 100m³ 堆方的碎石需要消耗人工 30.2 工日,开采片石 114.9m³,400mm×250mm 电动颚式碎石机 3.42 台班,滚筒式筛分机 3.48 台班。查《公路工程预算定额》(JTG/T 3832—2018)附录四,可知定额人工单价为 106.28 元/工日,所以加工生产 100m³ 的碎石料场单价为:

(1) 人工费:30.2×110 = 3322 元
(2) 辅助生产间接费:30.2×106.28×3% = 96.29 元
(3) 材料费:开采片石 114.9×55 = 5319.5 元
(4) 机械费:
①碎石机:3.42×178.50 = 610.47 元
②筛分机:3.48×150.80 = 524.79 元

因此,碎石的料场单价 = (3322 + 96.29 + 5319.50 + 610.47 + 524.79)÷100 = 98.73 元/m³

(3) 施工机械使用费

施工机械使用费指列入概算、预算定额的工程机械和工程仪器仪表台班数量,按相应的施工机械台班费用定额计算的费用等。

施工机械使用费 = Σ(分项工程数量 × 相应项目定额单位机械台班消耗量 ×

机械台班单价) + 小型机具使用费　　　　(4-1-36)

①工程机械使用费。机械台班预算价格应按《公路工程机械台班费用定额》(JTG/T 3833—2018)计算,机械台班单价由不变费用和可变费用组成。不变费用包括折旧费、检修费、维护费、安拆辅助费等;可变费用包括机上人员人工费、动力燃料费、车船税。可变费用中的人工工日数及动力燃料消耗量,应以机械台班费用定额中的数值为准。台班人工费工日单价同生产工人人工费单价。动力燃料费用则按材料费的计算规定计算。

②工程仪器仪表使用费指机电工程施工作业所发生的仪器仪表使用费,以施工仪器仪表台班耗用量乘以施工仪器仪表台班单价计算。

③工程仪器仪表台班预算价格应按《公路工程机械台班费用定额》(JTG/T 3833—2018)计算。台班人工费工日单价同生产工人人工费单价。动力燃料费用则按材料费的计算规定计算。

④当工程用电为自行发电时,电动机械每 kW·h(度)电的价格可由下式计算:

$$A = 0.15\frac{K}{N} \quad (4\text{-}1\text{-}37)$$

式中:A——每 kW·h 电单价(元);
K——发电机组的台班单价(元);
N——发电机组的总功率(kW)。

【示例 3】 试计算摊铺宽度为 6m 的滑模式水泥混凝土摊铺机的台班单价。已知人工单价为106.28元/工日,柴油为7.44元/kg。

解析:由《公路工程机械台班费用定额》(JTG/T 3833—2018)查得,该机械的代号为[8003076],由此可知:

① 不变费用:1691.31元;

② 可变费用:人工费106.28×3 = 318.84元;柴油费7.44×83.66 = 622.43元;

　可变费用合计:318.84 + 622.43 = 941.27元;

③ 台班单价:1691.31 + 941.27 = 2632.58元。

(4)定额直接费计算

定额直接费是计算措施费、企业管理费等费用的基数,定额直接费在做初步方案的经济比较时发挥作用,也是评价不同工艺、方法的造价水平的参考依据。

定额直接费是指完成定额规定单位的分项工程量所需消耗的工人费、材料费、机械使用费的合计值。其中人工费、材料费按《公路工程预算定额》(JTG/T 3832—2018)附录四"定额人工、材料、设备单价表"计算,施工机械使用费按《公路工程机械台班费用定额》(JTG/T 3833—2018)中的定额基价计算。

2. 设备购置费计算

设备购置费指为满足公路初期运营、管理需要购置的构成固定资产标准的设备和虽低于固定资产标准但属于设计明确列入设备清单的设备的费用,包括渡口设备,隧道照明、消防、通风的动力设备,公路收费、监控、通信、路网运行监测、供配电及照明设备等。

(1)设备购置费应列出计划购置的清单(包括设备的规格、型号、数量),以设备预算价计入。

(2)设备购置费包括设备原价、运杂费、运输保险费、采购及保管费,各种税费按编制期有关部门规定计算。

(3)需要安装的设备,按建筑安装工程费的有关规定计算设备的安装工程费。

3. 措施费计算

措施费包括冬季施工增加费、雨季施工增加费、夜间施工增加费、特殊地区施工增加费、行车干扰施工增加费、施工辅助费、工地转移费。根据工程类别在《公路工程建设项目概算预算编制办法》(JTG 3830—2018)的相应表中查对应的各措施费的对应费率。

$$增加的相应措施费 = 基数 \times 相应的费率 \quad (4\text{-}1\text{-}38)$$

(1)以各类工程的定额人工费与定额施工机械使用费之和为基数的措施费种类:冬季施工增加费、雨季施工增加费、特殊地区(高原、风沙、沿海只有4种工程类别)施工增加费、工地转移费。

(2)以涉及或受影响项目定额人工费与定额施工机械使用费之和为基数的措施费种类:夜间施工增加费、行车干扰施工增加费。

(3)以各类工程的定额直接费为基数的措施费种类:施工辅助费。

4. 企业管理费计算

企业管理费由基本费用、主副食运费补贴、职工探亲路费、职工取暖补贴和财务费用五项组成,每个都是以各类工程的定额直接费为基数,根据工程类别在《公路工程建设项目概算预算编制办法》(JTG 3830—2018)表中查相应费率。

5. 规费计算

规费指按法律、法规、规章、规程规定施工企业必须缴纳的费用,通常说法为五险一金。以各类工程的人工费之和为基数,规费费率按国家标准计算。

6. 利润计算

利润指施工企业完成所承包工程获得的盈利,按定额直接费及措施费、企业管理费之和的 7.42% 计算。

7. 税金计算

税金指国家税法规定应计入建筑安装工程造价的增值税销项税额。其计算公式如下:

税金 = (直接费 + 设备购置费 + 措施费 + 企业管理费 + 规费 + 利润) × 增值税率9%   (4-1-39)

8. 专项费用计算

专项费用包括施工场地建设费和安全生产费。

(1)施工场地建设费包括:

①按照工地建设标准化要求进行承包人驻地、工地试验室建设,钢筋集中加工、混合料集中拌制、构件集中预制等所需的办公、生活居住房屋(包括职工家属房屋及探亲房屋),公用房屋(如广播室、文体活动室、医疗室等)和生产用房屋(如仓库、加工厂、加工棚、发电站、变电站、空压机站、停机棚、值班室等)等费用。

②包括场区平整(山岭重丘区的土石方工程除外)、场地硬化、排水、绿化、标志、污水处理设施、围墙隔离设施等的费用,不包括钢筋加工的机械设备、混合料拌和设备及安拆、预制构件台座、预应力张拉设备、起重及养护设备,以及概算、预算定额中临时工程的费用。

③包括以上范围内的各种临时工作便道(包括汽车、人力车道)、人行便道,工地临时用水、用电的水管支线和电线支线,临时构筑物(如水井、水塔等)、其他小型临时设施等的搭设或租赁、维修、拆除、清理的费用;但不包括红线范围内贯通便道、进出场的临时道路、保通便道。

④工地试验室所发生的属于固定资产的试验设备和仪器等折旧、维修或租赁费用。

⑤施工扬尘污染防治措施费:指裸露的施工场地覆盖防尘网,施工便道和施工场地洒水或喷洒抑尘剂,运输车辆的苫盖和冲洗,环境敏感区设置围挡,设置防尘标志,环境监控与检测等所需要的费用。

⑥文明施工、职工健康生活的费用。

施工场地建设费以施工场地计费基数,按表4-1-21的费率,以累进法计算。施工场地计费基为定额建筑安装工程费扣除专项费。

施工场地建设费率表 表4-1-21

施工场地计费基数（万元）	费率（%）	算例（万元）	
		施工场地计费基数	施工场地建设费
500及以下	5.338	500	500 × 5.338% = 26.69
500~1000	4.228	1000	2.69 + (1000 - 500) × 4.228% = 47.83
1000~5000	2.665	5000	47.83 + (5000 - 1000) × 2.665% = 154.43
5000~10000	2.222	10000	154.43 + (10000 - 5000) × 2.222% = 265.53

续上表

施工场地计费基数 （万元）	费率 （%）	算例(万元)	
		施工场地计费基数	施工场地建设费
10000～30000	1.785	30000	265.53+(30000-10000)×1.785%=622.53
30000～50000	1.694	50000	622.53+(50000-30000)×1.694%=961.33
50000～100000	1.579	100000	961.33+(100000-50000)×1.579%=1750.83
100000～150000	1.498	150000	1750.83+(150000-100000)×1.498%=2499.83
150000～200000	1.415	200000	2499.83+(200000-150000)×1.415%=3207.33
200000～300000	1.348	300000	3207.33+(300000-200000)×1.348%=4555.83
300000～400000	1.289	400000	4555.33+(400000-300000)×1.289%=5844.33
400000～600000	1.235	600000	5844.33+(600000-400000)×1.235%=8314.33
600000～800000	1.188	800000	8314.33+(800000-600000)×1.188%=10690.33
800000～1000000	1.149	1000000	10690.33+(1000000-800000)×1.149%=12988.33
1000000 以上	1.118	12000000	12988.33+(12000000-1000000)×1.118%=15224.33

（2）安全生产费包括完善、改造和维护安全设施设备费用，配备、维护、保养应急救援器材、设备费用，开展重大危险源和事故隐患评估和整改费用，安全生产检查、评价、咨询费用，配备和更新现场作业人员安全防护用品支出，安全生产宣传、教育、培训费用，安全设施及特种设备检测检验费用，施工安全风险评估、应急演练等有关工作及其他与安全生产直接相关的费用。

安全生产费按建筑安装工程费乘以安全生产费费率计算，费率按不少于1.5%计取。

（七）土地使用及拆迁补偿费的计算

土地使用及拆迁补偿费包含永久占地费、临时占地费、拆迁补偿费、水土保持补偿费、其他费用。

①永久占地费：包括土地补偿费、征用耕地安置补助费、耕地开垦费、森林植被恢复费、失地农民养老保险费。

②临时占地费：包括临时征地使用费、复耕费。

③拆迁补偿费：指被征用或占用土地地上、地下的房屋及附属构筑物，公用设施、文物等的拆除、发掘及迁建补偿费，拆迁管理费等。

④水土保持补偿费：根据国家相关法律、法规规定缴纳。

⑤其他费用：指国务院行政主管部门及省级人民政府规定的与征地拆迁相关的费用。

土地使用及拆迁补偿费计算方法如下：

①土地使用及拆迁补偿费应根据设计文件确定的建设工程用地和临时用地面积及其附着物的情况，以及实际发生的费用项目，按国家有关规定及工程所在地的省（自治区、直辖市）颁布的有关规定和标准计算。

②森林植被恢复费应根据审批单位批准的建设工程占用林地的类型及面积，按国家有关规定及工程所在地的省（自治区、直辖市）颁布的有关规定和标准计算。

③当与原有的电力电信设施、管线、水利工程、铁路及铁路设施互相干扰时，应与有关部门联系，商定合理的解决方案和补偿金额，也可由这些部门按规定编制费用以确定补偿金额。

④水土保持补偿费按各省(自治区、直辖市)制定的水土保持补偿费收费标准进行计算。

(八)工程建设其他费用

工程建设其他费用包括建设项目管理费、研究试验费、建设项目前期工作费、专项评价(估)费、联合试运转费、生产准备费、工程保通管理费、工程保险费、其他费用9项费用。

(九)预备费计算

预备费包含基本预备费与价差预备费。

1. 基本预备费

以建筑安装工程费、土地使用及拆迁补偿费、工程建设其他费之和为基数,按下列费率计算:
(1)设计概算按5%计列。
(2)修正概算按4%计列。
(3)施工图预算按3%计列。

2. 价差预备费

以建筑安装工程费用总额为基数,按设计文件编制年始至建设项目工程交工年终的年数和年工程造价增长率计算。计算公式为:

$$价差预备费 = P \times [(1+i)^{n-1} - 1] \tag{4-1-40}$$

式中:P——建筑安装工程费总额(元);

i——年工程造价增长率(%);

n——设计文件编制年到建设项目开工年 + 建设项目建设期限(年)。

(十)建设期贷款利息

利息计算方法:根据不同的资金来源分年度投资计算所需支付的利息,如式(4-1-41)所示。

建设期货款利息 = Σ(上年末付息贷款本息累计 + 本年度付息贷款额÷2)×年利率

即

$$S = \sum_{n=1}^{N}(F_{n-1} + b_n \div 2) \times i \tag{4-1-41}$$

式中:S——建设期贷款利息;

N——项目建设期(年);

n——施工年度;

F_{n-1}——建设期第 $n-1$ 年末需付息贷款本息累计;

b_n——建设期第 n 年底付息贷款额;

i——中国人民银行公布的贷款基准年利率。

例 题

例1 某公司购买一批材料,已知材料未含税原价2500元/t,现购买5t,装卸费800元,其他杂费500元,运输费2000元,包装回收价值为200元,采购及保管费率2%,则该批材料的预算价格是( )元。

A. 15906 B. 15916 C. 16322.5 D. 17773.5

例2 某公路工程人工费为100万元，材料费500为万元，施工机械使用费为300万元，措施费为50万元，规费费率为40%，则该工程的规费是（　　）万元。

A. 380 B. 360 C. 240 D. 40

例3 某路基工程人工费为59840元，定额人工费为60000元；材料费为120566元，定额材料费为130000元；机械使用费为83334元，定额机械使用费为90000元；施工辅助费综合费率为2.12%，其余措施费综合费率为16.6%，规费费率为10%，企业管理费综合费率为8%，利润率7.42%，增值税税率为9%，该项目的建筑安装工程费是（　　）元。

A. 353062 B. 376843 C. 387053 D. 390548

例4 建筑安装工程费中不属于措施费的有（　　）。

A. 企业管理费
B. 工程监理费
C. 建设单位管理费
D. 勘察设计费
E. 专项费用

例题解析

例1 材料预算价格 =（材料原价 + 运杂费）×（1 + 场外运输损耗率）×（1 + 采购及保管费率）− 包装品回收价格

材料预算价格 = [2500 × 5 +（800 + 2000 + 500）]×（1 + 0）×（1 + 2%）− 200 = 15916元，故本题选B。

本题还可以问采购及保管费是多少？保管费 = [2500 × 5 +（800 + 2000 + 500）]× 2% = 316元。

例2 规费 = ∑各类工程的人工费 × 规费费率（%），规费 = 100 × 40% = 40万元。故本题选D。

例3 (1) 定额直接费 = 6 + 13 + 9 = 28万元 = 280000元

(2) 直接费 = 59840 + 120566 + 83334 = 263740元

(3) 措施费 = 定额直接费 × 施工辅助费费率 + 定额人工费和定额施工机械使用费之和 × 其余措施费综合费率 = 280000 × 2.12% +（60000 + 90000）× 16.6% = 5936 + 24900 = 30836元

(4) 企业管理费 = 定额直接费 × 企业管理费综合费率 = 280000 × 8% = 22400元

(5) 规费 = 各类工程人工费 × 规费综合费率 = 59840 × 10% = 5984元

(6) 利润 =（定额直接费 + 措施费 + 企业管理费）× 利润率 =（60000 + 30836 + 22400）× 7.42 = 113236 × 7.42% = 8402元

(7) 增值税税金 =（直接费 + 设备购置费 + 措施费 + 企业管理费 + 规费 + 利润）× 9% =（263740 + 0 + 30836 + 22400 + 5984 + 8402）× 9% = 331362 × 9% = 29823元

(8) 施工场地建设费 =（定额直接费 + 定额设备购置费的40% + 措施费 + 企业管理费 + 规费 + 利润 + 税金）× 累进费率

查《公路工程建设项目概算预算编制办法》（JTG 3830—2018）表3.1.11可知累进费率为5.338%。

则：施工场地建设费 =（280000 + 0 + 30836 + 22400 + 5984 + 8402 + 29823）× 5.338% =

377445×5.338%=20148元

(9)安全生产费=建筑安装工程费(不含安全生产费本身)×(≥1.5%)=(直接费+设备购置费+措施费+企业管理费+规费+利润+税金+施工场地建设费)×1.5%=(263740+0+30836+22400+5984+8402+29823+20148)×1.5%=381333×1.5%=5720元

(10)建安工程费=直接费+设备购置费+措施费+企业管理费+规费+利润+税金+专项费用=263740+0+30836+22400+5984+8402+29823+20148+5720=387053元

例4 参见图4-1-16,建筑安装工程费有:直接费、设备购置费、措施费、企业管理费、规费、利润、税金、专项费用。故选AE。选项BC是建设项目管理费,不属于建筑安装工程费;选项D的勘察设计费属于建设项目前期工作费。

自测模拟题

(一)单项选择题

1. 不是工程建设概预算编制依据的是( )。
   A. 工程量计算规则　　　　　　B. 工程量清单
   C. 有关政策法规　　　　　　　D. 设计图纸
2. 属于建筑安装工程直接费中的材料费是( )。
   A. 机械安装及拆卸所需材料费
   B. 周转材料摊销费
   C. 搭设临时设施所耗材料费
   D. 建筑材料质量一般性鉴定检查所需材料费
3. 属于机械台班费用定额的不变费用是( )。
   A. 折旧费　　　　　　　　　　B. 车船使用税
   C. 动力燃料费　　　　　　　　D. 机上作业人员工资
4. 对建筑材料、构配件进行一般性鉴定检查所发生的费用属于( )。
   A. 研究试验费　　　　　　　　B. 直接费
   C. 间接费　　　　　　　　　　D. 现场管理费
5. 不属于材料预算价格的费用是( )。
   A. 材料二次搬运费　　　　　　B. 材料包装费
   C. 材料采购及保管费　　　　　D. 材料原价
6. 材料预算单价中的运杂费是指材料从其来源地运到( )的费用。
   A. 工地仓库以后出库　　　　　B. 施工操作地点
   C. 工地仓库　　　　　　　　　D. 施工工地
7. 建设项目办理各种银行保函的手续费用属于( )。
   A. 财务费用　　B. 现场经费　　C. 施工辅助费　　D. 直接费
8. 某建筑材料包含包装费的原价为600元/t,手续费、运杂费、运输损耗等费用为50元/t,采购及保管费费率是2%,这种材料的预算价格是( )元。
   A. 600　　　　B. 663　　　　C. 612　　　　D. 650
9. 建筑安装工程费中的税金是指( )。
   A. 增值税、城乡建设维护税和教育费附加

B. 增值税、固定资产投资方向调节税和教育费附加

C. 增值税和教育费附加

D. 增值税

10. 某工程直接工程费为250万元，间接费为40万元，计划利润为10万元，税率为3%，则该工程的税金为（　　）万元。

  A. 9.0   B. 8.7   C. 7.8   D. 7.5

11. 冬、雨季施工增加费应（　　）。

  A. 按定额费率常年计取，包干使用

  B. 按冬、雨季施工期规定费率计取

  C. 按实际发生费用计取

  D. 按测算费用计取

12. 人工费、材料费、施工机械使用费构成（　　）。

  A. 直接费   B. 直接工程费   C. 间接费   D. 其他直接费

13. 建设项目办理各种银行保函的手续费用属于（　　）。

  A. 财务费用   B. 现场经费   C. 施工辅助费   D. 直接费

14. 机械台班单价组成中，属于可变费用的是（　　）。

  A. 修理费   B. 大修理费

  C. 折旧费   D. 机上作业人员工资

15. 按我国现行规定，公路工程概算预算中规费的取费基数是（　　）。

  A. 人工费之和   B. 直接费

  C. 建筑安装工程费   D. 其他工程费

16. 材料预算价格是指材料从其来源地到达（　　）的价格。

  A. 工地   B. 施工操作地点

  C. 工地仓库   D. 工地仓库以后出库

17. 已知水泥的消耗量是41200t，损耗率是3%，那么水泥的净耗量是（　　）t。

  A. 39964   B. 42436   C. 40000   D. 42474

（二）多项选择题

1. 公路工程造价中属于建设项目前期费用的有（　　）。

  A. 施工招标文件编制费   B. 工程监理费

  C. 设计文件审查费   D. 勘察设计费

  E. 桩基承载力试验专题研究费

2. 应列入人工费的有（　　）。

  A. 退休工资   B. 生产工人探亲假期工资

  C. 生产工人劳动保护费   D. 生产工人福利费

  E. 生产工人教育经费

3. 应列入建筑安装工程直接费中人工工资综合单价的有（　　）。

  A. 生产工人劳动保护费   B. 生产工人辅助工资

  C. 生产工人福利费   D. 生产工人退休工资

  E. 生产职工教育经费

参考答案

(一)单项选择题
1. B 2. B 3. A 4. B 5. A 6. C 7. A 8. B 9. D 10. A
11. A 12. A 13. A 14. D 15. A 16. D 17. C

(二)多项选择题
1. ADE 2. BCD 3. ABC

八、竣工决算

重点知识

(一)竣工决算的概念、作用和编制依据

1. 竣工决算的概念

公路工程竣工决算是指在交工验收后、竣工验收前的交付使用阶段,由建设单位编制的公路建设项目从筹建到通过交工验收后交付使用阶段全过程的全部实际支出费用的经济文件。它也是建设单位反映建设项目实际造价和投资效果的文件,是竣工验收报告的重要组成部分,未编制竣工决算的公路建设项目不得组织竣工验收。

2. 竣工决算的作用

(1)全面反映竣工项目最初计划和最终建成的工程概况。
(2)竣工决算是检查基本建设投资计划、设计概算执行情况和考核投资效果的依据。
(3)竣工决算是核定新增固定资产流动和流动资产价值、办理交付使用财产的依据。
(4)竣工决算是全面反映建设项目的财务情况,总结提高财务管理水平的重要资料。
(5)竣工决算是竣工验收的主要依据。
(6)竣工决算作为交通工程基本建设技术经济档案,为公路工程定额修订提供资料和依据,是工程造价积累的资料之一。

3. 竣工决算的编制依据

基本上是按照《交通基本建设项目竣工决算报告编制办法》(交财发〔2000〕207号)第五条规定,竣工决算报告应当依据以下文件、资料编制:

(1)经交通主管部门批准的设计文件,以及批准的概(预)算或调整概(预)算文件。
(2)政府有关土地、青苗等补偿及安置补偿标准或文件,国土部门批准的公路征地数量,土地、青苗等补偿及安置补偿费用。
(3)历年年度的基本建设投资计划。
(4)经复核的历年年底的基本建设财务决算。
(5)批准或确认的招标文件及合同文本。
(6)与施工单位(承包人)签订的施工合同、投资包干合同或其他重要经济合同(或协议)等有关文件。
(7)有关工程变更的文件资料。
(8)历年有关物资、统计、财务会计核算、劳动工资、环境保护等有关资料。

(9)工程质量鉴定、检验等有关资料,工程监理有关资料。
(10)施工单位(承包人)的交工报告、竣工图表等有关技术经济资料。
(11)有关资金的筹集、借贷使用等方面的资料。
(12)上级有关部门对工程的指示、文件及有关的现行法律、法规。

4.按照《公路建设项目工程决算编制办法》(交公路发[2004]507号)竣工决算的编制依据

(1)经交通主管部门批准的设计文件,以及批准的概(预)算或调整概(预)算文件。
(2)招标文件、标底(如果有)及与各有关单位签订的合同文件。
(3)建设过程中的文件有关支付凭证。
(4)竣工图纸。
(5)其他有关文件、资料、凭证等。

(二)竣工决算报告的组成

1.《公路建设项目工程决算编制办法》(交公路发[2004]507号)竣工决算报告的组成

(1)竣工决算报告的封面。
(2)竣工工程平面示意图。
(3)竣工决算报告说明书。
(4)竣工决算表格。

2.《费用与进度控制》竣工决算报告说明书的内容

按照《交通基本建设项目竣工决算报告编制办法》(交财发[2000]207号)第七条规定,竣工决算报告说明书是竣工决算报告的重要组成部分,主要内容包括:

(1)工程项目概况及组织管理情况。
(2)工程建设过程和工程管理工作中的重大事件、经验教训。
(3)工程投资支出和财务管理工作的基本情况(包括主要会计事项处理原则,财产物资清理及债权债务清偿情况,基建结余资金,基建收入等的上交分配情况,主要技术经济指标的分析、计算情况等)。
(4)工程遗留问题等。

3.《公路建设项目工程决算编制办法》(交公路发[2004]507号)竣工决算报告说明书的内容

(1)工程决算概况。
(2)工程概(预)算执行情况说明,其中应说明招标方式、结果及重大设计变更情况。
(3)设备、工具、家具购置情况的说明。
(4)工程建设其他费用使用情况的说明(包括征地拆迁费、建设单位管理费、监理费等)。
(5)预留费用使用情况的说明。
(6)工程决算编制中有关问题处理的说明。
(7)造价控制的经验与教训总结。

(8)工程遗留问题。
(9)其他需要说明的事项。

4.竣工决算表格的内容

按照《交通基本建设项目竣工决算报告编制办法》(交财发〔2000〕207号)第八条的规定,竣工决算表格分为三部分:第一部分为竣工决算审批表,第二部分为工程概况专用表等表格,第三部分为财务通用表。

(1)竣工决算审批表(交建竣1表)。
(2)工程概况专用表。
①公路建设项目工程概况表(交建竣2-1表)。
②桥梁隧道建设项目工程概况表(交建竣2-2表)。
③内河航运建设项目工程概况表(交建竣2-3表)。
④港口(码头)建设项目工程概况表(交建竣2-4表)。
⑤其他建设项目工程概况表(交建竣2-5表)。
(3)财务通用表。
①建设项目竣工财务决算总表(交建竣3-1表)。
②资金来源情况表(交建竣3-2表)。
③待核销基建支出及转出投资明细表(交建竣3-3表)。
④工程造价和概算执行情况表(交建竣4表)。
⑤外资使用情况表(交建竣5表)。
⑥基本建设项目交付使用资产总表(交建竣6-1表)。
⑦基本建设项目交付使用资产明细表(交建竣6-2表)。

5.《公路建设项目工程决算编制办法》(交公路发〔2004〕507号)竣工决算表格的内容

(1)建设项目概况表(01表)。
(2)投资控制情况比较表(02表)。
(3)工程数量情况比较表(03表)。
(4)概(预)算分析表(04表)。
(5)标底及合同费用分析表(05表)。
(6)项目总决算(分析)表(06表)。
(7)建安工程决算汇总表(07表)。
(8)设备、工具及器具购置费用支出汇总表(08表)。
(9)工程建设其他费用支出汇总表(09表)。

(三)竣工决算的编制内容与方法

1.竣工决算的编制的内容

按照竣工表格要求进行编制。对于正确核定新增资产的价值,有利于建设项目使用期的财务管理,并能为建设项目进行经济后评价提供依据,具体内容如下:

(1)新增固定资产价值的确定

新增固定资产价值是以独立发挥生产能力的单项工程为对象的。另外只要全部建成,正式验收交付使用后就要计入新增固定资产价值的有:附属辅助工程;单项工程中不构成生产系统,但能独立发挥效益的非生产性项目;凡购置达到固定资产标准不需安装的设备、工具、器具;属于新增固定资产价值的其他投资;交付使用财产的成本等。

(2)新增流动资产价值的确定

新增流动资产是指新增加的在一年内或者超过一年的一个营业周期内变现或者运用的资产,包括现金及各种存款、存货、应收及预付款等。

(3)新增无形资产价值的确定

新增无形资产是指新增加的、可供今后企业长期使用但是没有实物形态的资产,包括专利权、非专利技术、土地使用权、商标权等。

(4)递延资产及其他资产价值的确定

递延资产是指不能全部计入当年损益,应当在以后年度内分期摊销的各项费用,包括开办费、租入固定置产的改良支出等。

2.竣工决算的编制方法

竣工决算的编制方法主要是对建设工程的各种原始资料进行全面的审查与统计汇总,按竣工决算表格的要求,将各种数据资料摘录填入,同时做好决算与概算的对比分析,编制技术经济指标比较表。

(四)竣工决算的编制程序

(1)收集、整理和分析有关依据资料。
(2)清理各项账务、债务和结余物资。
(3)填写竣工决算报表。
(4)经复核的历年年底的基本建设财务决算。
(5)上报主管部门审查、编制竣工决算的程序。

例 题

例1 公路工程竣工决算是发生在( )。
  A.交工验收前   B.交工验收后
  C.交工验收后且竣工验收前   D.竣工验收后

例2 建设项目竣工决算时,计入新增固定资产价值的有( )。
  A.已经投入生产或交付使用的建筑安装工程造价
  B.达到固定资产标准的设备工器具的购置费
  C.可行性研究费
  D.土地使用权的计价
  E.开办费

例 题 解 析

例1 公路工程竣工决算是指在交工验收后、竣工验收前的交付使用阶段,由建设单位编制的公路建设项目从筹建到通过交工验收后交付使用阶段全过程的全部实际支出费用的经济文件。故选 C 项。

例2 选项 ABC 都已经进入实体工程,计入新增固定资产价值。而选项 DE 分别属于新增无形资产价值和递延资产价值。故选 ABC 项。

自测模拟题

(一) 单项选择题

1. 在建设项目竣工决算报表中,反映建设项目全部资金情况和资金占用情况的是(　　)。
   A. 建设项目概况表　　　　　　　　B. 交付使用财产总表
   C. 竣工财务决算表　　　　　　　　D. 竣工财务决算审批表
2. 竣工决算由(　　)主编。
   A. 建设单位　　　B. 施工单位　　　C. 设计单位　　　D. 监理单位

(二) 多项选择题

1. 建设项目竣工决算组成部分有(　　)。
   A. 竣工决算报告说明书　　　　　　B. 竣工工程平面示意图
   C. 竣工决算报表　　　　　　　　　D. 工程造价比较分析
   E. 竣工验收标准
2. 在编制竣工决算时,下列费用中计入新增递延资产价值的有(　　)。
   A. 土地征用及迁移补偿费
   B. 项目可行性研究费
   C. 开办费
   D. 土地使用权出让金
   E. 以经营方式租入的固定资产改良工程支出
3. 在编制竣工决算时,竣工决算报告的组成内容有(　　)。
   A. 竣工决算报告的封面
   B. 竣工工程平面示意图
   C. 竣工决算报告说明书
   D. 竣工图
   E. 竣工决算表格

参考答案

(一) 单项选择题

1. C　　2. A

(二) 多项选择题

1. ABCD　　2. CE　　3. ABCE

九、投融资模式

重 点 知 识

(一)投资模式

投资需要资金,资金的筹措(即筹资,是广义融资)的方式很多,简单归为出资或融资(广义)。首先关注工程项目资金的来源。

1. 项目资本金制度

投资项目必须首先落实资本金才能进行建设。投资项目资本金是指投资项目总投资中,由投资者认缴的出资额,对投资项目来说属于非债务性资金,项目法人不承担该部分资金的任何利息和债务。投资者按其出资比例依法享有所有者权益(包括资本金、资本公积金、盈余公积金和未分配利润、股票上市收益等),也可转让其出资,但不得以任何方式抽回。

(1)交通基础设施的公路项目资本金额

投资项目资本金占总投资的比例,根据不同行业和项目的经济效益等确定,2015年规定:铁路、公路项目,资本金最低比例由25%调整为20%。具体比例审批时确定。

(2)项目资本金的形式和货币所占比例

项目资本金可以用货币出资,也可以用实物、工业产权、非专利技术、土地使用权、资源开采权作价出资,但除国家对采用高新技术成果有特殊规定外,其比例不得超过项目资本金总额的20%。非收费公路就属于公益性项目,不实行资本金制度。

2. 项目资金筹措方式

项目的资金来源分为投入资金和借入资金,前者形成项目的资本金(即不还),后者形成项目的负债(即要还,也称为"债务资金")。

建设项目可通过政府投资、股东直接投资、发行股票、利用外资直接投资等多种方式来筹集资本金。项目负债筹资一般包括银行贷款、发行债券、设备租赁和借入国外资金等方式。设备租赁包括融资租赁、经营租赁和服务出租等方式。

(二)融资模式

项目融资有广义和狭义两种理解。广义上讲,项目融资就是指"为项目而融资",包括新建项目、收购现有项目或对现有项目进行债务重组等。工程项目融资包括:

(1)公司融资(即筹资)。

(2)狭义的有限追索或无限追索的特许经营项目融资。狭义的项目融资,是以项目的资产、预期收益、预期现金流量等作为偿还贷款的资金来源。狭义项目融资主要具有项目导向、有限追索、风险分担、非公司负债型融资、信用结构多样化、融资成本高、可利用税务优势的特点。

1. 狭义项目融资的主要方式

项目融资的方式是指对于某类具有共同特征的投资项目,项目发起人或投资者在进行投融资设计时可以效仿并重复运用的操作方案。传统的项目融资主要包括直接融资、项目公司融资、杠杆租赁融资、设施使用协议融资、产品支付融资等。随着项目融资理论研究与实践应用的不断发展,出现了一系列新型项目融资方式,如 BOT、PPP、ABS(Asset-Backed Securitization,资产证券化)、TOT、PFI(Private Finance Initiative,私人主动融资,是对 BOT 模式的优化,私人与政府共担风险,为只靠运营收不回时由政府补贴)等,下面介绍几种主要的新型融资方式。

2. BOT 方式

BOT 方式既是一种融资方式,也是一种投资方式。主要适用于竞争性不强的行业或有稳定收入的项目,如包括公路、桥梁、自来水厂、发电厂等在内的公共基础设施、市政设施等。BOT 方式包括建设(Build)、经营(Operate)、移交(Transfer)三个过程,即"建设—经营—转让"。实际上 BOT 是一类项目融资方式的总称,通常所说的 BOT 主要包括**典型 BOT**、BOOT 及 BOO 三种基本形式。

(1) 典型 BOT 方式

BOT 方式以项目为融资主体,项目公司承担债务责任。项目公司自己融资,建设某项基础设施,并在政府特许期内经营该基础设施,以经营收入抵偿建设投资,并获得一定收益,特许期满后将此设施无偿转让给政府。政府与项目公司是经济合同关系,在法律上是平等的经济主体。这种最经典的 BOT 形式,项目公司没有项目的所有权,只有建设权和经营权。

(2) BOOT 方式

BOOT(建设—拥有—经营—转让)方式是 BOT 融资方式的演变。增加了一个拥有环节,在特许期限内或在协议期内,对所投资的项目拥有处置权(可转让、出售、联合、再抵押等)。在经营过程中,回收投资、获取利润,期满后将该设施无偿转交给政府或有关的机构。不过特许经营期比典型 BOT 模式稍长。

(3) BOO 方式

BOO(Build-Own-Operate,即建设—拥有—经营)方式也是典型 BOT 方式的一种演变方式。特许项目公司根据政府的特许权建设并拥有某项基础设施。整个经营项目的收入都归投资者所有,特许期满后项目不转让给政府。

除上述三种基本形式外,BOT 还有十余种演变形式,如 BT(Build-Transfer,建设—移交)、BTO(Build-Transfer-Operate,建设—移交—运营)等。

3. TOT 方式

TOT 方式(Transfer-Operate-Transfer,即移交—经营—移交)是指政府与投资机构签订特许经营协议,将已经投产运营的基础设施项目移交给投资机构经营(一次性收费出让经营权,凭借该设施项目在未来若干年的收益,一次性地从投资机构手中融得一笔资金),用于建设新的基础设施。投资人在特许期内经营该项目并获得利润,协议期满后将项目无偿转交给政府。TOT 与 BOT 的区别:BOT 承担项目建设,TOT 不承担建设;BOT 是双方共同承担风险,TOT 只承担单方风险。

4. 政府和社会资本合作(PPP)模式

(1) PPP 模式的含义

政府和社会资本合作模式(Public-Private Partnership,PPP)。PPP 模式三大特征包括合作伙伴、风险共担和利益共享。PPP 模式分为融资性和非融资性两种。融资性广义 PPP 包括 BOT 和其演变模式以及 PFI 模式;非融资性 PPP 包括 TOT 和 O&M(运营与维护合同)。

(2) PPP 模式的适用范围

PPP 模式主要适用于政府负有提供责任又适宜市场化运作的基础设施和公共服务类项

目,涉及19个一级行业。PPP模式不但可以用于新建项目,而且也可以在存量的在建项目中使用。

(三)特许经营项目的融资过程

项目选择阶段→招投标阶段→合同组织阶段→项目建设开发阶段→移交阶段

例 题

例1 某高速公路需投资100亿元,采用PPP融资,投资人应出资的资本金最少是( )。
   A. 15亿元   B. 20亿元   C. 25亿元   D. 30亿元

例2 政府和社会资本合作(PPP)模式公路项目的特征有( )。
   A. 合作伙伴   B. 风险共担   C. 可追索   D. 利益共享
   E. 无资本金

例 题 解 析

例1 铁路、公路项目,资本金最低比例由25%调整为20%。故选B项。

例2 PPP模式三大特征包括合作伙伴、风险共担和利益共享。选项C不是狭义融资的特征,PPP模式公路项目要收费不属于公益项目,必须交资本金。故选ABD项。

自 测 模 拟 题

(一)单项选择题

1. 只靠自身运营不能完全收回投资,往往还需政府财政拨款补贴的融资模式是( )。
   A. BOT   B. TOT   C. PFI   D. PPP

2. 不需移交给政府的融资模式是( )。
   A. BOT   B. BOO   C. PPP   D. PFI

(二)多项选择题

1. 融资性广义PPP模式有( )。
   A. BOT   B. BOOT   C. O&M   D. PFI
   E. TOT

2. 项目资本金可以用货币出资,也可以用( )作价出资。
   A. 实物   B. 工业产权   C. 专利技术   D. 土地使用权
   E. 资源开采权

参 考 答 案

(一)单项选择题

1. C   2. B

(二)多项选择题

1. ABD　　2. ABDE

十、工程量清单与招标限价、投标报价

重点知识

工程量清单是指招标人按照招标文件中有关要求及技术规范的有关规定，将工程进行合理分解，据此明确工程内容和范围，并将有关工程内容数量化的一套工程数量表。

工程量清单有两种形式：招标工程量清单和已标价工程量清单。已标价的工程量清单中标签约后还是合同文件的重要组成部分，是一份与技术规范和计量规则相对应的文件，它是单价合同的产物。其作用在于：

(1)提供合同中关于工程量的足够信息，为所有投标人提供投标报价的共同基础，以使投标单位能统一、有效而准确地编写投标文件。

(2)在投标单位报价及签订合同后，标有单价的工程量清单是办理中期支付和结算以及处理工程变更计价的依据。

(一)工程量清单的组成

工程量清单由说明、工程量清单表、计日工明细表、暂估价表、工程量清单汇总表和工程量清单单价分析表6部分组成。

1. 说明

说明包括工程量清单说明、投标报价说明、计日工说明和其他说明。说明在招投标期间对如何进行工程报价有实质影响，在工程实施期间对工程是否进行计量与支付以及如何进行计量与支付有实质影响。在进行工程变更及费用索赔时，它的参考作用更明显，直接影响到监理人对单价的确定。

(1)工程量清单说明

①工程量清单是根据招标文件中包括的有合同约束力的工程量清单计量规则、图纸以及有关工程量清单的国家标准、行业标准、合同条款中约定的其他规则编制。约定计量规则中没有的子目，其工程量按照有合同约束力的图纸所标示尺寸的理论净量计算。计量采用中华人民共和国法定计量单位。

②工程量清单中所列工程数量是估算的或设计的预计数量，仅作为投标报价的共同基础，不能作为最终结算与支付的依据。实际支付应按实际完成的工程量，由承包人按工程量清单计量规则规定的计量方法，以监理人认可的尺寸、断面计量，按本工程量清单的单价和总额价计算支付金额；或根据具体情况，按监理人确定的单价或总额计算支付额。

③工程量清单各章是按"工程量清单计量规则"和"技术规范"的相应章次编号的，因此，工程量清单中各章的工程子目的范围与计量等应与"工程量清单计量规则""技术规范"相应章节的范围、计量与支付条款结合起来理解或解释。

④对施工作业和材料的一般说明或规定，未重复写入工程量清单内，在给工程量清单各子目标价前，应参阅"技术规范"的有关内容。

⑤工程量清单中所列工程量的变动，丝毫不会降低或影响合同条款的效力，也不免除承包

人按规定的标准进行施工和修复缺陷的责任。

⑥图纸中所列的工程数量表及数量汇总表仅是提供资料,不是工程量清单的外延。当图纸与工程量清单所列数量不一致时,以工程量清单所列数量作为报价的依据。

(2)投标报价说明

①工程量清单中的每一子目须填入单价或价格,且只允许有一个报价。

②除非合同另有规定,工程量清单中有标价的单价和总额价均已包括了为实施和完成合同工程所需的劳务、材料、机械、质检(自检)、安装、缺陷修复、管理、保险(工程一切险和第三方责任险除外)、税费、利润等费用,以及合同明示或暗示的所有责任、义务和一般风险。

③工程量清单中投标人没有填入单价或价格的子目,其费用视为已分摊在工程量清单中其他相关子目的单价或价格之中。承包人必须按监理人指令完成工程量清单中未填入单价或价格的子目,但不能得到结算与支付。

④符合合同条款规定的全部费用应认为已被计入有标价的工程量清单所列各子目之中,未列子目不予计量的工作,其费用应视为已分摊在本合同工程的有关子目的单价或总额价之中。

⑤承包人用于本合同工程的各类装备的提供、运输、维护、拆卸、拼装等支付的费用,已包括在工程量清单的单价与总额价之中。

⑥工程量清单中各项金额均以人民币(元)结算。

⑦暂列金额(不含计日工总额)的数量及拟用子目的说明。

⑧暂估价的数量及拟用子目的说明。

2. 工程量清单表(即清单子目表)

《公路工程标准施工招标文件(2018年版)》中的工程量清单表分为7章:总则,路基,路面,桥梁、涵洞,隧道,安全设施及预埋管线,绿化及环境保护设施。表4-1-31是路基工程的工程量清单。

3. 计日工明细表

计日工是指工程施工过程中,发包人可能有一些临时性的或新增加的项目,而且这种临时新增项目的工程量在招投标阶段很难估计,希望通过招投标阶段实现定价,避免开工后可能有发生时出现的争端,故需要以计日工明细表的方法在工程量清单中予以明确。计日工明细表包括计日工劳务、计日工材料、计日工施工机械以及计日工汇总表。由投标人填入基本单价或租价,计日工不调价。

4. 暂估价表

暂估价是施工中一定发生的费用,在工程招标阶段已经确定的材料、工程设备或专业工程项目,但又无法在投标时确定准确价格,而可能影响招标效果时,发包人在工程量清单中给定一个暂估价。在工程实施阶段,根据不同类型的材料与专业工程再重新定价。暂估价表包括材料暂估价、工程设备暂估价和专业工程暂估价。

5. 工程量清单汇总表

工程量清单汇总表是将各章的工程子目表及计日工明细表进行汇总,加上暂列金额(施工中不一定发生的费用)而得出该项目的总报价。

(二)工程量清单的编制

工程量清单的编制质量直接关系到公路工程项目的报价以及招投标阶段和施工阶段的造价控制。工程量清单编制包括清单说明、清单子目划分、工程数量整理等方面工作。

1. 工程量清单说明的编制

工程量清单说明,按照前述工程量清单的说明的内容结合项目特点来编制。

2. 工程子目表的编制

工程子目表又叫分项清单表(即清单子目表)或工程量清单,通常根据招标工程的不同性质分章按顺序排列。工程子目表分章排列有利于将不同性质、不同位置、不同的施工阶段或其他特性不同的工程区别开来,同时,也有利于将那些需要采用不同施工方法或不同施工阶段或成本不一样的工程区别开来。工程子目表反映了施工项目中各分部分项工程及其数量,它是工程量清单的主体部分。工程子目表是由招标人根据《公路工程标准施工招标文件》(2018年版)、招标项目具体特点和实际需要编制,并与"投标人须知""通用合同条款""专用合同条款""工程量清单计量规则""技术规范""图纸"相衔接。

(1)工程子目表按内容划分。按内容不同可分为如下两部分:

①工程量清单的"总则"即第100章部分。该部分说明合同需要发生的各种开办项目,其计价特点主要是采用总额包干,因此,其计量单位大部分为"总额"。

②根据图纸需要发生的各工程子目部分级第200章~第700章。该部分说明了施工项目中各工程子目将要发生的工程量,计价特点是单价不变,实际工程量由计量确定。

(2)工程子目划分原则

①与工程量清单计量规则和技术规范保持一致性。

②工程子目的大小要科学,要便于计量支付、合同管理以及处理工程变更。工程子目可大可小,工程子目小有利于处理工程变更的计价,但计量工作量和计量难度会因此增加;工程子目大可减少计量工作量,但太大难以发挥单价合同的优势,不便于变更工程的处理(计价);另外,工程子目大也会使得支付周期延长,承包人的资金周转发生困难,最终影响合同的正常履行和合同的严肃性。

③保持合同的公平性。为保持合同的公平性,应将开办项目作为独立的工程子目单列出来,一般单独位于第100章。如工程保险、承包人的驻地建设、临时工程等。

④保持清单的灵活性。工程量清单中应备有计日工清单。设立计日工清单的目的是用来处理一些小型变更工程(小到可以用日工的形式来计价)计价。

3. 工程数量整理

工程量清单的工程量是反映承包人的义务量大小及影响造价管理的重要数据。整理工程量的依据是设计图纸、清单计量规则和技术规范。在工程量的整理计算中,应认真、细致,保证其准确性,做到不重不漏,不发生计算错误。否则,会带来下列问题:

(1)工程量的错误一旦被承包人发现,承包人会利用不平衡报价给发包人带来损失。

(2)工程量的错误会引起合同总价的调整和索赔。

(3)工程量的错误还会增加变更工程和费用索赔的处理难度。

(4)工程量的错误会造成投资控制和预算控制的困难。因此,工程量的准确性应予保证,其误差最大不应超过5%。

(三)招标限价

1. 招标限价的含义

招标限价也称为招标控制价、拦标价、最高投标限价、投标限价、最高报价、预算控制价等。招标限价是招标人根据国家或省级、行业建设主管部门颁发的有关计价依据和办法,以及拟定的招标文件和招标工程量清单、结合工程具体情况编制的招标工程的最高投标限价。

2. 招标限价的编制人

《建设工程工程量清单计价规范》(GB 50500—2013)第5章规定,国有资金投资的建设工程招标,招标人必须编制招标限价。招标限价应由具有编制能力的招标人或受其委托具有相应资质的工程造价咨询人编制和复核。工程造价咨询人接受招标人委托编制招标限价,不得再就同一工程接受投标人委托编制投标报价。

3. 招标控制价的作用

(1)招标人有效控制项目投资,防止恶性投标带来的投资风险。
(2)增强招标过程的透明度,有利于正常评标。
(3)利于引导投标人投标报价,避免投标人无标底情况下的无序竞争。
(4)招标控制价反映的是社会平均水平,为招标人判断最低投标价是否低于成本提供参考依据。
(5)可为工程变更新增项目确定单价提供计算依据。
(6)作为评标的参考依据,避免出现较大偏离。
(7)投标人根据自己的企业实力、施工方案等报价,不必揣测招标人的标底,提高了市场交易效率。
(8)减少了投标人的交易成本,使投标人不必花费人力、财力去套取招标人的标底。
(9)招标人把工程投资控制在招标控制价范围内,提高了交易成功的可能性。

4. 招标控制价的编制原则(或要求)

(1)国有资金投资项目的投资控制、实行的投资概算审批制度、国有资金投资的工程原则上不能超过批准的投资概算。
(2)根据《中华人民共和国招标投标法》的规定,国有资金投资的工程进行招标,招标人可以设标底。当招标人不设标底时,招标人应当编制招标控制价。《中华人民共和国招标投标法实施条例》第二十七条规定,招标人设有最高投标限价的,应当在招标文件中明确最高投标限价的金额或者最高投标限价的计算方法。招标人不得规定最低投标限价。
(3)国有资金投资的工程,招标控制价是招标人在工程招标时能接受投标人报价的最高限价。投标人的投标报价不能高于招标控制价,否则,其投标将被拒绝。
(4)招标控制价应在招标文件中注明,不应上调或下浮,招标人应将招标控制价及有关资料报送工程所在地工程造价管理机构备查。招标控制价超过批准的概算时,招标人应将其报原概算审批部门审核。

5. 招标控制价的编制依据

(1)建设工程工程量清单计价规范,公路工程则采用公路工程的概预算定额及其编制办法。

(2)国家或省级、行业建设主管部门颁发的计价定额和计价办法。
(3)建设工程设计文件及相关资料。
(4)招标文件中的工程量清单及有关要求。
(5)与建设项目相关的标准、规范、技术资料。
(6)工程造价管理机构发布的工程造价信息,工程造价信息没有发布的参照市场价。
(7)其他相关资料,主要指施工现场情况、工程特点及常规施工方案等。

按上述依据进行招标控制价编制时,应注意使用的计价标准、计价政策应符合国家或省级、行业建设主管部门颁布的计价定额和相关政策的规定;采用的材料价格应是工程造价管理机构通过工程造价信息发布的材料单价,工程造价信息未发布材料单价的材料,其材料价格应通过市场调查确定;国家或省级、行业建设主管部门对工程造价计价中费用或费用标准有规定的,应按规定执行。

6. 招标限价的有关费用编制即编制方法

(1)招标限价的编制流程

招标限价的编制流程如图 4-1-17 所示。

图 4-1-17　招标控制价的编制流程图

(2)各项费用及税金的确定方法

①分部分项工程费(不包括措施费)的确定

分部分项工程费应根据招标文件中的分部分项工程量清单项目的特征描述及有关要求,按规定确定综合单价进行计算。综合单价中应包括招标文件中要求投标人承担的风险费用。工程量按国家有关行政主管部门颁布的不同专业的工程量计算规范确定。招标文件提供了暂估单价的材料,按暂估的单价计入综合单价。

②措施项目费的确定

措施项目应按招标文件中提供的措施项目清单确定,措施项目采用分部分项工程综合单价形式进行计价的工程量,应按措施项目清单中的工程量确定综合单价;以"项"为单位的方式计价的,价格包括除规费、税金以外的全部费用。措施项目费中的安全文明施工费应当按照国家或省级、行业建设主管部门的规定标准计价。

③规费和税金的确定

规费和税金必须按国家或省级、行业建设主管部门规定的标准计算。

④其他项目费的确定

a.暂列金额。应按招标工程量清单中列出的金额填写。

b.暂估价。暂估价中的材料、工程设备单价、限价应按招标工程量清单列出的单价计入综合单价。暂估价中专业工程金额应按招标工程清单中列出的金额填写。

c.计日工。编制招标限价时,对计日工中的人工单价和施工机械台班单价应按省级、行业建设主管部门或其授权的工程造价管理机构公布的单价计算;材料应按工程造价管理机构发布的工程造价信息中的材料单价计算,工程造价信息未发布材料单价的,其价格应按市场调查确定的单价计算。

需要说明的是,以上招标控制价的计算是依据《建设工程工程量清单计价规范》(GB 50500—2013)的要求;如果按照《公路工程建设项目概算预算编制办法》(JTG 3830—2018),以上招标控制价计算中的措施项目费和规范以及税金是合并形成**全费综合单价**,而且"工程量清单项目的**特征描述**"在公路工程中是"工程量清单计量规则中的描述"。

7.招标限价的审核

招标控制价的审核工作由编制人负责,如建设单位需要监理工程师事先参与,监理工程师应协助建设单位进行审核。

(1)审核工程量计算的准确性:一是项目指标,二是算量过程的标准化。

主管工程师还应对以下要点进行重点审核:

①在套用定额子目时的工程量计算规则与清单子目的工程量计算规则的差异,在工程量计量时是否已考虑。

②工程量完成后是否进行了消耗量等的指标分析,与类似项目的各种技术经济指标和参数进行了对比,分析差异形成原因等,是否有各种复核记录。

③工程中相关联的数据是否进行了排查,如混凝土量与模板量的关系等。

④整体工程中各单位类似项目(即子目)其相关指标是否在正常范围内。

⑤对清单中专门约定了计算规则的项目是否按约定要求进行的计量。

⑥工程量计算规则的是否符合定义清晰、分界合理、计算准确和操作便捷的原则。

采用的计量单位、计算精度、计算说明以及计算依据是否明确;使用的法定计量单位和计算方式是否合适等。

(2)审核工程量清单项目特征描述的正确性。

(3)审核分部分项工程量清单综合单价的合理性。

(4)审核材料价格的合理性。

(5)审核措施费清单项目的合理性。

(6)重视工程量清单中材料、设备及专业工程的暂估价。

(7)审核各项税、费率计取的准确性。

(8)重视清单编制总说明的审核。

(四)投标报价的编制依据

(1)招标文件。

(2)招标人提供的设计图纸及有关的技术说明书等。

(3)工程所在行业建设主管部门现行的定额及与之配套执行的各种造价信息、规定等。

(4)招标人书面答疑的资料。

(5)企业定额、类似工程的成本核算资料。

(6)其他与报价有关的各项政策、规定及调整系数,在标价的计算过程中,对于不可预见费用的计算必须慎重考虑,不要遗漏。

(五)投标报价工作的基本程序

公路工程施工投标报价工作的基本程序可用图 4-1-18 表示。

图 4-1-18 公路工程投标工作程序

其工作步骤和主要内容说明如下:
(1)参加资格预审
资格预审分为合格制和有限数量制。
(2)研究招标文件
(3)现场考察
(4)复核工程数量
招标项目的工程量在招标文件的工程量清单中是固化的,是各投标人进行报价的基准工程量,是相对准确的工程量。复核工程量的准确程度,将影响承包人的经营行为:一是根据复核后的工程量与招标文件提供的工程量之间的差距,考虑相应的投标策略,决定报价尺度;二是根据工程量大小采取合适的施工方法,选择适用、经济的施工机具设备,确定投入使用的劳动力数量等,从而影响到投标人的询价过程。
(5)编制施工组织计划(即施工组织设计)
在计算标价之前,应先依据设计图纸、规范、经过复核的工程量清单、现场施工条件、开工、竣工的日期要求、机械设备来源、劳动力来源等文件资料制订初步的施工组织计划。编制的原则是在保证工期和工程质量的前提下,尽可能使工程成本最低、投标价格合理。

施工组织计划的编制内容应满足招标文件合同条款、技术规范、计划工期的要求,并作为对投标文件进行详细评审的重要依据。施工组织设计应包含如下内容:①施工方案和施工方法;②分项工程施工进度计划(可用规定的横道图、斜条图、网络图等表示),与施工进度计划相适应的工、料、机配备数量及进场计划表;③与施工进度计划相适应的用款计划表;④施工总体布置图及当地材料供应地点,开采山场;⑤冬雨季施工计划及措施;⑥施工组织机构图;⑦土方工程调配图;⑧临时工程及临时设施的(初步)设计图;⑨质量、安全、环境保护措施和方法;⑩其他。

(六)投标价的组成与计算

1. 投标价的组成

投标人根据设计图纸和技术规范,参照有关定额计算的完成本工程所需要的全部费用,在此基础上,经过分析、组合、分配,按照工程量清单格式计算出标价。从报价的角度看,总标价可以划分为直接费、待摊费、分包费和暂列金额等,如图4-1-19所示。

图4-1-19 投标价的组成

$$总标价 = \Sigma(工程量清单子目单价 \times 子目工程量) + 暂列金额 + 计日工 \quad (4-1-42)$$
$$工程量清单子目工程单价 = 工程子目直接工程费 \times 待摊费用系数 \quad (4-1-43)$$

2. 直接费计算

直接费是施工过程中直接耗费的构成工程实体和有助于工程形成的工、料、机费用,是标价构成中的主要部分。直接费计算一般有三种方法,即定额单价分析法、工序单价分析法和总价控制法。

(1) 定额单价分析法

定额单价分析法是常用的方法,它与编制工程概预算的方法大致相同,即按照招标文件的工程量清单所列工程子目,选用与工作内容相适应的工、料、机消耗定额(选用的定额可能是经过组合并进行调整的),并分析实际的工、料、机单价,从而计算出各工程子目的直接费用。

定额单价分析法计算直接费一般按照以下步骤进行:①分析确定工程量清单所列支付子目所包含的工作内容和相关要求;②分析工、料、机单价;③套用定额;④计算直接费。

(2) 工序单价分析法

工序单价分析法是根据施工进度计划和工程量,计算每道工序需要配置的机械数量,机械使用费按照该机械在本工序的利用率确定。

(3) 总价控制法

采用总价控制法计算直接费的分析步骤如下:①根据施工组织方案划分专业队;②按专业队工作范围配备人员和机械;③确定各机械使用的起止时间,计算机械费(闲置费和运转费分别计算);④按进度计划确定人员总需求,并计算人工费;⑤计算材料费;⑥计算工程总直接费。

3. 待摊费的计算

待摊费是指本工程项目实际发生的,但在工程量清单里没有列项的费用。投标报价时需要分摊在相关的工程子目单价里。这些费用包括:施工准备前期费用、施工现场管理费用、竣工后管理费用以及其他费用。

4. 标价分析

标价分析的目的是探讨标价的经济合理性,从而作出最终报价决策,包括单价分析与总价分析。单价分析就是对工程量清单中所列分项单价进行分析和计算,确定出每一分项的单价和合价,分析标价计算中使用的劳务、材料、施工机械的基础单价以及选用的工程定额是否合理,是否符合拟投标工程的实际情况。同时,应根据以往本企业的投标报价资料进行对比分析,合理确定投标单价和总报价。在确定工程子目的单价时,有平衡报价法和不平衡报价法两种方法。平衡报价法将间接费和利润等费用平均分摊到各工程子目的单价中(按某固定的比例),不平衡报价法与此相反。就时间而言,有早期摊入法、递减摊入法、递增摊入法和平均摊入法四种方法。

(七) 报价决策

报价决策主要有报价策略和报价技巧,报价策略又分为基本策略和附加策略。

1. 报价基本策略

(1) 赢利策略。即在报价中以较大的或适当的利润为投标目标的策略。

(2) 微利保本策略。即保证投标报价不低于施工成本或者略高于成本价的基础上,适当降低利润目标甚至不考虑利润的一种策略。

(3) 冒险投标策略。即保证投标报价不低于施工成本的前提下,在报价中不考虑风险费用,这是一种冒险行为,如果风险不发生,即意味着承包人的报价成功;如果风险发生,则意味着承包人要承担极大的风险损失。这种报价策略同样只在市场竞争激烈、承包人急于寻找施工任务或着眼于打入甚至独占该建筑市场时才予采用。

2. 报价附加策略

（1）优化设计策略。即发现并修改原施工图设计中的不合理情况或采用新技术优化设计方案。

（2）缩短工期策略。即通过先进的施工方案、施工方法、科学组织或优化设计缩短合同工期。

（3）附加优惠策略。即在得知发包人资金较紧张或者"三大材"供应有一定困难的情形下，附带地向发包人提出相应的优惠条件来取得中标资格的一种投标策略。

（4）低价索赔策略。即在发现招标文件中存在漏洞、错误或发包人不能提供必要的施工条件，开工后必然违约的情形下有意将价格报低，先争取中标，中标后通过索赔来挽回低报价的损失。

3. 报价技巧

（1）不平衡报价法。具体表现形式有如下几种：

①时间点上不平衡，先期开工的工程项目（即子目）单价报价高，后期开工的项目单价报价低。

②估计以后会增加工程量的项目的单价报价高，工程量会减少的项目的单价报价低。

③图纸不明确或有错误，估计今后会修改的项目的单价报价高，估计会取消的项目单价报价低。

④没有工程量，只填单价的项目（如拆除建筑物）其单价报价高。

⑤对暂列金额项目，承包人做的可能性大时，其单价报价高，反之，报价低。

⑥对于允许价格调整的工程，当预计计算所得的调价系数高于利率及物价上涨带来的影响时，则后期施工的工程子目的单价报价高，反之，报价低。

不平衡报价的关键点是经过不平衡后保持总报价不变。

（2）扩大标价法。即除了按正常的已知条件编制价格外。对工程中变化较大或没有把握的工作，采用扩大单价、增加"不可预见费"的方法来减少风险。

（3）突然降价法。这是一种迷惑对手（或保密）的竞争手段。在整个报价过程中，表示对工程兴趣不大，等到投标截止期来临之时，来一个突然降价，以提高竞争能力和中标机会。

例　题

例1　有关暂估价拟用子目的说明，说法正确的是（　　）。
　　A. 不需要暂估价拟用子目的说明
　　B. 暂估价拟用子目的说明在暂估价清单中
　　C. 暂估价拟用子目的说明在投标报价说明中
　　D. 暂估价拟用子目的说明在工程量清单说明中

例2　某高速公路项目一个合同段设计图中，有一段与铁路交叉的下穿顶进桥工程。作为业主招标人将此顶进桥作为（　　）工程对其最为便利。
　　A. 暂列金额　　　B. 暂估价　　　C. 独立合同段　　　D. 计日工

例3　对于单价合同的工程量清单，当清单的数量远远低于图纸数量时，对投标人来说，明智的处理是（　　）。
　　A. 为了避免将来施工中少计量，在投标预备会上或信函要求招标人澄清改正

B. 为了避免将来施工中少计量,将清单数量改为图纸数量后投标报价
C. 视情况考虑是否需要招标人澄清,再决定如何投标报价
D. 不需要澄清,就按照清单数量报价

例4 (　　)是搞好投标报价的前提和基础。
A. 参加资格预审　　B. 研究招标文件　　C. 现场考察　　D. 复核工程量

例5 在工程量清单的编制工作中,工程量计算的依据是(　　)。
A. 设计图纸　　　　　　　　　　B. 工程定额
C. 子目编号　　　　　　　　　　D. 工程量计算规则
E. 技术规范

例6 从报价的角度看,总标价可以划分为(　　)等。
A. 直接费　　B. 间接费　　C. 待摊费　　D. 分包费
E. 暂列金额

例7 招标控制价的作用有(　　)。
A. 招标人有效控制项目投资,防止恶性投标带来的投资风险
B. 增强招标过程的透明度,有利于正常评标
C. 利于引导投标人投标报价,避免投标人无标底情况下的无序竞争
D. 可为工程变更新增项目确定单价提供计算依据
E. 作为评标的依据,避免出现较大偏离。

例题解析

例1 暂估价拟用子目的说明在工程量清单说明的投标报价说明的⑧。故选 C 项。

例2 某高速公路项目一个合同段设计图中,有一段与铁路交叉的下穿顶进桥工程,采用"暂估价"形式对业主最为便利;在菲迪克(FIDIC)条款中称为指定分包,原交通部 2003 版《公路施工合同范本》考虑 1999 年版《中华人民共和国合同法》不允许指定分包改为"特殊分包",2007 年九部委发布的《标准施工招标文件》将原来的"暂定金额"分解为"暂估价(一定发生的)"和"暂列金额(不一定发生的)"。故选 B 项。选项 A 不能选的原因是"顶进桥"一定发生。选项 C 不选的原因是"独立合同段"不利于业主管理。选项 D 计日工只适合处理零星小变更。

例3 单价合同的工程量清单数量是参考数量,不是最终数量。当清单的数量远远低于图纸数量时,不必紧张,将来施工时是按照实际完成计量。招标文件中对投标者有利之处,例如数量错误,投标人可以采取不平衡报价,将数量少于于图纸的子目单价报高,未来是按高单价支付;如果向招标人提出澄清等于提醒招标人将此漏洞补上,故选 D 项。选项 A 是最不明智的;选项 B 是错误做法;选项 C 是没有此必要,如果问了就是与选项 A 一样不明智。

例4 认真研究招标文件是搞好投标报价的前提和基础。选项 C 和 D 固然很重要,但是招标文件没研究透,后面两项工作也是徒劳的。故选 B 项。

例5 该题是原交通部 2004 年监理真题。工程量计算强调的是工程量和计算,工程量自然与图纸有关;计算自然是与计算规则有关。整理工程量的依据是设计图纸、清单计量规则和技术规范。故选 ADE。选项 B 不能选的原因是,定额是在一定工程量的资源数量消耗或时间值消耗,而不是工程量如何计算。

例6 根据图4-1-19投标报价组成图进行选择,间接费含在待摊费中。故选ACDE项。

例7 选项E错在,"作为评标的依据",少了"参考"二字,正确的表示是"作为评标的参考依据,避免出现较大偏离"。故选ABCD项。

自测模拟题

(一)单项选择题

1. 招标工程量清单与已标价清单的最大不同点是( )。
   A. 子目号不同　　B. 单位不同　　C. 数量不同　　D. 有无价格

2. 公路工程工程量清单编写的工程子目,根据工程的不同部位分为总则、路基、路面、桥梁涵洞、隧道、( )、预埋管线和绿化及环境保护部分。
   A. 机械设备　　B. 租赁设备　　C. 安全设施　　D. 暂定金额

3. 关于公路工程量清单的说法,错误的是( )。
   A. 工程量清单是业主编制招标限价或参考价的依据
   B. 标价后的工程量清单是合同的组成部分
   C. 工程量清单应反映全部工程内容以及为实现这些内容而进行的其他工作
   D. 工程量清单中某一子目所列的数量与图纸计算的实际数量不一致时,按实际工程数量投标报价

4. 下列关于工程量清单的说法错误的是( )。
   A. 工程量清单应与清单计量规则和技术规范结合起来理解
   B. 清单的工程子目与预算定额的规定完全相同
   C. 工程量清单列有工程数量的子目,投标人没填报价格理解为含在其他报价的子目中
   D. 清单中的单价包括合同中明示或暗示的所有责任、义务和一般风险

5. 公路工程量清单的数量是( )。
   A. 实际数量　　B. 支付数量　　C. 计量数量　　D. 估计数量

6. 下列关于工程量清单的编写说法错误的是( )。
   A. 清单说明主要说明在编制工程量清单时应遵守的规定及注意事项
   B. 不同种类的工作应分别列出子目
   C. 同一性质但施工部位或条件不同的工作应分别列出项目
   D. 劳务和施工机械两个计日工表的计量(或计价)单位为"日"

7. 招标的工程量清单是一份以一定计量单位说明工程实物( )的文件。
   A. 数量　　B. 质量　　C. 总量　　D. 价格

8. 已标价的工程量清单是一份以一定计量单位说明工程实物( )的文件。
   A. 数量　　B. 质量　　C. 总量　　D. 价格

9. 暂估价表中的单价和合价是由( )填入。
   A. 招标人　　B. 投标人　　C. 中标后业主　　D. 中标后承包人

10. 计日工表中的单价和合价是由( )填入。
    A. 招标人　　B. 投标人　　C. 中标后业主　　D. 中标后承包人

11. 将开办项目作为独立的工程子目单列出来,体现工程子目划分的( )原则。
    A. 科学性　　B. 公平性　　C. 灵活性　　D. 一致性

12.工程量清单中备有计日工清单,体现工程子目划分的( )原则。
   A.科学性   B.公平性   C.灵活性   D.一致性
13.如果资格预审准备中,发现本公司某些方面难以满足投标要求时,则应考虑( )。
   A.放弃投标   B.抓紧完善条件   C.组成联合体   D.作为分包人
14.投标报价最直接的依据是( )。
   A.预算定额   B.施工定额   C.市场价格   D.工程量
15.施工组织计划(设计)中影响投标报价的最主要内容是( )。
   A.施工方法   B.施工方案   C.场地布置   D.施工机械
16.在直接费计算步骤中需考虑机械作业时间的是( )。
①定额单价分析法;②工序单价分析法;③总价控制法
   A.①②   B.①③   C.②③   D.①②③
17.公路施工报价中施工现场管理费是( )。
   A.按直接费的预算定额百分率   B.按措施费的预算定额百分率
   C.按人工费的预算定额百分率   D.一般按照逐项据实计算
18.工程量清单中所列的工程量是( )。
   A.实际计量的数量   B.合同图纸给定的数量
   C.承包人实际完成的数量   D.实际计量并经监理工程师确认的数量
19.分部分项工程量清单不包括( )。
   A.子目编码   B.子目名称   C.计量单位   D.工程量计算规则

(二)多项选择题

1.公路项目工程量清单单价应包括的费用有( )。
   A.直接费   B.管理费   C.利润   D.措施费
   E.计日工
2.公路项目工程量清单编制要求按照( )。
   A.统一的工程量计算规则   B.统一的子目名称
   C.统一的子目编码   D.统一的工程量计量单位
   E.统一的定额基价
3.工程量清单中有标价的单价或总额包括了工、料、机、管理、利润、缺陷修复、税金等费用,以及合同中明示或暗示的所有( )。
   A.责任   B.权利   C.义务   D.保险
   E.一般风险
4.计日工是指在工程实施过程中,业主有一些临时性的或新增加的项目需要按计日(或计量)使用人工和( )所需的费用。
   A.材料   B.延长工期   C.风险   D.资金周转
   E.施工机械
5.工程子目划分的原则有( )所需的费用。
   A.工程子目划分与工程量清单计量规则和技术规范保持一致性
   B.工程子目的大小要科学,要便于计量支付、合同管理以及处理工程变更
   C.工程子目划分保持合同的公平性

D. 工程子目划分保持清单的灵活性

E. 工程子目划分与质量检验划分的一致性

6. 资格预审办法分为( )。

A. 强制性预审　　B. 合格制　　C. 综合评分制　　D. 公开制

E. 有限数量制

7. 投标报价包括( )等工作阶段。

A. 投标准备　　B. 获取资格　　C. 复核工程量　　D. 报价计算

E. 编制投标文件

8. 复核工程量的准确程度,将影响承包人的经营行为有( )。

A. 根据复核后的工程量与招标文件提供的工程量之间的差距,考虑相应的施工方法,确定投入的设备

B. 根据复核后的工程量与招标文件提供的工程量之间的差距,考虑是否向招标人澄清,以便决定投标报价

C. 根据复核后的工程量与招标文件提供的工程量之间的差距,考虑相应的投标策略,决定报价尺度

D. 根据工程量大小采取合适的施工方法,选择相应的投标策略,决定报价尺度

E. 根据工程量大小采取合适的施工方法,选择适用、经济的施工机具设备,确定投入使用的劳动力数量等,从而影响到投标人的询价过程

9. 待摊费包括( )。

A. 施工准备前期费　　　　　　B. 施工现场管理费

C. 竣工后管理费　　　　　　　D. 分包费

E. 其他费用

10. 总标价构成中的其他费用包括( )。

A. 总部管理费　　B. 利润　　C. 保险费　　D. 物价上涨费

E. 风险费

11. 对构成工程单价有重大影响的因素是( )三个方面。

A. 基础价格　　B. 工程数量　　C. 工程定额　　D. 购货渠道

E. 各种摊入系数

12. 工程量清单是由( )组成的。

A. 暂定金额汇总表　　　　　　B. 清单说明

C. 工程细目　　　　　　　　　D. 计日工明细表

E. 工程量清单汇总表

参考答案及解析

(一)单项选择题

1. D　2. C　3. D　4. B　5. D　6. D　7. A　8. D　9. A　10. B

11. B　12. C　13. C　14. D　15. B　16. C　17. D　18. B　19. D

7. 解析: 招标的工程量清单只有数量表示,无价格和质量,数量概念比总量更好,对总量来说其数量单位都不一致。

8.解析:投标时已标价的工程量清单主要是表示工程实物的价格,而非偏重数量。故选D项。

15.解析:施工方案包含了施工方法,进而决定了施工机械,所以不选AD项;而相比较于场地布置,对报价影响更大的是施工方案。故选B项。

16.解析:比较工序单价分析法的计算步骤,需计算机械作业时间;总价控制法计算步骤也要求按照机械作业时间计算直接费。而定额单价分析法没有要求计算机械作业时间。故选C项,工序单价分析法和总价控制法。

(二)多项选择题

1. ABC   2. ABCD   3. ACE   4. AE   5. ABCD   6. BE   7. ADE
8. CE   9. ABCE   10. ABDE   11. ACE   12. BCDE

1.解析:选ABCD项。公路工程工程量清单计价应采用"全费用综合单价"计价(也称全费综合单价),全费用综合单价包括了为实施和完成合同工程所需的劳务、材料、机械、质检(自检)、安装、缺陷修复、管理、保险、税费、利润等费用,以及合同明示或暗示的所有责任、义务和一般风险。所以措施费已经含在综合单价中,这点与住建部项目措施费要单独另外支列不同。

4.解析:选AE项。计日工是指在工程实施过程中,业主有一些临时性的或新增加的项目需要按计日(或计量)使用人工、材料和施工机械所需的费用。

第二节 费用监理工作

一、费用控制的依据、目标、任务及措施

重 点 知 识

(一)费用控制的依据

(1)适用的建设工程法律、法规及工程建设标准、规范、概预算定额、概预算编制办法。
(2)工程招标文件及其补遗书、修正澄清书。
(3)工程施工图纸、变更设计图纸、招标工程量清单。
(4)工程施工合同协议书、监理合同协议书及其他合同文件。
(5)工程量清单计量规则。
(6)与工程施工质量有关的测量、检验、试验类合格资料。
(7)工程施工过程中有关的往来文件等。

(二)费用控制的目标

目标控制是开展各项工作的核心。工程施工阶段费用监理工作的目标就是:在保证工程施工质量合格、施工安全、按期完工的前提下,把施工合同段的工程费用控制在签约合同价以内。也就是说,费用监理人员应对施工过程中的工程费用进行动态管理与控制,使合同工程各项目的静态投资控制在中标工程量清单报价的工程总价值之内,控制实际投资额

不超过计划投资额。如果未发生特别的工程变更、费用索赔、价格调整等事件,最终结算金额不得超出工程预算金额,决不突破工程概算金额。

(三)费用控制的任务

项目监理机构或费用监理人员的主要费用控制任务如下:

(1)熟悉工程施工图纸、工程施工现场的地质土质和地貌、地方材料等。

(2)熟悉工程施工定额、地方材料、机械和人工价格等。

(3)核实招标工程量清单,复核施工图纸的工程量,与施工单位、建设单位共同确认工程计量的"红线"。

(4)现场计量和确认施工单位所完成的各分项工程数量,及时审签工程计量单。

(5)审查施工单位编制的工程款支付申请表,并及时编制、签发支付证书。

(6)及时办理施工合同的交工结算和建设项目的竣工决算。

(7)公正处理合同管理中的工程变更、费用索赔、价格调整等引起的造价管理及费用审批事宜。

(8)有效利用计量支付权及索赔审核权等费用监理手段进行施工质量控制、进度控制、安全环保控制、信息资料管理。

(9)做好费用监理工作的文件资料的整理归档等。

(四)费用控制的措施

工程费用控制的措施包括组织措施、经济措施、技术措施和合同措施等。经济措施与技术措施相结合是控制工程费用的有效手段。

1. 组织措施

(1)明确组织结构,明确费用监理工作人员,明确任务分工和职能分工。

(2)编制费用监理细则、工作计划和详细的工作流程图。

2. 经济措施

(1)编制资金使用计划,确定、分解费用监理目标,对费用控制进行风险分析并制订防范性对策。

(2)及时进行工程计量。

(3)审核施工单位编制的费用支付申请表,编制并签发支付证书。

(4)定期进行费用控制的偏差分析,采取纠偏措施。

(5)协商确定工程变更的价款、索赔的价款、物价调整的价款。

3. 技术措施

(1)认真审核施工组织设计,对主要施工技术方案进行技术经济比较。

(2)对设计变更进行技术经济比较,严格控制设计变更、单价变更。

4. 合同措施

(1)收集工程施工记录、监理记录,保管好各种施工图纸、往来文件,为处理好费用索赔积累资料,提供依据。

(2)参与合同协议的补充、修改工作,重点考虑影响费用监理的因素。

例 题

例1 工程费用监理的目的就是通过对工程费用的（　　）使其能够最优地实现合同费用控制目标。
　　A.认真核算　　　　B.签证确认　　　　C.动态管理　　　　D.及时支付

例2 初步设计的费用控制目标是（　　）。
　　A.投资估算　　　　B.设计概算　　　　C.施工图预算　　　D.施工预算

例3 施工阶段费用控制的主要任务有（　　）。
　　A.审核工程计量　　　　　　　　　B.签认费用支付
　　C.分解分包工程款　　　　　　　　D.处理变更
　　E.处理费用索赔

例4 项目监理机构在施工阶段费用控制的具体措施有（　　）措施。
　　A.组织　　　　　　B.技术　　　　　　C.经济　　　　　　D.合同
　　E.行政

例 题 解 析

例1 该题是2006年交通监理考题。费用控制目标的动态性决定了费用控制的动态。对工程费用目标动态控制，以实现工程费用目标的最优是工程费用监理的目的。故选 C 项。

例2 投资估算是工程设计方案选择和进行初步设计的费用控制目标。即习惯说的概算不要超过估算。故选 A 项。

例3 选项 C 错在具体分包工程款是总包和分人之间进行结算，监理工程师在计量支付工程中不做具体分解。故选 ABDE。

例4 为了有效地控制建设工程费用，应从组织、技术、经济、合同与信息管理等多方面采取措施。故选 ABCD。

自 测 模 拟 题

（一）单项选择题

1．施工阶段的费用控制目标是（　　）。
　　A.投资估算　　　　B.修正概算　　　　C.设计概算　　　　D.施工图预算

2．技术设计的费用控制目标是（　　）。
　　A.投资估算　　　　B.修正概算　　　　C.设计概算　　　　D.施工图预算

3．建设单位与施工单位未能就工程变更费用达成协议时，可提出一个暂定价格，作为临时支付工程款的依据是（　　）。
　　A.建设单位　　　　　　　　　　　B.驻地监理工程师
　　C.专业监理工程师　　　　　　　　D.项目监理机构

4．费用控制的一个任务是对完成工程量进行偏差分析，分析的结果和提出的调整建议应列入（　　）。
　　A.进度监理报告　　B.监理月报　　　　C.监理报告　　　　D.费用监理报告

5.专业计量监理工程师逐条( )施工单位在工程款支付报表中提交的工程量和支付金额。
   A.审查   B.审核   C.复核   D.审批

6.总监理工程师( )专业计量监理工程师的审查意见,并签认工程款支付报表。
   A.审查   B.审核   C.复核   D.审批

7.监理人对工程款支付报表处理流程正确表示的是( )。
   A.计量监理工程师审查→总监理工程师审查→总监理工程师签认→业主审批→总监理工程师签发或出具证书
   B.计量监理工程师复核→总监理工程师审核→总监理工程师审批→业主批准→总监理工程师签发或出具证书
   C.计量监理工程师复核→总监理工程师审核→总监理工程师签发→业主审批→总监理工程师签发或出具证书
   D.计量监理工程师复核→总监理工程师审核→总监理工程师签认→业主审批→总监理工程师签发或出具证书

8.编制费用控制工作计划和详细的工作流程图,是费用控制的( )措施。
   A.组织   B.技术   C.经济   D.合同

9.定期进行费用实际支出值与计划目标值的比较发现偏差,分析产生偏差的原因,采取纠偏措施,是费用控制的( )措施。
   A.组织   B.技术   C.经济   D.合同

10.收集工程施工记录、监理记录,是费用控制的( )措施。
   A.组织   B.技术   C.经济   D.合同

11.协商确定工程变更的价款,是费用控制的( )措施。
   A.组织   B.技术   C.经济   D.合同

12.对设计变更进行评价和比较,严格控制设计变更,是费用控制的( )措施。
   A.组织   B.技术   C.经济   D.合同

13.保管好各种文件图纸,特别是对施工变更的图纸,是费用控制的( )措施。
   A.组织   B.技术   C.经济   D.合同

(二)多项选择题

1.设计概算是( )的费用控制目标。
   A.可行性研究   B.初步设计   C.技术设计   D.施工图设计
   E.施工组织设计

2.费用控制的措施中( )的相结合是控制费用最有效的手段。
   A.组织措施   B.技术措施   C.经济措施   D.合同措施
   E.信息管理措施

3.费用控制措施中属于经济措施有( )。
   A.进行工程计量   B.复核工程付款账单,签发付款证书
   C.审核竣工结算   D.做好工程施工记录
   E.对主要施工方案进行经济比较

参考答案及解析

(一)单项选择题

1. D   2. C   3. D   4. B   5. C   6. B   7. D   8. A   9. C   10. D
11. C   12. B   13. D

2.解析:技术设计的费用成果是修正概算,施工图设计的费用成果是施工图预算;但是技术设计的费用控制目标与施工图设计一样是设计概算。故选 C 项。

5.解析:审核是审查核实的意思;审批是审查批准的意思;复核是审查核对。专业监理工程师对施工单位在工程款支付报审表中提交的工程量和支付金额进行复核,确定实际完成的工程量。故选 C 项。

6.解析:总监理工程师对专业监理工程师的审查意见进行审核,签认后报建设单位审批。故选 B 项。

(二)多项选择题

1. CD   2. BC   3. ABC

二、费用监理的作用、原则与方法

重 点 知 识

(一)费用监理的作用

(1)费用监理是控制施工合同价格的核心环节。
(2)费用监理是质量控制的重要辅助手段,质量合格是计量的前提。
(3)费用监理是进度控制的重要辅助手段,费用支付数据动态反映了实际进度。
(4)费用监理是保护承包人合法权益的重要途径。

(二)费用监理的原则

依法办事(即守法)、恪守合同、公正公平、准确及时。

(三)费用监理的方法

费用监理的方法有事后监理(反馈监理)、跟踪监理(事中监理、过程)、事前主动监理(前馈监理)。只有将三者有机地结合起来,才能做好费用监理,片面或单纯采用某一方法都无法有效地做好费用监理工作。

例 题

例1 施工期间遇到规范或技术标准的提高,依据费用监理的原则,由此增加的费用由( )承担。

　　A. 承包人 　　　　　　　　B. 发包人
　　C. 承包人与发包人共担 　　D. 无法确定

例2 正确处理例1的情况,这体现费用监理的原则有( )原则。
A. 依法办事 B. 恪守合同
C. 公正 D. 准确及时
E. 公平合理

例题解析

例1 《公路工程标准施工招标文件(2018年版)》(以下简称《2018版施工合同》)对标准变化的规定为:在工程实施全过程中,所引用的标准或规范如果有修改或新颁,应由发包人决定是否用新标准或规范,承包人应在监理人的监督下按发包人的决定执行。采用新标准、规范所增加的费用由发包人承担。题干中有"由此增加的费用"说明发包人要求采用新标准。故选B项。如果新规范或新标准是"强制性"的,即使发包人不采用,监理人也应提醒发包人必须用新标准,这就是监理的咨询服务职责,否则是严重违法行为。

例2 例1的解析中提到如果新标准是强制性的,必须用新标准就是"依法办事"原则;技术规范是合同的组成,既然合同有约定依照合同处理,就是"恪守合同"原则;新标准变化造成费用增加的风险概率很低由发包人承担,就是体现了"公平合理"原则,如果承包人承担这种低概率风险容易造成投标报价对此风险的差异大,不利于公平竞争。故选ABE。选项C和D在此不体现。要特别说明的一点,原合同标准低于新标准,在合同约定有效的情况下,合同约定最大;但是合同法有一条规定,违反法律与行政法规强制性规定的合同约定无效;而有关工程的法律法规有规定不得低于此类强制性标准。所以新标准如果是强制性标准,则必须修改合同中标准。

自测模拟题

(一)单项选择题

1. 监理人在进行工程费用监理时必须做到经其签认的每一笔工程费用符合国家有关政策的规定和要求,并协调好承包人与发包人的利益关系。这体现费用监理的( )原则。
A. 依法办事 B. 恪守合同 C. 公正公平 D. 准确及时

2. 根据《2018版施工合同》第17.5.2条规定,监理人未在约定时间内核查,又未提出具体意见的,视为承包人提交的竣工付款申请单已经监理人核查同意。该规定体现了费用监理的( )原则。
A. 依法办事 B. 恪守合同 C. 公正公平 D. 准确及时

3. 在费用监理中,为了对施工中的各种耗费进行有效的监理,要求把实际耗费同合同价进行比较,并把发生偏差的信息反馈给各方,以便及时进行调整,保证费用监理目标的实现。这是采用( )方法。
A. 事后监理 B. 事前主动监理 C. 跟踪监理 D. 前馈监理

4. 旁站监理是属于( )。
A. 事后监理 B. 事前主动监理 C. 跟踪监理 D. 前馈监理

5. ( )是对工程监理实施控制的核心手段。
A. 监理审批权 B. 质量检查 C. 工程计量 D. 工程支付

(二)多项选择题

1. 费用监理的作用有( )。
   A. 费用监理是控制施工合同造价的核心环节
   B. 费用监理是质量控制的重要手段
   C. 费用监理是环保控制的重要途径
   D. 费用监理是进度控制的基础
   E. 费用监理是保护承包人合法权益的重要途径

2. 只有将( )有机地结合起来,才能有效地做好费用监理工作。
   A. 事后监理   B. 事后开环监理
   C. 事前主动监理   D. 事前被动监理
   E. 跟踪监理

3. 费用监理的方法从时间的角度来分,主要有( )。
   A. 事后监理   B. 事前监理
   C. 综合监理   D. 合同支付
   E. 专项监理

4. 为做好费用监理工作,监理工程师在监理工作中应遵守的基本原则有( )原则。
   A. 依法办事   B. 恪守合同
   C. 公平公正   D. 主动热情
   E. 准确及时

参考答案

(一)单项选择题

1. A   2. D   3. A   4. C   5. D

(二)多项选择题

1. ABDE   2. ACE   3. ABD   4. ABCE

三、监理工程师在费用支付中的职责和权限

重点知识

工程费用支付就是承包人向监理人提出付款申请,监理人审核后签认付款证书,送交发包人,经发包人审批后由总监理工程师出具的支付证书;发包人在规定时间内向承包人付款的过程。工程费用支付既是工程费用监理的最后一道程序,也是监理人进行合同管理的最后一个环节,因此,它就成为最终落实发包人与承包人经济利益的关键工作。

(一)监理工程师在费用支付中的职责和权限

1. 工程费用支付的职责

主要职责就是按时审核、签认和签发(《2016版监理规范》的说法是"签发",《2018版施工合同》的说法是"出具")付款证书。按时是指在收到支付申请报表的14天内完成审核并签认

支付报表,报发包人审批。

2. 工程费用支付的权限

(1)审查、签发中期支付证书(实际包括最终付款证书)。具体过程由计量工程师复核,总监理工程师审核计量监理工程师的结果;经业主审批后,由总监理工程师签发(或出具)付款证书。

(2)对不合格工程有权暂时拒绝支付。

(3)具有对合同价格调整(物价涨跌和后继法规变更)的权力(严格地说是确认权)。

(4)具有确认工程变更和索赔所产生费用的权力。这主要是指确认工程变更的单价和索赔子目的单价与费率的权力。

(5)其他有关支付权。如审核使用计日工和提前交工奖金权,建议动用暂列金额和质保金权力等。

(二)工程费用监理人员的职责和权限

根据大纲排列顺序,大纲此处可能是指"工程费用监理人员的职责和权限"。管理中职责就是合同规定的义务,管理中权力就是合同的权利;权限就是受限制的权力。

1. 工程费用监理人员的岗位职责

(1)全面熟悉招标文件、合同条件、工程量清单、技术规范、施工图纸和公路工程监理规范,负责制订费用监理工作程序或计量支付工作程序。

(2)核定图纸工程量,与工程量清单的数量进行对比,确定工程计量"红线"。

(3)配合路基路面、桥涵、隧道等专业监理工程师做好工程计量工作,确定并签认工程计量单。

(4)负责办理开工预付款、材料预付款的支付与扣回工作,审核工程变更、费用索赔、计日工、价格调整,审核施工单位编制的期中支付申请。

(5)编制监理机构的支付证书,经总监理工程师审核签认后报送建设单位。

(6)负责审查工程交工、竣工的工程量和支付价款,参与竣工决算的审核。

(7)负责建立计量支付台账,按档案管理要求对计量支付资料进行整理归档。

(8)经常巡视工程施工现场,随时掌握施工现场的工、料、机动态和工程进度状况。

(9)参与审核施工组织设计、总体施工进度计划、年度计划、现金流量计划。

(10)负责工程进度统计,督促施工单位及时准确地报送工程进度报表,负责施工进度的检查分析和动态管理。

(11)参与工程分包、工程延期的审查工作。

(12)参加工地会议、监理工作例会,整理会议记录、会议纪要和报告;参与编写监理月报、监理日志等文件资料。

(13)负责绘制项目监理机构的工程进度、工程支付上墙图表。

(14)参与项目监理机构的来往文件处理、归档工作。

(15)完成总监理工程师或驻地监理工程师安排的其他工作。

2. 监理人员在工程费用结算中的权限

监理人员在工程费用结算中的权限,归纳起来有以下三个方面:

(1)工程计量权、付款审批权和付款签证权。

(2)工程变更的单价确认权和变更工程造价的确定权,施工索赔事件发生后的费用审查权、物价上涨现象发生时的价格调整权。

(3)在质量控制、进度控制等工作中的拒付权、扣款权。

例 题

例1 在费用支付中既是职责又是权力的是( )。
  A.审查   B.拒绝支付
  C.价格调整   D.确定变更单价

例2 在费用支付中对支付申请表进行审查的有( )。
  A.计量监理工程师   B.驻地办
  C.驻地监理工程师   D.总监理工程师
  E.监理员

例 题 解 析

例1 选项A审查在费用支付中既是职责又是权力,审核包含审查。选项BCD都是权力不是职责。故选A项。

例2 根据《2016版监理规范》第3.0.5条总监办及总监理工程师的职责和第3.0.6条驻地监理工程师及驻地办职责的规定,驻地办没有对支付申请表的审查职责,只有计量职责;而总监办有签发支付证书的职责。故选AD项。

自测模拟题

(一)单项选择题

1.监理人完成支付申请表的审核时间是( )天内。
 A.7   B.14
 C.20   D.28

2.在费用支付中后继法规变更,监理人享有的权力是( )。
 A.审查   B.拒绝支付
 C.价格调整   D.确定变更单价

(二)多项选择题

1.监理人按时完成支付申请表的审核,此处按时包括( )审查时间的相加值。
 A.计量监理工程师   B.驻地办
 C.驻地监理工程师   D.总监理工程师
 E.监理员

2.费用支付权力中其他有关支付权,包括( )权力等。
 A.审核使用计日工   B.审核提前交工奖金
 C.审核索赔费用   D.建议动用暂列金额
 E.建议动用质保金

参考答案

(一)单项选择题

1. B 2. C

(二)多项选择题

1. AD 2. ABDE

四、工程计量的依据、程序、内容、时间、方式与计量规则

重点知识

(一)工程计量的依据

1. 工程计量的依据

(1)质量合格证书[即分项工程(中间)交工证书]。计量的基本条件和前提是质量合格,不合格部分不予计量。

(2)合同条款、工程量清单及说明。

(3)合同图纸(或设计图纸以及测量数据,例如:地面线,基地高程等)。

(4)测量数据。

(5)工程量清单计量规则和技术规范。计量规则非常重要,如:基层以顶面面积计量。

(6)工程变更令及修订的工程量清单。对工程变更计量尤为重要。

(7)有关计量的补充协议。

注意:计量依据区别于计量需附上的主要文件。两者有部分重复,极容易混淆。

2. 工程计量的主要文件

(1)《中间计量表》以及图上计算法所需的图纸。

(2)《分部工程或主要分项工程开工申请批复单》。

(3)《检验申请批复表》及有关的自检资料。

(4)《工程质量检验表》及有关的质量评定意见。

(5)《工程变更令》(如果有)。

(6)《分项工程(中间)交工证书》。

3. 工程计量的原则

工程计量的原则包括合同原则、公正性原则、时效性原则、程序性原则,其中合同原则包括:

(1)不符合合同文件要求的工程,不得计量。

(2)按合同文件所规定的方法、范围、内容、单位计量。

(3)按监理工程师同意的计量方法计量。

4. 工程计量的条件

(1)计量的子目(清单子目、合同项子目、变更项子目)应符合合同要求。

(2)质量必须达到合同规范标准的要求。

(3)验收手续必须齐全:即分项开工报告、自检、监理检验、中间交工等。

(二)工程计量的程序

(1)施工单位提出计量申请,并提交各种计量所需资料。

(2)监理工程师审查施工单位的计量申请及有关资料,通过后签发中间交工证书。

(3)监理工程师向施工单位发出计量通知。

(4)监理工程师认为有必要时,施工单位与监理工程师到现场共同进行计量,双方对现场计量结果进行复核修正后,共同签字确认。

(5)施工单位提交计量的记录(即中间计量表)。

(6)监理工程师在收到的7天内对中间计量表进行复核,签认后作为中期支付的依据。

(三)工程计量的内容

<u>工程计量的内容很多</u>,在实际工程中,只对所有需要支付的子目(细目)加以计量,这是计量工作范围的最低要求。这些子目的计量,在工程量清单计量规则和工程量清单的"前言"明确规定了<u>计量方法</u>与付款内容。在监理过程中,除了对已完成的工程子目进行计量和记录外,监理人最好对那些涉及付款的工程子目在施工中发生的一切问题进行详尽的记录,以便发生索赔时有据可查。

因此,计量工作的范围有最高与最低要求,具体达到什么样的要求,由具体工程项目的内容及施工情况而定。

实际计量工作中应注意的关键点有两点:一是,计量应以"净值"为准,净值应按下面的计量规则内容正确理解;二是,计量应该注意质量检验和中间交工的要求。

1. 工程计量内容的依据——工程量清单计量规则(净值的计算方法)

工程量清单计量规则,分为两大部分,第一部分是"说明",有10个小点,分别是一般要求、质量(即重量)、面积、结构物、土方、运输车辆体积、质量与体积换算、沥青和水泥、成套的结构单元、标准制品项目;第二部分是第100章至第700章的"计量规则",每节有简单说明。

计量规则中,每个子目有5个栏目,分别是"子目号""子目名称""单位""工程量计量""工程内容"。

每个子目具体要计量的内容以及不计量的内容和对应包含的施工内容分别在"工程量计量"和"工程内容"这两个栏目。例如,204-1-a路基填筑利用土方只能计量图纸所示路基实际尺寸的体积,对为了保证压实质量采用超宽填筑部分不予计量,就列在"工程量计量"中;而填筑包括"基底翻松、<u>压实、挖台阶</u>"就列在"工程内容"。请注意此工程内容的表示提出了两个计量要点或问题,第一,挖台阶数量不能按照挖方计量,路基挖方数量中要扣除挖台阶数量;第二,填筑前需压实,而压实后造成地面线下降,势必要增加填筑数量,那么由此而增加的数量能计量吗?对此问题在本子目的"工程量计量"中有规定"<u>填前压实,地面下沉增加的填方量按填料来源参照本条计量</u>";这明确了此增加数量能计量,不过又产生一个问题,如何确定增加的这部分数量?结合技术规范的第204.04条就能找到解决方法和答案。技术规范第204.04条规定,路堤基底应在填筑前进行压实,承包人应将压实后新测绘的填方工程断面图提交监理人核准,否则不得填筑,这说明以此新地面线填方工程断面图计算路堤填筑体积包含了此增加数量。所以工程计量除了图纸之外,至少涉及工程量清单、清单计量规则、技术规范三个文件。实际上这也是一个重要考点,既可以在科目3中考试,也可以在科目4案例分析题中考试。以下关注几个重要的计量内容。

2. 路基工程计量的主要内容(即路基计量的具体方法)

(1)路基填筑计量

除了路基填筑利用土方前面已经介绍之外,还有利用石方、土石混填、借土场等。

①路基填筑工程内容包括:a. 基底翻松、压实、挖台阶;b. 临时排水、翻晒;c. 分层摊铺;d. 洒水、压实、刷坡;e. 整形。不单独计量。

②填前压实、地面下沉增加的填方量按填料来源参照填方计量。而新增土方数量的确定,应按技术规范204.04的规定(上面第1点提及),否则不得填筑且新增数量不计量。

③当填料中石料含量:小于30%时按土方填筑计量,30%~70%时按石方填筑计量,大于70%时按土石混填计量。

④借土场的计量内容:借土场绿化、防护工程、排水设施、临时用地在相应章节内计量。

⑤借土场不计量内容:借土场的场地清理、清除不适用材料、简易便道、运输等含在相应工作中,不单独计量。

(2)挖方和弃方的计量

①依据图纸所示地面线、路基设计横断面图、路基土石比例,采用平均断面面积法计算,包括边沟、排水沟、截水沟的土方,按照天然密实体积以立方米为单位计量。

②路床顶面以下挖松深300mm再压实作为挖土方的附属工作,不另行计量。

③取弃土场的绿化、防护工程、排水设施在相应章节内计量。

④包含的工程内容:挖、装、运输、卸车;填料分理、弃土整型、压实;施工排水处理;边坡整修、路床顶面挖松再压实、路床清理。

(3)软土地基计量

软土地基处理的计量单位:竖向排水加固为m,土工合成材料和预压为m^2;各类垫层和挤淤为m^3;强夯为m^2,强夯置换为m^3,子目号为205-1。

(4)滑坡处理计量

滑坡处理的计量单位为m^3,具体规定为依据图纸所示位置,按照清除滑坡体土方与石方的天然体积。包含工作内容有,地表水引排、防渗、地下水疏导引离,挖除、装载,运输到指定地点堆放,现场清理,这些工作内容不单独计量。

(5)坡面排水计量

①只有盲沟的计量单位为m,其余都为m^3。

②各种"沟"的开挖工作都含在"挖方"中,不单独再计量,避免重复计量。

(6)支挡结构计量

①支挡结构垫层、基础、墙身的计量单位为m^3。

②依据图纸所示位置和断面尺寸,按图示不同强度等级水泥砂浆砌石体积,或混凝土体积。不扣除沉降缝、泄水孔、预埋件所占体积。

③钢筋和锚杆拉杆等以kg单独计量。

④挡土墙的台背回填和台背的排水工程,不另行计量(结构物台背回填中专门将挡土墙排除在外)。锥坡及台前溜坡填土依据图纸所示锥坡及台前溜坡填土数量以压实m^3计量。

⑤基础开挖、弃方和盖板安装等不单独计量。

3. 路面工程计量的主要内容

(1)一般规定:材料标准、路面施工的一般要求、材料取样与试验、试验路段、料场作业、拌和场场地硬化及遮雨棚、雨季施工。这些路面工作内容均不作计量,其所涉及的作业应包含在与其相关工程子目之中。

(2)绝大部分垫层、基层(底基层)按 m² 计量,以顶面宽度计算面积;只有搭板、埋板下底基层按 m³ 计量。

(3)透层和黏层按 m² 计量,依据图纸所示沥青品种、规格、喷油量,按照洒布面积计量;子目为 308 项。

(4)封层按 m² 计量,依据图纸所示沥青品种、按照封层面积计量。子目为 310-2。

(5)沥青面层按 m² 计量,以图纸所示的顶面面积。

(6)水泥混凝土路面按 m³ 计量,依据图纸所示厚度和混凝土强度等级;钢筋以 kg 计量。

(7)路肩按 m³ 计量,依据图纸所示断面尺寸,按照压实土体积。硬路肩以浇筑体积。中央分隔带回填压实体积计量。

(8)排水工程中,油毡按 m² 计量,其他沟管按 m 计量。

4. 桥涵工程计量的主要内容

(1)基坑开挖与回填计量

①根据图示,取用底、顶面间平均高度的棱柱体体积,分别按干处、水下及土、石,以 m³ 为单位计量。

②基础挖方的底面积,以超出基底周边 0.5m 为界。

③工程内容:a. 场地清理;b. 围堰、排水;c. 基坑开挖;d. 基坑支护;e. 基坑检查、修整;f. 基坑回填、压实;g. 弃方清运。

④基坑回填不计量。但第 200 章中结构物台背回填,以及锥坡和台前溜坡填土要计量。

(2)桩基础计量

①依据图纸所示桩长及混凝土强度等级,按照不同桩径的桩长以 m 为单位计量。

②桩长为桩底高程至承台底面或系梁底面。此点在案例题中容易考。

(3)结构钢筋和混凝土计量

①钢筋、钢板或型钢计量时,应按图纸或其他资料标示的尺寸和净长计算。搭接、接头套筒、焊接材料、下脚料和固定、定位架立钢筋等,则不予另行计量。

②结构钢筋:依据图纸所示及钢筋表所列钢筋重量以 kg 为单位计量。固定钢筋的材料、定位架立钢筋、钢筋接头、吊装钢筋、钢板、铁丝作为钢筋作业的附属工作,不另行计量。

③先张法预应力钢筋(钢丝、钢绞线)依据图纸所示构件长度计算的预应力钢材质量,分不同材质以 kg 为单位计量。

④后张法预应力钢筋(钢丝、钢绞线)按图示两端锚具间的理论长度计算的预应力钢材质量,分不同材质以 kg 为单位计量。

⑤混凝土依据图纸所示体积分不同强度等级以 m³ 为单位计量。直径小于 200mm 管子和钢筋、锚固件、泄水孔等混凝土体积不予扣除(含预应力混凝土 0.03m² 以内的单孔洞)。

(4)涵洞计量

①依据图纸所示,按不同跨径的盖板涵长度以 m 为单位计量。

②基底软基处理参照路基软基处理的相关规定计量,并列入路基相应子目。

③涵洞的基础回填不计量,涵洞洞身台背回填可计量。

5. 隧道工程计量的主要内容

(1)洞身开挖计量

①依据图纸所示成洞断面(不计允许超挖值及预留变形量的设计净断面)计算开挖体积,不分围岩级别,只区分为土方和石方,以 m^3 为单位计量。

②含紧急停车带、车行横洞、人行横洞以及设备洞室的开挖。即这部分不计量。

③包含工程内容:a. 钻孔爆破;b. 风、水、电作业及通风防尘;c. 粉尘、有害气体、可燃气体量测监控及防护;d. 临时支护及临时防排水;e. 装渣、运输、卸车;f. 填料分理、弃土整型、压实。

(2)钢拱架和钢筋格栅计量

①依据设计图纸所示位置及尺寸,按型钢或钢筋质量以 kg 为单位计量。

②型钢支架或钢筋格栅纵向连接钢筋作为附属工作,不另行计量。

③连接钢板、螺栓、螺帽、拉杆、垫圈为型钢支架或钢筋格栅的附属工作,均不计量。

(四)工程计量的时间(即周期)

《公路工程标准施工招标文件(2018 年版)》第 17.1.3 条规定:

(1)单价子目已完成工程量按月(上月 26 日至本月 25 日)计量,填"中间计量单"。

(2)总价子目的计量周期按批准的支付分解报告确定。

(3)对于隐蔽工程,则须在工程覆盖之前进行计量。否则,在覆盖后再进行计量将使工作更复杂和更困难。

(五)工程计量的方式

1. 工程计量的方式(也有称之为计量方法)

工程计量的方式包括实地测量计算法、图纸计算法、现场记录法。

(1)实地测量与实地勘查。如土方工程,一般对横断面宽度,挖方的边长等需实地测量和勘查,又如场地清理也需按野外实地测得的数据,根据计算规则进行计算。

(2)室内按图纸计算。对于钢筋混凝土结构物以及多数永久工程,一般可按图纸计算工程量。

(3)根据现场记录。如计日工必须按现场记录来计算,又如灌注桩抽芯应按取芯时的钻探记录,又如打桩工程的施工记录等,还有 100 章的大部分内容为现场检查和记录。

一般情况下,工程量的计算由承包人负责,工程量审核由监理人负责。通常,一个工程项目的计量往往是三种方式综合运用。不论采用何种方式,其结果都须经监理人和承包人双方同意,共同签字,有争议时,协商解决,协商解决不了仍由监理人决定。

2. 工程计量的组织方式(《1995 版监理规范》为计量方式)

(1)监理工程师独立计量。

(2)承包人计量,监理工程师核实。(注:承包人独立计量可能是错的选项)

(3)联合计量(即监理工程师与承包人共同计量),目前主要采用联合计量方式。

(六)工程计量的规则

《公路工程标准施工招标文件(2018 年版)》第 17.1 条计量中规定了第 17.1.4 项单价子

目的计量和第17.1.5项总价子目的计量两类计量规则。

1. 单价子目的计量规则如下

(1)已标价工程量清单中的单价子目工程量为估算工程量。结算工程量是承包人实际完成的,并按合同约定的计量方法进行计量的工程量。

(2)承包人对已完成的工程进行计量,向监理人提交进度付款申请单、已完成工程量报表和有关计量资料。(注:中间计量表和附上计量的主要文件)

(3)监理人对承包人提交的工程量报表进行复核,以确定实际完成的工程量。对数量有异议的,可要求承包人按第8.2条约定进行共同复核和抽样复测。承包人应协助监理人进行复核并按监理人要求提供补充计量资料。承包人未按监理人要求参加复核,监理人复核或修正的工程量视为承包人实际完成的工程量。

(4)监理人认为有必要时,可通知承包人共同进行联合测量、计量,承包人应遵照执行。

(5)承包人完成工程量清单中每个子目的工程量后,监理人应要求承包人派员共同对每个子目的历次计量报表进行汇总,以核实最终结算工程量。监理人可要求承包人提供补充计量资料,以确定最后一次进度付款的准确工程量。承包人未按监理人要求派员参加的,监理人最终核实的工程量视为承包人完成该子目的准确工程量。

(6)监理人应在收到承包人提交的工程量报表的7天内进行复核,监理人未在约定时间内复核的,承包人提交的工程量报表中的工程量视为承包人实际完成的工程量,据此计算工程价款。

(7)承包人未在已标价工程量清单中填入单价或总额价的工程子目,将被认为其已包含在本合同的其他子目的单价和总额价中,发包人将不另行支付。

2. 总价子目的计量规则如下:

除专用合同条款另有约定外,总价子目的分解和计量按照下述约定进行。

(1)总价子目的计量和支付应以总价为基础,不因第16.1条(注:物价调整)中的因素而进行调整。承包人实际完成的工程量,是进行工程目标管理和控制进度支付的依据。

(2)承包人在合同约定的每个计量周期内,对已完成的工程进行计量,并向监理人提交进度付款申请单、专用合同条款约定的合同总价支付分解表所表示的阶段性或分项计量的支持性资料,以及所达到工程形象目标或分阶段需完成的工程量和有关计量资料。

(3)监理人对承包人提交的上述资料进行复核,以确定分阶段实际完成的工程量和工程形象目标。对其有异议的,可要求承包人按第8.2条约定进行共同复核和抽样复测。

(4)除按照第15条约定的变更外,总价子目的工程量是承包人用于结算的最终工程量。

例 题

例1 监理工程师对结构物混凝土体积进行计量,应以(　　)为准。
　　A.合同图纸净尺寸　　　　　　　　B.现场实际测量尺寸
　　C.与业主协商确定　　　　　　　　D.与承包人共同确认

例2 工程计量时,应以(　　)为准。
　　A.图纸给定的数量　　　　　　　　B.工程量清单数量
　　C.实际完成的数量　　　　　　　　D.实际完成并经监理签认的数量

例3 承包人开挖基坑的范围超过了合同技术规范规定的超挖上限,虽然没有变更令,监理工程师(　　)。

A. 根据实际情况对超挖部分酌情计量   B. 对超过上限部分不予计量
C. 与承包人协商后进行处理   D. 对基坑开挖数量不予计量

例4 承包人在预应力混凝土浇筑时需扣除混凝土体积的是( )。
A. 直径为180mm的两个孔洞   B. 直径为199mm的一个孔洞
C. 钢筋的体积   D. 锚固件钢材体积

例5 工程计量的依据包括( )。
A. 工程量清单及说明   B. 合同图纸
C. 工程变更令及修订的工程量清单   D. 合同条件
E. 工程分项开工申请批复单

例6 公路工程计量的原则是( )。
A. 不符合合同文件要求的工程不计量
B. 承包人手续不全不计量
C. 按合同文件规定的方法、范围、内容、单位计量
D. 按监理工程师同意的方法计量
E. 按习惯计量的方法计量

例题解析

例1 该题是交通部2004年监理真题,实际是考查《2018版施工合同》第17.1.2条,工程的计量应以净值为准,除非项目专用合同条款另有约定。工程量清单中各个子目的具体计量方法按合同文件的工程量清单计量规则中的规定执行。工程量清单计量规则中图纸所示体积就是合同图纸净尺寸计算而得。故选A项。

例2 该题是交通部2003年和2005年监理真题。选项A干扰大,图纸中的数量并不一定是"净值",最好理解的事例是桥梁工程基坑开挖,图纸数量设计院是按照"棱台"计算的实际数量,而"计量规则"的计算是按照"棱柱"比实际完成量小很多;这也就是解释了不能选C项的原因。选项B工程量清单数量是估计数量,不能选。实际完成并经监理签认数量显然是最完整最合适,因为监理签认的数量一定要依据"计量规则"计算确定。故选D项。

例3 该题是交通部2003年和2004年监理真题。选项A有点干扰,超出图纸或规范的上限,在没有办理变更手续情况下,对超过上限部分一定不计量;所以不存在"酌情"犹豫或与承包人协商。选项D错在不是全部不计量,只对超出部分不予计量。故选B项。

例4 根据桥梁工程"计量规则",预应力混凝土部分不扣除混凝土体积的规定,"体积不超过0.03m²的开孔及开口不扣除其混凝土体积";选项A每个孔洞面积是0.025m²小于0.03m²;选项B一个孔洞面积是0.031m²大于0.03m²。故选B项。选项CD显然不需扣除。(注:交通部的《施工合同范本》和许多教材的"说明"部分都错为0.03m³,1999年版范本是0.03m²,而从2003年开始范本改为0.03m³,语法上改正确了而实际意义反而错了,因为在411-7等工程量计量文字说明中"钢筋、钢材所占体积及单个面积在0.03m²以内的孔洞不予扣除",造成前后不一致)。

例5 该题是交通部2003年和2005年监理真题,原题干可能写错,将此题改造为目前形式可作为符合现在要求的考试题。选项E"工程分项开工申请批复单"是计量需附上的计量主要文件。故选ABCD项。

例6 该题是交通部2004年监理真题。选项ACD显然是交通部《监理概论》的原文。故

选 ACD 项。而选项 B 在此教材中无此表述,显然也是对的;当年评分标准是选项 B 选择与否都算正确。

自 测 模 拟 题

(一)单项选择题

1. 以下是工程计量依据的有(　　)。
   A. 检验申请批复表　　　　　　　　B. 主要分项工程开工申请批复单
   C. 工程质量检验表　　　　　　　　D. 合同条款
2. 监理工程师向施工单位发出计量通知,应在(　　)之后。
   A. 施工单位提出计量申请　　　　　B. 签发中间交工证书
   C. 提交各种计量所需资料　　　　　D. 监理工程师审查施工单位的计量申请
3. 某桥梁灌注桩清孔后沉积层仍超过规定厚度,二次清孔后,孔深增加,浇筑后的实际桩长比设计桩长增1.3m,承包人要求对增加的混凝土量给予计量,监理工程师应(　　)。
   A. 给予计量　　　　　　　　　　　B. 不予计量
   C. 计量所增混凝土量的一半　　　　D. 和承包人协商后予以计量
4. 先张法预应力钢丝长度按(　　)计量。
   A. 构件长度　　　　　　　　　　　B. 理论长度
   C. 构件长度+预留长度　　　　　　D. 理论长度+预留长度
5. 后张法预应力钢丝长度按(　　)计量。
   A. 构件长度　　　　　　　　　　　B. 两端锚具间理论长度
   C. 构件长度+预留长度　　　　　　D. 两端锚具间理论长度+预留长度
6. 挡土墙的台背回填(　　)。
   A. 按照回填体积计量　　　　　　　B. 按照挡土墙回填长度计量
   C. 属于结构回填规则计量　　　　　D. 不予计量
7. 路基坡面排水工程中按照长度"m"计量单位的是(　　)。
   A. 边沟　　　　B. 截水沟　　　　C. 排水沟　　　　D. 盲沟
8. 软基处理中砂垫层的计量单位是(　　)。
   A. 长度　　　　B. 面积 m^2　　　　C. 体积 m^3　　　　D. 长度且为 m
9. 有关是工程计量的论述中,正确的是(　　)。
   A. 边沟、排水沟、截水沟所开挖的土方含在相应排水工程中不单独计量
   B. 路堑工程开挖时,弃土场需修建的排水工程不予计量含在土石方开挖中
   C. 在计量组织中承包人独立计量就是指由承包人自行进行的计量
   D. 路堑工程开挖时,弃土场需修建的挡土墙工程费用不包含在开挖土石方的单价中,而是在挡土墙子目中计量
10. 透层和封层一般按基层顶面面积计算,黏层按需要铺洒黏层油的两面层的(　　)。
    A. 下层的顶面　　B. 下层的底面　　C. 上层的底面　　D. 上层的顶面
11. 涵洞的计量是(　　)计量。
    A. 以不同材料砌体的体积　　　　　B. 以不同材料砌体的水平投影面积
    C. 以不同材料不同部位砌体的体积　D. 不同跨径的涵洞长度以米为单位

12. 桥梁基坑开挖几何尺寸为:基础尺寸 4m×9m,基底高程 120.50m,基坑四周边缘与地面交点的 4 点高程分别是 125.00m、126.00m、127.00m、128.00m。该基坑的计量是( )m³。
    A. 216　　　　　　B. 300　　　　　　C. 337.5　　　　　　D. 375
13. 桥梁工程基础结构填土不能计量的是( )填土。
    A. 基坑　　　　　B. 桥台背　　　　C. 锥坡　　　　　　D. 台前溜坡
14. 隧道工程中开挖不包含的工程内容是( )。
    A. 通风防尘　　　　　　　　　　　B. 装渣运输卸车
    C. 超前支护　　　　　　　　　　　D. 可燃气体量测监控
15. 隐蔽工程的计量时间是( )。
    A. 按月计量　　　　　　　　　　　B. 工程覆盖前
    C. 按批准支付分解报告时间　　　　D. 工程完成后
16. 单价子目的分项工程的计量时间是( )。
    A. 按月计量　　　　　　　　　　　B. 工程覆盖前
    C. 按批准支付分解报告时间　　　　D. 工程完成前
17. 总价子目的工程的计量时间是( )。
    A. 按月计量　　　　　　　　　　　B. 工程覆盖前
    C. 按批准支付分解报告时间　　　　D. 工程完成前
18. 监理人应在收到承包人提交的工程量报表的( )天内进行复核。
    A. 5　　　　　　　B. 7　　　　　　C. 10　　　　　　D. 14
19. 监理人应在收到承包人提交的工程量报表的规定时间内进行复核,监理人未在该约定时间内复核的,承包人提交的工程量报表中的工程量视为承包人实际完成的工程量,据此计算工程价款。这体现了计量的( )原则。
    A. 合同　　　　　B. 公正性　　　　C. 程序性　　　　D. 时效性
20. 公路工程施工过程中,费用监理的关键是( )。
    A. 反索赔　　　　　　　　　　　　B. 拒绝一切索赔
    C. 工程计量与支付　　　　　　　　D. 合理确定工程变更调价

(二) 多项选择题

1. 工程计量的依据主要包括( )。
    A. 质量合格证书　　　　　　　　　B. 承包人施工纪录
    C. 清单前言和技术规范　　　　　　D. 设计图纸
    E. 测量数据
2. 工程计量的依据有( )。
    A. 索赔时间和金额审批表　　　　　B. 有关计量的补充协议
    C. 工程质量检验表　　　　　　　　D. 工作指令
    E. 设计图纸
3. 在工程计量中应遵循的基本原则有( )原则。
    A. 合同　　　　　　　　　　　　　B. 目的性
    C. 公正性　　　　　　　　　　　　D. 时效性
    E. 程序性

4.计量的原则有( )。
   A.不符合合同文件要求的工程,不得计量
   B.按合同文件所规定的方法、范围、内容、单位计量
   C.按监理工程师同意的计量方法计量
   D.依据承包人提供的计量所需的资料计量
   E.依据工程习惯的计量方法进行计量

5.工程计量的类型(或方式)一般有( )。
   A.监理工程师单独计量   B.承包人独立计量
   C.监理工程师与承包人联合计量   D.第三方计量
   E.监理工程师与第三方联合计量

6.工程计量的方式(或类型)( )。
   A.监理工程师与承包人共同计量   B.监理工程师单独计量
   C.承包人计量,监理工程师核实   D.业主与监理共同计量
   E.第三方独立计量

7.工程计量的方法有( )。
   A.工程量清单计算法   B.图纸计算法
   C.估算法   D.实地量测计算法
   E.现场记录法

8.公路工程施工监理一般采用的计量方法有( )。
   A.预算单价法   B.分项计量法
   C.凭证法   D.经验比较法
   E.断面法

9.工程计量包括实地量测计算法和记录、图纸计算法。无论何种方法都必须经过( )签字确认方可进入支付环节。
   A.分包人   B.承包人   C.监理人   D.设计单位
   E.造价部门

10.关于计量,下列说法正确的有( )。
   A.不符合合同文件要求的工程,不得计量
   B.按合同文件所规定的方法、范围、内容、单位计量
   C.按业主满意的方法计量
   D.以合同图纸为计量依据
   E.以承包人实际完成的工程量计量

11.隧道工程中不能计量的有( )。
   A.洞身开挖中的设计允许的超挖值
   B.洞身开挖中的设计图开挖量中包含的预留变形量体积
   C.留核心土法开挖时的钢拱架支撑的工字钢数量
   D.中隔壁法的中隔壁钢拱架支撑的工字钢数量
   E.紧急停车带、车行横洞、人行横洞以及设备洞室的开挖的体积

参考答案及解析

(一)单项选择题

1. D 2. B 3. B 4. A 5. B 6. D 7. D 8. C 9. D 10. C
11. D 12. B 13. A 14. C 15. B 16. A 17. C 18. B 19. D 20. C

6.解析:挡土墙的台背回填和台背的排水工程,不单独计量。故选D项。选项C有干扰度,虽然挡土墙的台背回填是属于结构物回填,但是,这句话是针对施工技术处理要求的,而计量却应按照"计量规则"进行计量。不过涵台背和桥台背以及锥坡结构物回填能计量。

9.解析:边沟、排水沟、截水沟所开挖的土方含在路基开挖土方计量,不另行单独计量;选项A错。路堑工程开挖时,弃土场需修建的排水工程是在坡面排水的相应子目计量,这是《公路工程标准施工招标文件》2018版与2009版的区别,所以选项B错。在计量组织中承包人独立计量也需经监理审核,选项C错。故选D项,这也是《公路工程标准施工招标文件》2018版与2009版的区别。

10.解析:透层和黏层按m²计量,依据图纸所示沥青品种、规格、喷油量,按照洒布面积计量,见解图。故选C项。

题10解图

14.解析:临时支护属于开挖包含的工程内容,但是超前支护在开挖前进行需要单独计量支付的。故选C项。

(二)多项选择题

1. ACDE 2. ABE 3. ACDE 4. ABC 5. AC 6. ABC 7. BDE
8. BCE 9. BC 10. ABD 11. ABDE

10.解析:该题是交通部2006年监理真题,选项ABD是计量原则的表述。故选ACD项。

11.解析:该题选项ABE都是很明确的正确选项不能计量。不过《公路工程标准施工招标文件》2009版选项AB却是能计量的,这是2018版的变化点。选项CD两者的不同点涉及施工方法,中隔壁法的中隔壁是临时支撑时属于临时支护将来要拆除,所以不能计量;而留核心土法的钢支撑是作为永久支护的组成,应该计量。故选ABDE项。所以读者对这类有难度的题,没把握不要选,也能得1.5分。

五、费用支付的基本原则、支付程序、支付报表

重点知识

(一)工程支付的基本原则

(1)支付必须以工程计量为基础。
(2)支付必须以合同为依据。
①支付必须以计量规则和已标价的工程量清单的单价为依据。

②支付必须符合合同条款。

(3)支付必须遵循规定的程序进行。

(4)支付必须及时、准确。

(5)任何工程款的支付必须经监理工程师的审核签认。

(6)支付不解除承包人的应尽的合同义务和应承担的合同责任。

(二)工程支付程序

1. 期中(或中期)进度款支付程序

根据《公路工程标准施工招标文件(2018年版)》(以下简称《2018版施工合同》)条款的规定,期中支付的程序如图4-2-1所示。

(1)承包人提交期中支付申请。

(2)监理人审查期中支付申请。

(3)监理人签发期中支付证书。

(4)发包人付款。

图4-2-1　期中支付程序图

2. 交工验收后的支付程序

根据《2018版施工合同》的条款规定,交工支付的程序如图4-2-2和图4-2-3所示。

(1)承包人的交工支付申请。

(2)监理人对交工支付申请的审定出具或签发付款证书。

(3)发包人付款。

3. 最终支付程序

根据《2018版施工合同》的条款规定,最终支付的程序如图4-2-2和图4-2-4所示。

图 4-2-2 交工支付和最终支付程序

图 4-2-3 交工支付程序

477

图 4-2-4 最终支付程序

(1)最终支付申请。
(2)最终支付申请的审核与签认。
(3)发包人的付款工作。

(三)支付报表

共有14张支付报表,只要理解表格中各名词含义就能正确使用表格。中期支付证书也称为财务支付表。

例 题

例1 下列说法正确的是( )。
A. 费用支付是需要进行工程计量的最关键手段
B. 费用支付是需要进行工程计量的最关键方法
C. 费用支付是需要进行工程计量的最关键原因
D. 费用支付是需要进行工程计量的最关键途径

例2 工程支付必须以( )为基础。
A. 工程质量　　　B. 工程进度　　　C. 工程计量　　　D. 工程量清单

例3 公路工程项目一般规定每月支付金额不低于签约合同价的某个百分数,若没有达到,则暂缓支付,累计到下一期。该百分数按照《公路工程标准施工招标文件》(2018年版)的建议为"可按月平均支付额的0.2~0.3倍计算"。当工程的合同工期为2年时,该百分数是( )。

  A.1%   B.2%   C.3%   D.4%

例4 费用支付的基本原则( )。

  A.必须遵循规定的程序进行

  B.符合合同条款

  C.及时准确

  D.以计量规则和报价清单为依据

  E.必须按照建设单位规定的方法进行

例题解析

例1 该题是交通部2003年监理真题。因为支付前需要先进行计量,所以支付成为计量的原因,也是计量的最终目的。故选C项。

例2 该题是交通部2005年监理真题。根据支付原则,支付必须以工程计量为基础。故选C项。

例3 《公路工程标准施工招标文件(2018年版)》的建议为"可按月平均支付额的0.2~0.3倍计算"。当工程的合同工期为2年时该百分数的计算为:$[1/(2\times 12)]\times 0.25 = 0.01 = 1\%$。故选A项。

例4 选项E是错项,支付必须以合同为依据,不能随意根据建设单位规定更改支付要求。其余选项都是支付的基本原则。故选ABCD。

自测模拟题

(一)单项选择题

1.根据《公路工程标准施工招标文件(2018年版)》规定,发包人应在监理人收到承包人进度付款申请后的( )天内,将进度款支付给承包人。

  A.14   B.21   C.28   D.42

2.根据《公路工程标准施工招标文件(2018年版)》规定,发包人应在监理人出具承包人交工付款证书后的( )天内,将应付款支付给承包人。

  A.14   B.21   C.28   D.42

3.根据《公路工程标准施工招标文件(2018年版)》规定,发包人应在监理人出具最终结清证书后的( )天内,将应付款支付给承包人。

  A.14   B.21   C.28   D.42

4.根据《公路工程标准施工招标文件(2018年版)》规定,承包人应在监理人出具缺陷责任期终止证书后的( )天内,提交最终结清申请单。

  A.14   B.21   C.28   D.42

5.根据《公路工程标准施工招标文件(2018年版)》规定,承包人应在监理人出具交工证书后的( )天内,提交交工付款申请单。

A. 14　　　　　B. 21　　　　　C. 28　　　　　D. 42

6. 有关材料预付款说法正确的是( )。

　　A. 施工过程中,临时工程所需材料可以支付材料预付款
　　B. 已经支付过材料预付款的材料,其所有权归业主
　　C. 材料预付款的支付可以不考虑剩余永久工程支付金额
　　D. 材料预付款支付可依据设计工程量计算得来

(二) 多项选择题

1. 根据《公路工程标准施工招标文件(2018年版)》规定,监理人在工程进度款的支付中逐月扣回的款项有( )。

　　A. 质量保证金　　　　　　　　　B. 开工预付款
　　C. 材料预付款　　　　　　　　　D. 设备预付款
　　E. 履约保证金

2. 根据《公路工程标准施工招标文件(2018年版)》有关费用支付正确的说法有( )。

　　A. 承包人无须向发包人提交预付款保函
　　B. 除了满足支付时限,承包人还要向发包人提交合格的增值税发票后,才支付给承包人
　　C. 除了满足支付时限,承包人还要向监理人提交合格的增值税发票后,才支付给承包人
　　D. 施工期可以不扣留质量保证金
　　E. 预付款保函由履约保证金替代

3. 有两种支付规定。第一种旧规定,监理人在收到承包人支付申请的14天内核查,业主在监理人的核查签认后的14天内付款;第二种是《公路工程标准施工招标文件(2018年版)》,将第一种规定修改为:"监理人在收到承包人支付申请的14天内核查,业主在监理人收到承包人支付申请的28天内支付。"对于这两种规定,以下说法正确的是( )。

　　A. 第一种合同条款的支付规定对承包人更有利
　　B. 第二种合同条款的支付规定对承包人更有利
　　C. 两种规定就支付的时间来说是一样的,效果上都是从收到后的第28天获得支付
　　D. 第一种规定让承包人能做到在监理人收到支付申请后的第15天获得支付
　　E. 第二种规定让业主一定能做到在监理人收到支付申请后的第28天获得支付

参考答案及解析

(一) 单项选择题

1. C　2. A　3. A　4. C　5. D　6. B

(二) 多项选择题

1. BCD　2. ABDE　3. ADE

2. **解析:** 根据《公路工程标准施工招标文件(2018年版)》第17.2.2、17.3.3、17.4.1、17.4.2条进行选择。

3. **解析:** 选项D如果监理用1天时间审核批准提交给建设单位,建设单位只能拖14天付

款,1+14=15 天;第二种与监理批复无关,建设单位可以拖到第 28 天付款。

六、费用支付的清单支付项目和合同支付项目

(一)费用支付支付项目的分类

1. 按时间分类

(1)前期支付。主要内容有:开工(或动员)预付款,履约担保的手续费(如果有),由业主承担的保险费。

(2)中期支付(也称为期中支付)。主要的内容有:工程进度款,暂列金额,暂估价,计日工,材料设备预付款,工程变更款项,质量保证金(保留金),索赔款项,价格调整,逾期付款违约金(即利息),违约与合同解除后的支付等。

(3)交工验收后支付。

(4)竣工验收后支付。

(5)缺陷责任期结束后最终结清支付。复核检查所有支付项的数量和费用,退还质量保证金(保留金),最终结清单要包含说明和附件。

2. 按支付内容分类

(1)清单支付项目。主要有:单价子目的支付,总额子目的支付,暂定金额,暂估价,计日工。

(2)合同支付项目。主要有:开工(动员)预付款,材料设备预付款,质量保证金(保留金),工程变更费用,索赔款项,价格调整,误期损失赔偿金(拖期损失偿金),提前竣工奖金,逾期付款违约金(即利息)等。

按照支付时间和支付内容分类是最常见的归类形式。还有另外两种分类法,分别是按照工程内容分为路基土石方工程、路面工程、桥梁工程、隧道工程、排水防护工程、交通安全设施工程等支付内容;按照合同执行情况分为常规支付和违约支付、合同解除支付等。

(二)清单支付

清单支付的主要内容有:单价子目的支付、总额子目的支付、计日工、暂列金额、暂估价五类。

1. 单价子目的支付

工程量清单中的绝大部分工程内容是以单价子目计量和支付的,其费用约占工程总费用的 85%,其支付条件和费用计算方法应满足下列要求:

(1)支付条件是完成了技术规范和设计图纸所规定的工作内容,且质量合格,计量结果准确无误,并附相应的符合合同要求的支持性证明文件。

(2)单价子目支付一般按期(月)支付。

$$单价子目支付 = \Sigma 本月实际完成的合格工程数量 \times 相应单价$$

2. 总额子目的支付

工程量清单第 100 章中的工程子目多数是总额支付项目,其"工程数量"均为"1",计量的"单位"为"总额"。

3. 计日工的支付

计日工是指对零星工作采取的一种计价方式,按合同中的计日工子目及其单价计价付款。计

日工有劳务、材料、施工设备三种形式,计日工单价由承包人报价,汇总的计日工合计在投标总价中。

施工过程中,发包人认为有必要时,由监理工程师通知(即指示)承包人以计日工方式实施变更的零星工作。其价款按计日工计价子目及其单价进行计算。采用计日工计价的任何一项变更工作,应从暂列金额中支付,承包人应在变更的实施过程中,每天将含有5点要求的报表和有关凭证报送监理工程师审批。计日工由承包人汇总后,按合同的约定列入进度付款申请单,由监理人员复核并经发包人同意后列入进度付款。

4. 暂列金额的支付

"暂列金额"是指已标价工程量清单中所列的暂列金额,用于在签订协议书时尚未确定或不可预见变更的施工及其所需材料、工程设备、服务等的金额,包括以计日工方式支付的金额。与"暂估价"不同在于它是"不一定发生的费用"。暂列金额下的项目具有如下特点:

(1)发生项目的不确定性。
(2)发生金额的不确定性。
(3)承担单位的不确定性。

暂列金额只能按照监理工程师的指示使用,并对合同价格进行相应调整。暂列金额应由监理人报发包人批准后指令全部或部分地使用,或者根本不予动用。

5. 暂估价的支付

"暂估价"指发包人在工程量清单中给定的用于支付必然发生,但暂时不能确定价格的材料、设备以及专业工程的金额。当公路工程中某一部分与铁路交叉或靠近水库时,往往采用暂估价形式通过招标方式分包这部分专业工程。

(三)合同支付

合同支付的主要内容有:开工(动员)预付款,材料设备预付款,质量保证金(保留金),误期损失赔偿金,提前竣工奖金,逾期付款利息,合同其他费用的支付(包括工程变更费用、索赔费用、价格调整、违约与合同解除后支付)。

1. 开工预付款的支付和扣回

开工预付款是一项由业主提供给承包人用作开办费用的提前付款(又称前期付款),用于承包人为合同工程施工购置材料、工程设备、施工设备、修建临时设施以及组织施工队伍进场等。是一笔以合同价为基数按一定比例的无息款项,用于支付开工初期各项准备工作。

(1)开工预付款的支付条件(根据《2018版施工合同》第17.2条)

开工预付款的支付条件包括:①施工项目中标人与发包人签订了施工合同协议书;②承包人提交了履约保证金;③承包人承诺的主要设备已经进场等。

开工预付款必须专用于合同工程。承包人不得将该开工预付款用于与本工程无关的支出,监理工程师有权监督承包人对该项费用的专款专用,如经查实承包人滥用开工预付款,发包人有权立即向银行索赔履约保证金,并解除合同。

(2)开工预付款保函

根据《2018版施工合同》第17.2.2条规定,承包人无须向发包人提交预付款保函,承包人提交的履约保证金对预付款的正常使用承担保证责任。即取消了开工预付款保函(材料设备预付款本来就不需保函),用履约保证金替代了预付款保函。

(3)开工预付款的额度规定和支付的时间

根据《2018版施工合同》的项目专用条款数据表中规定和建议,开工预付款的额度为签约合同价的10%。支付时间是满足支付条件的当期,监理人应在当期进度付款证书中向承包人支付全额开工预付款。

(4)开工预付款的扣回规定、计算公式

按照《2018版施工合同》规定,开工预付款在进度付款证书的累计金额未达到签约合同价的30%之前不予扣回,在达到签约合同价30%之后,开始按工程进度以固定比例(每完成签约合同价的1%,扣回开工预付款的2%)分期从各月的进度付款证书中扣回,全部金额在进度付款证书的累计金额达到签约合同价的80%时扣完。

正常月开工预付款扣回公式按照合同条款含义为:当期开工预付款扣回值=(当期进度款值/签约合同价)×2=(当期进度款值/签约合同价)÷50%。而超过30%的起扣月的计算当期进度款值一般会比真正当期进度金额少些,要用超过30%值减去累计30%值作为计算当期进度款值;而达到80%的止扣月的扣回值=开工预付款总额-已经扣回开工预付款的累计值。

2. 材料、设备预付款的支付和扣回

(1)材料、设备预付款的支付条件(无担保要求)

《2018版施工合同》专用合同条款第17.2.1条规定材料、设备预付款的预付条件为:

①材料、设备已经在施工现场交货。

②材料、设备的质量符合规范要求并经监理人员检查认可。

③承包人已出具了采购材料、设备的费用凭证或支付单据的原件、复印件(或扫描件)。

④存储良好,监理人认为材料、设备的存储方法符合要求。

(2)材料、设备预付款的预付比例

材料、设备预付款的预付比例,按照合同的项目专用合同条款表的约定执行。《公路工程标准施工招标文件(2018年版)》建议预付的比例一般为70%~75%,最低不少于60%。

(3)材料、设备预付款的预付

在满足材料设备预付款支付条件后,在没有形成工程实体的情况下,监理人应将此项金额作为材料、设备预付款计入下一次的进度付款证书中。在预计交工前3个月,将不再支付材料、设备预付款。

(4)材料、设备预付款的扣回

《2018版施工合同》专用合同条款第17.2.3条规定,当材料、设备已用于或安装在永久工程之中时,材料、设备预付款应从进度付款证书中扣回,扣回期不超过3个月。已经支付材料、设备预付款的材料、设备的所有权应属于发包人。对于材料预付款的扣回方式,工程实践中常采用两种方法,按月等额扣回法和起扣点扣回法。《2018版施工合同》是按月等额扣回。

起扣点扣回法各项的计算公式为:

起扣点累计金额=合同价-材料预付款总额÷材料占合同价比例

到达起扣点当月的扣回值=(当月累计-起扣点金额)×材料占合同价比例

正常月的扣回值=当月进度款×材料占合同价比例

最后一月扣回值=材料预付款总额-扣回值累计

3. 质量保证金的提交与返还

根据《2018版施工合同》第17.4.1条规定,取消了每月按一定比例在进度款中扣留质量保证金做法。改为在交工验收通过后提交,缺陷责任期终止时返还。

(1) 质量保证金的提交

《2018版施工合同》专用合同条款第17.4.1条规定,交工验收证书签发后14天内,承包人应向发包人缴纳质量保证金。质量保证金可采用银行保函或现金、支票的形式缴纳。

质量保证金的金额按项目专用合同条款数据表的百分比扣留,国家规定不超过合同价3%。

(2) 质量保证金的返还

《2018版施工合同》专用合同条款第17.4.2条规定,在缺陷责任期满,且质量监督机构按照规定对工程质量检测鉴定合格,承包人应向发包人申请到期应返还承包人剩余的质量保证金金额,如无异议,发包人应当在核实后返还承包人。

4. 误期损失赔偿金的审核与支付(即承包人逾期交工违约金的审核与扣除)

误期损失赔偿金是指承包人未能按合同工期的约定完成全部工程施工,延误了交工时间,影响了发包人的使用,应给予发包人的补偿,也称违约罚金。

《2018版施工合同》第11.5条规定:由于承包人原因,未能按合同进度计划完成工作,或监理人认为承包人施工进度不能满足合同工期要求的,承包人应采取措施加快进度,并承担加快进度所增加的费用。由于承包人原因造成工期延误,承包人应支付逾期交工违约金。逾期交工违约金的计算方法在项目专用合同条款中约定。时间自预定的交工日期起至工程接收证书中写明的实际交工日期止(扣除已批准的延长工期),按天计算。逾期交工违约金累计金额最高不超过项目专用合同条款数据表中写明的限额,一般为合同价的10%。

5. 提前交工奖金的支付

发包人要求承包人提前交工,或承包人提出提前交工的建议能够给发包人带来效益的,应由监理人与承包人共同协商采取加快工程进度的措施和修订合同进度计划。发包人应承担承包人由此增加的费用,并向承包人支付专用合同条款约定的相应奖金。

如果承包人提前交工,发包人支付奖金的计算方法在项目专用合同条款数据表中约定,时间自交工验收证书中写明的实际交工日期起至预定的交工日期止,按天计算。但奖金最高限额不超过项目专用合同条款数据表中写明的限额。

6. 发包人逾期付款违约金的支付

逾期付款违约金是指发包人的违约即发包人超过合同条款约定的支付期限而支付承包人应得的工程款项的逾期付款利息(也称为迟付款利息)。发包人不按期支付的,按项目专用条款数据表中约定的日利率(一般为银行短期贷款利率加手续费约0.3‰左右)向承包人支付逾期付款违约金。违约金计算基数为发包人的全部未付款额,时间从应付而未付该款额之日算起(不计复利)。

逾期付款利息(逾期付款违约金) = 全部未付款额 × 逾期日历日 × 日利率

7. 合同其他费用支付

合同其他费用支付包括:工程变更费用、价格调整、索赔与反索赔、违约与合同解除后支付等。

(四) 合同其他费用支付

1. 工程变更费用的支付

(1) 变更范围和内容

变更范围和内容共5点:取消一项工作,改变工作质量或特性,改变工程基线、高程、位置或尺寸,工作的时间或工艺顺序,为完成(本)工程需要追加的额外工作(新增工作一定是"本工程需要")。

(2)变更指令

虽然工程变更必须经发包人同意,但是变更令的发出者一定是监理人。没有监理人的变更指示,承包人不得擅自变更。

(3)变更程序(根据《2018版施工合同》第15.3.1条和第15.3.2条)

变更程序主要过程是变更提出、变更审批、发变更令、变更估价,如图4-2-5所示。对于设计变更程序应执行《公路工程设计变更管理办法》的相关规定。

图4-2-5 工程变更程序

(4)变更的估价原则

变更的估价原则共有5个,实际工作中主要采用其中3个原则,即直接套用原单价、间接套用原单价、依据单价分析表重新定单价。另外两个是取消工作不支付和承包人过错变更自己承担。

(5)承包人的合理化建议

承包人提出的合理化建议缩短了工期,发包人按合同约定给予提前竣工奖金。承包人提出的合理化建议降低了合同价格或者提高了工程经济效益的,发包人按项目专用合同条款数据表中约定的金额给予奖励。

(6)变更过大使得原单价或总价不合理的调整

《2003版施工合同》规定,当工程变更引起某一清单子目数量增加或减少超25%且该子目金额占合同总价超2%时,该单价可以调整得更加合理。在工程交工时如果工程变更引起合同总价变化超15%时,该合同总价可以调得更合理。2009版和2018版《施工合同》已经取消。

(7)加强变更工程费用监理的途径

①严格按合同中约定的变更估价确定原则来确定变更工程的造价。

②加强变更工程的计量工作,尤其要加强变更工程开、竣工测量和隐蔽工程的计量。

③对采用计日工形式计价的变更工程项目,监理人应及时对发生的计日工数量进行检查和清点,以保证计日工数量的准确性。

④当工程量清单中无相应工程子目单价而需要监理人和承包人协商确定新单价时,监理人应参照公路工程预算定额及编制办法,尽量依据承包人投标报价的单价分析资料和工程量清单中的单价来协商确定其价格。

⑤当整个工程项目的造价出现合同专用条款约定的合同价格调整现象时,监理人应本着公平合理原则,在全面分析承包人的施工成本和利润的基础上,确定需增加或减少的合同款额。

⑥在变更工程的造价管理过程中,严格按管理程序执行分级审批制度,加强内部监督,做到层层把关,杜绝利用工程变更钻空子的行为。

⑦对不平衡报价的合同,加强单价分析,并对相关工程子目和工程量,加强全面控制。

2. 价格调整(根据《2018版施工合同》第16条)

价格调整是指物价波动引起的价格调整和后继法规变更的引起价格调整。

(1)物价波动引起的价格调整的方法

物价波动造成的价格调整的方法主要有票证法(或价差法)和价格指数法(或公式法)。

(2)价格指数法

$$\Delta P = P_0 \left[A + \left(B_1 \times \frac{F_{t1}}{F_{01}} + B_2 \times \frac{F_{t2}}{F_{02}} + B_3 \times \frac{F_{t3}}{F_{03}} + \cdots + B_n \times \frac{F_{tn}}{F_{0n}} \right) - 1 \right]$$

价格指数法的要点:

①调整的内容,主要包括劳务和主要材料设备(即产权为发包人的工程设备,而不是施工设备)的价格。

②指数的类型,定基指数和环比指数,用相乘的方法可将环比指数换算为定基指数。

③价差的两个时间点,分子为现行(即当期)价格指数,分母为基本价格指数(即基准日期的价格指数),两指数都是定基指数而且参考点相同。

④不调因子和可调因子权重系数的和为1,即式中,$A = 1 - (B_1 + B_2 + B_3 + \cdots + B_n)$。

⑤P_0为进度款,不包括价格调整、不计质量保证金的扣留和支付、预付款的支付和扣回,第15条约定的变更及其他金额已按现行价格计价的,也不计在内(注:但是变更工作套用原子目单价的,就不是现行价格)。

价格指数法有5个考点:

①调整内容劳务和材料不含机械台班费。

②价格指数的换算与计算。

③不调与可调权重系数和为1。

④可调整进度款的组成。

⑤P(调整后进度款)与ΔP(调价款)概念描述的区别。

(3)法律(即后继法规)变化引起的价格调整。

根据《2018版施工合同》第16.2条规定,在基准日后,因法律变化导致承包人在合同履行中所需要的工程费用发生除第16.1条约定以外的增减时,监理人应根据法律、国家或省(自治区、直辖市)有关部门的规定,按第3.5条商定或确定需调整的合同价款。

第16.1条就是上述物价波动引起价格调整,如果国家规定工资调整虽然属于后继法规,但不适合该第16.2条,因为工资调整将影响劳务价格,已经在价格指数法中作了调整,所以应排除。

【示例1】 增值税下调引起合同价格调整的示例。2019年4月1日开始,国家规定将工程施工增值税由10%下调为9%。某公路工程2018年6月签约合同价1000万元,2019年4月1日前完成工程进度款300万元。如果合同最终结算价为900万元。求合同价格应扣除多少?

解析:(1)需下调增值税金额 = 900 - 300 = 600(万元)
(2)600万元增值税的减少金额,按照增值税一般计税法计算如下:

增值税 = 应纳税额 ÷ (1 + 增值税税率) × 增值税税率

600万元因税率下调减少的增值税金额 = 600 ÷ (1 + 10%) × 10% - 600 ÷ (1 + 9%) × 9%
= 54.5455 - 49.5413 = 5.0042(万元)

因为施工合同签订时,国家的增值税税率为10%,因此合同价1000万元中含10%的增值税按预算编制办法是发包人给的。因为国家减税因此承包人比原来少交5.0042万元,所以应还给发包人,即对合同总价最终结算时应扣承包人5.0042万元。

【示例2】 某高速公路施工项目2011年5月1日签订合同,工程计划开工日(即工期起算日)为2011年6月19日,合同工期为3年。合同价(不含安全生产费及建筑工程一切险及第三者责任险的保险费)为3亿元。2012年2月14日,财政部和安全监管总局发布《企业安全生产费用提取和使用管理办法》将公路安全生产费提取系数由1.0%提高为1.5%。求该合同段在第100章中公路施工安全生产费应增加多少?

解析:(1)可进行调整价格时间段为2012年2月14日到2014年4月30日。
可调的时间段比例 = (14 + 30 + 30 + 2 × 365)/(3 × 365) = 804/1095 = 0.73425。
(2)可调价的合同价部分金额 = 30000 × 0.73425 = 22027.5(万元)。
(3)调整增加金额 = 22027.5 × 0.5% = 110.1375万元,故安全生产费应增加110.1375万元。

3. 索赔费用的支付

(1)索赔与反索赔的概念

所谓"索赔",顾名思义有索取赔偿之意,是指在合同的履行过程中,受损害的一方,向违约方索取赔偿或向责任方索取补偿的过程。因此,合同条款中即广义的索赔是双向的,既可以是承包人向发包人索赔,也可以是发包人向承包人索赔;而反索赔是指对索赔的反驳或防止。由于历史的原因狭义的索赔是指承包人向发包人索取赔偿或补偿,而反索赔是指发包人向承包人索取赔偿或补偿。公路施工监理中"索赔"和"反索赔"概念是按照狭义来理解。索赔的内容包括时间索赔和费用索赔,只要提及索赔自然包含这两方面内容,而且时间与费用索赔的程序相同。

(2)索赔

①索赔成立的基本条件:有明确的合同依据(或法律依据);有具体的损害事实;索赔期限符合合同约定;索取的费用和(或)工期与损害事实相符。

②索赔审批的基本原则:恪守合同原则;尊重事实原则;公平合理原则;分级审批原则。

综上所述,索赔成立条件和审批原则归纳就是两点:一是符合合同也称为合同原则(包括合同条款依据和合同规定的程序),二是损害事实也称为损害事实原则(包括一定存在损害事实而且计算准确)。

③索赔程序:包括索赔提出、索赔受理审核、索赔支付。索赔程序如图4-2-6所示。

图 4-2-6 工程索赔程序

④费用索赔的审批与计算：主要包括三个方面，即索赔细目与数量的审定、单价或费率分析与确定、计算方法及总费用的审定。

a.索赔细目和数量审定：仔细分析和阅读监理人的原始记录；仔细分析承包人的记录；现场核查；综合分析。

b.单价或费率分析确定：利用工程量清单中的单价；采用协商费率；采用正式规定和公布的标准确定费率；按有关票据计算。

c.计算审查：主要包括两个方面，一是分析和审查承包人的计算原则、计算方法；二是检查有无算术错误。

⑤减少费用索赔的监理途径：引起索赔的原因分析（主要有 5 种）；加强索赔费用监理的途径有 4 种，具体是全面、深入、细致地理解和掌握合同条款，熟悉和掌握施工现场的详细情况，熟悉和掌握施工进展情况和施工进度计划，熟悉和掌握工程经济知识。

⑥涉及索赔的合同条款以及有无包含利润，如表 4-2-1 所示。

《2018 版施工合同》费用索赔以及包含利润的条款和内容　　　　表 4-2-1

序号	条款号	合同条款的主要内容	利润
1	1.6.1	业主不能及时提交图纸的索赔	有
2	1.10.1	在工程现场发掘出化石、文物或古迹	无
3	2.3	业主未能按期办妥永久占地的征用手续	有
4	3.4.5	监理人的指示不及时或过错引起的索赔	无
5	4.1.8	承包人为其他承包人提供方便或服务	无

续上表

序号	条 款 号	合同条款的主要内容	利润
6	4.11.2	不利物质条件(不可预见的外界障碍和自然条件)	无
7	5.2.4	发包人要求承包人提前交货所增加的费用	无
8	5.2.6	发包人提供材料不符合要求或变更交货或返工的索赔	有
9	8.3	发包人提供的基准资料不正确	有
10	11.3	发包人的工期延误含数量质量交货点变化暂停图纸付款延误	有
11	11.4	异常恶劣的气候条件只赔时间不赔钱	无
12	12.2、12.3	发包人责任的暂时停工补偿和程序条款	有
13	12.4.2	发包人原因无法按时复工	有
14	13.1.3	发包人原因造成质量不合格	有
15	13.5.3	监理人重新剥开或钻孔检查;前提条款13.5.1,13.5.2	有
16	13.6.2	发包人提供材料不合格承包人的补救措施损失	有
17	14.1.3	非隐蔽工程或材料重新试验和检验	有
18	14.4	超规定或重新检验或试验费用	无
19	17.3.3、17.5.2、17.6.2	发包人不及时付款的违约金	无
20	18.4.2	发包人在全部工程竣工前,使用已接收的单位工程导致承包人费用增加	有
21	18.6.2	发包人的原因导致试运行失败的,承包人应采取措施保证试运行合格	有
22	19.2.3、19.2.4	发包人原因造成缺陷责任期间工程损坏	有
23	20.6.4	业主承担未能取得保险赔偿额的责任	无
24	21.3	损害是业主的风险责任,不可抗力各自承担自己部分	无
25	22.2.2	业主违约承包人行使暂时停工的权利(不安抗辩)	有
26	22.2.3	发包人违约解除合同	有

(3)反索赔

反索赔工作依靠监理人的扣款来完成。反索赔可以分为以下几种类型:①工程拖期反索赔;②施工缺陷反索赔;③其他损失反索赔。反索赔涉及的合同条款如表4-2-2所示。

《2018版施工合同》中可引用的反索赔条款 　　　　　表4-2-2

序号	合同条款号	索赔条款主题内容
1	1.9	严禁贿赂
2	1.10	发现文物后不及时报告或隐瞒不报,致使文物丢失或损坏的
3	5.4	承包人提供不合格材料或工程设备
4	7.5	道路、桥梁的损坏
5	9.2	承包人的安全责任
6	9.4	承包人的环境保护责任
7	11.5	承包人工期延误
8	12.4	承包人无故拖延和拒绝复工

续上表

序号	合同条款号	索赔条款主题内容
9	13.1	工程质量不合格
10	13.6	消除不合格工程
11	14.1	重新试验和检验的材料、工程设备或工程的质量不符合合同要求
12	18.5	在施工期运行中发现工程或工程设备损坏或存在缺陷的
13	18.7	承包人未按要求恢复临时占地,或者场地清理未达到合同约定的
14	19.3	缺陷责任期延长
15	22.1	承包人违约

例 题

例1 （　　）是一项由业主提供给承包人用作开工费用的无息款项。[2003年、2004年监理真题]

A. 暂定金额　　　　B. 开工预付款　　　　C. 保留金　　　　D. 计日工

例2 在下列几种款项的支付中,哪种款项在支付前需要确认担保的是（　　）。[2006年监理真题]

A. 工程进度款　　　B. 开工预付款　　　C. 材料预付款　　　D. 保险金

例3 某公路工程的签约合同价为3000万元,开工预付款在投标函附录中规定的额度为10%。每一个月完成的工作量如例3表所示。合同约定在期中进度付款证书的累计金额达到有效合同价的30%之后,开始按工程进度以固定比例(每完成签约合同价的1%,扣回开工预付款的2%)分期从各月的进度付款证书中扣回,全部金额在进度付款证书的累计金额达到有效合同价的80%时扣完。开工预付款值起扣月和扣回值是（　　）。

某公路工程的月完成工作量表 例3表

月份	1	2	3	4	5	6	7	8	9	10	11
工作量(万元)	100	100	200	200	400	200	600	500	300	300	100

A. 第6月40万元　　　　　　　　B. 第5月20万元
C. 第5月80万元　　　　　　　　D. 第6月20万元

例4 以例3为例,开工预付款值止扣月和扣回值是（　　）。

A. 第8月50万元　　　　　　　　B. 第8月100万元
C. 第9月60万元　　　　　　　　D. 第9月20万元

例5 某工程合同价为500万元,合同价的60%为可调部分。可调部分中人工费占35%,材料费55%,其余占10%。结算时,人工费价格指数增长10%,材料费价格指数增长20%,其余未发生变化。按照调值公式法计算,该工程的结算工程价款为（　　）万元。

A. 610.00　　　　B. 543.50　　　　C. 511.25　　　　D. 500.00

例6 某工程2014年签合同,2014年相对于2013年的材料综合物价指数为110%,2015年相对于2013年的材料综合物价指数为132%。计算2015年1000万元材料费的实际结算价为（　　）万元。

A. 1100   B. 1200   C. 1320   D. 1420

例7 某工程2013年签合同,2014年相对于2013年的材料综合物价指数为110%,2015年相对于2013年的材料综合物价指数为132%。计算2015年1000万元材料费的实际结算价为( )万元。

A. 1100   B. 1200   C. 1320   D. 1420

例8 某工程2013年签合同,2014年相对于2013年的材料综合物价指数为110%,2015年相对于2014年的材料综合物价指数为132%。计算2015年1000万元材料费的实际结算价为( )万元。

A. 1100   B. 1320   C. 1420   D. 1452

例9 监理工程师必须在满足下列( )要求后,签发支付材料设备的预付款证书。[2003年监理真题]

A. 材料设备已经被用于永久性工程
B. 材料设备已运抵工地现场
C. 材料设备的质量满足合同要求
D. 材料设备的存放满足合同要求
E. 承包人向监理工程师提交材料设备的订货单或收据

例10 承包人在完成较小附加工程后申请计日工支付时,应提供( )。[2005年监理真题]

A. 用工清单   B. 材料清单
C. 设备清单   D. 费用计算单
E. 工程量清单

例11 采用价格指数法进行价格调整时,其进度款不包括( )。

A. 预付款的扣回   B. 预付款的支付
C. 工程变更费用   D. 质保金扣留
E. 其他金额

例题解析

例1 开工预付款是一项由业主提供给承包人用作开工费用的无息款项。故选B项。

例2 开工预付款在支付前需要确认担保,不过2018年开始不需交开工预付款保函,改为只要有履约保证金就可以。故选B项。

例3 (1)开工预付款的预付总金额 = 3000 × 10% = 300(万元)。

(2)每个月末完成的累计工作量及其百分比计算,如解表所示。

例3解表

月份	1	2	3	4	5	6	7	8	9	10	11
工作量(万元)	100	100	200	200	400	200	600	500	300	300	100
累计工作量(万元)	100	200	400	600	1000	1200	1800	2300	2600	2900	3000
累计百分比(%)	3	6	13	20	33	40	60	76	86	96	100

可见,第5个月末的累计完成金额1000 > 30%合同价 = 900,应从第5个月末开始于扣回已经支付的开工预付款。第5个月末及其以后各月末开工预付款的累计扣回金额计算如下:

5月末扣回值 = 300 × [(1000 − 900)/3000] × 2 = 10 × 2 = 20(万元),故选 B 项。

6月末扣回值 = 300 × (200/3000) × 2 = 20 × 2 = 40(万元)。

7月末扣回值 = 300 × (600/3000) × 2 = 60 × 2 = 120(万元)。

8月末扣回值 = 300 × (500/3000) × 2 = 50 × 2 = 100(万元)。

第9个月末的累计完成金额 2600 > 80% 合同价 = 2400,故：

9月末扣回值 = 300 − (20 + 40 + 120 + 100) = 300 − 280 = 20 万元。

例4 根据例3解析,止扣月是第9月末,扣回值20万元。故选 D 项。

例5 按照指数调价公式:500 × (0.4 + 0.6 × 0.35 × 1.1 + 0.6 × 0.55 × 1.2 + 0.6 × 0.1 × 1) = 543.5。故选 B 项。

例6 当期(现行)是2015年,基期是签约2014年,分子和分母两个指数要相对于相同的时间,例如2013年才可以直接套用公式。1000 × 132/110 = 1000 × 1.20 = 1200,故选 B 项。

例7 当期(现行)是2015年,基期是签约2013年,公式的分子2015年相对于2013年,分母基期指数可以理解为2013年相对于2013年指数为100。1000 × (132/100) = 1000 × 1.32 = 1320,故选 C 项。

例8 当期(现行)是2015年,基期是签约2013年,公式的分子应该是2015年相对于2013年的定基指数才行,要将两个环比指数换算成2015年相对于2013年的定基指数。2015年相对于2013年的指数 = (1.1 × 1.32) × 100 = 145.2,1000 × (145.2/100) = 1000 × 1.452 = 1452。故选 D 项。

例9 选项 A 错在"已经被用于永久性工程"。故选 BCDE 项。

例10 选项 ABC 计日工的清单组成,选项 D 是计日工提交资料。故选 BCDE 项。

例11 公式中 P_0 为进度款,不包括价格调整、不计质量保证金的扣留和支付、预付款的支付和扣回,第15条约定的变更及其他金额已按现行价格计价的,也不计在内。请注意关键词是"已按现行价格计价的",变更工作直接套用或间接套用原子目单价的,就不是现行价格。故只能选 ABD 项。

自测模拟题

(一)单项选择题

1.当期中支付证书的累计金额达到合同价格的(　　)时,开始按工程进度的固定比例分期从各月的期中支付证书中扣回开工预付款。

A. 20%　　　　　B. 30%　　　　　C. 40%　　　　　D. 10%

2.有关费用索赔的选项中,错误的是(　　)。

A. 费用索赔是由于非承包人自身原因造成的费用损失或增加

B. 费用索赔必须要经过监理工程师受理

C. 监理工程师处理索赔时,应先核实费用,后查证原因

D. 处理索赔时,监理工程师必须是完全独立的裁判人身份

3.根据合同条款规定,在出现承包人与业主签订合同并开始施工后,承包物价上涨20%的情况,由此增加的工程费用由(　　)。

A. 由业主负担　　B. 由承包人负担　　C. 由保险负担　　D. 由监理负担

4.某工程于2013年签订合同,2014年相对于2013年的材料综合物价指数为100%,2015

年相对于2014年的材料综合物价指数为110%,2016年相对于2015年的材料综合物价指数为132%。计算2016年1000万元材料费的实际结算价为(   )万元。
  A.1100   B.1320   C.1420   D.1452

5. 根据《2018版施工合同》,不属于工程变更范围的是(   )。
  A.更改工程有关的高程、位置、尺寸 B.业主要求追加的额外工作
  C.改变合同中某一项工作的质量   D.改变工程施工的时间和顺序

6. (   )是对工程实施控制的核心手段。
  A.审批权   B.下达指令性文件
  C.工程计量   D.工程支付

7. 承包人需缴纳的质量保证金,国家规定不超过合同价的(   )。
  A.3%   B.5%   C.8%   D.10%

8. 有关费用索赔的选项中,错误的是(   )。
  A.费用索赔是由于非承包人自身原因造成的费用损失或增加
  B.费用索赔必须要经过监理工程师受理
  C.监理工程师处理索赔时,应先核实费用,后查证原因
  D.处理索赔时,监理工程师必须与合同当事人协商

9. 当期中支付证书的累计金额达到合同价格的(   )时,开始按工程进度的固定比例分期从各月的期中支付证书中扣回开工预付款。
  A.20%   B.30%   C.40%   D.10%

10. 在施工中如果遇到文物,承包人因停工损失或保护文物的费用提出索赔。这种索赔应归类于(   )。
  A.不利的外界障碍   B.业主违约责任
  C.不利的自然条件   D.业主风险

11. 下列索赔事件中,承包人可以索赔利润的是(   )。
  A.不利的物质条件 B.图纸提交不及时 C.材料价格上涨 D.执行监理人指示

12. 施工中承包人发生损害后要进行索赔的最重要第一步骤是提交(   )。
  A.索赔申请   B.索赔(意向)通知
  C.索赔报告   D.损害证据

13. 当发生索赔事件时,对于承包商自有的施工机械,其费用索赔通常按照(   )进行计算。
  A.台班折旧费   B.台班费
  C.设备使用费   D.进出场费用

14. 无论是合同哪方当事人提出变更申请,变更指示均应由(   )发出。
  A.发包人   B.变更提出人   C.监理人   D.变更批准人

(二)多项选择题

1. 开工预付款的支付条件包括(   )。
  A.业主与承包人签订了合同协议书 B.承包人提供了开工预付款保函
  C.承包人提供了履约保函   D.业主与监理单位签订了合同
  E.监理工程师签发了支付证书

2. 下列支付项目中属于合同支付项目的有( )。
   A. 开工预付款 B. 材料预付款
   C. 暂列金额 D. 质保金
   E. 计日工

3. 在合同支付项目中,业主预先支付给承包人,并在一定期间又要扣回的款项有( )。
   A. 开工预付款 B. 保留金
   C. 材料预付款 D. 索赔费用
   E. 工程进度款

4. 监理工程师应根据合同规定,在工程进度款的支付证书中逐月扣回的款项有( )。
   A. 保留金 B. 动员预付款
   C. 材料预付款 D. 设备预付款
   E. 保险金

5. 公路工程按时间分类,工程费用支付可分为( )。
   A. 前期支付 B. 期中支付
   C. 交工支付 D. 常规支付
   E. 最终支付

6. 由于业主违约,连带出现的合同事项可能有( )。
   A. 工程变更 B. 工程延期
   C. 费用索赔 D. 工程暂停
   E. 反索赔

7. 在工程支付项目中,属于前期支付的有( )。
   A. 开工预付款 B. 履约保函手续费
   C. 保险手续费 D. 材料设备预付款
   E. 暂估价

8. 以下支付项目中,属于中期支付的有( )。
   A. 开工预付款 B. 材料设备预付款
   C. 暂列金额 D. 索赔
   E. 迟付款利息

9. 公路工程费用的支付中,工程量清单支付项目包括( )。
   A. 暂列金额 B. 计日工
   C. 工程变更的费用 D. 材料设备预付款
   E. 保留金

10. 按支付的内容分,工程费用支付可分为( )。
    A. 清单支付 B. 合同支付
    C. 开工预付款支付 D. 材料预付款支付
    E. 设备预付款支付

11. 索赔的审批原则有( )。
    A. 恪守合同 B. 尊重事实
    C. 风险共担 D. 公平合理
    E. 分级审批

12. 索赔的成立条件有( )。
    A. 有明确的合同依据 B. 发包人已经审核通过
    C. 有具体的损害事实 D. 索赔期限符合合同约定
    E. 索取的费用和(或)工期与损害事实相符

参考答案

(一)单项选择题

1. B 2. C 3. A 4. D 5. B 6. D 7. A 8. C 9. B 10. D
11. B 12. B 13. A 14. C

(二)多项选择题

1. ABCE 2. ABD 3. AC 4. BCD 5. ABCE 6. BCD 7. ABC
8. BCDE 9. AB 10. AB 11. ABDE 12. ACDE

七、安全、环保措施费及标准化建设费用控制及支付审核

重点知识

(一)安全措施费用控制及支付审核

1. 安全措施费计提标准的依据

财政部、安全生产监督管理总局印发的《企业安全生产费用提取和使用管理办法》[财企(2012)16号]和《公路工程标准施工招标文件(2018年版)》公路工程专用合同条款第9.2.5条。

2. 公路工程施工安全措施费计提标准

公路工程计提标准为1.5%,提取的安全生产费用列入工程造价,评标时不作为评标内容。工程量清单第100章中安全生产费用应为投标价(不含安全生产费及建筑工程一切险及第三者责任险的保险费)的1.5%(若发包人公布了最高投标限价时,按最高投标限价的1.5%计)。

3. 安全生产费用的用途

安全生产费用是工程施工合同费用中的一项专项费用(专款专用),应用于施工安全防护用具及设施的采购和更新、安全施工措施的落实、安全生产条件的改善,不得挪作他用。

4. 安全生产费用(安全措施费)的具体控制与计量

安全生产费用可以按照《公路工程安全生产标准化指南》的规定进行计量,见表4-2-3。

5. 安全生产费用的审核与支付

安全生产费用应当经监理工程师审核签认,并经建设单位同意后,在项目建设成本中据实列支。

安全生产费用计量要求　　　　　　　　　　　表 4-2-3

序号	类别	细化内容	清单内容
1	设置、完善、改造和维护安全防护设施设备支出	指为保障工程安全生产而设置的相关安全防护设施、设备，以及对其进行技术、性能、质量等方面的完善、改造和维护等费用。 设置费用主要指直接用于项目安全生产的相关设施设备购置、制作、安装等费用； 完善费用主要指因正常损耗或因工程变更导致的安全防护设施设备的补充购置、制作、安装费用； 改造费用主要指为增加安全防护设施设备的安全系数，增强施工安全，对现有安全防护设施设备进行的设计、试验与制作加工等费用； 维护费用主要指对现有安全防护设施设备的日常保养费用	（1）施工现场安全防护费。安全防护设施包括：临边、临口、临水的危险部位防坠、防滑、防溺水等设施；防止物体、人员坠落而设的安全网、棚；其他与工程有关的交叉作业防护、防火、防爆、防尘、防毒、防雷、防风、防汛、防台、防地质灾害、有害气体监测、通风、临时安全防护等。 （2）警示、照明等灯具费。包括：施工车辆、船舶、机械、构造物的警示灯、危险报警闪光灯、施工区域内夜间警示灯、照明灯的灯具。 （3）警示标志、标牌费。包括各类警告提醒指示。 （4）安全用电防护费。该设施包括：各种用电专用开关、室外使用的开关、防水电箱、高压安全用具、漏电保护的设施。 （5）施工现场围护费。该设施包括：改扩建工程施工围护；施工现场高压电塔、电杆围护；施工现场光缆围护等。对施工围护有特殊要求路段的围护费不在此列。 （6）其他安全防护设备与设施费。应计入安全生产费的其他安全防护设备与设施的完善、改造和维护等费用
2	配备、维护、保养应急救援器材、设备支出和应急演练支出	指施工单位应急救援器材、设备的购置、使用、维护、更新以及按照合同约定所组织的应急演练等所发生的相关费用。 应急救援是指在应急响应过程中，为消除、减少事故危害，防止事故扩大或恶化，最大限度地降低事故造成的损失或危害而采取的救援措施或行动。 应急救援器材、设备指在应急救援过程中需要使用的消防、急救等常用小型器材与设备，不含消防车、救生船等由社会专业救援机构配备的大型救援设备或非常用器材。 应急演练是指由建设单位或施工单位依据应急预案，模拟应对突发事件组织的应急救援活动	（1）应急救援器材与设备的配备（或租赁）、维护、保养费。这些器材及设备包括：灭火器、消防斧等小型消防器材；急救箱、急救药品、救生衣、救生圈、应急灯具、救援梯、救援绳等小型救生器材与设备。特殊季节或特殊环境下拖轮调遣拖运、警戒船只的租赁费用。救生船、消防车、救护车等大型救援设备所发生的相关费用不在此列。 （2）应急演练费。由建设单位或施工单位依据应急预案，模拟应对突发事件组织的应急救援活动中，应由施工单位分担或由施工单位自行负责的部分或全部费用

续上表

序号	类　　别	细化内容	清单内容
3	重大危险源和事故隐患评估、监控和整改支出	指针对重大危险源和事故隐患进行评估、监控和整改所发生的费用。 重大危险源指影响因素比较复杂，事故发生可能性较大或事故严重程度较高，必须从结构、环境、施工工艺、安全管理等多角度进行控制和防范的危险源。对于重大危险源的识别根据危险源的性质、场所、设备、设施等的不同，结合公路水运工程实际情况，重大危险源应当重点关注以下几类：易燃、易爆、有毒物质的存储区（如工地储油气罐、火药库、沥青罐库等）；具有爆炸危险的生产场所（如爆破作业区、隧道洞内开挖作业区等）；危险性较大的分部分项工程。 安全生产事故隐患（简称事故隐患）是指生产经营单位违反安全生产法律、法规、规章、标准、规程和安全生产管理制度的规定，或者因其他因素在生产经营活动中存在可能导致事故发生的物的危险状态、人的不安全行为和管理上的缺陷。事故隐患分为一般事故隐患和重大事故隐患。一般事故隐患，是指危害和整改难度较小，发现后能够立即整改排除的隐患。重大事故隐患，是指危害和整改难度较大，应当全部或者局部停产停业，并经过一定时间整改治理方能排除的隐患，或者因外部因素影响致使生产经营单位自身难以排除的隐患	（1）重大危险源和事故隐患评估费。由建设单位、相关行政主管部门组织的，或者施工单位委托专业安全评估单位对项目重大危险源、重大事故隐患进行评估所发生的相关费用。 （2）重大危险源监控费。对项目重大危险源进行日常监控所发生的相关费用。施工监控不在此列。 （3）重大事故隐患整改费。根据建设单位、相关行政主管部门或者专业安全评估单位出具的评估报告对项目重大事故隐患进行整改所发生的相关费用
4	安全生产检查、评价、咨询和标准化建设支出	安全生产检查指承包人日常安全生产工作检查以及聘请专业安全机构或专家对项目安全生产情况进行的检查；安全生产评价指承包人聘请专业安全机构或专家对项目进行的施工安全风险评估，或者对其安全方案、安全工作情况进行评价，并出具相应评价报告；安全生产咨询是指就安全生产工作中存在的问题向相关专业安全机构、咨询单位或专家进行咨询，由其给出咨询意见；安全生产标准化建设是指承包人按照有关规定或者合同约定进行的安全方面的标准化建设	（1）日常安全检查费。承包人专职安全员日常安全巡视所发生的车辆与相关器材使用费，车辆与器材的购置费用不在此列。 （2）专项安全检查费。承包人聘请专业安全机构或专家对项目安全生产过程中的特殊部位、特殊工艺、特别设备的施工安全进行检查所支付的相关费用。 （3）安全生产评价费。承包人聘请专业安全机构或专家对项目安全施工专项方案进行讨论、论证、评估、评价所支付的相关费用，不包括新建、改建、扩建项目安全评价。 （4）安全生产咨询费。承包人就安全生产工作中存在的问题向相关专业安全机构、咨询单位或专家进行咨询所支付的相关费用。 （5）安全生产标准化建设费。因为承包人按照有关规定或者合同约定进行安全方面的标准化建设所增加的费用

续上表

序号	类别	细化内容	清单内容
5	配备和更新现场作业人员安全防护用品支出	指为保障现场施工人员人身安全和身体健康而配备的、供现场施工人员使用的防护必需品所发生的费用	(1)安全防护物品配备费。承包人根据有关规定在日常施工中必须配备的安全帽、安全绳(带)、手套、雨鞋、工作服、口罩、防毒面具、防护药膏等安全防护物品的购置费用。 (2)安全防护物品更新费。承包人对安全防护物品的正常损耗进行必要补充所产生的费用
6	安全生产宣传、教育、培训支出	指承包人在施工现场对安全生产进行的宣传,对施工人员进行的安全知识教育、安全技术交底、安全操作规程培训等	(1)安全生产宣传费。包括制作安全宣传标语、条幅、图片、视频等宣传资料所发生的费用。 (2)安全生产教育、培训费。包括承包人对施工人员进行安全技术交底、安全操作规程培训、安全知识教育等支出的课时费;安全报纸、杂志订阅或购置费;安全知识竞赛、技能竞赛、安全专题会议等活动费用;安全经验交流、现场观摩等费用
7	安全生产适用的新技术、新标准、新工艺、新装备的推广应用支出	指承包人配合相关科研机构,对其安全生产方面的新技术、新标准、新工艺、新装备等研究成果进行试用而发生的相关费用	增设隧道门禁系统,隧道内风险控制监控系统,桥梁作业面远程监控系统等所发生的相关费用
8	安全设施及特种设备检测检验支	指承包人邀请法定检测检验机构对相关安全设施及特种设备进行安全性检测检验所发生的相关费用	安全设施及特种设备检测检验支出由以下清单细目构成: (1)安全设施检测检验费。承包人对拟投入本项目的安全设施送交或邀请具有相关资质的检测检验机构进行检测检验,并出具相关报告所发生的费用。 (2)特种设备检测检验。承包人根据有关规定对拟投入本项目的特种设备邀请具有相关资质的检测检验机构进行检测检验,并出具相关报告所发生的费用
9	其他安全生产费用支出	指不在以上范围内,由承包人根据项目实际情况,在投标书中列支的相关安全生产费用	(1)办公用品费。专职安全员办公用计算机、照相器材等办公必需的设施配备费用。 (2)雇工费。保障施工安全,对施工现场进出口部位进行交通管制而雇佣交通协管人员进行看护所支出的人工费用。 (3)其他费用。指在招投标时不可预见的,在施工过程中经发包人与监理人认可,可在安全生产费中列支的其他与安全生产直接相关的费用

(二)环保措施费用控制及支付审核

根据《公路工程标准施工招标文件(2018 年版)》工程量清单第 100 章的规定,施工环保费用属于**总额**支付项目,属于清单支付项目,列在第 100 章中进行计量与支付。

(三)标准化建设费用控制及支付审核

根据《公路工程标准施工招标文件(2018 年版)》工程量清单第 100 章的规定,承包人的驻地建设费用、施工标准化费用等都属于**总额**支付项目,属于清单支付项目,均列在第 100 章中进行计量与支付。

例 题

例 1 安全生产费的支付按照( )。
A. 包干使用　　　B. 据实列支　　　C. 先行支付 50%　　　D. 先行支付 100%

例 2 工程量清单第 100 章中安全生产费用应为投标价为计算基数时,不包括( )。
A. 建筑工程一切险的保险费　　　B. 第三者责任险的保险费
C. 暂列金额　　　D. 安全生产费本身
E. 计日工

例题解析

例 1 安全生产费用应当经监理工程师审核签认,并经建设单位同意后,在项目建设成本中据实列支。故选 B 项。

例 2 工程量清单第 100 章中安全生产费用应为投标价(不含安全生产费及建筑工程一切险及第三者责任险的保险费)的 1.5%。故选 ABD 项。

自测模拟题

(一)单项选择题

1. 安全生产适用的新技术、新标准、新工艺、新装备的推广应用支出,是指( )。
   A. 承包人对"四新"研究成果进行试用而发生的相关费用
   B. 承包人配合相关科研机构,对"四新"研究成果进行试用而发生的相关费用
   C. 承包人进行"四新"研究成果而发生的相关费用
   D. 承包人与监理人和发包人,对"四新"研究成果进行试用而发生的相关费用

(二)多项选择题

1. 承包人的专职安全员可支付的安全费有( )。
   A. 办公用计算机　　　　　　B. 办公用照相器材
   C. 劳保用品　　　　　　　　D. 隐患排查费
   E. 日常安全检查的租车费

参考答案

(一) 单项选择题

1. B

(二) 多项选择题

1. ABCE

第五章 公路工程安全生产管理目标控制

第一节 安全生产管理的基础知识

一、我国公路工程安全监理的相关法律法规和方针政策

重 点 知 识

(一)我国公路工程安全监理的相关法律法规

1. 公路工程安全监理相关的主要法律

《中华人民共和国安全生产法》(以下简称《安全生产法》)、《中华人民共和国公路法》(以下简称《公路法》)、《中华人民共和国建筑法》(以下简称《建筑法》)。

2. 公路工程安全监理相关的主要法规

《建设工程安全生产管理条例》(以下简称《安全管理条例》)、《生产安全事故报告和调查处理条例》(以下简称《安全事故处理条例》)、《生产安全事故应急条例》。

3. 公路工程安全监理相关的主要部门规章和规范标准等

《公路水运工程安全生产监督管理办法》(交通运输部令2017年第25号)(以下简称《公路安全监管办法》)、《危险性较大的分部分项工程安全管理规定》(2018年住建部令第37号)(以下简称住建部危大工程管理规定)等部门规章。

《工程建设标准强制性条文》(建标[2002]99号)、《公路工程施工监理规范》(JTG G10—2016)、《公路工程施工安全技术规范》(JTG F90—2015)(以下简称公路安全规范)以及有关的工程安全技术标准、规范、规程等。

(二)安全监理的方针政策

(1)安全第一、预防为主、综合治理的安全监理方针。

(2)此处的政策是指与公路工程安全监理相关的政策性文件,例如,《公路水运工程"平安工地"建设管理办法》(交安监发[2018]43号)等。但是其中住建部2018第37号令是部门规章,不属于政策性文件。

例 题

例1 在进行具体公路施工安全监理工作时,作为监理从业人员主要依据( )。
A. 安全生产法　　B. 公路法　　C. 安全管理条例　　D. 公路安全规范

例2 对施工专项方案需经专家认证规定最为详细的是( )。
    A. 2016版监理规范   B. 住建部危大工程管理规定
    C. 安全管理条例   D. 公路安全规范

例3 涉及危大工程施工专项方案相关规定的文件有( )。
    A. 安全生产法   B. 安全管理条例
    C. 公路安全规范   D. 2016版监理规范
    E. 公路安全监管办法

例题解析

例1 对于公路施工监理人员在进行具体公路施工安全监理工作时不仅要涉及安全管理规定还涉及很多安全技术问题。故选D项。

例2 住建部危大工程管理规定的第10条~第13条对施工专项方案需经专家认证规定最为详细,参见本章第二节第九点中具体条款内容。故选B项。

例3 安全生产法没有涉及危大工程施工专项方案相关规定,其他四个文件都涉及该内容。故选BCDE。

自测模拟题

(一)单项选择题

1. 监理工程师按照法律、法规和工程建设强制性标准实施监理,并对建设工程安全生产承担( )。
    A. 主要责任   B. 次要责任   C. 全面责任   D. 监理责任

2. 安全生产管理的方针是( )。
    A. 百年大计,质量第一   B. 预防为主,防治结合
    C. 安全第一,预防为主,综合治理   D. 经济效益,社会效益相统一

3. 根据《安全生产法》规定,公路等施工企业作业人员有权( )。
    A. 修改工艺规格   B. 修改施工交底和施工方案
    C. 拒绝接受施工交底   D. 拒绝违章指挥和强令冒险作业

4. 与《建设工程安全生产管理条例》相比较,《公路水运工程安全生产监督管理办法》关于专职安全员的安全职责增加了( )。
    A. 违章制止   B. 现场监督
    C. 检查记录   D. 隐患报告

5. 消防工作贯彻( )的方针。
    A. 专门机关与群众相结合   B. 遏制重特大火灾
    C. 预防为主,防消结合   D. 谁主管,谁负责

6. 我国《安全生产法》规定,从业人员发现直接危及人身安全的紧急情况而停止作业,生产经营单位可以( )。
    A. 对其给予警告处分   B. 降低其工资
    C. 解除与其订立的劳动合同关系   D. 允许该行为

7. 制定《建设工程安全生产管理条例》的主要目的是( )。
   A. 以最少的安全投入实现有效的安全管理
   B. 加强建设安全生产监督管理,保障人民群众生命和财产
   C. 制定评分办法,便于行业管理
   D. 建立统一的司法解释,有助于法律程序的执行

8. 为保证生产安全,根据《公路法》规定,改建公路时,施工单位应当在施工路段两端设置明显的施工标志、( )标志。
   A. 安全   B. 防火   C. 警示   D. 防盗

9. 《安全生产法》规定,生产经营单位建设项目的安全设施投资应当纳入( )。
   A. 经营成本   B. 建设项目保障费
   C. 建设项目概算   D. 生产成本

10. 根据《公路工程施工安全技术规范》(JTG F90—2015)规定,设置错车道路段的施工便道宽度不小于( )m。
    A. 6   B. 6.5   C. 5   D. 4

11. 根据《公路工程施工安全技术规范》(JTG F90—2015)规定,盲炮检查应在爆破( )后实施。
    A. 15min   B. 20min   C. 10min   D. 25min

12. 根据《建设工程安全生产管理条例》第65条规定,施工单位有下列( )行为的,可以责令限期改正,逾期未改的,责令停业整顿,并处10万元以上30万元以下罚款。
    A. 未向作业人员提供安全防护用具
    B. 在尚未竣工的建筑物内设置员工集体宿舍
    C. 安全防护用具进入施工现场前未经查验
    D. 未按规定设立安全生产管理机构

13. 《安全生产法》对负有安全生产监督管理职责的部门依法对生产经营单位执行有关安全生产的法律、法规和国家标准或行业标准的情况进行监督检查,其职权不包括( )。
    A. 安全方案审批权   B. 查封、扣押行政强制措施权
    C. 现场调查取证权   D. 现场处理权

(二)多项选择题

1. 建设项目需要配套建设的安全生产设施,必须与主体工程( )。
   A. 同时设计   B. 同时施工   C. 同时投产使用   D. 同时报废
   E. 同时竣工

2. 依据《安全生产法》的规定,生产经营单位( )工程项目的安全设施,必须与主体工程同时设计、同时施工、同时投入生产或者使用。
   A. 装修   B. 新建   C. 引进   D. 扩建
   E. 改建

3. 安全生产法规定的安全生产从业人员的权利包括( )。
   A. 知情权   B. 控告权   C. 获得奖励权   D. 申述权
   E. 紧急避险权

4. 《安全生产法》规定的安全生产从业人员的义务包括( )。

A. 接受教育的义务　　　　　　　B. 接受培训的义务
C. 制订操作规程的义务　　　　　D. 制订规章制度的义务
E. 危险报告义务

5. 生产经营单位应建立、健全(　　),改善安全生产条件,推进安全生产标准化建设,提高安全生产水平,确保安全生产。
A. 安全生产规章制度　　　　　　B. 安全检查机制
C. 安全生产责任制　　　　　　　D. 应急预案
E. 作业人员岗前培训制度

6. 公路水运工程施工现场的办公、生活区与作业区应当分开设置,并保持安全距离。办公、生活区的选址应当符合安全性要求,严禁在已发现的(　　)等危险区域设置施工驻地。
A. 自然村庄　　　　　　　　　　B. 县乡公路
C. 泥石流影响区　　　　　　　　D. 风景名胜区
E. 滑坡体

7. 工程重大安全事故罪的犯罪主体是特殊主体,仅限于(　　)。
A. 设计单位　　　　　　　　　　B. 工程监理单位
C. 工程咨询单位　　　　　　　　D. 建设单位
E. 施工单位

8.《安全生产法》关于从业人员的安全生产义务主要有(　　)。
A. 佩戴和使用劳动防护用品　　　B. 遵章守规,服从管理
C. 接受培训,掌握安全生产技能　D. 发现事故隐患及时报告
E. 组织制订规章制度

9. 生产经营单位的从业人员是指该单位从事生产经营活动各项工作的所有人员包括(　　)。
A. 临时聘用的人员　　　　　　　B. 工程管理人员
C. 各岗位的工人　　　　　　　　D. 工程技术人员
E. 监管部门的工作人员

10. 可以作为工程重大安全事故罪的主体包括(　　)。
A. 安全生产监督部门　　　　　　B. 建设行政主管部门
C. 监理单位　　　　　　　　　　D. 建设单位
E. 施工单位

11. 安全生产的目的包括有(　　)。
A. 防止和减少生产安全事故　　　B. 促进经济发展
C. 加快项目进度　　　　　　　　D. 减少项目成本
E. 保障人民群众生命和财产安全

参考答案

(一)单项选择题

1. D　2. C　3. D　4. C　5. C　6. D　7. B　8. A　9. C　10. B
11. A　12. C　13. A

(二) 多项选择题

1. ABC   2. BCD   3. ABE   4. ABE   5. AC   6. CE   7. ABDE
8. ABCD   9. ABCD   10. CDE   11. ABE

二、建设单位、勘察设计单位、施工单位、监理单位的安全责任

重点知识

从业单位应当建立健全安全生产责任制,明确各岗位的责任人员、责任范围和考核标准等内容。从业单位应当建立相应的机制,加强对安全生产责任制落实情况的监督考核,主要依据为《安全管理条例》(下文标注的条款号默认为该条例的条款号)和交通运输部的相关规定。

(一)建设单位的安全责任

(1)应当向施工单位提供有关资料,即建设单位应当向施工单位提供施工现场及毗邻区域内供水、排水、供电、供气、供热、通信、广播电视等地下管线资料,气象和水文观测资料,相邻建筑物和构筑物、地下工程的有关资料,并保证资料的真实、准确、完整(第6条)。

(2)不得向有关单位提出不符合建设工程安全生产法律、法规和强制性标准规定的要求(第7条)。

(3)在编制工程概算时,应当确定建设工程安全作业环境及安全施工措施所需费用(第8条)。

(4)不得明示或者暗示施工单位使用不符合安全施工的物资(第9条)。

(5)在申领(或办理)施工许可证时,应当提供有关安全施工措施的资料,批准之日起15日内到县级以上地方人民政府建设行政主管部门或者其他有关部门备案(第10条)。

(6)应当依法将工程项目发包给具有相应资质等级的单位。建设单位与勘察设计、施工、监理、检测、监测单位签订的合同中,应明确双方安全生产责任并签订安全生产责任书。在签订责任书时,应根据内部各岗位职责签订项目经理(指挥长)、项目副经理(副指挥长)、项目总工、项目各部门部长(处长)、项目各部门工作人员安全责任书。

(7)建设单位对工程项目安全生产负总责,应加强工程项目各阶段安全工作的综合协调管理,按照合同约定督促工程参建单位落实安全生产责任,按照每半年一次做好"平安工地建设"考核评价工作。

(二)勘察、设计单位的安全责任

1. 勘察单位的安全责任(第12条)

(1)勘察单位应当按照法律、法规和工程建设强制性标准进行勘察,提供的勘察文件应当真实、准确,满足建设工程安全生产的需要。

(2)勘察单位在勘察作业时,应当严格执行操作规程,采取措施保证各类管线、设施和周边建筑物、构筑物的安全。

(3)根据《公路安全监管办法》第二十九条规定,勘察单位应当按照法律、法规、规章、工程建设强制性标准和合同文件进行实地勘察,针对不良地质、特殊性岩土、有毒有害气体等不良

情形或者其他可能引发工程生产安全事故的情形加以说明并提出防治建议。

勘察单位提交的勘察文件必须真实、准确,满足公路工程安全生产的需要。

勘察单位及勘察人员对勘察结论负责。

2. 设计单位的安全责任(第 13 条)

(1)设计单位应当按照法律、法规和工程建设强制性标准进行设计,防止因设计不合理导致生产安全事故的发生。

(2)设计单位应当考虑施工安全操作和防护的需要,对涉及施工安全的重点部位和环节在设计文件中注明,并对防范生产安全事故提出指导意见。采用新结构、新材料、新工艺的建设工程和特殊结构的建设工程,设计单位应当在设计中提出保障施工作业人员安全和预防生产安全事故的措施建议。设计单位和注册建筑师等注册执业人员应当对其设计负责,并按合同要求做好安全技术交底和现场服务。

设计单位应当考虑施工安全操作和防护的需要,对涉及施工安全的重点部位和环节在设计文件中加以注明,提出安全防范意见。依据设计风险评估结论,对存在较高安全风险的工程部位还应当增加专项设计,并组织专家进行论证。

(三)施工单位的安全责任

(1)施工单位应当具备的安全生产资质条件(第 20 条)。

(2)施工单位的安全生产责任制度(第 21 条)。

《公路安全监管办法》相关规定如下。

第三十四条 施工单位应当按照法律、法规、规章、工程建设强制性标准和合同文件组织施工,保障项目施工安全生产条件,对施工现场的安全生产负主体责任。施工单位主要负责人依法对项目安全生产工作全面负责。

第三十五条 施工单位应当书面明确本单位的项目负责人,代表本单位组织实施项目施工生产。

项目负责人对项目安全生产工作负有下列职责:

①建立项目安全生产责任制,实施相应的考核与奖惩;

②按规定配足项目专职安全生产管理人员;

③结合项目特点,组织制订项目安全生产规章制度和操作规程;

④组织制订项目安全生产教育和培训计划;

⑤督促项目安全生产费用的规范使用;

⑥依据风险评估结论,完善施工组织设计和专项施工方案;

⑦建立安全预防控制体系和隐患排查治理体系,督促、检查项目安全生产工作,确认重大事故隐患整改情况;

⑧组织制订本合同段施工专项应急预案和现场处置方案,并定期组织演练;

⑨及时、如实报告生产安全事故并组织自救。

(3)施工单位的安全生产基本保障措施。

①安全生产费用列入建设工程概算应当专款专用于安全作业环境及安全施工措施。

②安全生产管理机构及人员的设置,专职安全生产管理人员职责 3 点,对安全隐患和违章指挥、违章操作的报告和制止(第 23 条)。

根据《公路安全监管办法》第三十六条规定,施工单位的专职安全生产管理人员应履行下列职责：

a.组织或者参与拟订本单位安全生产规章制度、操作规程，以及合同段施工专项应急预案和现场处置方案。

b.组织或者参与本单位安全生产教育和培训，如实记录安全生产教育和培训情况。

c.督促落实本单位施工安全风险管控措施。

d.组织或者参与本合同段施工应急救援演练。

e.检查施工现场安全生产状况，做好检查记录，提出改进安全生产标准化建设的建议。

f.及时排查、报告安全事故隐患，并督促落实事故隐患治理措施。

e.制止和纠正违章指挥、违章操作和违反劳动纪律的行为。

③编制安全技术措施及专项施工方案的规定（第26条）。

施工单位应当在施工组织设计中编制安全技术措施和施工现场临时用电方案，对下列达到一定规模的危险性较大的分部分项工程编制专项施工方案，并附具安全验算结果，经施工单位技术负责人、总监理工程师签字后实施，由专职安全生产管理人员进行现场监督：

a.基坑支护与降水工程。

b.土方开挖工程。

c.模板工程。

d.起重吊装工程。

e.脚手架工程。

f.拆除、爆破工程。

g.国务院建设行政主管部门或者其他有关部门规定的其他危险性较大的工程。

对上述工程中涉及深基坑、地下暗挖工程、高大模板工程的专项施工方案，施工单位还应当组织专家进行论证、审查。

④安全施工技术的交底（第27条）将在本章第二节第二点详细介绍。

⑤安全警示标志的设置（第28条）：应当在施工现场入口处、施工起重机械、临时用电设施、脚手架、出入通道口、楼梯口、电梯井口、孔洞口、桥梁口、隧道口、基坑边沿、爆破物及有害危险气体和液体存放处等危险部位，设置明显的安全警示标志。

⑥施工现场办公、生活区与作业区分开设置，并保持安全距离（第29条）。

根据《公路安全监管办法》第三十七条规定，施工单位应当推进本企业承接项目的施工场地布置、现场安全防护、施工工艺操作、施工安全管理活动记录等方面的安全生产标准化建设，并加强对安全生产标准化实施情况的自查自纠。

⑦环境污染防护措施（第30条）：毗邻建筑物、构筑物和地下管线应专项防护措施。防止或者减少粉尘、废气、废水、固体废物、噪声、振动和施工照明对人和环境的危害和污染。

⑧消防安全保障措施（第31条）：应当在施工现场建立消防安全责任制度，确定消防安全责任人。在施工现场入口处设置明显的消防标志以表示通道、器材和设施所在位置。

⑨劳动安全管理规定（第32、33、38条）：从业人员的知情权、批评检举控告权、拒绝权、紧急避险权、享受购买意外伤害保险权；遵守安全操作工程义务。

⑩安全防护用具及机械设备、施工机具的安全管理（第34条和第35条）

（4）施工总承包单位和分包单位安全责任的划分（第24条）：总承包单位对施工现场的安全生产负总责；分包单位应当服从总承包单位的安全生产管理，分包单位不服从管理导致生产安全事故的，由分包单位承担主要责任。

(5)安全教育培训制度将在本章第二节第二点详细介绍。

①特种作业人员培训和持证上岗(第25条)。

②安全管理人员和作业人员的安全教育和考核(第36条)。

③作业人员进入新岗位、新工地或采用新技术时的上岗教育培训(第37条)。

④根据《公路安全监管办法》第三十九条规定,施工单位应当将专业分包单位、劳务合作单位的作业人员及实习人员纳入本单位统一管理。

新进人员和作业人员进入新的施工现场或者转入新的岗位前,施工单位应当对其进行安全生产培训考核。

施工单位采用新技术、新工艺、新设备、新材料的,应当对作业人员进行相应的安全生产教育培训,生产作业前还应当开展岗位风险提示。

(6)安全隐患排查治理:根据《公路安全监管办法》第四十一条规定,施工单位应当按规定开展安全事故隐患排查治理,建立职工参与的工作机制,对隐患排查、登记、治理等全过程闭合管理情况予以记录。事故隐患排查治理情况应当向从业人员通报,重大事故隐患还应当按规定上报和专项治理。

(7)及时报告安全事故(第50条)。

根据《公路安全监管办法》第四十二条规定,事故发生单位应当依法如实向项目建设单位和负有安全生产监督管理职责的有关部门报告。不得隐瞒不报、谎报或者迟报。

发生生产安全事故时,施工单位负责人接到事故报告后,应当迅速组织抢救,减少人员伤亡,防止事故扩大。组织抢救时,应当妥善保护现场,不得故意破坏事故现场、毁灭有关证据。事故调查处置期间,事故发生单位的负责人、项目主要负责人和有关人员应当配合事故调查,不得擅离职守。

(四)监理单位的安全责任

1. 工程监理单位的安全责任(第14条)

(1)工程监理单位应当审查施工组织设计中的安全技术措施或者专项施工方案是否符合工程建设强制性标准。

(2)工程监理单位(或监理机构)在实施监理过程中,发现存在安全事故隐患的,应当要求施工单位整改;情况严重的,应当要求施工单位暂时停止施工,并及时报告建设单位。施工单位拒不整改或者不停止施工的,工程监理单位(或监理机构)应当及时向有关主管部门报告(交通运输部增加:并有权拒绝计量支付审核)。

(3)工程监理单位和监理工程师应当按照法律、法规和工程建设强制性标准实施监理,并对建设工程安全生产承担监理责任。

(4)监理单位应当如实记录安全事故隐患和整改验收情况,对有关文字、影像资料应当妥善保存(注:该点是交通运输部增加的内容)。

2. 施工安全监理的职责

(1)工程监理单位对本单位所承接的工程建设项目安全监理工作负责,督促承包人建立健全安全生产责任制。

(2)审查施工方案及安全技术措施并督促其实施。

(3)项目总监理工程师对该项目的安全监理工作全面负责。

（4）项目监理人员在总监理工程师的领导下，按照职责分工，履行现场安全监督检查的职责，并对各自承担的安全监理工作负责。

（5）监理工程师按照法律、法规和工程建设强制性标准实施监理，并对建设工程安全生产承担监理责任。

（6）定期组织施工现场安全生产专项检查，每月向工程安监站报告工地安全生产情况。

3. 监理单位违法行为和承担的法律责任

（1）监理单位违法行为（第57条）

①未对施工组织设计中的安全技术措施或者专项施工方案进行审查的。

②发现安全事故隐患未及时要求施工单位整改或者暂时停止施工的。

③施工单位拒不整改或者不停止施工，未及时向有关主管部门报告的。

④未依照法律、法规和工程建设强制性标准实施监理的。

（2）监理单位承担的法律责任（第57条）

工程监理单位有上述违法行为之一的，应承担下列责任：

①行政责任：责令限期改正；逾期未改正的，责令停业整顿，并处10万元以上30万元以下的罚款；情节严重的，降低资质等级，直至吊销资质证书。

②刑事责任：如造成重大安全事故，构成犯罪的，对直接责任人员，依照刑法有关规定追究刑事责任。

③民事责任：造成损失的，依法承担赔偿责任。

（3）监理单位应采取的措施

①建立健全监理安全责任制，落实分管领导和归口部门、岗位责任。

②编制内部落实监理安全责任制的工作指导，考核标准，检查工地安全状况。

③按合同调配监理人员，满足与安全监理相适应的义务和费用要求。

④定期开展监理企业内部的安全教育工作。

⑤建立总监理工程师上岗前考核工作，强化安全责任心、企业荣誉感，监理安全责任落到实处。

4. 监理工程师个人承担的法律责任（第58条）

注册执业人员未执行法律、法规和工程建设强制性标准的，责令停止执业3个月以上1年以下；情节严重的，吊销执业资格证书，5年内不予注册；造成重大安全事故的，终身不予注册；构成犯罪的，依照刑法有关规定追究刑事责任。

例 题

例1 根据《建设工程安全生产管理条例》建设单位在编制（   ）时，应当确定建设工程安全作业环境及安全施工措施所需费用。

  A. 工程预算 B. 工程估算 C. 工程决算 D. 工程概算

例2 建设单位不得明示或暗示施工单位违反（   ）标准。

  A. 工程建设强制性标准   B. 工程建设国家标准

  C. 工程建设行业标准   D. 工程建设企业标准

例3 现场监理人员发现施工单位的人员进入隧道未戴安全帽，应当（   ）。

  A. 责令立即停工   B. 责令立即整改

C. 报告安监部门　　　　　　　　D. 报告建设单位

例 4　承包人在隧道独头挖掘 150m 后无通风掘进,承包人拒不执行暂时停工令时,监理单位应(　　)。
A. 责令立即整改　　　　　　　　B. 报告建设单位
C. 报告建设主管部门　　　　　　D. 报告有关主管部门

例 5　承包人在隧道独头挖掘 150m 后继续无通风掘进,监理单位应(　　)。
A. 责令立即整改　　　　　　　　B. 应下停工令
C. 报告建设单位　　　　　　　　D. 报告建设主管部门
E. 报告安全监管部门

例 6　施工单位制订的基坑支护、土方开挖、爆破等工程的专项施工方案,必须经过(　　)签字后方可实施。
A. 建设单位负责人　　　　　　　B. 施工单位负责人
C. 监理单位负责人　　　　　　　D. 施工单位技术负责人
E. 总监理工程师

例题解析

例 1　本题考查第八条规定,建设单位在编制工程概算时,应当确定建设工程安全作业环境及安全施工措施所需费用。故选 D 项。

例 2　本题考查第七条规定,建设单位不得对勘察、设计、施工、工程监理等单位提出不符合建设工程安全生产法律、法规和强制性标准规定的要求。故选 A 项。

例 3　本题和例 4、例 5 考查第十四条第二款规定,工程监理单位在实施监理过程中,发现存在安全事故隐患的,应当要求施工单位整改;情况严重的,应当要求施工单位暂时停止施工,并及时报告建设单位。施工单位拒不整改或者不停止施工的,工程监理单位应当及时向有关主管部门报告。不戴安全帽属于安全隐患。故选 B 项。

例 4　题干承包人在隧道独头挖掘 150m 后无通风掘进,属于重大安全隐患是"情况严重"且又拒不停工。故选 D 项。选项 C 的建设主管部门,不如选项 D 的有关主管部门更合适,因为"有关主管部门"除了建设主管部门还包括安全监管部门(安监局,即现在的应急局)。

例 5　题干中只有"情况严重",没有拒不整改或拒不停工的情况。故选 DC。不能报告有关主管部门。

例 6　本题考查第二十六条规定,施工单位应当在施工组织设计中编制安全技术措施和施工现场临时用电方案,对达到一定规模的危险性较大的分部分项工程编制专项施工方案,并附具安全验算结果,经施工单位技术负责人、总监理工程师签字后实施,由专职安全生产管理人员进行现场监督。故选 DE 项。

自测模拟题

(一)单项选择题

1. 根据《建设工程安全生产管理条例》,建设单位不得对勘察、设计、施工、工程监理等单位提出不符合建设工程安全生产法律、法规和强制性标准规定的要求,不得(　　)。

A. 变更合同约定的造价　　　　　　　B. 压缩定额规定的工期
C. 变更合同约定的内容　　　　　　　D. 压缩合同约定的工期

2. 根据《建设工程安全生产管理条例》规定,采用新结构、新材料、新工艺的建设工程和特殊结构的建设工程,设计单位应当在设计中提出(　　)的措施建议。

A. 施工安全操作与防护保障施工作业人员安全和预防生产安全事故
B. 设计安全操作与防护保障施工作业人员安全和预防生产安全事故
C. 保障施工作业人员安全和预防生产安全事故
D. 建筑安全操作与防护保障施工作业人员安全和预防生产安全事故

3. 施工总承包的,建筑工程(　　)的施工必须由总承包单位自行完成。

A. 地基基础工程　　　　　　　　　　B. 主体结构
C. 装修工程　　　　　　　　　　　　D. 一半以上工程量

4. 根据《建设工程安全生产管理条例》,分包单位应当服从总承包单位的安全生产管理,分包单位不服从管理导致生产安全事故的,由分包单位承担(　　)。

A. 全部责任　　　　　　　　　　　　B. 合同中约定的责任
C. 一般责任　　　　　　　　　　　　D. 主要责任

5. 根据《建设工程安全生产管理条例》,专职安全生产管理人员负责对安全生产进行现场监督检查。发现安全事故隐患,应当及时向项目负责人和安全生产管理机构报告;对违章指挥、违章操作的,应当(　　)。

A. 立即上报　　B. 处以罚款　　C. 立即制止　　D. 给予处分

6. 根据《建设工程安全生产管理条例》,施工单位应当在施工组织设计中编制安全技术措施和施工现场临时用电方案,对达到一定规模的危险性较大的分部、分项工程编制专项施工方案,并附具(　　),经施工单位技术负责人、总监理工程师签字后实施,由专职安全生产管理人员进行现场监督。

A. 安全用电方案　　　　　　　　　　B. 安全实施方案
C. 安全施工方案　　　　　　　　　　D. 安全验算结果

7. 根据《建设工程安全生产管理条例》,建设工程施工前,施工单位负责项目管理的技术人员应当对有关安全施工的技术要求向(　　)作出详细说明,并由双方签字确认。

A. 监理人员　　　　　　　　　　　　B. 建设单位工作人员
C. 施工作业班组、作业人员　　　　　D. 设计人员

8. 对于施工现场存在的安全事故隐患,施工单位拒不按监理工程师指令进行整改的,监理工程师应向(　　)书面报告。

A. 建设单位　　　　　　　　　　　　B. 施工单位
C. 监理单位　　　　　　　　　　　　D. 有关行政主管部门

9. 工程监理单位和监理工程师应当按照法律、法规和工程建设强制性标准实施监理,并对建设工程安全生产承担(　　)。

A. 连带责任　　B. 监理责任　　C. 民事责任　　D. 主要责任

10. 建设工程安全生产管理条例中明确要求工程监理单位应当审查施工组织设计中的安全技术措施或者专项施工方案是否符合(　　)。

A. 招标文件要求　　　　　　　　　　B. 投标文件承诺
C. 监理工程师要求　　　　　　　　　D. 工程建设强制性标准

511

11. 现场监理人员发现施工单位的人员进入隧道未戴安全帽,未要求施工单位整改的,依据《建设工程安全生产管理条例》第五十七条规定,监理单位应承担的法律责任是( )。

    A. 责令改正   B. 责令限期改正   C. 责令停业整顿   D. 处以罚款

12. 承包人在隧道独头挖掘150m后,继续无通风掘进,监理单位未要求施工单位停工的,被主管部门检查发现后,逾期还未下达停工令。依据《建设工程安全生产管理条例》第五十七条,监理单位承担的法律责任是( )。

    A. 责令改正   B. 责令限期改正
    C. 责令停业整顿并罚款   D. 追究刑事责任

(二) 多项选择题

1. 根据《建设工程安全生产管理条例》,建设单位在编制工程概算时,应当确定( )所需费用。

    A. 现场卫生条件   B. 建设工程安全作业环境
    C. 工程施工   D. 安全施工措施
    E. 建设工程安全措施

2. 建设单位应当在拆除工程施工15日前,将下列资料报送建设工程所在地的县级以上人民政府建设行政主管部门或者其他有关部门备案( )。

    A. 堆放、清除废弃物的措施
    B. 施工单位资质等级证明
    C. 拟拆除工程地下管线资料
    D. 拟拆除建筑物、构筑物及可能危及毗邻建筑的说明
    E. 拆除施工组织方案

3. 下列说法正确的是( )。

    A. 建设工程实行分包时,分包单位对分包工程的安全生产向发包人负总责
    B. 总承包单位和分包单位对分包工程的安全生产承担连带责任
    C. 分包单位应当服从总承包单位的安全生产管理,分包单位不服从管理导致生产安全事故的,由总承包单位承担主要责任
    D. 总承包单位应当自行完成建设工程主体结构的施工
    E. 建设工程实行施工总承包的,由总承包单位对施工现场的安全生产负总责

4. 根据《建设工程安全生产管理条例》,下列( )达到一定规模的危险性较大的分部、分项工程需编制专项施工方案,并附具安全验算结果,经施工单位技术负责人、总监理工程师签字后实施,由专职安全生产管理人员进行现场监督。

    A. 基坑支护与降水工程   B. 土方开挖工程
    C. 模板工程   D. 混凝土工程
    E. 脚手架工程

5. 关于施工单位职工安全生产培训下列说法正确的是( )。

    A. 施工单位自主决定培训
    B. 培训制度无硬性规定
    C. 施工单位应当加强对职工的教育培训
    D. 施工单位应当建立、健全教育培训制度

E. 未经教育培训或者考核不合格的人员,不得上岗作业

6. 根据《建设工程安全生产管理条例》,下列说法正确的是( )。

A. 工程监理单位应审查施工组织设计中的安全技术措施或者专项施工方案是否符合工程建设强制性标准

B. 工程监理单位在实施监理过程中,发现存在安全事故隐患的,应当要求施工单位暂时停止施工,并及时报告建设单位

C. 工程监理单位和监理工程师对建设工程安全生产承担监理责任

D. 工程监理单位在实施监理过程中,发现存在情况严重的安全事故隐患时,应当要求施工单位暂时停止施工,并及时向有关主管部门报告

E. 工程监理单位和监理工程师应当按照法律、法规和工程建设强制性标准实施监理

7. 工程监理单位的安全生产管理的主要责任和义务有( )。

A. 监督检查建设单位的安全生产投入是否到位

B. 审查设计文件是否执行工程建设强制性标准

C. 审查施工组织设计中的安全技术措施是否符合工程建设强制性标准

D. 安全生产事故隐患报告义务

E. 对建设工程安全生产承担连带责任

8. 工程监理单位有( )行为之一的,责令限期改正;逾期未改正的,责令停业整顿,并处 10 万元以上 30 万元以下的罚款;情节严重的,降低资质等级,直至吊销资质证书;造成重大安全事故,构成犯罪的,对直接责任人员,依照刑法有关规定追究刑事责任;造成损失的,依法承担赔偿责任。

A. 未对施工组织设计中的安全技术措施或者专项施工方案进行审查的

B. 发现安全事故隐患未及时要求施工单位整改或者暂时停止施工的

C. 施工单位拒不整改或者不停止施工,未及时有关主管部门报告的

D. 未依照法律、法规和工程建设强制性标准实施监理的

E. 发现安全事故隐患未及时向建设单位报告的

9. 监理注册执业人员未执行法律、法规和工程建设强制性标准的( )。

A. 责令限期改正

B. 责令停止执业 3 个月以上 1 年以下

C. 情节严重的,吊销执业资格证书,5 年内不予注册

D. 造成重大安全事故的,终身不予注册

E. 构成犯罪的,依照刑法有关规定追究刑事责任

参 考 答 案

(一)单项选择题

1. D 2. C 3. B 4. D 5. C 6. D 7. C 8. D 9. B 10. D
11. B 12. C

(二)多项选择题

1. BD 2. ABDE 3. BDE 4. ABCE 5. CDE 6. ACE 7. CD

8. ABCD　　9. BCDE

三、监理单位应建立的安全管理制度

重点知识

监理单位应建立的安全管理制度分为两类,即项目管理和内容管理。

(一)项目管理(共有15项制度)

安全技术措施审查制度、专项施工方案审查制度、安全隐患督促整改制度、重大安全隐患报告制度、按照法律法规与强制标准实施监理制度、安全生产条件审查制度、安全生产检查与评价制度、安全生产会议制度、安全生产专项费用审查制度、安全生产应急管理制度、特种设备符合制度、"平安工地"考核评价制度、生产安全事故报告制度、危险性较大工程安全监理制度、夜间施工安全检查制度。

(二)内部管理(共有10项制度)

安全生产责任制及考核制度、监理人员安全生产培训教育制度、"一岗双责"岗位责任制度、职业健康管理制度、安全交通管理制度、驻地安全管理制度、安全档案管理制度、安全生产信息报送制度、试验仪器设备安全操作规程、安全监理交底制度。

例　题

例1 下列不是监理单位应建立的安全管理制度的是(　　)。
A. 安全技术措施审查制度　　　　B. 专项施工方案审查制度
C. 安全隐患报告制度　　　　　　D. 安全隐患督促整改制度

例2 监理单位应建立的安全管理制度有(　　)。
A. 安全技术措施审查制度　　　　B. 专项施工方案审查制度
C. 安全隐患督促整改制度　　　　D. 安全事故调查处理制度
E. 按照法律法规与强制标准实施监理制度

例题解析

例1 安全隐患分为一般隐患和重大隐患,只有重大隐患才需要报告;而隐患处理是所有隐患都需处理。故选C项。

例2 安全事故调查处理制度是施工单位应建立的制度。故选ABCE项。

自测模拟题

(一)单项选择题

1. 下列不是监理单位应建立的安全管理制度的是(　　)。
A. 安全技术措施审查制度　　　　B. 专项施工方案审查制度
C. 重大安全隐患报告制度　　　　D. 重大安全隐患处理制度

2. 监理单位应建立的安全管理制度是( )。
   A. 安全生产费保证制度　　　　　　B. 专项施工方案编制制度
   C. 安全隐患报告制度　　　　　　　D. 按照强制标准实施监理制度

(二)多项选择题

1. 监理单位应建立的安全管理制度有( )。
   A. 安全生产费审查制度　　　　　　B. 专项施工方案审查制度
   C. 一般安全隐患处理制度　　　　　D. 应急救援演练制度
   E. 按照法律法规实施监理制度
2. 监理单位应建立的安全管理制度有( )。
   A. 安全教育培训制度　　　　　　　B. 安全技术管理制度
   C. 安全隐患处理制度　　　　　　　D. 重大安全隐患报告制度
   E. 安全检查制度

参考答案及解析

(一)单项选择题

1. D　　2. D

(二)多项选择题

1. BE　　2. CD

1. 解析:安全隐患处理不分级,所以C项错误。
2. 解析:隐患报告是针对重大隐患。

四、施工单位应建立的安全生产管理体系和相关管理制度的监理审查要点

重 点 知 识

(一)施工单位应建立安全生产管理体系的监理审查要点

审查施工单位安全生产管理体系的要点如下:

(1)检查施工单位安全管理体系中机构,总包、分包单位现场项目经理和专职安全生产管理人员持证上岗、安全员数量配备情况。

(2)检查施工单位的安全生产责任制、安全生产教育培训制度、安全生产规章制度和操作规程、消防安全生产责任制、安全生产事故应急救援预案,安全施工技术交底制度以及设备的租赁、安装拆除、运行维护保养、自检验收管理制度等是否健全和完善。

(3)检查施工现场各种安全标志和临时设施的设置。

(4)检查、督促施工单位与分包单位签订施工安全生产协议书。

(5)检查施工单位技术措施或文明施工措施费用的使用计划。

(6)督促施工单位制订安全事故应急救援方案,制订重点部位和重点环节的危险源监控措施和相应的应急救援方案。

(7)对有关施工单位安全生产管理体系的检查项目,<u>由项目监理机构(总监办)在第一次</u>

工地会议上书面向施工单位告知。

(8)明确本项目工程安全事故上报与处理程序,要求事故单位在第一时间内,按照预定程序上报建设单位、所在地安全生产监督管理部门、交通主管部门、公安部门、工会等相关部门,不得隐瞒和拖延上报。

(二)施工单位应建立安全生产相关管理制度的监理审查要点

监理机构应检查施工单位安全生产责任制、安全生产规章制度的建立和落实情况,以及重大危险源安全管理和生产安全事故隐患排查治理情况;应核查施工单位项目负责人、专职安全生产管理人员和特种作业人员的资格,以及施工机械设备和设施的安全许可验收手续。

1. 施工项目安全生产责任制度的审查要点

施工安全生产责任制、安全管理规章制度、安全操作规程的制订情况。

2. 施工单位安全生产管理机构和专职人员制度的审查要点

(1)安全生产管理机构的人员构成,包括项目经理、项目总工、专职安全管理人员、特种作业人员配备的数量及安全资格培训持证上岗情况。各种人员的职责分工,持证人员种类、数量与年施工产值(即年合同金额)等配置要求相符与否。

(2)专职安全员的专业情况,继续教育情况等。

(3)安全生产条件。

3. 特种作业人员持证上岗制度审查要点

主要是资格,花名册、岗位证书的相符性和有效性。

4. 安全技术措施制度的审查要点

(1)安全技术措施。安全技术措施是指从技术上采取措施,防止工伤事故和职业病的危害。在工程施工中针对工程项目的特点、环境条件、劳动组织、作业方法、施工机械、供电设施等制订确保安全施工的措施,是施工组织设计的重要组成部分。安全技术措施的审查要点包括:

①进入施工现场的安全规定。

②地面、深坑、隧道施工作业的防护。

③水上、高处及立体交叉施工作业的防护。

④施工用电安全技术措施。

⑤机械、机具使用过程中的安全防护及夜间施工安全防护。

⑥为确保安全,对于采用新工艺、新材料、新技术制订相应的专项安全技术措施。

⑦预防自然灾害(台风、雷击、洪水、地震、高温、寒冻、泥石流)的措施。

⑧安全生产专项费用使用计划;施工人员安全教育计划、安全技术交底安排。

(2)安全设施的审查:安全设施的产地、厂家、合格证,生产工艺的调查,设施的取样试验。

(3)大、中型施工机械的审查:设备一览表、合格证、数量、型号、生产能力、完好率。

(4)审查施工现场平面布置:监理工程师在审查施工单位的施工组织设计时,必须从安全的角度审查施工现场平面布置图设计的合理性和符合性。施工现场布置是否符合有关安全要求。施工总平面图中办公、宿舍、食堂等临时设施的设置以及施工现场场地、通路、排污、排水、防火措施是否符合有关安全技术标准规范和文明施工的要求。

5. 施工单位的专项施工方案制度的审查要点

主要审查编制专项施工方案的人员、编制范围、报审程序,具体参见本章第二节第七点。

6. 施工单位的事故应急救援预案制度的审查要点

主要审查是否建立该制度、专职或兼职人员、预案等级划分、报审程序,具体参见本章第二节第三点。

7. 施工单位的安全保证方案制度的审查要点

工程开工前,监理工程师应严格审查施工单位的安全保证方案,审查要点包括:

(1)督促建设单位与施工单位签订工程项目安全施工责任书,督促总包单位与分包单位签订工程项目安全施工责任书。监理工程师应审查分包合同中是否明确了施工单位与分包单位各自在安全生产方面的责任。

(2)审查总包、分包单位的安全生产许可证或专业主管部门颁发的安全生产资质。

(3)督促承包人建立健全施工现场安全保证体系。

(4)督促施工总承包单位对分包单位的安全生产工作统一领导,统一管理,提出明确的安全生产制度,管理措施,并认真实施监督检查。

(5)施工中采用新技术、新工艺、新设备、新材料的,是否都制订了相应的安全技术措施。根据施工的不同阶段、环境、季节、气候的变化制订安全措施的情况。基坑支护、模板、脚手架工程、起重吊装工程和整体提升脚手架拆装等专项方案是否符合法律法规及强制性标准,是否按规定进行论证和办理批准手续。

(6)复查承包人的大型施工机械、安全设施验收手续,并签署意见。

例 题

例1 对有关施工单位安全生产管理体系的检查项目,由项目监理机构在( )上书面向施工单位告知。

A. 设计交底会 B. 监理交底会
C. 第一次工地会议 D. 开工通知书

例2 不是监理机构应审查施工单位安全生产管理体系要点的是( )。

A. 检查施工单位安全管理体系中机构
B. 检查安全生产规章制度和操作规程
C. 检查安全生产事故应急救援预案
D. 检查职业健康安全保证体系的机构

例3 监理机构应审查施工单位安全生产管理体系的要点有( )。

A. 检查施工单位安全管理体系中机构,现场 ABC 三类人员持证上岗和数量配备情况
B. 检查施工现场各种安全标志和临时设施的设置
C. 检查、督促施工单位与分包单位签订施工安全生产协议书
D. 检查施工单位的安全生产责任制、安全生产教育培训制度
E. 检查施工单位技术措施或文明施工措施费用的使用计划。

例4 特种作业人员持证上岗制度审查要点有( )。

A. 人员专业资格　　　　　　　　B. 人员花名册
C. 岗位证书的相符性　　　　　　D. 岗位证书的有效性
E. 人员的毕业证

例题解析

例 1　对有关施工单位安全生产管理体系的检查项目,由项目监理机构在第一次工地会议上书面向施工单位告知。故选 C 项。

例 2　选项 ABC 都是监理机构应审查施工单位安全生产管理体系要点。而选项 D 职业健康安全保证体系的机构是属于施工单位安全管理体系中的机构。故选 D 项。

例 3　选项 A 错在现场 ABC 三类人员,现场只需要 B 类项目负责人和 C 类专职安全员。故选 BCDE 项。

例 4　选项 E 是错项,特种作业人员有资格证就行,不查文凭,见审查要点。故选 ABCD 项。

自测模拟题

(一)单项选择题

1. 专职安全员的配置数量是按照(　　)进行配置。
   A. 签约合同金额　　　　　　　B. 年施工产值
   C. 合同段难易　　　　　　　　D. 建设单位要求

2. 根据《公路水运工程安全生产监督管理办法》规定,专职安全员的配置类型是按照(　　)进行设置。
   A. 签约合同金额　　　　　　　B. 年合同金额
   C. 专业要求　　　　　　　　　D. 建设单位要求

3. 监理工程师审查施工现场临时用电方案是属于审查(　　)制度要点。
   A. 安全生产责任　　　　　　　B. 安全教育培训
   C. 安全技术措施　　　　　　　D. 专项施工方案

4. 复查承包人的大型施工机械、安全设施验收手续,并签署意见是审查(　　)要点。
   A. 安全生产责任　　　　　　　B. 安全保证体系
   C. 专项施工方案　　　　　　　D. 安全隐患报告

5. 监理工程师审查施工平面布置图是属于审查(　　)制度要点。
   A. 安全生产责任　　　　　　　B. 安全保证体系
   C. 安全技术措施　　　　　　　D. 专项施工方案

6. 审查承包人的安全生产专项费用使用计划是审查(　　)制度要点。
   A. 安全生产责任　　　　　　　B. 安全技术措施
   C. 专项施工方案　　　　　　　D. 安全隐患报告

7. 审查承包人的安全生产许可证是审查(　　)制度要点。
   A. 安全生产责任　　　　　　　B. 安全保证体系
   C. 安全技术措施　　　　　　　D. 安全隐患报告

8. 审查承包人是否与建设单位签订安全施工责任书是审查( )制度要点。
   A. 安全生产责任　　B. 安全保证体系　　C. 安全技术措施　　D. 安全隐患报告

(二) 多项选择题

1. 根据《公路水运工程安全生产监督管理办法》规定，专职安全员的配置要根据( )进行。
   A. 签约合同金额　　　　　　　B. 工程施工作业特点
   C. 专业要求　　　　　　　　　D. 安全风险
   E. 施工组织难度

2. 监理机构应审查施工单位安全生产管理体系的要点有( )。
   A. 检查安全生产规章制度和操作规程
   B. 检查安全生产事故应急救援预案
   C. 检查施工技术交底制度
   D. 检查消防安全生产责任制
   E. 检查设备的租赁、安装拆除、运行维护保养、自检验收管理制度是否健全和完善

3. 工程开工前，监理工程师审查施工组织设计中的安全技术措施或专项施工方案是否符合强制性标准，审查重点包括( )。
   A. 安全技术措施费用的使用计划
   B. 施工人员安全教育计划
   C. 工地现场人员、机械总数
   D. 施工现场布置是否符合有关安全要求
   E. 是否制订了施工现场临时用电方案的安全技术措施和电气防火措施

4. 工程开工前，监理工程师应审查施工单位编制的施工组织设计中的安全技术措施或专项施工方案是否符合强制性标准，审查合格后方可同意工程开工。审查重点是( )。
   A. 安全管理和安全保证体系的组织机构，包括项目经理、专职安全管理人员、特种作业人员配备的数量及安全资格培训持证上岗情况
   B. 是否制订了施工安全生产责任制、安全管理规章制度、安全操作规程
   C. 施工单位的安全防护用具、机械设备、施工机具是否符合国家有关安全规定
   D. 施工现场布置是否符合有关安全要求
   E. 是否有安全主管部门颁发的施工许可证书

参考答案及解析

(一) 单项选择题

1. B　2. C　3. C　4. B　5. C　6. B　7. B　8. B

1.解析：选项C是根据而不是按照，解析见多选题第1题。

4.解析：选项C专项施工方案是针对分部分项工程而言的，要全面正确理解安全管理条例第26条。

(二) 多项选择题

1. BCDE　2. ABDE　3. ABDE　4. ABCD

1. 解析：根据《公路水运工程安全生产监督管理办法》第14条第2款规定，施工单位应当设置安全生产管理机构或者配备专职安全生产管理人员。施工单位应当根据工程施工作业特点、安全风险以及施工组织难度，按照年度施工产值配备专职安全生产管理人员，不足5000万元的至少配备1名；5000万元以上不足2亿元的按每5000万元不少于1名的比例配备；2亿元以上的不少于5名，且按专业配备。单选题的第1题和第2题也是按照此规定。

2. 解析：选项C错在少了"安全"两字含义就不同。

3. 解析：选项C错在总数，人员按专业和机械按种类型号。

4. 解析：选项E错在不是施工组织设计的内容。

五、工程安全隐患及处理

重点知识

（一）工程安全隐患

（1）隐患：是指未被事先识别或未采取必要防护措施的可能导致安全事故的危险源或不利的环境因素。就是指具有潜在的对人身安全或健康构成伤害，造成财产损失或兼具这些起源或情况。包括人的不安全行为、物的不安全状态、场所的不安全因素和管理上的缺陷。

（2）工程施工安全隐患：是指在安全检查及数据分析时发现潜在的对人身安全或健康构成伤害、造成财产损失、两者兼具的起源或情况。

（3）事故隐患：是指导致人身伤害、工作环境破坏或这些情况组合的危险和有害因素。包括人的不安全行为、物的不安全状态、场所的不安全因素和管理上的缺陷。

（二）隐患分级

1. 事故隐患分级

（1）特别重大事故隐患：可能造成的死伤人数30人（含30人）及以上。

（2）重大事故隐患：可能造成的死伤人数10~29人。

（3）较大事故隐患：可能造成的死伤人数3~9人。

（4）一般事故隐患：可能造成的死伤人数1~2人。

2. 安全隐患分级

按照《公路水路行业安全生产事故隐患治理暂行办法》第8条规定，安全生产隐患分为两级，重大隐患是指造成的重特大事故且整改难度较大的隐患，其余称为一般隐患。

注意安全隐患2级与事故隐患4级的区别。

（三）隐患处理

隐患处理应根据隐患的严重程度以及隐患的应急程度，分别采用与其相适应的处理手段和处理方法。

（1）事故隐患处理。

排查登记、公示公告、防范或整改、验收销号、监督检查。

（2）对一般安全隐患（安全问题）处理。

监理工程师可采用口头指示或签发安全工作指令。

(3)对重大安全隐患(严重安全隐患)可采用下列处理方法：

①由总监理工程师或专业监理工程师召开承包人的项目负责人、项目安全负责人、专职安全员参加的专题会议(现场监理会议)，要求承包人及时采取有效措施，消除安全隐患(根据安全隐患控制情况，可邀请建设单位参加)。

②签发安全工作指令要求承包单位限时整改、复查、消项。

③必要时签发工程暂时停工指令要求承包单位进行整改，整改后再次恢复施工。

④施工单位应立即进行严重安全隐患调查，分析原因，制订纠正和预防措施，形成处理方案，并报监理工程师。整改处理方案有6点内容：a.隐患部位、性质、发展变化、时间、地点等，现场调查的数据和资料；b.隐患原因分析与判断；c.隐患处理方案；d.是否采取临时防护措施；e.隐患整改负责人、完成时间和整改验收人；f.涉及人员与责任和防止类似隐患再次出现的措施等。

⑤隐患处理完毕后，施工单位写出隐患处理报告并存档，同时报监理工程师。报告的内容有7点内容：整改过程、调查核查情况、隐患原因分析、处理依据、处理方案、处理中的数据记录资料、结果检查和验收结论。

⑥控制事故隐患是安全监理的最终目的，系统危险的辨识预测、分析评价都是属于危险控制技术。危险控制技术进一步分为宏观控制技术和微观控制技术两大类。

宏观控制技术以整个项目为对象对危险进行控制，手段有法制(政策、法令、规章)、经济(奖、罚、惩)和教育(入场安全教育、特殊工种教育)；安全监理是以法制和教育为主。

微观控制技术以具体危险源为控制对象，以系统工程为原理对危险进行控制，手段有技术措施和管理措施；安全监理是以管理措施为主，通过加强安全检查和技术方案审核。

(4)对于交通基础建设安全隐患处理，还可以用隐患排查结果汇总情况报告。

例 题

例1 根据《公路水路行业安全生产事故隐患治理暂行办法》规定，造成的重特大事故且整改难度较大的隐患是(　　)隐患。

A.特大　　　　B.重大　　　　C.较大　　　　D.一般

例2 监理工程师可以采用口头指示处理的隐患是(　　)。

A.特大　　　　B.重大　　　　C.较大　　　　D.一般

例3 事故隐患处理有(　　)。

A.排查登记　　B.公示公告　　C.防范或整改　　D.验收销号

E.约谈和惩戒

例4 危险控制技术有(　　)。

A.系统危险的辨识　　　　　　　B.系统危险的预测

C.系统危险的分析　　　　　　　D.系统危险的反馈

E.系统危险的评价

例题解析

例1 按照《公路水路行业安全生产事故隐患治理暂行办法》第8条规定，安全生产隐患分为两级，重大隐患是指造成的重特大事故且整改难度较大的隐患，其余称为一般隐患。故选

B项。

例2 对一般安全隐患(安全问题)处理监理工程师可以采用口头指示处理。故选D项。

例3 事故隐患处理有排查登记、公示公告、防范或整改、验收销号、监督检查。故选ABCD项。

例4 控制事故隐患是安全监理的最终目的,系统危险的辨识预测、分析评价都是属于危险控制技术。危险控制技术进一步分为宏观控制技术和微观控制技术两大类。故选ABCE项。

自 测 模 拟 题

(一)单项选择题

1. 安全监理的最终目的是( )。
   A. 落实安全监理责任　　　　　　　B. 控制安全风险
   C. 控制事故隐患　　　　　　　　　D. 安全目标控制
2. 以整个项目为对象对危险进行控制是( )。
   A. 事故控制技术　B. 宏观控制技术　C. 隐患控制技术　D. 微观控制技术
3. 以具体危险源为对象对危险进行控制是( )。
   A. 事故控制技术　B. 宏观控制技术　C. 隐患控制技术　D. 微观控制技术
4. 在宏观控制技术时,安全监理的手段是以( )为主。
   A. 法制和经济　　B. 经济和教育　　C. 法制和教育　　D. 技术措施
5. 在以危险源为控制对象时,安全监理的手段是以( )为主。
   A. 法制和经济　　B. 管理措施　　　C. 法制和教育　　D. 技术措施
6. 对于重大安全隐患,监理工程师需召开( ),要求承包人及时采取有效措施,消除安全隐患。
   A. 专题会议　　　B. 工地例会　　　C. 工地会议　　　D. 安委会会议
7. 安全隐患整改方案由( )编制。
   A. 施工单位　　　B. 监理单位　　　C. 建设单位　　　D. 安委会
8. 安全隐患处理报告由( )编制。
   A. 施工单位　　　B. 监理单位　　　C. 建设单位　　　D. 安委会
9. 监理工程师加强有关安全的检查工作和技术方案的审核工作是( )手段。
   A. 技术措施　　　B. 管理措施　　　C. 经济　　　　　D. 教育
10. 监理工程师严格把控特殊工种上岗关是( )手段。
    A. 技术措施　　　B. 管理措施　　　C. 经济　　　　　D. 教育

(二)多项选择题

1. 安全隐患包括( )。
   A. 人的不安全行为　　　　　　　　B. 物的不安全状态
   C. 第一类危险源　　　　　　　　　D. 场所的不安全因素
   E. 管理上的缺陷
2. 施工单位隐患整改方案的内容有( )。

A. 事故隐患原因分析与判断　　　　　B. 事故隐患处理方案
C. 是否需要采取临时防护措施　　　　D. 隐患治理预演方案
E. 现场调查的数据和资料

3. 危险控制技术进一步分为(　　)。
A. 隐患控制技术　　　　　　　　　B. 事故控制技术
C. 宏观控制技术　　　　　　　　　D. 安全检查技术
E. 微观控制技术

4. 宏观控制技术的手段有(　　)。
A. 法制　　　　B. 管理措施　　　　C. 经济　　　　D. 技术措施
E. 教育

5. 微观控制技术的手段有(　　)。
A. 法制　　　　B. 管理措施　　　　C. 经济　　　　D. 技术措施
E. 教育

参考答案及解析

(一)单项选择题

1. C　2. B　3. D　4. C　5. B　6. A　7. A　8. A　9. B　10. D

6. 解析：工地会议虽然包含专题会议，不如选项A合适。
10. 解析："特殊工种教育"在题干中不能有"教育"提示内容，所以题干改为"严格把控特殊工种上岗关"就是岗前教育培训和审核。

(二)多项选择题

1. ABDE　2. ABCE　3. CE　4. ACE　5. BD

1. 解析：安全隐患是第二类危险源。

六、双重预防性工作机制建设有关内容

重点知识

为推进建立公路水路行业安全生产风险管理和隐患治理双重预防机制，交通运输部制定了《公路水路行业安全生产风险管理暂行办法》和《公路水路行业安全生产事故隐患治理暂行办法》，在贯彻执行这两个办法时应结合以下要求：

(1)深刻认识加强安全生产风险管理和隐患治理工作的重要性。
(2)加强组织领导，统筹谋划各项工作。
(3)结合行业实际，分领域稳步推进。
(4)强化工作保障，确保取得实际效果。

(一)《公路水路行业安全生产风险管理暂行办法》相关规定

1. 总则

(1)公路行业安全生产风险管理具体工作是指安全生产风险辨识、评估、管控及其监督管

理工作。

（2）从事公路行业生产经营活动的企事业单位（以下简称生产经营单位）是安全生产风险管理的实施主体。

（3）公路行业安全生产风险管理工作应坚持"单位负责、行业监管、动态实施、科学管控"的原则。

2．分类分级

（1）公路行业安全生产风险（以下简称风险）是指生产经营过程中发生安全生产事故的可能性。

（2）公路施工有关的风险按业务领域主要是指交通工程建设风险。

（3）风险等级按照可能导致安全生产事故的后果和概率，由高到低依次分为重大、较大、一般和较小四个等级。（注：与安全事故等级对应降一级，最高"重大"最低"较小"）

①重大风险是指一定条件下易导致特别重大安全生产事故的风险。

②较大风险是指一定条件下易导致重大安全生产事故的风险。

③一般风险是指一定条件下易导致较大安全生产事故的风险。

④较小风险是指一定条件下易导致一般安全生产事故的风险。

3．辨识与评估

（1）生产经营单位应编制风险辨识手册，明确风险辨识范围、方式和程序。

（2）生产经营单位风险辨识应针对致险因素（也称为致险因子、风险源、危险源、风险因素等）进行，致险因素一般包含以下方面：

①从业人员安全意识、安全与应急技能、安全行为或状态。

②生产经营基础设施、运输工具、工作场所等设施设备的安全可靠性。

③影响安全生产外部要素的可知性和应对措施。

④安全生产的管理机构、工作机制及安全生产管理制度合规和完备性。

（3）生产经营单位安全生产风险辨识分为全面辨识和专项辨识。全面辨识应每年不少于1次，专项辨识应在生产经营环节或其要素发生重大变化或管理部门有特殊要求时及时开展。安全生产风险辨识结束后应形成风险清单。

（4）生产经营单位应依据风险等级判定指南（注：例如桥梁和隧道工程施工安全风险评估指南），对风险清单中所列风险进行逐项评估，确定风险等级以及主要致险因素和控制范围。

（5）风险致险因素发生变化超出控制范围的，生产经营单位应及时组织重新评估并确定等级。

生产经营单位重大风险等级评定、等级变更和销号，可委托第三方服务机构进行评估或成立评估组进行评估，出具评估结论。生产经营单位成立的评估组成员应包括生产经营单位负责人或安全管理部门负责人和相关业务部门负责人、2名以上相关专业领域具有一定从业经历的专业技术人员。

4．管理与控制

（1）生产经营单位应依据风险的等级、性质等因素，科学制订管控措施。

（2）生产经营单位应建立风险动态监控机制，按要求进行监测、评估、预警，及时掌握风险的状态和变化趋势。

（3）生产经营单位应严格落实风险管控措施，保障必要的投入，将风险控制在可接受范围内。

（4）生产经营单位应当将风险基本情况、应急措施等信息通过安全手册、公告提醒、标识牌、讲解宣传等方式告知本单位从业人员和进入风险工作区域的外来人员，指导、督促做好安全防范。

（5）生产经营单位应针对本单位风险可能导致的安全生产事故，制订或完善应急措施。

（6）当风险的致险因素超出管控范围，达到预警条件的，生产经营单位应及时发出预警信息，并立即采取针对性管控措施，防范安全生产事故发生。发生安全生产事故的，应按有关规定，及时有效处置。

（7）生产经营单位应如实记录风险辨识、评估、监测、管控等工作，并规范管理档案。重大风险应单独建立清单和专项档案。

5. 重大风险管控与登记

（1）生产经营单位应按下列要求加强重大风险管控：

①对重大风险制订动态监测计划，定期更新监测数据或状态，每月不少于1次，并单独建档。

②重大风险应单独编制专项应急措施。

③重大风险确定后按年度组织专业技术人员对风险管控措施进行评估改进，年度评估报告应在次年1个月内通过交通运输安全生产风险管理系统向属地负有安全生产监督管理职责的交通运输管理部门报送。

（2）生产经营单位应对进入重大风险影响区域的本单位从业人员组织开展安全防范、应急逃生避险和应急处置等相关培训和演练。

（3）生产经营单位应当在重大风险所在场所设置明显的安全警示标志，标明重大风险危险特性、可能发生的事件后果、安全防范和应急措施。

（4）生产经营单位应当将重大风险的名称、位置、危险特性、影响范围、可能发生的安全生产事故及后果、管控措施和安全防范与应急措施告知直接影响范围内的相关单位或人员。

（5）生产经营单位应当将本单位重大风险有关信息通过公路水路行业安全生产风险管理信息系统进行登记，构成重大危险源的应向属地综合安全生产监督管理部门备案。登记（含重大危险源报备，下同）信息应当及时、准确、真实。

（6）重大风险登记主要内容包括基本信息、管控信息、预警信息和事故信息等。

①基本信息包括重大风险名称、类型、主要致险因素、评估报告，所属生产经营单位单位名称、联系人及方式等信息。

②管控信息包括管控措施（含应急措施）和可能发生的安全生产事故及影响范围与后果等信息。

③预警信息包括预警事件类型、级别，可能影响区域范围、持续时间、发布（报送）范围、应对措施等。

④事故信息包括重大风险管控失效发生的安全生产事故名称、类型、级别、发生时间、造成的人员伤亡和损失、应急处置情况、调查处理报告等。

⑤填报单位、人员、时间，以及需填报的其他信息。

上述第③、④款信息在预警或安全生产事故发生后登记或报备。

（7）重大风险登记分为初次、定期和动态三种方式。

（8）初次登记，应在评估确定重大风险后5个工作日内填报。

(9)定期登记,采取季度和年度登记,季度登记截止时间为每季度结束后次月10日;年度登记时间为自然年,截止时间为次年1月30日。

(10)生产经营单位发现重大风险的致险因素超出管控范围,或出现新的致险因素,导致发生安全生产事故概率显著增加或预估后果加重时,应在5个工作日内动态填报相关异常信息。

(11)重大风险经评估确定等级降低或解除的,生产经营单位应于5个工作日内通过公路水路行业安全生产风险管理系统予以销号。

(12)重大风险管控失效发生安全生产事故的,应急处置和调查处理结束后,应在15个工作日内对相关工作进行评估总结,明确改进措施,评估总结应向属地负有安全生产监督管理职责的交通运输管理部门报送。

(二)《公路水路行业安全生产事故隐患治理暂行办法》相关规定

1. 总则

(1)安全生产隐患是生产经营单位违反安全生产法律、法规、规章、标准、规程和安全生产管理制度等规定,或因其他因素在生产经营活动中存在的可能导致安全生产事故发生的人的不安全行为、物的不安全状态、场所的不安全因素和管理上的缺陷。

(2)生产经营单位是隐患治理的责任主体,生产经营单位主要负责人对本单位隐患治理工作全面负责,应当部署、督促、检查本单位或本单位职责范围内的隐患治理工作,及时消除隐患。

(3)隐患治理工作应坚持"单位负责、行业监管、分级管理、社会监督"的原则。

2. 分类分级

安全隐患分为六类,其中公路施工隐患属于交通工程建设隐患。

安全隐患分为重大隐患和一般隐患两个等级。具体细节内容见上一点安全隐患。

3. 隐患排查与整改

(1)生产经营单位应当建立健全隐患排查、告知(预警)、整改、评估验收、报备、奖惩考核、建档等制度,逐级明确隐患治理责任,落实到具体岗位和人员。

(2)生产经营单位应当保障隐患治理投入,做到责任、措施、资金、时限、预案"五到位"。

(3)生产经营单位应当建立隐患日常排查、定期排查和专项排查工作机制,明确隐患排查的责任部门和人员、排查范围、程序、频次、统计分析、效果评价和评估改进等要求,及时发现并消除隐患。

(4)隐患日常排查是生产经营单位结合日常工作组织开展的经常性隐患排查,排查范围应覆盖日常生产作业环节,日常排查每周应不少于1次。

(5)隐患专项排查是生产经营单位在一定范围、领域组织开展的针对特定隐患的排查,一般包括:

①根据政府及有关管理部门安全工作专项部署,开展针对性的隐患排查。

②根据季节性、规律性安全生产条件变化,开展针对性的隐患排查。

③根据新工艺、新材料、新技术、新设备投入使用对安全生产条件形成的变化,开展针对性的隐患排查。

④根据安全生产事故情况,开展针对性的隐患排查。

(6)隐患定期排查是由生产经营单位根据生产经营活动特点,组织开展涵盖全部交通运输生产经营领域、环节的隐患排查。定期排查每半年应不少于1次。

(7)生产经营单位应指定专门机构负责本单位安全生产隐患治理工作,定期检查本单位的安全生产状况,及时组织排查隐患,提出改进安全生产管理的建议。

(8)从业人员发现隐患,应当立即向现场安全生产管理人员或者本单位负责人报告;接到报告的人员应当及时予以处理。

(9)生产经营单位应认真填写隐患排查记录,形成隐患排查工作台账,包括排查对象或范围、时间、人员、安全技术状况、处理意见等内容,经隐患排查直接责任人签字后妥善保存。

(10)生产经营单位对发现或排查出的隐患,应当按照隐患分级判定指南,确定隐患等级,形成隐患清单。

(11)一般隐患整改完成后,应由生产经营单位组织验收,出具整改验收结论,并由验收主要负责人签字确认。

(12)重大隐患整改应制订专项方案,包括以下内容:

①整改的目标和任务。
②整改技术方案和整改期的安全保障措施。
③经费和物资保障措施。
④整改责任部门和人员。
⑤整改时限及节点要求。
⑥应急处置措施。
⑦跟踪督办及验收部门和人员。

(13)重大隐患整改完成后,生产经营单位应委托第三方服务机构或成立隐患整改验收组进行专项验收。生产经营单位成立的隐患整改验收组成员应包括生产经营单位负责人、安全管理部门负责人、相关业务部门负责人和两名以上相关专业领域具有一定从业经历的专业技术人员。整改验收应根据隐患暴露出的问题,全面评估,出具整改验收结论,并由组长签字确认。

(14)重大隐患整改验收通过的,生产经营单位应将验收结论向属地负有安全生产监督管理职责的交通运输管理部门报备,并申请销号。报备申请材料包括:

①重大隐患基本情况及整改方案。
②重大隐患整改过程。
③验收机构或验收组基本情况。
④验收报告及结论。
⑤下一步改进措施。

(15)重大隐患整改验收完成后,生产经营单位应对隐患形成原因及整改工作进行分析评估,及时完善相关制度和措施,依据有关规定和制度对相关责任人进行处理,并开展有针对性的培训教育。

4.重大隐患报备

(1)生产经营单位应按照"及时报备、动态更新、真实准确"的原则,通过公路行业安全生产隐患治理信息系统向属地负有安全生产监督管理职责的管理部门及时报备重大隐患信息,负有直接监督管理责任的交通运输管理部门应审查报备信息的完整性。

(2)重大隐患报备信息应包括以下内容:

①隐患名称、类型类别、所属生产经营单位及所在行政区划、属地负有安全生产监督管理

职责的管理部门。

②隐患现状描述及产生原因。

③可能导致发生的安全生产事故及后果。

④整改方案或已经采取的治理措施,治理效果和可能存在的遗留问题。

⑤隐患整改验收情况、责任人处理结果。

⑥整改期间发生安全生产事故的,还应报送事故及处理结果等信息。

上述第④、⑤、⑥款信息在相关工作完成后报备。

(3)重大隐患报备包括首次报备、定期报备和不定期报备三种方式。

①首次报备:应在重大隐患确定后进行报备。

②定期报备:报送重大隐患整改的进展情况。

③不定期报备:当重大隐患状态发生新的重大变化时,应及时报备相关情况。

(4)生产经营单位的安全生产管理人员在检查中发现重大隐患,应向本单位有关负责人报告,有关负责人不及时处理的,安全生产管理人员应向属地负有安全生产监督管理职责的交通运输管理部门报告。

注:此处比《安全生产法》第43条的"可以向"更为严格。

(5)重大隐患首次报备应在重大隐患确定后5个工作日内报备,定期报备应在每季度结束后次月前10个工作日内报备,不定期报备应在重大隐患状态发生重大变化后5个工作日内进行报备。

(6)生产经营单位应建立重大隐患专项档案,并规范管理。

5. 公路工程重大事故隐患清单(表5-1-1)

公路工程重大事故隐患清单(行业基础版) 表5-1-1

工程类别	施工环节	隐患编号	隐患内容	易引发事故类型	判定依据
工程管理	方案管理	GG-001	未按规定编制或未按程序审批危险性较大工程或新工艺、新工法的专项施工方案;超过一定规模的危险性较大工程的专项施工方案未组织专家论证、审查;未按审批的专项施工方案施工	坍塌等	JTG F90
辅助施工	工地建设	GF-001	施工驻地及场站设置在滑坡、塌方、泥石流、崩塌、落石、洪水、雪崩等危险区域	坍塌	JTG F90
		GF-002	施工现场、生产区、生活区、办公区等防火或临时用电未按规范实施	火灾	
	围堰施工	GF-003	未按设计或方案要求施工围堰;未定期开展围堰监测监控,工况发生变化时未及时采取措施	坍塌、淹溺	JTG F90、JTG/T 3650、77号文件
		GF-004	碰撞、随意拆除、擅自削弱围堰内部支撑杆件或在其上堆放重物		
		GF-005	土石围堰无防排水和防汛措施;钢围堰无防撞措施;侧壁随意驻泊施工船舶		
	挂篮施工	GF-006	采用挂篮法施工未平衡浇筑;挂篮拼装后未预压,锚固不规范;混凝土强度未达到要求或恶劣天气导致挂篮移动	坍塌	JTG F90、JTG/T 3650

续上表

工程类别	施工环节	隐患编号	隐患内容	易引发事故类型	判定依据
通用作业	模板作业	GT-001	未按规范或方案要求安装或拆除模板[包括翻模、爬(滑)模、移动模架等];各类模板使用的螺栓安装数量不足	坍塌	JTG F90、JTG/T 3650
	支架作业	GT-002	未处理支架基础;支架未按规范或方案要求搭设、预压、验收	坍塌	JTG F90、JTG/T 3650
		GT-003	支架搭设使用无产品合格证、未经检验或检验不合格的管材、构件		
	特种设备设施作业	GT-004	使用未经检验或验收不合格的起重机械	起重伤害	JTG F90
		GT-005	未按规范或方案要求安装拆除桥式、臂架式或缆索式等起重机械		
		GT-006	使用吊车、塔式起重机等起重机械吊运人员		
路基工程	高边坡施工	GL-001	含岩堆、松散岩石或滑坡地段的高边坡开挖、排险、防护措施不足	坍塌	JTG F90
	爆破施工	GL-002	未设置警戒区;爆破后未排险立即施工	爆炸	JTG F90
桥梁工程	深基坑施工	GQ-001	深基坑施工防护措施不足	坍塌	JTG F90
	墩柱施工	GQ-002	桥墩施工未搭设施工作业平台		JTG F90
	梁板施工	GQ-003	梁板安装未采取防倾覆措施		JTG F90
	拱桥施工	GQ-004	拱架支撑体系搭设、拆除不规范;拱圈施工工序、工艺或材料不符合规范		JTG F90、JTG/T 3650
隧道工程	洞口边、仰坡施工	GS-001	雨季、融雪季节边、仰坡施工排险、防护措施不足;边、仰坡开挖未施作排水系统	坍塌	JTG F90、JTG/T 3660
		GS-002	含岩堆、松散岩石或滑坡地段的边坡开挖、排险、防护措施不足		JTG F90、JTG/T 3660
	洞内施工	GS-003	雨季、融雪季节,浅埋或地表径流地段未开展地表监测		JTG F90、JTG/T 3660
		GS-004	未按规范或方案要求开展超前地质预报、监控量测	坍塌	JTG F90、JTG/T 3660、104号文件
		GS-005	开挖方法不符合设计或方案要求;开挖前未对掌子面及其邻近的拱顶、拱腰围岩进行排险		JTG F90、104号文件

续上表

工程类别	施工环节	隐患编号	隐患内容	易引发事故类型	判定依据
隧道工程	洞内施工	GS-006	未按规范或方案要求初喷及支护；拱架、锚杆等材质不符合设计要求	坍塌	JTG F90、104号文件
		GS-007	仰拱一次开挖长度不符合方案要求；Ⅲ级围岩仰拱距掌子面的距离大于90m；Ⅳ级围岩仰拱距掌子面的距离大于50m；Ⅴ级及以上围岩仰拱距掌子面的距离大于40m；仰拱拱架未闭合	坍塌	JTG F90、104号文件
		GS-008	Ⅳ级围岩二次衬砌距掌子面的距离大于90m，Ⅴ级及以上围岩二次衬砌距掌子面的距离大于70m		JTG F90
	瓦斯隧道施工	GS-009	工区任意位置瓦斯浓度达到限值；瓦斯检测与防爆设施不符合方案要求	瓦斯爆炸	JTG F90、JTG/T 3660
	防火防爆	GS-010	隧道内土工布、防水板等易燃材料存在火灾隐患	火灾、爆炸	JTG F90、104号文件
		GS-011	隧道内存放、加工、销毁民用爆炸物品；使用非专用车辆运输民用爆炸物品或人药混装运输		

注：表中引用的文件简称和全称说明如下：
1. JTG F90：《公路工程施工安全技术规范》(JTG F90—2015)。
2. JTG/T 3650：《公路桥涵施工技术规范》(JTG/T 3650—2020)。
3. JTG/T 3660：《公路隧道施工技术规范》(JTG/T 3660—2020)。
4. 77号文件：交通运输部办公厅关于转发重庆市交通委员会关于加强桥梁工程双壁钢围堰施工安全管理工作的通知（交办安监〔2015〕77号）。
5. 104号文件：《国家安全监管总局 交通运输部 国务院国资委 国家铁路局关于印发〈隧道施工安全九条规定〉的通知》（安监总管二〔2014〕104号）。

（三）双重预防机制建设监理单位的工作内容

（1）监理单位应督促施工单位开展安全风险辨识，在安全风险辨识的基础上，开在安全风险评估，编制施工安全风险评估报告，落实安全风险分级管控措施；开展事故隐患排查治理，落实事故隐患排查治理和防控责任制度，改进安全生产工作。

（2）监理单位应审查施工单位报送的安全风险评估报告、安全风险清单、重大安全风险管控措施，审查重大安全事故隐患治理方案；检查施工现场安全风险分布图、安全风险公告栏，检查作业安全风险比较图、岗位安全风险告知卡；参与施工单位隐患排查治理，定期检查隐患排查治理台账的建立和记录情况。

例 题

例1 一定条件下易导致重大安全生产事故的风险是（　　）风险。
　　A. 特大　　　　　　B. 重大　　　　　　C. 较大　　　　　　D. 一般
例2 公路行业安全生产风险管理对风险处理的正确流程是（　　）。
　　A. 评估→辨识→管控　　　　　　B. 辨识→评估→管控
　　C. 评估→管控→辨识　　　　　　D. 辨识→管控→评估

例3 公路行业安全生产风险辨识是针对( )进行。
　　A. 致险因素　　B. 施工环境　　C. 管理水平　　D. 人员素质

例4 根据《公路水路行业安全生产事故隐患治理暂行办法》的规定,在生产经营单位的安全生产管理人员在检查中发现重大隐患时的处理,比《安全生产法》更为严格要求的是( )。
　　A. 应向本单位有关负责人报告
　　B. 可向本单位有关负责人报告
　　C. 有关负责人不及时处理的,安全生产管理人员应向属地负有安全生产监督管理职责的交通运输管理部门报告
　　D. 有关负责人不及时处理的,安全生产管理人员可以向属地负有安全生产监督管理职责的交通运输管理部门报告

例5 致险因素一般包含( )。
　　A. 从业人员安全意识、安全与应急技能、安全行为或状态
　　B. 生产经营基础设施、运输工具、工作场所等设施设备的安全可靠性
　　C. 影响安全生产外部要素的可知性和应对措施
　　D. 安全生产的管理机构、工作机制及安全生产管理制度合规和完备性
　　E. 新工艺、新材料、新技术、新设备投入使用对安全生产条件形成的变化

例6 生产经营单位应依据风险等级判定指南,对风险进行评估,确定( )。
　　A. 风险等级　　　　　　　　B. 主要致险因素
　　C. 风险清单内容　　　　　　D. 主要致险因素的数量
　　E. 主要致险因素的控制范围

例7 风险评估确定的风险等级结论有( )级风险。
　　A. Ⅴ　　　　B. Ⅳ　　　　C. Ⅲ　　　　D. Ⅱ
　　E. Ⅰ

例8 重大隐患排查后报备信息应包括( )。
　　A. 隐患名称、类型类别、所属生产经营单位及所在地行政区划、属地负有安全生产监督管理职责的部门
　　B. 隐患现状描述及产生原因和可能导致发生的安全生产事故及后果
　　C. 整改方案或已经采取的治理措施,治理效果和可能存在的遗留问题
　　D. 隐患整改验收情况、责任人处理结果
　　E. 整改期间发生安全生产事故的,还应报送事故及处理结果等信息

例题解析

例1 一定条件下易导致重大安全生产事故的风险是较大风险。没有特大风险,最高级是重大风险对应是特大事故,最低级是较小风险对应是一般事故。故选 C 项。

例2 公路行业安全生产风险管理具体工作是指安全生产风险辨识、评估、管控及其监督管理工作。故选 C 项。

例3 风险评估只考虑客观致险因素,不考虑主观因素(如人的素质、管理等),所以选项 CD 不能选。生产经营单位风险辨识应针对致险因素进行。故选 A 项。而选项 B 施工环境虽然是属于致险因素,但不如选项 A 更合适。

例4 根据《公路水路行业安全生产事故隐患治理暂行办法》第37条规定,"生产经营单位的安全生产管理人员在检查中发现重大隐患,应向本单位有关负责人报告,有关负责人不及时处理的,安全生产管理人员<u>应向</u>属地负有安全生产监督管理职责的交通运输管理部门报告"。《安全生产法》第43条第2款规定,"生产经营单位的安全生产管理人员在检查中发现重大事故隐患,依照前款规定向本单位有关负责人报告,有关负责人不及时处理的,安全生产管理人员<u>可以向</u>主管的负有安全生产监督管理职责的部门报告,接到报告的部门应当依法及时处理"。选项A两者规定相同都是"应",没有更严格;选项B错在"可";选项D是《安全生产法》的"可以向"表示。故选C项。

例5 选项E新工艺、新材料、新技术、新设备投入使用也是属于致险因素,但是"四新"使用对安全生产条件形成的变化,却是安全隐患,不是致险因素。故选ABCD项,就是文件所列出的内容。

例6 生产经营单位应依据风险等级判定指南(例如,桥梁和隧道工程施工安全风险评估指南),对风险清单中所列风险进行逐项评估,确定风险等级以及主要致险因素和控制范围。故选ABE项。

例7 风险等级判定指南中,风险等级有Ⅳ、Ⅲ、Ⅱ、Ⅰ级风险对应于是重大、较大、一般、较小风险。故选BCDE项。

例8 选项的内容都是报备的信息,但是选项CDE的信息在相关工作完成后报备。隐患排查后还未整改完成,所以不能选。故选AB项。

自测模拟题

(一)单项选择题

1. 公路施工安全生产风险管理的实施主体是( )。
   A. 施工单位　　B. 建设单位　　C. 监理单位　　D. 安委会
2. 公路行业安全生产风险管理流程的第一步是( )。
   A. 安全生产风险监管　　　　B. 安全生产风险评估
   C. 安全生产风险辨识　　　　D. 安全生产风险管控
3. 安全生产风险辨识结束后应形成( )。
   A. 风险评估报告　B. 风险辨识报告　C. 风险分析报告　D. 风险清单
4. 安全生产风险全面辨识( )。
   A. 应每半年不少于1次　　　B. 应每年不少于1次
   C. 宜每半年不少于1次　　　D. 宜每年不少于1次
5. 在生产经营环节或其要素发生重大变化或管理部门有特殊要求时应及时开展( )。
   A. 全面辨识　B. 总体辨识　C. 专项辨识　D. 专业辨识
6. 风险评估是对( )所列风险进行逐项评估。
   A. 风险报告　B. 风险清单　C. 风险评估表　D. 风险等级表
7. 风险致险因素发生变化超出控制范围的,生产经营单位应( )。
   A. 进行专项辨识并确定等级　　B. 组织重新评估并确定等级
   C. 进行全面辨识并确定等级　　D. 调整风险辨识方法并确定等级
8. 生产经营单位应依据风险的等级、性质等因素,科学制订( )。

A. 避险措施　　　B. 控制措施　　　C. 管控措施　　　D. 管理措施

9. 重大风险初次登记,应在评估确定重大风险后( )个工作日内填报。
A. 3　　　　B. 5　　　　C. 10　　　　D. 15

10. 重大风险定期登记,采取( )登记。
A. 月份和季度
B. 季度和年度
C. 月份和年度
D. 年度

11. 生产经营单位发现重大风险的致险因素超出管控范围,或出现新的致险因素,导致发生安全生产事故概率显著增加或预估后果加重时,应采用( ),填报相关异常信息。
A. 初次登记　　B. 定期登记　　C. 不定期登记　　D. 动态登记

12. 重大风险经评估确定等级降低或解除的,生产经营单位应于( )个工作日内通过公路水路行业安全生产风险管理系统予以销号。
A. 3　　　　B. 5　　　　C. 10　　　　D. 15

13. 公路施工安全隐患是属于( )。
A. 道路运输隐患
B. 水路运输隐患
C. 港口营运隐患
D. 交通工程建设隐患

14. 隐患日常排查是生产经营单位结合日常工作组织开展的经常性隐患排查,排查范围应覆盖日常生产作业环节,日常排查( )。
A. 宜每周不少于1次
B. 宜每月不少于1次
C. 应每周不少于1次
D. 应每月不少于1次

15. 隐患专项排查是生产经营单位在一定范围、领域组织开展的针对( )的排查。
A. 专业隐患　　B. 一般隐患　　C. 重大隐患　　D. 特定隐患

16. 生产经营单位对发现或排查出的隐患,应当按照隐患分级判定指南,确定隐患等级,形成( )。
A. 隐患作业表　　B. 隐患清单　　C. 整改措施单　　D. 整改意见单

17. 重大隐患整改应制订( )。
A. 专项报告　　B. 整改措施表　　C. 专项方案　　D. 总体方案

18. 报送重大隐患整改的进展情况,是( )。
A. 首次报备　　B. 定期报备　　C. 不定期报备　　D. 动态报备

19. 公路工程重大事故隐患清单中挂篮拼装后未预压、锚固不规范,易引发坍塌事故,工程类别是( )。
A. 辅助施工　　B. 通用作业　　C. 桥梁工程　　D. 工程管理

(二) 多项选择题

1. 为推进建立公路行业安全生产风险管理和隐患治理双重预防机制,在贯彻执行两个办法时,需结合的要求有( )。
A. 深刻认识加强安全生产风险管理和隐患治理工作的重要性
B. 强化安全生产风险管理和增强隐患治理排查力度
C. 加强组织领导,统筹谋划各项工作
D. 结合行业实际,分领域稳步推进
E. 强化工作保障,确保取得实际效果

2. 公路行业安全生产风险管理具体工作有( )。
   A. 安全生产风险辨识　　　　　　　　B. 安全生产风险评估
   C. 安全生产风险检查　　　　　　　　D. 安全生产风险管控
   E. 安全生产风险监督管理

3. 公路行业安全生产风险管理工作应坚持( )的原则。
   A. 单位负责　　B. 行业监管　　C. 分级管理　　D. 动态实施
   E. 科学管控

4. 生产经营单位应编制风险辨识手册,明确风险辨识( )。
   A. 范围　　　　B. 深度　　　　C. 方式　　　　D. 方法
   E. 程序

5. 生产经营单位安全生产风险辨识分为( )。
   A. 全面辨识　　B. 总体辨识　　C. 专项辨识　　D. 专业辨识
   E. 特别辨识

6. 风险评估确定的风险等级结论有( )风险。
   A. 特大　　　　B. 重大　　　　C. 较大　　　　D. 一般
   E. 较小

7. 生产经营单位应建立风险动态监控机制,按要求进行( )及时掌握风险的状态和变化趋势。
   A. 预测　　　　B. 监测　　　　C. 辨识　　　　D. 评估
   E. 预警

8. 生产经营单位应当将风险基本情况、应急措施等信息通过( )等方式告知本单位从业人员和进入风险工作区域的外来人员,指导、督促做好安全防范。
   A. 安全手册　　B. 辨识手册　　C. 公告提醒　　D. 标识牌
   E. 讲解宣传

9. 重大风险登记主要内容包括( )信息。
   A. 辨识　　　　B. 基本　　　　C. 管控　　　　D. 预警
   E. 事故

10. 重大风险登记分为( )登记方式。
    A. 初次　　　　B. 定期　　　　C. 不定期　　　D. 静态
    E. 动态

11. 重大风险管控失效发生安全生产事故的,应急处置和调查处理结束后,应在15个工作日内( )。
    A. 对相关工作进行评估总结　　　　B. 明确改进措施
    C. 重新进行风险辨识　　　　　　　　D. 重新对风险定级
    E. 评估总结应报送负责安全监管的交通主管部门

12. 隐患治理工作应坚持( )的原则。
    A. 单位负责　　B. 行业监管　　C. 分级管理　　D. 动态实施
    E. 社会监督

13. 公路行业安全生产风险管理和隐患治理工作都应坚持( )的原则。
    A. 单位负责　　B. 行业监管　　C. 分级管理　　D. 动态实施

E. 社会监督

14. 生产经营单位应当建立健全( )、报备、奖惩考核、建档等制度,逐级明确隐患治理责任,落实到具体岗位和人员。
   A. 隐患排查　　B. 告知(预警)　　C. 整改　　D. 评估验收
   E. 登记

15. 生产经营单位应当保障隐患治理投入,做到"五到位"是指( )到位。
   A. 责任　　B. 措施　　C. 资金　　D. 人员
   E. 预案

16. 生产经营单位应当建立隐患( )排查工作机制,明确隐患排查的各种要求,及时发现并消除隐患。
   A. 日常　　B. 定期　　C. 不定期　　D. 专项
   E. 总体

17. 生产经营单位应当建立各种排查工作机制,明确隐患排查的( )等要求,及时发现并消除隐患。
   A. 责任部门和人员　　　　B. 排查范围、程序和频次
   C. 层次分析　　　　　　　D. 效果评价
   E. 评估改进

18. 生产经营单位应认真填写隐患排查记录,形成隐患排查工作台账,包括( )等内容,经隐患排查直接责任人签字后妥善保存。
   A. 排查对象或范围　　　　B. 时间
   C. 位置　　　　　　　　　D. 安全技术状况
   E. 处理意见

19. 重大隐患整改的专项方案内容有( )。
   A. 整改的目标和任务　　　B. 整改技术措施
   C. 经费和物资保障措施　　D. 整改责任部门和人员
   E. 整改时限及节点要求

20. 重大隐患整改验收通过的,生产经营单位应将验收结论向属地负有安全生产监督管理职责的交通运输管理部门报备,并申请销号。报备申请材料包括( )。
   A. 重大隐患基本情况及整改方案　　B. 重大隐患整改过程
   C. 验收机构或验收组基本情况　　　D. 验收报告及结论
   E. 隐患改进的具体措施(应是下一步改进措施)

21. 重大隐患报备包括( )报备方式。
   A. 首次　　B. 定期　　C. 不定期　　D. 静态
   E. 动态

参考答案及解析

(一)单项选择题

1. A　2. C　3. D　4. B　5. C　6. B　7. B　8. C　9. B　10. B
11. D　12. B　13. D　14. C　15. D　16. B　17. C　18. B　19. A

(二)多项选择题

1. ACDE	2. ABDE	3. ACE	4. AC	5. BCDE	6. BDE	7. ACDE
8. BCDE	9. ABE	10. ABE	11. ABE	12. ABCE	13. AB	14. ABCD
15. ABCE	16. ABD	17. ABDE	18. ABDE	19. ACDE	20. ABCD	21. ABC

15.解析:选项D正确内容应该是"人员"。

18.解析:选项C位置已经包含在选项A中,正确内容应该是"时限"。

七、工程安全事故等级标准、处理的依据和程序

重点知识

(一)工程安全事故等级标准

(1)特别重大事故(简称特大级):30人≤死亡人数或100人≤重伤人数或直接经济损失≥1亿元。

(2)重大事故(简称重大级):10人≤死亡人数<30人或50人≤重伤人数<100人或5千万元≤直接经济损失<1亿元。

(3)较大事故(简称较大级):3人≤死亡人数<10人或10人≤重伤人数<50人或1千万元≤直接经济损失<5千万元。

(4)一般事故(简称一般级):死亡人数<3人或重伤人数<10人或直接经济损失<1千万元。

(二)工程安全事故处理依据

(1)安全事故的实况资料:时间和地点;状况描述;事故发展;事故记录照片录像。

(2)有关合同及合同文件。

(3)有关的技术文件和档案:设计文件、施工技术资料档案(施工组织设计、安全技术措施、安全交底、日志、材料设备质量证明、安全物资等)。

(4)相关的建设工程法律法规和标准规范。

(三)工程安全事故处理程序

1. 事故报告

(1)第一事故现场的报告人、时限和报告对象:①现场报告人是有关人员;②时间是应立即;③报告的对象是单位负责人,如情况紧急可越级直接报告到县级以上安全监管部门。

(2)单位的报告人、时限和报告对象以及启动应急预案:单位负责人接到现场报告后,应当立即启动应急预案和组织抢救,并在事故发生的1小时内,向事故发生地县级以上安全监管部门或负有安全监管职责的有关部门报告(不是政府)。

(3)政府的安全监管部门按照事故等级在不超2小时情况下,逐级上报。一般级到地市的、较大级到省的、重特大级到国务院的安全监管部门。各级安全监管部门应当同时报告本级人民政府。(注:安监部门报上级部门还是安监部门,本级是政府)

(4)事故报告的内容:单位概况,时间、地点以及事故现场情况,简要经过,死伤和预估直

接经济损失,已经采取的措施,其他情况。

2. 事故调查

(1) 事故调查实行分级原则

无伤亡的一般级,县级政府可以委托事故单位进行调查;特大级是国务院或其授权部门进行调查;重大、较大、一般级对应为省、地市、县级政府(不是安监部门,有别于事故报告)进行调查。

(2) 事故调查原则

事故调查处理应当按照科学严谨、依法依规、实事求是、注重实效的原则。

(3) 事故调查组的组成原则:精简、效能原则。

(4) 事故调查报告的内容:单位概况、事故经过和救援情况、伤亡和直接经济损失、事故的原因和性质、事故责任的认定以及对事故责任者的处理建议、防范和整改措施。

3. 事故处理

(1) 政府的批复和处理

政府应当自收到事故调查报告之日起,特大级的在30日内批复,其他级在15日内批复。

① 有关机关应当按照人民政府的批复,对事故发生单位和有关人员进行行政处罚,对负有事故责任的国家工作人员进行处分。

② 事故发生单位应当按照人民政府的批复,对本单位负有事故责任的人员进行处理。

③ 负有事故责任的人员涉嫌犯罪的,依法追究刑事责任。

(2) 事故处理的四不放过原则

国务院办公厅《关于加强安全工作的紧急通知》国办发明电〔2004〕7号规定,要严格按照,事故原因未查清不放过、责任人员未处理不放过、整改措施未落实不放过、有关人员未受到教育不放过的"四不放过"原则,严肃追究有关领导和责任人的责任。

例 题

例1 某项目工地死亡2人,重伤49人,是( )事故。
A. 特别重大 B. 重大
C. 较大 D. 一般

例2 工程安全事故处理的依据有( )。
A. 安全事故的实况资料 B. 有关合同及合同文件
C. 相关的设计文件 D. 相关的建设工程法律法规
E. 相关的建设工程标准规范

例题解析

例1 单独情况下死亡2人是一般事故,重伤49人是较大,但是死亡2人比重伤更为严重,所以合起来考虑,重伤=2+49=51>50人,重大事故。故选B项。

例2 选项C正确内容是"有关的技术文件和档案",除设计文件外,还有施工技术资料档案。故选ABDE项。

自 测 模 拟 题

(一)单项选择题

1. 某项目工地死亡 2 人,重伤 8 人,工程直接经济损失 950 万,伤亡的赔偿费和治疗费以及救援费用为 4100 万,是( )事故。
   A. 特别重大　　　　B. 重大　　　　C. 较大　　　　D. 一般

2. 现场发生安全事故的时间为 13:00,项目经理 13:15 向单位负责人报告,报告完毕时间是 13:20,单位负责人向有关主管部门报告的时间是 13:45。按照《生产安全事故报告和调查处理条例》规定,单位负责人接到报告后,应当于 1 小时内向事故发生地县级以上人民政府安全生产监督管理部门和负有安全生产监督管理职责的有关部门报告。1 小时内的起算时间是( )。
   A. 13:00　　　　B. 13:15　　　　C. 13:20　　　　D. 13:45

3. 单位负责人接到事故报告,应立即采取的行动是( )。
   A. 组织抢险
   B. 向主管部门报告
   C. 启动应急预案
   D. 启动应急预案和组织抢险

4. 对于较大事故的报告论述正确的是( )。
   A. 从县级政府开始逐级在不超过 2 小时情况下,报到省级政府
   B. 从县级政府开始逐级在不超过 1 小时情况下,报到省级政府
   C. 从县级政府安全监管部门开始逐级在不超过 2 小时情况下,报到省级政府
   D. 从县级政府安全监管部门开始逐级在不超过 2 小时情况下,报到省级安全监管部门

5. 县级政府可以委托事故单位进行调查的事故是( )。
   A. 一般事故　　B. 无死亡一般事故　　C. 较大事故　　D. 重大事故

(二)多项选择题

1. 施工技术资料档案有( )。
   A. 施工组织设计
   B. 安全技术措施
   C. 安全交底和施工日记
   D. 材料设备质量证明
   E. 安全物资证明资料

2. 无伤亡的一般事故,可以由( )进行调查。
   A. 地市级安全监管部门
   B. 地市级政府
   C. 县级安全监管部门
   D. 事故单位
   E. 县级政府

3. 事故调查处理应当按照的原则有( )。
   A. 科学严谨　　B. 依法依规　　C. 实事求是　　D. 注重实效
   E. 精简效能

4. 事故处理的"四不放过"原则有( )。
   A. 事故原因未查清不放过
   B. 责任人员未处理不放过
   C. 整改措施未落实不放过
   D. 有关人员未受到教育不放过
   E. 责任人员未受教育不放过

参考答案及解析

(一)单项选择题

1. C   2. A   3. D   4. D   5. B

1. 解析：2+8=10人，重伤10人，赔偿和救援费用不是工程直接经济损失，不能相加为5050万元，不算重大事故。

2. 解析：事故发生后，事故现场有关人员应当立即向本单位负责人报告。如果不是从事故发生时间点起算将存在法律漏洞。

(二)多项选择题

1. ABDE   2. DE   3. ABCD   4. ABCD

1. 解析：选项C错在，施工日记是个人行为，而施工日志才是施工单位项目部的公司行为。

第二节 安全监理工作

一、安全监理的依据和目标

重点知识

(一)安全监理的依据

(1)有关安全生产、劳动保护、环境保护、消防等的法律法规和标准规范。具体内容见本章第一节第一点。

(2)建设工程批准文件：①批准的可行性研究报告；②建设项目选址意见书；③建设用地规划许可证；④建设工程规划许可证；⑤施工许可证以及初步设计文件；⑥施工图设计文件等。

(3)委托监理合同和有关的建设工程合同。监理机构应根据两类合同进行安全监理：①工程监理单位与建设单位签订的建设工程委托监理合同；②建设单位与施工单位签订的有关建设工程合同。

(二)安全监理的目标

根据《建设工程安全生产管理条例》第四条规定，设计单位、施工单位、监理单位及其他与建设工程安全生产有关的单位，必须遵守安全生产法律法规的规定，保证建设工程的安全生产，依法承担建设工程的安全生产责任。此条款从法律上赋予了监理单位的安全生产责任。

安全监理履行安全生产管理的监理职责，其管理的目标：实现安全生产，减少和控制危害，减少和控制事故发生，尽量减轻事故所造成的损失。

例 题

例1 不属于安全监理依据建设工程合同是(   )。
　　A. 施工承包合同　　　　　　　　B. 承包人的材料采购合同

C. 监理委托合同   D. 甲供材料采购合同

例 2 安全监理的依据有( )。
A. 有关安全生产、劳动保护等法律法规
B. 建设工程文件
C. 有关安全生产、劳动保护等标准规范
D. 委托监理合同
E. 有关的建设工程合同文本

例题解析

例 1 监理机构应根据两类合同进行安全监理。①工程监理单位与建设单位签订的建设工程委托监理合同;②建设单位与施工单位签订的有关建设工程合同。选项 D 是建设单位与材料供应商签订的合同。选项 B 是施工单位与材料供应商签订的合同,不属于这两类合同。故选 B 项。

例 2 选项 B 错在,少了"批准"二字,正确的表示应该是"建设工程批准文件"。故选 ACDE项。

自测模拟题

(一)单项选择题

1. 不是建设工程批准文件的是( )。
A. 批准的可行性研究报告   B. 建设项目选址许可证
C. 施工许可证以及初步设计文件   D. 建设用地规划许可证

2. 不属于安全监理依据建设工程合同是( )。
A. 施工承包合同   B. 设计施工总承包合同
C. 监理委托合同   D. 施工分包合同

(二)多项选择题

1. 安全监理目标有( )。
A. 实现安全生产   B. 减少和控制危害
C. 减少和控制事故发生   D. 尽量减轻事故所造成的损失
E. 明确施工安全"零"事故指标

参考答案及解析

(一)单项选择题

1. B   2. D

2. **解析**:施工分包合同是承包人与分包人签订,不属于安全监理的两类合同。

(二)多项选择题

1. ABCD

1. 解析：选项 E 正确的表达是"明确施工安全事故控制指标"，安全指标可以有一定的事故率和伤亡率。

二、安全技术交底、安全教育培训

重 点 知 识

（一）安全技术交底

（1）安全技术交底的主要要求。

根据《建设工程安全生产管理条例》第 27 条、《公路水运工程安全生产监督管理办法》第 40 条和《公路工程施工安全技术规范》第 3.0.5 条规定，对安全技术交底的要求归纳以下几点：

①安全技术交底实行分级交底制度。横向涵盖项目部内各职能部门，纵向延伸到施工班组全体作业人员。施工单位根据各自施工班组、施工工艺进行逐一安全技术交底（项目技术负责人向项目技术人员进行一级交底、分管技术人员向施工班组长进行二级交底，施工班组长向作业人员进行三级交底）。任何人未经安全技术交底不准作业。

②施工单位应当建立健全安全生产技术分级交底制度，明确安全技术分级交底的原则、内容、方法及确认手续。

③安全技术交底的时间是分项工程实施前；如果是公路工程施工前安全技术交底是逐级进行安全技术交底。

④法定安全技术交底人是项目管理的技术人员。

⑤法定接受安全技术交底人是施工作业班组和作业人员。

⑥安全技术交底的主要内容是安全施工技术要求、风险状况、应急处置措施等。具体应涵盖工程概况、施工方法、施工程序、安全技术措施等。安全技术交底内容必须具有针对性、可操作性（或可行性）、完整性、预见性、预防性和指导性。

⑦法定要求交底后，双方相关人员都要签字确认。

（2）项目部向施工队长或班组长安全技术交底的具体内容（一二级合并）。

①项目各项安全管理制度、办法、注意事项、安全技术操作规程。

②每一分部、分项工程施工安全技术措施、施工生产中可能存在的不安全因素以及防范措施等，确保施工活动安全。

③特殊工种的作业、机电设备的安拆与使用，安全防护设施的搭设等，项目技术负责人均要对操作班组进行安全技术交底。

④两个以上工种配合施工时，项目技术负责人按工程进度定期或不定期地向有关班组长进行交叉作业的安全交底。

（3）施工班组对作业人员作业前安全交底的主要内容包括本工种的安全操作规程、现场作业环境要求本工种操作的注意事项、个人防护措施等，并应突出以下内容：

①告知施工过程中的作业危险特点、重大危险源及危害因素。

②针对危险点和重大风险源制订具体的预防措施。

③作业过程中应注意的安全事项。

④特殊工序的操作方法和相应的安全操作规程和标准要求。

⑤发生安全事故后应采取的自救方法、紧急避险和紧急救援措施等。

(二)安全教育培训

(1)从业单位应当依法对从业人员进行安全生产教育和培训。施工单位应当对管理人员和作业人员每年至少进行一次安全生产教育培训,其教育培训情况记入个人工作档案。

交通部2007年《公路水运工程安全生产监督管理办法》第30条规定"两次",但是2017年该"办法"取消了第30条内容,改为上述第一句表示并增加"依法"两字,说明交通运输部在培训要求上按照条例法定的一次。

(2)未经安全生产教育和培训合格的从业人员,不得上岗作业。

(3)新进人员和作业人员进入新的施工现场应进行公司级、项目级、班组级三级安全教育,公司级和项目级不少于15学时;班组级不少于20学时。

(4)待岗、转岗、换岗的职工,重新上岗前,应当接受一次不少于20学时的安全培训。

(5)特种作业人员(包括电工、焊工、架子工、司炉工、爆破工、机械操作工、起重工、塔式起重机司机及指挥人员、人货两用电梯司机等)应参加相关部门的安全培训,取得特种作业资格证书,并按规定参加复审培训。每年还须接受的不少于20学时针对性安全培训。

(6)施工单位采用新技术、新工艺、新设备、新材料时,应对作业人员进行相应的安全培训。

(7)A、B、C三类人员的安全培训。

①三类人员要按规定参加考试,取得考试合格证。

②取得考试合格证后,在有效期内参加一次安全继续教育。

例 题

例1 安全技术交底实行分级交底制度,纵向延伸到最底层是( )。
  A.施工单位的项目部   B.施工队
  C.施工班组   D.施工班组的作业人员

例2 在分项工程开工前,法定的安全技术交底人是( )。
  A.项目总工   B.项目主任工程师
  C.项目管理的技术人员   D.施工作业班组长

例3 公路工程施工前应逐级进行安全技术交底,主要包括( )。
  A.安全技术要求   B.分级交底原则
  C.风险状况   D.应急处置措施
  E.分级确认手续

例 题 解 析

例1 根据《公路水运工程安全生产监督管理办法》第40条规定,施工单位应当建立健全安全生产技术分级交底制度,明确安全技术分级交底的原则、内容、方法及确认手续。分项工程实施前,施工单位负责项目管理的技术人员应当按规定对有关安全施工的技术要求向施工作业班组、作业人员详细说明,并由双方签字确认。故选D项。

例2 根据例1的解析内容,在分项工程开工前,法定的安全技术交底人是负责项目管理的技术人员。故选C项。

例3 根据《公路工程施工安全技术规范》第3.0.5条规定,公路工程施工前应逐级进行安全技术交底,主要包括安全技术要求、安全技术要求、应急处置措施等内容。故选ACD。而选项BE是施工单位安全生产技术分级交底制度明确的内容。

自测模拟题

(一) 单项选择题

1. 两个以上工种配合施工时,(　　)按工程进度定期或不定期地向有关班组长进行交叉作业的安全交底。
   A. 项目负责人　　　　　　　　B. 项目技术负责人
   C. 主任工程师　　　　　　　　D. 技术人员

2. 特殊工种的作业,安全防护设施的搭设等,(　　)均要对操作班组进行安全技术交底。
   A. 项目负责人　　　　　　　　B. 项目技术负责人
   C. 主任工程师　　　　　　　　D. 技术人员

3. 下列关于安全技术交底要求的表述,不正确的是(　　)。
   A. 不需要向工种进行交叉施工的作业队伍进行交底
   B. 技术交底必须具体、明确,针对性强
   C. 应优先采用最有效的安全技术措施
   D. 保持书面安全技术交底签字记录

4. 施工单位应当对管理人员和作业人员每年至少进行(　　)安全生产教育培训。
   A. 一次　　　B. 两次　　　C. 一次10学时　　　D. 两次20学时

5. 待岗、转岗、换岗的职工应接受(　　)安全生产教育培训。
   A. 一次　　　　　　　　　　B. 两次
   C. 一次不少于20学时　　　　D. 两次不少于20学时

6. 取得特种作业资格证书人员,每年还须接受的不少于(　　)学时针对性安全培训。
   A. 8　　　B. 10　　　C. 15　　　D. 20

7. 公司级和项目级的安全教育不少于(　　)学时。
   A. 8　　　B. 10　　　C. 15　　　D. 20

8. 班组级的安全教育不少于(　　)学时。
   A. 8　　　B. 10　　　C. 15　　　D. 20

(二) 多项选择题

1. 施工单位应当建立健全安全生产技术分级交底制度,明确分级安全技术交底的(　　)。
   A. 安全技术要求　　　　　　B. 交底原则
   C. 风险状况　　　　　　　　D. 应急处置措施
   E. 确认手续

2. 施工班组对作业人员作业前安全交底的主要内容有(　　)。
   A. 机电设备的安拆　　　　　B. 本工种安全操作规程
   C. 机电设备的使用　　　　　D. 个人防护措施
   E. 现场作业环境要求本工种操作注意的事项

543

3. 施工班组对作业人员作业前安全交底中应突出的内容有(　　)。
   A. 告知施工过程中的作业危险特点、重大危险源及危害因素
   B. 针对危险点和重大风险源制订具体的预防措施
   C. 作业过程中应注意的安全事项
   D. 特殊工序的操作方法和相应的安全操作规程和标准要求
   E. 发生安全事故后应采取的紧急避险和等待救援的方法
4. 安全技术交底内容必须具有(　　)。
   A. 针对性　　　B. 完整性　　　C. 可操作性　　　D. 经济性
   E. 指导性
5. 施工单位新进人员和作业人员进入新的施工现场应进行(　　)安全教育。
   A. 公司级　　　B. 工厂级　　　C. 项目级　　　D. 车间级
   E. 班组级

参 考 答 案

(一)单项选择题

1. B　2. B　3. A　4. A　5. C　6. D　7. C　8. D

(二)多项选择题

1. BE　2. BDE　3. ABCD　4. ABCE　5. ACE

三、生产安全事故应急救援预案体系的构成及合同段各类应急预案审查、演练效果评估

重 点 知 识

根据《公路安全监管办法》第二十五条规定,建设、施工等单位应当针对工程项目特点和风险评估情况分别制订项目综合应急预案、合同段施工专项应急预案和现场处置方案,告知相关人员紧急避险措施,并定期组织演练。

施工单位应当依法建立应急救援组织或者指定工程现场兼职的、具有一定专业能力的应急救援人员,配备必要的应急救援器材、设备和物资,并进行经常性维护、保养。

根据《2016版监理规范》第5.3.1条规定,监理机构应确定主要安全监理人员并明确其岗位职责、监理内容。

根据《2016版监理规范》第5.3.2条规定,安全监理工程师应审查施工组织设计中的安全技术措施或专项施工方案是否符合工程建设强制性标准,应同时审查应急预案、桥梁和隧道等施工安全风险评估报告。对危险性较大工程的专项施工方案中需专家论证、审查的,应检查施工单位组织专家论证、审查的情况。

(一)生产安全事故应急救援预案体系的构成

1. 应急预案体系的构成

针对各类可能发生的事故和所有危险源制订专项应急预案和现场应急处置方案,并明确

事前、事发、事中、事后的各个过程中相关部门和有关人员的职责。生产规模小、危险因素少的生产经营单位,综合应急预案和专项应急预案可以合并编写。

应急预案主要包括:①综合应急预案;②专项应急预案;③现场处置方案。

2. 专项应急预案的主要内容

(1)编制依据。
(2)指导思想、实施原则和工作目标。
(3)工程概况、危险性较大分部分项工程内容。
(4)危险性较大分部分项工程风险源分析以及具体预防措施。
(5)实施预案的应急组织机构与职责。
(6)预案的启动实施和演练。
(7)与现场处置方案之间的联动方式。

3. 现场处置方案的主要内容

(1)编制依据。
(2)确定可能发生的安全事故类型。
(3)应急救援原则。
(4)事故报告程序和责任人。
(5)事故现场各项有针对性的应急处置措施及落实要求。
(6)各级别单位接到事故报告后的应急启动和主要措施。
(7)所有单位的应急过程所遵循的指挥与配合原则。

(二)合同段各类应急预案审查、演练效果评估

1. 合同段应急预案的审查要点

根据《2016版监理规范》第5.3.1条,建立安全监理机构,成立由总监理工程师、驻地监理工程师、安全监理工程师、专业监理工程师等组成的安全监理领导小组,并报建设单位备案。根据职责进行审查、审核、审批有关安全的施工组织设计中内容和预案以及风险评估报告等。

作为合同段的应急预案主要有专项应急预案和现场处置方案。一般由安全监理工程师初步审查,驻地监理工程师审核,总监理工程师审批。专项应急预案的审查要点包括:

(1)核查专项应急预案内容是否齐全。
(2)核查施工单位报审时间是否符合要求:在合同段工程开工之前,施工单位应填写专项施工方案报审表,并将专项应急预案报总监办审批。
(3)核查专项应急预案施工单位内部编制与审核程序是否符合要求:专项应急预案是否由施工单位项目技术负责人组织编制,其签名是否为手签,是否加盖施工单位项目部公章。
(4)核查施工合同段综合应急预案的评审或论证情况。
(5)核查应急演练交底、演练记录、演练总结及修改完善情况。

现场处置方案的审查要点包括:

(1)核查现场应急处置方案编制内容是否齐全。
(2)核查施工单位报审时间是否符合要求:在该工程开工之前,施工单位填写专项施工方案报审表,一式三份将现场应急处置方案报总监办审批。
(3)核查现场应急处置方案施工单位内部编制与审核程序合规性,包括现场应急处置方

案是否由施工单位项目技术负责人组织编制,其签名是否为手签,是否加盖施工单位项目部公章。

在施工阶段应通过演练检验预案的效果,对缺陷或问题书面提出整改意见。

2.预案演练的分类

根据《生产安全事故应急演练基本规范》(AQ/T 9007—2019)第4.2条规定,应急演练按照演练内容分为综合演练和单项演练,按照演练形式分为实战演练和桌面演练,按目的与作用分为检验性演练、示范性演练和研究性演练,不同类型的演练可相互组合。

3.演练效果评价

《生产安全事故应急演练基本规范》(AQ/T 9007—2019)第8条评估和总结的要求如下。
(1)演练评估方案的内容。
①演练信息:目的和目标、情景描述,应急行动与应对措施简介。
②评估内容:各种准备、组织与实施、效果。
③评估标准:各环节应达到的目标评判标准。
④评估程序:主要步骤及任务分工。
⑤附件:所需要用到的相关表格。
(2)评估过程:①现场检查;②演练简介;③启动;④执行。
(3)总结:①撰写演练总结报告;②演练资料归档。

例 题

例1 根据《2016版监理规范》规定,审查应急预案是(　　)的职责。
　　A.总监理工程师　　　　　　　　B.驻地监理工程师
　　C.安全监理工程师　　　　　　　D.专业监理工程师

例2 合同段应急预案有(　　)。
　　A.综合应急预案　　　　　　　　B.特别应急预案
　　C.专项应急预案　　　　　　　　D.现场处置方案
　　E.应急处置方案

例题解析

例1 根据《2016版监理规范》第5.3.2条规定,安全监理工程师在审查施工组织设计中的安全技术措施或专项施工方案的同时,应审查应急预案。故选C项。

例2 根据《公路安全监管办法》第25条规定,选项A综合应急预案是项目需编制的内容,选项B不存在,选项E是应急预案的基础。故选CD项。

自测模拟题

(一)单项选择题

1.审批应急预案是(　　)。
　　A.总监理工程师　　　　　　　　B.驻地监理工程师

C. 安全监理工程师 D. 专业监理工程师
2. 审核应急预案是( )。
A. 总监理工程师 B. 驻地监理工程师
C. 安全监理工程师 D. 专业监理工程师
3. 在施工阶段应通过( )检验预案的效果,对缺陷或问题书面提出整改意见。
A. 执行 B. 检查 C. 比较 D. 演练
4. 应急演练按照目的与作用分类的演练是( )。
A. 综合演练 B. 单项演练 C. 示范性演练 D. 桌面演练
5. 应急演练总结的工作内容是( )。
A. 现场检查 B. 演练简介 C. 启动 D. 演练资料归档
6. 应急救援预案在应急救援中的重要作用表现在( )。
A. 有利于做出及时的应急响应,完全消除事故后果的危害
B. 明确了应急救援的范围和体系
C. 当发生超过应急能力的重大事故时,便于与下级应急部门协调
D. 成为各类常发事故的应急基础

(二) 多项选择题

1. 专项应急预案中应急处置有( )。
A. 响应分级 B. 事故应急处理程序
C. 响应程度 D. 事故报告的相关要求和内容
E. 处置措施
2. 专项应急预案的主要内容有( )。
A. 应急处置基本原则 B. 组织机构及职责
C. 信息报告程序 D. 现场应急处置措施
E. 应急物资与装备保障
3. 现场处置方案的主要内容有( )。
A. 事故特征 B. 应急组织与职责 C. 应急处置 D. 注意事项
E. 应急处置基本原则
4. 专项应急预案和现场处置方案的审查要点有( )。
A. 预案编制是否符合法律法规的规定
B. 人员配置是否符合年施工产值的配置要求
C. 预案编制是否符合规章和标准的规定
D. 预案编制是否有针对性、可操作性和完整性
E. 危险源辨识结果可靠性
5. 应急演练按照演练形式分为有( )。
A. 综合演练 B. 单项演练 C. 实战演练 D. 桌面演练
E. 检验性演练
6. 应急演练效果评价过程有( )。
A. 演练脚本编制 B. 现场检查 C. 演练简介 D. 启动
E. 执行

参考答案及解析

(一)单项选择题

1. A　2. B　3. D　4. C　5. D　6. B

(二)多项选择题

1. ACE　2. ABCE　3. ABCD　4. ACDE　5. CD　6. BCDE

4. 解析:选项 B 是专职安全员的人数要求,不是预案人员要求。

6. 解析:选项 A 是演练过程的内容而不是评价的内容。

四、建设项目施工安全风险总体风险评估报告、合同段施工安全专项风险评估报告审查

重点知识

根据《关于开展公路桥梁和隧道工程施工安全风险评估试行工作的通知》规定,当被评估项目含多个合同段时,总体风险评估应由建设单位牵头组织。同时,根据《高速公路路堑高边坡工程施工安全风险评估指南(试行)》规定,总体风险评估工作由建设单位负责组织,专项风险评估工作由施工单位负责组织。组织单位按照"谁组织谁负责"的原则对评估工作质量负责。

因此,建设单位以建设项目为单位,将建设项目中所有达到风险评估标准的桥梁工程、隧道工程和高速公路路堑高边坡工程根据《公路桥梁和隧道工程施工安全风险评估指南(试行)》和《高速公路路堑高边坡工程施工安全风险评估指南(试行)》进行施工风险总体风险评估,并形成总体风险评估报告。对于总体风险评估报告中风险等级达到Ⅲ级高度风险和Ⅳ级极高风险的桥梁工程、隧道工程和路堑高边坡工程所在的合同段,由施工单位进行合同段内对应工程的专项风险评估,并形成专项风险评估报告。

风险评估报告应反映风险评估过程的主要工作,包括评估依据、工程概况、评估方法、评估步骤、评估内容、评估结论及对策建议等。其中,评估结论应当明确风险等级、可能发生事故的关键部位、区域或节点、事故可能性等级、规避或者降低风险的建议措施等内容。

(一)建设项目施工安全风险总体风险评估报告审查

(1)建设项目施工安全风险总体风险评估报告的编制责任人是否为建设单位。

(2)总体风险评估采用的方法是否正确。

①桥梁、隧道工程推荐采用风险指标体系法进行总体风险评估。

②高速公路路堑高边坡工程推荐采用专家调查评估法和指标体系法。评估方法只考虑客观致险因子,不考虑主观因素(如人员的素质、管理水平等)。

(3)评估工作负责人和成员是否符合规定。

①桥梁、隧道工程评估工作负责人应当具有 5 年以上的工程管理经验,并具有参与类似工程施工的经历。

②高边坡工程如果采用专家调查评估法,专家组成员不得少于 3 人。专家应具备高级及以上技术职称,评估负责人具有 10 年以上、成员需具有 5 年以上工程管理经验,以及高边坡勘

察、设计、施工工作经历。

(4)评估程序规范、评估深度符合实际,可指导后期施工。

(5)评估结论和对策建议的完善情况。

(二)合同段施工安全专项风险评估报告审查

(1)合同段施工安全风险专项风险评估报告的编制责任人是否为施工单位。

(2)专项风险评估采用的方法是否正确。

①桥梁、隧道工程宜采用指标体系法等定量评估方法进行专项风险评估。

②高速公路路堑高边坡工程应结合被评估项目的工程特点,采用相应的定性或定量的风险分析和评估方法。

(3)评估过程的审查,以施工作业活动为评估对象,根据其施工安全风险特点及类似工程事故情况,进行风险评估。

①专项风险评估的基本程序包括:风险辨识、风险分析、风险估测、风险控制。

②针对评估对象中的重大风险源进行量化评估,确定专项风险等级,提出具体的风险控制措施。

③桥梁、隧道工程,专项风险评估单元可以是分部工程、分项工程、工序(单位)作业,评估单元大小视风险评估具体需求而定。通过对施工作业活动(施工区段)中的风险源普查,在分析物的不安全状态、人的不安全行为的基础上,确定重大风险源和一般风险源。专项风险评估属于动态评估,而总体风险评估属于静态评估。

④对达到高度风险及以上的路堑高边坡为评估单元,以施工作业活动为评估对象,根据其安全风险特点,进行风险评估。专项风险评估可分为施工前专项评估和施工过程专项评估。专项风险评估结论可作为制订、完善高边坡工程专项施工方案的依据。

(4)评估工作负责人和成员是否符合规定。

例 题

例1 项目总体风险评估报告的编制责任人是( )。
  A.监理单位   B.施工单位   C.建设单位   D.评估机构

例2 风险评估要形成评估报告,评估报告应反映风险评估过程的全部工作,报告内容应包括( )。
  A.编制依据和工程概况   B.评估方法和评估步骤
  C.施工环境和诱发因素   D.评估内容和评估结论
  E.对策建议

例 题 解 析

例1 根据"谁组织谁负责"对评估工作质量负责的原则,总体风险评估报告由建设单位委托评估机构编制,责任也是建设单位承担。交通运输部建设"平安工地"中也明确规定项目总体风险评估报告由建设单位负责。故选 C 项。

例2 评估报告内容应包括编制依据、工程概况、评估方法、评估步骤、评估内容、评估结论及对策建议等。选项 C 是总体风险评估根据的条件或因素。故选 ABDE 项。

自测模拟题

(一)单项选择题

1. 评估工作负责人应当具有( )年以上的工程管理经验,并具有参与类似工程施工的经历。
   A.3 B.5 C.7 D.8
2. 桥梁、隧道工程采用( )进行总体风险评估。
   A.风险指标体系法 B.定性分析法 C.半定量分析法 D.定量分析法
3. 合同段需要编制专项风险评估报告是依据建设项目总体风险评估报告( )。
   A.结论
   B.中存在高度风险以上工程结论
   C.审查结论
   D.审批结论表明本合同段存在高度风险以上工程
4. 桥梁、隧道工程专项风险评估是属于( )评估。
   A.静态 B.动态 C.主动 D.被动
5. 合同段专项风险评估报告的编制责任人是( )。
   A.监理单位 B.施工单位 C.建设单位 D.评估机构
6. 专项风险评估程序正确的是( )。
   A.风险分析→风险辨识→风险估测→风险控制
   B.风险估测→风险辨识→风险分析→风险控制
   C.风险辨识→风险估测→风险分析→风险控制
   D.风险辨识→风险分析→风险估测→风险控制

(二)多项选择题

1. 建设项目中需编制总体风险评估报告的工程有( )。
   A.高速公路路基 B.交通安全设施
   C.桥梁工程 D.隧道工程
   E.高速公路路堑高边坡
2. 专项风险评估单元可以是( )。
   A.单位工程 B.分部工程
   C.分项工程 D.工序(单位)作业
   E.路堑高边坡段

参考答案

(一)单项选择题

1.B 2.A 3.D 4.B 5.B 6.D

(二)多项选择题

1.CDE 2.BCDE

五、公路桥梁和隧道工程施工安全风险评估报告审查

重点知识

(一)公路桥梁和隧道工程施工安全风险评估范围

公路桥梁和隧道工程施工安全风险评估范围,可由各地根据工程建设条件、技术复杂程度和施工管理模式,以及当地工程建设经验,并参考以下标准确定。

1. 桥梁工程

(1)多跨或跨径大于40m的石拱桥,跨径大于或等于150m的钢筋混凝土拱桥,跨径大于或等于350m的钢箱拱桥、钢桁架、钢管混凝土拱桥。

(2)跨径大于或等于140m的梁式桥,跨径大于400m的斜拉桥,跨径大于1000m的悬索桥。

(3)墩高或净空大于100m的桥梁工程。

(4)采用新材料、新结构、新工艺、新技术的特大桥、大桥工程。

(5)特殊桥型或特殊结构桥梁的拆除或加固工程。

(6)施工环境复杂、施工工艺复杂的其他桥梁工程。

2. 隧道工程

(1)穿越高地应力区、岩溶发育区、区域地质构造、煤系地层、采空区等工程地质或水文地质条件复杂的隧道,黄土地区、水下或海底隧道工程。

(2)浅埋、偏压、大跨度、变化断面等结构受力复杂的隧道工程。

(3)长度3000m及以上的隧道工程,Ⅵ、Ⅴ级围岩连续长度超过50m或合计长度占隧道全长的30%及以上的隧道工程。

(4)连拱隧道和小净距隧道工程。

(5)采用新技术、新材料、新设备、新工艺的隧道工程。

(6)隧道改扩建工程。

(7)施工环境复杂、施工工艺复杂的其他隧道工程。

(二)公路桥梁和隧道工程施工安全风险评估分类

1. 总体风险评估

桥梁或隧道工程开工前,根据工程的地质环境条件、建设规模、结构特点等孕险环境与致险因子,估测桥梁或隧道工程施工期间的整体安全风险大小,确定其静态条件下的安全风险等级。

2. 专项风险评估

当桥梁或隧道工程总体风险评估等级达到高度风险(Ⅲ级)及以上时,将其中高风险的施工作业活动(或施工区段)作为评估对象,根据其作业风险特点以及类似工程事故情况,进行风险源普查,并针对其中的重大风险源进行量化估测,提出相应的风险控制措施。

专项风险评估前,应按照施工组织设计所确定的施工工法,分解施工作业程序,结合工序(单位)作业特点、环境条件、施工组织等致险因子,辨识施工作业活动中典型事故类型,从而

建立风险源普查清单,并通过风险分析和估测,确定重大风险源。其次,按照推荐的指标体系法评估重大风险源的风险等级,并对照风险可接受准则确定相应的风险控制措施。专项风险评估的基本程序包括:风险源普查、辨识、分析,并针对重大风险源进行估测、控制。

(三)评估方法

应根据被评估项目的工程特点,选择相应的定性或定量的风险评估方法。具体如下:

1.定性分析法

专家评议法、专家调查法(包括头脑风暴法即智暴法、德菲尔法)、如果……怎么办法(if…then)、失效模式和后果分析法。

2.半定量分析法

事故树法、事件树法、影响图法、因果分析法、风险评价矩阵法。

3.定量分析法

模糊综合评判法、层次分析法、蒙特卡洛模拟法、等风险图法、控制区记忆模型法、神经网络法、主成分分析法。

4.综合分析法

专家信心指数法、模糊层次综合评估方法、模糊事故树分析法、事故树与模糊综合评判组合分析法。

(四)评估报告审查要点

(1)编制依据和工程概况。
(2)评估的范围是否符合要求,有无遗漏;评估的方法选用是否适当。
(3)评估步骤是否符合规定。
(4)评估内容是否符合客观实际。尤其是有无根据设计阶段风险评估结果(若有),以及类似结构工程安全事故情况,用定性与定量相结合的方法初步分析本项目孕险环境与致险因子,估测施工中发生重大事故的可能性,并确定专项风险评估范围。
(5)评估结论的等级。当确定项目总体风险评估等级达到高度风险(Ⅲ级)及以上的桥梁或隧道工程,是否进行了专项风险评估。
(6)所提出的对策建议是否全面有效。
(7)监理机构在审查工程施工组织设计中安全技术措施和专项施工方案、应急预案时,应同时审查施工安全风险评估报告;无风险评估报告,不得签发开工令。
(8)工程开工后,监理机构应督查施工单位安全风险控制措施的落实情况并记录。
(9)风险评估报告经监理机构审核后应向建设单位备案。建设单位应对极高风险(Ⅳ级)的施工作业,组织专家或安全评估机构进行论证或复评估,提出降低风险的措施建议;当风险无法降低时,应及时调整设计、施工方案,并向公路工程安全生产监督管理部门备案。

例 题

例1 需要进行风险评估的石拱桥单跨跨径是( )。
　　A.大于50m　　B.大于或等于50m　　C.大于40m　　D.大于或等于40m

例2 桥梁、隧道工程总体风险评估属于( )。
　　A.静态　　　　B.动态　　　　C.主动　　　　D.被动

例3 需要进行桥梁工程风险评估的工程有( )。
　　A.多跨石拱桥、钢桁架、钢管混凝土拱桥、大跨度钢筋混凝土拱桥和钢箱拱桥
　　B.大跨径梁式桥、大跨径斜拉桥、大跨径悬索桥
　　C.墩高或净空大于100m的桥梁工程
　　D.采用新材料、新结构、新工艺、新技术的特大桥、大桥工程
　　E.特殊桥型或特殊结构桥梁的拆除或加固工程

例4 需要进行隧道工程风险评估的工程有( )。
　　A.浅埋、偏压、大跨度、变化断面等结构受力复杂的隧道工程
　　B.特长(＞3000m)隧道工程，Ⅵ、Ⅴ级围岩连续长度超过50m或合计长度占隧道全长的30%及以上的隧道工程
　　C.连拱隧道和小净距隐道工程
　　D.采用新材料、新结构、新工艺、新设备的隧道工程
　　E.隧道改扩建工程

例题解析

例1 需要风险评估条件是多跨或跨径大于40m的石拱桥，说明单跨跨径大于40m石拱桥需要进行风险评估。故选C项。

例2 总体风险评估是，评估桥梁或隧道工程施工期间的整体安全风险大小，估测(确定)其静态条件下的安全风险等级。故选A项。

例3 选项A错在没有明确大跨度的具体跨径，钢筋混凝土拱桥跨径是≥150m，钢箱拱桥跨径是≥350m，这两个数字可以联想"250"这特殊数字减少或增加"100"进行记忆。选项B错在没有明确大跨径的具体数值，梁式桥≥140m，斜拉桥≥400m，悬索桥≥1000m，这几个数字与"4"和"100"有关，联想其谐音来帮助记忆。故选CDE项。

例4 选项B错在特长隧道是＞3000m，正确的是≥3000m。该选项的其他数字联想罗马数字表示6级和5级围岩与50m和30%之间相似性以及"6"与"3"的倍数帮助记忆。故选ACDE项。"四新"中区别桥梁工程是新技术，隧道工程是新设备。

自测模拟题

(一)单项选择题

1.须进行专项风险评估的总体风险评估等级是( )以上风险。
　　A.极高风险　　　B.高度风险　　　C.中度风险　　　D.低度风险

2.专项风险评估的基本程序正确的是( )。
　　A.辨识→风险源普查→分析→针对重大风险源进行估测→控制
　　B.风险源普查→分析→辨识→针对重大风险源进行估测→控制
　　C.辨识→风险源普查→控制→分析→针对重大风险源进行估测
　　D.风险源普查→辨识→分析→针对重大风险源进行估测→控制

3. 模糊事故树分析法是( )。
   A. 定性分析法   B. 半定量分析法
   C. 定量分析法   D. 综合分析法
4. 德菲尔法是( )。
   A. 定性分析法   B. 半定量分析法
   C. 定量分析法   D. 综合分析法
5. 事件树法是( )。
   A. 定性分析法   B. 半定量分析法
   C. 定量分析法   D. 综合分析法
6. 下列分析法属于定量分析法的是( )。
   A. 头脑风暴法   B. 因果分析法
   C. 层次分析法   D. 风险评价矩阵法
7. 监理机构在审查施工组织设计的同时,应审查( )。
   A. 安全技术措施   B. 专项施工方案
   C. 安全隐患治理报告   D. 安全风险评估报告
8. 风险评估报告经监理机构审核后应向( )报备。
   A. 监理单位   B. 建设单位   C. 安委会   D. 安全监管部门
9. 建设单位应对( )的施工作业,组织专家或安全评估机构进行论证或复评估。
   A. 低度风险   B. 中度风险   C. 高度风险   D. 极高风险

(二)多项选择题

1. 桥梁、隧道工程总体风险评估根据( )等孕险环境与致险因子,评估风险。
   A. 地质环境条件   B. 建设规模
   C. 施工区段   D. 结构特点
   E. 工序(单位)作业特点
2. 桥梁、隧道工程专项风险评估应按照施工组织设计所确定的施工工法,分解施工作业程序,结合( )等致险因子,辨识施工作业活动中典型事故类型,从而建立风险源普查清单。
   A. 环境条件   B. 建设规模
   C. 施工组织   D. 工程特点
   E. 工序(单位)作业特点
3. 综合分析法有( )。
   A. 专家信心指数法   B. 模糊层次综合评估方法
   C. 风险评价矩阵法   D. 蒙特卡洛模拟法
   E. 事故树与模糊综合评判组合分析法

参考答案及解析

(一)单项选择题

1. B   2. D   3. D   4. A   5. B   6. C   7. D   8. B   9. D
7. 解析:选项AB是属于施工组织设计的内容,选项C是开工后报告。

(二) 多项选择题

1. ABD   2. ACE   3. ABE

六、高速公路路堑高边坡工程施工安全风险评估报告审查

重点知识

(一) 高边坡工程施工安全风险评估定义、对象及分类

1. 高速公路路堑高边坡的定义

为修建公路,由人工开挖形成的低于原地面的挖方高边坡,一般指高于 20m 的土质边坡、高于 30m 的岩质边坡。

2. 高速公路路堑高边坡总体风险评估对象

(1) 高于 20m 的土质边坡、高于 30m 的岩质边坡。

(2) 老滑坡体、岩堆体、老错落体等不良地质体地段开挖形成的不足 20m 的边坡。

(3) 膨胀土、高液限土、冻土、黄土等特殊岩土地段开挖形成的不足 20m 的边坡。

(4) 城乡居民居住区、民用军用地下管线分布区、高压铁塔附近等施工场地周边环境复杂地段开挖形成的不足 20m 的边坡。

3. 高速公路路堑高边坡风险评估的分类

(1) 总体风险评估。

(2) 专项风险评估:①施工前专项风险评估;②施工过程专项风险评估。

4. 总体风险评估

以高速公路全线的路堑工程整体为评估对象,根据工程建设规模、地质条件、工程特点、施工环境、诱发因素、资料完整性等,评估全线路堑边坡施工安全风险,确定风险等级并提出控制措施建议。总体风险评估结论应作为编制路堑边坡工程施工组织设计的依据。

5. 施工前专项风险评估

在总体风险评估基础上,将风险等级达到高度风险(Ⅲ级)及以上,或总体风险评估中单一指标影响过大的路堑高边坡段作为评估单元,以施工作业活动为评估对象,根据其施工安全风险特点及类似工程事故情况,进行风险辨识、分析、估测;并针对其中的重大风险源进行量化评估,提出具体的风险控制措施。专项风险评估结论应作为编制或完善专项施工方案的依据。

路堑高边坡分部分项工程开工前,应完成施工前专项风险评估,形成专项风险评估报告。

6. 施工过程专项风险评估

路堑高边坡施工过程中,出现如下情况之一的,应开展施工过程专项风险评估:

(1) 经论证出现了新的重大风险源。

(2) 风险源(致险因子)发生了重大变化,如现场揭露地质条件与事前判别的地质条件相差较大、主要施工工艺发生实质性改变、发生生产安全事故或重大险情等情况。

施工过程风险评估报告以报表形式反映,报表中应包含评估指标前后变化对比、现阶段风

险评估等级、风险源及防控措施等。

(二)评估报告的形式

总体风险评估和施工前专项风险评估应分别形成评估报告,施工过程专项风险评估可简化形成评估报表。

(三)评估方法

1. 风险分析的方法

风险分析通过评估小组讨论会的形式实施,可采用风险传递路径法、鱼刺图法、故障树分析法等系统安全工程理论进行分析。

2. 风险估测的方法

路堑高边坡重大风险源评估采用定性与定量相结合方法。事故严重程度的估测方法推荐采用专家调查法,事故可能性的估测方法推荐采用指标体系法。

(四)评估报告审查要点

与公路桥梁和隧道工程施工风险评估报告审查要点相同。

例 题

例1 高速公路路堑高边坡的定义是( )。
  A. 高于15m的土质边坡、高于25m的岩质边坡
  B. 高于20m的土质边坡、高于8m的水田边坡
  C. 高于15m的土质边坡、高于30m的岩质边坡
  D. 高于20m的土质边坡、高于30m的岩质边坡

例2 高速公路路堑高边坡需要进行总体风险评估的对象有( )。
  A. 高度为15m的土质边坡或高度25m的岩质边坡
  B. 高度为10m的老滑坡体边坡或高度为32m的岩堆体边坡
  C. 高度为10m的膨胀土边坡或高度为15m的高液限土边坡
  D. 高度为10m的冻土体边坡或高度为15m的黄土边坡
  E. 高度为10m高压铁塔附近的边坡或高度为15m城乡居民居住区附近的边坡

例3 高速公路路堑高边坡的风险分析方法有( )。
  A. 排列图法   B. 风险传递路径法
  C. 关系图法   D. 鱼刺图法
  E. 故障树分析法

例题解析

例1 根据高速公路路堑高边坡的定义,一般指高于20m的土质边坡、高于30m的岩质边坡。故选D项。

例2 要正确理解特殊地段不足20m的边坡,根据《高速公路路堑高边坡工程施工安全风

险评估指南(试行)》中的第二点"应充分重视对老滑坡体、岩堆体、老错落体等不良地质体地段,膨胀土、高液限土、冻土、黄土等特殊岩土地段,以及居住区、地下管线分布区、高压塔等周边地段的施工安全风险评估"。选项 B 高度为 32m 的岩堆体边坡超过 20m 更要进行总体风险评估。选项 A 不符合高边坡的定义,所以不选。故选 BCDE 项。

例3 高速公路路堑高边坡的风险分析通过评估小组讨论会的形式实施,可采用风险传递路径法、鱼刺图法、故障树分析法等系统安全工程理论进行分析。选项 AC 是质量控制方法。故选 BDE 项。

自测模拟题

(一)单项选择题

1. 对于专项风险评估高速公路路堑高边坡与桥梁、隧道工程最大不同的是(　　)。
   A. 总体风险等级为极高以上
   B. 总体风险等级为高度以上
   C. 总体风险评估中单一指标影响过大
   D. 评估方法还可选择专家评估法

2. 对于高速公路路堑高边坡风险评估事故严重程度的估测方法推荐采用(　　)。
   A. 蒙特卡洛模拟法　　　　　　B. 专家调查法
   C. 等风险图法　　　　　　　　D. 层次分析法

3. 对于高速公路路堑高边坡风险评估事故可能性的估测方法推荐采用(　　)。
   A. 专家评议法　　B. 德菲尔法　　C. 头脑风暴法　　D. 指标体系法

4. 施工过程风险评估的成果形式是以(　　)形式反映。
   A. 风险评估报告　　　　　　　B. 风险评估报表
   C. 风险评估清单　　　　　　　D. 风险评估纪要

(二)多项选择题

1. 不论边坡多高都要做高速公路路堑高边坡总体风险评估对象的有(　　)。
   A. 土质边坡　　　　　　　　　B. 老错落体边坡
   C. 居住区附近边坡　　　　　　D. 地下管线分布区附近边坡
   E. 岩质边坡

2. 高速公路路堑高边坡风险评估有(　　)。
   A. 总体风险评估　　　　　　　B. 极高风险评估
   C. 施工前专项评估　　　　　　D. 高度风险评估
   E. 施工过程专项评估

3. 路堑高边坡施工过程中,应开展施工过程专项风险评估的情况有(　　)。
   A. 经论证出现了新的重大风险源
   B. 风险源(致险因子)发生了变化
   C. 现场揭露地质条件与事前判别的地质条件相差较大
   D. 主要施工工艺发生实质性改变
   E. 发生生产安全事故或重大险情

参考答案及解析

(一)单项选择题

1. C   2. B   3. D   4. B

(二)多项选择题

1. BCD   2. ACE   3. ACDE

3.解析:选项 B 错在少了"重大变化"。

七、危险性较大的分部分项工程划分及专项施工方案的内容与审查

重 点 知 识

根据《公路水运工程安全生产监督管理办法》第二十四条:"公路水运工程建设应当实施安全生产风险管理,按规定开展设计、施工安全风险评估。设计单位应当依据风险评估结论,对设计方案进行修改完善。施工单位应当依据风险评估结论,对风险等级较高的分部分项工程编制专项施工方案,并附安全验算结果,经施工单位技术负责人签字后报监理工程师批准执行。必要时,施工单位应当组织专家对专项施工方案进行论证、审核。"

根据《建设工程安全生产管理条例》第二十六条规定:施工单位应当在施工组织设计中编制安全技术措施和施工现场临时用电方案,对下列达到一定规模的危险性较大的分部分项工程编制专项施工方案,并附具安全验算结果,经施工单位技术负责人、总监理工程师签字后实施,由专职安全生产管理人员进行现场监督:

(1)基坑支护与降水工程。

(2)土方开挖工程。

(3)模板工程。

(4)起重吊装工程。

(5)脚手架工程。

(6)拆除、爆破工程。

(7)国务院建设行政主管部门或者其他有关部门规定的其他危险性较大的工程。

(一)公路工程中危险性较大的分部分项工程划分

《公路工程施工安全技术规范》(JTG F90—2015)附录 A 列出了危险性较大的分部分项工程划分,见表 5-2-1。

危险性较大的分部分项工程划分　　表 5-2-1

类　别	需要编制专项施工方案	需要专家论证、审查	
基坑开挖、支护、降水工程	深度≥3m 的基坑(槽)开挖、支护、降水工程	5m 以上或以下的对应情况	√
	深度<3m,但地质条件和周围环境复杂的基坑(槽)的土方开挖、支护、降水工程		

续上表

类　别	需要编制专项施工方案	需要专家论证、审查	
滑坡处理和填、挖方路基工程	滑坡处理和填、挖方路基工程	中型及以上	√
	边坡高度≥20m路堤或地面斜坡坡率陡于1:2.5的路堤，或处于不良地质地段、特殊岩土地段的路堤	"或"改"且"	√
	土质挖方边坡高度＞20m，岩质挖方边坡高度＞30m，或处于不良地质地段、特殊岩土地段的路堤		
基础工程	桩基础	深度≥15m挖孔桩	√
	挡土墙基础	高≥6m且1200m²	√
	沉井等深水基础	≥20m各类深基础	√
大型临时工程	围堰工程	水深≥10m	√
	各类工具式模板工程	墩高40m，塔100m	√
	支架高度≥5m；跨度≥10m，施工总荷载不小于10kN/m²；集中线荷载≥15kN/m	对应8m；对应18m，15kN/m²；对应20kN/m	√
	搭设高度24m及以上的落地式钢管脚手架工程；附着式整体和分片提升脚手架工程；悬挑式脚手架工程；吊篮脚手架工程；自制卸料平台、移动操作平台工程；新型及异型脚手架工程	50m以上；满堂支撑体系单点集中荷载7kN以上；猫道、移动模架	√
	挂篮		
	便桥、临时码头		
	水上作业平台		
桥梁工程	桥梁工程中的梁、拱、柱等构件施工	长40m预制梁的运输与安装，钢箱梁吊装，跨度150m钢管拱安装，墩柱40m(塔100m)施工	√
	打桩船作业		
	施工船作业		
	边通航边施工作业	三级通航水上水下	√
	水下工程中的水下焊接、混凝土浇筑等		
	顶进工程		
	上跨或下穿既有公路、铁路、管线施工	转体施工	√
隧道工程	不良地质隧道	Ⅴ级围岩占10%且超过100m，Ⅵ级围岩以上	√
	特殊地质隧道	软岩高应力、黄土等	√
	浅埋、偏压及邻近建筑物等特殊环境条件隧道	埋深＜1倍跨度等	√
	Ⅳ级及以上软弱围岩地段的大跨度隧道	跨度≥18m特大跨径	√
	小净距隧道	连拱；＜1倍跨小净距；＞100m偏压棚洞	√
	瓦斯隧道	浓度高或突出	√

559

续上表

类　　别	需要编制专项施工方案	需要专家论证、审查	
起重吊装工程	采用非常规起重设备、方法,且单件起吊重量在10kN及以上的起重吊装工程	100kN及以上	√
	采用起重机械进行安装的工程		
	起重机械设备自身的安装、拆卸	300kN及以上	√
拆除、爆破工程	桥梁、隧道拆除工程	大桥、一级公路隧道	√
	爆破工程	C级爆破、水下爆破	√

注:√表示该项需专家论证审查,其中的数值和等级表示规模范围的调整。

(二)专项施工方案的内容

(1)工程概况:工程基本情况、施工平面布置、施工要求和技术保证条件。
(2)编制依据:相关法律、法规、规范性文件、标准、规范及图纸(国标图集)、施工组织设计等。
(3)施工计划:包括施工进度计划、材料与设备计划。
(4)施工工艺技术:技术参数、工艺流程、施工方法、检查验收等。
(5)施工安全保证措施:组织保障、技术措施、应急预案、监控量测等。
(6)劳动力计划:专职安全管理人员、特种作业人员等。
(7)计算书及图纸。

(三)专项施工方案的审查

(1)施工单位编写的危险较大的分部、分项工程的专项安全方案,在施工前应向监理报审。
(2)程序性审查。例如,是否经施工单位技术负责人签字批准,以及专家论证后的处理规定,见《危险性较大的分部分项工程安全管理规定》第十一条至第十三条。
(3)符合性审查。例如,是否制订了施工现场临时用电方案的安全用电技术措施和电气防火措施等。施工单位的安全防护用具、机械设备、施工机具是否符合国家有关安全规定(起重机械设备、施工机具、电器设备及其他特种设备等的设置是否符合规范要求)。各种保险、限位等安全装置是否齐全有效,并具备相应的生产(制造)许可证、产品合格证明及检定结果。
(4)针对性审查。例如,应针对本工程特点以及所处环境、管理模式,具有可操作性。
(5)专项安全施工方案经专业监理工程师审查后,应在报审表上填写监理意见,并由监理工程师签认。
(6)特别复杂的专项安全施工方案,项目监理机构应报监理单位的技术负责人主持审查。

(四)《危险性较大的分部分项工程安全管理规定》相关规定

2018年2月,住房和城乡建设部第37次部务会议审议通过了《危险性较大的分部分项工程安全管理规定》(住房和城乡建设部令第37号),对专项施工方案和专家论证做了明确和详细的规定,相关规定摘录如下。

第十一条 专项施工方案应当由施工单位技术负责人审核签字、加盖单位公章,并由总监理工程师审查签字、加盖执业印章后方可实施。危大工程实行分包并由分包单位编制专项施工方案的,专项施工方案应当由总承包单位技术负责人及分包单位技术负责人共同审核签字并加盖单位公章。

第十二条 对于超过一定规模的危大工程,施工单位应当组织召开专家论证会对专项施工方案进行论证。实行施工总承包的,由施工总承包单位组织召开专家论证会。专家论证前专项施工方案应当通过施工单位审核和总监理工程师审查。专家应当从地方人民政府住房城乡建设主管部门建立的专家库中选取,符合专业要求且人数不得少于5名。与本工程有利害关系的人员不得以专家身份参加专家论证会。

第十三条 专家论证会后,应当形成论证报告,对专项施工方案提出通过、修改后通过或者不通过的一致意见。专家对论证报告负责并签字确认。专项施工方案经论证需修改后通过的,施工单位应当根据论证报告修改完善后,重新履行本规定第十一条的程序。专项施工方案经论证不通过的,施工单位修改后应当按照本规定的要求重新组织专家论证。

第二十四条 施工、监理单位应当建立危大工程安全管理档案。施工单位应当将专项施工方案及审核、专家论证、交底、现场检查、验收及整改等相关资料纳入档案管理。监理单位应当将监理实施细则、专项施工方案审查、专项巡视检查、验收及整改等相关资料纳入档案管理。

例 题

例1 挖孔桩深度大于或等于( )需要经专家论证。
A. 10m B. 13m C. 15m D. 18m

例2 只需编制专项施工方案,不需要经专家论证的工程是( )。
A. 滑坡处理 B. 挂篮 C. 瓦斯隧道 D. 沉井基础

例3 对需要经专家论证的论述错误的是( )。
A. 实行施工总承包的,由施工总承包单位组织召开专家论证会
B. 专家论证前专项施工方案应当通过施工单位审核和总监理工程师审查
C. 专家论证会应对专项施工方案提出通过、修改后通过或者不通过的一致意见
D. 经专家论证结论为需要修改后通过的,施工单位根据论证报告修改完善后应重新组织专家论证

例4 工程开工前,监理工程师审查施工组织设计中的安全技术措施或专项施工方案是否符合强制性标准,审查重点包括( )。
A. 安全技术措施费用的使用计划
B. 施工人员安全教育计划
C. 工地现场人员、机械总数
D. 施工现场布置是否符合有关安全要求
E. 是否制订了施工现场临时用电方案的安全技术措施和电气防火措施

例5 工程开工前,监理工程师应审查施工单位编制的施工组织设计中的安全技术措施或专项施工方案是否符合强制性标准,审查合格后方可同意工程开工。审查重点是( )。
A. 安全管理和安全保证体系的组织机构,包括项目经理、专职安全管理人员、特种作业人员配备的数量及安全资格培训持证上岗情况
B. 是否制订了施工安全生产责任制、安全管理规章制度、安全操作规程
C. 施工单位的安全防护用具、机械设备、施工机具是否符合国家有关安全规定

D.施工现场布置是否符合有关安全要求

E.是否有安全主管部门颁发的施工许可证书

例题解析

例1 根据表5-2-1,挖孔桩≥15m需要经专家论证。故选C项。

例2 根据表5-2-1,挂篮不需要经专家论证,选项ACD达到一定规模需要经专家论证。故选B项。

例3 选项D错误是"需要修改后通过的结论",施工单位根据论证报告修改完善后要重新经单位技术负责人审核签字、加盖单位公章,并由总监理工程师审查签字、加盖执业印章后方可实施。不需要重新组织专家论证。故选D项。

例4 选项C错误是"总数",人员需按照专业,机械按型号等。选项B为安全技术措施内容。故选ABDE项。

例5 选项E错误是"许可施工证书",它是建设单位向交通建设主管部门领取的,不是施工单位的内容。选项B为安全技术措施内容。故选ABDE项。

自测模拟题

(一)单项选择题

1. 不是专项施工方案内容的是( )。
   A.设备计划　　B.计算书　　C.图纸　　D.合同用款计划

2. 根据《危险性较大的分部分项工程安全管理规定》,( )应当建立危大工程安全管理档案。
   A.建设、监理单位　　　　　　B.施工、主管部门
   C.施工、监理单位　　　　　　D.建设、施工单位

3. 审查专项施工方案是否经施工单位技术负责人签字批准并盖公章是( )审查。
   A.符合性　　B.程序性　　C.针对性　　D.可操作性

4. 审查专项施工方案有无反映工程特点以及所处环境、管理模式的内容是( )审查。
   A.符合性　　B.程序性　　C.针对性　　D.可操作性

5. 审查专项施工方案是否制订了施工现场临时用电方案是( )审查。
   A.符合性　　B.程序性　　C.针对性　　D.可操作性

(二)多项选择题

1. 根据《公路工程施工安全技术规范》(JTG F90—2015)的规定,危险性较大、应当编制专项施工方案的工程包括( )。
   A.爆破工程　　B.涵洞基础　　C.高瓦斯隧道　　D.水下焊接
   E.滑坡和高边坡处理

2. 实行施工总承包的,危险性较大工程专项方案应当由( )审核。
   A.总包单位技术负责人　　　　B.专业承包单位技术负责人
   C.总包单位项目经理　　　　　D.建设单位项目负责人
   E.安全生产监督部门

3. 下列关于专项施工方案审核的说法,正确的是( )。
   A. 不需要经专家论证的专项施工方案,需要经施工单位审核合格后报施工监理单位,项目监理工程师审核通过、签字后,由建设项目负责人批准实施
   B. 专项方案经审核合格的,由施工企业安全部门负责人签字
   C. 超过一定规模的危险性较大的分部分项工程专项方案应当由施工企业组织召开专家论证会
   D. 专项施工方案应当由施工单位技术部门组织本单位生产、安全、技术质量等部门的专业技术人员进行审核
   E. 实行施工总承包的,专项施工方案应当由总承包单位技术负责人及相关专业承包单位技术负责人审核

4. 只需编制专项施工方案,不需要经专家论证的工程有( )。
   A. 便桥　　　　B. 临时码头　　　　C. 顶进桥　　　　D. 浅埋段隧道
   E. 中桥拆除

5. 反映专项施工方案符合性审查的内容有( )。
   A. 是否制订了施工现场电气防火措施
   B. 施工单位的安全防护用具是否符合国家有关安全规定
   C. 分包工程的专项方案有无总承包单位技术负责人及分包单位技术负责人共同审核签字并加盖单位公章
   D. 各种保险、限位等安全装置是否齐全有效
   E. 施工单位的机械设备是否符合国家有关安全规定

参考答案

(一)单项选择题

1. D　　2. C　　3. B　　4. C　　5. A

(二)多项选择题

1. ACDE　　2. AB　　3. CDE　　4. ABCE　　5. ABDE

八、施工准备阶段对施工安全生产条件审查的程序、方法和内容

重点知识

安全生产条件由工程项目开工前安全生产条件、危险性较大的分部分项工程施工前安全生产条件两部分组成,其中,危险性较大的分部分项工程施工前安全生产条件,需按施工进度分阶段经监理单位审核、建设单位确认,这部分的安全生产条件是动态的。

(一)施工准备阶段对施工安全生产条件审查的程序

(1)施工单位按照施工安全生产条件的逐项内容在工程开工前提交。
(2)监理逐项审核,提出符合、基本符合和不符合的结论。

(二)施工准备阶段对施工安全生产条件审查的方法

监理工程师常用审查提交的资料和实地现场检查相结合的方法,应审查施工单位编制的

施工组织设计中的安全技术措施或专项施工方案是否符合强制性标准,审查合格后方可同意工程开工。审查重点如下:

(1)安全管理和安全保证体系的组织机构,包括项目经理、专职安全管理人员、特种作业人员配备的数量及安全资格培训持证上岗情况。

(2)是否制订了施工安全生产责任制、安全管理规章制度、安全操作规程。

(3)施工单位的安全防护用具、机械设备、施工机具是否符合国家有关安全规定。

(4)是否制订了施工现场临时用电方案的安全技术措施和电气防火措施。

(5)施工场地布置是否符合有关安全要求。

(6)生产安全事故应急救援预案的制订情况,针对重点部位和重点环节制订的工程项目危险源监控措施和应急预案。

(7)施工人员安全教育计划、安全交底的安排。

(8)安全技术措施费用的使用计划。

(三)施工准备阶段对施工安全生产条件审查的内容

1. 工程项目开工前安全生产条件

(1)项目基本建设程序完备,施工图设计依法审批,施工工期合理。

(2)施工招(投)标文件及施工合同中载明项目安全管理目标、安全生产职责、安全生产条件、安全生产费用、安全生产信用情况及专职安全生产管理人员配备的标准等要求。

(3)施工单位安全生产许可证及相应等级资质证书有效。

(4)施工单位内部管理人员签订安全生产协议书,明确各方安全生产管理职责。

(5)施工组织设计文件中应按规定编制安全技术措施和施工现场临时用电方案,并经监理审批。

(6)施工单位临时场站、驻地选址等符合安全性要求,施工单位根据企业规定组织了验收。

2. 危险性较大的分部分项工程施工前安全生产条件(监理审查的重点内容)

(1)按规定开展专项风险评估工作,编制专项风险评估报告,制订重大风险管控方案。

(2)按规定编制专项施工方案,附具安全验算结果,经施工单位技术负责人、监理工程师签字后实施,经专家论证、审查的专项施工方案应附专家论证、审查意见。

(3)施工单位按规定对从业人员进行安全生产教育、培训和技术交底;特种作业人员按规定取得相应作业资格。

(4)施工机械、设施、机具以及安全防护用品、用具和配件等具有生产(制造)许可证、产品合格证或者法定检验检测合格证明;特种设备使用单位依法取得特种设备使用登记证书,建立特种设备安全技术档案,并将登记标志置于该特种设备的显著位置;组织有关单位进行验收,或者委托具有相应资质的检验检测机构对翻模、滑(爬)模等自升式架设设施,以及自行设计、组装或者改装的施工挂(吊)篮、移动模架等设施进行验收。

(5)按规定编制合同段施工专项应急预案和现场处置方案,依法建立应急救援组织或者指定工程现场兼职的、具有一定专业能力的应急救援人员,配备必要的应急救援器材、设备和物资。

(6)劳务分包、专业分包等单位有符合法律法规的资质条件;施工单位与从业人员订立的劳动合同,应载明保障从业人员劳动安全、防止职业危害等事项。

(7)施工现场的办公、生活区与作业区分开设置。办公、生活区的选址应当符合安全性要求,施工单位根据企业规定组织了验收。

(8)按规定办理跨线施工、交通管制及水上水下作业等相关手续。

(9)从业单位应当依法参加工伤保险,为从业人员交纳保险费。为危险性较大的作业岗位人员购买意外伤害险。

例 题

例1 安全生产条件中属于动态条件的是( )。
   A.工程项目开工前安全生产条件
   B.分部分项工程开工前安全生产条件
   C.危险性较大的分部分项工程施工前安全生产条件
   D.合同段开工前安全生产条件

例2 工程项目开工前安全生产条件有( )。
   A.施工单位安全生产许可证及相应等级资质证书有效
   B.施工单位临时场站、驻地选址等符合安全性要求
   C.施工单位按规定对从业人员进行安全生产教育、培训和技术交底
   D.施工组织设计文件中应按规定编制安全技术措施和施工现场临时用电方案,并经监理审批
   E.按规定编制合同段施工专项应急预案和现场处置方案

例题解析

例1 危险性较大的分部分项工程施工前安全生产条件,需按施工进度分阶段经监理单位审核、建设单位确认,这部分的安全生产条件是动态的。故选 C 项。

例2 选项 CE 是危险性较大的分部分项工程施工前安全生产条件。故选 ABD 项。

自测模拟题

(一)单项选择题

1.危险性较大的分部分项工程施工前安全生产条件,需按( )。
   A.施工进度分阶段经监理单位审核
   B.建设单位要求经监理单位确认
   C.施工进度分阶段经建设单位备案
   D.建设单位要求经监理单位审核

2.危险性较大的分部分项工程施工前安全生产条件是( )。
   A.安全管理和安全保证体系的组织机构
   B.是否制订了施工安全生产责任制
   C.是否制订了安全管理规章制度
   D.按规定编制专项施工方案,附具安全验算结果,经施工单位技术负责人、监理工程师签字后实施

(二) 多项选择题

1. 监理逐项审核,提出的结论有( )。
   A. 符合　　　　　B. 总体符合　　　　C. 不符合　　　　D. 基本不符合
   E. 基本符合
2. 危险性较大的分部分项工程施工前安全生产条件有( )。
   A. 劳务分包、专业分包等单位有符合法律法规的资质条件
   B. 施工现场的办公、生活区与作业区分开设置
   C. 从业单位应当依法参加工伤保险,为从业人员交纳保险费
   D. 项目基本建设程序完备,施工图设计依法审批,施工工期合理
   E. 按规定办理跨线施工、交通管制及水上水下作业等相关手续

参考答案

(一) 单项选择题

1. A　　2. D

(二) 多项选择题

1. ACE　　2. ABCE

九、施工阶段日常安全监理的工作程序、方法和内容

重点知识

1. 施工阶段安全监理工作程序

施工阶段安全监理工作程序如图 5-2-1 所示。

图 5-2-1　施工阶段安全监理工作程序

2. 日常安全监理实施程序

(1)发通知开具整改指令单(《2016版监理规范》已取消口头通知)。
(2)召开监理专题会议。
(3)签发"工程暂停令"。
(4)向有关主管部门报告。

3. 日常安全监理的方法和内容

(1)加强监督:监督施工单位遵纪守法情况;监督施工单位定期进行安全生产自查工作,并将结果报送总监办;监督施工单位分阶段自评,并将结果报送有关主管部门。

(2)巡视检查:巡视中发现安全隐患,应及时签发监理指令单,责成施工单位整改,并跟踪整改结果;情况严重的,应由总监理工程师签发暂时停工令要求施工单位停止施工,并及时报告建设单位。施工单位拒不整改或者不停止施工的,监理机构应及时向有关监管部门报告。监理机构应由专人负责建立安全监理台账,应及时记录安全专项检查和巡视、旁站中涉及施工安全管理的情况、存在问题、监理指令以及施工单位处理情况等。分项工程交工验收时,安全事故的现场处理未完成,不得签发"分项工程(中间)交工证书"。

(3)监理会议:将安全生产列入工地会议内容,责成整改。在监理月报中汇报安全文明施工情况。

例 题

例1 对危险性较大的工程作业等要定期巡视检查,如发现安全事故隐患,应立即书面指令施工单位整改;情况严重的应向施工单位( ),并及时报告建设单位。
　　A. 签发监理通知　　　　　　　　B. 报告主管部门
　　C. 签发工程暂停令　　　　　　　D. 口头要求停工

例2 日常安全监理实施程序包括( )等环节。
　　A. 向业主报告　　　　　　　　　B. 签发指令单
　　C. 召开监理专题会议　　　　　　D. 签发"工程暂停令"
　　E. 向有关主管部门报告

例 题 解 析

例1 巡视中发现安全隐患,应及时签发监理指令单,责成施工单位整改,并跟踪整改结果;情况严重的,应由总监理工程师签发暂时停工令,要求施工单位暂停施工,并及时报告建设单位。故选C项。

例2 根据日常安全监理实施程序的四种方式处理。故选BCDE项。

自 测 模 拟 题

(一)单项选择题

1.在日常巡视检查,如发现一般安全事故隐患,监理机构应立即( )。
　　A. 口头通知承包人　　　　　　　B. 开具整改指令单

  C.报告建设单位   D.下达工程暂停令

  2.因安全隐患施工单位拒不停工或拒不整改的,监理机构应(　　)施工单位整改。

    A.及时报告有关主管部门   B.报告监理单位

    C.报告建设单位   D.再次下达工程暂停令

  3.在日常巡视检查,如发现情况严重的安全事故隐患,应立即(　　)要求施工单位整改。

    A.召开监理工地例会   B.开具整改指令单

    C.召开监理专题会议   D.报告有关主管部门

  4.监理机构应建立施工安全监理台账,由(　　)负责。

    A.专业监理工程师   B.安全监理工程师

    C.驻地监理工程师   D.总监理工程师

(二)多项选择题

  1.施工单位的安全自检可分为(　　)等。

    A.日常性检查   B.每日检查

    C.专业性检查   D.季节性检查

    E.不定期检查

  2.安全监理台账应及时记录安全专项检查和巡视、旁站中涉及(　　)。

    A.施工安全管理的情况   B.存在的问题

    C.监理指令   D.专题会议纪要

    E.施工单位处理情况

参考答案及解析

(一)单项选择题

1.B 2.A 3.C 4.B

3.**解析**:情况严重的安全事故隐患不是开具整改指令单,而是要召开专题会议并下达停工令。

(二)多项选择题

1.ACDE 2.ABCE

十、交(竣)工验收和缺陷责任期阶段安全监理

重点知识

  交(竣)工验收阶段安全监理的主要工作包括:协助建设单位落实工程建设项目"三同时"的规定;审查安全设施等是否按照设计要求与主体工程同时建成并交付使用;承担从交(竣)工验收到缺陷责任期间质量缺陷和质量问题修复作业的安全监理责任,并应注意以下几项修复作业安全。

  1.路面修复安全作业

  (1)在公路上所有人员必须穿反光标志橘红色着装,作业人员是工作装(套装),管理人员

是背心。

（2）修复作业时，必须按作业控制区交通控制标准设置渠化装置和标志，并指派专人维持交通。

（3）高速公路和一级公路上人员上班，应用车辆接送。作业人员的活动和物品的堆放必须在控制区以内。

（4）当进行修复时，应顺着交通流向设置安全设施，作业完成后应逆着交通流向拆除安全设施，恢复正常交通。

（5）坑槽修补应当天完成，若不能完成必须设修复作业控制区。

2. 桥梁修复安全作业

桥梁线路除与路面修复安全作业注意相同外，还应注意：

（1）了解桥面上下的各种管线，并注意保护公用设施（煤气、水管、电缆、架空线等）。

（2）桥梁栏杆外作业须设置悬挂吊篮等防护设施，人员须系安全带。

（3）墩台修复时应在上下游两端设置安全设施。

3. 隧道修复安全作业

隧道内线路安全作业除与路面修复安全作业注意内容相同外，还应注意：

（1）隧道内的照明应满足要求。

（2）应控制隧道内一氧化碳和烟雾浓度，如超标应及时撤离并通风。

（3）修复明洞和半山洞前，应及时清除危石。

（4）隧道内进行登高作业，登高设施周围应设醒目安全设施。

（5）隧道内不准存放易燃易爆物品，严禁明火作业或取暖。

（6）作业宜选择交通量较小时段进行。

（7）作业控制区经划定后不得随意变更。

（8）隧道内发生交通事故时，应通知并配合交通安全管理部门到场处理事故。

（9）事故发生后，应尽快清理现场排除路障恢复正常通车，并登记相关损失，认真分析事故原因，恢复或改善隧道的防灾能力。

4. 道路、桥梁检测安全作业

（1）严禁在能见度差（如夜晚、大雾）的条件下作业。

（2）道路、桥梁检测车在高速公路和一级公路检测时，凡行进速度低于 50km/h 时，均按临时定点或移动修复作业控制区布置，应在检测设备尾部安装发光可变标志牌，或设置安全警戒区。

例　题

例 1　路面修复安全作业要求错误的是（　　）。
A. 坑槽修补应当天完成，若不能完成设修复作业控制区
B. 人员必须穿反光标志橘红色服装，作业人员是背心，管理人员是套装
C. 高速公路和一级公路上，维修人员上班，应用车辆接送
D. 作业人员的活动和物品的堆放必须在控制区以内

例 2　建设项目需要配套建设的安全生产设施，必须与主体工程（　　）。

A. 同时设计　　　　　　　　　　B. 同时施工
C. 同时投产使用　　　　　　　　D. 同时报废
E. 同时竣工

例题解析

例1　正确的要求是：人员必须穿具有反光标志的橘红色服装，作业人员是套装，管理人员是背心。故选 B 项。

例2　建设项目需要配套建设的安全生产设施，必须与主体工程同时设计、同时施工和同时投产使用，即"三同时"。故选 ABC 项。

自测模拟题

(一)单项选择题

1. 隧道修复安全作业与路面和桥梁修复安全作业最大区别是一定要考虑(　　)要求。
   A. 人员着装　　　　　　　　　B. 照明
   C. 人员活动区域　　　　　　　D. 物品堆放区域

2. 桥梁修复安全作业要求错误的是(　　)。
   A. 了解桥面上下的各种管线，并注意保护公用设施
   B. 桥梁栏杆外作业须设置悬挂吊篮等防护设施
   C. 桥梁栏杆外作业人员须系安全带
   D. 墩台修复时应在上游端设置安全设施

3. 隧道修复安全作业要求错误的是(　　)。
   A. 修复明洞和半山洞前，应及时清除危石
   B. 洞内登高作业，登高设施周围应设醒目安全设施
   C. 作业控制区经划定后严禁变更
   D. 洞内不准存放易燃易爆物品，严禁明火作业或取暖

4. 下列选项中，(　　)不属于安全生产费用使用的范围。
   A. 安全设施及特种设备检测检验支出
   B. "三同时"要求初期投入的安全设施
   C. 安全生产宣传、教育、培训支出
   D. 应急演练支出

5. 两个以上生产经营单位在同一作业区域内进行生产经营活动，可能危及对方生产安全时，正确的处理方式是(　　)。
   A. 各方自行采取安全措施
   B. 互相提醒注意安全后继续进行生产经营活动
   C. 由各自主管的负有安全生产监督管理职责的部门确定生产经营活动方案
   D. 签订安全生产管理协议，明确各自的安全生产管理职责和应当采取的安全措施，并指定专职安全生产管理人员进行安全检查与协调

(二)多项选择题

1. 路面修复作业时,对设置安全设施做法正确的有( )。
   A. 开始修复作业时,应顺着交通流向设置安全设施
   B. 开始修复作业时,应逆着交通流向设置安全设施
   C. 作业完成后应逆着交通流向拆除安全设施
   D. 作业完成后应顺着交通流向拆除安全设施
   E. 拆除安全设施后恢复正常交通
2. 隧道修复安全作业与路面和桥梁修复安全作业最大区别是一定要考虑( )要求。
   A. 高处作业须系安全带
   B. 控制洞内一氧化碳浓度
   C. 控制人员活动区域
   D. 控制洞内烟雾浓度
   E. 控制物品堆放区域

参考答案及解析

(一)单项选择题

1. B 2. D 3. C 4. B 5. D
2. 解析:正确应是"上下游两端"。
3. 解析:正确应是"不得随意"。

(二)多项选择题

1. ACE   2. BC

十一、监理工程师施工过程巡视检查的重点

重点知识

监理机构应确定主要安全监理人员并明确其岗位职责、监理内容等。

监理机构在监理过程中发现存在安全事故隐患的,应要求施工单位整改;情况严重的,应要求施工单位停止施工,并及时报告建设单位。施工单位拒不整改或者不停止施工的,监理机构应及时向有关监管部门报告。

监理工程师施工过程巡视检查的重点有以下几点。

(1)高处作业:

①培训合格持证上岗;定期体检;患有高血压、心脏病、贫血、癫痫等疫病人员不得高空作业。

②防护棚搭设和拆除应设警戒区,严禁上下同时拆除作业。

③乘人的外用电梯、吊笼,应有可靠的安全装置,禁止利用起重臂和绳索攀登,禁止随同运料的吊篮、吊装物上下。

④脚手架及构造平台的脚手板应满铺,木板端头必须搭于支点上;高于2m的工作平台上应设置不低于1.2m的双道护身栏杆,跳板应设置防滑条。

⑤脚手架及工作平台所站人数及堆置的建筑材料,不得超过其计算载荷重量。

(2)机电设备使用:特种机械设备,如电梯、塔式起重机、架桥机、门式起重机等,进场后在

使用前,必须经过有资质的单位鉴定,并出具鉴定证书。

(3)场内车辆驾驶:

①严禁翻斗车、自卸车的车厢乘坐人员;严禁人货混装;车辆载货严禁超载、超高、超宽;车辆载货捆扎必须牢固可靠。

②车辆进入施工现场,在场内掉头、倒车,在狭窄场地内行驶时,必须设专人指挥。

③现场行车,进出场要减速,并做到"四慢":道路情况不明要慢;行走线路不良、照明度差时要慢;起步、交会车、倒车、停车要慢;在狭窄路、桥梁弯道、坡路、岔道、行人密集处及出入口要慢。

(4)气割、电焊作业:

必须在禁火区进行明火作业时,应严格执行"动用明火"审批制度,办妥动火证手续;施工现场严格执行三级动火制度。

(5)起重作业:

①起重指挥、起重机司机必须持证上岗,指挥人员在起重作业时应执行规定的指挥信号;起重机司机应熟悉起重技术性能。

②在超过起重机回转半径50cm的作业范围内应无障碍物。

③起吊满载荷重物时,应先将其吊离地面20~50cm,检查起重机的稳定性、制动器可靠性和绑扎的牢固性等,确认可靠后,才能继续起吊作业。

④起重机吊臂最大仰角不得超过制造厂规定。

⑤如果遇到重大构件必须使用两台起重机同时起吊时,构件的质量不得超过两台起重机所允许起重总质量之和的3/4,每台起重机分担的负荷不得超过该机允许起重质量的80%。起吊时必须对两台起重机进行统一指挥,在起吊过程中,两台起重机的吊钩滑车组都应基本保持垂直状态。

⑥遇到"十不吊"情况(超载、无指挥、安全装置不符、没绑好、吊物上下有人、吊物棱角无防护、吊物位置不明、夜间看不清、斜钩、6级以上大风),严禁起重吊装作业。

(6)钢筋加工、绑扎作业:

①断料、配料、弯料等工作应在地面进行,不准在高空操作。

②搬运钢筋,注意避免与附近的架空线和临时电线发生碰撞。

③冷拉钢筋当钢筋拉直时,禁止横跨或触碰钢筋,人员必须离开。

④切断机在剪切钢筋时,刀口要与钢筋垂直;切断机不准剪切短于30cm的钢筋。

⑤起吊钢筋骨架,下方禁止站人,必须待骨架钢筋降落到距离模板1m以下才准靠近,就位并支撑好后方可摘掉挂钩。

⑥起吊钢筋时,规格、尺寸必须统一,不准一点吊,吊点必须扎紧。

⑦在雷雨时必须停止露天操作,预防雷击。

⑧不得在钢筋骨架上行走,禁止从柱子上的钢箍筋上下。

(7)混凝土浇筑:

浇筑混凝土在2m以上,应搭设操作平台;浇筑混凝土时不准直接站在溜槽上或站在模板及支撑上操作,操作人员必须戴好安全帽,系好安全带并扣好保险钩。

(8)张拉作业:

①张拉机具、千斤顶等机具,使用前必须经有资质的单位鉴定和标定,压力表、持压阀、油管等部件的接头必须牢固。

②张拉时非工作人员不得进入工作区。压力表指针在一定压力时,禁止拧动油泵和千斤顶的受力螺丝或撬打千斤顶。

③预应力张拉区域应设置明显的安全标志,非操作人员严禁进入。

(9)脚手架搭设与拆除作业:

①脚手架和模板支架的搭设或拆除时,应设立作业警戒区,并派专人进行监控,严禁非操作人员入内。

②脚手架和模板支架在搭设过程中,应进行分部验收,全部验收合格挂牌后方可投入使用。

③在脚手架和模板支架的使用期间,严禁拆除主接点处的纵、横向水平杆及纵、横向扫地杆、连墙杆。

④支架施工前,应进行详细的结构计算,满足支架承重的要求,确保支架结构安全,并报监理工程师批准后实施。

(10)大型模板堆放、安装与拆除作业。

(11)电气安装、维修作业:在带电线路上工作要选好工作位置,保持人体对地绝缘。断开导线时应先断相线,后断零线,接导线时应先将线头试搭,然后先接零线后接相线。

(12)拆除作业。

①拆除建筑物应采取自上而下的顺序进行,禁止数层同时拆除,当拆除某一部分的时候,应防止其他部分的倒塌。

②高处进行拆除工程,要设置散碎废料溜放槽,拆下较大或沉重的材料,要用起重机械吊运,禁止向下抛掷。拆卸下来的各种材料要及时清理,分别堆放在指定位置。

(13)船舶作业。

(14)潜水作业。

(15)水下焊接作业。

(16)水上起重作业。

例 题

例1 对危险性较大的分部分项工程进行安全巡查检查,每( )天不少于一次。
A. 1 B. 2
C. 3 D. 4

例2 不是高空作业禁忌的疾病是( )。
A. 高血压 B. 心脏病
C. 癫痫 D. 高血糖

例3 现场行车,进出场要减速,并做到"四慢",是指( )。
A. 道路情况不明要慢
B. 行走线路不良、照明度差时要慢
C. 起步、交会车、倒车、停车以及行驶要慢
D. 在岔道、行人密集处及出入口要慢
E. 在狭窄路、桥梁弯道、坡路要慢

例题解析

例1 监理工程师应采取巡视为主的方式进行施工现场监理,按计划定期或不定期巡视施工现场,对施工的主要工程每天不少于1次,并填写巡视记录。故选A项。

例2 患有高血压、心脏病、贫血、癫痫等疾病人员不得高空作业。故选D项。

例3 选项C错在多了"行驶",正确表达是"起步、交会车、倒车、停车要慢"。故选ABDE项。

自测模拟题

(一) 单项选择题

1. 高处作业关于脚手架及构造平台的要求错误的是(　　)。
   A. 脚手架及构造平台的脚手板应满铺,木板端头必须搭于支点上
   B. 高于2m的工作平台上应设置不低于1.2m的单道护身栏杆
   C. 高于2m的工作平台上跳板应设置防滑条
   D. 脚手架及工作平台所站人数及堆置的建筑材料,不得超过其计算载荷重量

2. 防护棚搭设和拆除(　　)。
   ①应设安全作业区;②应设警戒区;③不宜上下同时拆除作业;④严禁上下同时拆除作业
   A. ①④　　　　B. ②③　　　　C. ①②③　　　　D. ②④

3. 下列关于气割、电焊作业安全的要求错误的是(　　)。
   A. 在进行高空气割、电焊作业时必须佩戴安全帽、系安全绳、穿防滑鞋
   B. 禁火区严禁进行任何明火作业
   C. 施工现场严格执行三级动火制度
   D. 必须在禁火区进行明火作业时,应严格执行审批制度,办妥动火证手续

4. 在施工阶段,监理机构对施工单位安全生产情况巡视检查,发现违规施工和存在安全事故隐患的,应要求施工单位整改,情况严重的,下达暂停施工令;施工单位拒不整改或不停止施工的应当向(　　)书面报告。
   A. 驻地工程师　　　　　　　B. 总监理工程师
   C. 建设单位　　　　　　　　D. 当地政府有关部门

5. 在超过起重机回转半径(　　)的作业范围内应无障碍物。
   A. 20cm　　　　B. 25cm　　　　C. 30cm　　　　D. 50cm

6. 起吊钢筋骨架,下方禁止站人,必须待骨架钢筋降落到距离模板(　　)以下才准靠近,就位并支撑好后方可摘掉挂钩。
   A. 0.5m　　　　B. 1.0m　　　　C. 1.5m　　　　D. 1.8m

7. 支架施工前,应进行详细的结构计算,满足支架承重的要求,确保支架结构安全,并报(　　)批准后实施。
   A. 项目总工　　　　　　　　B. 项目经理
   C. 公司总工　　　　　　　　D. 监理工程师

8. 如果遇到重大构件必须使用两台起重机同时起吊时,构件的质量不得超过两台起重机所允许起重总质量之和的一定占比,每台起重机分担的负荷不得超过该机允许起重质量的百

分数。起吊时必须对两台起重机进行统一指挥,在整个起吊过程中,两台起重机的吊钩滑车组都应基本保持垂直状态。该一定占比和百分数是( )。

①3/4;②4/5;③80%;④85%

A.①③ B.②③ C.①④ D.②④

9.施工单位人员在拆除脚手架时,为了方便小推车进入收集拆除零件,首先拆除扫地杆。这种不安全的行为是违反( )原则。

A.先支先拆 B.后支后拆
C.先支后拆 D.后支先拆

(二)多项选择题

1.特种机械设备,例如( )等,进场后在使用前,必须经过有资质的单位鉴定,并出具鉴定证书。

A.压路机 B.电梯
C.塔式起重机 D.架桥机
E.门式起重机

2.场内车辆驾驶,正确的表示有( )。

A.严禁翻斗车、自卸车的车厢乘坐人员
B.严禁人货混装
C.车辆载货严禁超载、超高、超宽
D.车上捆扎必须牢固可靠
E.在场内掉头、倒车,在狭窄场地内行驶时,驾驶员应小心驾驶

3.起吊满载荷重物时,应先将其吊离地面20~50cm,检查( )等,确认可靠后,才能继续起吊作业。

A.起重机的稳定性 B.吊钩的正确性
C.制动器可靠性 D.缆索的安全性
E.绑扎的牢固性

4.钢筋加工、绑扎作业,正确的表示有( )。

A.断料、配料、弯料等工作应在地面进行,不准在高空操作
B.切断机在剪切钢筋时,刀口要与钢筋垂直,切断机不准剪切短于50cm的钢筋
C.冷拉钢筋当钢筋拉直时,禁止横跨或触碰钢筋,人员必须离开
D.起吊钢筋时,规格、尺寸必须统一,不准一点吊,吊点必须扎紧
E.不得在钢筋骨架上行走,禁止从柱子上的钢箍筋上下

参考答案及解析

(一)单项选择题

1.B 2.D 3.B 4.D 5.D 6.B 7.D 8.A 9.C

9.解析: 扫地杆是先架设,拆除时理应最后拆除才符合安全规定。

(二)多项选择题

1.BCDE 2.ABCD 3.ACE 4.ACDE

2.解析:选项 E 应该是"必须设专人指挥"而不是"小心驾驶"。

十二、"平安工地"建设监理内容

重点知识

2018 年交通运输部发布了《公路水运工程平安工地建设管理办法》,其中与建设监理有关的内容包括:

平安工地建设的创建单位是建设单位、监理单位、施工单位。施工单位是平安工地建设的实施主体,每月至少开展一次平安工地建设情况自查自纠,及时改进安全管理中的薄弱环节;每季度至少开展一次自我评价。施工单位自我评价报告经监理单位审核后报建设单位。

考评的方式有自查、自纠、自评、他评。

1. 建设单位是施工、监理合同段平安工地建设考核评价的主体

建设单位应当建立平安工地建设、考核、奖惩等制度,将平安工地建设情况纳入合同履约管理,加强过程督促检查,对项目平安工地建设负总责。

2. 监理合同段平安工地建设考核评价的频次和方式

(1)建设单位每半年对项目所有监理合同段组织一次平安工地建设考核评价。

(2)监理合同段每半年对自身安全管理行为进行自评,建立相应考核评价记录并及时存档。每季度对施工合同段平安工地建设进行监督检查,对自评结果复核(注:不是考评,考评由建设单位每半年组织一次)。

(3)监理单位应当将平安工地建设作为安全监理的主要内容,危险性较大的分部分项工程开工前按照《公路水运工程平安工地建设考核评价指导性标准》(以下简称《标准》)要求及时开展安全生产条件审核,并将审核结果报建设单位。

3. 考核评价方法

根据表 5-2-2 的内容逐项考核评价,并采取扣分制;其中,标记"*"的考核项目为必须考核的指标项。

4. 考核评价结果

(1)平安工地建设考核评价按照百分制计算得分,考核结果在 70 分及以上的评定为合格,低于 70 分的评定为不合格。监理单位考核评价分数 =(考核项目实得分/考核项目应得分)×100。

(2)监理合同段考核评价结果不合格的,该监理合同段应当立即整改,整改完成后由建设单位组织复评,复评仍不合格的监理合同段应当全部停工整改,并及时向直接监管的交通运输主管部门报告。

(3)对已经发生重特大生产安全责任事故、存在未及时整改的重大事故隐患、被列入安全生产黑名单的合同段(注:包括施工和监理合同段),直接评为不合格。

(4)一般事故和较大事故的扣分:

①发生 1 起一般及以上生产安全责任事故,负有直接责任的监理合同段在考核评价得分基础上直接扣 10 分。

②发生 2 起一般或 1 起较大生产安全责任事故,负有直接责任的监理合同段在考核评价得分基础上直接扣 15 分。

监理单位考核评价表（满分 150 分）

表 5-2-2

项目名称：　　　　　　　　　　　　监理合同段：　　　　　　　　　　　　监理单位名称：

序号	类别	考核项目	考核内容及评价标准	考核评价方法	扣分标准	扣分说明	得分
1	责任落实（10分）	岗位职责（3分）	明确监理各岗位的安全管理职责	查文件	（1）无监理各岗位职责，扣5分。 （2）监理各岗位职责缺少安全管理职责，或安全管理内容不全，视情节扣1～4分。 （3）监理各岗位安全管理职责针对性不强，视情节扣2～3分		
		规章制度（3分）	按规定建立健全安全管理制度	查文件	（1）安全管理制度不健全，视情节扣2～4分。 （2）安全管理制度针对性不强，可操作性差，视情节扣1～3分		
		监理细则（4分）	*按规定编制监理规划或实施细则，并包含安全管理内容	查文件	*（1）监理规划或实施细则中缺乏安全管理内容，扣5分。 （2）监理细则安全管理内容的针对性不强，视情节扣2～4分		
		施工组织设计（5分）	按规定对施工组织设计中的安全技术措施进行审查、审批	查文件	（1）未审查施工组织设计的安全技术措施，扣5分。 （2）审核不严格，或审查意见不具体，或未按照规定时间反馈，视情节扣2～4分		
2	审查审批（45分）	专项施工方案（10分）	*对危险性较大的分部分项工程专项施工方案进行审查、审批，并监督实施情况	查文件	*（1）未及时对施工单位上报的专项施工方案进行审查审批，视情节扣5～8分。 （2）审批的专项施工方案不符合有关要求，视情节扣5～8分。 （3）危险性较大的分部分项工程专项施工方案未经审查同意已实施，监理未及时纠正的，发现一项扣5分		

577

续上表

序号	类别	考核项目	考核内容及评价标准	考核评价方法	扣分标准	扣分说明	得分
2	审查审批（45分）	危险性较大的分部分项工程安全生产条件（10分）	*对危险性较大的分部分项工程施工前的安全生产条件进行审核，审核结果报送建设单位	查文件，查记录	*(1)未对危险性较大的分部分项工程施工前安全生产条件进行审核，扣10分。 *(2)对危险性较大的分部分项工程施工前的安全生产条件审核把关不严，或审核有缺项，视情扣2~6分。 *(3)安全生产条件审核结果不报或迟报，视情扣2~4分		
		风险预控（10分）	按规定对风险评估报告进行审核。对合同段施工专项应急预案和现场处置方案进行审查、监督检查演练情况	查文件，查记录	(1)未督促施工单位提交风险评估报告、合同段施工专项应急预案和现场处置方案审查的，扣5分。 (2)方案审查不认真，或不及时审查，或审查意见过于笼统，缺乏指导性，视情扣2~6分。 (3)未对应急演练进行监督检查的，视情扣2~4分		
		安全生产费用（10分）	按规定对安全生产费用提取、使用情况进行核对、计量和审批。审查安全生产费用使用凭证。建立安全生产费用管理的监理台账	查记录，现场检查核对	(1)未按规定核对、计量和审批安全生产费用的，扣10分。 (2)安全生产费用的核对、计量和审批不认真，或不及时，视情扣4~6分。 (3)未建立安全生产费用管理的监理台账，或台账不清晰，视情扣2~4分		

续上表

序号	类别	考核项目	考核内容及评价标准	考核评价方法	扣分标准	扣分说明	得分
3	安全检查与督促整改（30分）	安全检查（20分）	检查施工单位安全生产责任制建立、落实和考核情况。按规定对进场的施工机械、设备、材料以及人员履约、持证上岗等进行检查，审核重大风险辨识评估，督促隐患排查及措施落实。定期组织安全检查及事故隐患排查，督促施工单位整改落实。*发现重大事故隐患应要求施工单位立即停工整改，跟踪督办，并履行报告义务。对施工单位发现的安全事故隐患，督促施工单位整改。对施工单位不能立即整改的施工单位整改情况按进行复查。对有关部门通报施工单位存在的问题和事故督促整改。对有关部门检查通报的监理管理问题，积极整改	查文件、记录、现场检查对	(1) 对应该检查面未全面，及时检查的，或安全检查、隐患排查等未到场、或对检查所发现的问题没有采取监理措施，或问题整改后没有组织复查的，发现一次扣3分。(2) 未建立安全检查台账，或台账不清晰，可追溯性差，视情节扣5分。*(3) 对重大事故隐患未跟踪督办，发现一次扣5分。*(4) 对发现重大事故隐患未跟踪督办的，发现一次扣3分。*(5) 未履行重大事故隐患报告义务的，扣15分。(6) 对重大事故隐患的检查和复查未附影像资料，发现一次扣3分。(7) 监理指令、通知记录不闭合，发现一次扣2分。(8) 未对专项施工方案实施情况进行分析评价，扣2分。(9) 对有关部门检查通报的监理管理问题未及时整改的，发现一次扣5分		
		考核评价（10分）	*定期对施工单位开展平安工地建设情况进行考核。*检查复核资料真实、准确	查文件、资料	*(1) 未定期对施工单位平安工地建设情况进行组织检查实施，或者一次视情节扣5～10分。*(2) 未根据检查结果督促施工单位整改的，或无督查整改记录，视情节扣4～8分。*(3) 检查复核资料失真不真实、不准确，视情节扣3～5分		
4	监理人员管理（10分）	持证上岗（3分）	按照合同文件配置安全监理人员。编制监理人员名册	查合同、资料	(1) 安全监理人员不满足合同文件要求，缺一人扣1分。(2) 未提供监理人员名册，扣1分。(3) 未提供监理人员上岗及离岗记录（如考勤表等），扣2分		

579

续上表

序号	类别	考核项目	考核内容及评价标准	考核评价方法	扣分标准	扣分说明	得分
4	监理人员管理（10分）	监理人员内部培训教育（2分）	建立安全管理部培训教育计划，对进场的监理人员定期组织安全培训教育	查资料，记录	（1）未组织项目监理部安全培训教育，扣2分。 （2）未制订安全管理部培训教育计划，或培训教育计划可行性不强，视情节扣1~2分。 （3）未按计划组织全员培训，视情节扣1~2分		
		安全监理日志（5分）	认真填写安全监理日志。按规定旁站和巡视，记录准确、详细、连续	查日志	（1）安全监理日志不连续、签字不全，或未经总监理工程师定期审查、旁站巡视未记录或记录不准确，发现一处（次）扣1分。 （2）发现安全问题或事故隐患未及时记录的，视情节扣1~3分		
5	行业主管部门安全生产专项工作（10分）	行业主管部门安全生产专项工作落实情况（10分）	严格落实行业主管部门布置的安全生产专项工作。制订相应的工作方案或行动计划，按方案或计划执行	查文件，记录，现场核对	（1）未制订安全生产工作方案或行动计划，或未督促施工单位落实安全生产专项工作的，发现一次扣2分。 （2）安全生产专项工作落实不到位，或应付了事、走过场，一次发现扣2~5分		
6	档案管理（5分）	安全档案资料（5分）	安全资料归档及时、齐全，台账明晰	查台账、文件、资料及记录	（1）安全档案资料不真实，发现一份扣2分。 （2）管理台账不清楚，视情节扣1~2分。 （3）应当存档的资料不齐全，视情节扣2分		
7	监理工作效能（40分）	所监理的施工单位考核评价情况（40分）	所监理的各施工合同段考核评价得分平均值×0.4，即为监理工作效能得分	查考核评价资料	各施工合同段（施工单位）考核评价得分平均值×0.4，即为监理工作效能得分		
	实得分				应得分		

考核评价（或监督抽查）单位（盖章）： 评价（或抽查）人： 实施日期： 年 月 日

注：此表用于建设单位每半年考核评价以及交通运输主管部门监督抽查等，准组织实施，准负责盖章签认。

本表考核得分=（实得分/应得分）×100

例 题

例1 监理合同段平安工地建设考核评价的主体是( )。
  A. 监理公司   B. 总监办
  C. 建设单位   D. 交通运输主管部门

例2 安全监理的主要内容是( )。
  A. 审查总体风险评估报告   B. 审查专项施工方案
  C. 审查专项风险评估报告   D. 平安工地建设

例3 某监理合同段中有一个施工合同段出现重大事故,该监理合同段平安工地建设考核评价的等级是( )。
  A. 合格   B. 可能合格
  C. 不合格   D. 合格概率大大降低

例4 某监理合同段有甲乙丙三个施工合同段,甲合同段得分80分,乙合同段得分76分,丙合同段得分90分。如果此时丙合同段发生1起一般事故,该监理合同段负有直接责任,则其平安工地建设考核评价的等级是( )。
  A. 合格   B. 可能合格   C. 不合格   D. 很难合格

例5 平安工地建设考评的方式有( )。
  A. 自查   B. 自纠   C. 自评   D. 抽评
  E. 他评

例题解析

例1 建设单位是施工、监理合同段平安工地建设考核评价的主体。故选C项。

例2 监理单位应当将平安工地建设作为安全监理的主要内容。故选D项。

例3 对已经发生重特大生产安全责任事故、存在未及时整改的重大事故隐患、被列入安全生产黑名单的合同段,直接评为不合格。故选C项。

例4 本题是"对已经发生重特大生产安全责任事故、存在未及时整改的重大事故隐患、被列入安全生产黑名单的合同段,直接评为不合格"和"发生1起一般及以上生产安全责任事故,负有直接责任的监理合同段在考核评价得分基础上直接扣10分"的理解。此处"考核评价得分基础上直接扣"是指已经为百分制的分值而不是计算分值过程的150总分对应的分值。

原监理工作效能得分 = (80 + 76 + 90)/3 = 82分,现在监理工作效能得分 = (80 + 76 + 69)/3 = 75分。

监理合同段因安全事故扣分 = 10分。考评总减少分 = (82 − 75) × 0.4 + 10 = 12.8分。

所以对监理合同段影响最大的还是所扣的10分,按照表5-2-2中第7项扣分标准施工合同段分值的减少还有0.4的系数,影响就更小。相对于表5-2-2中前6项内容监理合同段扣分不会太多,如果原监理合同段分值在82.8分以上,则还是"合格",因此是不确定情况。选项D不合适的原因是合格的概率高于不合格概率。故选B项。

例5 平安工地建设考核评定的方式有自查、自纠、自评、他评。政府主管部门是随机抽查。故选ABCE项。

自测模拟题

(一)单项选择题

1. 平安工地建设考核评价合格标准为≥70分,是相对于总分(　　)分。
   A. 100　　　　　　B. 120　　　　　　C. 150　　　　　　D. 160

2. 发生2起一般或1起较大生产安全责任事故,负有直接责任的监理合同段在考核评价得分基础上直接(　　)。
   A. 认定不合格　　　　　　　　　　B. 扣10分
   C. 扣15分　　　　　　　　　　　　D. 扣20分

3. 建设单位每(　　)对项目所有监理合同段组织一次平安工地建设考核评价。
   A. 月　　　　　　　　　　　　　　B. 季
   C. 半年　　　　　　　　　　　　　D. 年

4. 监理单位每(　　)对施工合同段平安工地建设自评结果进行检查监督。
   A. 月　　　　　　B. 季　　　　　　C. 半年　　　　　　D. 年

5. 监理单位每(　　)对监理合同段平安工地建设进行自评。
   A. 月　　　　　　B. 季　　　　　　C. 半年　　　　　　D. 年

6. 监理单位对监理合同段平安工地建设考核评定的程序是(　　)。
   A. 建设单位考评→总监办自评→交通主管部门抽查
   B. 建设单位考评→驻地办自评→交通主管部门抽查
   C. 建设单位考评→监理机构自评→交通主管部门抽查
   D. 监理单位自评→建设单位考评→交通主管部门抽查

(二)多项选择题

1. 有关平安工地建设论述正确的有(　　)。
   A. 平安工地建设的创建单位是建设单位、监理单位、施工单位
   B. 施工单位是平安工地建设的实施主体
   C. 应当建立平安工地建设、考核、奖惩等制度
   D. 危大工程开工前按照《公路水运工程平安工地建设考核评价指导性标准》要求及时开展安全生产条件审核,并将审核结果报建设单位
   E. 存在未及时整改的重大事故隐患的施工、监理合同段在考核评价得分基础上直接扣15分

2. 关于监理合同段平安工地建设论述正确的有(　　)。
   A. 监理合同段考核评价结果不合格的,该监理合同段应当停工整改
   B. 监理合同段考核评价结果不合格的,该监理合同段应当立即整改
   C. 整改完成后由建设单位组织复评
   D. 复评仍不合格的监理合同段应继续停工整改并及时向直接监管的交通运输主管部门报告,准备再次复评
   E. 复评仍不合格的监理合同段应当全部停工整改并及时向直接监管的交通运输主管部门报告

参考答案

(一)单项选择题

1. A 2. C 3. C 4. B 5. C 6. D

(二)多项选择题

1. ABCD 2. BCE

第六章 公路工程环境保护目标控制

第一节 环境保护监理的基础知识

一、我国公路工程环境保护管理的相关法律法规和方针政策

重点知识

(一)公路工程环境保护管理的相关法律法规

1. 公路工程环境保护的主要法律

(1)《中华人民共和国宪法》(以下简称《宪法》)是环境保护法律、法规及政策的根本依据与原则。

(2)《中华人民共和国环境保护法》(以下简称《环保法》)是环境保护的基本法。环境保护坚持保护优先、预防为主、综合治理、公众参与、损害担责的原则。

(3)环境保护单行法:生态环境保护法(森林法、水法、土地法等)和污染防治法两大类。

2. 公路工程环境保护的法规

主要包括两部分:一部分是为执行环境保护基本法和单行法制定的法规,另一部分是对环境保护工作中出现的新领域或尚未对专门重要领域所制定的规范性文件。

3. 交通运输部和生态环境部的部门规章和规范性文件

《交通建设项目环境保护管理办法》《交通部环境监测工作条例》《关于开展交通工程环境监理工作的通知》等。

4. 地方性法规、地方规章以及国家标准和规范

《公路环境保护设计规范》(JTG B04—2010)、《公路建设项目环境影响评价规范》(JTG B03—2006)。国家环境标准是强制性标准。

5. 国际环境保护条约或公约

《联合国气候框架公约》《南极条约》《保护臭氧层维也纳公约》等。

(二)环境保护的方针政策

1. 环境保护方针

(1)在1973年提出的"32字方针":全面规划,合理布局,综合利用,化害为利,依靠群众,大家动手,保护环境,造福人民。

(2)在1983年第二次全国环境保护会议上提出的"三同步"和"三统一"基本方针:制定了

我国环境保护的总方针、总政策,即"经济建设、城乡建设、环境建设,同步规划、同步实施、同步发展,实现经济效益、社会效益和环境效益相统一"。

①三同步:经济建设、城乡建设、环境建设同步规划(前提是预防为主)、同步实施(关键)、同步发展(目的)。

②三统一:经济效益、社会效益和环境效益的统一。

(3)在1996年第四次全国环境保护会议提出与国家的发展战略结合方针:推行可持续发展战略,贯彻"三同步"方针,推进两个根本转变(经济体制和增长方式),实现"三效益"统一。

2. 环境保护的基本政策

(1)预防为主、防治结合、综合治理的政策。对开发建设项目实行环境影响评价制度和"三同时"制度(防治环境污染和破坏的设施与生产主体工程同时设计、同时施工、同时投入使用)。

(2)"谁污染、谁治理"政策。

(3)强化环境管理政策(三大政策的核心政策)。

3. 环境保护的政策性文件

《关于开展交通工程环境监理工作的通知》等。

例 题

例1 ( )是制定我国环境保护法律、法规及政策的根本依据和原则。
A. 环境法规 B. 环境标准
C. 国际环境保护条约 D. 宪法

例2 ( )是我国环境保护的基本法。
A. 环保法 B. 水土保持法
C. 宪法 D. 噪声污染防治法

例3 环境保护的基本政策中核心政策是( )。
A. 预防为主、防治结合、综合治理 B. 谁污染、谁治理
C. 实行环境影响评价 D. 强化环境管理

例4 有关环境保护论述正确的有( )。
A. 环境保护法律除具有法律的一般特征外,还具有综合性、科学技术性、公益性、世界共同性、地区特殊性等特征
B. 《环保法》规定矿藏、水流、森林、山岭、草原、荒地、滩涂等自然资源,都属于国家所有
C. 国家环境标准属于强制性标准,违反环境标准应依法承担相应的法律后果
D. 《环保法》是制定我国环境保护法律、法规及政策的根本依据与原则
E. 环境保护单行法分为生态环境保护法和污染防治法两大类

例题解析

例1 《宪法》是环境保护法律、法规及政策的根本依据与原则。故选D项。
例2 《环保法》是环境保护的基本法。故选A项。
例3 强化环境管理政策是三大政策的核心政策。故选D项。

例4 选项B错在这些资源所有权在相关的法中规定,而《环保法》定义了这些为环境的范围。选项D错在只有《宪法》才具备作为依据和原则。故选ACE项。

自测模拟题

(一) 单项选择题

1. 下列( )不属于生态环境保护法。
   A. 森林法　　　　　　　　　　　　B. 大气污染防治法
   C. 水土保持法　　　　　　　　　　D. 风景名胜区保护法
2. 环境质量标准、污染物排放标准、环境基础标准、样品标准和方法标准统称为( ),是我国环境法律体系的一个重要组成部分。
   A. 环境系统　　　B. 环境认证　　　C. 环境质量　　　D. 环境标准
3. 我国环境保护"三同步"总方针中作为关键的同步是( )。
   A. 同步规划　　　B. 同步投资　　　C. 同步实施　　　D. 同步发展
4. 我国环境保护"三同步"总方针中作为目的的同步是( )。
   A. 同步规划　　　B. 同步投资　　　C. 同步实施　　　D. 同步发展
5. 我国环境保护"三同步"总方针中作为前提的同步是( )。
   A. 同步规划　　　B. 同步投资　　　C. 同步实施　　　D. 同步发展
6. "三同步"和"三统一"方针与"32字方针"的最大不同点在于( )。
   A. 提出可持续发展战略　　　　　　B. 将环境保护与经济发展相结合
   C. 依靠群众造福人类　　　　　　　D. 将环境保护与国家发展战略相结合
7. 第四次全国环境保护会议与"三同步"和"三统一"方针的最大不同点在于( )。
   A. 全面规划合理布局　　　　　　　B. 将环境保护与经济发展相结合
   C. 依靠群众造福人类　　　　　　　D. 将环境保护与国家发展战略相结合

(二) 多项选择题

1. 根据经济规律和生态规律的要求,《环保法》必须认真贯彻经济建设、城市建设、环境建设( )的"三同步"方针和经济效益、环境效益、社会效益的"三统一"方针。
   A. 同步规划　　　B. 同步投资　　　C. 同步管理　　　D. 同步发展
   E. 同步实施
2. 根据《环保法》第41条规定,建设项目中防治污染的设施,必须与主体工程( )。
   A. 同时设计　　　B. 同时施工　　　C. 同时投产使用　　D. 同时报废
   E. 同时竣工
3. 下列( )属于我国的环境标准。
   A. 环境质量标准　　　　　　　　　B. 样品标准和方法标准
   C. 污染物排放标准　　　　　　　　D. 环境基础标准
   E. 沥青混合料配合比标准
4. 下列( )是环境保护法律的基本政策或原则。
   A. 污染者付费的原则
   B. 预防为主、防治结合的原则

C. 从我做起、从小事做起的原则
D. 经济建设与环境保护协调发展的原则
E. 依靠群众保护环境的原则

5. 下列(　　)属于污染防治法。
   A. 噪声污染防治法　　　　　　B. 水污染防治法
   C. 大气污染防治法　　　　　　D. 放射性污染防治法
   E. 公路法

6. 推行可持续发展战略,贯彻"三同步"方针,推进两个根本转变,实现"三效益"统一。其中"三效益"是指(　　)。
   A. 经济效益　　B. 政治效益　　C. 社会效益　　D. 地方效益
   E. 环境效益

参考答案

(一)单项选择题

1. B　2. D　3. C　4. D　5. A　6. B　7. D

(二)多项选择题

1. ADE　2. ABC　3. ABCD　4. ABDE　5. ABCD　6. ACE

二、公路施工期对环境的影响因素

重点知识

环境保护已列入我国的基本国策之中。环境保护涉及范围广,根据可持续发展的理论,项目地区环境因素包括:自然环境、生态环境、社会环境和人民生活环境。公路施工期对环境的影响因素主要有以下几点。

(1)对生态环境影响的主要因素:水土流失(水力、重力、风力、泥石流、人为)和植被破坏。

(2)对声环境影响的主要因素:夜间施工机械噪声。

(3)对水环境影响的主要因素:挖泥、取砂、材料冲洗引起水质混浊,施工机械的含油污水及油料泄漏造成油污染,施工人员的生活污水、垃圾直接排入水体,沥青、油料、化学品等因保管不善造成进入水体。

(4)对大气环境影响的主要因素:灰土拌和、扬尘、沥青烟、废气。

(5)对社会经济影响的主要因素:临时占地及施工作业对周边农田的损坏,对沿线河道、人工渠道的施工干扰;加重了地区道路的负荷。

在公路施工监理过程中,应着重检查、控制施工对生态环境、水环境、大气环境影响。

例　题

例1　路面施工时,灰土拌和是对(　　)环境影响的主要因素。
A. 生态　　　　B. 声　　　　C. 水　　　　D. 大气

例2　公路建设所引起的水土流失表现出不同的外部形式、发展程度和不同的潜在危险性,概括起来,主要包括( )。

A. 水力侵蚀　　　B. 重力侵蚀　　　C. 风力侵蚀　　　D. 冰冻侵蚀

E. 泥石流侵蚀

例题解析

例1　对大气环境影响的主要因素有:灰土拌和、扬尘、沥青烟、废气。故选D项。

例2　本题是2007年公路监理考题,对生态环境的主要影响因素包括水土流失(水力、重力、风力、泥石流、人为)和植被破坏。故选ABCE项。

自测模拟题

(一)单项选择题

1. 公路施工时,施工作业对周边农田的损坏是对( )环境影响的主要因素。

A. 生态　　　　　B. 声　　　　　C. 水　　　　　D. 社会

2. 公路施工时,施工机械油料泄漏造成油污染是对( )环境影响的主要因素。

A. 生态　　　　　B. 声　　　　　C. 水　　　　　D. 社会

3. 桥梁基础施工时,打桩机的打桩过程是对( )环境影响的主要因素。

A. 生态　　　　　B. 声　　　　　C. 水　　　　　D. 社会

4. 公路施工时,弃土弃石是对( )环境影响的主要因素。

A. 生态　　　　　B. 声　　　　　C. 水　　　　　D. 社会

5. 对生态环境的主要影响因素有( )。

A. 水土流失　　　　　　　　B. 取砂冲洗引起水质混浊

C. 施工人员的生活污水　　　D. 扬尘

(二)多项选择题

1. 在公路施工监理过程中,应着重检查、控制施工对( )的影响。

A. 生态环境　　B. 声环境　　C. 水环境　　D. 大气环境

E. 社会经济环境

2. 在公路施工过程中,项目地区环境因素包括( )。

A. 生态环境　　B. 自然环境　　C. 人民生活环境　　D. 现场环境

E. 社会环境

3. 公路施工期对社会经济影响的主要因素有( )。

A. 临时占地对周边农田的损坏　　　B. 加重了地区道路的负荷

C. 加重了施工便道便桥的负荷　　　D. 对沿线河道的施工干扰

E. 对沿线人工渠道的施工干扰

参考答案

(一)单项选择题

1. D　　2. C　　3. B　　4. A　　5. A

(二) 多项选择题

1. ACD   2. ABCE   3. ABDE

三、环境影响评价和水土保持报告书有关内容

重点知识

环境影响评价(简称环评)文件应分类管理、分级审批,分为三种形式:报告书(可能造成重大影响,进行全面评价)、报告表(轻度影响,进行分析或专项分析)、登记表(影响很小,不做环评但是仍然要审批)。由建设单位自主选择环评机构编写环评报告书和报告表(登记表无资质要求);交通运输主管部门预审后,报环保行政主管部门审批。

1. 环评报告书内容

根据《建设项目环境保护管理条例》第八条,建设项目环评报告书应当包括下列内容:
(1)建设项目概况。
(2)建设项目周围环境现状。
(3)建设项目对环境可能造成影响的分析和预测。
(4)环境保护措施及其经济、技术论证。
(5)环境影响经济损益分析。
(6)对建设项目实施环境监测的建议。
(7)环评结论。

建设项目环评报告表、环评登记表的内容和格式,由国务院环境保护行政主管部门规定。

涉及水土保持的建设项目,还必须有经水行政主管部门审查同意的水土保持方案,建设单位报批的环评报告书应当附上对有关单位专家和公众意见采纳或不采纳的说明。

环评报告表和环评登记表,按国务院环境保护行政主管部门制订的内容和格式填报。

公路建设项目环评文件的内容和格式,应当符合国家规定及技术规范,如《公路建设项目环境影响评价规范》(JTG B03—2006)的要求。

2. 水土保持方案报告书的内容

(1)建设项目概况。
(2)建设项目周围环境概况。
(3)项目建设过程水土流失预测。
(4)水土流失防治责任范围、防治分区、水保功能评价、水土保持措施及设计。
(5)水土保持方案实施进度安排。
(6)水土保持工程投资概算及效益分析。
(7)方案实施保证措施。

例 题

例1 环境影响评价文件的编制实行(　　)的办法。
　　A. 分层管理　　B. 分类管理　　C. 统一管理　　D. 项目管理

例2 可能造成重大环境影响的,应当编制(　　),对产生环境影响进行全面评价。

A. 环境影响报告表　　　　　　　　B. 环境影响登记表
C. 环境影响报告书　　　　　　　　D. 环境保护措施和建议

例3 不需要进行可行性研究的交通建设项目(备案制),建设单位应当在交通建设项目(　　)报批交通建设项目环境影响评价文件。
A. 开工前　　　B. 开工后　　　C. 施工期　　　D. 交工验收阶段

例4 水土保持方案报告书的内容有(　　)。
A. 建设项目概况　　　　　　　　B. 建设项目周围环境概况
C. 方案实施保证措施　　　　　　D. 项目建设过程水土流失预测
E. 建设项目对环境影响的经济损益分析

例 题 解 析

例1 环评报告编制实行分类管理;而审批是分级管理国务院环保主管部门审批核设施和绝密特殊的、跨省的、由国家级授权的3类建设项目,这3类之外的由省级环保主管部门审批。故选 B 项。

例2 可能造成重大环境影响的,应当编制环评报告书,对产生的环境影响进行全面评价。关键词是"重大影响"和"全面评价",故选 C 项。如果"轻度影响"和"分析或专项分析"则是报告表;如果"影响很小"和"不需要环评"则是登记表。

例3 环评报告书是可行性研究的组成,不需要进行可行性研究的交通建设项目核准制的,在提交项目申请报告前报批;备案制的,在办理备案手续后和开工前报批。故选 A 项。此依据见《建设项目环境影响评价文件审批程序规定》第2~4条。

例4 选项 E 是环评报告书的内容。水土保持方案报告书的内容与环评报告书内容互为干扰,这是常见的出题形式。故选 ABCD 项。

自 测 模 拟 题

(一)单项选择题

1. 可能造成轻度环境影响的,应当编制(　　),对产生环境影响进行分析或专项分析。
A. 环境影响报告表　　　　　　　　B. 环境影响登记表
C. 环境影响报告书　　　　　　　　D. 环境保护措施和建议

2. 对环境影响很小的,不需要进行环境影响评价的,应当填报(　　)。
A. 环境影响报告表　　　　　　　　B. 环境影响登记表
C. 环境影响报告书　　　　　　　　D. 环境保护措施和建议

3. 建设项目环境影响评价文件实行(　　)的办法,由环境保护行政主管部门审批。
A. 分级审批　　　　　　　　　　　B. 分类审批
C. 统一审批　　　　　　　　　　　D. 直接审批

4. 交通建设项目环境影响评价工作,由(　　)自主选择具备交通建设项目工程分析能力,依法取得相应资格证书,并向交通管理部门办理备案手续的机构承担。
A. 设计单位　　　　　　　　　　　B. 监理单位
C. 建设单位　　　　　　　　　　　D. 养护单位

5.交通建设项目环评文件经批准后,建设项目的性质、规模、地点、采用的施工工艺发生重大变动,或者超过( )年后开工建设的,应当重新办理报批手续。
　　A.3　　　　　　　B.4　　　　　　　C.5　　　　　　　D.6

6.公路建设项目环评文件应经( )预审后,报有审批权的环保行政主管部门审批。
　　A.建设单位　　　　　　　　　　　B.监理单位
　　C.项目所在地环保局　　　　　　　D.交通运输主管部门

7.公路建设项目环评文件一般应在( )阶段,报有关行政主管部门。
　　A.项目设计　　　　　　　　　　　B.编制项目建议书
　　C.项目招标　　　　　　　　　　　D.项目可行性研究

8.建设项目环境影响报告书应由( )编制。
　　A.建设单位　　　　　　　　　　　B.有资质的环境影响评价机构
　　C.环保部门　　　　　　　　　　　D.行业主管部门

9.公路建设项目环境影响评价文件,必须经过( )审批。
　　A.建设单位　　　　　　　　　　　B.有资质的环境影响评价机构
　　C.环保部门　　　　　　　　　　　D.交通运输主管部门

(二)多项选择题

1.建设单位向县级以上人民政府交通运输主管部门申请交通建设项目环评预审,应当按规定提交有明确的建设项目环评结论,包括( )。
　　A.交通部门环保办的审批意见　　　B.环保部门的审批意见
　　C.建设项目环评报告书　　　　　　D.环评报告表
　　E.环评登记表

2.环境影响评价报告书的内容有( )。
　　A.建设项目概况　　　　　　　　　B.建设项目周围环境概况
　　C.方案实施保证措施　　　　　　　D.对建设项目实施环境监测的建议
　　E.建设项目对环境影响的经济损益分析

3.建设项目环评报告书应当包括( )等内容。
　　A.项目建设概况
　　B.建设项目周围环境现状
　　C.建设项目对环境影响的经济损益分析
　　D.环评机构
　　E.环评结论

参考答案

(一)单项选择题

1.A　　2.B　　3.A　　4.C　　5.C　　6.D　　7.D　　8.B　　9.C

(二)多项选择题

1.CDE　　2.ABDE　　3.ABCE

四、实施绿色公路建设的主要内容

重点知识

(一)总体要求

1. 指导思想

牢固树立创新、协调、绿色、开放、共享五大发展理念,落实"四个交通"(综合交通、智慧交通、绿色交通、平安交通)发展要求,促进公路发展转型升级,建设以质量优良为前提,以资源节约、生态环保、节能高效、服务提升为主要特征的绿色公路,实现公路建设健康可持续发展。

2. 基本原则

坚持可持续发展、坚持统筹协调、坚持创新驱动、坚持因地制宜。

3. 建设目标

绿色公路建设标准和评估体系基本建立,绿色公路建设理念深入人心,建成一批绿色公路示范工程,形成一套可复制、可推广的经验,行业推动和示范效果显著,绿色公路建设取得明显进展。

(二)深刻把握绿色公路建设的基本内涵

此次绿色公路建设的提出是按照系统论和周期成本思想,以工程质量、安全、耐久、服务为根本,坚持"两个统筹",把握"四大要素",以理念提升、创新引领、示范带动、制度完善为途径,推动公路建设发展的转型升级。

坚持"两个统筹"是绿色公路建设的思想精髓。一方面要坚持统筹公路资源利用、能源消耗、污染排放、生态影响、运行效率、功能服务之间的关系,寻求公路、环境、社会等方面的系统平衡与协调;另一方面要坚持统筹公路规划、设计、建设、运营、管理、服务全过程,以最少的资源占用、能源耗用、污染排放、环境影响,实现外部刚性约束与公路内在供给之间均衡和协调。

把握"四大要素"是推动绿色公路建设的关键。在绿色公路建设过程中,坚持以质量优良、安全耐久为前提,重点在"资源节约、生态环保、节能高效、服务提升"四个方面实现突破,以控制资源占用、减少能源消耗、降低污染排放、保护生态环境、拓展公路功能、提升服务水平为具体抓手,全面提升公路工程建设水平。

(三)五大主要任务

1. 统筹资源利用,实现集约节约

绿色公路是基于资源及能源节约型的公路。资源节约的对象是能源、土地、水、材料等主要资源。具体是指集约利用通道资源、严格保护土地资源、积极应用节能技术和清洁能源、大力推行废旧材料再生循环利用。

2. 加强生态保护,注重自然和谐

绿色公路是可持续发展的低碳环保公路。环境友好涉及的对象包括大气、水、声、生态等环境因素。具体是推行生态环保设计、严格施工环境保护、加强运营期环境管理。

3.着眼周期成本,强化建养并重

全寿命周期成本的核心思想是在产品生命的全寿命周期内尽量降低资源的消耗,提高产品效能。具体是指突出全寿命周期成本理念、全面实施标准化施工、提高养护便利化水平。

4.实施创新驱动,实现科学高效

创新是公路发展的强劲驱动力,要把创新贯穿到绿色公路建设的各个环节,大力推进理念创新、技术创新、管理创新和制度创新。具体是指加强绿色公路技术研究、大力推进建设管理信息化、总结推广建设管理新经验、探索设置多元化服务设施、丰富公路综合服务方式。

5.完善标准规范,推动示范引领

绿色公路在已开展的相关工作基础上,进一步丰富了内涵,拓展了领域,明确了要求。具体是指制定绿色公路标准规范、开展五个专项行动、打造示范工程。

五个专项行动形成绿色公路建设的有力抓手。一是通过土方合理调配着力实现"零弃方、少借方";二是实施改扩建工程绿色升级;三是积极应用建筑信息模型(BIM)技术;四是推进绿色服务区建设;五是着力拓展公路旅游功能。

(四)保障措施

加强组织领导、加强制度建设、加强专家指导、加强宣传推广。

例 题

例1 在绿色公路建设过程中,坚持以质量优良、(　　)为前提。
A.经济节约　　　　B.创新引领　　　　C.安全耐久　　　　D.示范带动

例2 坚持"两个统筹"是绿色公路建设的思想精髓,两个统筹是统筹公路(　　)、功能服务之间的关系和统筹公路规划、设计、建设、运营、管理、服务全过程。
A.资源利用　　　　　　　　　　B.能源消耗
C.污染防治　　　　　　　　　　D.生态影响
E.运行效率

例3 绿色公路建设以(　　)为具体抓手,全面提升公路工程建设水平。
A.控制资源占用、减少能源消耗　　　　B.统筹资源利用、实现集约节约
C.降低污染排放、保护生态环境　　　　D.着眼周期成本、强化建养并重
E.拓展公路功能、提升服务水平

例 题 解 析

例1 这部分内容是对《关于实施绿色公路建设的指导意见》的解读,把握"四大要素"是推动绿色公路建设的关键。在绿色公路建设过程中,坚持以质量优良、安全耐久为前提,重点在"资源节约、生态环保、节能高效、服务提升"四个方面实现突破,以控制资源占用、减少能源消耗、降低污染排放、保护生态环境、拓展公路功能、提升服务水平为具体抓手,全面提升公路工程建设水平。故选C项。还应注意的关键词有"具体抓手""根本""途径""思想精髓""建设的关键"等,同时注意"前提"与"根本"容易混淆。

例2 坚持"两个统筹"是绿色公路建设的思想精髓,要坚持统筹公路资源利用、能源消

耗、污染排放、生态影响、运行效率、功能服务之间的关系。故选 ABDE 项。

例3 见例1解析内容。选项 BD 项是五大主要任务中的内容。故选 ACE 项。

自测模拟题

(一)单项选择题

1.( )是绿色公路建设的思想精髓。
   A.把握四大要素   B.坚持两个统筹
   C.开展五大主要任务   D.打造示范工程

2.( )是推动绿色公路建设的关键。
   A.把握四大要素   B.坚持两个统筹
   C.开展五大主要任务   D.打造示范工程

3.下列选项中,不是绿色公路建设保障措施的是( )。
   A.加强组织领导   B.加强制度建设
   C.加强行业指导   D.加强宣传推广

4.两个统筹中,统筹公路前期工作、建设和营运全过程正确的是( )。
   A.设计、规划、建设、运营、管理、服务
   B.规划、设计、施工、管理、运营、服务
   C.规划、设计、招标、施工、管理、运营
   D.规划、设计、建设、运营、管理、服务

5.绿色公路是基于( )的公路。
   A.应用建筑信息模型(BIM)技术   B.资源及能源节约型
   C.零弃方、少借方   D.拓展公路旅游功能

6.绿色公路是可持续发展的低碳环保公路,环境友好涉及的对象包括大气、水、声、生态等环境因素。具体内容不包含的是( )。
   A.推行生态环保设计   B.严格施工环境保护
   C.提高养护便利化水平   D.加强运营期环境管理

(二)多项选择题

1.绿色公路建设提出按照系统论和周期成本思想,以工程( )为根本。
   A.质量   B.安全   C.经济   D.耐久
   E.服务

2.绿色公路建设提出的五大主要任务有( )。
   A.统筹资源利用,实现集约节约   B.加强生态保护,注重自然和谐
   C.节约建设成本,强化建养并重   D.实施创新驱动,实现科学高效
   E.完善标准规范,推动示范引领

3.绿色公路建设开展的五个专项行动有( )。
   A.通过土方合理调配着力实现"零弃方、少借方"
   B.实施改扩建工程绿色升级
   C.积极应用建筑信息模型(BIM)技术

D. 推进绿色服务区建设
E. 开创绿色公路建设新局面

4. 实施绿色公路的主要特征有( )。
   A. 资源节约　　　B. 污染防治　　　C. 生态环保　　　D. 节能高效
   E. 服务提升

5. 绿色公路建设以( )为途径,推动公路建设发展的转型升级。
   A. 理念提升　　　B. 创新引领　　　C. 示范带动　　　D. 安全耐久
   E. 制度完善

参考答案及解析

(一)单项选择题

1. B　　2. A　　3. C　　4. D　　5. B　　6. C

(二)多项选择题

1. ABDE　　2. ABDE　　3. ABCD　　4. ACDE　　5. ABCE

2. 解析:选项 C 应是"着眼周期成本"。

第二节　环境保护监理工作

一、工程环境保护监理的目标

重 点 知 识

工程环境保护监理的基本目标是贯彻"三同步"方针,实现"三效益"统一,完成环境达标监理和环保工程监理两大环保监理任务。严格控制建设期间的环境污染和生态破坏,保护生态环境和谐自然。对驻地、场站、便道的设置和使用,"三废"的处置,取弃土场作业防止水土流失,保护文物,保护环境等都设有明确的具体目标。

施工环境保护监理的具体目标主要有 4 个方面:

(1)主体工程施工工程的噪声(振动)、废气、污水、固体废弃物等排放达到国家相应标准。

(2)生态环境保护、水土保持的措施符合建设项目环境影响评价文件和水土保持方案的要求。

(3)声屏障、绿化、污水处理等环保工程设施施工符合相应规范和合同规定。

(4)施工期不发生重大环境污染和生态破坏事件。

例　题

例1　工程环境保护监理的基本目标是完成( )任务。
A. 生态达标监理和声环保工程监理　　　B. 环境达标监理和降噪工程监理
C. 环境达标监理和绿化工程监理　　　　D. 环境达标监理和环保工程监理

例2 施工环境保护监理的具体目标有( )。
    A. 主体工程施工工程的噪声(振动)、废气、污水、固体废弃物等排放达到国家相应标准
    B. 监理单位在施工期做到不让施工单位发生破坏自然环境和污染环境的事件
    C. 生态环境保护、水土保持的措施符合建设项目环境影响评价文件和水土保持方案的要求
    D. 声屏障、绿化、污水处理等环保工程设施施工符合相应规范和合同规定
    E. 施工期不发生重大环境污染和生态破坏事件

例题解析

例1 生态达标属于环境达标;声环保工程、降噪工程和绿化工程是属于环保工程。故选D项。

例2 选项B错在要求过高了。公路施工势必要造成自然环境的一定破坏和有一定污染环境,例如路面施工的沥青气污染。只能做到严格控制污染和通过恢复植被以及复垦土地等手段,将对环境的破坏降到最低程度。故选ACDE项。

自测模拟题

(一)单项选择题

1. 环保监理目标要严格控制建设期间的环境污染和( )。
    A. 噪声污染   B. 生态破坏   C. 空气污染   D. 植被破坏
2. 环保监理目标要保护( )。
    A. 文物免遭损坏   B. 作业人员职业健康
    C. 生态环境和谐自然   D. 环境免遭污染

(二)多项选择题

1. 监理目标之一是生态环境保护、水土保持的措施符合建设项目( )要求。
    A. 环境影响评价文件   B. 水土保持预案
    C. 水土保持方案   D. 环境影响评价记录表
    E. 环境影响分析文件
2. 建设项目施工环境管理过程中,实现建设项目( )效益统一。
    A. 环境   B. 城乡   C. 社会   D. 低碳
    E. 经济

参考答案及解析

(一)单项选择题

1. B   2. C

1. **解析**:选项AC是环境污染,选项D是属于生态破坏。
2. **解析**:选项D错在环境污染只能严格控制,无法做到不污染。

(二)多项选择题

1. AC   2. ACE

2. 解析：选项 ACE 就是环保方针三效益统一。

二、公路施工环境保护监理的概念、依据、任务、范围、内容和程序

重 点 知 识

(一)公路施工环境保护监理的概念

公路施工环境保护监理是指具有相应资质的工程监理单位受建设单位(或业主)的委托，依法承担其建设项目施工期的环境监督管理工作，代表业主对施工单位在施工活动中污染防治和生态保护与恢复等情况进行监督管理，确保各项环保措施落实的专业化服务活动。

(二)公路施工环境保护监理的依据

(1)国家的法律法规：环保法、水土保持法、公路法、水法、土地法、文物保护法等。
(2)国家的条例(不是法规)、办法、规定(部门规章)：交通建设环保管理办法等。
(3)地方性法规、文件。
(4)国家环境标准和公路工程标准规范。
(5)项目的环境影响评价和水土保持报告及批复，是最重要的依据之一。
(6)项目的环境行动计划，是世界银行和亚洲开发银行专门需要的依据。
(7)工程设计文件。
(8)监理合同、施工合同以及有关补充协议，监理合同是直接依据。
(9)施工过程的会议纪要、文件等。

(三)公路施工环境保护监理的任务及其对应范围和内容

施工环境监理的任务一般分为环境达标监理和环保工程监理。

1. 环境达标监理
(1)具体任务：保护生态环境；控制污染排放。
(2)范围：施工现场、工作场地、生活营地、施工道路、料场和取弃土场、办公区及附属设施、敏感区等。
(3)内容：如噪声、废气、污水、固废等排放达标，施工过程符合敏感区环保要求。

2. 环保工程监理
(1)具体任务：保证环境保护专项工程的实施。
(2)范围：水污染防治工程、噪声控制工程(声屏障)、水土保持等绿化工程、土地复垦工程等。
(3)内容：工程质量、安全、环保、进度、费用等。

(四)公路施工环境保护监理的工作内容

监理工程师对施工活动中的环境保护工作按照施工进程实施动态管理。环保达标监理的

工作方式以日常巡视为主,辅以必要的环境监测,以便警示调整环保监控力度。环保工程作为交通建设工程的附属工程,其施工监理的内容与主体工程的施工监理相同,其监理程序和方式也与主体工程施工监理一致,其工作方法与主体工程相同。

1. 施工准备阶段的环境保护监理工作内容

(1)参加设计交底,熟悉环境评价报告和设计文件,了解工程建设项目的具体环保目标。

(2)审查施工单位提交的施工组织设计和开工报告,对环保实施方案提出审查意见,包括施工中须保护的环境敏感点、具体的环保措施、环保管理制度和环保专业人员等。

(3)审查施工单位的临时用地方案是否符合环保要求,临时用地的恢复计划是否可行。

(4)审查施工单位的环保管理体系是否责任明确,切实有效。

(5)参加第一次工地会议,对工程建设项目的环保目标和环保措施提出要求。

2. 施工阶段的环境保护监理工作内容

(1)对工地进行巡视或旁站监理。

(2)向施工单位发出环境保护工作指令。

(3)检查环境保护措施和成果。

(4)协助环保主管部门和建设单位处理突发环保事件。

(5)建立、保管环境保护监理资料档案。

(6)审查施工单位编制的分部(分项)工程施工方案中的环保措施是否可行。

(7)参加工地例会。

3. 验收及缺陷责任期的环境保护监理工作内容

(1)参加交工检查,确认现场清理工作、临时用地的恢复和取(弃)土场的复绿等是否达到环保要求。

(2)评估环保任务或环保目标的完成情况,对尚存在的主要环境问题提出继续监测或处理的方案和建议。

(3)定期检查施工单位对环保遗留问题整改计划的实施,并根据工程具体情况,建议施工单位对整改计划进行调整。

(4)检查已实施的环保达标工程和环保工程,对交工验收后发生的环保问题或工程质量缺陷及时进行调查和记录,并指示施工单位进行环境恢复或工程修复。

(5)检查施工单位的环保资料是否满足竣工环保验收的要求。

(6)整理施工环境保护监理竣工资料。

(7)参与竣工环境保护验收和水土保持验收。

4. 环境监测

施工期环境监测由建设单位委托监测单位进行,监理协助,称为外部监理监测。工程实际进展中,环保监理工程师有一些常规污染因子及突发污染事故监测,称为内部监理监测。

监理环境监测应定期进行,一般定期监测项目有:

(1)空气质量:NO_2、CO、TSP 即小于 $100\mu m$ 的总悬浮颗粒物,必要时还测 SO_2。

(2)地表水水质:一般测共 6 项,酸碱度(pH)、悬浮物(SS)、化学需氧量(COD)、生化需氧量(DOD)、氨氮、石油类。

(3)声环境质量:环境噪声、施工场界噪声、车辆交通噪声以及声屏障等降噪效果等。

5.其他环保措施的监理

根据不同项目的实际情况,环评和水保文件会提出有针对性的环保措施,甚至会有比较特殊的措施。对于环境影响评价报告提出的已经批准的措施,应协助建设单位有效地实施。

(五)公路施工环境保护监理的程序

施工环境保护监理一般应按照下列工作程序进行。

(1)依据监理合同、设计文件、环评报告与水土保持方案及批复,以及施工合同、施工组织设计等编制施工环境保护监理计划。

(2)按照施工环境保护监理计划、工程建设进度、各项环保对策措施编制施工环境保护监理细则。

(3)依据编制的施工环境保护监理计划和监理细则,开展施工期环境保护监理,检查承包人制订的环境保护措施的落实情况;进行验收、计量与支付。

(4)工程交工阶段编写施工环境保护监理总结报告,整理监理档案资料,提交建设单位。

(5)参与工程竣工环境保护验收和水土保持验收。

施工环境保护监理的工作程序如图6-2-1所示。

图6-2-1 施工环境保护监理的工作程序图

例 题

例1 公路工程环保监理最重要的依据是( )。
 A.环境行动计划 B.环境保护监理工作报告
 C.环保实施方案 D.环境影响报告书批复

例2 在利用世界银行或亚洲开发银行贷款修建的交通建设项目,还应编制( ),这也是此类工程施工过程环境保护监理工作的依据之一。
 A.地质灾害危险性评估报告 B.环境行动计划

C.环境影响报告书　　　　　　　　　D.地震安全性评估报告

例3 施工过程符合敏感区环保要求是属于( )。
　　A.环境达标监理的任务　　　　　　B.环境达标监理的范围
　　C.环境达标监理的内容　　　　　　D.环保工程监理的范围

例4 国内公路工程环保监理的依据有( )。
　　A.项目环境影响评价报告书　　　　B.项目环境行动计划
　　C.国家文物保护法　　　　　　　　D.国家环境保护法
　　E.地方有关环境保护法规

例5 地表水水质一般监测的项目有( )。
　　A.酸碱度(pH)　　　　　　　　　　B.悬浮物(SS)
　　C.化学需氧量(COD)　　　　　　　D.臭氧含量(O_3)
　　E.生化需氧量(DOD)

例题解析

例1 项目的环境影响评价和水土保持报告及批复,是最重要的依据之一。选项A是国际工程才需要;选项B监理工作报告中环保监理内容是工程竣工才需要编写的监理文件;选项C是施工单位编制的内容需经监理审查的文件。选项ABC都不适合。故选D项最适合。

例2 项目的环境行动计划,是世界银行和亚洲开发银行专门需要的依据。故选B项。

例3 环境达标监理范围:施工现场、工作场地、生活营地、施工道路、料场和取弃土场、办公区及附属设施、敏感区等。故选C项。

例4 本题是2006年公路监理工程师考试考题。该题本来没有"国内"二字,那么按照当年教材全部选项都正确。加上"国内"二字后选项B就不适合。故选ACDE项。

例5 地表水水质一般测共6项,酸碱度(pH)、悬浮物(SS)、化学需氧量(COD)、生化需氧量(DOD)、氨氮、石油类。故选ABCE项。

自测模拟题

(一)单项选择题

1.对于监理人员来说,公路工程环保监理的直接依据是( )。
　　A.工程设计文件　　　　　　　　　B.环境保护国家标准
　　C.监理合同及其补充协议　　　　　D.环境影响报告书批复

2.监理工程师应审查施工组织设计是否按设计文件和( )的有关要求制订了施工环境保护措施,审查合格后方可同意工程开工。
　　A.业主要求　　　　　　　　　　　B.当地政府
　　C.当地环保部门文件　　　　　　　D.环境影响评估报告

3.下列文件中,不构成施工环境保护监理依据的是( )。
　　A.环境保护法律　　　　　　　　　B.地表水环境质量标准
　　C.环境影响报告书　　　　　　　　D.施工组织设计

4.土地复垦工程属于( )。

A. 环境达标监理的范围　　　　　　　　B. 环保工程监理的范围
C. 环境达标监理的内容　　　　　　　　D. 环保工程监理的内容

5. 下列监理工作中,属于施工准备阶段的环保监理工作内容的是(　　)。
   A. 对工地进行巡视或旁站监理
   B. 审查施工单位的环保管理体系是否责任明确,切实有效
   C. 协助环保主管部门和建设单位处理突发环保事件
   D. 建立、保管环境保护监理资料档案

6. 下列监理工作中,属于施工阶段的环保监理工作内容的是(　　)。
   A. 审查施工单位的临时用地方案是否符合环保要求,临时用地的恢复计划是否可行
   B. 参加设计交底,熟悉环境评价报告和设计文件,了解工程建设项目的具体环保目标
   C. 参加工地例会
   D. 审查施工单位提交的施工组织设计和开工报告

7. 施工环境保护监理的工作程序中,向建设单位提交环境保护监理资料的上一步是(　　)。
   A. 编制施工环境保护监理计划
   B. 编制施工环境保护监理实施细则
   C. 审核施工组织设计中环境保护方案
   D. 进行施工环境保护监理

8. 监理环境监测应(　　)进行。
   A. 定期　　　　　　　　　　　　　　B. 不定期
   C. 随时　　　　　　　　　　　　　　D. 每月

9. 监理环境监测空气质量时,必要时还可监测(　　)。
   A. NO_2　　　B. SO_2　　　C. CO　　　D. TSP

10. 下列监理工作,属于环保达标监理的是(　　)。
    A. 对施工过程废物排放进行监理　　　B. 对水处理工程进行监理
    C. 对绿化工程进行监理　　　　　　　D. 对声屏障工程进行监理

(二) 多项选择题

1. 公路施工环境保护监理的依据包括(　　)等。
   A. 环境保护法律、法规　　　　　　　B. 环境保护国家标准
   C. 施工组织设计　　　　　　　　　　D. 工程设计文件、监理合同及施工合同
   E. 建设项目环境影响评价报告及批复

2. 工程环境保护监理的主要依据有(　　)。
   A. 相关法律、法规、技术规范和标准
   B. 环境影响报告书及批复
   C. 设计文件
   D.《监理计划》《监理细则》中有关环境保护监理的工作内容与要求
   E. 相关合同

3. 公路施工环境保护监理的主要任务包括(　　)。
   A. 环保达标监理　　　　　　　　　　B. 环保工程监理

C. 水土保持监理　　　　　　　　　　D. 环境监测

E. 水源保护区环境监理

4. 公路施工环境达标监理的范围包括( )。

　A. 施工现场　　B. 工作场地　　C. 水处理设施　　D. 施工道路

　E. 敏感区

5. 公路施工环境达标监理的内容包括( )等排放达标。

　A. 噪声　　　　B. 废气　　　　C. 污水　　　　　D. 试压水

　E. 固废

6. 公路施工环保工程监理的范围容包括( )。

　A. 水污染防治工程　　　　　　　　B. 料场和取弃土场

　C. 噪声控制工程　　　　　　　　　D. 办公区及附属设施

　E. 水土保持等绿化工程

7. 验收及缺陷责任期的环境保护监理工作包括( )。

　A. 参加交竣工检查,检查环境保护措施和成效

　B. 评估环保目标的完成情况,对尚存的主要环境问题提出处理方案和建议

　C. 审核承包人的环境保护效果自检报告

　D. 检查承包人的环境保护资料是否满足竣工验收要求

　E. 整理环境保护监理竣工资料

8. 施工准备阶段的环境保护监理内容有( )。

　A. 监测各项环境指标,出具检测报告或成果

　B. 审查施工单位编制的分部(分项)工程施工方案中的环保措施是否可行

　C. 参加第一次工地会议,提出环保监理目标、环保监理措施及要求

　D. 审查施工单位的临时用地方案是否符合环保要求,临时用地的恢复是否可行

　E. 对施工现场、施工作业进行巡视或旁站监理,检查环境保护措施的落实情况

9. 施工阶段的环境保护监理内容有( )。

　A. 审查施工单位提交的施工组织设计和开工报告,对施工方案中的环保目标和环保措施提出审查意见

　B. 审查施工单位编制的分部(分项)工程施工方案中的环保措施是否可行

　C. 审查施工单位的环保管理体系是否责任明确,切实有效

　D. 监测各项环境指标,出具检测报告或成果

　E. 编写环保监理月报

参考答案

(一) 单项选择题

1. C　2. D　3. D　4. B　5. B　6. C　7. D　8. A　9. B　10. A

(二) 多项选择题

1. ABDE　2. ABCE　3. AB　4. ABDE　5. ABCE　6. ACE　7. BDE

8. CD　9. BDE

三、路基、路面、桥梁、隧道、交安工程施工的环境保护监理

重点知识

对于路基、路面、桥梁、隧道工程施工的环保监理的共性内容有:

(1)在各单位工程开工前,监理工程师应审批施工单位编制的施工方案,对其环保措施提出审查意见。审查施工组织设计是否按施工合同约定制订了防止、减少环境污染和生态破坏的环保措施。

(2)监理工程师应根据工程情况,确定本阶段环保监理的巡视、旁站计划,对施工单位环保措施的执行效果进行检查。

(3)监理机构在监理过程中发现施工违反有关环保法律法规、未按合同要求落实环保措施的,应要求施工单位整改;情况严重的,应签发停工令要求施工单位停工,并向建设单位报告。施工单位无正当理由拒绝整改的,监理工程师可以对该部分工程量拒绝支付。

(4)施工过程中,监理工程师应关注扬尘、噪声、废水悬浮物(SS)、石油类等环境监测指标,必要时可根据需要进行现场监测。

(5)噪声极限值一般昼间70dB(A)、夜间55dB(A);路基昼间75dB(A);打桩昼间85dB(A)、夜间禁止;隧道洞内和洞口85dB(A)。还要关注不同工程施工存在的潜在环境影响,参考交安工程中潜在环境影响并通过自测模拟题帮助记忆相关知识点。

(一)路基施工的环境保护监理

(1)审批路基施工方案时,还应要求施工单位对地表清理、土石方开挖与填筑、弃方处置等采取周密的生态保护和水土保持措施;要求施工单位编制土石方调配方案,开挖出的土石方要尽可能加以利用。对于特殊对象、特殊区域的路基工程,监理工程师要有预见性,及时提醒施工单位注意可能发生的环保问题。

(2)监理工程师应审查挖除地表土的堆置地点,根据实际情况,选择附近地形平坦地点,或因地制宜选择储料堆。

(3)地表清理遇到古树名木或珍稀植物,采取移植等异地保护措施时,监理工程师应审查其移植方案,并对移植过程全程旁站监理。

(4)监理工程师应严格要求路基开挖不得超出用地范围内;开挖可分段进行,同时配合挡土墙、边坡防护的修筑。

(5)监理工程师应监督土石方调配方案的实施,开挖出的土石方要尽可能加以利用,弃土弃渣应送至经监理工程师同意的地点堆放,监理工程师应督促施工单位在堆放地点预先采取排水和挡土措施,防止水土流失或对水源和灌溉渠道造成污染和淤塞。

(6)监理工程师应要求施工单位在施工取土时,做到边开挖、边平整,及时进行绿化等护坡工程。

(7)监理工程师应控制路基顶面适当的排水横坡,下边坡防护前应要求施工单位挖设临时急流槽等排水设施,防止坡面的水土流失。

(二)路面施工的环境保护监理

(1)监理工程师审批路面施工方案时,尤其是对稳定土拌和场和沥青拌和场选址方案的

审批,应要求沥青拌和场布置在远离人群活动的地点,并按要求配置除尘设备。

(2)监理工程师应规定沥青混合料的废料的处置方法,并随时对执行情况进行巡检。

(3)监理工程师应特别注意沥青烟气的污染防治,在靠近水源的地区施工时,还应关注水源保护问题。应有重点地对沥青洒布施工过程进行旁站检查,防止沥青污染。

(三)桥梁施工的环境保护监理

(1)审批桥梁施工方案中的环保措施时,还应要求施工单位对基础开挖、围堰、钻孔桩施工过程,采取周密的水环境保护措施。

(2)基坑开挖的弃土堆放地点应事先经监理工程师同意。监理工程师应督促施工单位在堆放地点预先采取排水和挡土措施。

(3)监理工程师应经常巡视检查钻孔桩泥浆水的处理效果,对发生泄漏或任意排放的,应当场责令施工单位改正,并旁站监督整改过程。

(4)需要围堰施工的,应事先取得当地水利部门的许可,手续完备并经监理工程师审查后才能施工,在进行水产养殖的河道进行围堰时,监理工程师应要求施工单位根据上下游的污染情况提出合理的围堰方案,以免影响养殖,造成纠纷。

(5)监理工程师在本阶段尤其还应另外关注水环境质量的水体悬浮物监测指标,避免事故对水体造成影响。(注:不仅仅是废水的悬浮物,水环境的范围更广)

(四)隧道施工的环境保护监理

(1)审批施工方案的环保措施时,还要特别注意对当地生态环境的保护,落实好珍稀物种保护、弃渣和废水处理以及施工现场劳动防护等措施。

(2)对洞口临时堆放弃渣或就近设置渣石场的方案,应要求施工单位同时提出环保措施和环境恢复方案。

(3)监理工程师应要求渣石纵向调运,尽可能加以利用,不能随便堆放,严禁向河谷倾倒弃渣,以免阻塞河谷造成水土流失或占用当地农田。弃渣应运至指定的弃渣场堆置,并要求施工单位做好排水和拦渣设施。

(4)对爆破方案的审查,监理工程师应明确提出防止噪声和扬尘的要求,在距离居住区段较近的地区施工,还应要求施工单位注意防止震动造成的影响。

(5)施工区域如果发现国家保护的珍稀物种,监理工程师应全程参与物种保护,做好过程监督。

(五)交安施工的环境保护监理

交通安全设施主要包括护栏、隔离栅、标志、标线、防眩设施等。

1. 交通安全设施工程潜在的环境影响

(1)拌和场:扬尘、废水、噪声。

(2)预制场:废水、噪声。

(3)基础工程:噪声、扬尘、废弃物处理、有害气体。

(4)焊接:有害气体、废弃物处理、光辐射。

(5)油漆和表面处理:有害气体、废弃物处理。

2. 交通安全设施工程施工的环保监理要点

(1) 外购材料应提供生产商的环保达标证明材料,并经环保监理工程师认可。

(2) 防撞护栏施工打设时应防止打桩机械油泄漏造成污染,合理安排施工时间减少噪声对周边的影响。

(3) 焊接的废弃物,如电焊渣、废弃的焊材,应收集处理。

(4) 油漆应妥善存放和使用,避免滴、漏影响水体和土壤。油漆包装物应统一收集处理,不应随意抛弃。

(5) 道路标线施工时应制订环境保护措施,防止标线材料在运输和使用中泄露污染水体;突起路标和轮廓标施工时应防止黏合剂的泄漏和污染。

例 题

例1 监理工程师应要求施工单位在施工取土时,做到( ),及时进行绿化等护坡工程。

A. 边开挖边填筑　　B. 边开挖边平整　　C. 土石分类开挖　　D. 分段开挖

例2 从环保角度考虑,路基填筑时,只有分层控制填料压实度,才能保证( )。

A. 达到设计压实度指标　　　　　　B. 控制水土流失量

C. 路基不变形　　　　　　　　　　D. 达到路基设计标准

例3 桥梁工程施工时,监理工程师应关注水环境质量的色度、( )、石油类等监测指标,避免事故对水体造成影响。

A. pH　　　　　　B. BOD　　　　　　C. SS　　　　　　D. COD

例4 土石方施工阶段,施工场界噪声标准是( )。

A. 昼间65dB(A)、夜间55dB(A)　　B. 昼间70dB(A)、夜间60dB(A)

C. 昼间70dB(A)、夜间50dB(A)　　D. 昼间75dB(A)、夜间55dB(A)

例5 对于穿过泥石流地区的路基,在泥石流范围内可采用( )或其他稳定山坡的措施,进行路基处理。

A. 植树造林　　B. 水土保持　　C. 平整山坡　　D. 修筑梯田

例6 路基工程施工过程中,监理工程师应关注( )等环境监测指标。

A. 噪声　　　　　　　　　　　　B. 扬尘

C. 沥青烟气　　　　　　　　　　D. 废水的石油类

E. 废水的SS

例7 各类运输车辆潜在的环境影响有( )。

A. 噪声　　　　　B. 扬尘　　　　　C. 有害气体　　　　　D. 漏油

E. 边料丢弃

例题解析

例1 监理工程师应要求施工单位在施工取土时,做到边开挖、边平整。故选B项。

例2 路基填筑应采取有效的环保措施,防止水土流失、边坡冲刷,确保路基稳定。选项ACD三项是技术质量有关内容,只有选项B与环保有关。故选B项。

例3 监理工程师应关注水环境质量的水体悬浮物(SS)、石油类等监测指标。故选C项。

例4 土石方开挖和填筑的施工场界噪声极限值为昼间75dB(A)、夜间55dB(A)。故选D项。

例5 选项ACD都属于水土保持措施的具体措施。故选B项。

例6 选项C是路面关注的环境指标。石油类包括"沥青烟气",所以选项D加上"废水的",避免造成混淆,使得选项D更加明确。故选ABDE项。

例7 "边料丢弃"材料加工潜在的环境影响,如果"沿线撒落"就是正确内容。故选ABCD项。

自测模拟题

(一)单项选择题

1. 路基开挖阶段施工场界噪声极限值,昼间75dB(A)、夜间( )dB(A)。
   A. 65　　　　　B. 60　　　　　C. 55　　　　　D. 50

2. 路面施工阶段施工场界噪声极限值为( )。
   A. 昼间65dB、夜间55dB　　　　B. 昼间70dB、夜间55dB
   C. 昼间75dB、夜间60dB　　　　D. 昼间80dB、夜间60dB

3. 对于桥梁施工除了打桩外,其余噪声的场界值为昼间( )dB(A),夜间55dB(A)。
   A. 70　　　　　B. 75　　　　　C. 80　　　　　D. 85

4. 桥梁打桩机噪声场界极限值为昼间( )dB(A),夜间禁止打桩。
   A. 70　　　　　B. 75　　　　　C. 80　　　　　D. 85

5. 隧道施工洞内氧气含量有害气体浓度应符合国家卫生标准,洞内气温不宜高于( )℃,噪声不宜大于85dB(A)。
   A. 25　　　　　B. 28　　　　　C. 30　　　　　D. 32

6. 隧道施工通风设备应有适当的备用数量,一般为计算能力的( )%。
   A. 30　　　　　B. 40　　　　　C. 50　　　　　D. 60

7. 对于挖方路基上边坡发生滑坡,应修建一条或数条环形水沟,但最近一条必须离滑动裂缝面最少( )m以外,以截断流向滑动面的水流。
   A. 4　　　　　B. 5　　　　　C. 6　　　　　D. 3

8. 在路基开挖环保要点中,挖填方工程数量过大的路段应避免( )施工。
   A. 冬季　　　　B. 旱季　　　　C. 雨季　　　　D. 夏季

9. 在路面工程开工前,监理工程师应审批施工方案环保措施,尤其是对( )的审批。
   A. 施工便道　　　　　　　　B. 沥青拌和场选址方案
   C. 稳定土拌和方案　　　　　D. 路面摊铺方案

10. 沥青混凝土路面施工过程中,监理工程师最应关注( )污染防治。
    A. 扬尘　　　　B. 沥青烟气　　　C. NO_2　　　D. CO

11. 沥青路面施工中施工场地碎石、石屑、砂等堆放潜在的环境影响为( )。
    A. 噪声　　　　B. 有害气体　　　C. 沿路洒落　　　D. 扬尘

12. 沥青混凝土拌和场不得设在饮水水源保护区内,应距离学校、医院、居民区等环境敏感点( )m以上。

A. 100　　　　　　B. 200　　　　　　C. 300　　　　　　D. 50

13. 桥梁工程在进行水下钻孔灌注桩时,一般应采用( )施工。
    A. 平台　　　　　B. 围堰　　　　　C. 筑岛　　　　　D. 打桩船

14. 如果隧道施工通风用风机在假日停止运转,在假日过后进入隧道工作以前,风机应至少提前( )h启动,并要全面检查确认洞内已经无有害气体。
    A. 1　　　　　　B. 2　　　　　　C. 3　　　　　　D. 4

15. 隧道施工洞口开挖前应先在洞口开挖面上修建( ),以防止水土流失。
    A. 排水沟　　　　B. 截水沟　　　　C. 积水池　　　　D. 挡墙

16. 对隧道爆破方案的审查,监理工程师应明确提出防治噪声和扬尘要求,在距离居住区较近的区域施工,还应要求施工单位注意防止( )造成的影响。
    A. 震动　　　　　B. 惊吓　　　　　C. 飞石　　　　　D. 冲击波

17. 隧道施工中,为了减少施工粉尘,凿岩施工严禁( )。
    A. 湿法钻孔　　　B. 干孔施钻　　　C. 松动爆破　　　D. 无声振动爆破

(二)多项选择题

1. 对于路基、路面、桥梁、隧道工程共同具有的环保监理要点有( )。
   A. 在各自单位工程开工前,监理工程师应审批施工单位编制的施工方案,对其环保措施提出审查意见
   B. 监理工程师应根据工程情况,确定本阶段环保监理的巡视、旁站计划,对施工单位环保措施的执行效果进行检查
   C. 对施工过程中不符合环保要求的行为,监理工程师可以发出暂时停工令
   D. 施工单位无正当理由拒绝监理整改要求的,监理可以对该部分工程量拒绝支付
   E. 施工过程中,监理工程师应关注扬尘、噪声、废水悬浮物(SS)、石油类等环境监测指标,必要时可根据需要进行现场监测

2. 路堤填筑土石方运输的潜在环境影响为( )。
   A. 生态破坏　　　B. 噪声　　　　　C. 沿线洒落　　　D. 随意丢弃
   E. 水土流失

3. 软土路基施工时,软土浅层处治的潜在环境影响为( )。
   A. 扬尘　　　　　B. 噪声　　　　　C. 边料丢弃　　　D. 生态破坏
   E. 水土流失

4. 路堤填筑施工中借方作业对环境的潜在影响有( )。
   A. 噪声　　　　　B. 边料丢弃　　　C. 扬尘　　　　　D. 有害气体
   E. 漏油

5. 路基开挖施工中表层土保护是一个重点环保问题,涉及特殊对象保护的内容有( )。
   A. 热带植被　　　B. 风眼　　　　　C. 地表层　　　　D. 干旱河谷
   E. 自然保护区

6. 路堤填筑施工用压路机、夯实机械等的潜在环境影响为( )。
   A. 漏油　　　　　B. 扬尘　　　　　C. 有害气体　　　D. 噪声
   E. 边料丢弃

7. 沥青拌和场运行潜在的环境影响为( )等。

607

A. 噪声 B. 烘干筒热辐射
C. 漏油 D. 沥青挥发、泄露有害气体
E. 粉尘的排出

8. 基坑开挖的潜在环境影响有(　　)。
   A. 生态破坏　　B. 水土流失　　C. 环境污染　　D. 噪声
   E. 边料丢弃

9. 桥梁施工钢管支架作业潜在环境影响有(　　)的。
   A. 装卸噪声 B. 废弃物丢弃
   C. 钢构件遇水腐蚀产生锈水 D. 零星构件散落
   E. 扬尘

10. 桥涵工程施工时,钻孔、打桩主要废弃物的处理措施为(　　)。
    A. 卫生填埋 B. 淤泥运至弃土(渣)场
    C. 合理堆放 D. 设置沉淀池
    E. 尽可能利用

11. 隧道工程施工中,隧道支护和衬砌的潜在环境影响有(　　)。
    A. 噪声　　B. 扬尘　　C. 生态破坏　　D. 有害气体
    E. 废水

12. 对于隧道工程在隧道开挖时的潜在环境影响有(　　)。
    A. 边料丢弃　　B. 废弃物处理　　C. 生态破坏　　D. 有害气体
    E. 废渣

13. 对于隧道弃渣,下列备选项中说法正确的有(　　)。
    A. 尽量纵向调运利用 B. 严禁向河谷倾倒
    C. 不能随便堆放 D. 因地制宜分散堆放
    E. 设置合理弃渣场集中弃置

14. 隧道工程环境保护要点一般考虑(　　)这些部分。
    A. 洞口工程　　B. 洞身工程　　C. 废水处理　　D. 出渣
    E. 通风防尘

15. 交通安全设施工程施工的环保监理中说法正确的有(　　)。
    A. 外购材料应提供生产商的环保达标证明材料,并经环保监理工程师认可
    B. 防撞护栏打设时应降低使用打桩机频次,以减少噪声对周边的影响
    C. 焊接的废弃物,如电焊渣、废弃的焊材,应收集处理
    D. 油漆应妥善存放和使用,避免滴、漏影响水体和土壤
    E. 道路标线施工时应制订环境保护措施,防止标线材料在运输和使用中泄露污染水体

参考答案及解析

(一)单项选择题

1. C　2. B　3. A　4. D　5. B　6. C　7. B　8. C　9. B　10. B
11. D　12. C　13. A　14. B　15. B　16. A　17. B

(二)多项选择题

1. ABDE 2. CD 3. DE 4. ACDE 5. ABCD 6. ACD 7. ABDE
8. ABC 9. ACDE 10. BD 11. AD 12. BCDE 13. ABCE 14. ABCE
15. ACDE

1. 解析：选项C要加上"情况严重"才正确。

四、施工环境保护监理的工作制度、监理措施

重点知识

(一)施工环境保护监理的工作制度

1. 文件审核、审批制度

工程开工前，由负责工程环境保护监理工作的监理工程师审查承包人报送的施工组织设计中的环境保护内容和施工场地、施工营地、取弃土场等的设置方案，以及专项环境保护措施方案等，提出审核意见。

2. 工作记录制度

施工环境保护监理记录是信息汇总的重要渠道，是监理工程师做出决定的重要基础资料，主要内容有：会议记录、监理日记、环境监理月报、气象及灾害记录、质量记录等。

3. 报告制度

环境保护监理报告应纳入工程监理报告体系，可根据需要单独编制，包括环境保护监理的内容，季报和年度总结报告，最好单独编制环境监理专题报告。

4. 会议制度

环境保护监理会议可以纳入工程监理会议中召开。会议期间，承包人对近一段时间的环境保护工作进行回顾性总结，监理工程师对环境保护工作进行全面评议，提出存在的问题和整改意见，每次会议都应形成会议纪要。

5. 函件来往制度

监理工程师对承包人某些方面的规定或要求，必须通过书面形式通知。情况紧急需口头通知时，随后必须以书面函件形式予以确认。承包人对环境问题处理结果的答复以及其他方面的问题，也应致函监理工程师。

6. 人员培训制度

对监理工程师必须进行培训，持证上岗，并定期进行环境保护业务培训和经验交流。

(二)施工环境保护监理的监理措施

监理工程师应对施工全过程进行严格把关，有效地控制施工对环境的影响。

1. 施工准备阶段

(1)严格审批施工组织设计。环境保护措施不充分的不允许开工。
(2)检查承包人的环保人员及质检人员是否已进行了环保教育。特别是环保管理体系是

否健全有效,环保人员是否已到位,环保应急预案是否合理可行。

(3)检查、督促承包人的各项开工准备工作,如临时用地征地情况、临时排水设施等,各项检查合格后方允许承包人开工。

(4)对全线设计的取弃土场进行实地踏勘,提出切实有效的控制措施;对变更的取弃土场,除了实地调研外,对承包人上报的取弃土场征地报告,应要求其提出环保措施,监理工程师认为方案可行后,方可批准征地。

2. 施工阶段

(1)监理人员应检查施工单位环保措施落实情况,包括下列主要内容:

①公路废旧材料处理是否符合环保要求。

②施工通道、临时便道、料场等在干燥易扬尘时是否洒水降尘。

③施工废渣、废料、废水和生活垃圾的处置是否符合设计要求。

④是否落实水土保持措施,是否在拟定的取弃土场作业,取弃土完工后是否进行了防护和植被恢复。

(2)监理工程师应检查施工单位是否依法取得树木砍伐许可,并按照许可的面积或数量、树种进行砍伐。

(3)监理工程师应督促施工单位依法保护植被、水域和自然景观。

(4)施工中发现文物时,监理工程师应要求承包人依法保护现场,并报告有关部门和业主,以免文物的丢失和破坏。

(5)经常检查承包人环保工作的进度和质量,及时纠偏,对达不到环保要求的项目不予计量。

3. 验收与缺陷责任期阶段

(1)督促承包人整理有关环境保护的合同条件和技术档案资料。

(2)督促承包人完善有关项目的环境保护工作。

例 题

例1 不是施工环境保护监理的工作制度的是( )。
A. 报告制度 B. 监理工地例会制度
C. 工作记录制度 D. 文件审核审批制度

例2 环保工作记录有( )。
A. 环境会议记录 B. 环境监理日记
C. 环境监理月报 D. 气象及灾害记录
E. 质量记录

例3 监理人员应检查施工单位施工期环保措施落实情况,包括的内容有( )。
A. 编制的环保应急预案是否合理可行
B. 施工通道、临时便道、料场等在干燥易扬尘时是否洒水降尘
C. 施工废渣、废料、废水和生活垃圾的处置是否符合设计要求
D. 是否在拟定的取弃土场作业
E. 取弃土完工后是否进行了防护和植被恢复

例题解析

例1 选项B不是监理工作制度的原因,"工地例会"只是一种工地会议形式,会议制度除了三种工地会议,还包括其他会议形式。故选B项。

例2 监理日记不等于监理日志,监理日记是个人行为,监理日志才是监理机构行为。故选ACDE项。

例3 选项A是施工准备阶段检查施工单位环保措施落实情况,不是施工期的内容。故选BCDE项。

自测模拟题

(一)单项选择题

1. 施工环境保护监理记录是( )的重要渠道,是监理工程师做出决定的重要基础资料。
 A. 信息分类　　　B. 信息汇总　　　C. 信息归类　　　D. 环保决策

2. 环保监理日志不记录的内容是( )。
 A. 检查中有关环保情况　　　　B. 工程质量相关的环境问题
 C. 对承包人的指示　　　　　　D. 工程进度相关的环境问题

3. 最好单独编制环境监理专题报告的是( )。
 A. 环境年度总结报告　　　　　B. 建设工作报告
 C. 监理月报　　　　　　　　　D. 监理工作报告

4. 监理工程师必须持证上岗,并定期进行环境保护经验交流是属于( )制度。
 A. 会议　　　　B. 培训　　　　C. 资质管理　　　　D. 报告

5. 不是施工阶段环境保护监理的监理措施是( )。
 A. 检查施工单位施工中环保措施落实情况
 B. 检查承包人的环保人员及质检人员是否已进行了环保教育
 C. 监理工程师应督促施工单位依法保护植被、水域和自然景观
 D. 施工中发现文物时,监理工程师应要求承包人依法保护现场

6. 发生重大变更时,监理工程师应提醒业主进行环评和水土保持相关报告(方案)的( )。
 A. 相应内容调整　　　　　　　B. 修编或报批
 C. 修编和报批　　　　　　　　D. 修编和备案

7. 对现场检查过程中发现的环境问题,监理工程师与承包人之间应以书面形式往来。监理下发环保监理指令单,通知承包人需采取的纠正或处理措施。这属于( )制度。
 A. 会议　　　　　　　　　　　B. 工作记录
 C. 函件来往　　　　　　　　　D. 报告

8. 不属于环保工作记录的是( )。
 A. 环保验收记录　　　　　　　B. 环境监理日志
 C. 环境质量记录　　　　　　　D. 环境监理工作报告

(二)多项选择题

1. 施工环境保护监理的工作制度的有( )。
   A. 会议制度　　　　　　　　　B. 函件来往制度
   C. 资料收集制度　　　　　　　D. 人员培训制度
   E. 资金保障制度

2. 环保工作记录有( )。
   A. 会议记录　　　　　　　　　B. 竣工验收环保记录
   C. 监理日志　　　　　　　　　D. 交工验收环保记录
   E. 污染记录

3. 监理工程师应检查施工单位是否依法取得树木砍伐许可,并按照许可的( )进行砍伐。
   A. 面积　　　B. 区域　　　C. 数量　　　D. 树高
   E. 树种

4. 监理工程师应督促施工单位注意环境保护,依法保护( )。
   A. 植被　　　B. 空域　　　C. 水域　　　D. 自然景观
   E. 大气

5. 验收与缺陷责任期阶段环境保护监理的监理措施有督促承包人( )。
   A. 整理有关环境保护的合同条件　　B. 在现场保护好发现的文物
   C. 整理有关环境保护的技术档案资料　D. 在现场保护好生态环境
   E. 完善有关项目的环境保护工作

参考答案及解析

(一)单项选择题

1. B　2. C　3. A　4. B　5. B　6. C　7. C　8. D
8. 解析:监理工作报告是竣工验收文件。

(二)多项选择题

1. ABD　2. ABCD　3. ACE　4. ACDE　5. ACE

五、绿化工程、声屏障、环境保护、水土保持工程监理

重 点 知 识

(一)绿化工程监理

绿化工程主要有乔灌草常规种植管护工程和坡面绿化工程。

1. 场地准备

整地,即土壤改良和土壤管理,是保证绿化植物成活和苗壮生长的前提。具体包括:①清理障碍物;②整理现场;③设置水源;④土壤改良。

种植或播种前可对该地区的土壤理化性质进行化验分析,采取相应的消毒、施肥等措施。

2. 乔灌草常规种植和管护工程

(1)定点、放线。

(2)种植穴、槽的开挖。

(3)种植材料和播种材料的选择要点：

①种植材料应根系发达，生长苗壮，无病虫害，规格及形态符合设计要求。

②铺砌草坪用的草块及草卷应规格一致，边缘平直，杂草不得超过5%。草块土层厚度宜为3~5cm，草卷土层厚度宜为1~3cm。

③草坪、地被植物的种子应注明品种、品系、产地、生产单位、采收年份、纯净度及发芽率，不得有病虫害。自外地引进种子应有检疫合格证，发芽率达90%以上方可使用。

(4)苗木种植前的修剪。

种植前应进行苗木根系修剪，宜将劈裂根、病虫根、过长根剪除，并对树冠进行修剪，保持地上地下平衡，减少水分的散发，保证树木成活。

(5)树木的种植。

先检查种植穴大小及深度；再检查根系是否完好。种植时，根系必须舒展，填土应分层踏实，种植深度应与原种植线一致。

新植树木定植后24h内必须浇上第一遍水，定植后第一次灌水称为头水。浇灌头水的主要目的是通过灌水将土壤缝隙填实，保证树根与土壤紧密结合，以利根系发育。

(6)草坪、花卉的种植要点：

①草坪种植应根据不同地区、不同地形，选择播种、分株、茎枝繁殖、植生带、铺砌草块和草卷等方法。

②草块搬运至铺设场地后，应立即进行栽种。草块铺前，对场地再次拉平并增加1~2次压平，以免铺后出现泥土下沉所带来的不平整或积水等不良现象。

③铺栽草块时，块与块之间应保留0.5~1.0m的间隙，以防止在搬运途中干缩的草块遇水浸泡后膨胀，形成边缘重叠。块与块之间的隙缝应填入细土，然后滚压，并进行浇水，要求浇透。一般浇水后2~3天再次滚压，则能促进块与块之间的平整。

④方块草坪铺设，不论是冷地型还是暖地型草种，都忌讳在冬季进行。最适宜的草块铺移时间是春末夏初或者秋季，如果在夏季铺移则必须增加灌溉次数。新铺草坪返青后，可增施一次尿素氮肥，每公顷施用量为120~150kg。

3. 坡面绿化

常用的坡面土保持生物措施有人工播种、铺草皮、植生带护坡、土工格室植草、藤本植物护坡、液压喷播、客土喷播等。

(1)三维网植草

三维网植草是将带有突出网包的多层聚合物网固定在边坡上，在网包中敷土植草对边坡进行绿化的技术。根据抗拉能力和固土能力不同，网包可设计为2~5层，一般薄层应用于填方边坡，厚层应用于挖方边坡，可以起到固土防冲刷并改善植草质量的良好效果。三维网植草采用湿法喷播、客土喷播或人工撒播的方法进行植草。三维网植草具有以下特点：

①固土性能优良。三维网表面有波浪起伏的网包，对覆盖于网上的客土、草种有良好的固定作用，可减少雨水的冲蚀。

②消能作用明显。网包层缓冲了雨滴的冲击能力，减弱了雨滴的溅蚀。

③网络加筋作用突出。三维网植草的基础层和网包层网格间的经纬线交错排布黏结,对回填土或客土起着加筋作用。

④保温功能良好。三维植被网垫具有良好的保温作用,在夏季可使植物根部的微观环境温度比外部环境低3~5℃,在冬季则高3~5℃。

(2)植生带护坡

植生带是把草种、肥料、保水剂等按一定密度定植在可自然降解的无纺布或其他材料上,并经过机器的滚压和针刺复合定位工序,形成的具有一定规格的产品。

(3)土工格室植草

土工格室植草技术是将土工格室铺装固定于无土壤的石质边坡,通过向内填入种植土壤,营建植物生长的基础,再进行机械或人工播种,从而建立边坡人工植被。

与客土喷播相比,由于其格室内的土壤可全部由人工填入,故不需机械设备,且所填土壤的土质条件要求不严,一般公路施工场地的细土添加有机肥料予以改良即可利用。

(4)坡面客土喷播

客土喷播是在岩石边坡等场地整备后,将土壤和种子等材料的混合物喷植于场地表面的生态恢复工程,适用于不同风化程度的岩石边坡或其他难以采用常规种植技术施工的场地,多种材料的混合物包括团粒剂使客土形成团粒化结构,加筋纤维在其中起到类似植物根茎的网络加筋作用,从而造就有一定厚度的,具有耐雨水、风侵蚀,牢固透气,与自然表土相类似或更优的多孔稳定土壤结构。喷播监理技术要点:①喷播基材是保证喷播成功的重要因素。②保水剂及黏合剂用量。③草种选择。④客土喷播。⑤喷播植物种子。⑥覆盖。⑦随后进行浇水、施肥、防治病虫害、补播等养护管理工作。

4.绿化工程验收基本要求

(1)绿地表面平整,排水良好,杂草在有效控制之内。

(2)乔、灌木的成活率应达到95%以上;珍贵树种和孤植树应保证成活率。

(3)坡面或边坡草地覆盖率按年度要求,不应小于70%或相关设计要求。

(4)苗木、草坪无明显病害。

(5)植物整形修剪应符合设计要求。

(6)中央分隔带的苗木修剪后的高度应为1.4~1.6m,栽植的株距、行距合理,应满足防眩功能的要求,不得影响交通安全。

(二)声屏障工程监理

1.声屏障监理工作一般要求和环境保护监理的验收监测

(1)声屏障一般始于声保护对象的中部,并向两侧同等长度延伸,总长度大于保护对象的长度。当经常遇见主体工程施工中变更里程桩号情况时,应调整声屏障位置设计,不能偏向一侧。

(2)一般而言,高速公路初期为10000pcu/d的交通量。平路基设置的声屏障4m高时,对其后30m的降噪效果,应不小于5dB(A),也难以超过10dB(A)。

(3)一般平路基要求声屏障达到相应的降噪效果,3~4m高的声屏障,20~30m内的降噪效果一般可以达到7~10dB(A)。

(4)一般平路基50m范围内会有不同程度的超标,主要是夜间噪声超标。

(5)声屏障的工程质量验收之后,可在环境保护竣工验收前,进行必要的减噪效果监测,为业主提供必要的参考数据。

(6)屏障效果监测常用插入损失(TL)评价声屏障降噪效果。

2.质量和进度控制要点

(1)屏障体符合设计要求的材料质地、厚度等;材料的抗折、老化等强度符合设计要求;表面涂装的颜色、平整度、划痕、使用寿命等达到设计要求;应要求承包人提供必要的国家或出厂的检测报告或产品合格证。

(2)预埋基础位置、间距、深度等指标准确;隐蔽工程应进行分步验收;由于部分声屏障基础立于路基的边坡上,因此要保证基础开挖后的基坑四周公路土不被扰动。

(3)声屏障安装位置、高程、偏移、竖直度在容许偏差之内。

(4)基础、框架、屏障体、板材等相互之间结构连接准确、牢固。

(5)主体工程与其上的屏障体之间、屏障体砌块之间、结构连接相互之间等处,原则上不得留有接缝空隙。

(6)声屏障工程尽早实施,可以尽早地保护声环境敏感目标。可在声屏障依附的路基主体工程稳定后,及时安排基础开挖等,而桥梁上声屏障基础预理应与主体工程同步进行。

(三)环境保护工程监理

环境保护工程的狭义含义主要是水污染控制工程和护坡工程等。

1.交通建设项目污水处理

(1)交通建设项目污水来源

高速公路按污水排出的位置可分为公路收费区、公路服务区和管理办公区三种。

①收费区和管理办公区排放的污水主要为生活污水。

②服务区污水主要由粪便污水、餐饮洗涤废水、洗车废水、机修废水和加油站清洗废水组成。

(2)污水的有害成分

①汽车维修站、加油站废水及车辆冲洗废水,常含有泥沙和油类物质。

②服务区污水一般考虑的主要污染因子有化学需氧量(COD)、油类和悬浮物(SS)。

(3)交通建设项目污水处理方法

污水处理工艺广泛采用的是好氧生物处理法,也有采用化粪池和稳定塘处理方法。好氧生物处理法按主要工艺流程可以分为A/O法(厌氧—好氧法)、A^2/O法(厌氧—缺氧—好氧法)、SBR法(序批式活性污泥法)三种。

交通项目附属设施所排放的加油、洗车、修车废水数量较少,目前一般经隔油池等工艺预处理后与生活污水混合进入后续处理设施。

(4)污水处理的质量要求

公路污水处理后一般有以下几个去向:排入市政管网、用于农田灌溉、排入附近水体和重复利用做绿化、道路喷洒用水等。对应以上几种排放方式,排放要求如下:

①污水处理后排入市政管网的,出水水质应满足《污水综合排放标准》(GB 8978—1996)的相关要求。

②污水处理后排入附近农田沟渠用于农田灌溉的,出水水质应满足《农田灌溉水质标准》(GB 5084—2005)中的要求。应该注意的是,排入附近农田沟渠并不远处就连接自然水体的,应根据受纳水体的水质标准,符合相应排放标准。

③污水处理后排入附近水体,出水水质应满足该水体功能对应的《污水综合排放标准》(GB 8978—1996)的相关要求。

④污水处理后重复利用做绿化、道路喷洒用水,水质应满足相关规范要求。

(5)设计图纸交底

①排水管线设计图纸中应体现"雨污分流、清污分流"的原则。

②服务区污水量变化系数大,水冲击负荷大,一般均需设置调节池,同时应适当增大厌氧池和好氧池的容量,以保证污水的停留时间达到6~12h。

(6)施工质量控制要点

①地基及基础工程。

关于地基承载力检测、基础开挖、基础浇筑、回填等的监理,可参考土木建筑类工程监理办法进行。

②污水处理构筑物。

混凝土抗压强度,抗渗、抗腐蚀、抗冻性能必须符合设计要求,预制壁板和混凝土湿接缝不应有裂缝。水池完工后,必须进行满水的渗漏试验。

③污水管线铺设。

排水管线设计时应考虑"雨污分流",路面、屋面及草地雨水经雨水口或雨水收集管排至雨水管道,减轻污水处理系统的负担。

污水管线应控制高程,保证进、出水口流水畅通。由于服务区、管理区的污水来源分散,污水管线长,必须事先确定高程,监控好管道的高程和坡度,符合图纸设计要求,合理布置生活污水处理设施的位置。

管道配合基础施工,一次性预埋,覆盖前作第一次闭水试验,回填上后做第二次闭水试验,两次闭水试验应符合规范要求。

管道与构筑物连接好后,必须及时填压柔性套管密封圈,压紧、压实并进行构筑物灌水试验,套管部位无渗漏后,及时回填管沟。

④设备安装。

设备的进场检查一般检查数量是否与合同一致,外观和零部件是否完整,传动部位是否灵活,密封件是否完好,铭牌标注的型号、规格是否符合设计要求,零配件是否与合同一致,随机文件是否符合要求等。

压缩机、风机和泵等设备的安装应符合相关规范要求。

曝气设备是活性污泥处理法的核心部分,曝气系统的安装应满足以下几点要求:

a. 系统无泄漏。因为任何泄漏都会造成淤泥渗入管道,最终导致曝气系统布气管及其支管的堵塞,使系统无法正常工作。

b. 传输到每个盘状曝气器的空气要均匀一致。曝气池内通常有成百上千个盘状曝气器,如果空气传输不均匀,必然使其中一部分不能正常发挥功能,反会被淤泥堵塞曝气器。

c. 曝气器单元之间的管子一定要在一条水平直线上。

d. 安装完毕后,应将曝气器吹扫干净,出气孔不应堵塞,做泄漏试验。如因故无法立即做泄漏试验,应在曝气池中注入清水,水面至少高出曝气池底面1m,以保护盘状曝气器及工程塑料布气管免受紫外线照射,同时可防冻、防止脏物进入曝气器。

⑤排污口

a. 排污口及其污水去向是否符合环境影响评价文件和当地环境保护装求,如排污口及多污水去向不得设置于或流入饮用水保护区、各级自然保护区等法定环境敏感区等。污水最终去向应与污水处理工艺级别相对应,如拟排入三级地表水水质河流的污水,其排放必须采用污水处理一级排放标准,因此,应复核设计至少已经采用了二级强化处理工艺或三级水处理工艺。

b. 排污口设置必须符合"一明显、二合理、三便于"的要求:

a) 环境保护图形标志明显,起到提示预警作用。

b) 排污去向合理,不能使受纳水体超出承受能力或破坏了受纳水体的水域功能;排污口设置合理,为满足清污分流,提高处理效率、方便管理的需要,一个管理区(公路服务区、收费区等)最好只设置污水和雨水排放口各1个。

c) 排污口设立要便于采集样品、便于检测计量、便于公众参与监督管理。

(7) 工程验收

① 产品外观及材质的检验内容和方法。连接件及整体结构等可采取目测方法;钢板、填料等材料检验可检查出厂检验报告。

② 产品运转部件的检验内容和方法。相关产品(泵、风机、电动阀等)可重点检查产品合格证书、说明书等,并进行相关产品的电动试验。

③ 台架检验主要指耐冲击负荷试验,检验其水量波动(零负荷及平均、最小、最大容积负载)和水质波动等指标。

④ 达到标准。检验进水水质、出水水质分别应达到相应的设计标准。

2. 护坡工程

护坡工程是为了稳定公路开挖坡面或堆置固体废弃物形成的不稳定高陡边坡或滑坡危险地段而采取的水土保持措施。

常用的护坡工程有削坡开级措施、植物护坡措施、工程护坡措施、综合护坡措施等。

(1) 削坡开级措施

削坡是削掉非稳定边坡的部分岩土体,以减缓坡度,削减助滑力,从而保持坡体稳定的一种护坡措施。开级则是通过开挖边坡,修筑阶梯或平台,达到相对截短坡长、改变坡形、坡度、坡比,降低荷载重心,维持边坡稳定目的的又一种护坡措施。两者可单独使用,亦可合并使用,主要用于防止中小规模的土质滑坡和石质崩塌。

(2) 植物护坡措施

上边坡坡度大于45°时,应铺设金属网。坡度小于45°时,原则上不需铺网,但当坡面非常光滑或坡面为积雪坡面、冻土坡面、黏性土坡面时,应铺设金属网或打止滑杆。

(3) 工程护坡措施

对堆置固体废弃物或山体不稳定的地段,或坡脚易遭受水流冲刷的地方,应采取工程护坡,其具有保护边坡,防止风化、碎石崩落、崩塌、浅层小滑坡等功能。工程护坡省工、速度快,但投资高。

工程护坡措施有勾缝、抹面、捶面、喷浆、锚固、喷锚、干砌石、浆砌石、抛石、混凝土砌块等多种形式。

(4) 综合护坡措施

综合护坡措施是在布置有拦挡工程的坡面或工程措施间隙上种植植物,其不仅具有增加坡面工程的强度,提高边坡稳定性的作用,而且具有绿化美化的功能。

综合护坡措施是植物和工程有效结合的护坡措施,适宜于条件较为复杂的不稳定坡段。

(四)水土保持工程监理

弃渣场的防护是以控制生态破坏和水土流失为主要目的的,有时也还兼顾新造耕地、植树优化环境的目的。因此,拦渣工程是为专门存放公路施工造成的大量弃土、弃渣和其他废弃固体而修建的水土保持工程,主要包括拦渣坝、拦渣墙、拦渣堤。

1. 监理复核选址的一般要求

拦渣工程应根据弃土、弃石、弃渣量及其堆放位置,堆放区的地形地貌特征、河(沟)道水文地质条件,公路项目的安全要求等确定其形式。

拦渣工程的总体布局上,应以工程合理、安全可控、因地制宜、保护环境为原则。

坝址地形要口小肚大,沟道平缓,工程量小,库容大,造成的环境影响小;适当设计渣场规模,使之易于复垦。原表土剥离至基岩层;黄土高原区渣场应结合造地设计;山区高大渣场可分级布设,易于复垦。

2. 拦渣坝的监理要点

拦渣坝的坝型主要应根据拦渣的规模和当地建筑材料来选择,一般有土坝、干砌石坝、浆砌石重力坝等形式。选择坝型时,应进行多方案比较,做到安全经济。

工程上最常用的土坝是均质土坝,一般采用壤土、沙壤土。浆砌石重力坝常由溢流段和非溢流段两部分组成。

3. 拦渣墙的监理要点

拦渣墙是为了防止固体废弃物堆积体被冲蚀或易发生滑塌、崩塌,或为了稳定人工开挖形成的高陡边坡,或为了避免滑坡体前缘再次滑坡而修建的水土保持工程。

(1)拦渣墙的形式

拦渣墙按结构形式的不同可分为重力式、悬臂式、扶壁式三种,墙型要根据拦渣的规模和当地建筑材料来选择,选择墙型时,应按照安全、经济原则,进行多方案比较,选择最佳的墙型。

(2)选线选址

为充分发挥拦渣墙拦挡废渣的作用,保证拦渣墙在使用期间的稳定与安全,应合理选线,尽量减小拦渣墙的设计高度与断面尺寸。

拦渣墙应建在紧靠弃渣或相对高度较高的坡面上,这样可以有效降低拦渣墙的高度。

4. 拦渣堤的监理要点

拦渣堤是指修建于沟岸或河岸的,用以拦挡公路施工中排放的固体废弃物的建筑。由于拦渣堤一般同时兼有拦渣和防洪两种功能,堤内拦渣,堤外防洪,故拦渣堤设计的关键是选线、基础和防洪标准。对于下游有重要设施拦渣堤,应充分论证分析,提高防洪标准和稳定系数。

(1)拦渣堤的类型

①沟岸拦渣堤。弃土、弃石、弃渣堆放于沟道岸边的,其建筑物防洪要求相对较低。

②河岸拦渣堤。受限于《中华人民共和国防洪法》《中华人民共和国河道管理条例》要求,一般弃土、弃石、弃渣不得堆放于河滩及河岸。由于特殊情况需要堆置的,其建筑物防洪要求相对较高,不应小于20年一遇,且不小于本河段防洪标准。

(2)设计复核要求

①根据项目在公路施工中弃土、弃石、弃渣的具体情况,确定在其规定时期内拦渣堤应承担的堆渣总量。

②堤顶高程按设计洪水位、风浪爬高、安全超高确定。

例 题

例1 新植树木定植后24小时内必须浇上( )，目的是利于根系发育。
 A. 初水　　　　B. 头水　　　　C. 肥水　　　　D. 清水

例2 ( )是活性污泥处理法的核心部分。
 A. 曝气池　　　B. 曝气设备　　C. 管道　　　　D. 基础

例3 通过开挖边坡，修筑阶梯或平台，达到相对截短坡长、改变坡形、坡度、坡比，降低荷载重心，维持边坡稳定目的的工程护坡措施是( )。
 A. 削坡措施　　　　　　　　　B. 工程护坡措施
 C. 开级措施　　　　　　　　　D. 综合护坡措施

例4 常用的坡面土保持生物措施有( )。
 A. 植生带护坡　　　　　　　　B. 人工播种
 C. 土工格栅植草　　　　　　　D. 液压喷播
 E. 铺草

例5 公路建设应在水环境敏感路段的桥梁设置( )，对发生污染事故后的桥面径流进行处理，确保饮用水安全。
 A. 径流水收集系统　　　　　　B. 沉淀池
 C. 支持连接架构　　　　　　　D. 汇水管
 E. 排水孔

例6 拦渣工程总体布局的原则是( )。
 A. 工程合理　　B. 安全可控　　C. 因地制宜　　D. 经济有效
 E. 保护环境

例题解析

例1 新植树木定植后24小时内必须浇上第一遍水，定植后第一次灌水称为头水。浇灌头水主要目的是通过灌水将土壤缝隙填实，保证树根与土壤紧密结合，以利根系发育。故选B项。

例2 曝气设备是活性污泥处理法的核心部分。故选B项。选项A曝气池是曝气系统的组成。此处曝气设备是指曝气器。

例3 开级则是通过开挖边坡，修筑阶梯或平台，达到相对截短坡长、改变坡形、坡度、坡比，降低荷载重心，维持边坡稳定目的的又一种护坡措施。故选C项。

例4 常用的坡面土保持生物措施有人工播种、铺草皮、植生带护坡、土工格室植草、藤本植物护坡、液压喷播、客土喷播等。故选ABD项。选项C错在"格栅"，与"格室"不同，格栅是条状物，不像"格室"能在其内装土种植。选项E错在少了"皮"字。

例5 公路建设应在水环境敏感路段设置径流水收集系统和沉淀池。故选AB项。选项CDE都属于径流汇集系统(即收集系统)的内容。在做多选题时要注意"选大不选小"的潜规则，选项A是大概念，选项CDE是属于选项A的小概念，所以此时不选小概念。该题原选项D是"集水池"，则干扰度就太大，与选项B"沉淀池"概念相近；而原文就是选项AB。

例6 拦渣工程的总体布局上,应以工程合理、安全可控、因地制宜、保护环境为原则。故选 ABCE 项。

自测模拟题

(一)单项选择题

1. 保证绿化植物成活和苗壮生长的前提是( )。
   A. 定点　　　　　B. 放线　　　　　C. 整地　　　　　D. 施肥
2. 乔、灌木常规种植流程正确的是( )。
   A. 种植材料选择→定点、放线→种植穴、槽开挖→树木种植→苗木修剪
   B. 种植材料选择→定点、放线→种植穴、槽开挖→苗木修剪→树木种植
   C. 定点、放线→种植穴、槽开挖→种植材料选择→苗木修剪→树木种植
   D. 定点、放线→种植穴、槽开挖→种植材料选择→树木种植→苗木修剪
3. 铺砌草坪用的草块及草卷应规格一致,边缘平直,杂草不得超过( )。
   A. 5%　　　　　B. 10%　　　　　C. 15%　　　　　D. 20%
4. 方块草坪铺设,不论是冷地型还是暖地型草种,都忌讳在( )进行。
   A. 春季　　　　　B. 夏季　　　　　C. 秋季　　　　　D. 冬季
5. 三维网植草的网包薄层一般用于( ),起到固土防冲刷并改善植草质量的良好效果。
   A. 挖方边坡　　　B. 填方边坡　　　C. 土方挖方边坡　D. 路堑边坡
6. 把草种、肥料、保水剂等按一定密度定植在可自然降解的无纺布或其他材料上,并经过机器的滚压和针刺复合定位工序,形成具有一定规格的产品。这种产品是( )。
   A. 三维网植草　　B. 土工格室植草　C. 植生带护坡　　D. 客土喷播
7. 中央分隔带的苗木修剪后的高度应为( )m。
   A. 1.0~1.2　　　B. 1.2~1.4　　　C. 1.4~1.6　　　D. 1.6~1.8
8. 中央分隔带苗木修剪后的高度应符合规定,栽植的株距、行距合理,应满足( )的要求。
   A. 公路美学　　　B. 防眩功能　　　C. 去枝保水　　　D. 成活率高
9. 下列说法错误的是( )。
   A. 声屏障安装位置、高程应在容许偏差之内
   B. 声屏障安装偏移、竖直度应在容许偏差之内
   C. 主体工程与其上的屏障体之间应留有接缝空隙
   D. 声屏障预埋基础位置、间距、深度等指标应准确
10. 屏障效果监测常用( )评价声屏障降噪效果。
    A. 生程差　　　　B. 菲涅尔系数　　C. 声影区　　　　D. 插入损失
11. 一般平路基要求声屏障达到相应的降噪效果,3~4m 高的声屏障,20~30m 内的降噪效果一般可以达到( )dB(A)。
    A. 3~5　　　　　B. 5~7　　　　　C. 7~10　　　　　D. 10~13
12. 具有增加坡面工程的强度,提高边坡稳定性的作用,而且又具有绿化美化的功能的护坡是( )。

A. 植被护坡　　　　B. 综合护坡　　　　C. 削坡开级　　　　D. 工程护坡

13. 对堆置固体废弃物或山体不稳定的地段,或坡脚易遭受水流冲刷的地方,应采取的是( )。

A. 削坡开级　　　　B. 植物护坡　　　　C. 工程护坡　　　　D. 综合护坡

14. 污水处理后排入附近农田沟渠用于农田灌溉的,出水水质应满足( )的要求。

A. 农田灌溉水质标准　　　　　　B. 杂用水标准
C. 污水综合排放标准　　　　　　D. 地表水环境质量标准

15. 污水处理后重复利用做绿化、道路喷洒用水,水质应满足( )的要求。

A. 农田灌溉水质标准　　　　　　B. 污水综合排放标准
C. 杂用水标准　　　　　　　　　D. 地表水环境质量标准

16. 拦渣堤一般同时兼有拦渣和防洪两种功能,做到( )。
①堤内防洪;②堤内拦渣;③堤外防洪;④堤外拦渣

A. ①和②　　　　B. ①和④　　　　C. ②和③　　　　D. ③和④

17. 拦渣堤设计的关键是( )。
①选线;②基础;③防洪标准;④稳定系数

A. ①②③　　　　B. ①②④　　　　C. ②③④　　　　D. ①③④

(二)多项选择题

1. 三维网植草的特点有( )。

A. 固土性能优良　　　　　　B. 消能作用明显
C. 网络加筋作用突出　　　　D. 保温功能良好
E. 不适合人工撒播

2. 关于坡面客土喷播说法正确的有( )。

A. 适用于不同风化程度的岩石边坡
B. 喷播基材是保证喷播成功的重要因素
C. 多种材料的混合物包括团粒剂使客土形成团粒化结构
D. 将土壤和种子等材料的混合物喷植于边坡表面
E. 有波浪起伏的网包对覆盖于网上的客土、草种有良好的固定作用

3. 下列说法正确的有( )。

A. 声屏障安装位置、高程、偏移、竖直度在容许偏差之内
B. 声屏障的总长度大于保护对象的长度
C. 平路基设置的声屏障4m高时,对其后30m的降噪效果,一般可以达到10dB(A)
D. 可在环境保护竣工验收前,进行必要的减噪效果监测
E. 一般平路基50m范围内会有不同程度的超标,主要是夜间噪声超标

4. 工程护坡的措施有( )。

A. 干砌石　　　　B. 捶面　　　　C. 喷锚　　　　D. 削坡
E. 开级

5. 实际工作中,径流集中处理系统参见的体系有( )。

A. 全封闭收集系统　　　　　　B. 沉淀池
C. 部分封闭收集系统　　　　　D. 择时封闭收集系统

E. 集水池

6. 下列说法正确的有( )。
   A. 公路建设路线设计时,应尽量绕避饮用水水源保护区
   B. 对跨越饮用水水源二级保护区的桥梁,应在桥梁上设置桥面径流水收集系统
   C. 公路建设应在水环境敏感路段设置径流水收集系统和沉淀池
   D. 集水池的位置必须设置于河道堤防或其他保护区之内
   E. 黄沙、泥土、砾石等是集水池常见的填料

7. 汽车维修站、加油站废水及车辆冲洗废水,常含有( )。
   A. 泥沙　　　　　B. 油类物质　　　　C. 溶解氧　　　　D. 重金属
   E. 轻金属

8. 污水处理工艺广泛采用的处理方法有( )处理方法。
   A. 好氧生物　　　B. 化粪池　　　　　C. 干厕　　　　　D. 稳定塘
   E. 好氧化学

9. 服务区污水一般考虑的主要污染因子有( )。
   A. 泥沙　　　　　　　　　　　　　B. 油类
   C. 悬浮物(SS)　　　　　　　　　　D. 化学需氧量(COD)
   E. 重金属

10. 排污口设置必须符合"一明显、二合理、三便于"的要求。其中"三便于"是指( )。
    A. 便于公众参与监督管理　　　　　B. 便于检测计量
    C. 便于确定排污去向　　　　　　　D. 便于采集样品
    E. 便于标识与标志

11. 在拦渣坝的坝址选择时,下列说法正确的是( )。
    A. 地形要口大肚小
    B. 适当设计渣场规模,使之易于复垦
    C. 山区高大渣场可分级布设
    D. 黄土高原区渣场应结合造地设计
    E. 沟道平缓,工程量小

12. 拦渣墙按结构形式的不同,可分为( )。
    A. 竖直式　　　　B. 重力式　　　　　C. 悬臂式　　　　D. 护臂式
    E. 仰斜式

13. 浆砌石重力坝通常由( )组成。
    A. 溢流段　　　　B. 非溢流段　　　　C. 导水墙　　　　D. 排水管
    E. 截水沟

14. 拦渣工程是为专门存放公路施工造成的大量弃土、弃渣和其他废弃固体而修建的水土保持工程,主要包括( )。
    A. 导水墙　　　　B. 拦渣坝　　　　　C. 拦渣墙　　　　D. 拦渣堤
    E. 排水管

15. 根据拦渣堤修筑的位置不同,主要有( )拦渣堤。
    A. 沟岸　　　　　B. 山坡　　　　　　C. 山顶　　　　　D. 河岸
    E. 山脚

参考答案

(一)单项选择题

1. C 2. C 3. A 4. D 5. B 6. C 7. C 8. B 9. C 10. D
11. C 12. B 13. C 14. A 15. C 16. C 17. A

(二)多项选择题

1. ABCD 2. ABCD 3. ABDE 4. ABC 5. ACD 6. ABCE 7. AB
8. ABD 9. BCD 10. ABD 11. BCDE 12. BCD 13. AB 14. BCD
15. AB